JN443883

제2판

엑셀을 이용한 통계학

김용구 · 박병구 · 손중권 · 송재기
이경은 · 조교영 · 조길호 지음

자유아카데미

머리말

기원전 3,000년경에 시작된 통계조사는 중세를 거치면서 국가산술학으로 자리를 잡았으며, 국가와 관련된 각종 통계는 국력을 가늠하는 기초가 되었고, 따라서 국가의 주요 기밀사항이 되기도 하였다. 더욱이 산업혁명을 거치면서 경험과 다른 응용 분야에서의 필요에 의해 발전하기 시작한 통계학은 이론적으로도 급성장을 이루어 산업사회에서는 농업분야뿐만 아니라 공업과 의학, 경제학과 경영학, 생명과학, 정보공학 등 거의 모든 분야에서 핵심적인 역할을 해 왔다.

이제 21세기 지식정보화시대에서 중요한 것은 지식과 정보로, 이것을 창조하는 것이야말로 가장 핵심이며, 통계학은 이러한 지식과 정보의 생산과 창조에 핵심적인 역할을 담당하고 있다. 예를 들면 향후 10년 이상 정보공학에서 가장 활발한 분야로 인정받는 데이터마이닝은 통계학과 경영학, 전산학이 합쳐진 복합문학 분야이지만 데이터마이닝에서 가장 중요한 분석기능과 지식창출을 담당하는 것은 바로 통계학이다. 세계적으로 가장 중요한 데이터 분석기능과 지식창출을 담당하는 것이 바로 통계학인 것이다. 세계적으로 유명한 한국인 벤처기업인이 말하기를 21세기 정보공학분야의 벤처를 진정 성공시키기를 원한다면 역사와 더불어 반드시 통계학을 공부하기를 충고하였다. 더욱이 최근 새로이 부각되는 생명공학부에서도 통계학은 핵심적 역할을 담당하고 있다.

이렇듯 지식정보화시대에서 핵심적 역할을 하는 통계학의 기본을 익힌다는 것은 언어 하나를 더 아는 것 이상으로 중요하다고 할 수 있다. 즉 정보의 소비자 입장이나 생산자 혹은 창조자의 입장에 설 수 있으며, 이 시대를 앞서갈 수 있는 창의적이면서도 통찰력을 갖춘 진정한 지식 창조자가 될 수 있는 것이다.

이 책은 수학적 배경을 그리 많이 요구하지 않기 때문에 어떤 분야에 있는 학생이라도 통계학을 쉽게 배울 수 있으며, 각 장마다 배운 내용을 엑셀을 통해 실습할 수 있도록 엑셀 실습을 첨부하였다. 그리고 출간 후에라도 수정사항이 있을 경우에는 홈페이지(www.freeaca.com) 자료실에 제공 예정이다.

끝으로 이 책이 나오기까지 수고해 준 경북대학교 통계학과 대학원 학생들과 이 책이 출판될 수 있도록 도와준 자유아카데미의 관계자 여러분께 감사를 드린다.

2015년 2월

저자 일동

차례

머리말 iii

CHAPTER 01 **소개** 1

1.1 Statistics란 무엇인가? ········ 1
1.2 통계학의 분야 ········ 2
  1.2.1 기술통계학 ········ 2
  1.2.2 추론통계학 ········ 3
1.3 모집단과 표본 ········ 4
1.4 기본 용어들 ········ 7
1.5 변수의 형태 ········ 8
  1.5.1 양적 변수 ········ 8
  1.5.2 질적 혹은 범주형 변수 ········ 9
  1.5.3 척도에 따른 분류 ········ 9
■ 연습문제 ········ 11
■ 엑셀실습 ········ 12

CHAPTER 02 **자료 정리** 15

2.1 원 자료 ········ 15
2.2 질적 자료의 정리와 그래프 ········ 16
  2.2.1 도수분포표 ········ 16
  2.2.2 상대도수와 백분위분포 ········ 18

2.2.3 질적 자료의 그래프 19
2.3 양적 자료의 정리와 그래프 22
2.3.1 도수분포표 22
2.3.2 도수분포표 작성 25
2.3.3 상대도수와 백분위분포 27
2.3.4 집단화된 자료의 그래프 28
2.4 히스토그램의 모양 31
2.4.1 대칭 히스토그램 32
2.4.2 치우친 히스토그램 32
2.4.3 균일 히스토그램 32
2.5 누적도수분포표 34
2.5.1 누적도수분포곡선 36
2.6 줄기-잎 그림 37
■ 연습문제 40
■ 엑셀실습 46

CHAPTER 03 기술통계 51

3.1 자료의 중심위치의 측도 51
3.1.1 평균 52
3.1.2 중앙값 53
3.1.3 최빈값 53
3.1.4 평균, 중앙값과 최빈값의 관계 54
3.2 자료의 산포도 55
3.2.1 범위 56
3.2.2 분산과 표준편차 57
3.2.3 변동계수 58
3.3 집단화된 자료의 평균, 분산과 표준편차 59
3.3.1 집단화된 자료의 평균 59
3.3.2 집단화된 자료의 분산과 표준편차 60
3.4 표준편차의 이용 60
3.5 상대적 위치의 측도 62
3.5.1 백분위수 62
3.5.2 사분위수 및 사분위범위 63

3.6 상자그림 ········ 65
■ 연습문제 ········ 66
■ 엑셀실습 ········ 71

CHAPTER 04 확 률 77

4.1 표본공간과 사상 ········ 77
4.2 확률의 정의 ········ 80
4.3 주변확률과 조건부확률 ········ 83
4.4 배반사상과 여사상 ········ 85
4.5 독립사상과 확률의 곱 ········ 89
4.6 확률의 합 ········ 94
4.7 베이즈 정리 ········ 97
■ 연습문제 ········ 101

CHAPTER 05 이산확률변수와 확률분포 107

5.1 확률변수 ········ 107
5.2 이산확률분포 ········ 108
5.3 이산확률변수의 평균과 표준편차 ········ 112
5.4 이항분포 ········ 114
5.4.1 이항실험 ········ 114
5.4.2 이항분포 ········ 116
5.5 포아송 분포 ········ 122
■ 연습문제 ········ 125
■ 엑셀실습 ········ 128

CHAPTER 06 연속확률변수와 정규분포 133

6.1 연속확률분포 ········ 133
6.2 정규분포 ········ 138
6.3 표준정규분포 ········ 141
6.4 정규분포의 표준화 ········ 145

6.5 정규분포의 응용 148
6.6 이항분포의 정규근사 149
■ 연습문제 152
■ 엑셀실습 156

CHAPTER 07 표본분포 157

7.1 모집단분포와 표본분포 157
7.1.1 모집단분포 157
7.1.2 표본분포 158
7.2 표본오차와 비표본오차 160
7.3 표본평균의 평균과 표준편차 161
7.4 표본평균의 표본분포의 모양 162
7.4.1 모집단이 정규분포인 경우 162
7.4.2 모집단이 정규분포가 아닌 경우 165
7.5 모비율과 표본비율 169
7.6 표본비율의 표본분포 169
■ 연습문제 172
■ 엑셀실습 175

CHAPTER 08 모평균과 모비율의 추정 179

8.1 서론 179
8.2 모평균의 구간추정 : 대표본인 경우 180
8.2.1 신뢰구간의 의미 184
8.2.2 신뢰수준과 신뢰구간의 길이 185
8.2.3 표본크기와 신뢰구간의 길이 185
8.3 모평균의 구간추정 : 소표본인 경우 186
8.3.1 t분포 187
8.3.2 t분포를 이용한 모평균의 신뢰구간 188
8.4 모비율의 구간추정 : 대표본인 경우 190
8.5 모평균의 추정을 위한 표본크기의 결정 192
8.6 모비율의 추정을 위한 표본크기의 결정 193

■ 연습문제 ··· 195
■ 엑셀실습 ··· 198

CHAPTER 09 모평균과 모비율의 가설검정 203

9.1 서론 ··· 203
9.2 모평균의 가설검정 : 대표본인 경우 ··· 207
9.3 모평균의 가설검정 : 소표본인 경우 ··· 210
9.4 모비율의 가설검정 : 대표본인 경우 ··· 212
9.5 가설검정과 신뢰구간의 관계 ··· 213
■ 연습문제 ··· 215
■ 엑셀실습 ··· 218

CHAPTER 10 두 모집단에 대한 추정과 가설검정 223

10.1 대표본이고 독립인 경우 두 모평균의 차에 대한 추론 ··· 223
10.1.1 독립표본과 종속표본 ··· 223
10.1.2 $\overline{X}_1 - \overline{X}_2$의 평균, 표준편차와 표본분포 ··· 224
10.1.3 $\mu_1 - \mu_2$의 신뢰구간 ··· 226
10.1.4 $\mu_1 - \mu_2$의 가설검정 ··· 228
10.2 소표본이고 독립인 경우의 두 모평균의 차에 대한 추론 : 표준편차가 같은 경우 ··· 231
10.2.1 $\mu_1 - \mu_2$의 신뢰구간 ··· 232
10.2.2 $\mu_1 - \mu_2$의 가설검정 ··· 234
10.3 소표본이고 독립인 경우의 두 모평균의 차에 대한 추론 : 표준편차가 다른 경우 ··· 236
10.3.1 $\mu_1 - \mu_2$의 신뢰구간 ··· 236
10.3.2 $\mu_1 - \mu_2$의 가설검정 ··· 238
10.4 대응표본을 갖는 두 모집단 평균의 차에 대한 추론 ··· 240
10.4.1 μ_D의 신뢰구간 ··· 242
10.4.2 μ_D의 가설검정 ··· 243
10.5 독립인 두 모집단의 모비율 차에 대한 추론 ··· 245
10.5.1 $\hat{p}_1 - \hat{p}_2$의 평균, 표준편차와 표본분포 ··· 246

10.5.2 $p_1 - p_2$의 신뢰구간 246
10.5.3 $p_1 - p_2$의 가설검정 248
■ 연습문제 250
■ 엑셀실습 256

CHAPTER 11 카이제곱검정 267

11.1 카이제곱분포 267
11.2 적합도검정 270
11.3 분할표 274
11.4 독립성검정과 동질성검정 274
11.4.1 독립성검정 275
11.4.2 동질성검정 278
11.5 모분산의 추론 279
11.5.1 모분산의 추정 280
11.5.2 모분산의 가설검정 281
■ 연습문제 282
■ 엑셀실습 285

CHAPTER 12 분산분석 287

12.1 F분포 287
12.2 일원분산분석 289
12.3 이원분산분석 294
■ 연습문제 298
■ 엑셀실습 303

CHAPTER 13 회귀분석 309

13.1 단순선형회귀모형 309
13.2 단순선형회귀분석 310
13.2.1 산점도 311

13.2.2 최소제곱회귀직선 ········ 313
13.2.3 a와 b의 해석 ········ 316
13.2.4 회귀모형의 가정 ········ 317
13.3 오차의 표준편차 ········ 319
13.4 결정계수 ········ 320
13.5 β에 대한 추론 ········ 324
13.5.1 b의 표본분포 ········ 324
13.5.2 β의 추정 ········ 324
13.5.3 β의 가설검정 ········ 325
13.6 선형관계 ········ 327
13.7 회귀분석 : 예제 ········ 329
13.8 회귀모형의 사용 ········ 333
13.8.1 y의 평균값을 추정하기 위한 회귀모형의 사용 ········ 334
13.8.2 회귀모형을 사용한 실제 y값의 예측 ········ 336
13.9 회귀모형 사용시 주의점 ········ 338
13.10 중회귀분석 ········ 338
■ 연습문제 ········ 343
■ 엑셀실습 ········ 351

CHAPTER 14 비모수통계학 359

14.1 모평균의 가설검정 ········ 359
14.2 두 모평균 차의 가설검정 : 독립인 경우 ········ 363
14.3 두 모평균 차의 가설검정 : 대응표본을 갖는 경우 ········ 368
■ 연습문제 ········ 370
■ 엑셀실습 ········ 374

APPENDIX 1 엑셀 사용법 385

1. 엑셀의 소개 ········ 385
2. 엑셀의 함수 ········ 394
3. 실습 전 유의사항 ········ 398

APPENDIX 2 참고표 401

표 1 난수표 401
표 2 이항분포표 405
표 3 포아송분포표 410
표 4 표준정규분포표 413
표 5 t분포표 414
표 6 χ^2분포표 416
표 7 F분포표 417
표 8 윌콕슨 부호순위합통계량의 누적확률분포표 420
표 9 윌콕슨 순위합통계량의 누적확률분포표 422

APPENDIX 3 연습문제 풀이 427

CHAPTER 01

소개

통계학 공부는 지난 20년 동안 지금보다 더 강조된 때가 없다. 컴퓨터와 통계소프트웨어의 증가는 경험적 연구에서 통계학의 역할을 증대시켰다. 그 결과로 의학에서부터 스포츠까지 거의 모든 분야의 연구에 통계학이 이용되고 있다. 오늘날 많은 대학생들도 적어도 한 과목 이상의 통계학 과목을 수강하도록 요구되고 있다.

모든 분야에서는 전문 용어가 있다. 통계학도 예외는 아니다. 이 장에서는 기본적인 전문 용어를 설명하고자 한다.

1.1 Statistics란 무엇인가?

Statistics란 단어는 2가지 의미를 가지므로 경우에 따라 2가지로 번역된다. 먼저 공용으로 많이 사용되는 것으로 Statistics는 통계로 번역되며 숫자적 사실을 참조한다. 가족의 수입, 학생의 나이, 야구선수의 타율, 대학을 졸업한 사람의 초임 임금과 같은 숫자가 이런 의미로써의 통계의 예이다. 다음의 예들은 우리나라 몇몇 통계에 관련된 것이다.

1. 2007년 4월 현재 취업자는 23,520(천 명)으로 전년 동월 대비 278(천 명), 즉 1.2% 증가하였다.
2. 2007년 4월 현재 소비자물가는 전월 대비 0.4%, 전년 동월 대비 2.5%, 전년 동기 대비 2.1% 각각 상승하였다.
3. 2007년 1/4분기 사이버쇼핑몰 거래액은 3조 8,281억 원으로 전년 동분기 대비 6,805억 원(21.6%), 전분기 대비 2,030억 원(5.6%) 증가하였다.
4. 2007년 1/4분기 가구당 월평균 가계소득은 325만 1,000원으로 전년 동분기 대비 6.2% 증가(실질로는 4.0% 증가)하였다.
5. 2005년 11월 1일 현재 우리나라의 총 주택 수(빈집포함)는 13,223천 호로 2000년에 비해 15.3% 증가하여 일반 가구 증가율 11.0% 보다 큰 폭으로 증가하였다.
6. 2006년 한 해 동안 이혼은 12만 5, 000건으로 2005년보다 3,400건(−2.7%) 감소하였다.

Statistics의 두 번째 의미는 학문의 한 분야로서의 통계학이다. 이러한 의미에서의 통계학은 다음과 같이 정의된다.

> ▸▸ **통계학**
> 통계학은 데이터를 수집하고 분석하며 나타내고 해석하며 결정을 하는 방법들의 집합이다.

우리는 매일 개인적이든, 비즈니스와 관련된 것이든, 혹은 어떤 형태로든 결정을 한다. 대개 이러한 결정은 불확실성 가운데서 이루어진다. 많은 경우 우리가 직면하는 문제나 상황들은 실생활에서는 정확한 혹은 절대적인 답이 없다. 이러한 경우 통계적 방법은 과학적이고도 지혜로운 결정을 할 수 있게 도와준다.

1.2 통계학의 분야

일반적으로 통계학은 기술통계학과 추론통계학으로 나눌 수 있다.

1.2.1 기술통계학

통계학 강의에 등록한 학생들의 시험 성적을 가지고 있다고 하자. 통계적 용어로 학생들의 시험성적을 나타내는 숫자들의 전체 집합을 **자료 세트**(data set)라고 하고 학생들의 이름을 **원소**(element)라고 하며 학생들의 시험성적을 **관찰값**(observation)이라고 한다.(이 용어들의 자세한 정의는 1.4절에 있다.)

원래의 자료 세트는 매우 크다. 따라서 그러한 자료 세트는 결론을 내리거나 결정을 하는 데 별로 도움이 되지 않는다. 원래의 자료 세트로부터 결론을 얻기보다는 요약 테이블과 도표 등으로부터 결론을 얻기가 쉬울 것이다. 따라서 우리는 표를 만들거나 그래프를 그리거나 혹은 평균과 같은 요약 측도를 계산함으로써 자료를 다룰 만한 크기로 줄인다.

이러한 형태의 통계분석을 할 수 있도록 도와주는 분야를 **기술통계학**(descriptive statistics)이라고 한다.

> ▸▸ **기술통계학**
> 기술통계학은 도표나 그래프와 요약 측도 등을 이용하여 데이터를 구성하고 나타내며 설명하는 방법들로 구성되어 있다.

사례연구 1–1은 기술통계학의 한 예이다. 이 예는 자료 세트를 구성하기 위해 만들어진 도표와 표를 보여 준다.

2장과 3장에서는 기술통계학의 방법들을 이야기할 것이다. 2장에서는 사례연구 1-1에 있는 그림 같은 것을 어떻게 그리는가를 배울 것이다. 3장에서는 평균과 같은 수치 요약 측도를 계산하는 것을 배울 것이다.

사례연구 1-1 업종별 산업재해 현황

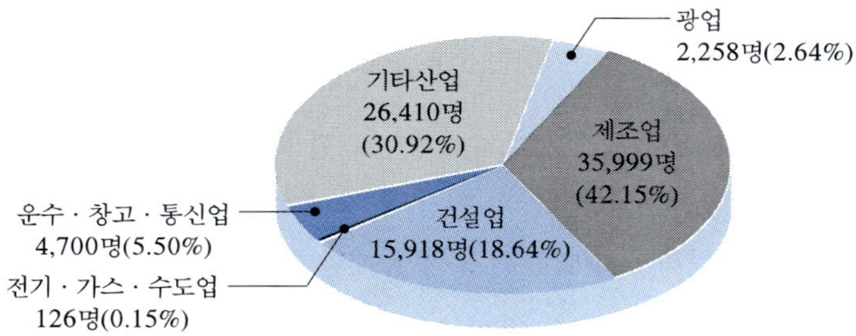

그림 1-1 업종별 산업재해 현황 분포도(자료: 노동부 2005)

그림 1-1은 우리나라 산업재해의 업종별 분포로써 제조업이 전체 재해의 42.15%로 가장 높고 다음은 기타산업이 30.92%, 건설업이 18.64%, 운수 · 창고 · 통신업이 5.50%, 광업이 2.64%, 전기 · 가스 · 수도업이 0.15% 순으로 나타났다.

1.2.2 추론통계학

통계학에서 관심이 있는 원소들의 집합을 **모집단**(population)이라고 한다. 이 모집단으로부터 뽑혀진 몇몇 원소들의 집합을 **표본**(sample)이라고 한다. 통계학의 대부분은 표본으로부터 얻어진 결과를 바탕으로 모집단에 대한 결정을 내리거나 추론을 하거나 예측 등을 다루는 것이다. 예를 들어 몇몇 대학으로부터 뽑혀진 1,000명의 정치적 견해를 바탕으로 모든 대학생들의 정치적 견해에 대해 몇몇 결정을 할 것이다. 또 다른 예로써 대학 졸업자의 초기임금을 알기를 원할 것이다. 이러기 위해서 우리는 2,000명의 최근 대학졸업자를 뽑아서 이 정보를 근거로 결정을 할 것이다. 이러한 결정론적 과정을 다루는 통계학의 분야를 **추론통계학**(inferential statistics)이라고 한다.

▸▸ **추론통계학**

추론통계학은 표본으로부터 모집단에 대한 결정을 하거나 예측을 하는 방법들로 이루어져 있다.

7장의 일부와 8장에서 14장까지에서는 추론통계학을 다루고 있다. 어떤 결과가 얻어질 가능성의 척도를 제공하는 확률은 기술통계학과 추론통계학 사이의 연결고리 역할을 한다. 확률은 불확실한 조건에서 어떤 특정한 사건이 일어날 것인지에 대해 이야기할 때 사용된다.

1.3 모집단과 표본

이 책의 거의 모든 페이지에서 모집단과 표본이라는 용어가 나온다. 따라서 이 두 용어의 의미와 그 차이점을 잘 이해하는 것은 매우 중요하다. 가령 통계학자가 다음에 관심이 있다고 하자.

1. 모든 유권자 선거에서 특정 후보자에게 투표할 비율
2. 우리나라 모든 대형할인마트들의 연간 총 판매액
3. 지난 5년간 우리나라에서 발간된 모든 통계학 책의 가격

위의 예제에서 통계학자는 "모든" 유권자, "모든" 대형할인마트, "모든" 통계학 책에 관심이 있다. 이 각각의 그룹을 우리는 각각의 모집단이라고 부른다. 통계학에서 모집단이란 사람들의 집단일 필요는 없다(이 용어는 영어로 population으로, 인구라는 또 다른 의미를 가지기 때문에 인구와는 다른 모집단이라는 뜻을 강조하기 위해 삽입한 것임). 실제로 사람의 집단이나 책, TV세트, 차 등 어떤 것이든 모두 모집단이 될 수 있다. 관심 있는 조사 대상인 모집단을 **목표모집단**(target population)이라고 한다.

▸▸ 모집단 혹은 목표모집단

모집단은 개인이든 어떤 물건이든 대상이든 그 특성에 대해 연구 조사하고자 하는 모든 원소로 이루어져 있다. 조사 대상인 모집단을 목표모집단이라고 한다.

대부분 모집단에 대해 알고자 하는 것들은 모집단에서부터의 표본을 근거로 결정된다. 예를 들면 우리나라에서 대통령 선거 시 여러 후보에 대한 유권자의 지지율을 추정하기 위해 실시되는 여러 종류의 여론조사는 우리나라 전역에 걸쳐 단지 수백 또는 수천 명의 유권자를 기초로 하고 있다. 이 경우 모집단은 우리나라에서 등록된 유권자로 이루어져 있다. 표본은 의견 여론단에 포함된 수백 혹은 수천 명으로 이루어져 있다. 따라서 모집단에서 뽑혀진 일부를 **표본**(sample)이라고 한다.

▸▸ 표본

조사를 위해 모집단에서 취해진 일부를 표본이라고 한다.

그림 1–2은 모집단으로부터의 표본의 선택을 설명한다.

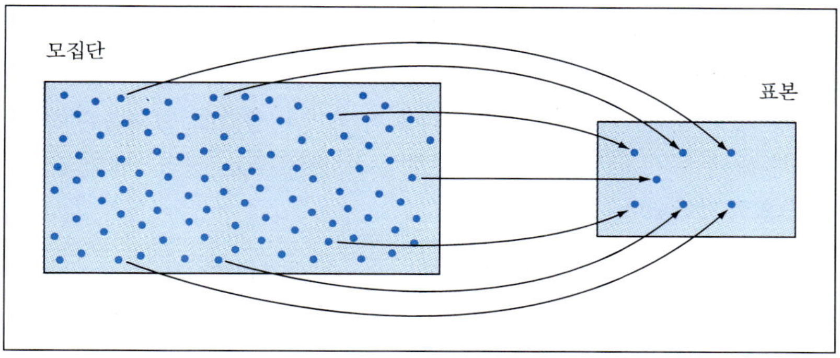

그림 1-2 모집단과 표본

표본의 원소들로부터의 정보의 수집을 **표본조사**(sample survey)라고 한다. 모집단의 모든 원소들을 다 포함하는 조사를 **전수조사**(센서스, census)라고 한다.

모집단의 크기가 흔히 클 수 있다. 따라서 실제로는 경비도 많이 들고 시간도 많이 소요되어 전수조사는 거의 하지 않는다. 대부분 조사를 위해서는 표본을 택하고 얻어진 표본으로부터 얻고자 하는 정보를 수집한다. 예로써 대구광역시의 모든 가구에서 2007년도 총수입에 대한 정보를 모두 수집한다면 이를 전수조사라고 할 것이다. 반대로 대구광역시에 거주하는 50가구에 대한 2007년도 총수입에 대한 정보를 수집한다면 이를 표본조사라고 할 것이다.

▸▸ 전수조사와 표본조사

모집단의 모든 원소를 포함하는 조사는 전수조사라고 한다. 모집단의 일부로부터 정보를 얻는 방법을 표본조사라고 한다.

사례 연구 1-2는 표본조사를 보여 준다.

사례연구 1-2 "국회 FTA비준 동의해야" 60%

조선일보와 한국갤럽이 3일 실시한 여론조사에서는 지난 2일 타결된 한 · 미 FTA(자유무역협정)에 대해 다수가 '잘된 일'로 보고 있으며, 국회가 '한 · 미 FTA 비준을 동의해야 한다'(60.6%)는 의견도 '동의하면 안 된다'(30.6%)보다 두 배 가량 높은 것으로 나타났다.

한나라당 지지층도 다수가 찬성

한 · 미 FTA 타결에 대해 도시 지역에서는 '잘된 일' 이란 긍정 평가가 더 높았지만, 농어촌 거주자들에게는 '잘못된 일' 이란 불만이 더 높았다. 지지 정당별로는 긍정 평가가 열린우리당 지지층에서 84.8%로 가장 높았고 한나라당과 민주당 지지층도 각각 63.3%와 53.3%로 과반수였다. 민주노동당 지지층에서만 한 · 미 FTA 타결에 대한 부정 평가가 57.5%로 다수였다.

한 · 미 FTA 타결에 대해 긍정적으로 평가하는 응답자들은 그 이유에 대해 '국가 경쟁력

확보' (41.5%), '제품가격 인하 등 소비자 이익 증대' (35.1%), '생산 및 고용 증대' (12.1%), '한 · 미 동맹 강화' (10.5%) 등으로 답하였다. 반면 한 · 미 FTA 타결을 부정적으로 보는 이유는 '농업 등 국내 산업 타격' (54.4%)을 가장 많이 꼽았고, 그다음은 '미국에 대한 한국의 경제 · 문화 종속' (23.1%), '경제 불안정성 심화' (13%), '지역 · 세대 간 대립 심화' (9.5%) 등의 순으로 답하였다.

대학생 64.1%, 일자리 창출 기대

'한 · 미 FTA가 경제성장을 촉진하고 더 많은 일자리를 창출할 것이라는 낙관적 전망에 대해서는 공감한다' (52.5%)가 '공감하지 않는다' (42.5%)에 비해 10% 높았다. 경제성장과 일자리 창출에 대한 기대는 대학생이 64.1%로 가장 높은 반면, 블루칼라는 40.5%로 가장 낮았다.

한편 '한 · 미 FTA로 인해 농업이 붕괴되고 우리나라 경제가 미국 경제에 종속될 것' 이란 비관적 전망에 대해서는 '공감한다' (50 .2%)와 '공감하지 않는다' (46.6%)가 비슷하였다. 한 · 미 FTA 타결 부작용에 대한 우려도 비교적 높은 편으로 볼 수 있다. 이러한 비관적 전망에 대한 공감은 농림수산업자가 65.1%로 가장 높았고 자영업자가 48.9%로 가장 낮았다. 지지 정당별로는 민주당과 민주노동당 지지층은 부작용에 대한 우려가 각각 72.2%와 70.8%로 다수였지만, 열린우리당과 한나라당 지지층에서는 각각 48.7%와 45.3%였다.

조선닷컴 2007년 4월 4일
홍영림 기자

표본조사의 목적은 해당 모집단에 대한 결정을 하기 위해서이다. 우리가 표본조사를 통해서 얻은 결과가 전수조사를 해서 얻은 결과와 거의 일치한다는 것은 매우 중요하다. 그렇지 않으면 표본조사를 근거로 한 어떤 결정도 해당모집단에 적용할 수 없을 것이다. 예로써 표본조사를 통해서 대구광역시에 거주하는 가구의 평균 수입에 대해 조사할 때 모집단에 존재하는 소득이 다른 여러 집단의 비율에 따른 가구들이 표본에서도 포함되어야만 한다. 이러한 표본을 대표표본이라고 부른다. **대표표본**(representative sample)으로부터의 추론은 더욱 신뢰할 만할 것이다.

▸▸ 대표표본

모집단의 특성을 가능한 한 근접하게 나타내는 표본을 대표표본이라고 부른다.

표본은 랜덤 혹은 비랜덤일 수 있다. **랜덤표본**(random sample)은 모집단에 있는 각 원소가 표본에 포함될 확률이 있는 경우이며 그렇지 않으면 비랜덤이다.

▸▸ 랜덤표본

모집단에서의 각 원소가 표본으로 채택될 확률이 주어진 상태에서 표본을 택한 경우, 이를 랜덤표본이라고 한다. 만약 각 원소가 표본으로 채택될 확률이 동일한 경우, 이를 단순 랜덤표본이라고 한다.

랜덤표본을 추출하는 한 방법으로는 제비뽑기가 있다. 가령 50명의 학생 가운데서 5명을 랜덤으로 뽑는다면 같은 크기의 종이 50장 각각에 각 학생의 이름을 쓰고 이 종이를 상자 안에 넣은 다음 잘 섞은 뒤 상자로부터 5장을 뽑으면 된다. 반대로 50명의 이름을 가나다 순서대로 기입한 뒤 첫 5명을 채택하면 이는 비랜덤이다. 왜냐하면 5번째 학생에 비해 6번째 학생은 표본에 포함될 확률이 전혀 없기 때문이다.

표본을 뽑을 때 한 번 채택된 원소를 다시 모집단에 포함시킨 뒤 또 뽑는 경우 이를 **복원추출**(with replacement)이라고 하며 만약 한 번 채택된 원소를 제외한 뒤 나머지 가운데서 표본을 뽑는 경우를 **비복원추출**(without replacement)이라고 한다. 따라서 복원추출은 한 번 채택된 원소가 또 다시 뽑힐 수 있는 반면에 비복원추출인 경우는 단 한 번만 표본으로 채택될 수 있다. 여론조사의 경우 복원추출을 하면 한 번 의견을 제시한 사람이 다시 뽑힐 수 있어 모집단의 대표성이 상실될 수 있다.

1.4 기본 용어들

다음의 기본용어를 살펴보자. 만약 2014년 1분기 우리나라 각 기업의 순이익을 생각해 볼 때 가령 삼성전자가 7조 원의 순이익을 올렸다고 하자. 이 경우 우리나라의 많은 기업 가운데서 삼성전자를 **원소**(element 혹은 member)라고 하며 순이익 7조 원은 **관찰값**(observation 혹은 measurement)이라고 한다.

▸▸ **원소**

원소는 정보를 얻고자 하는 모집단이나 표본을 구성하는 사람이나 특정한 것들(가령 회사, 개인, 국가, 기업 등)을 일컫는다.

2014년 각 기업의 순이익을 변수(variable)라고 하고 이 변수는 우리가 조사하는 기업의 특성을 나타낸다.

▸▸ **변수**

변수는 각각의 원소는 각각 다른 값을 가진다는 가정에 따라 조사 중인 특성을 말한다. 변수에 비해 상수는 고정된 값이다.

변수의 예는 매우 많다. 즉 개인의 소득이나 직업의 형태, 키나 몸무게 등도 될 수 있으며 자동차의 휘발유 1리터당 주행거리 등도 변수가 된다. 이때 변수는 각 원소가 서로 다른 값을 가진다고 가정한다. 이러한 변수는 X 혹은 Y 등으로 표현한다. 변수의 각 값을 **관찰값**(observation 혹은 measurement)이라고 한다.

> ▸▸ **관찰값**
> 각 원소의 변수의 값을 관찰값이라고 한다.

여기서 우리는 자료 세트를 다음과 같이 정의한다.

> ▸▸ **자료 세트**
> 한 가지 혹은 그 이상의 변수에 대한 관찰값들을 모아 둔 것을 자료 세트라고 한다.

1.5 변수의 형태

앞 절에서 우리는 원소마다 서로 다른 값을 가질 것이란 가정 아래 조사 중인 특성을 변수라고 하였다. 가족의 수입이나 사람들의 키, 회사의 총매출액, 대학교재의 가격, 교통사고 건수 등이 그 예이다. 이러한 변수들은 크게 **양적**(quantitative) 혹은 **질적**(qualitative)일 수 있다.

1.5.1 양적 변수

어떤 변수들은 숫자로 측정될 수 있는 반면에 그렇지 못한 변수도 있다. 숫자로 측정될 수 있는 변수를 **양적 변수**(quantitative variable)라고 한다.

> ▸▸ **양적 변수**
> 숫자로 측정될 수 있는 변수를 양적 변수라고 한다.

수입이나 키, 몸무게, 집의 가격이나 가구당 자동차 소유대수, 사고건수 등이 그 예이다. 양적 변수는 이산형(discrete type)과 연속형(continuous type)의 두 가지가 있다.

양적 변수 중에는 일어날 수 있는 모든 변수 값의 개수를 헤아릴 수 있는 변수가 있다. 예를 들면 가구당 소유 자동차 대수가 그 예이다. 반면에 가구당 수입은 헤아릴 수가 없다. 헤아릴 수 있는 양적 변수를 **이산형 변수**(discrete variables)라고 한다. 이산형 변수에서는 각각의 값 사이의 다른 값들은 있을 수 없다.

▸▸ 이산형 변수

헤아릴 수 있는 변수 값을 가지는 양적 변수를 이산형 변수라고 한다. 즉, 인접한 두 개의 이산형 변수 값 사이에는 다른 변수 값이 존재하지 않는다.

즉 가구당 자동차 대수는 1, 2, 3 등의 정수 값만이 있을 뿐이며 1.5 혹은 2.6 등의 값이 있을 수 없다.

연속형 변수(continuous variable)는 주어진 구간 안에서 아무 값이나 가질 수 있는 변수를 말한다.

▸▸ 연속형 변수

주어진 구간 안에서 임의의 값을 가질 수 있는 변수를 연속형 변수라고 한다.

예를 들면, 시간 등이 그 예이다. 30분에서 60분 사이의 어떤 값이라고 한다면 42.6분도 있을 수 있으며 또한 42.6755분도 있을 수 있다. 마찬가지로 사람의 키는 172.5센티미터도 있고 172.56789센티미터도 있을 수 있다. 그러나 시간이나 키 값의 개수는 헤아릴 수 없다.

1.5.2 질적 혹은 범주형 변수

숫자로 측정이 불가능하지만 몇 개의 범주로는 측정이 가능한 변수가 있는데 이를 **질적 혹은 범주형 변수**(qualitative 혹은 categorical variables)라고 한다.

▸▸ 질적 혹은 범주형 변수

숫자로는 측정이 불가능하지만 두 가지 이상의 범주로 나누어 측정이 가능한 변수를 질적 혹은 범주형 변수라고 한다. 이런 변수들로 측정 수집된 데이터를 질적 데이터라고 한다.

예를 들어 대학생의 학년은 질적 변수이다. 왜냐하면 대학생의 학년은 1, 2, 3, 4학년 네 가지 범주 가운데 하나이기 때문이다. 머리카락의 색깔, 자동차 메이커 등은 모두 다 범주형 변수에 해당된다.

1.5.3 척도에 따른 분류

측정이란 관심의 대상이 있을 때 혹은 흥미로운 항목들이 있을 때 그 대상이나 항목에 대해 숫자를 부여하는 작업을 측정이라고 한다. 가령 대학교 신입생들의 지능지수에 대해 관심이 있을 때 지능에 대해 적절한 숫자를 부여하는 작업(대부분의 경우 소위 IQ테스트를 해서 얻어지겠지만 다른 방법도 생각할 수 있지 않을까?)을 측정이라고 한다. 또 다른 예로써 신입생들의 성별에 관심이 있을 경우 각 신입생에게 남 · 여에 따라 0 또는 1을 부여하는 작업을 측정이라고 한다. 이러한 측정에서의 기본인 척도(scale)인 명목척도(nominal scale), 순서척도(ordinal scale), 구간척도(interval scale), 비율척도(ratio scale)에 대해 알아보자.

▸▸ 명목척도
분류에 목적이 있는 척도이다.

가령 남자는 0, 여자는 1로 숫자를 부여하는 경우이다. 숫자는 반대로 해도 무방하다. 단지 남자 혹은 여자로만 분류할 수 있으면 되는 것이다. 이 척도의 특징은 분류에만 목적이 있기 때문에 대소관계 혹은 더하기 나누기 등에는 사용할 수 없다.

▸▸ 순서척도
순서 부여에 목적이 있는 것이다.

예로써, 흔히 사용하는 학급 석차를 들 수 있다. 또한 프로야구 8개 팀의 시즌성적을 1등, 2등, ... 등과 같이 순서를 나타내는 경우도 있다. 이런 순서척도의 특징은 순서관계만을 나타내며 차이에 대해서는 아무런 정보가 없다. 즉 1등과 2등의 차이와 2등과 3등의 차이는 별개로 같을 수도 다를 수도 있다. 따라서 가능한 연산은 없으며 대소관계, 즉 $A \geq B$ 혹은 $A \leq B$로만 측정이 가능하다.

▸▸ 구간척도
일정한 구간의 개수만큼 나타내는 경우가 구간척도이다.

예로써, 섭씨 혹은 화씨 온도가 있다. 구간척도의 특징은 일정한 구간은 흔히 단위 혹은 눈금으로 표현되는데, 가령 온도 같은 경우에 물이 액화상태로 있을 수 있는 가장 낮은 온도를 섭씨 0도로 하고 물이 끓는 온도를 섭씨 100도로 정해서 섭씨 100도까지 수은주가 변화하는 길이를 100등분하여 단위를 섭씨 1도로 정한 것이다. 따라서 더하고 뺄 수는 있지만 곱하거나 나눌 수는 없다. 즉, 섭씨 30도가 섭씨 10도보다 3배 더운 것이 아니라 눈금이 20개만큼 더 많이 올라간 것이다. 따라서 $A \pm B$가 가능하다.

▸▸ 비율척도
일정한 양의 비례로 표현되는 척도를 비율척도라고 한다.

그 예로써 길이, 무게 혹은 절대온도(Kelvin) K가 있다. 특징은 단위에 대해서는 몇 배가 되는가를 나타낸다. 즉 10미터는 1미터 단위의 10배이다. 따라서 이들 값 사이에는 $A=kB$이고 $B=mC$이면 $A=kmC$가 가능하다.

연습문제

1.1 기술통계학과 추론통계학의 예를 들어 간단히 설명하라.

1.2 통계청 웹사이트인 www.nso.go.kr에 들어가면 우리나라에 대한 각종 자료가 있다.

(1) 통계청 자료 가운데 모집단과 표본 각각으로부터 얻어진 자료가 있으면 이를 구해보라.

(2) 통계청 자료 가운데서 전수조사를 한 것이 있으면 그 자료를 보이고 왜 굳이 전수조사를 해야만 하는지 논하라.

(3) 통계청 자료 가운데서 표본조사를 한 것이 있으면 그 자료를 보이고 왜 굳이 표본조사를 해야만 하는지 논하라.

(4) 우리나라에 대한 각종 자료 가운데서 질적 자료와 양적 자료를 찾아 그 예를 보여라.

1.3 다음의 각 상황에서 모집단과 표본은 무엇인가?

(1) 한 여론조사 기관이 대통령 선거 당일, 각 투표소에서 200명씩의 유권자들에 대하여 출구 조사를 실시하였다.

(2) 우리나라 대학생들의 청력상태를 알아보기 위하여 전국에서 1,000명의 대학생을 뽑아 청력검사를 실시하였다.

(3) 한 소주회사에서 자사 제품의 선호도를 조사하기 위하여 1,500명을 대상으로 설문조사를 실시하였다.

1.4 다음 표는 5명의 학생들의 통계학 시험 점수이다.

학생	점수
A	83
B	91
C	78
D	69
E	87

위 표에 대하여 원소와 변수, 관찰값, 자료 세트의 의미를 설명하라.

1.5 다음 변수들을 질적 변수와 양적 변수로 구분하라.

(1) 가족 구성원의 수 (2) 차의 색깔 (3) 사람의 결혼 상태
(4) 학급의 학생 수 (5) 개구리의 점프 길이

1.6 연습문제 1.5에서 양적 변수를 이산형 변수와 연속형 변수로 구분하라.

엑셀실습

● E1-1 엑셀 자료파일 저장하기

엑셀 작업 시 사용한 자료는 엑셀 자료파일로 저장하여 필요 시 불러내어 사용할 수 있다.

단계 1. 【파일】→【저장】→【컴퓨터】→【찾아보기】 선택

단계 2. 【다른 이름으로 저장】 대화창에서『파일 이름』을 입력한다. 이때 자료파일을 저장하고자 하는『Drives』와『Directories』를 선택하여야 하며, 확장자는 디폴트로『xlsx』가 된다.

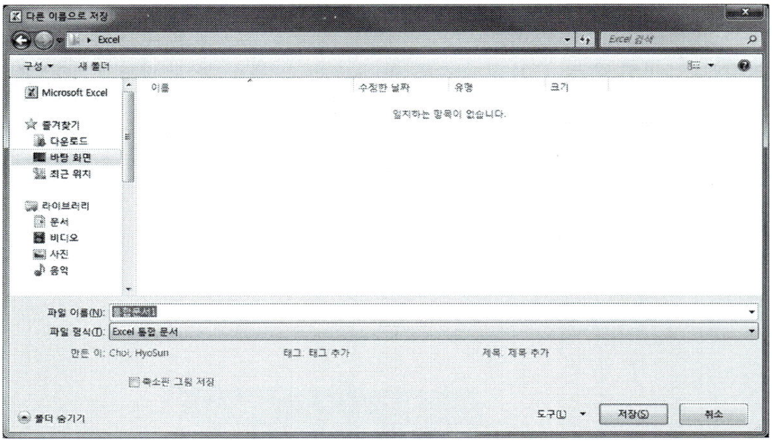

단계 3. 【다른 이름으로 저장】 대화창에서 『저장』을 선택하면 자료가 엑셀파일로 저장된다.

● E1-2 엑셀 자료파일 불러오기

엑셀 자료파일로 저장된 자료를 엑셀 윈도우에 불러온다.

단계 1. 【파일】→【열기】→【컴퓨터】→【찾아보기】 선택한 후 자료파일이 저장되어 있는 『Drives』와『Directories』를 선택하고『파일 이름』에서 파일『store』를 선택한다.

단계 2. 【열기】 대화창에서 『열기』를 선택하면 엑셀 파일이 불러진다.

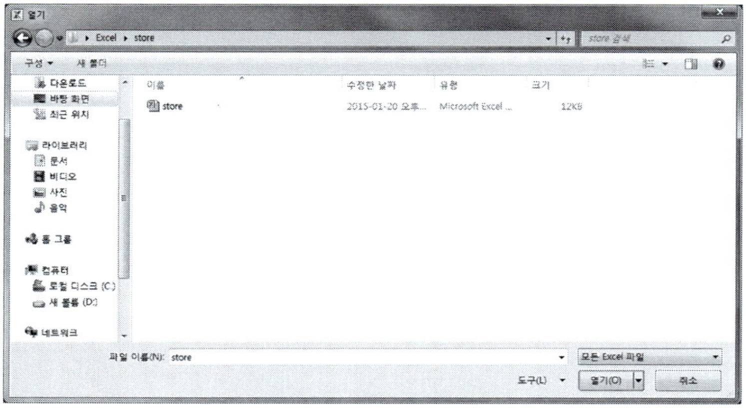

● E1-3 자료 입력하기

단계 1. 입력하고자 하는 칸(Cell)에 마우스로 클릭을 한다.

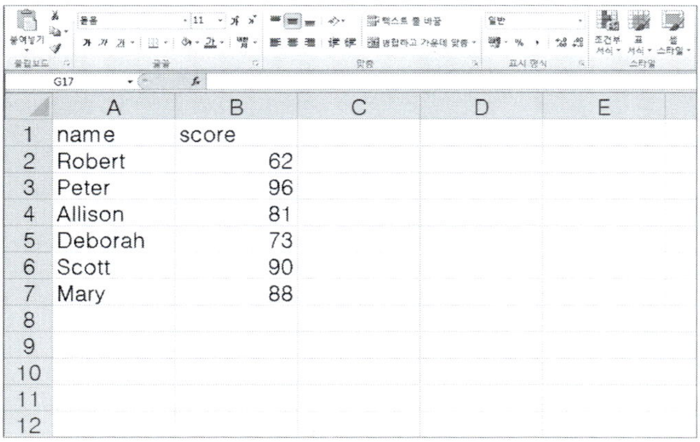

단계 2. 입력하고자 하는 내용을 키보드를 이용하여 입력한 후 Enter 키를 누른다.

● E1-4 엑셀 종료하기

단계 1. 【파일】→【끝】 선택

CHAPTER 02

자료 정리

개인적인 조직이나 사업체는 물론 수많은 정부기관들, 즉 통계청, 농림축산식품부, 교육부, 보건복지부 등은 매년 수많은 조사를 하고 있다. 수집된 원래의 자료는 수천 쪽에 달할 것이다. 이렇게 수집된 원래의 자료는 우리에게 알맞은 정보를 제공하기에는 너무 방대하다. 기술통계학은 그래프 혹은 방대한 자료를 요약하는 기술을 제공한다.

우리는 매일 신문이나 잡지에서 이러한 표, 그래프 혹은 요약된 정보를 볼 수 있다. 언뜻 보아도 이러한 표나 그래프는 여러 가지 양상에 대한 정보를 보여 준다. 결론적으로 기술통계학은 정보를 요약하고 분석하기 위한 효율적이고 효과적인 방법을 제공하기 때문에 매우 중요하다.

이 장에서는 표와 그래프를 사용하여 어떻게 자료를 조직화하고 표현할 것인지를 설명할 것이다. 또한 질적 자료와 양적 자료에 대해 도수분포표를 작성하는 방법, 막대그래프, 원그래프, 히스토그램, 도수다각형, 줄기-잎-그림 등을 어떻게 그릴 것인지에 대해 설명할 것이다.

2.1 원 자료

모집단이나 표본의 각 구성원들로부터 자료는 수집되거나 관찰되는 순으로 기록되는데 이러한 순서는 특별한 의미를 지니지 못한다. 이처럼 맨 처음 수집된 자료가 어떤 특성에 의해 그룹화되거나 순서화되기 전의 자료를 **원 자료**(raw data)라고 한다.

▸▸ 원 자료

어떤 처리나 의미있는 순서가 부여되지 않고 단순히 수집되어 차례대로 기록된 자료를 원 자료라고 한다.

도시규모에 따라 도시 기후가 어떻게 다른 가를 알아보기 위하여 우리나라 21개 도시, 서울, 부산, 인천, 대구, 광주, 수원, 속초, 춘천, 강릉, 청주, 대전, 서산, 전주, 군산, 목포, 여수, 포항, 울산, 통영, 진주, 제주의 평균기온을 조사하였다. 표 2-1은 21개 도시의 2007년 1월 평균기온이다. 서울의 평균기온이 0.4이고 부산의 평균기온은 5.2이다. 표 2-1에 주어진 자료는 양적 원 자료(quantitative raw data)의 한 예이다.

표 2-1 21개 도시의 2007년 1월 평균기온

0.4	5.2	0.9	3.3	2.4
−0.1	0.7	−0.2	2.8	0.5
0.4	0.2	1.6	1.4	2.6
4	4.1	4.8	4.8	1.14
7.2				

21개 도시의 인구에 따라 거대도시, 대도시, 중도시, 소도시로 나누었으며, 질적(qualitative) 혹은 범주형(categorical) 원 자료의 한 예이다.

표 2-2 21개 도시의 분류

거대도시	대도시	대도시	대도시	대도시
대도시	소도시	중도시	중도시	중도시
대도시	중도시	중도시	중도시	중도시
중도시	중도시	대도시	중도시	중도시
중도시				

표 2−1과 표 2−2에 나타난 자료를 비그룹화 데이터(ungrouped data)라고 하고 이들 자료는 표본이나 모집단의 구성원 각각의 정보를 가지고 있다.

2.2 질적 자료의 정리와 그래프

이 절에서는 질적 자료를 어떻게 정리하고 도표화할 것인지에 대해 언급하고자 한다. 수집된 자료는 표나 그래프로 표현될 것이다.

2.2.1 도수분포표

자료가 수집된 후 변수의 어떤 값들이 관측되고 그 값이 얼마나 많이 관측되었는가, 또 어떻게 분포하는가에 대하여 관심을 가지게 된다. 질적 자료인 경우 각 관측값이 나타나는 빈도수를 **도수**(frequency)라고 하고, 이 도수를 전체 자료의 숫자로 나눈 것을 **상대도수**(relative frequency)라고 한다. 상대도수에 100을 곱하여 퍼센트(percent)로 나타내기도 한다. **도수분포**(frequency distribution)는 여러 개의 범주에 각 도수들, 상대도수들, 혹은 퍼센트가 어떻게 분포되어 있는가를 나타낸다. 표 2−3을 **도수분포표**(frequency distribution table) 혹은 **도수표**(frequency table)라고 한다.

우리나라의 어떤 대학교에 등록한 임의의 100명의 학생들에게 졸업 후 희망진로에 대해 조사한 결과, 44명이 개인 회사나 기업체에서 일하기를 희망하였고, 16명은 중앙정부, 23명은 지방자치단체, 나머지 17명은 개인 사업을 희망하였다. 표 2-3은 고용 형태와 각 취업의 형태에 원하는 학생의 각 수를 나열해 놓은 것이다. 이 표에서 변수는 고용의 형태인 질적 변수이다.

표의 첫 번째 열에 있는 고용의 형태를 나타내는 범주는 서로 배반(mutually exclusive)이다. 즉 100명의 학생 각각은 이들 4개의 범주 중 오직 하나의 범주에만 속한다. 어떤 범주에 속하는 학생의 수가 그 범주의 도수가 된다.

표 2-3 취업하고자 하는 학생들의 고용의 형태

	고용의 형태	학생의 수	
	개인회사/기업체	44	
범주 →	중앙정부	16	← 도수
	지방자치단체	23	
	개인사업	17	
	합계	100	

(변수 → 고용의 형태, 도수 열 ← 학생의 수)

▸▸ 질적 자료에 대한 도수분포

질적 자료에 대한 도수분포는 모든 범주와 각 범주에 속해 있는 각 구성원의 수를 나열한 것이다.

예제 2-1은 질적 자료를 가지고 어떻게 도수분포표를 작성하는지를 설명하고 있다.

예제 2-1 통계학을 수강하는 학생 47명을 대상으로 국내에서 여행하고 싶어 하는 지역을 알아보았다. 경기도(서울), 충청도, 전라도, 경상도, 강원도, 제주도, 기타 중 어떤 곳인지를 질문한 결과 다음과 같았다. 도수분포표를 작성하라.

경상도	제주도	강원도	제주도	제주도	경기도
강원도	제주도	강원도	경기도	제주도	경상도
제주도	기타	강원도	경기도	전라도	경기도
충청도	제주도	강원도	전라도	제주도	경상도
제주도	경상도	경기도	제주도	충청도	제주도
기타	제주도	강원도	제주도	전라도	제주도
전라도	제주도	충청도	강원도	강원도	제주도
제주도	경기도	제주도	제주도	제주도	

풀이 학생이 여행하고 싶어 하는 지역이 바로 변수이고 범주가 경기도(서울), 충청도, 전라도, 경상도, 강원도, 제주도, 기타로 분류된다. 표 2-4의 첫 번째 열에 먼저 이들 범주를 기록하고 주어진 자료를 가지고 각 범주를 두 번째 열에 표시해 나간다. 쉽게 헤아릴 수 있도록 5개씩 묶으면 편리할 것이다. 마지막으로 표의 마지막 열은 각 범주의 전체 도수를 기록한다. 바로 이 열이 도수열(column of frequencies)이 되고 f로 표시한다. 물론 도수열의 전체 합은 표본의 수 혹은 전체 도수가 된다. 표 2-4에서처럼 전체 합은 47로 표본의 수이다.

표 2-4 선호하는 여행지 도수분포표

여행지	계수	도수(f)
경기도	卌 |	6
충청도	|||	3
전라도	||||	4
강원도	卌 |||	8
경상도	||||	4
제주도	卌 卌 卌 卌	20
기타	||	2
	합계	47

2.2.2 상대도수와 백분위분포

각 범주의 **상대도수**(relative frequency)는 각 범주의 도수를 전체 도수로 나눈 것이다. 따라서 상대도수는 전체 도수에 대한 비 혹은 비율을 나타낸다. **상대도수분포**(relative frequency distribution)는 모든 범주에 대한 상대도수를 나타낸 표이다.

▸▸ 각 범주의 상대도수

$$\text{상대도수} = \frac{\text{해당 범주의 도수}}{\text{모든 도수의 합}}$$

어떤 범주에 대한 **백분위**(percentage)는 그 범주의 상대도수에 100을 곱한 값으로 **백분위분포**(percentage distribution)는 모든 범주의 백분위를 나열한 표이다.

▸▸ 백분위

$$\text{백분위} = \text{상대도수} \times 100$$

예제 2-2 표 2-4의 자료로 상대도수분포와 백분위분포를 작성하라.

풀이 표 2-4의 상대도수와 백분위수는 표 2-5와 같이 주어진다. 이 표에 기초해서 볼 때 표본에서 경기도로 여행하고 싶어 하는 학생은 0.1277 혹은 12.77%임을 알 수 있다. 또한 처음 두 개의 범주를 합하면, 즉 경기도나 충청도로 여행하고 싶어 하는 표본으로 뽑힌 학생의 19.15%라고 할 수 있다.

상대도수의 합은 항상 1이고 백분위의 합은 항상 100이다. (물론 반올림에 의해 정확하게 1 혹은 100이 아닐 수 있으나 근사적으로는 1 혹은 100이어야 한다.)

표 2-5 상대도수분포와 백분위분포

여행지	상대도수	백분위
경기도	6/47 = 0.1277	0.1277 × 100 = 12.77
충청도	3/47 = 0.0638	0.0638 × 100 = 6.38
전라도	4/47 = 0.0851	0.0851 × 100 = 8.51
강원도	8/47 = 0.1702	0.1702 × 100 = 17.02
경상도	4/47 = 0.0851	0.0851 × 100 = 8.51
제주도	20/47 = 0.4255	0.4255 × 100 = 42.55
기타	2/47 = 0.0426	0.0426 × 100 = 4.26
	합계=1.0000	합계=100%

2.2.3 질적 자료의 그래프

한 장의 그림이 천 마디 말보다 좋다고 한다. 즉 주어진 자료에 대한 특성을 그림으로 나타낸다면 더욱 쉽고 효과적으로 전달할 수 있는 것이다. **막대그래프**(bar graph)와 **원그래프**(pie chart)는 질적 자료의 특성을 나타내는 데 흔히 사용되고 있다.

2.2.3.1 막대그래프

막대그래프를 그리기 위해서 우선 그림 2-1에서처럼 가로축에 주어진 각 범주를 표시한다. 물론 모든 범주는 같은 간격의 구간으로 표시해야만 한다. 세로축은 도수를 표시한다. 각 범주에 대해 각 한 개씩의 막대로 표시되며 막대의 높이는 그 범주의 도수를 나타낸다.

그림 2-1은 표 2-4의 도수분포에 대한 막대그래프로 각 막대 사이에 여백을 두었다.

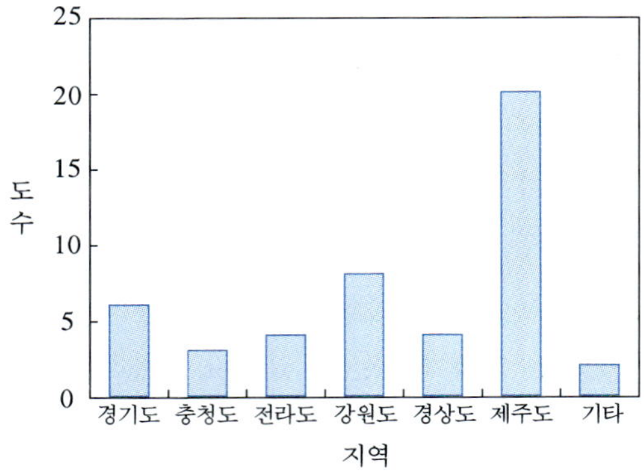

그림 2-1 표 2.4의 도수분포의 막대그래프

> ▸▸ **막대그래프**
>
> 막대의 높이가 각각 범주의 도수를 나타내도록 그린 그래프를 막대그래프라고 한다.

다음의 사례연구 2-1은 한겨레 신문의 "휴대전화 사용에 대한 학생지도 현황"에 대한 기사 일부이다.

사례연구 2-1 휴대전화 사용에 대한 학생지도 현황

상당수 학교에서 휴대전화는 '금지 물품' 이다. 이에 학생들과 인권단체들은 인권 침해라며 반발하고 있다. 현재 10곳 중 5곳이 휴대전화를 압수하고 있는 실정이다. 경기도 교육위원회 이재삼 위원이 26일 경기도교육청의 자료를 분석한 결과, 경기도 내 883개 중 · 고교 중 45.8%(중학교 53.3%, 고교 35.1%)인 404곳(중학교 275곳, 고교 129곳)이 교내에서 학생들의 휴대전화가 발견되면 압수하고 있는 것으로 나타났다.

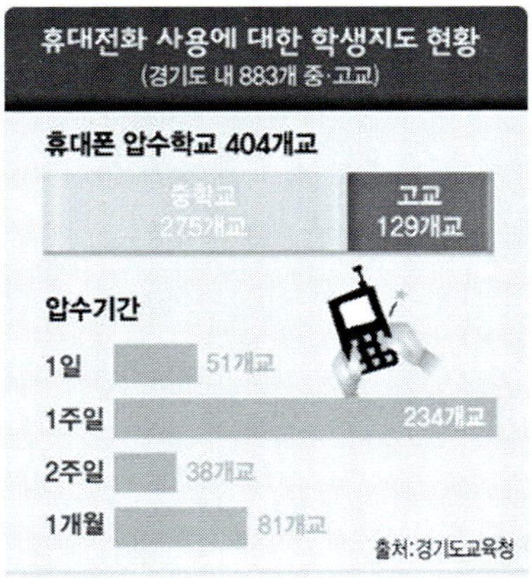

2.2.3.2 원그래프

원그래프는 도수나 상대도수를 사용하기도 하지만 백분위를 나타내는 데 더 일반적으로 사용된다. 전체 원은 모집단이나 표본 전체를 나타낸다. 각 원은 서로 다른 범주에 속하는 모집단이나 표본의 백분위를 나타내는 비로 나누어진다.

> ▸▸ **원그래프**
> 서로 다른 범주에 속하는 모집단이나 표본의 상대도수 혹은 백분위를 나타내는 비에 의해 원이 나누어지는 것을 원그래프라고 한다.

원의 내부는 360도이다. 원그래프를 그리기 위해 우선 각 범주의 상대도수에 360을 곱한다. 그 결과 값이 곧 각 범주에 대한 각도를 나타낸다. 표 2–6은 표 2–5의 각 범주에 대한 각도를 계산한 결과를 보여 준다.

표 2–6 원그래프를 그리기 위한 각도 계산

여행지	상대도수	각도 크기
경기도	0.1277	0.1277 × 360 = 45.96
충청도	0.0638	0.0638 × 360 = 22.98
전라도	0.0851	0.0851 × 360 = 30.64
강원도	0.1702	0.1702 × 360 = 61.28
경상도	0.0851	0.0851 × 360 = 30.64
제주도	0.4255	0.4255 × 360 = 153.19
기타	0.0426	0.0426 × 360 = 15.32
	합계 = 1.0000	합계 = 360

그림 2–2는 표 2–6의 각도 계산 결과를 이용한 표 2–5의 백분위분포에 대한 원그래프이다.

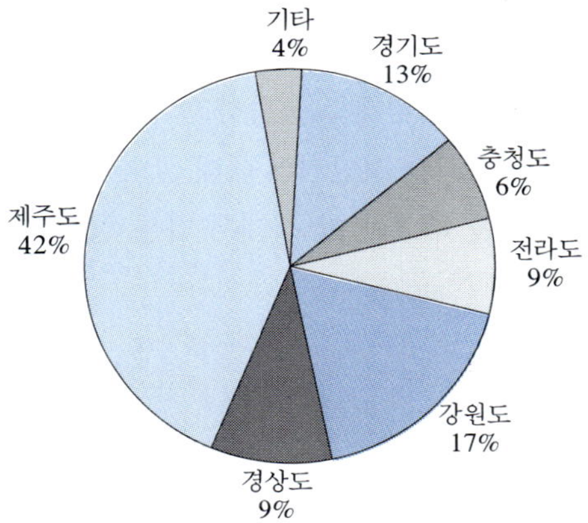

그림 2–2 여행지에 대한 원그래프

사례연구 2-2는 동아일보가 창간을 맞아 전국 성인 1500명을 대상으로 2007년 3월 27일 실시한 국민의식을 조사한 내용이다.

사례연구 2-2 "나는 저소득층" 48% "중산층" 42% …국민의식 여론조사

국민 2명 중 1명(47.9%)은 자신을 '저소득층'으로 인식하고 있으며 42.0%는 '중산층', 7.3%는 '빈민층'이라고 생각하는 것으로 나타났다.

5년 전과 비교한 살림살이 형편에 대해선 36.2%가 나빠졌다고 한 반면 '나아졌다'는 사람은 16.5%에 불과했다. 하지만 5년 후 살림살이는 '지금과 비슷할 것'(46.2%)이라는 응답에 이어 '나아질 것'이라는 긍정적 전망이 31.2%로 비교적 높아 어려운 여건에서도 미래에 대한 희망을 갖고 있는 것으로 분석됐다.

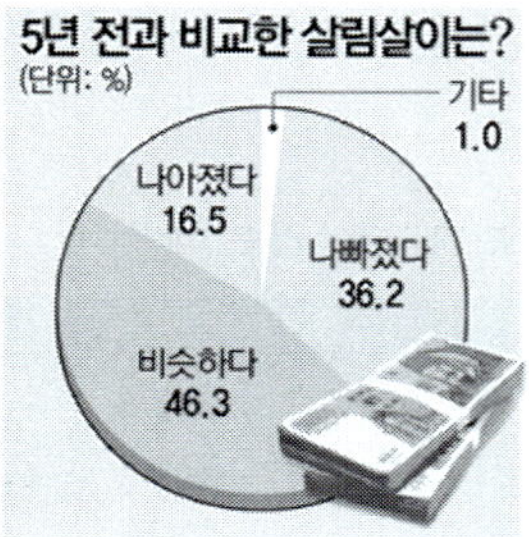

이념 성향은 보수 36.8%, 중도 28.4%, 진보 27.7%로 대통령 선거가 다가올수록 중도의 비율이 줄고 보수와 진보로 갈라지는 경향을 보였다.

이번 조사는 코리아리서치센터(KRC)가 성, 연령, 지역별로 할당해 추출한 응답자를 대상으로 전화면접 방식으로 실시했다. 표본오차는 95% 신뢰수준에서 ±2.5%포인트이다.

2.3 양적 자료의 정리와 그래프

앞 절에서 우리는 질적 자료를 어떻게 그룹화하고 정리할 것인지를 배웠다. 이 절에서는 양적 자료를 어떻게 그룹화하고 정리할 것인지에 대해 설명하고자 한다. 양적 자료일지라도 변수가 취할 수 있는 값이 많지 않을 때에는 앞 절에서 다룬 질적 자료의 정리와 그래프 방법들을 이용하는 것이 좋다.

2.3.1 도수분포표

표 2-7은 어떤 대기업에 고용된 100명의 주당 수입을 나타낸 것이다. 이 표의 첫 번째 열은 계급(class)으로 변수, 즉 주당 수입을 나타낸다. 양적 자료에 대해 상한값과 하한값 사이에 들

어가는 모든 값을 포함하는 구간을 **계급**(class)이라고 하며 항상 어떤 변수를 나타낸다.

표 2-7 고용인 100명의 주당 수입

주당 수입 (천원)	고용인수 f
301–400	9
401–500	16
501–600	33
601–700	20
701–800	14
801–900	8

변수 → 주당 수입 (천원)
도수 열 → 고용인수 f
세 번째 계급 → 501–600
세 번째 계급의 도수 → 33
여섯 번째 계급의 하한값 → 801
여섯 번째 계급의 상한값 → 900

위 표에서 본 것처럼 계급은 서로 겹치지 않는다. 즉 주당 수입은 오직 한 개의 계급에만 속한다. 표의 두 번째 열은 각 계급의 수입에 속하는 고용인의 수를 나타낸다. 예를 들어 이 회사의 9명은 주당 수입이 301(천 원)에서 400(천 원) 사이이다. 두 번째 열에 있는 수들은 **도수**(frequency)라고 하고 f로 나타낸다.

양적 자료는 질적 자료와 달리 각 계급의 도수는 그 계급에 속해 있는 자료들의 수를 나타낸다. 표 2–7은 6개의 계급이 있으며, 각 계급은 하한값과 상한값을 가진다. 301, 401, 501, 601, 701, 801은 각 계급의 하한값이고 400, 500, 600, 700, 800, 900은 상한값이다. 즉 표 2-7은 양적 자료의 **도수분포표**(frequency distribution table)이다. 도수분포표의 형식으로 정리된 자료를 **그룹화된 자료**(grouped data)라고 한다.

▸▸ 양적 자료에 대한 도수분포표

양적 자료에 대한 도수분포표는 모든 계급과 각 계급에 속한 값의 수를 나타낸다. 도수분포표의 형식으로 표현된 자료를 집단화된 자료라고 한다.

표 2–7에서 첫 번째 계급의 상한값과 두 번째 계급의 하한값의 중앙값은 두 극한값의 합을 2로 나눈 것이다. 즉

$$\frac{400+401}{2}=400.5$$

중앙값 400.5를 첫 번째 계급의 **상한 경계값**(upper boundary), 두 번째 계급의 **하한 경계값**(lower boundary)이라고 한다.

이러한 방식으로 표 2–7의 계급의 한계값을 **계급 경계값**(class boundary)으로 바꿀 수 있

다. 이를 **참 계급 한계**(real class limit)라고 한다. 표 2-8의 두 번째 열은 표 2-7의 경계값을 나타낸다.

▸▸ 계급 경계값

계급 경계값은 어떤 계급의 상한값과 그 다음 계급의 하한값의 중앙값이다.

표 2-8 표 2-7의 계급 경계값, 계급폭, 계급 중앙값

계급한계	계급경계값	계급한계	계급 중앙값
301 ~ 400	300.5 이상 400.5 미만	100	350.5
401 ~ 500	400.5 이상 500.5 미만	100	450.5
501 ~ 600	500.5 이상 600.5 미만	100	550.5
601 ~ 700	600.5 이상 700.5 미만	100	650.5
701 ~ 800	700.5 이상 800.5 미만	100	750.5
801 ~ 900	800.5 이상 900.5 미만	100	850.5

계급의 두 경계값 사이의 차이를 **계급폭**(class width), 또는 **계급크기**(class size)라고 한다.

▸▸ 계급크기

계급크기=상한경계값 − 하한경계값

따라서 표 2-8에서 첫 번째 계급크기는 400.5 − 300.5 = 100이다.

표 2-7의 도수분포표의 계급크기가 표 2-8의 세 번째 열에 나타나 있다. 표 2-8의 각 계급크기는 100이다. **계급 중앙값**(class midpoint)은 두 경계값의 합을 2로 나눔으로 얻어진다.

▸▸ 계급 중앙값

$$\text{계급 중앙값} = \frac{\text{계급의 하한값} + \text{계급의 상한값}}{2}$$

따라서 표 2-7 혹은 표 2-8의 첫 번째 열의 중앙값은 다음과 같이 구해진다.

$$\text{첫번째 계급의 중앙값} = \frac{301 + 400}{2} = 350.5$$

표 2-7의 도수분포표의 계급 중앙값은 표 2-8의 4번째 열에 나열되어 있다.

표 2-8에서 계급 한계값을 사용하여 계급을 구성할 때 각 값이 오직 하나의 계급에 속하도록 하기 위해 한계값이 되는 값이 속하는 계급을 명확하게 해야 한다. 어떤 계급의 상한 한계값과 다음 계급의 하한 한계값이 같으므로 어떤 계급에 속하도록 할 것인지를 명확하게 해야만 한다.

2.3.2 도수분포표 작성

도수분포표를 작성하기 위해서는 다음 세 가지 결정이 반드시 필요하다.

2.3.2.1 계급의 수

일반적으로 도수분포표의 계급의 수는 전체 자료의 수에 영향을 받지만 대개 5에서 20 정도이다.[1)]

물론 자료의 수가 증가하면 계급의 수도 늘리는 것이 좋다. 다음의 표는 자료의 수에 따라 추천하는 계급의 수이지만, 계급의 수는 사용자가 다양한 계급의 수에 따라 히스토그램을 그려보고 임의로 결정한다.

표 2-9 자료의 수에 따른 계급의 수

자료의 수	25	50	100	200	500
계급의 수	6	7	8	9	10

2.3.2.2 계급크기

비록 서로 다른 크기의 계급이 있는 분포표가 비상식적인 것은 아니지만 모든 계급크기(혹은 계급의 폭)가 같은 것이 더 좋을 것이다. 모든 계급이 같은 크기를 가지는 경우 계급크기를 결정하기 위해 먼저 자료의 가장 큰 값과 가장 작은 값의 차이를 알아야 한다. 그러면 계급의 근사적 크기는 이 값 차이를 계급의 수로 나눔으로 얻을 수 있다.

▸▸ 계급크기의 계산

$$\text{근사적 계급크기} = \frac{\text{가장 큰 값} - \text{가장 작은 값}}{\text{계급의 수}}$$

일반적으로 이렇게 구한 근사적 계급크기는 실제 사용할 계급크기로 올림한다. 올림하는 이유는 가장 큰 값과 가장 작은 값을 포함시키기 위해서이다.

[1] Sturge의 방식에 의해 $c = 1 + 3.3\log(n)$ 으로 구할 수 있다. 여기서 c는 계급의 수, n은 전체 자료의 수이다.

2.3.2.3 첫 번째 계급의 하한값

자료의 가장 작은 값이나 혹은 더 작은 값을 첫 번째 계급의 하한값(혹은 시작점)으로 사용할 수 있다. 어떤 관측값도 계급 간의 경계점에 놓이지 않기 위하여 자료의 최솟값보다 더 작은 값을 선택하는데, 대개 자료의 최솟값에 최소단위의 반을 뺀 값을 이용하기도 한다. 예제 2-3은 양적 자료의 도수분포표를 작성하기 위한 절차를 설명하고 있다.

예제 2-3 다음은 50명의 환자들의 어떤 질병의 발병에서부터 재발할 때까지의 시간(단위: 개월 수)이다.

2.1	9	14.7	19.2	4.1	7.4	14.1	8.7	1.6	3.7
4.4	2	9.6	6.9	18.4	0.2	1	24	3.5	12.6
2.7	6.6	16.7	4.3	0.2	8.3	2.4	1.4	11.4	23.1
32.3	3.9	7.4	3.3	6.1	0.3	2.4	8.2	18	5.6
9.9	1.6	8.2	1.2	13.5	1.3	18	5.8	26.7	0.4

도수분포표를 작성하라.

풀이 이 자료의 최솟값은 0.2이고 최댓값은 32.3이다. 계급크기가 모두 동일하고 계급의 수가 7인 도수분포포를 작성해 보자. 먼저,

$$계급크기 = \frac{32.3 - 0.2}{7} = 4.586$$

이므로 계급크기는 4.6으로 하자. 첫 번째 계급의 하한값은 0.2 혹은 0.2보다 작은 어떤 값이 될 것이다. 여기서 0.2를 첫 번째 계급의 하한값으로 하면 7개의 계급은

0.2～4.8, 4.9～9.5, 9.6～14.2, 14.3～18.9, 19.0～23.6, 23.7～28.3, 28.4～33

이 된다. 표 2-10의 첫 번째 열이 이들 7개의 계급을 나타낸다.
주어진 자료의 각 값을 읽고, 표 2-10의 두 번째 열에 하나씩 표시한다. 즉 원래 자료의 첫 번째 값 2.1은 0.2～4.8계급에 속하므로 표 2-9의 두 번째 열의 0.2～4.8계급 옆에 표시한다. 전체 자료에 대해 이러한 작업을 모두 한 후 세 번째 열에 각 계급에 각 계급에 표시된 표시의 수를 세어 기입한다. 마지막 세 번째 열이 바로 도수이다. 이 도수는 7개의 각 계급에 속하는 환자의 수를 나타낸다. 예를 들어 재발기간이 9.6～14.2개월인 환자의 수는 6명이다.

표 2-10 환자들의 재발기간에 대한 도수분포표

재발기간	계수	f
0.2–4.8	卌 卌 卌 卌 |	22
4.9–9.5	卌 卌 ||	12
9.6–14.2	卌 |	6
14.3–18.9	卌	5
19.0–23.6	||	2
23.7–28.3	||	2
28.4–33.0	|	1
		$\Sigma f=50$

표 2–10에서 각 계급의 도수를 각 f_1, f_2, f_3. f_4. f_5, f_6, f_7로 나타낼 수 있다. 즉

$$f_1 = \text{첫 번째 계급의 도수} = 22$$

마찬가지로

$$f_2=12,\ f_3=6,\ f_4=5,\ f_5=2,\ f_6=2,\ f_7=1$$

Σ 를 이용하면 Σf는 모든 계급의 도수의 합을 나타낸다. 즉

$$\sum_{i=1}^{7} f_i = 22+12+6+5+2+2+1=50$$

표본의 수는 일반적으로 n으로 나타낸다. 따라서 Σf는 n과 같다. 또한 모집단의 수는 N으로 나타낸다. 따라서 Σf는 모집단의 수와 같을 수 있다. 표 2-10에 나타난 재발기간에 대한 자료는 단지 환자 50명에 대한 것이므로 이것은 표본을 나타낸다. 따라서 표 2–10에서 Σf 대신 표본의 수를 나타내는 n으로 도수의 합을 표시할 수 있다.

표 2–10에서처럼 도수분포표의 형식으로 표현된 자료는 원래의 관측값에 대한 정보를 잃어버린다. 즉 표 2–10으로는 어떤 환자의 정확한 재발기간은 알 수 없다. 단지 표로부터 알 수 있는 것은 재발 기간이 0.2~4.7개월인 환자가 22명이라는 것이다.

2.3.3 상대도수와 백분위분포

2.2.2절의 질적 자료에 대해 했던 것처럼 표 2–9로부터 상대도수와 백분위를 구할 수 있다. 양적 자료에 대한 상대도수와 백분위는 다음처럼 구할 수 있다.

▸▸ 상대도수와 백분위

$$상대도수 = \frac{각\ 계급의\ 도수}{전체\ 도수의\ 합} = \frac{f}{\Sigma f}$$

백분위=상대도수×100

예제 2-4는 상대도수와 백분위분포를 어떻게 작성하는가를 설명하고 있다.

예제 2-4 표 2-10으로부터 상대도수와 백분위를 구하라.

풀이 표 2-10의 상대도수와 백분위는 표 2-11의 각각 세 번째와 네 번째 열에 나열되어 있다. 각 계급의 경계값은 표 2-11의 두 번째 열에 주어져 있다.

표 2-11 표 2-10의 상대도수분포와 백분위분포

재발기간	계급경계값	상대도수	백분위
0.2 ~ 4.8	0.15 이상 4.85 미만	22/50=0.44	44
4.9 ~ 9.5	4.85 이상 9.55 미만	12/50=0.24	24
9.6 ~ 14.2	9.55 이상 14.25 미만	6/50=0.12	12
14.3 ~ 18.9	14.25 이상 18.95 미만	5/50=0.10	10
19.0 ~ 23.6	18.95 이상 23.65 미만	2/50=0.04	4
23.7 ~ 28.3	23.65 이상 28.35 미만	2/50=0.04	4
28.4 ~ 33.0	28.35 이상 33.05 미만	1/50=0.02	2
		합계=1.00	합계=100%

표 2-11로부터 어떤 계급에 속한 환자가 몇 %인지를 알 수 있다. 예를 들어 이 표본의 44%가 재발기간이 0.2~4.8개월임을 알 수 있다. 처음 두 계급을 합함으로써 0.2~9.5개월의 재발기간을 가지는 환자수가 68%임을 알 수 있다. 마찬가지로 마지막 두 계급을 합하면 재발기간이 23.7~33.0개월인 환자들은 표본의 6%임을 알 수 있다.

표 2-11에서 상대도수와 백분위의 합이 각 1과 100%가 된다. 그러나 때때로 반올림으로 인하여 상대도수와 백분위의 합이 각 1과 100%가 되지 않을 때도 있다.

2.3.4 집단화된 자료의 그래프

양적 자료를 집단화시킨 자료는 **히스토그램**(histogram) 혹은 **도수 다각형**(polygon)으로 그릴 수 있다. 이 점에서는 이러한 그래프를 어떻게 그릴 것인지를 설명할 것이다. 물론 양적 자료의 백분위분포표를 이용하여 원그래프를 그릴 수 있다. 원그래프를 그리는 방법은 2.2.3절에 설명된 질적 자료의 것과 유사하므로 본 절에서는 언급하지 않는다.

2.3.4.1 히스토그램

히스토그램은 도수분포, 상대도수분포, 혹은 백분위분포를 이용하여 그릴 수 있는 그래프의 일종이다. 히스토그램을 그리기 위해 우선 가로축에 계급을 표시하고 세로축에 도수 혹은 상대도수, 백분위를 표시한다.

가로축의 각 계급에 막대를 그리는데 막대의 높이는 각 계급의 도수를 나타낸다. 히스토그램의 세로축이 도수냐, 상대도수냐 혹은 백분위이냐에 따라 각각 **도수히스토그램**(frequency histogram), **상대도수히스토그램**(relative frequency histogram) 혹은 **백분위 히스토그램**(percentage histogram)이라고 한다.

> ▸▸ **히스토그램**
> 히스토그램은 가로축에 각 계급을, 세로축에 도수, 상대도수 혹은 백분위를 나타내는 그래프이다. 각 그래프에서 막대의 높이는 도수, 상대도수 혹은 백분위를 나타내며 각 막대들은 서로 붙어 있다.

그림 2-3과 그림 2-4는 2.3.2와 2.3.3절의 표 2-9와 2-10의 자료를 바탕으로 그린 도수히스토그램과 상대도수히스토그램이다. 두 히스토그램은 같은 자료를 바탕으로 한 것이므로 비슷하게 보인다.

표 2-11의 백분위분포를 이용하여 세로축에 백분위를 표시하면 백분위히스토그램도 쉽게 그릴 수 있다.

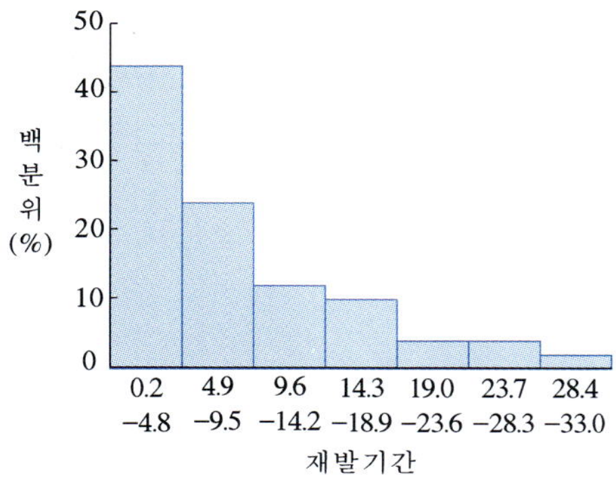

그림 2-3 표 2-10에 대한 도수히스토그램

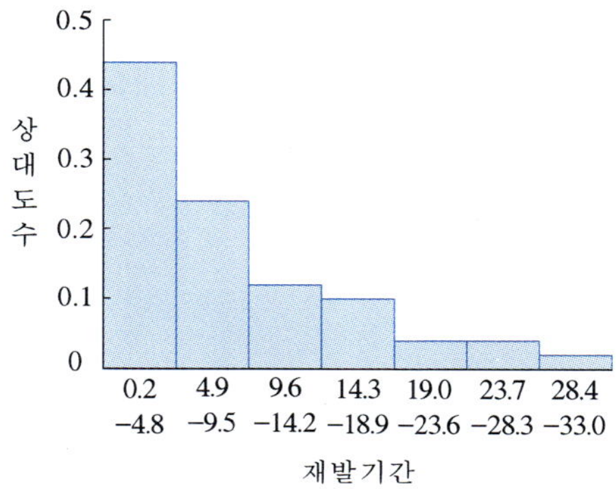

그림 2-4 표 2-11에 대한 상대도수히스토그램

그림 2-3과 2-4에서 가로축은 각 계급의 경계값을 사용하였으나 계급의 한계값을 사용할 수도 있다. 그러나 이 경우 자칫 막대그래프와 혼동할 가능성이 있다.

2.3.4.2 도수다각형

도수다각형(frequency polygon)은 양적 자료를 그래프로 나타낼 수 있는 또 다른 방법이다. **도수다각형**을 그리기 위해서는 우선 각 계급의 중앙값에 각 계급의 도수, 즉 높이를 표시해야 한다. 양 끝에도 각 한 개씩의 중앙값을 표시한다. 물론 이 두 점에서는 도수가 0일 것이다. 마지막으로 이웃한 점들을 직선으로 서로 연결한다. 이렇게 작성된 그래프를 도수다각형 혹은 간단하게 **다각형**(polygon)이라고 한다.

사례연구 2-3

	운전자 비율	알코올 관련 비율	
		사망자 비율	부상자 비율
21세 미만	7%	12%	13%
21세-34세	30%	49%	50%
21세-44세	22%	22%	21%
45세 이상	41%	18%	16%

위 자료는 3가지 종류의 백분위분포를 보여 주고 있다. 서로 다른 나이 그룹에 대한 운전자의 백분위, 각 나이 그룹에 대한 알코올과 관련된 사망자 백분위, 각 나이 그룹에 대한 알코올과 관련된 부상자 백분위. 예를 들어 미국 운전자의 7%가 21세 미만이고 음주운전에 의해 사망한 12%와 음주운전에 의해 부상을 당한 13%가 이들 나이 그룹에 의해 발생하였음을 보여주고 있다. 운전자의 41%가 45세 이상이었지만 이들의 음주운전에 의한 사망 사고와 부상은 각각 18%와 16%였음을 알 수 있다. 이 분포에서 첫 계급의 하한값과 네 번째 계급의 상한값은 존재하지 않는데 이러한 계급을 **개방형계급**(open-ended class)이라고 한다.

세로축에 도수 대신 상대도수를 사용한 다각형을 **상대도수다각형**(relative frequency polygon)이라고 한다. 마찬가지로 세로축에 백분위를 사용하면 **백분위다각형**(percentage polygon)이라고 한다.

▸▸ 도수다각형

히스토그램의 각 막대의 중앙값을 직선으로 서로 연결한 그래프를 도수다각형이라고 한다.

그림 2-5는 표 2-10의 도수분포표를 이용하여 그린 도수다각형이다.

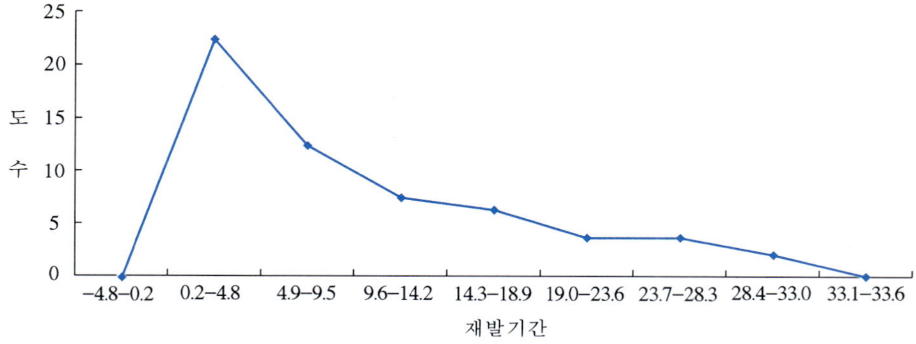

그림 2-5 표 2-10의 도수다각형

만약 자료의 수가 많아진다면 계급의 수도 증가(계급의 폭은 감소)할 것이고, 따라서 도수다각형은 부드러운 곡선이 될 것이다. 그러한 곡선을 **도수분포곡선**(frequency distribution curve) 혹은 간단하게 **도수곡선**(frequency curve)이라고 한다. 그림 2-6은 계급의 수가 많은 자료 세트의 도수분포곡선이다.

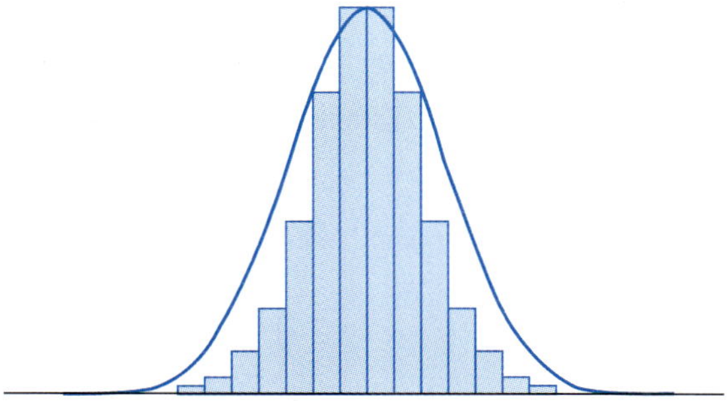

그림 2-6 도수분포곡선

2.4 히스토그램의 모양

히스토그램은 여러 가지 모양을 가질 수 있지만 다음 세 가지가 가장 일반적인 모양이다.

1. 대칭(symmetric)
2. 치우침(skewed)
3. 균등(uniform) 혹은 사각형(rectangular)

2.4.1 대칭 히스토그램

대칭 히스토그램(symmetric histogram)은 중앙점에 대해 대칭이 되는 모양이다. 그림 2-7의 히스토그램들은 중앙점을 나타내는 점선에 대해 대칭이다.

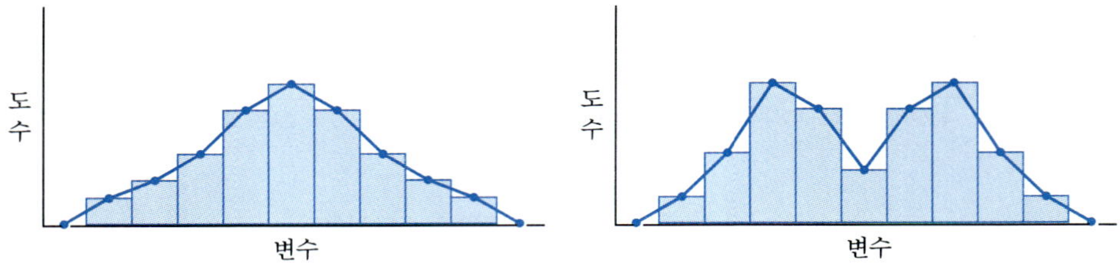

그림 2-7 대칭 히스토그램

2.4.2 치우친 히스토그램

치우친 히스토그램(skewed histogram)은 대칭이 되지 않는 히스토그램이다. 이러한 히스토그램은 어느 한쪽의 꼬리 부분이 다른 쪽보다 더 길게 나타난다. 오른쪽꼬리가 더 긴 히스토그램을 **오른쪽꼬리긴 히스토그램**(skewed–to–the–right histogram)(그림 2.8(a)), 왼쪽꼬리가 더 긴 히스토그램을 **왼쪽꼬리긴 히스토그램**(skewed–to–the–left histogram)(그림 2.8(b))이라고 한다.

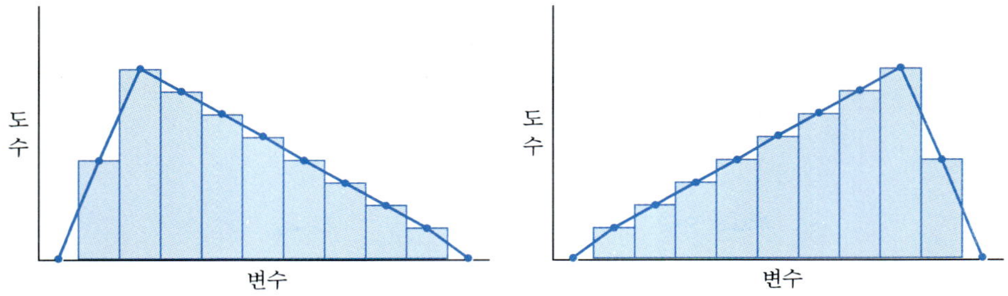

(a) 오른쪽꼬리긴 히스토그램 (b) 왼쪽꼬리긴 히스토그램

그림 2-8 치우친 히스토그램

2.4.3 균일 히스토그램

균일(혹은 사각형) 히스토그램은 각 계급에 대해 같은 도수를 가지는 것을 말한다. 그림 2-9가 그러한 히스토그램의 예를 나타낸다.

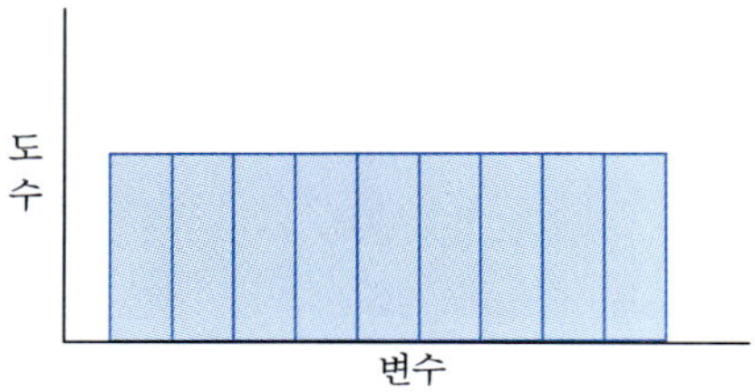

그림 2-9 균일 히스토그램

그림 2−10(a)와 2−10(b)는 대칭 도수곡선을 보여 주고, 그림 2−10(c)와 그림 2−10(d)는 각각 오른쪽과 왼쪽으로 치우친 도수 곡선을 보여 준다.

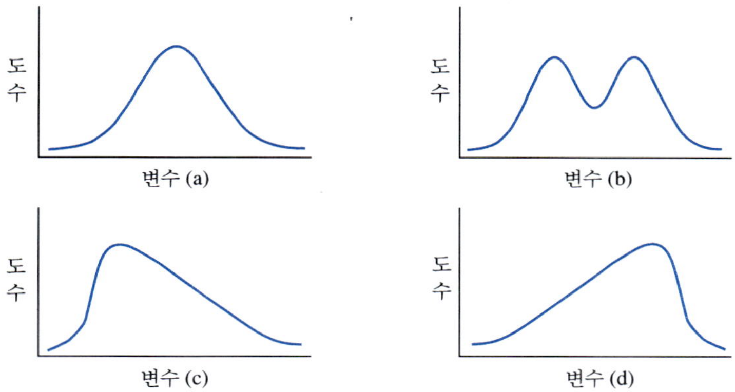

그림 2-10 (a), (b) 대칭 도수곡선, (c) 오른쪽으로 치우친 도수곡선, (d) 왼쪽으로 치우친 도수곡선

주의 그래프를 이용하여 자료를 기술하는 것은 그 자료의 특성을 직관적으로 전달하는 데 매우 유리하다. 그러나 불행하게도 그래프는 의도적이든 그렇지 않든 그래프를 읽는 독자를 속이거나 왜곡된 사실을 전달할 염려가 있다.

1. 축의 척도를 바꾼다. 즉, 가로축 혹은 세로축의 어느 한 쪽 혹은 모두의 축을 늘리거나 줄인다.
2. 도수축(frequency axis)을 절단한다. 즉 이보다 큰 수에서 시작한다.

사례연구 2-4

다음은 Padgett business services에 의해 시행된 20명 미만의 고용인을 둔 소매업자와 서비스업에 대한 조사 자료이다(제공: 1996년 2월 20일자 USA Today 신문). 이들 고용주에게 그들의 새로운 고용인에게 가장 바라는 자질이 무엇인가에 대해 질문하였다. 아래 표는 새로운 고용인이 가졌으면 하는 자질과 그에 답한 고용주의 퍼센트를 나타낸 것이다.

자질	고용주의 퍼센트
종속성(D)	35
정직성(H)	27
능력(C)	19
좋은 태도(G)	19

다음 두 막대그래프는 위의 자료에 근거해서 그린 것이다. 왼쪽 막대그래프의 세로축은 생략되지 않고 전체 크기를 모두 보여 주는 반면, 오른쪽 막대그래프는 세로축의 값을 일부 생략하고 축의 측도를 늘려서 그린 것이다. 두 그래프는 같은 것이지만 완전하게 서로 다른 인상을 주고, 각 범주에 대해 서로 다른 퍼센트를 가지는 것처럼 독자들이 인식하도록 만든다.

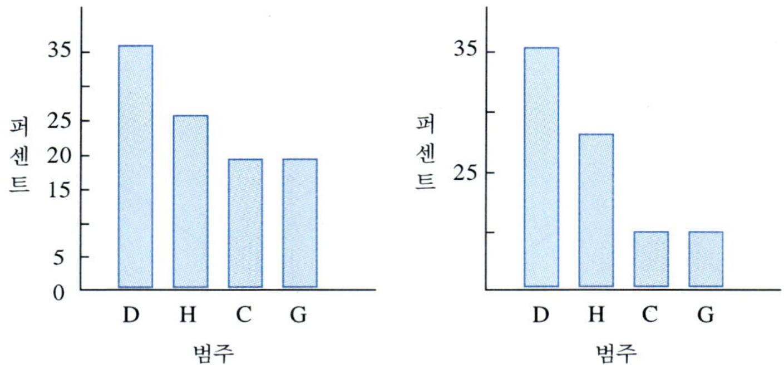

2.5 누적도수분포표

프로야구선수 30명의 몸무게에 대한 자료인 2.3.2절의 예제 2-3을 다시 고려해 보자. 우리가 알고 싶은 것이 얼마나 많은 선수가 80kg이거나 혹은 그보다 작으냐라고 가정해 보자. 이러한 질문은 **누적도수분포표**(cumulative frequency distribution table)로 해결할 수 있다. 누적도수분포표의 각 계급은 그 계급의 상한값 아래에 있는 자료의 전체 도수를 나타내 준다. 누적도수분포표는 양적 자료에서만 사용한다.

▸▸ **누적도수분포표**

누적도수분포표는 어떤 계급의 상한값 아래에 있는 자료의 전체 도수를 나타낸다.

예제 2-5 표 2-10의 도수분포표를 이용하여 환자 50명의 재발기간에 대한 누적도수분포표를 작성해 보자.

재발기간	f
0.2 ~ 4.8	22
4.9 ~ 9.5	12
9.6 ~ 14.2	6
14.3 ~ 18.9	5
19.0 ~ 23.6	2
23.7 ~ 28.3	2
28.4 ~ 33.0	1

풀이 표 2-12는 50명의 환자들의 재발기간에 대한 누적도수분포표이다. 표 2-10의 첫 번째 계급의 하한값인 0.2가 표 2-12의 각 계급의 하한값으로 설정되어 있다. 표의 두 번째 열은 각 계급의 한계값을 보여 주고 있다.

표 2-12로부터 어떤 계급의 상한값 아래에 있는 관측값들의 개수를 알 수 있다. 예를 들어 이 표본에서 40명의 환자가 재발기간이 14.2개월이거나 혹은 그보다 작음을 알 수 있다.

표 2-12 50명의 환자들의 재발기간에 대한 누적도수분포표

계급한계	계급경계값	누적도수
0.2 ~ 4.8	0.15 ~ 4.85	22
4.9 ~ 9.5	4.85 ~ 9.55	22+12=34
9.6 ~ 14.2	9.55 ~ 14.25	22+12+6=40
14.3 ~ 18.9	14.25 ~ 18.95	22+12+6+5=45
19.0 ~ 23.6	18.95 ~ 23.65	22+12+6+5+2=47
23.7 ~ 28.3	23.65 ~ 28.35	22+12+6+5+2+2=49
28.4 ~ 33.0	28.35 ~ 33.05	22+12+6+5+2+2+1=50

누적상대도수(cumulative relative distribution)는 누적도수를 전체자료의 개수로 나눔으로 구해진다. **누적백분위**(cumulative percentage)는 누적상대도수에 100을 곱함으로써 구해진다.

▸▸ 누적상대도수와 누적백분위

$$누적상대도수 = \frac{누적도수}{전체\ 자료의\ 수}$$

누적백분위 = 누적상대도수×100

표 2-13은 표 2-12의 누적상대도수와 누적백분위를 나타낸다. 이 표본에서 환자들의 80%가 재발기간이 14.25개월보다 작음을 알 수 있다.

표 2-13 50명의 환자들의 재발기간에 대한 누적상대도수와 누적백분위수

계급한계	누적상대도수	누적백분위수
0.2 ~ 4.8	22/50=0.44	44
4.9 ~ 9.5	34/50=0.68	68
9.6 ~ 14.2	40/50=0.80	80
14.3 ~ 18.9	45/50=0.90	90
19.0 ~ 23.6	47/50=0.94	94
23.7 ~ 28.3	49/50=0.98	98
28.4 ~ 33.0	50/50=1.00	100

2.5.1 누적도수분포곡선

누적도수를 이용하여 **ogive**라고 불리는 누적도수분포곡선을 그릴 수 있다. 그림 2-11은 표 2-12의 누적도수에 대한 ogive이다. 그림 2-11을 그리기 위하여 우선 변수, 즉 키를 가로축에 표시하고 세로축에는 누적도수를 표기한다. 그리고 각 계급의 상한값에 대응되는 누적도수를 높이만큼 표기하는 점을 찍는다. ogive는 첫 계급의 하한값에서 시작하고 마지막 계급의 상한값에서 끝남을 유의하자.

▸▸ **누적도수분포곡선**

누적도수분포곡선은 가로축에 각 계급의 상한값과 그에 대응되는 누적도수를 세로축에 표시하는 각 점들을 직선으로 연결하는 곡선이다.

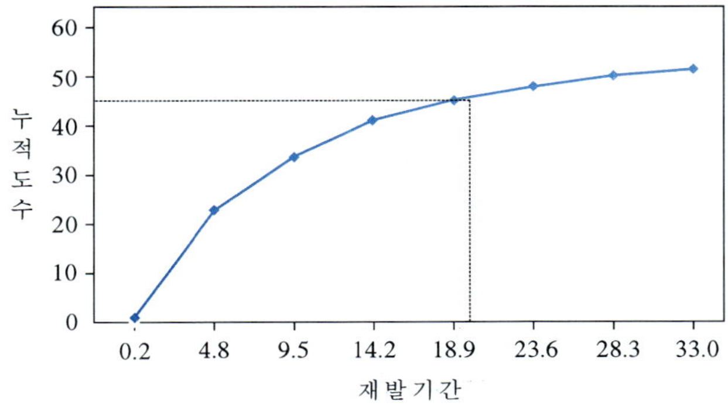

그림 2-11 표 2-12의 누적도수의 누적도수분포곡선

누적도수분포곡선의 장점은 어떤 구간에 대한 누적도수를 근사시키기 위해 사용할 수 있다. 예를 들어 재발기간이 20개월 혹은 미만인 환자들의 수를 찾기 위해 먼저 누적도수분포곡선의 가로축에 20에서 세로줄을 그린다. 이 세로줄과 누적도수분포곡선이 만나는 지점에서 가로줄을 그린다. 가로줄과 세로축이 만나는 점이 바로 계급 19.0에서 23.6 사이에 있는 누적도수를 나타낸다. 그림 2–11에서 이 값은 46이다. 즉 이 표본에서 45명의 환자가 재발기간이 20개월 이거나 미만이다. 마찬가지 방법으로 누적상대도수와 누적백분위에 대해서도 누적상대도수분포곡선과 누적백분위분포곡선을 그릴 수 있다.

2.6 줄기–잎 그림

압축된 형태로 양적 자료를 표현하기 위한 또 다른 방법이 줄기–잎 그림(stem–and–leaf displays)이다. 도수분포표를 줄기–잎 그림으로 나타내면 각 자료의 원래 값에 대한 정보를 그대로 알 수 있다는 장점이 있다. 물론 양적 자료에 대해서만 줄기–잎 그림을 작성할 수 있다.

▸▸ **줄기–잎 그림**
양적 자료의 줄기–잎 그림은 각 값이 줄기와 잎의 두 부분으로 나누어진다. 각 줄기에 잎을 채움으로써 완성된다.

예제 2–6은 줄기–잎 그림을 작성하는 절차를 설명하고 있다.

예제 2–6 다음은 30개의 100원짜리 동전의 나이이다. (동전의 나이=현재 년도 – 동전 제조 년도)

2	20	16	34	9	28	4	13	6	5
13	12	4	6	19	6	5	20	12	17
13	14	19	8	14	7	9	1	16	4

풀이 줄기–잎 그림을 작성하기 위해 먼저 각 점수를 두 개의 부분으로 나누어야 한다. 첫 번째 부분은 나이의 첫 번째 자릿수를 포함하는 것으로 줄기(stem)라고 부른다. 두 번째 부분은 두 번째 자리 수를 포함하는 것으로 잎(leaf)이라고 한다. 그런데 최솟값은 1이고 최댓값은 34이어서 10의 자릿수를 줄기로 하게 되면 줄기 수가 작아서 자료의 분포를 잘 표현하지 못한다. 그래서 각 줄기를 두 부분으로 나누어서 표현하게 되면 자료의 분포를 좀 더 잘 표현할 수 있다. 즉, 0 4, 5 9,

10 14, 15 19, 20 24, 25 29, 30 34와 같이 나눈다. 따라서 처음 동전의 나이 2에서 2는 5 미만이므로 첫 번째 줄기에서 0이 줄기, 2는 잎이 된다. 두 번째 동전의 나이 20에서 2는 줄기, 0은 잎이 된다. 줄기-잎 그림을 그리기 위해 세로줄을 그리고, 세로줄의 왼쪽에 줄기를 그림 2-14에서처럼 오름차순으로 배열한다. 줄기를 완성한 후 각 점수에 대해 세로줄의 오른쪽에 대응되는 줄기 옆에 잎을 그린다. 예를 들어 첫 번째 나이는 줄기 0 옆에 잎 2를 적는다. 두 번째 나이는 줄기 2 옆에 잎 0을 적는다. 그림 2-12는 이와 같은 방법의 절차를 잘 보여주고 있다.

줄기
↓

0	2 ← 2에 대한 잎
0	
1	
1	
2	0 ← 20에 대한 잎
2	
3	

그림 2-12 줄기-잎 그림

주어진 모든 자료에 대해 세로줄의 왼쪽에 줄기를 오른쪽에 대응되는 잎을 적는다. 그림 2-13은 모든 나이에 대해 줄기와 잎을 적은 결과이다.

0	2 4 4 1 4
0	9 6 5 6 6 5 8 7 9
1	3 3 2 2 3 4 4
1	6 9 7 9 6
2	0 0
2	8
3	4

그림 2-13 나이의 줄기-잎 그림

그림 2-13의 줄기-잎 그림에서 알 수 있듯이 자료가 어떻게 분포되어 있는지를 쉽게 알 수 있다. 예를 들어 0의 두 번째 줄기가 가장 높은 도수를 가지며 다음으로 1의 첫 번째 줄기, 0의 첫 번째 줄기, 1의 두 번째 줄기, 2의 첫 번째 줄기, 2의 두 번째 줄기, 3의 줄기임을 알 수 있다. 그림 2-14는 각 줄기에 대한 잎의 값들을 오름차순으로 나열한 것이다.

0	1 2 4 4 4
0	5 5 6 6 6 7 8 9 9
1	2 2 3 3 3 4 4
1	6 6 6 7 9
2	0 0
2	8
3	4

그림 2-14 오름차순으로 나열된 줄기-잎 그림

처음에 언급했던 것처럼 줄기-잎 그림의 장점은 원래 자료 값에 대한 정보를 그대로 간직한다는 것이다. 즉 그림 2-13 혹은 2-14로부터 30개 동전의 원래 나이를 그대로 알 수 있다. 반면 도수분포표와 같이 그룹화된 자료는 원래 자료에 대한 정보를 잃어버린다.

예제 2-7 다음은 21개 회사의 주가에 대한 줄기-잎 그림이다. 줄기를 그룹화해서 새로운 줄기-잎 그림을 작성하라.

1	3 5
2	2 5 6
3	0 1
4	2 3 6
5	0
6	5 6
7	0 3 9
8	1 5 7
9	2 6

풀이 주어진 줄기-잎 그림을 압축하기 위해 처음 3개의 열, 그 다음 3개의 열, 마지막 3개의 열을 합치면 줄기는 1~3, 4~6, 7~9가 된다. 그림 2-16처럼 그룹의 각 줄기에 대한 잎은 별표(*)로 구분한다. 따라서 그림 2-16의 첫 번째 행에 있는 잎 3과 5는 줄기 1에 해당하고 잎 2, 5, 6은 줄기 2, 잎 0과 1은 줄기 3에 해당한다.

1~3	3 5 * 2 5 6 * 0 1
4~6	2 3 6 * 0 * 5 6
7~9	0 3 9 * 1 5 7 * 2 6

그림 2-15 그룹화된 줄기-잎 그림

만약 줄기가 잎을 포함하지 않는다면 그룹화된 줄기-잎 그림에서 별표 2개를 연속적으로 나타낸다. 예를 들어 다음 줄기-잎 그림에서 줄기 3에 대한 잎은 없다. 즉 30대에는 해당하는 잎이 없다. 이 그림에서는 자료가 21, 25, 43, 48, 50이다.

2~5 | 1 5 * * 3 8 * 0

연습문제

2.1 도수분포표를 작성하기 위해 자료를 그룹화시키는 이유는 무엇인가?

2.2 각 범주의 도수로부터 상대도수와 백분위는 어떻게 구할 수 있는가? 예를 들어 설명하라.

2.3 다음 자료는 표본조사에 의한 결과이다. A, B, C는 각각 3개의 범주를 나타낸다.

A B B A C B C C C A C B C C C
C B C C A A B C C B C B B C A

(1) 도수분포표를 작성하라.
(2) 각 범주에 대한 상대도수와 백분위를 구하라.
(3) 범주 B에 속하는 구성원은 이 표본의 몇 %인가?
(4) 범주 A 와 C에 속하는 구성원은 이 표본의 몇 %인가?
(5) 도수분포표를 이용하여 막대그래프를 그려라.

2.4 다음 자료는 표본조사에 의한 결과로 Y, N, D는 각 범주를 나타낸다.

D N N Y Y Y N Y D N Y Y Y Y
N Y Y N N Y N Y Y N D N Y N
Y Y Y Y N N Y Y N N D Y

(1) 도수분포표를 작성하라.
(2) 각 범주에 대한 상대도수와 백분위를 구하라.
(3) 범주 Y에 속하는 구성원은 이 표본의 몇 %인가?
(4) 범주 N과 D에 속하는 구성원은 이 표본의 몇 %인가?
(5) 백분위분포표를 이용하여 원 그래프를 그려라.

2.5 2.1절의 표 2.2에 주어진 50명 학생들의 학년은 아래와 같다.

J	F	SO	SE	J	J	SE	J	J	J
F	F	J	F	F	F	SE	SO	SE	J
J	F	SE	SO	SO	F	J	F	SE	SE
SO	SE	J	SO	SO	J	J	SO	F	SO
SE	SE	F	SE	J	SO	F	J	SO	SO

(1) 도수분포표를 작성하라.

(2) 각 범주의 상대도수와 백분위를 구하라.

(3) 3학년과 4학년 학생은 각 몇 %인가?

(4) 도수분포표를 이용하여 막대그래프를 그려라.

2.6 다음은 통계학을 수강하는 20명의 학생들로부터 통계학 강사의 강의 정도를 측정한 결과이다. 각 학생에게 다음 5개의 범주 중 하나에 답하라고 한 결과이다. 최상위(E), 평균이상(AA), 평균(A), 평균이하(B), 최하위(P)

AA	B	A	A	E	AA	P
E	AA	B	E	AA	E	B
E	A	B	P	AA	E	

(1) 도수분포표를 작성하라.

(2) 각 범주에 대한 상대도수와 백분위를 구하라.

(3) 이 통계학 강사는 최상위 혹은 평균이상이라고 답한 학생은 몇 %인가?

(4) 상대도수분포표를 이용하여 막대그래프를 그려라.

2.7 다음은 어떤 대학의 교수 15명에게 모든 학생들의 졸업에 대한 조건으로 사회봉사활동이 필요한가를 질문한 결과이다. 필요하다는 F, 필요없다는 A, 모르겠다는 N으로 분류하였다.

F A A F N N F F F A A N F F A

(1) 도수분표표를 작성하여라.

(2) 각 범주의 상대도수와 백분위를 구하라.

(3) 사회봉사활동이 졸업조건으로 필요하다고 답한 교수는 몇 %인가?

(4) 백분위분포표를 이용하여 원그래프를 그려라.

2.8 12명의 참가자들에게 두 종류(A, B)의 소프트 드링크의 맛을 보게 했다. A의 맛이 B의 것보다 더 좋으면 S, 같으면 M, 나쁘면 I라고 답하게 한 결과 다음과 같았다.

S I I M M S M M S I S S

(1) 도수분포표를 작성하라.
(2) 각 도수의 상대도수와 백분위를 구하라.
(3) 백분위분포표를 이용하여 원그래프를 그려라.

2.9 Turbo Tax사는(Brushin/Goldring Research사를 통해) 납세자들이 연방소득세를 납입하는 과정에서 가장 어려운 부분이 무엇인지를 조사하였다.(USA Today, 1995, 2. 22) 아래 표는 이들 납세자들로부터 얻은 의견을 요약 정리한 것이다. 원그래프를 그려라.

어려운 부분	백분위
IRS 특수용어를 이해하는 것	43
공제부분	29
정확한 형식	10
계산	8
모르겠다	10

2.10 1994년 국세청 자료에 의하면 세금의 2%는 운송비로, 3%는 교육비로, 3%는 재향군인 복지비로, 14%는 수입보장비로, 14%는 이자로, 17%는 의료비로, 19%는 국방비로, 21%는 사회보장비로, 7%는 기타로 사용된다고 한다. 이 자료를 사용하여 원그래프를 그려라.

2.11 도수분포표에서 자료를 그룹화하기 위해 해야할 3가지 결정을 설명하라.

2.12 계급의 도수로부터 어떻게 상대도수와 백분위를 구하는지 예를 들어 설명하라.

2.13 3가지 방법 – 한계값을 사용한 계급, less than 방법을 사용한 계급, single–valued 계급을 사용한 그룹화된 계급은 양적 자료를 계급으로 나누는 방법이다. 각 방법에 대해 설명하고 각 예제를 들라.

2.14 다음은 어떤 대기업에서 임의로 선택된 100명의 고용인의 주급에 대한 도수분포표이다.

주급(천 원)	고용인수
200 ~ 349	12
350 ~ 499	23
500 ~ 649	31
650 ~ 799	19
800 ~ 949	15

(1) 각 계급의 경계값과 중앙값을 찾아라.

(2) 모든 계급이 같은 계급크기를 가지는가? 그렇다면 계급크기는 얼마인가?

(3) 상대도수와 백분위를 구하라.

(4) 주급이 650이상인 고용인은 몇 %인가?

2.15 다음은 어떤 회사의 임의로 선택된 50명의 고용인의 나이에 대한 도수분포표이다.

나이	고용인수
18 ~ 30	12
31 ~ 43	17
44 ~ 56	14
57 ~ 69	7

(1) 각 계급의 경계값과 중앙값을 찾아라.

(2) 모든 계급이 같은 계급크기를 가지는가? 그렇다면 계급크기는 얼마인가?

(3) 상대도수와 백분위를 구하라.

(4) 고용인중 43세 이하는 몇 %인가?

2.16 지난해 동안 200가구에 의해 기부된 정치자금은 최소 10,000원에서 최고 683,000원이었다. 같은 계급크기를 가지는 7개의 계급으로 이를 자료를 그룹화하고자 한다.

(1) 첫 번째 계급의 하한값은 10,000원으로 각 계급의 폭을 100,000원으로 할 때 7개의 각 계급에 대한 계급 한계값을 써라.

(2) 계급 경계값과 계급 중앙값을 써라.

2.17 임의로 선택된 500가구가 일주일 동안 빵 값으로 사용한 금액이 최소 \$1에서 최대 \$18이었다. 이들 자료를 같은 계급크기를 가지는 5개의 그룹으로 그룹화한다고 할 때

(1) 첫 번째 계급의 하한값을 \$1로 5번째 계급의 상한값을 \$20으로 할 때 5개 계급에 대한 계급 한계값을 구하라.

(2) 계급 경계값과 계급크기를 구하라.

(3) 각 계급의 중앙값을 구하라.

2.18 앞으로 마트를 짓기 위해서 서비스 창구를 몇 개 만들어야 할지 결정하기 위하여 마트 체인점은 손님의 서비스 대기 시간에 대한 정보를 얻고자 한다. 손님의 서비스 시간의 분포를 찾기 위하여, 표본으로 60명 손님을 랜덤하게 뽑아 서비스 시간을 기록하였다.

3.6	1.9	2.1	0.3	0.8	0.2	1.0	1.4	1.8	1.6
1.1	1.8	0.3	1.1	0.5	1.2	0.6	1.1	0.8	1.7
1.4	0.2	1.3	3.1	0.4	2.3	1.8	4.5	0.9	0.7
0.6	2.8	2.5	1.1	0.4	1.2	0.4	1.3	0.8	1.3
1.1	1.2	0.8	1.0	0.9	0.7	3.1	1.7	1.1	2.2
1.6	1.9	5.2	0.5	1.8	0.3	1.1	0.6	0.7	0.6

(1) 데이터를 이용하여 줄기-잎 그림을 그려라.

(2) 서비스 시간의 비율이 1분인가 아니면 1분 이하인가?

(3) 60개의 관측치중에서 가장 작은 것은 무엇인가?

2.19 연습문제 2.18에서의 마트 서비스 시간에 대한 상대도수히스토그램을 그려라.

(1) 분포의 모양을 설명하라. 이상치가 있는가?

(2) 이 자료에서 이상치가 이용 가능한 관측치라고 가정한다면, 당신은 마트 체인점의 매니저에게 그것에 대해 어떻게 설명할 것인가?

(3) 연습문제 2.19에서 줄기-잎 그림과 함께 상대도수히스토그램을 비교하라. 두 개의 그래프는 같은 정보를 가지고 있는가?

2.20 건강한 사람을 15일 동안 측정한 적혈구의 수이다. 이것은 microliter(μL)당 10^6개로 측정되어졌다.

5.4	5.2	5.0	5.2	5.5
5.3	5.4	5.2	5.1	5.3
5.3	4.9	5.4	5.2	5.2

(1) 데이터를 가지고 적절한 그래프를 그려라.

(2) 적혈구 수에 대한 분포의 위치와 모양을 설명하라.

(3) 만약 어떠한 사람의 적혈구 수가 하루에 $5.7 \times 10^6 / \mu L$로 측정되었다면, 정상이 아니라고 생각할 것인가? 어떠한 결론을 내릴 것인가?

2.21 2001년 8월 흥행 상위 20개 각 영화에 대한 영화관들의 평균 주말 총 수입(천 원)을 2주 기록한 것이다.

2001년 8월 3~5일		2001년 8월 10~12일	
21,619	1,042	14,730	1,781
7,800	1,315	10,621	941
9,012	902	5,254	871
3,545	1,062	8,397	1,130
2,670	1,196	3,911	1,021
2,918	5,129	2,370	974
2,307	758	2,287	2,935
2,200	882	1,640	3,313
1,352	941	1,858	2,0202
3,211	14,895	1,402	630

(1) 각 주말마다 20개 영화들에 대한 영화관들의 평균 주말 총 수입 분포를 설명하기 위하여 상대도수히스토그램을 그려라. 분포의 모양은 어떠한가?

(2) 두 번의 주말의 20개 영화들에 대한 영화관들의 평균 주말 총 수입 분포를 비교하기 위하여 두 개의 줄기-잎 그림을 그려라.

(3) (1)과 (2)의 결과를 요약하여 설명하라.

2.22 다음은 생물학과 학생 50명의 분당 맥박 수를 기록하기 위하여 30초 동안 맥박 수를 세어 두 배로 기록한 자료이다.

82	70	88	70	84	66	84	82	66	42
52	72	90	70	96	84	96	86	62	78
60	82	88	54	66	66	80	88	56	104
84	84	60	84	88	58	72	84	68	74
84	72	62	90	72	84	72	110	100	58

(1) 왜 관측값 모두가 짝수인가?

(2) 자료의 분포를 기술하기 위하여 줄기-잎 그림을 그리고 각 줄기를 두 개로 나누어서 그려라.

(3) 상대도수히스토그램을 그려라.

(4) 학생들의 맥박 수 분포를 짧게 서술하라.

엑셀실습

막대그래프, 원그래프, 히스토그램, 줄기-잎 그림을 그리는 방법을 실습한다.

막대그래프와 원그래프

● **E2-1** 예제2-1의 표 2-4에 있는 학생들의 도수분포표에 대한 막대그래프와 원그래프를 그려 보자.

풀이

1. 막대그래프

단계 1. 자료를 입력한다.

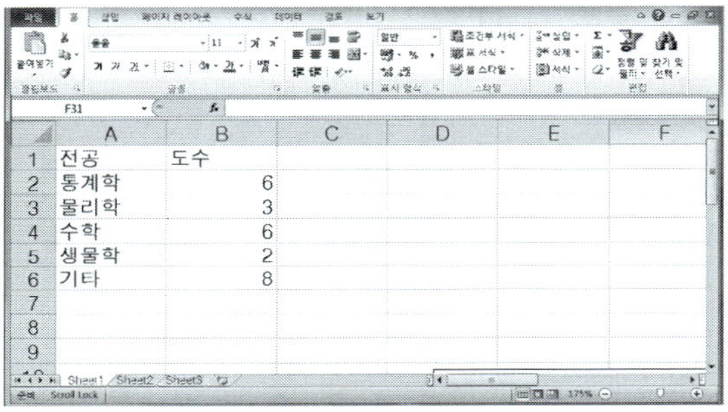

단계 2. 자료가 있는 셀을 블록으로 지정한다.

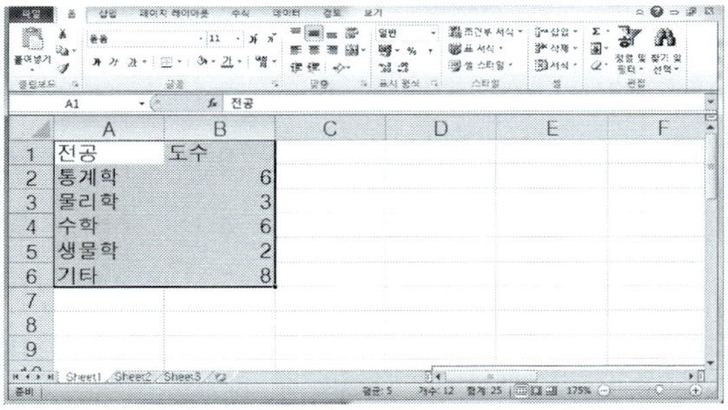

단계 3. 【삽입】을 선택 후 차트 모양에서 【세로 막대형】을 선택한다.

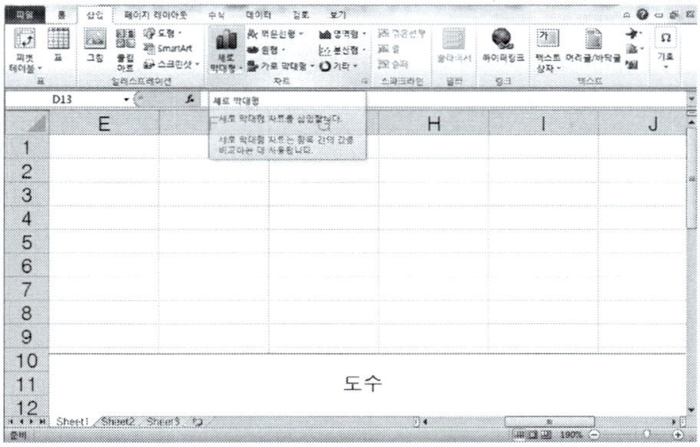

단계 4. 2차원 세로 막대형 차트 중 『묶은 세로 막대형』을 선택한다.

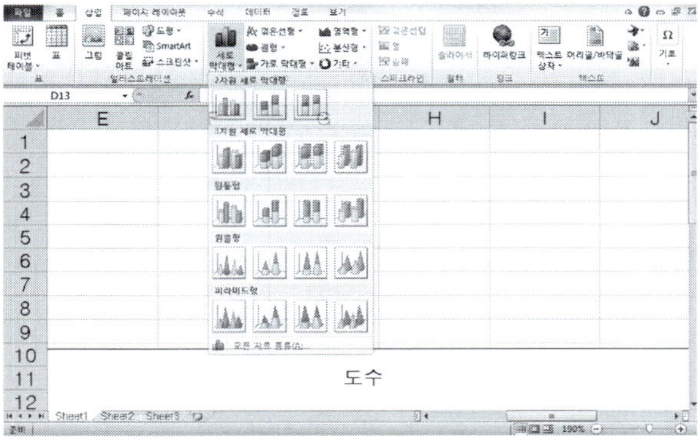

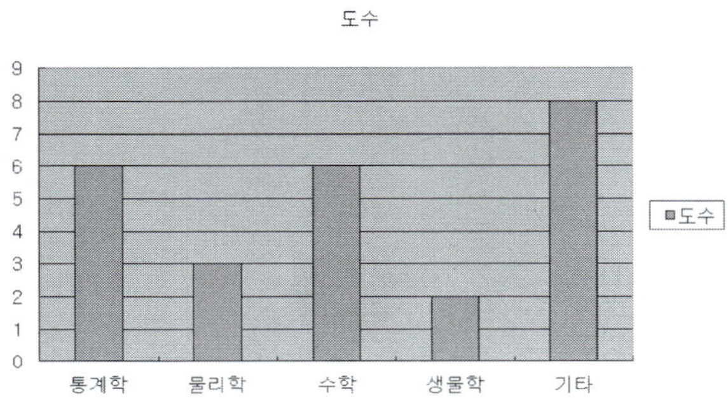

2. 원그래프

단계 1. 【삽입】을 선택 후 차트 모양에서 【원그래프】을 선택한다.

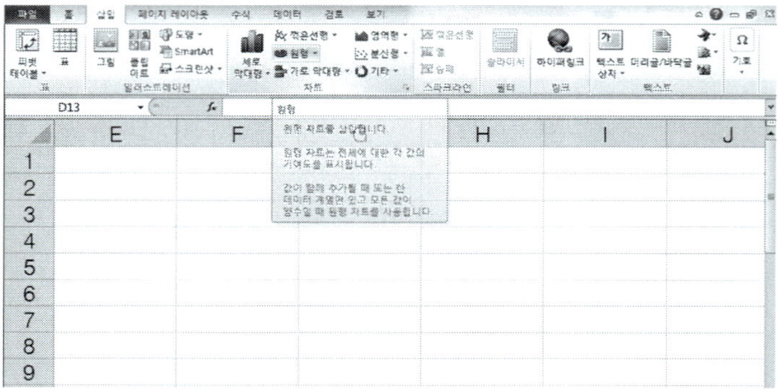

단계 2. 2차원 원형 차트 중 『원형』을 선택한다.

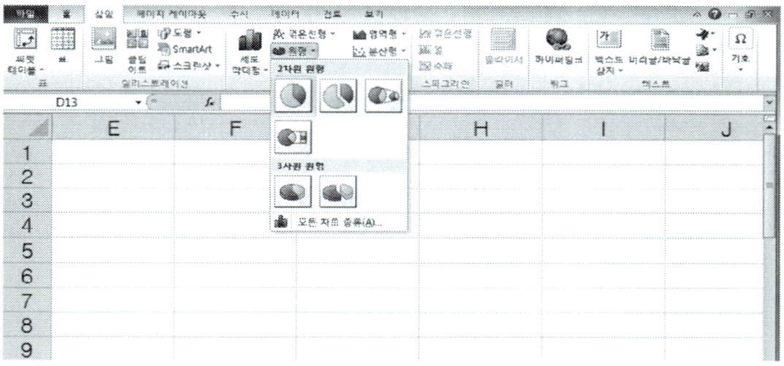

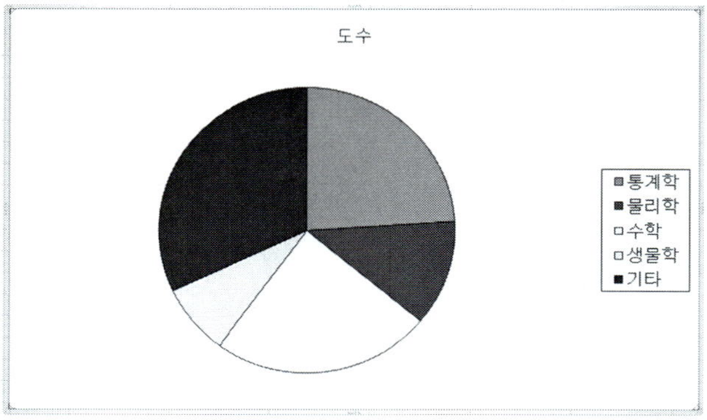

● E2-2 예제 2-3에서 주어진 30명의 프로야구선수들의 몸무게에 대한 히스토그램을 그려 보자.

풀이

예제 2-3에서 사용한 히스트그램의 계급을 같게 사용할 경우 계급 중앙값은 73, 76, 79, 82, 85이며 계급간격은 3이다.

단계 1. 자료 입력

단계 2. 각 자료가 속하는 계급값을 알기 위해 IF 함수를 사용하여 자료의 오른쪽 옆의 칸에 『=IF(A2<74.5,73,IF(A2<77.5,76,IF(A2<80.5,79,IF(A2<83.5,82,85))))』를 입력한다.

모든 자료에 대해서 계급값을 구한다.

단계 3. 히스토그램을 그리기 위해서 각 계급값에 속하는 자료가 몇 개인지 알기 위해 FREQUENCY 함수를 사용한다.

아래의 그림과 같이 계급값을 입력한 후 오른쪽 옆에 칸을 드래그를 이용하여 선택한 후 『=FREQUENCY(B2:B31,D7:D11』입력을 하여 각 계급값의 도수를 구한다.

(이때는 배열계산이므로 Ctrl+Shift+Enter 를 누른다.)

단계 4. 도수를 마우스 드래그를 이용하여 블록으로 지정한 다음【삽입】→【세로 막대형】를 선택 후【세로 막대형 차트 더보기(M)】을 선택한다.

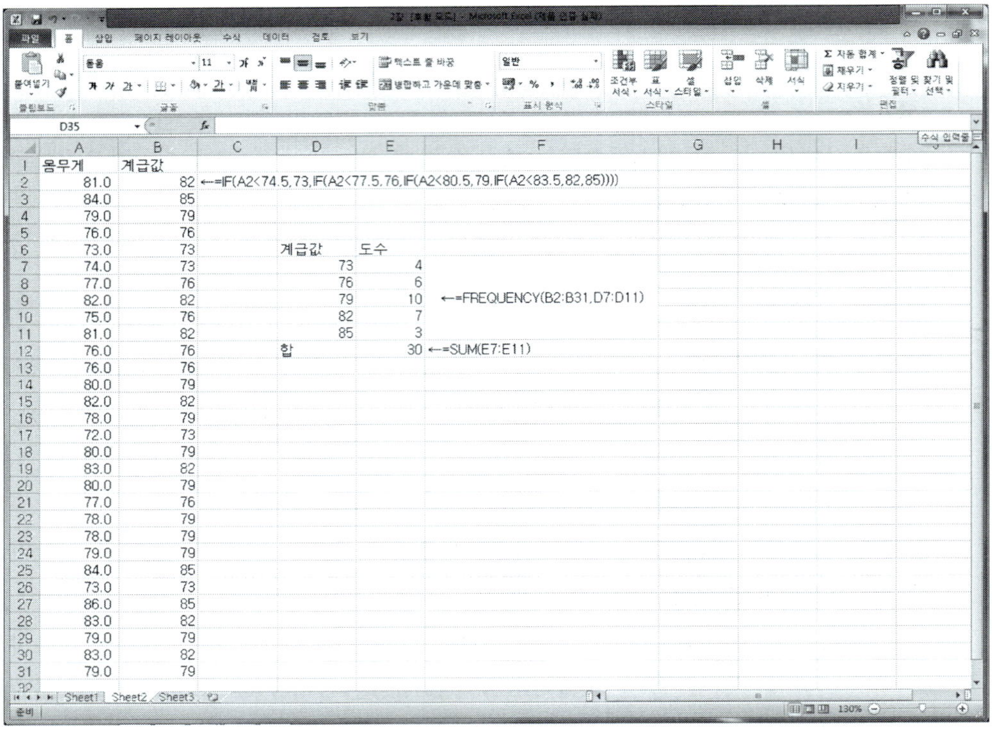

몸무게
계급값
81.0 82 ←=IF(A2<74.5,73,IF(A2<77.5,76,IF(A2<80.5,79,IF(A2<83.5,82,85))))
84.0 85
79.0 79
76.0 76
73.0 73
74.0 73
77.0 76
82.0 82
75.0 76
81.0 82
76.0 76
76.0 76
80.0 79
82.0 82
78.0 79
72.0 73
80.0 79
83.0 82
80.0 79
77.0 76
78.0 79
78.0 79
79.0 79
84.0 85
73.0 73
86.0 85
83.0 82
79.0 79
83.0 82
79.0 79
계급값 도수
73 4
76 6
79 10 ←=FREQUENCY(B2:B31,D7:D11)
82 7
85 3
합 30 ←=SUM(E7:E11)
Sheet1
Sheet2
Sheet3

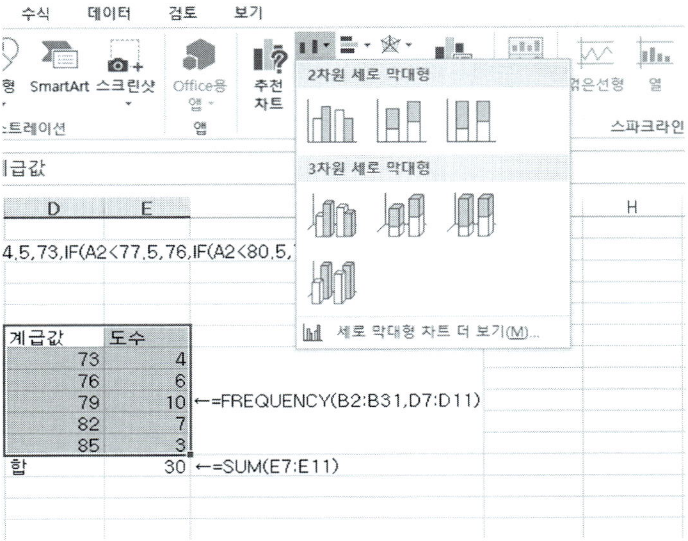

수식
데이터
검토
보기
SmartArt
스크린샷
Office용 앱
추천 차트
2차원 세로 막대형
3차원 세로 막대형
세로 막대형 차트 더 보기(M)...
꺾은선형
열
스파크라인
계급값 도수
73 4
76 6
79 10 ←=FREQUENCY(B2:B31,D7:D11)
82 7
85 3
합 30 ←=SUM(E7:E11)

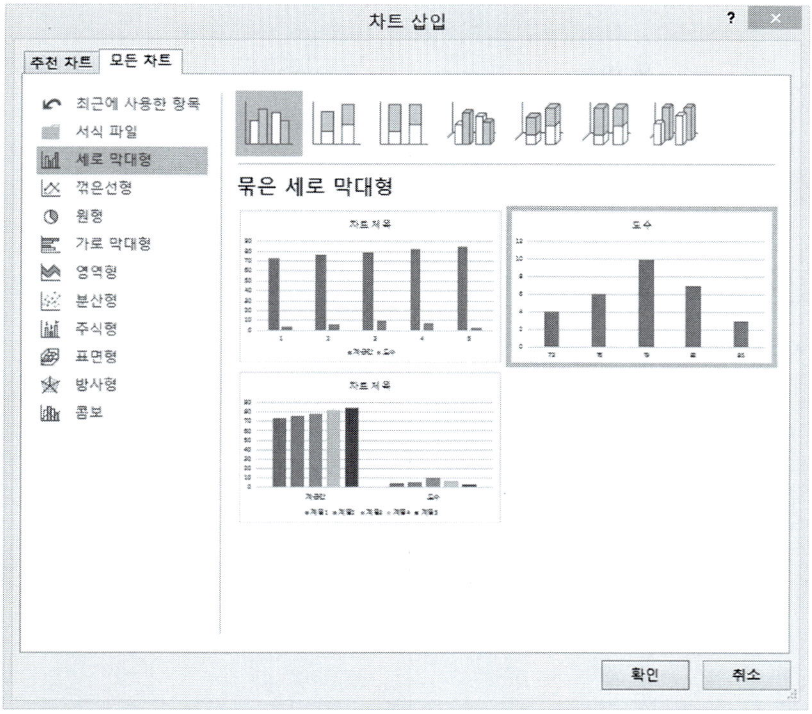

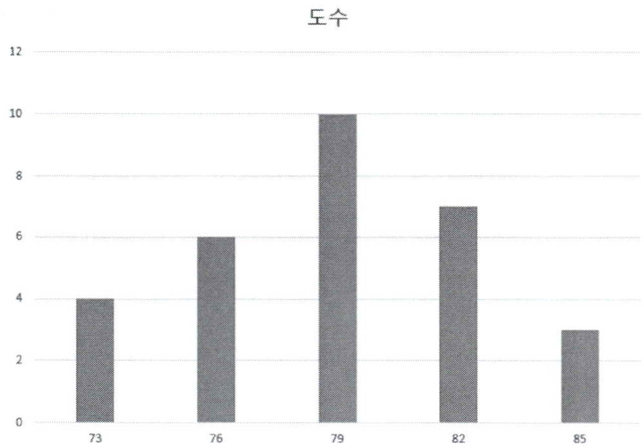

단계 5. 【차트삽입】 대화창에서 X(항목) 축 레이블에 계급값이 지정되어 있는 차트를 선택 후 【확인】을 선택한다.

● E2-3 엑셀 실행결과 인쇄하기

단계 1. 【파일】 → 【인쇄】를 선택하여 원하는 『인쇄범위』와 『매수』를 선택하여 【확인】을 선택한다.

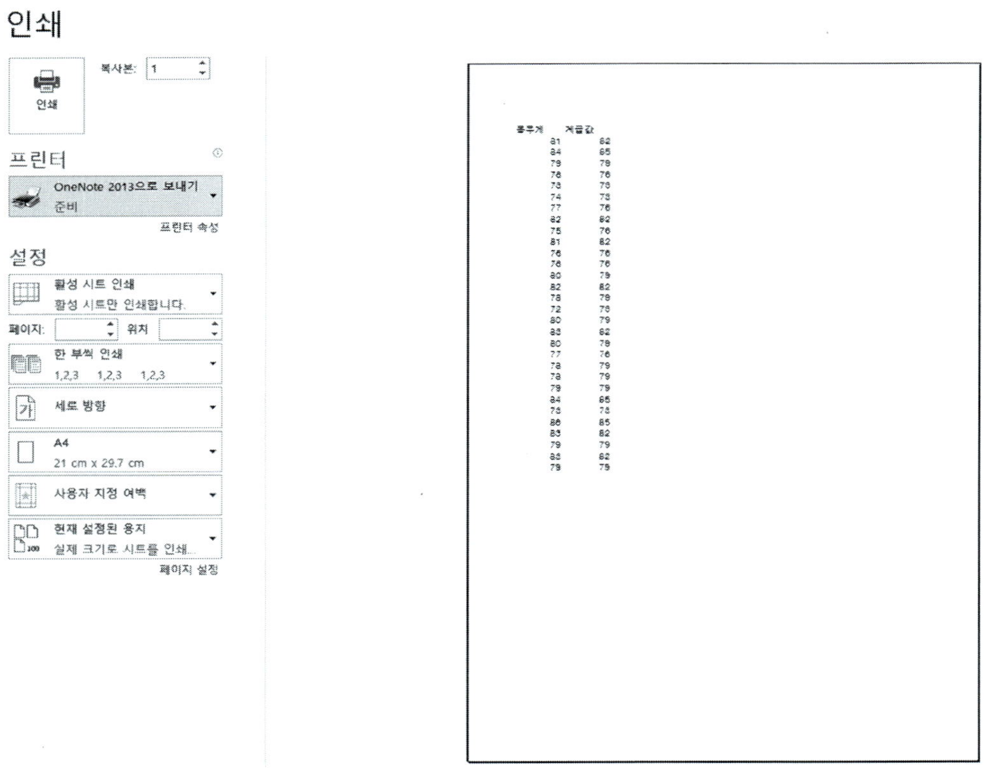
인쇄
복사본: 1
인쇄
프린터
OneNote 2013으로 보내기
준비
프린터 속성
설정
활성 시트 인쇄
활성 시트만 인쇄합니다.
페이지:
위치
한 부씩 인쇄
1,2,3 1,2,3 1,2,3
세로 방향
A4
21 cm x 29.7 cm
사용자 지정 여백
현재 설정된 용지
실제 크기로 시트를 인쇄...
페이지 설정

CHAPTER 03

기술통계

2장에서 많은 자료를 어떻게 정리하여 표현하는가를 공부하였다. 그러나 2장에서 나타낸 방법은 자료의 중요한 특성을 말로 표현할 필요가 있을 때에는 도움이 되지 못할 뿐 아니라, 통계적 추론에서 사용하기는 부적절할 수 있다. 예를 들어 모집단과 표본을 비교하기 위해서 히스토그램을 이용한다면 두 히스토그램이 "비슷하다" 혹은 "다르다"라고 할 수 있는 기준이 모호하며 다른 정도를 나타낼 방법도 없다. 이러한 어려움들을 해결하는 방법으로 분포의 중심위치와 산포의 측도와 같이 자료를 객관적으로 대표할 수 있는 수리적 측도를 사용할 수 있다.

2장에서 배운 방법은 가정의 수입에 관한 자료를 그래프를 그리는 데 도움이 된다. 그러나 때로는 전형적인 가정의 수입, 수입분포의 산포, 또는 특정 수입이 있는 가정의 위치 등을 알고 싶을 때도 있다. 이러한 질문의 답으로 중심위치의 측도, 산포의 측도, 위치의 측도 등을 사용한다.

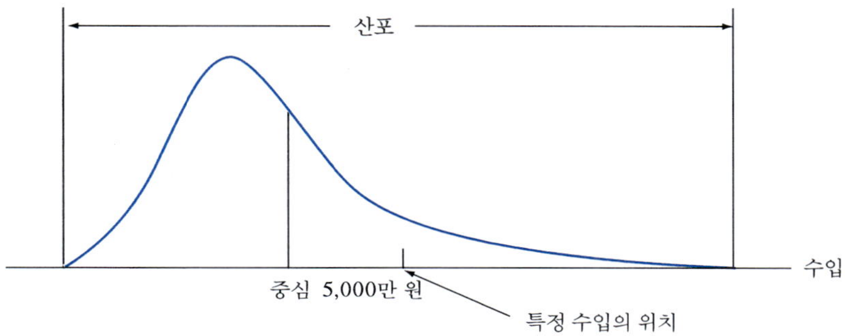

3.1 자료의 중심위치의 측도

때로는 수리적 측도로서 자료를 대표할 때가 있다. 중심위치의 측도는 히스토그램이나 도수분포곡선의 중심을 가리킨다. 이 절에서는 자료의 중심위치 측도로서 평균, 중앙값, 최빈값에 대하여 논의하며, 이들의 값을 어떻게 계산하는가를 배운다.

3.1.1 평균

평균(mean)이란 산술평균을 의미하며 양적 자료의 중심위치의 측도로서 가장 많이 사용되고 있다. 자료의 평균은 모든 값의 합을 자료의 개수로 나눈 값이다. 주어진 자료가 모집단일 때는 평균을 보통 μ로 표시하고 모평균이라고 하고, 표본일 때는 $\bar{x}$로 표시하고 표본평균이라고 한다. 모집단과 표본을 구별하기 위해서 모집단의 자료 수를 N, 표본의 자료 수를 n이라고 하면, 모평균과 표본평균은 다음과 같다.

▸▸ 평균

$$\text{모평균 : } \mu = \sum_{i=1}^{N} x_i / N$$

$$\text{표본평균 : } \bar{x} = \sum_{i=1}^{n} x_i / n$$

평균의 다른 변형 형태로, 대학에서 학생의 성적평점평균을 구할 경우나 물가지수를 구할 경우에 많이 사용되는 것으로 가중평균이 있다. **가중평균**(weighted mean)은 각 측정값에 일정한 가중치를 곱하여 평균을 구하는 것으로 다음과 같이 정의한다.

▸▸ 가중평균

$$\frac{w_1 x_1 + w_2 x_2 + \cdots + w_n x_n}{w_1 + w_2 + \cdots + w_n}$$

예제 3-1 10명의 대학생들에게 어제 밤에 몇 시간이나 수면을 취하였는지 조사해서 다음과 같은 결과를 얻었다(단위: 시간).

7 6 7.25 7 8.5 5 8 7 6.75 12

풀이 이 대학생들의 평균수면시간을 구하면, $N=10$이고 $\sum_{i=1}^{10} x_i = 74.5$이므로, 모평균 $\mu = \sum_{i=1}^{10} x_i / 10 = 74.5/10 = 7.45$시간이다. 한편, 이 학생들 중에서 표본조사를 시행하여, 이들의 평균 수면시간을 $\bar{x}$라고 하면, 3명의 수면시간이 7, 6, 8이면 $\bar{x} = (7+6+8)/3 = 7$시간, 수면시간이 5, 6, 7이면 $\bar{x} = (5+6+7)/3 = 6$시간이다. 따라서 모평균 μ는 상수이나 표본평균 $\bar{x}$는 모집단의 어느 값이 표본에 포함되느냐에 따라 변한다.

때때로, 자료의 집합에는 주종을 이루는 값에 비해서 아주 큰 값이나 아주 작은 값이 포함될 수도 있다. 이 값을 **이상치**(outlier)라고 한다. 예제 3-1에서 12는 이상치라고 할 수 있다. 어느

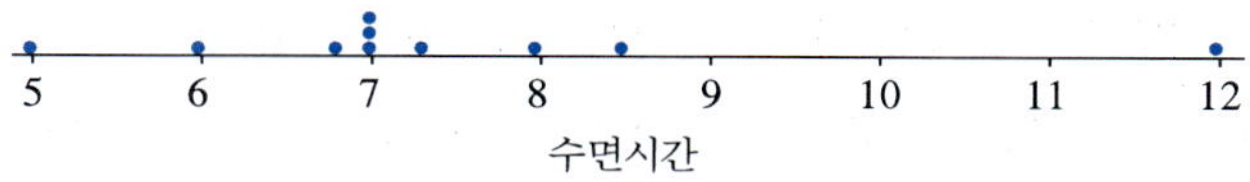

그림 3-1 수면시간의 점도표

값이 어떠한 이상치인가를 찾는 방법은 3.6절에서 배운다. 그림 3-1에서는 이상치에 너무 많은 영향을 받기 때문에 평균이 중심위치의 측도로 항상 좋은 것은 아니다. 때때로 중심위치의 다른 측도가 자료의 좀 더 정확한 정보를 나타낼 때도 있다. 다음에 나오는 중앙값은 이상치에 별로 영향을 받지 않는다.

3.1.2 중앙값

중앙값(median)은 양적 자료를 증가하는 순으로 또는 감소하는 순으로 나열할 때 가운데 놓이는 값이다. 자료의 수를 n이라고 할 때, n이 홀수이면 $(n+1)/2$번째의 자료값이 중앙값이다. n이 짝수이면 $n/2$번째와 $n/2+1$번째의 값의 평균을 중앙값이라고 한다. 예제 3-1에서 수면시간을 크기 순으로 나열하면, 5, 6, 6.75, 7, 7, 7, 7.25, 8, 8.5, 12이고, 자료의 개수가 10이므로 10/2=5번째의 값 7과 10/2+1=6번째의 값 7의 평균 7이 중앙값이다. 중심위치의 측도로 중앙값을 이용하는 장점은 이상치에 영향을 받지 않는다는 점이다. 따라서 이상치가 포함된 자료에서는 중심위치의 측도로 평균보다 중앙값을 선호한다.

예제 3-2 어느 헬스장에서 2개월 동안 수영을 한 후 회원 9명의 체중 감소량(단위:kg)이다. 중앙값을 찾아라.

$$3.5 \quad 1.8 \quad 10 \quad 3 \quad 2 \quad 4 \quad 5.6 \quad 8 \quad 1$$

풀이 자료를 크기 순으로 나열하면 1 1.8 2 3 3.5 4 5.6 8 10이다. 자료의 수가 9이므로 $(9+1)/2=5$번째의 값 3.5가 중앙값이다.

3.1.3 최빈값

최빈값(mode)은 자료 중 빈도가 가장 많은 값이며, 자료 중 최빈값이 없거나 하나 이상의 최빈값이 있을 수 있다. 예제 3-1에서는 최빈값이 없는 경우이다. 평균이나 중앙값은 단 하나의 값이며 양적 자료에만 사용할 수 있는 반면, 최빈값은 질적 자료나 양적 자료 모두에 사용될 수 있다는 것이다.

히스토그램을 이용하여 양적 자료의 최빈값을 찾는 경우 가장 도수가 높은 계급, 즉 최빈계급(modal class)을 찾아 최빈계급의 중간값을 최빈값으로 택한다.

요약하면 중심위치의 측도 중 어느 측도가 더 좋다라고 말할 수 없다. 상황에 따라 다르기 때문이다. 평균이 중심위치의 측도로 가장 많이 이용되고, 그 다음 중앙값이다. 평균은 자료의 값을 모두 포함하지만, 중앙값은 이상치가 있을 경우 더 좋은 측도이고, 최빈값은 선정하기는 쉽지만 양적 자료인 경우 실제 응용에 별로 이용되지 않는다.

예제 3-3 다음은 통계학을 수강하는 학생들 중에서 임의로 선택한 10명이 0에서 9까지 숫자 중 가장 좋아하는 숫자이다.

0 1 1 2 3 5 6 7 7 9

이 자료는 2개의 최빈값을 가진다. 즉 1과 7이다.

3.1.4 평균, 중앙값과 최빈값의 관계

2장에서 공부한 히스토그램이나 도수분포곡선은 대칭이거나 비대칭이다. 이 절에서는 세 가지 경우의 히스토그램이나 도수분포곡선에 대해서 평균, 중앙값, 최빈값의 관계를 설명하고, 평균, 중앙값과 최빈값을 알 경우 도수분포곡선의 모양에 대한 아이디어를 줄 수 있다.

1. 한 개의 봉우리를 갖고 대칭인 히스토그램이나 도수분포곡선에 대해서는 평균, 중앙값과 최빈값은 모두 같고 분포의 중간에 있다.
2. 오른쪽꼬리긴 히스토그램이나 도수분포곡선에 대해서는 평균이 가장 크고, 최빈값이 가장 작고, 중앙값이 그 사이에 놓인다. 평균이 가장 큰 이유는 오른쪽꼬리에 있는 값들이 평균을 상승시키는 역할을 하기 때문이다.
3. 왼쪽꼬리긴 히스토그램이나 도수분포곡선에 대해서는 평균이 가장 작고, 최빈값이 가장 크고, 중앙값이 그 사이에 놓인다. 이 경우에는 왼쪽꼬리에 있는 값들이 평균을 작게 만들기 때문이다.

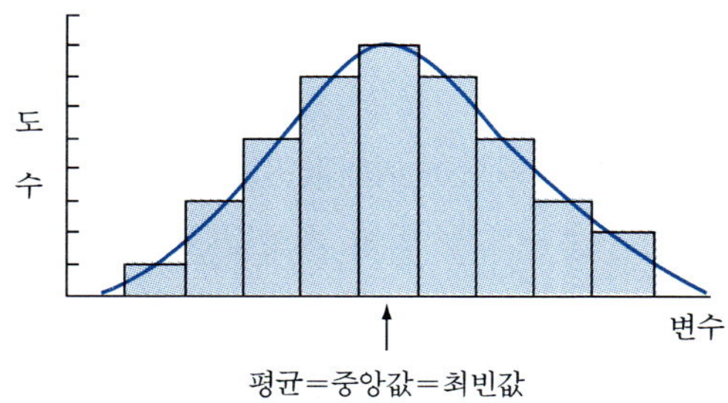

그림 3-2 대칭인 히스토그램과 도수곡선의 평균, 중앙값과 최빈값

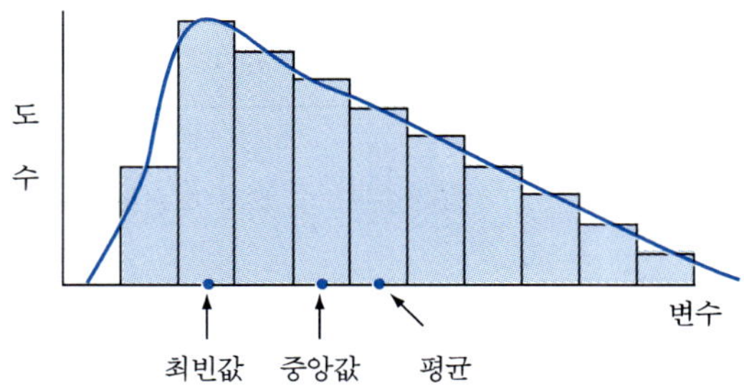

그림 3-3 오른쪽꼬리긴 히스토그램과 도수곡선의 평균, 중앙값과 최빈값

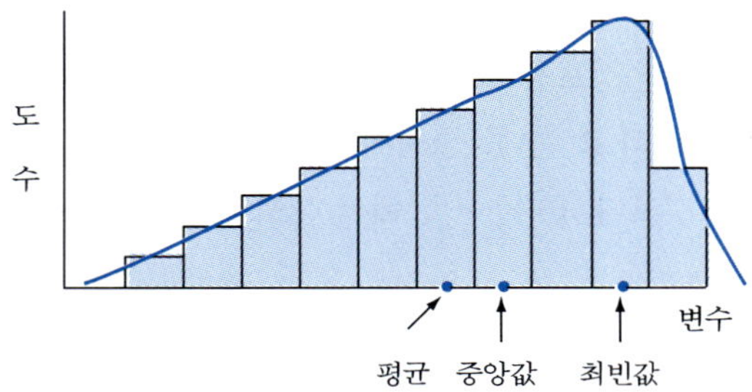

그림 3-4 왼쪽꼬리긴 히스토그램과 도수곡선의 평균, 중앙값과 최빈값

예제 3-4 아래의 자료는 어느 수영선수의 첫 번째 다이빙에 대한 8명의 심판이 준 점수이다.

7 8 7 4 8 6 9 7

풀이 점수를 증가하는 순서로 나열하면 4 6 7 7 7 8 8 9 이다. 여기서 가장 작은 값과 가장 큰 값을 제한 나머지 6개 값의 평균점수는 $(6+7+7+7+8+8)/6=7.1667$이다. 양 끝 12.5%을 제외한 평균으로, 이러한 평균을 12.5% **절사평균**(trimmed mean)이라고 한다.

3.2 자료의 산포도

평균, 중앙값, 최빈값과 같은 중심위치의 측도는 자료의 분포에 대한 전체의 모양을 나타내지 않는다. 평균이 같은 두 개의 자료가 완전히 다른 분포를 가질 수 있다. 한 자료에 대한 관측값의 변이가 다른 자료에 비해서 아주 크거나 작을 수 있다. 다음 두 자료는 2개 회사의 직원들의 나이이다.

회사 1 : 47 38 35 40 36 45 39

회사 2 : 70 33 18 52 27

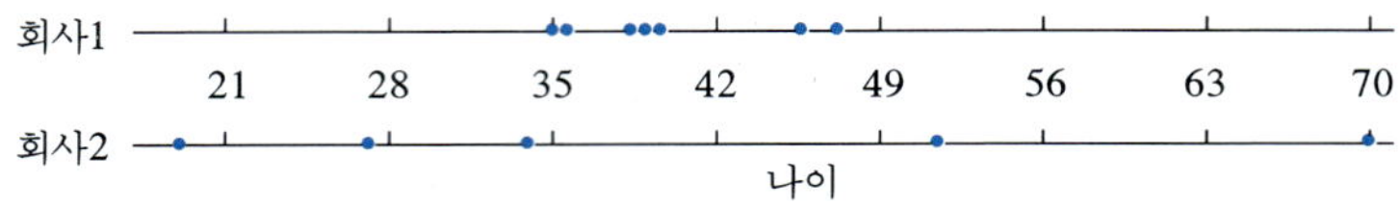

그림 3-5 두 회사 직원들 나이의 점도표

위의 두 회사의 평균 나이는 모두 40이다. 만약 우리가 각 회사의 직원 개개인의 나이를 모르고 평균 나이만 안다면 두 회사의 직원들의 나이의 분포는 같다고 결론을 맺는다. 그러나 관찰하면 변동은 아주 다르다.

따라서 평균, 중앙값, 최빈값은 자료의 분포모양을 나타내기에는 충분한 측도라고 할 수 없다. 자료의 변동에 대한 정보를 제공하는 측도가 필요하다. 이러한 자료의 흩어짐에 대한 측도를 **산포도**(dispersion)라고 한다. 중심위치와 산포의 측도를 함께 생각하는 것이 중심위치의 측도만을 생각하는 것보다 좋다. 이 절에서 산포도의 측도로 범위, 분산, 표준편차를 다룬다.

3.2.1 범위

가장 간단한 산포의 측도로써 자료의 집합에서 최댓값과 최솟값의 차를 **범위**(range)라고 한다.

▸▸ **범위**

$$\text{범위} = \text{최댓값} - \text{최솟값}$$

범위를 계산하기는 쉬우나, 평균과 같이 이상치에 많은 영향을 받고 단지 자료의 최댓값과 최솟값만을 이용하기 때문에 자료의 산포에 대한 정확한 정보를 주지 못할 때도 있다. 따라서 이상치가 있을 경우에는 범위가 좋은 산포도는 아니다.

예제 3-5 다음의 표는 우리나라 행정구역의 넓이이다. 이 자료의 범위를 구하라.

행정구역	넓이(km^2)	행정구역	넓이(km^2)
서울특별시	605.39	강원도	16,612.39
부산광역시	763.30	충청북도	7,431.77
대구광역시	885.58	충청남도	8,598.48
인천광역시	992.78	전라북도	8,052.69
광주광역시	501.34	전라남도	12,051.86
대전광역시	539.59	경상북도	19,026.19
울산광역시	1,056.74	경상남도	10,518.81
경기도	10,132.18	제주특별자치도	1,848.20

풀이 행정구역 중 가장 넓은 경상북도의 넓이는 19,026.19(km^2)이고 가장 좁은 광주광역시의 넓이는 501.34(km^2)이다. 따라서,

$$\text{범위} = \text{최댓값} - \text{최솟값} = 19{,}026.19 - 501.34 = 18{,}524.85.$$

행정구역의 넓이들의 범위는 18,524.85(km^2)이다.

3.2.2 분산과 표준편차

산포도로서 가장 많이 이용되는 것이 표준편차이다. 표준편차는 자료의 값들이 평균을 중심으로 얼마나 퍼져 있는가를 나타내는 측도이다. 일반적으로, 작은 표준편차를 가진 자료는 평균을 중심으로 모여 있고, 반대로 큰 표준편차를 가진 자료는 평균을 중심으로 넓게 퍼져 있다.

표준편차를 정의하기 전에 다음의 자료를 보자. 통계학을 수강하는 학생 중 임의로 뽑은 네 학생의 중간고사 성적이 다음과 같다.

$$82,\ 95,\ 67,\ 92$$

네 학생의 중간고사 평균성적은

$$\bar{x} = \frac{82+95+67+92}{4} = 84$$

이다. $x-\mu$ 또는 $x-\bar{x}$을 평균으로부터 변량값의 **편차**(deviation)라고 한다. 이들 편차의 합은 항상 0이다.

x	$x-\bar{x}$	$(x-\bar{x})^2$
82	82−84=−2	4
95	95−84=+11	121
67	67−84=−17	289
92	92−84=+8	64
	$\sum(x-\bar{x})=0$	$\sum(x-\bar{x})^2=478$

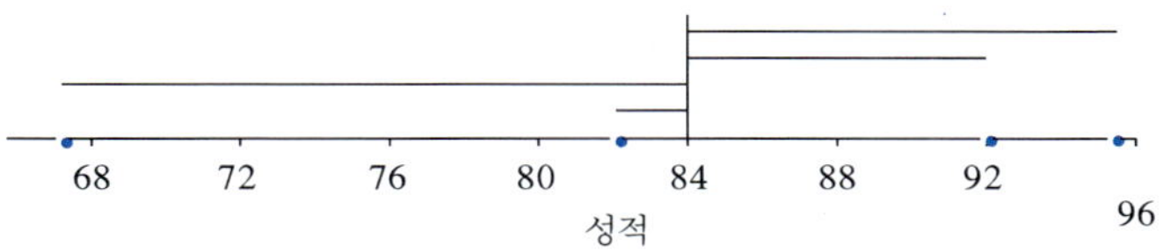

그림 3-6 평균으로부터의 편차

따라서 편차의 합 대신에 편차의 제곱의 합을 이용하여 분산과 표준편차를 구한다. 편차의 제곱의 합은 자료수가 증가하면 증가할수록 커지기 때문에 산포가 될 수 없다. 따라서 편차의 제곱의 합을 자료의 개수로 나눈 값을 **분산**(variance)이라고 한다. 자료가 모집단일 때의 분산을 모분산이라고 하고, σ^2으로 나타낸다. 한편, 자료가 표본일 때의 분산을 **표본분산**이라고 하고, s^2으로 나타낸다.

▸▸ **모분산과 표본분산**

$$\text{모분산} : \sigma^2 = \frac{1}{N}\sum_{i=1}^{N}(x_i - \mu)^2$$

$$\text{표본분산} : s^2 = \frac{1}{n-1}\sum_{i=1}^{n}(x_i - \bar{x})^2$$

모표준편차 : $\sigma = \sqrt{\sigma^2}$, 표본표준편차 : $s = \sqrt{s^2}$

여기서 표본분산을 계산할 때 n대신에 $n-1$로 나누었다.

표준편차(standard deviation)는 분산의 양의 제곱근으로 정의하며, 자료가 모집단일 때 **모표준편차**라고 하고 σ로 나타낸다. 한편, 표본일 때 **표본표준편차**라고 하고 s로 나타낸다.

분산과 표준편차를 계산할 때에 간편식을 이용하는데, 간편식을 이용함으로써 계산시간과 반올림으로 인한 오류를 줄일 수 있다.

▸▸ **분산의 간편식**

$$\sigma^2 = \frac{\sum x^2 - \frac{(\sum x)^2}{N}}{N}, \quad s^2 = \frac{\sum x^2 - \frac{(\sum x)^2}{n}}{n-1}$$

주의

1. 분산과 표준편차는 음수가 될 수 없다. 일반적으로 분산과 표준편차는 양수이다. 자료들의 변동이 하나도 없으면 분산과 표준편차는 0이다. 또한 분산과 표준편차가 0이면 자료들은 변동이 하나도 없다.
2. 분산의 측도단위는 항상 원자료의 측도단위의 제곱이다. 그러나 표준편차의 단위는 원자료의 측도단위와 같다. 참고로, 모집단의 자료에서 계산된 평균, 중앙값, 최빈값, 범위, 분산, 표준편차와 같은 수리적 측도를 모수(population parameter)라고 한다. 표본자료에서 계산된 측도를 통계량(statistic)이라고 한다. 따라서, μ, σ는 모수이고, $\bar{x}$, s는 통계량이다.

3.2.3 변동계수

산포의 측도로 표준편차는 절대변동의 측도이지 상대적 변동의 측도가 아니다. **변동계수**(coefficient of variation ; CV)는 자료 간에 자료값의 차이가 큰 경우(예를 들어 어른의 몸무게와 신생아의 몸무게)나 측정 단위가 다른 경우(예를 들어 키와 몸무게)에 있어서 산포를 비교하려고 할 때 사용되며 다음과 같이 정의한다.

$$\text{변동계수(모집단)} : CV = \frac{\sigma}{\mu} \times 100\%$$

$$\text{변동계수(표본)} : CV = \frac{s}{\bar{x}} \times 100\%$$

따라서 변동계수는 단위와 관계없는 측도이기 때문에 단위가 서로 다른 자료의 산포를 비교하는 데 사용할 수 있다.

예제 3-6 어느 회사의 지난해 주별 매출실적의 평균이 2억 원, 표준편차가 0.3억 원이었다. 같은 자료를 월별 매출액으로 하였을 때 평균이 8억 원, 표준편차가 0.5억 원이었다. 각 경우의 변동계수를 구하고 비교하라.

풀이 주별 매출액의 변동계수는 $(0.3/2) \times 100 = 15\%$이고, 월별 매출액의 변동계수는 $(0.5/8) \times 100 = 6.25\%$이다. 따라서 월별 매출액의 변화가 주별 매출액의 변화보다 더 적은 것을 알 수 있다.

3.3 집단화된 자료의 평균, 분산과 표준편차

3.1절과 3.2절에서 자료의 평균, 분산과 표준편차의 계산방법을 배웠다. 이 절에서는 집단화된 자료의 평균, 분산과 표준편차의 계산방법을 배우자.

3.3.1 집단화된 자료의 평균

3.1.1절에서 평균은 모든 값의 합을 개수로 나누었다. 그러나 만약 자료들이 도수분포표로 주어지면 각각의 값을 모른다. 따라서 값의 합을 구할 수 없다. 다음에 설명한 절차에 따라서 합의 근사치를 구하여 집단화된 자료의 평균을 구한다.

▸▸ **집단화된 자료의 평균**

$$\text{모평균} : \mu = \frac{\sum mf}{N}, \quad \text{표본평균} : \bar{x} = \frac{\sum mf}{n}$$

여기서 m은 각 계급의 중앙값이고 f는 각 계급의 도수이다.

3.3.2 집단화된 자료의 분산과 표준편차

집단화된 자료의 모분산과 표본분산을 계산하기 위한 기본공식은 다음과 같다.

$$\sigma^2 = \frac{\sum f(m-\mu)^2}{N}, \quad s^2 = \frac{\sum f(m-\bar{x})^2}{n-1}$$

여기서 σ^2은 모분산, s^2은 표본분산이고, m은 각 계급의 중앙값이다.

집단화된 자료의 모분산과 표본분산을 계산하기 위하여 아래의 간편식을 이용한다.

▸▸ **집단화된 자료의 모분산과 표본분산의 간편식**

$$\sigma^2 = \frac{\sum m^2 f - \frac{(\sum mf)^2}{N}}{N}, \quad s^2 = \frac{\sum m^2 f - \frac{(\sum mf)^2}{n}}{n-1}$$

여기서 σ^2은 모분산, s^2은 표본분산이고, m은 각 계급의 중앙값이다.

3.4 표준편차의 이용

평균과 표준편차를 이용하여 평균에 대한 주어진 구간에 들어가는 관측치의 비율 또는 백분위(상대도수×100)를 구할 수 있다.

체비셰프의 정리(Chebyshev's theorem)를 이용하여, 평균으로부터 같은 거리에 있는 양쪽 두 점 사이의 곡선의 면적을 계산할 때 하한값을 구할 수 있다.

▸▸ **체비셰프의 정리**

어떠한 $k>1$에 대해서, 자료 중 적어도 $100(1-1/k^2)\%$가 평균으로부터 표준편차의 k배 이내에 있다.

예를 들면, $k=2$인 경우를 생각하면 적어도 $1-1/k^2=0.75$ 또는 75%가 평균으로부터 표준편차의 2배 이내에 있고, $k=3$인 경우는 적어도 $1-1/k^2=0.89$ 또는 89%가 평균으로부터 표준편차의 3배 이내에 있다.

체비셰프의 정리는 어느 분포에나 적용이 가능하지만, 그 비율의 하한값이 참인 비율보다 훨씬 낮은 경우가 가끔 있다. 특별히, 자료의 분포가 평균을 중심으로 좌우 대칭이고 종을 엎어놓은 모양인 경우에 좀 더 정확한 결과를 얻을 수 있는 규칙이 있다. 종 모양의 분포는 자연현

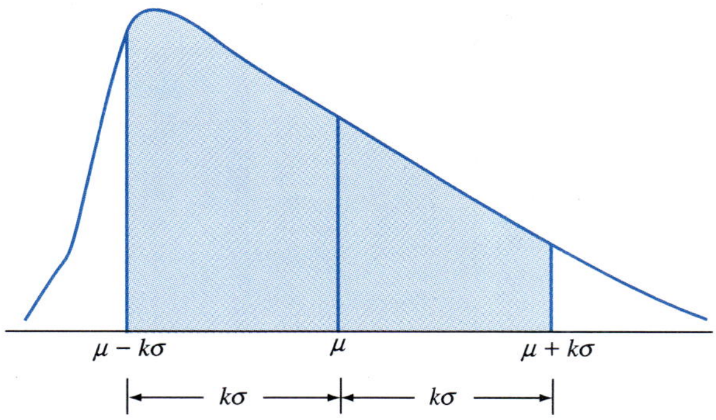

그림 3-7 체비셰프의 정리

상에서 자주 접할 수 있어서 이 규칙을 **경험적 규칙**(empirical rule)이라고 부른다.

> ▸▸ **경험적 규칙**
> 자료의 분포가 대칭적이고 종 모양인 경우,
> 구간 $\bar{x} \pm s$는 관측값의 약 68%를 포함하고 있다.
> 구간 $\bar{x} \pm 2s$는 관측값의 약 95%를 포함하고 있다.
> 구간 $\bar{x} \pm 3s$는 관측값의 약 99%를 포함하고 있다.

예제 3-7 수업시간 동안 잘 명시된 강의 계획이 학생들이 학습 수행을 하는 데 도움이 될 것이라고 가정하여, 교사들은 강의 계획에 따라 수업하도록 훈련받는다. 명시된 강의계획과 학생들의 성취 관계를 평가하기 위하여, 수업 목표 채점 기준에 의해 25개의 수업목표가 0점에서 최대 34점 사이로 평가되었다. 체비셰프 정리와, 만약 적용할 수 있다면, 경험적 규칙을 이용하여 이 평가점수들의 분포에 대하여 논하라.

26.1	26.0	14.5	29.3	19.7	22.1	21.2
26.6	31.9	25.0	15.9	20.8	20.2	17.8
13.3	25.6	26.5	15.7	22.0	13.8	29.0
21.3	23.5	22.1	10.2			

풀이 표본 평균과 표준편차는 각각 $\bar{x} = 21.6$, $s = 5.5$이다.

k	구간 $\bar{x} \pm ks$	도수	상대도수
1	(16.1, 27.1)	16	0.64
2	(10.6, 32.6)	24	0.96
3	(5.1, 38.1)	25	1.00

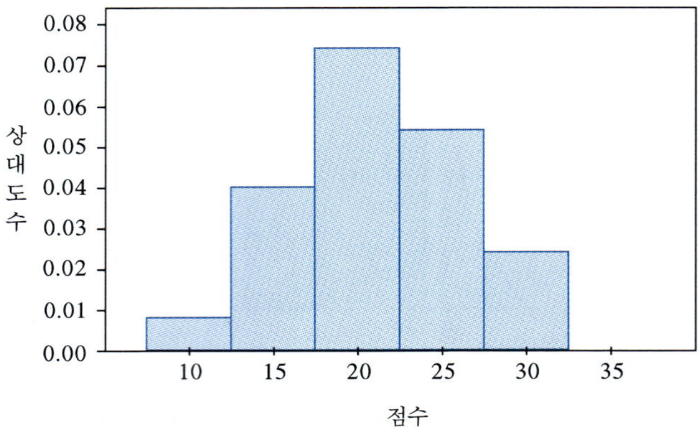

그림 3-8 히스토그램

체비셰프 정리에 의하면 구간 (10.6, 32.6) 사이에 최소한 자료의 75%가, 구간 (5.1, 38.1) 사이에는 최소한 자료의 88.9%가 있음을 알 수 있는 데, 위의 표를 통해 체비셰프 정리가 잘 맞는 것을 확인할 수 있다.

경험적 규칙을 적용할 수 있는지 히스토그램이나 줄기-잎 그림을 통해 알아보자.

그림 3-8을 보면 상대적으로 종 모양이며 대칭이므로 경험적 법칙을 사용할 수 있다. 표를 통해서도 경험적 법칙이 상대적으로 잘 적용되었음을 알 수 있다.

3.5 상대적 위치의 측도

상대적 위치의 측도는 표본이나 모집단에 있는 다른 값과의 관계로 하나의 값을 결정한다. 상대적 위치의 측도는 여러 가지가 있으나, 백분위수(percentile)와 사분위수(quartile)를 이 절에서 배운다.

3.5.1 백분위수

백분위수는 크기 순서로 나열한 자료를 100등분한 측도를 말하고, k 번째 백분위수를 P_k ($k=1, \cdots, 99$)로 나타내면, P_k는 자료 중에 약 k%의 자료는 P_k보다 작고 약 $(100-k)$%의 자료는 P_k보다 큰 값을 갖는다는 것을 의미한다.

▸▸ **백분위수**

P_k로 나타낸 k 번째 백분위수

$P_k=$ (순서대로 나열한 자료에서 $\frac{k}{100}\times(n+1)$번째 항의 값)

여기서, $k=1, \cdots, 99$ 이고 n은 표본크기이다.

백분위수를 구하는 방법이 조금씩 차이가 날 수 있다. k 번째 백분위수를 계산하는 방법을 다음의 예제를 통해 자세히 살펴보자.

예제 3-8 다음은 지난 3월에 차 생산 라인에서 중형차 20대를 선택하여 자동차 연비(km/l)를 알아봤더니 다음과 같았다.

9.8	8.6	10.5	11.0	10.6	9.0	10.4	9.6	10.5	9.4
10.0	10.7	11.1	10.4	9.7	10.1	11.5	9.8	10.3	10.4

풀이 주어진 연비를 증가 순으로 나열하면 다음과 같다.

8.6	9.0	9.4	9.6	9.7	9.8	9.8	10.0	10.1	10.3
10.4	10.4	10.4	10.5	10.5	10.6	10.7	11.0	11.1	11.5

60번째 백분위수의 위치는 $1+p(n-1)=1+0.6\times(20-1)=12.4$이므로 $k=12$, $d=0.4$이다. 따라서 60번째 백분위수는

$$x_{(12)}+0.4\times(x_{(13)}-x_{(12)})=10.4+(0.4)(0)=10.4$$

이다. 여기서 $x_{(12)}$, $x_{(13)}$은 크기 순대로 나열하였을 때 12번째, 13번째 값을 나타낸다. 그러므로 주어진 자료에서 약 60%의 자동차 연비는 10.4점보다 작고 약 40%의 연비는 10.4점보다 높다.

위의 예제 3-8로부터 자료가 몇 개뿐이면 60번째 백분위수인 10.4보다 작거나 같은 값의 개수는 정확하게 60%가 아닐 수 있고(65%), 크거나 같은 값의 개수는 정확하게 40%가 아닐 수 있다(50%).

3.5.2 사분위수 및 사분위범위

사분위수(guartile)는 크기 순서에 따라 나열한 자료를 4등분한 측도를 사분위수라고 하고, 그 중 첫째를 **제1사분위수**(Q_1), 둘째를 **제2사분위수**(Q_2), 셋째를 **제3사분위수**(Q_3)라고 한다. 둘째의 제2사분위수는 중앙값과 같다. 크기 순서로 나열한 자료의 약 25%는 Q_1보다 작고, 약 75%는 Q_1보다 크다. 또한 자료의 약 25%는 Q_3보다 크고, 약 75%는 Q_3보다 작다. 즉, 제 1 사분위수, 제 2사분위수, 제 3사분위수는 각각 25번째 백분위수, 50번째 백분위수, 75번째 백분위수이다. 제3사분위수와 제1사분위수의 차를 **사분위범위**(interquartile range: IQR)라고 한다.

▸▸ **사분위범위**

$$\text{IQR}=Q_3-Q_1$$

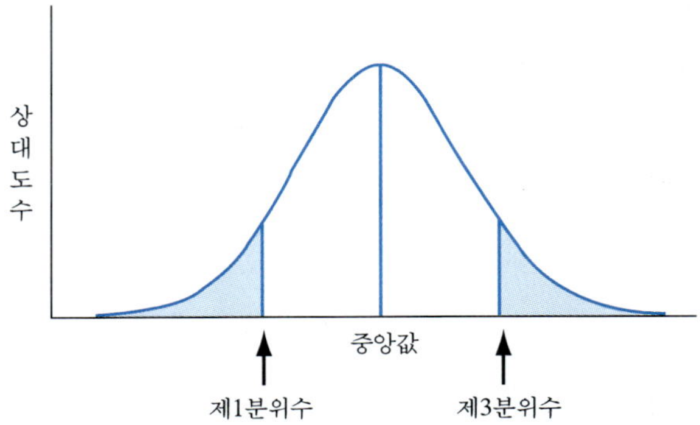

그림 3-9 사분위수

예제 3-9 임의로 15명의 고혈압 환자들을 선택하여 혈압하강제를 투약한 후 수축기 혈압을 재었더니 다음과 같았다 (단위:mmHg).

172	140	123	130	115	148	108	129
137	161	123	152	133	128	142	

(1) 사분위수를 구하라. 130mmHg은 사분위수와 관련해서 어느 위치에 있는가?

(2) 사분위범위를 구하라.

풀이 (1) 증가하는 순서로 혈압을 나열하면 다음과 같다.

108	115	123	123	128	129	130	133
137	140	142	148	152	161	172	

자료의 개수는 15개이므로 사분위수들은 다음과 같다.

$Q_1 : 1 + 0.25 \times 14 = 4.5$번째 값 이므로,

$Q_1 = 123 + 0.5 \times (128 - 123) = 125.5$

$Q_2 : 1 + 0.5 \times 14 = 8$번째 값 이므로, $Q_2 = 133$

$Q_3 : 1 + 0.75 \times 14 = 11.5$번째 값 이므로,

$Q_3 = 142 + 0.5 \times (148 - 142) = 145.$

$Q_1 = 125.5$라는 혈압은 이 표본에서 약 25%의 환자의 혈압이 125.5보다 낮거나 같고, 약 75%는 125.5점보다 높거나 같다는 것을 의미한다. 같은 의미로 133과 145에 대한 해석을 할 수 있다. 수축혈압이 130이라는 것은 환자들의 50%보다 수축혈압이 낮다는 것을 의미한다.

(2) $\text{IQR} = Q_3 - Q_1 = 145 - 125.5 = 19.5$이다.

3.6 상자그림

상자그림(box plot)은 자료의 중앙값, 제1사분위수, 제3사분위수, **아래 울타리**($Q_1 - 1.5 \times \text{IQR}$)와 **위 울타리**($Q_3 + 1.5 \times \text{IQR}$) 사이에 있는 자료의 최솟값과 최댓값 등을 이용하여 자료의 정보를 그림으로 나타낸 것으로 최근에 많이 사용되기 시작한 자료정리의 한 방법이다. 상자그림은 자료의 중심위치, 산포도, 대칭성과 이상치 등을 시각적으로 나타낼 수 있다. 엑셀에서는 상자그림이 지원되지 않는다.

예제 3-10 다음의 자료는 12명의 표본에 대한 한 달 용돈(단위: 만 원)이다.

23 17 32 60 22 52 29 38 42 92 27 46

이 자료를 이용하여 상자그림을 그리고, 통계학적 해석을 하라.

풀이

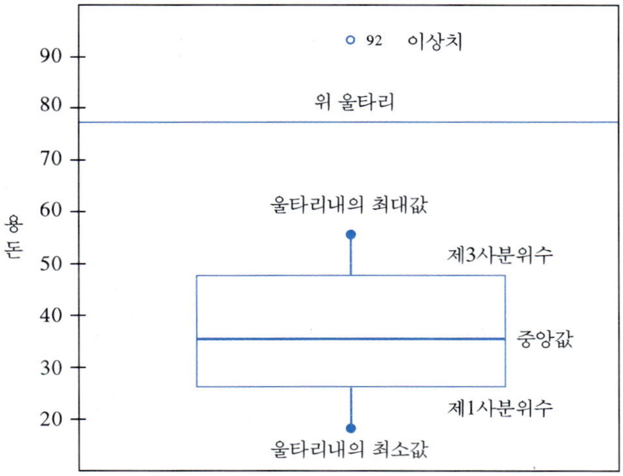

그림 3-10 상자그림

(1) 이 자료를 증가하는 순으로 나열하면 17 22 23 27 29 32 38 42 46 52 60 92이다. 따라서

Q_1 : $1 + 0.25 \times 11 = 3.75$번째 값 이므로,

$$Q_1 = 23 + 0.75 \times (27 - 23) = 26$$

Q_2 : $1 + 0.5 \times 11 = 6.5$번째 값 이므로,

$$Q_2 = 32 + 0.5 \times (38 - 32) = 35$$

$Q_3 : 1 + 0.75 \times 11 = 9.25$번째 값이므로,

$$Q_3 = 46 + 0.25 \times (52 - 46) = 47.5$$

$$\text{IQR} = Q_3 - Q_1 = 47.5 - 26 = 21.5$$

(2) (아래 울타리)$= Q_1 - 1.5 \times \text{IQR} = 26 - 32.25 = -6.25$

(위 울타리)$= Q_3 + 1.5 \times \text{IQR} = 47.5 + 32.25 = 79.75$

(3) 울타리 안에 있는 자료의 최댓값은 60이고 최솟값은 17이다.

(4) 주어진 자료의 값을 나타내도록 수직선을 그린다. 수직선 위에 제1사분위수의 값을 한 변으로, 제3사분위수의 값을 한 변으로 하는 직사각형을 그리고, 중앙값의 위치에 수평선을 사각형 안에 그린다. 이 직사각형을 상자라고 한다. 안쪽울타리 안에 있는 자료의 최솟값 17과 최댓값 60을 나타내는 점들과 직사각형을 잇는 수직선분을 그린다. 이 수직선분을 수염이라고 한다. 상자그림을 그리면 위의 그림과 같다. 상자그림으로부터 이 자료는 오른쪽꼬리긴 비대칭이다.

울타리 밖에 있는 관측치를 **이상치**(outlier)라고 한다. 위의 예제 3-8에서는 92가 이상치임을 알 수 있다.

연습문제

3.1 두 개의 자료집합에서 각각의 평균과 자료의 개수를 알고 있을 때 합한 자료의 평균은 다음 공식을 이용하여 구할 수 있다. 이 평균을 **결합평균**(combined mean)이라고 한다.

$$\text{결합평균} = \bar{x} = \frac{n_1 \bar{x}_1 + n_2 \bar{x}_2}{n_1 + n_2}$$

통계학 수강생의 중간고사의 평균성적을 알고 싶다. 20명의 남학생 평균점수는 77점이고 15명의 여학생 평균점수는 74점이다. 결합평균을 구하라.

3.2 평균, 즉 산술평균의 변형형태로 **기하평균**(geometric mean)과 **조화평균**(harmonic mean)을 아래와 같이 정의한다.

$$\text{기하평균} : G = \sqrt[n]{x_1 x_2 \cdots x_n} = \sqrt[n]{\prod_{i=1}^{n} x_i} \ ,$$

$$\text{조화평균} : H = \frac{n}{\frac{1}{x_1} + \frac{1}{x_2} + \cdots + \frac{1}{x_n}} = \frac{n}{\sum_{i=1}^{n} \frac{1}{x_i}} .$$

예제 3-6의 자료를 이용하여 기하평균과 조화평균을 구하고, 이 평균들의 대소 관계는 일반적으로 [산술평균≥기하평균≥조화평균] 임을 보여라.

3.3 다음의 자료는 임의로 뽑은 대학생 10명이 지난 한 주 동안 미팅하면서 보낸 시간이다.

17 24 15 10 12 17 20 14 10 18

(1) 평균, 분산, 표준편차, 범위, 사분위수를 계산하라.

(2) 위의 각 자료의 값에서 10을 뺀 값에서 평균, 분산, 표준편차, 범위, 사분위수를 계산하고 (1)에서 구한 값과 비교하라.

3.4 다음의 자료는 지난 학기 기초통계학 수강생의 실제점수이다.

점 수	학생 수
0~20	5
20~40	16
40~60	11
60~80	10
80~100	8

(1) 평균, 분산, 표준편차를 구하라.

(2) A 학점을 20%, B 학점을 40%, C 학점을 20%, D 이하의 학점을 20% 준다면 각각의 점수대를 구하라.

3.5 어떤 회사의 모든 근로자의 연봉의 평균은 4,000만 원이고, 표준편차는 400만 원이다. 이들 근로자의 학업기간의 평균은 15년이고, 표준편차는 2년이다. 이러한 근로자에 대하여 연봉과 학업기간의 상대적인 변동은 어느 쪽이 큰가?

3.6 다음의 자료는 어느 회사원의 나이이다.

36 47 23 55 42 31 27 19
38 65 52 47 39 25 44

(1) 상자그림을 그려라.

(2) 이 자료는 어느 방향으로 기울였는가?

(3) 이 자료에서 이상치는 있는가?

3.7 실험동물 집단이 어떤 특정 박테리아에 감염되어 그 동물들의 생존 시간의 평균은 32일이고 표준편차가 36일이다.

(1) 생존 시간의 분포를 그려라. 분포의 모양이 상대적으로 종 모양인지, 오른쪽으로 꼬리긴 모양인지, 아니면 왼쪽으로 꼬리긴 모양인지 설명하라.

(2) 어느 구간에서 적어도 관측값들의 3/4이 들어가리라 예상하는가?

3.8 연습문제 3.7에 따르면 생존시간의 분포가 왜 종 모양이 될 수 없는지를 보기 위하여 경험적 규칙을 이용할 수 있다.

(1) $x = \overline{x} - s$ 계산하라.

(2) 만약 분포가 실제 종 모양이라면 근사적으로 관측값의 몇 퍼센트가 (1)에서 찾은 x의 값보다 작겠는가?

(3) 관측된 변수가 시간이기 때문에, x의 값보다 작은 값을 가질 수 있는가?

(4) (2)와 (3)의 답을 사용하여 왜 자료의 분포가 종 모양이 될 수 없는지 설명하라.

3.9 경험적 규칙의 효율성을 설명하기 위하여 첨부된 그림에서 보여 주듯이 오른쪽꼬리긴 모양의 분포를 생각하여 보자.

(1) 데이터에서 $\overline{x}$와 s의 값을 계산하라. (0이 10개, 1이 5개, 2가 4개, 3이 2개, 4, 6, 9, 10 각 1개)

(2) 구간 $\overline{x} \pm s$, $\overline{x} \pm 2s$, $\overline{x} \pm 3s$을 찾아서 히스토그램에 표하라.

(3) 3개의 구간의 각각에 대해서 25개의 관측값의 비율을 계산하라. 체비셰프의 정리와 경험적 규칙을 비교하라. 비록 구간 $\overline{x} \pm s$에 들어가는 비율이 경험적 규칙에 잘 맞지 않는다고 하더라도, 구간 $\overline{x} \pm 2s$, $\overline{x} \pm 3s$에 들어가는 비율은 매우 잘 적합된다. 자료의 분포 모양이 종 모양이 아닐지라도 많은 경우가 이럴 수 있는 것은 사실이다.

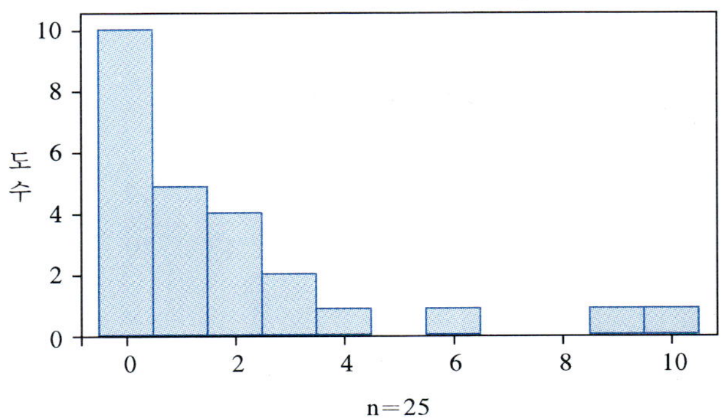

3.10 환경학자들은 바다 포유동물의 유독물질의 축적과 새끼들에게 이러한 물질을 옮기는 것에 대해 관심도가 높다. 바다 먹이 사슬에서 3차 소비자로 고려되어지는 줄무늬 고래는 이러한 연구 대상이다. 28마리의 수컷의 생활지에서 수은 축척농도($\mu g/g$)는 다음과 같다.

1.70	183.00	221.00	286.00
1.72	168.00	406.00	315.00
8.80	218.00	252.00	241.00
5.90	180.00	329.00	397.00
101.00	264.00	316.00	209.00
85.40	481.00	445.00	314.00
118.00	485.00	278.00	318.00

(1) 자료의 5-숫자 요약(최솟값, Q_1, 중앙값, Q_3, 최댓값)을 계산하라.

(2) 상자그림을 그려라.

(3) 이상치가 있는가?

(4) 만약 처음 네 마리의 돌고래가 모두 3세 미만이고 나머지는 모두 8세 이상이라는 것이 알려졌다면, 이 네 관측값들과 나머지 관측값들의 차이를 설명하는 데 도움이 될 수 있을까? 설명하라.

3.11 아래의 자료는 2003년 미국 미식축구 시즌 동안 어느 두 팀의 쿼터백의 성공한 패스의 횟수를 기록한 것이다.

Brett Favre			Donovan McNabb		
25	23	22	19	17	18
15	18	23	18	21	15
23	14	22	18	15	27
21	13	12	16	24	23
19	10	26	11	16	21
25	23	15	9	18	10

(1) 두 쿼터백이 성공한 패스 수에 대하여 각각 5–숫자 요약을 계산하라.

(2) 두 자료에 대하여 각각 상자그림을 완성하라. 상자그림을 보고 자료의 분포를 설명하라.

(3) 두 쿼터백이 성공한 패스 수의 분포를 비교하라.

3.12 다음은 28명의 통계학 중간고사 성적의 줄기-잎 그림이다.

줄기	잎
4	6
5	9
6	3 6 8 8
7	0 2 6 7 9 9
8	1 4 5 6 6 7 7 8 8
9	1 2 3 4 7 8 8

(1) 사분위범위를 구하라.

(2) 아래 울타리와 위 울타리를 구하고, 이것에 기초하여 이상점이 있으면 이상점을 찾아라.

(3) 줄기-잎 그림을 보고 자료의 특성을 논하라.

3.13 각각의 히스토그램의 대응하는 상자그림을 찾아라.

1( ) 2( ) 3( ) 4( ) 5( )

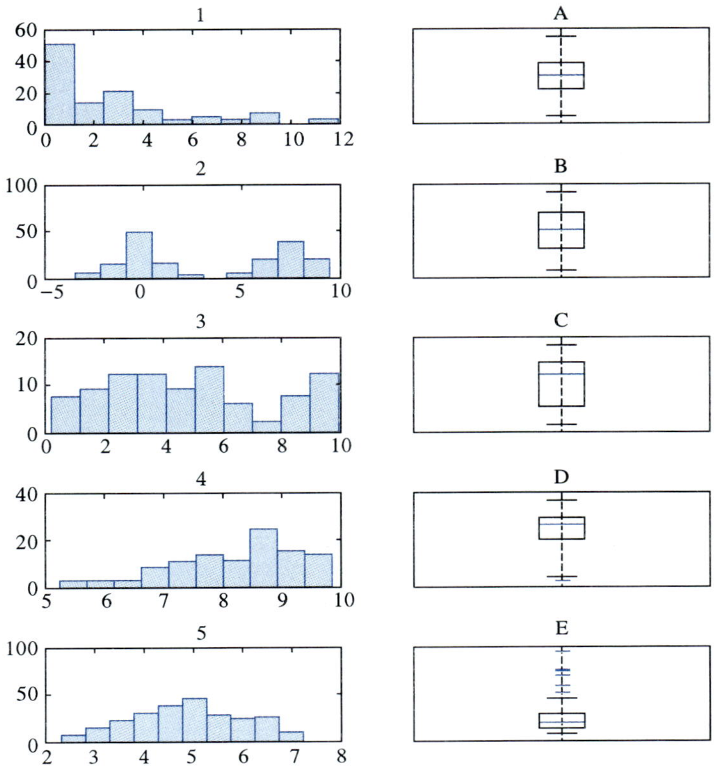

엑셀실습

엑셀을 이용하여 기술통계를 계산하여 보자.

● E3-1 예제 3-1에 주어진 대학생 10명의 수면시간 자료를 이용하여 평균, 중앙값, 범위와 표준편차 등을 구하라.

풀이

단계 1. 자료창의 1열에 대학생 10명의 수면시간을 입력한다.

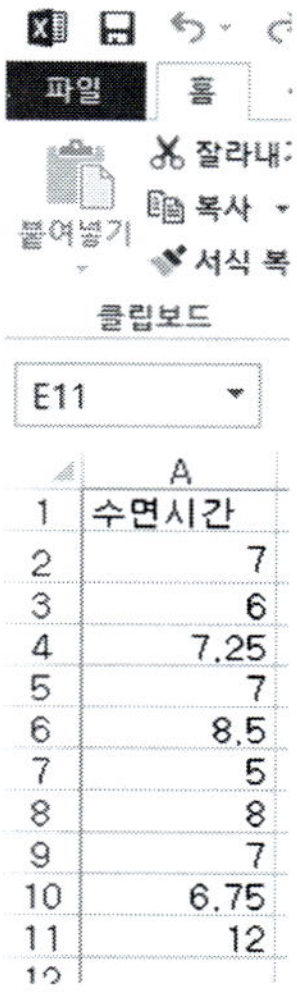

단계 2. 평균, 중앙값, 최댓값, 최솟값, 표준편차, 1분위수, 3분위수를 각각의 함수를 이용해서 구할 수 있다.

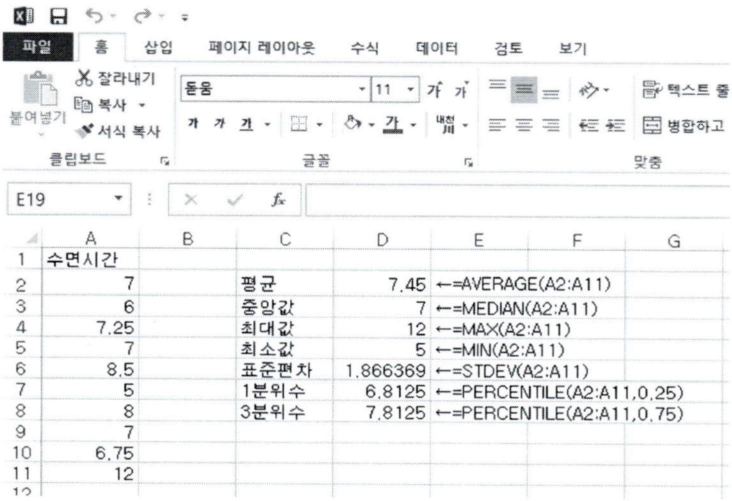

단계 3. 단계 2의 방법과 다르게 【도구】→【데이터 분석】을 선택하여 분석도구 중에 『기술통계법』을 이용하여 구할 수도 있다. 『기술통계법』을 사용하기 위해서는 옵션에서 【데이터 분석】을 추가해야 한다. 방법은 다음과 같다.

단계 3-1. 【파일】→【옵션】→【추가기능】을 선택 후 『분석 도구』를 선택하고, 아래의 【이동】을 선택한다.

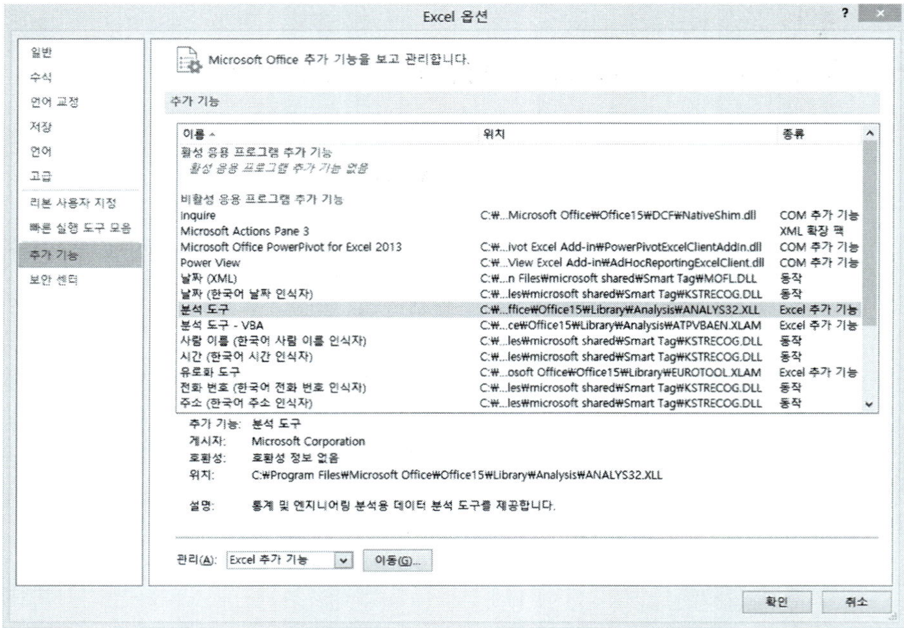

단계 3-2. 【추가기능】창에서 『분석 도구』를 체크하고 【확인】을 선택한다.

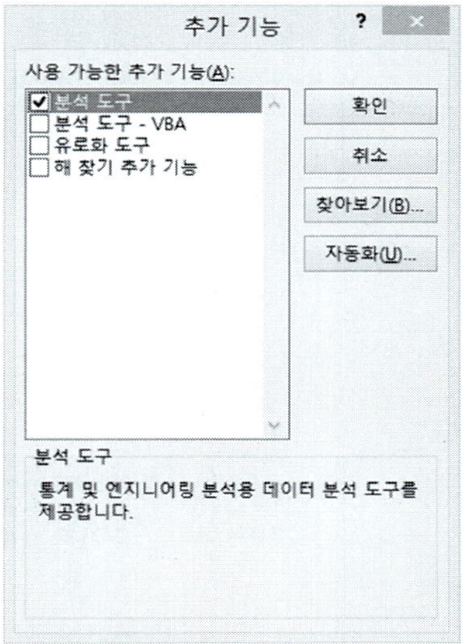

단계 4. 【도구】→【데이터 분석】을 선택하여 분석도구 중에 『기술 통계법』을 선택한다.

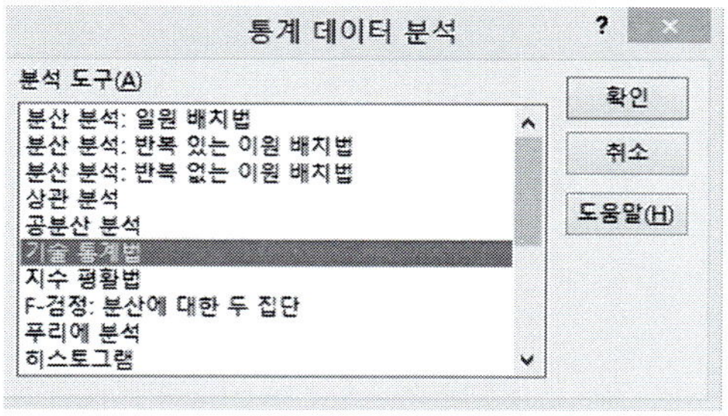

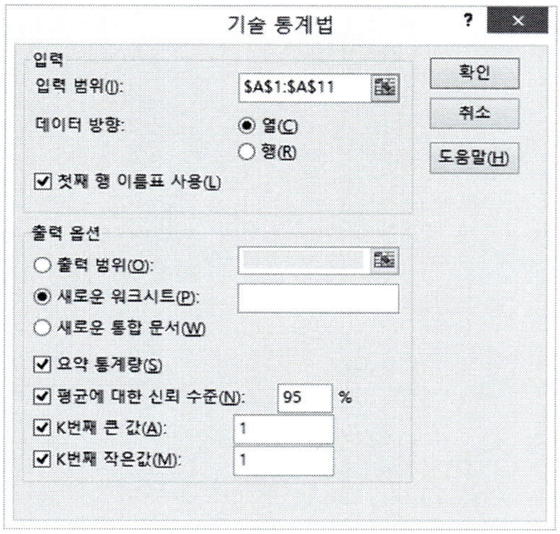

	A	B
1	수면시간	
2		
3	평균	7.45
4	표준 오차	0.590198
5	중앙값	7
6	최빈값	7
7	표준 편차	1.866369
8	분산	3.483333
9	첨도	4.127739
10	왜도	1.648017
11	범위	7
12	최소값	5
13	최대값	12
14	합	74.5
15	관측수	10
16	가장 큰 값(	12
17	가장 작은 ;	5
18	신뢰 수준(9	1.33512

CHAPTER 04

확 률

우리들은 일상생활에서 확률에 대해서 자주 이야기한다. 예를 들면 일기 예보자는 내일 비 올 확률이 80% 라고 하고 건강소식 기자는 흡연자가 비흡연자보다 암에 걸릴 확률이 더 높다고 말한다. 어떤 대학생은 중간고사를 잘못 치른 후 교수로부터 A를 받을 가능성이 얼마인지 묻기도 한다. 이와 같이 어떤 사건이 일어날 가능성을 다루는 확률은 통계학에서 중요한 부분이며 뒷장에서 소개할 통계적 추론의 근거가 되기도 한다. 통계적 추론에서는 불확실한 조건에서 결정을 내리며 그러한 결정을 하고 내포된 불확실성을 평가하는 데 '확률'을 사용한다. 예를 들면 어느 한 회사에서 내년 판매량의 예측하려고 하면 많은 가정을 하여야 한다. 그러한 가정은 때로는 맞게 나타날 수도 있고 아닐 수도 있다. 확률은 이러한 불완전한 정보와 불확실성이라는 조건에서 결정을 하는 데 도움을 줄 것이다. 이것은 앞서 배운 기술통계학과 확률과 확률분포를 결합함으로서 표본으로부터 얻어진 정보를 이용하여 모집단에 대한 결정을 하는 데 도움을 준다. 이 장에서는 확률의 기초적 개념과 확률 계산의 법칙을 다룬다.

4.1 표본공간과 사상

테니스공을 제조하는 업체의 품질관리 검사원이 생산라인에서 공 한 개를 집어 품질을 검사한다. 테니스공을 검사하는 검사원의 행동은 통계적 **실험**(experiment)의 한 예가 된다. 검사의 결과는 그 공이 "우량품"이거나 "불량품"일 것이다. 이 두 가지의 관찰 결과를 그 실험의 **결과**(outcome)라고 하고 모든 실험결과들의 모임을 **표본공간**(sample space, S)이라고 한다.

▸▸ 통계적 실험

관측값을 얻는 과정으로 한 가지 이상의 관측값을 가지며 나타날 수 있는 가능한 모든 관측값들을 예상할 수 있으나 관측값을 실험 전에는 알 수 없을 때 이것을 통계적 실험 혹은 실험이라고 한다.

▸▸ 결과

실험에서 관측값을 실험의 결과라고 한다.

▸▸ 표본공간

어떤 실험에서 모든 가능한 실험결과들의 모임이다.

테니스공을 검사하는 예에 대한 표본공간은

$$S = \{우량품, 불량품\}$$

이며 표본공간의 원소(element)를 표본점(sample point)이라고 한다. 다음은 통계적 실험의 예들이다.

설치	실험결과	표본공간
동전 한 개를 한 번 던진다	앞면(H), 뒷면(T)	$S = \{H, T\}$
주사위 한 해를 한 번 던진다	1, 2, 3, 4, 5, 6	$S = \{1, 2, 3, 4, 5, 6\}$
동전 한 개를 두 번 던진다	HH, HT, TH, TT	$S = \{HH, HT, TH, TT\}$
어느 가정의 아기 출생	아들, 딸	$S = \{아들, 딸\}$
어떤 사람의 운전면허 시험	합격, 불합격	$S = \{합격, 불합격\}$

어떤 실험에 대한 표본공간을 **벤 도표**(Venn diagram) 또는 **나무도표**(tree diagram)로 나타낼 수도 있다. 이런 그림들은 실험의 결과를 시각적으로 나타냄으로써 확률 개념의 이해를 돕는다.

예제 4-1 동전 한 개를 두 번 던지는 실험에 대한 벤 도표와 나무도표를 그려라.

풀이 이 실험에서 가능한 실험결과는 첫 번째 시행에서 앞면 또는 뒷면이 나올 수 있다. 따라서 이 실험에 대한 표본공간은 $S = \{HH, HT, TH, TT\}$이다.

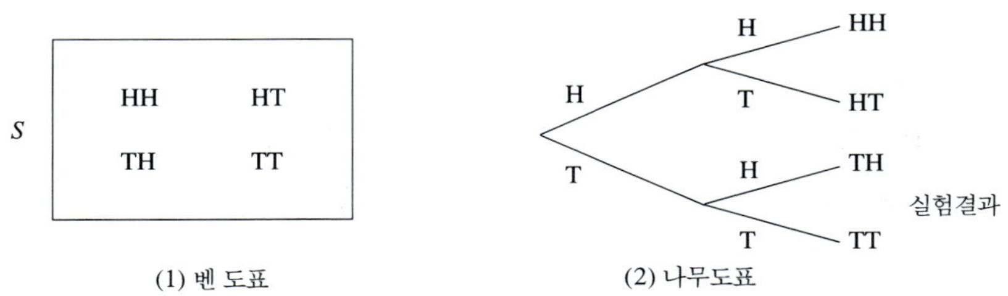

그림 4-1 동전 한 개를 두 번 던지는 실험

예제 4-2 통계학과 1학년 학생으로부터 한 명씩 두 명 선택하여 혈액형을 조사한다. 이 실험에 대한 벤 도표와 나무도표를 그려라.

풀이 이 실험에서 가능한 실험결과는 첫 번째 시행에서 A, B, AB, O형으로 선택될 수 있고 두 번째 시행에서도 A, B, AB, O형으로 선택될 수 있다. 따라서 이 실험에 대한 표본공간은 $S=\{$(A,A), (A,B), (A,AB), (A,O), (B,A), (B,B), (B,AB), (B,O), (AB,A), (AB,B), (AB,AB), (AB,O), (O,A), (O,B), (O,AB), (O,O)$\}$이다.

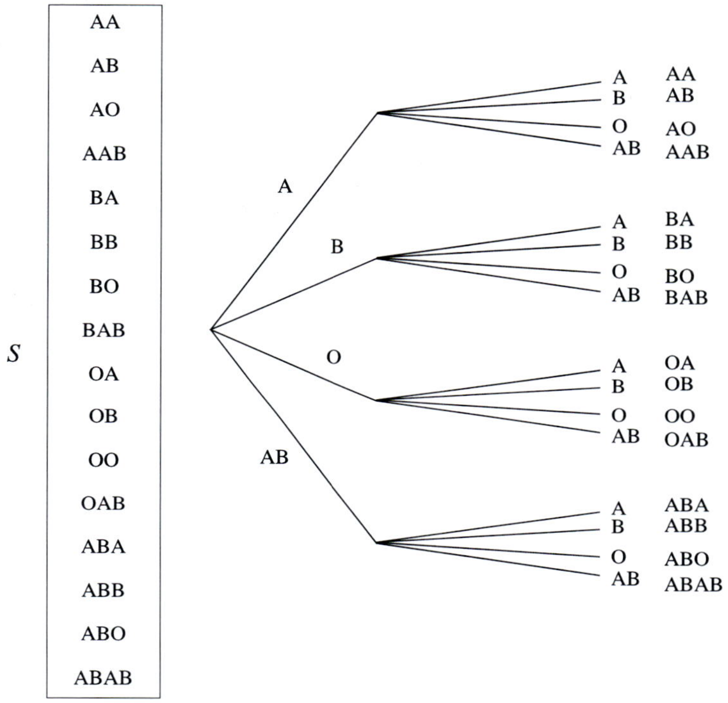

(1) 벤 도표 (2) 나무도표

그림 4-2 학생 두 명을 선택하는 실험

이와 같은 통계적 실험의 각 결과를 확률로 표현하기 위해서는 실험의 결과를 체계적으로 나타낼 필요가 있다. 이를 위해 사용되는 용어들은 다음과 같다.

▸▸ 사상

표본공간의 부분집합으로 공집합 혹은 어떤 특성을 갖는 실험결과들의 모임이다.

▸▸ 단순사상

표본공간을 구성하는 개개의 결과들로 구성되는 사상이다.

▸▸ **복합사상**

실험에서 두 개 이상의 결과들의 모임이며 개개의 결과들로 구성되는 단순사상들의 합사상이다.

예제 4-3 예제 4-2의 실험에서 모든 가능한 결과들은 (A,A), (A,B), (A,AB), (A,O), (B,A), (B,B), (B,AB), (B,O), (AB,A), (AB,B), (AB,AB), (AB,O), (O,A), (O,B), (O,AB), (O,O)이다. 개개의 실험결과로 구성되는 단순사상들은

$$E_1=\{(\text{A, A})\},\ E_2=\{(\text{A, B})\},\ E_3=\{(\text{A, AB})\},\ E_4=\{(\text{A, O})\},$$
$$E_5=\{(\text{B, A})\},\ E_6=\{(\text{B, B})\},\ E_7=\{(\text{B, AB})\},\ E_8=\{(\text{B, O})\},$$
$$E_9=\{(\text{AB, A})\},\ E_{10}=\{(\text{AB, B})\},\ E_{11}=\{(\text{AB, AB})\},\ E_{12}=\{(\text{AB, O})\},$$
$$E_{13}=\{(\text{O, A})\},\ E_{14}=\{(\text{O, B})\},\ E_{15}=\{(\text{O, AB})\},\ E_{16}=\{(\text{O, O})\},$$

이다.

O형이 한 명 선택될 경우를 사상 A라고 하면 $A=\{$(A, O), (B, O), (AB, O), (O, A), (O, B), (O, AB)$\}$이다. 사상 A는 하나 이상의 실험결과를 포함하므로 복합사상이다.

4.2 확률의 정의

한 사상의 확률이란 그 사상이 일어날 가능성의 측도를 나타내는 수치이다. 확률을 정의하는 방법이 여러 가지 있는데, 여기서는 대표적인 세 가지를 살펴보자. 첫째로 주사위나 동전의 경우처럼 단순사상이 일어날 가능성이 동일할 때 라플라스는 가능성에 대한 측도로서 다음과 같이 확률을 정의하였다.

▸▸ **확률의 고전적 정의**

단순사상 E_i가 일어날 확률을 $P(E_i)$, 복합사상 A가 일어날 확률을 $P(A)$라고 할 때

$$P(E_i)=\frac{1}{\text{표본공간에 속하는 단순사상의 개수}}$$

$$P(A)=\frac{\text{A에 속하는 단순사상의 개수}}{\text{표본공간에 속하는 단순사상의 개수}}$$

예제 4-4 카드 한 벌(52장)에서 한 장의 카드를 임의로 선택하였을 때, 에이스 하트가 나올 확률과 에이스 클럽이 나올 확률을 각각 구하라.

풀이 52장의 카드 중 어느 한 장이 나올 가능성은 같으므로, 에이스 하트가 나올 확률은

$$P(\text{에이스 하트}) = \frac{1}{\text{표본공간에 속하는 단순사상의 개수}} = \frac{1}{52}$$

같은 방법으로 $P(\text{에이스 클럽}) = \frac{1}{52}$

예제 4-5 어느 해에 영국에서 16세 이상 성인 1037명을 대상으로 그들의 식습관을 조사하였더니 채식주의자라고 대답한 사람이 62명이었다. 1037명 중 한 명을 임의로 선택하였을 때, 채식주의자인 사람을 선택할 확률은?

풀이 임의로 선출되므로 1037명 각각은 동일한 확률로 선택될 것이다. 따라서 이 실험에서는 1037개의 실험결과가 동일한 가능성으로 가지고 있어서 62명의 채식주의자 중의 한 사람이 선출될 사상의 확률은

$$P(\text{한 채식주의자가 선출됨}) = \frac{62}{1037} = 0.06$$

이다.

다음은 상대도수의 수렴성에 의한 사상의 확률을 들 수 있다. 예를 들면 산부인과에서 두 번째로 태어난 아기가 딸일 확률, 80세의 할아버지가 적어도 일 년 이상 생존할 확률, 찌그러진 동전을 던져서 앞면이 나올 확률, 임으로 추출된 세대가 연간 소득이 5,000만 원 이상일 확률 등은 앞의 경우처럼 어떤 규칙을 통해서 구할 수 없다. 이러한 경우는 여러 가지 방법으로 사전조사를 하여 과거의 자료를 이용하여 한 사상이 일어날 확률을 추측할 수밖에 없다. 다시 말하면 사전조사 결과에서 성공의 상대도수로서 확률을 구하게 된다.

▸▸ 확률의 상대도수적 정의

동일한 실험을 n회 반복할 때 사상 A가 f회 관찰되었다면 사상 A의 상대도수는 $\frac{f}{n}$이다. 이 n이 증가하면서 상대도수가 일정한 값으로 수렴하게 되는데 그 값으로 사상 A가 일어날 이론적인 확률을 추정한다.

$$P(A) = \lim_{n \to \infty} \frac{f}{n}$$

비록 실제적으로 정확한 확률을 구할 수 없다고 할지라도 실험을 많이 반복하여 구한 상대도수로 사상 A의 확률을 추정한다.

예제 4-6 한 노트북 제조 회사에서 제조된 노트북 50,000대를 임의로 선택하여 검사해 본 결과 1대가 불량품이었다. 불량 노트북들이 고루 분포해서 제조된다고 가정할 때 이 노트북 회사에서 그 다음 노트북이 불량일 확률은 얼마인가?

풀이 표본에서 전체 노트북 수를 $n=50,000$, 불량품인 노트북 수를 $f=1$이라고 하자. 다음 노트북이 불량일 확률은

$$P(\text{다음 노트북이 불량품}) = \frac{f}{n} = \frac{1}{50000} = 0.00002$$

예제 4-7 대구광역시에 거주하는 세대 중에 임의로 선택된 세대가 이동전화기를 보유할 확률을 알고 싶다. 어떤 방법으로 이 확률을 구하겠는가?

풀이 대구광역시에 거주하는 세대 중에 임의로 선택된 세대에 대해서 조사하면 두 가지 실험결과가 나온다. 즉 "이 세대는 이동전화기를 보유하고 있다"와 "이 세대는 이동전화기를 보유하고 있지 않다." 이 두 가지 사상들은 동일하게 일어날 가능성이 없다. 따라서 이런 조사를 되풀이하여 대구광역시에서 많은 표본을 모을 수 있다. 따라서 상대도수의 개념으로 한 세대가 이동전화기를 보유할 확률을 추정할 수 있다.

우리가 직면하는 많은 실험 결과들은 일어날 가능성이 동일하지 않고, 그렇다고 해서 무한 번 실험을 반복할 수 있지도 않다. 그러한 경우는 고전적 확률이나 상대도수적 확률로서 사상의 확률을 구할 수 없다. 예를 들어 다음과 같은 사상의 확률을 고려해 보자.

1. 통계학을 듣는 철수가 A 학점을 받을 확률
2. 주가지수가 다음 날 상승할 확률
3. 삼성라이온즈가 다음 시즌에서 우승할 확률

위의 사상들은 실험이 일어날 가능성이 동일하지도 않고, 동일한 조건 하에서 반복될 수도 없기 때문에, 고전적 확률이나 상대도수적 확률로서 확률을 계산할 수 없다. 첫 번째 예를 자세히 살펴보면, 철수가 통계학에서 A 학점을 받을 확률과 그렇지 않을 확률은 동일하지 않고, 철수는 통계학을 한 번만 수강하는 동안 중간고사와 기말고사를 한 번씩만 치게 된다. 이런 사상의 확률을 정하기 위해서는 관찰자가 가지고 있는 지식, 경험, 정보 등에 의해 주관적 입장에 따라 다르게 정하게 되므로 이러한 확률을 **주관적 확률**이라고 한다.

▸▸ 주관적 확률

주관적 확률은 관찰자의 주관적인 판단, 경험, 지식, 정보, 등에 기초하여 사상의 확률을 정한다.

주관적 확률은 임의적으로 정해질 수 있으므로 확률을 정하는 관찰자의 편견이나 선호도, 경험 등에 영향을 많이 받는다.

라플라스의 고전적 확률의 정의는 유한 표본일 때 단순사상이 일어날 가능성이 동일한 경우에만 제한되어 있는 문제점이 있다. 그래서 콜모고로프는 확률을 실험을 여러 번 반복 시행할 때 그 사상이 일어날 것이라고 기대되는 횟수의 비율, 즉 상대도수의 기본적 성질을 기초로 하여 다음과 같은 공리들을 만족할 때로 정의하고 있다.

▸▸ **확률의 공리적 정의**

1) 표본공간 S에서 임의의 사상 A에 대하여 $0 \le P(A) \le 1$.
2) 표본공간 S에 대한 확률은 1이다. $P(S)=1$
3) 서로 상호 배반인 사상 $A_1, A_2, \cdots$, 즉, $i \neq j$이면 $A_i \cap A_j = \phi$에 대하여

$$P\left(\bigcup_{i=1}^{\infty} A_i\right) = \sum_{i=1}^{\infty} P(A_i)$$

를 만족할 때 $P(A)$를 사상 A의 확률이라고 한다.

배반사상에 대하여서는 뒷부분에 소개된다.

4.3 주변확률과 조건부확률

초파리 300마리의 눈빛과 날개 크기를 조사하였더니 다음과 같은 결과를 얻었다.

표 4-1 초파리들의 날개 크기와 눈빛 이원분류표

눈빛	날개 크기		합
	정상	소형	
정상	140	6	146
주홍빛	3	151	154
합	143	157	300

초파리 300마리 중에서 한 마리를 임의로 선택한다고 하자. 초파리의 특성(날개 크기 또는 눈빛)을 기초로 분류할 수 있다. 한 번에 한 특성만을 고려한다면 선택된 초파리는 날개 크기 정상, 날개 크기 소형, 눈빛 정상, 눈빛 주홍빛일 수 있다. 이 4가지 특성(사상)의 확률을 주변확률이라고 한다. 이러한 확률들은 대응하는 행이나 열의 합을 전체 합으로 나누어 계산하기에 **주변확률**(marginal probability)이라고 부른다.

▸▸ **주변확률**

주변확률이란 다른 사상의 고려없이 단일 사상의 확률이다.

표 4–1에서 4개의 주변확률은 다음과 같다.

$$P(\text{날개 크기 정상}) = \frac{\text{날개 크기 정상인 초파리 수}}{\text{초파리 전체 수}} = \frac{143}{300} = 0.477$$

$$P(\text{날개 크기 소형}) = \frac{\text{날개 크기 소형인 초파리 수}}{\text{초파리 전체 수}} = \frac{157}{300} = 0.52$$

$$P(\text{눈빛 정상}) = \frac{\text{눈빛 정상인 초파리 수}}{\text{초파리 전체 수}} = \frac{146}{300} = 0.487$$

$$P(\text{눈빛 주홍빛}) = \frac{\text{눈빛 주홍빛인 초파리 수}}{\text{초파리 전체 수}} = \frac{154}{300} = 0.513$$

다음으로 초파리 300마리로부터 한 마리를 임의로 선택한다고 하자. 그리고 이 초파리의 날개 크기가 정상임을 이미 알고 있다고 하자. 이 초파리의 눈빛이 정상일 확률은 얼마인가? 이 초파리의 눈빛이 정상일 확률은 $\frac{146}{300} = 0.487$ 이지만, 이 초파리의 날개가 정상임을 이미 알고 있다면 이 초파리의 눈빛이 정상일 확률은 더 이상 $\frac{146}{300}$ 이 아니다. 초파리의 날개가 정상이라는 정보를 이미 앎으로 인하여 표본공간이 날개가 정상인 초파리로 국한되기 때문이다.

다른 말로 하면 선택된 초파리가 정상일 사상이 이미 일어났다고 하자. 그러면 그 초파리의 눈빛이 정상일 확률은 얼마인가? 이 확률을 $P(\text{눈빛 정상} \mid \text{날개 정상})$로 나타내며, 날개가 정상인 사상이 주어졌을 때 눈빛이 정상일 **조건부확률**(conditional probability)이라고 한다.

▸▸ **조건부확률**

두 사상 A와 B에 대하여, B가 일어난 뒤 A가 일어날 확률을 A의 조건부확률 $P(A \mid B)$이라고 하고 다음과 같이 정의한다.

$$P(A \mid B) = \frac{P(A \cap B)}{P(B)}, \text{ 단 } P(B) > 0$$

예제 4–8 표 4–1의 초파리 300마리의 자료에 대해서 조건부확률 $P(\text{눈빛 정상} \mid \text{날개 정상})$를 구하라.

풀이 확률 $P(\text{눈빛 정상} \mid \text{날개 정상})$는 임의로 선택된 초파리의 날개가 정상일 때 눈빛이 정상일 조건부확률이다.

	날개 크기 정상
눈빛 정상	140
눈빛 주홍빛	3
계	143

구하고자 하는 조건부확률은

$$P(\text{눈빛 정상}\mid\text{날개 정상}) = \frac{\text{날개 크기 정상이면서 눈빛 정상인 초파리 수}}{\text{날개 크기 정상인 초파리 수}} = \frac{140}{143} = 0.979$$

예제 4-9 표 4-1의 초파리 300마리의 자료에 대해서 조건부확률 P(날개 소형|눈빛 주홍색)를 구하라.

풀이 확률 P(날개 소형|눈빛 주홍색)는 임의로 선택된 초파리가 눈빛이 주홍색일 때, 날개 소형일 조건부확률이다.

	날개 크기 정상	날개 크기 소형	계
눈빛 주홍색	3	151	154

구하고자 하는 조건부확률은

$$P(\text{날개 소형}\mid\text{눈빛 주홍색}) = \frac{\text{눈빛 주홍색이면서 날개 소형인 초파리 수}}{\text{눈빛 주홍색인 초파리 수}} = \frac{151}{154} = 0.981$$

4.4 배반사상과 여사상

먼저 배반사상에 대해서 생각해 보자. 동시에 일어날 수 없는 사상들을 서로 **배반사상**(mutually exclusive events)이라고 한다. 그러한 사상들은 공통의 실험결과를 가지지 않는다. 두 개 이상의 사상들이 서로 배반이라면, 실험을 반복할 때마다 서로 배반인 사상들 중 많아야 하나가 일어날 수 있다. 따라서 한 사상의 발생은 다른 사상들의 발생을 배제하게 된다.

▸▸ 배반사상

동시에 일어날 수 없는 사상들을 서로 배반사상이라고 부른다.

어떠한 실험에서도 최종적인 실험결과들은 항상 서로 배반이다. 왜냐하면 반복되는 각 실험에서 이러한 실험결과들 중 단지 하나가 일어나기 때문이다. 예를 들면 한 동전을 두 번 던지는 실험을 생각해 보자. 이 실험의 결과는 4가지 (HH, HT, TH, TT)이다. 이러한 실험결과는 한 동전을 두 번 던지는 실험에서 네 가지 중 하나만 일어나기 때문에 서로 배반사상이다.

예제 4-10 한 주사위를 한 번 굴리는 실험에서 다음 사상들을 생각해 보자.

A = 짝수의 눈 = $\{2, 4, 6\}$
B = 홀수의 눈 = $\{1, 3, 5\}$
C = 5보다 작은 수의 눈 = $\{1, 2, 3, 4\}$

사상 A와 B는 서로 배반사상인가? 사상 A와 C는 서로 배반사상인가?

풀이 한 주사위를 한 번 굴리는 실험에서 3개의 사상 A, B, C는 그림 4-3의 벤 도표와 같다. 주어진 실험에서 사상 A와 B는 서로 공통인 원소가 없다. 즉 두 사상 A와 B는 서로 배반사상이다. 한편 사상 A와 C는 2개의 공통인 원소 2, 4 가 있다. 따라서 주어진 실험에서 사상 A와 C는 서로 배반사상이 아니다.

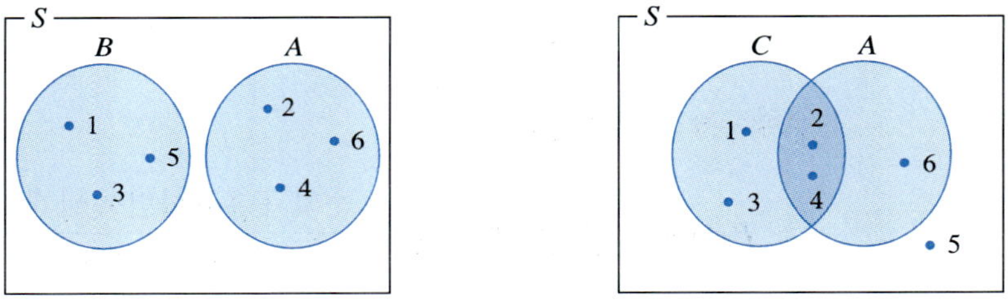

그림 4-3 벤 도표

예제 4-11 기업에서 신입사원 중 한 명을 임의로 선택할 때 다음 두 사상에 대해서 생각해 보자.

M = 그 신입사원은 석사학위가 있다.
B = 그 신입사원은 석사학위가 없다.

사상 M과 B는 서로 배반사상인가?

풀이 사상 M은 석사학위가 있는 신입사원으로 구성하고, 사상 B는 석사학위가 없는 모든 신입사원으로 구성된다. 두 사상 M과 B는 서로 공통의 결과가 가지지 못하므로 서로 배반사상이다.

다음으로 여사상에 대해서 생각해 보자. 두 개의 서로 배반인 사상들이 한 실험의 모든 결과를

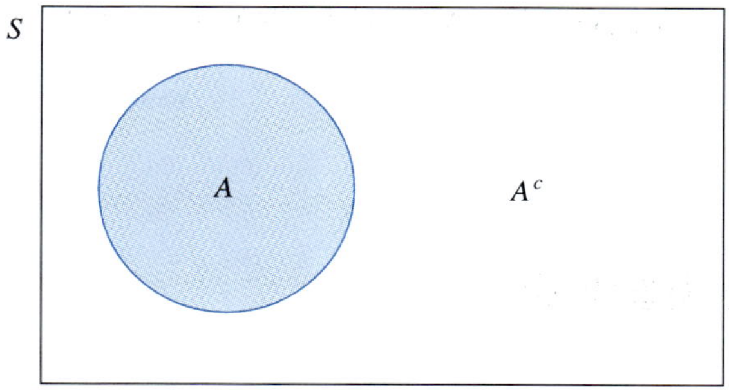

그림 4-4 여사상의 벤 도표

포함하고 있다면 그 두 개의 사상들은 서로 **여사상**(complementary events)이라고 한다. 즉 사상 A의 여사상을 A^c라고 하면 여사상 A^c는 A에 속하지 않은 모든 실험결과를 가진 사상이다.

한 실험에서 두 개의 여사상은 모든 실험결과를 포함하고 있고 표본공간의 확률은 1이므로, $P(A)+P(A^c)=1$ 또는 $P(A^c)=1-P(A)$이다. 즉 한 사상의 확률을 안다면 그것의 여사상의 확률은 1에서 주어진 확률을 뺌으로써 구할 수 있다.

예제 4-12 5대의 세탁기가 각각 상자에 포장되어 있는데, 포장으로는 구별할 수 없다. 5대 중 3대는 드럼 세탁기이고 2대는 일반세탁기이다. 임의로 상자를 하나 선택할 때 이 실험에 대한 두 개의 여사상과 그것의 확률은 무엇인가?

풀이 이 실험에 대한 두 개의 여사상은

A = 그 세탁기는 드럼세탁기이다.
A^c = 그 세탁기는 일반세탁기이다.

3대의 드럼세탁기와 2대의 일반세탁기가 있으므로 사상 A와 A^c의 확률은

$$P(A)=3/5=0.6 \qquad P(A^c)=2/5=0.4$$

이다.

예제 4-13 자연과학대학 교수 120명 중에 90명이 박사학위 취득 후 연구소에서 일한 경험이 있다. 한 교수를 임의로 선택하였을 때 두 개의 여사상과 그것의 확률은 무엇인가?

풀이 여사상은

A = 그 교수는 박사학위 취득 후 연구소에서 일한 경험이 있다.
A^c = 그 교수는 박사학위 취득 후 연구소에서 일한 경험이 없다.

두 사상 A와 A^c의 확률은

$$P(A) = 90/120 = 0.75 \quad P(A^c) = 1 - 0.75 = 0.25$$

이다.

4.5 독립사상과 확률의 곱

먼저 사상의 독립성에 대해서 생각해 보자. 두 개의 독립 사상(independent event)의 경우에는 한 사상이 일어난 것이 다른 사상의 확률에 영향을 주지 못한다.

> ▸▸ **독립사상**
>
> 한 사상이 일어난 것이 다른 사상이 일어날 확률에 영향을 주지 못하면 두 사상은 서로 독립이다. 즉
>
> $$P(A \mid B) = P(A) \text{ 그리고 } P(A \mid B^c) = P(A)$$
>
> 단, $P(A) > 0$, $P(B) > 0$이다.
>
> $$(\text{혹은 } P(B \mid A) = P(B) \text{ 그리고 } P(B \mid A^c) = P(B))$$
>
> 이면 사상 A와 B는 서로 독립이다.

위의 두 가지 조건 중에서 하나가 사실이면 나머지도 사실이다. 또, 두 가지 조건 중 하나가 사실이 아니면 다른 하나도 사실이 아니다.

한 사상이 일어남이 나머지 사상이 일어난 확률에 영향을 미친다면 그 두 사상은 **종속사상**(dependent event)이라고 한다. 수식으로 나타내면

$$P(A \mid B) \neq P(A) \text{ 또는 } P(B \mid A) \neq P(B)$$

이면 두 개의 사상은 종속사상이다.

예제 4-14 4.3절에 있는 표 4-1의 초파리 300마리에 대한 자료에서 '날개 크기 정상(W)'와 '눈빛 정상(E)' 의 사상은 서로 독립인가?

풀이 표 4-1의 초파리 300마리에 대한 자료로부터

$$P(W) = 143/300 = 0.477, \qquad P(W \mid E) = 140/146 = 0.959$$

이므로 $P(W) \neq P(W \mid E)$이다. 따라서 두 사상 날개 정상(W)' 와 (눈빛 정상 E)' 은 서로 독립이 아니다.

위의 예제에서 두 사상이 종속이라는 것의 의미는 날개 크기가 정상일 때 눈빛이 정상일 확률과 날개 크기가 정상이 아닐 때 눈빛이 정상일 확률이 다르다는 것이다. 그리고 두 사상 W와 E의 종속성($P(E) = P(E \mid W)$가 성립하지 않음)을 보여도 된다.

예제 4-15 전체 인구 중에서 51%는 남자이고 49%가 여자인 것으로 알려져 있다. 그리고 어떤 특정 유전병을 가진 남자의 비율과 여자의 비율이 다음과 같이 주어져 있다.

	남자 (B)	여자(B^c)	계
유전병(A)	0.02142	0.02058	0.042
정상(A^c)	0.48858	0.46942	0.958
계	0.51	0.49	1.00

A : 남자이다.

B : 유전병을 가졌다.

두 사상은 서로 독립인가?

풀이 $P(A) = 0.042$, $P(A \mid B) = \dfrac{0.02142}{0.51}$, $P(A \mid B^c) = \dfrac{0.02058}{0.49} = 0.042$ 이므로, A와 B는 서로 독립사상이다.

이 예제에서 두 사상의 독립성을 의미하는 것은 성별에 관계없이 특정 유전병을 가질 확률은 동일하다는 것이다.

지금까지의 예제를 살펴보면 서로 배반사상과 독립사상, 종속사상의 중요한 관계는 다음과 같다.

(1) 두 사상이 서로 배반이거나 독립이거나 둘 중의 하나일 때

① 서로 배반사상은 항상 종속이다.

② 독립사상은 결코 서로 배반이 아니다.

(2) 종속사상들은 서로 배반일 수도 있고 아닐 수도 있다.

지금부터 두 개의 사상이 동시에 일어날 경우의 확률을 생각해 보자. 사상 A와 B가 동시에 일어날 경우의 확률은 그것의 공통집합 AB 또는 $A \cap B$의 확률을 의미하고 사상 A와 B의 **결합확률**(joint probability)이라고 부른다. 수식으로 $P(AB)$ 또는 $P(A \cap B)$로 나타내자.

두 사상의 결합확률은 한 사상의 주변확률과 둘째 사상의 조건부확률을 곱하여 구한다. 이것을 **확률의 곱의 법칙**이라고 한다.

▸▸ **확률의 곱의 법칙**

두 사상의 A와 B의 결합확률은 다음과 같다.

$P(A)>0,\ P(B)>0$이면

$$P(AB)=P(A)P(B|A)=P(B)P(A|B)$$

예제 4-16 어느 회사의 신입사원들을 성별(남녀)과 어학연수(유무)로 분류한 표이다.

	어학연수경험 (L)	어학연수 무경험(N)	계
남자(M)	7	20	27
여자(F)	4	9	13
계	11	29	40

이 신입사원들 중에서 임의로 1명을 뽑아 신입사원 연수회에서 사회를 맡기려고 한다. 뽑힌 신입사원이 여자이고 어학연수 경험이 있는 사람일 확률을 구하라.

풀이 여자(F)이고 어학연수경험(L)일 사상의 확률은

$$P(FL)=P(F)P(L|F)$$

이다. 40명 중에 여자가 13명이므로 여자일 확률은 $P(F)=13/40$이다. 또 확률 $P(L|F)$를 계산하는 것은 사상 F가 이미 일어났다는 것을 의미한다. 결과적으로 뽑힐 신입사원은 여자 13명 중의 한 명이 된다. 즉 사상 F가 주어지고 L의 조건부확률은 $P(L|F)=4/13$이다. 따라서 F와 L의 결합확률은

$$P(FL)=P(F)P(L|F)=(13/40)(4/13)=0.1$$

이다.

이 예제에서 결합확률은 확률의 곱을 사용하지 않고 직접 구할 수도 있다. 표에서 여자이고 어학연수경험자는 4명이므로 구하는 확률은

$$P(FL)=\frac{4}{40}=0.1$$

이다.

같은 방법으로

$$P(ML) = P(M)P(L \mid M) = (27/40)(7/27) = 0.175$$
$$P(MN) = P(M)P(N \mid M) = (27/40)(20/27) = 0.5$$
$$P(FN) = P(F)P(N \mid F) = (13/40)(9/13) = 0.225$$

예제 4-17 한 상자에 20개의 음반 CD가 들어 있는데 그 중 4개는 불량품이다. 이 상자에서 임의로 2개의 CD를 선택하였을 때 모두 불량품일 확률을 구하라.

풀이 이 실험에서 다음과 같이 사상을 정의하자.

G_1 = 첫 번째 선택한 CD가 우량품일 사상
D_1 = 첫 번째 선택한 CD가 불량품일 사상
G_2 = 두 번째 선택한 CD가 우량품일 사상
D_2 = 두 번째 선택한 CD가 불량품일 사상

구하려는 확률은 D_1과 D_2의 결합확률은

$$P(D_1 D_2) = P(D_1)P(D_2 \mid D_1)$$

이다. 처음 선택한 CD가 불량품일 확률은 20개의 CD 중에 4개가 불량품이므로

$$P(D_1) = 4/20$$

이다. 처음에 선택한 CD가 불량품이면 비복원추출하므로 이 상자에는 19개의 CD 중에 불량품이 3개 남아 있다. 따라서 두 번째 선택한 CD도 불량품일 확률은

$$P(D_2 \mid D_1) = 3/19$$

이다. 그러므로 구하는 확률은

$$P(D_1 D_2) = P(D_1)P(D_2 D_1) = (4/20)(3/19) = 0.032$$

이다.

4.3절에서 조건부확률을 다루었다. 두 사상 A와 B에 대해서 사상 A의 확률과 사상 A와B의 결합확률을 알고 있다면 결합확률로부터 사상 A가 주어진 후에 사상 B가 일어날 **조건부확률**(conditional probability)을 구할 수 있다.

▸▸ 조건부확률

두 사상 A와 B에 대해 조건부확률은 다음과 같다.

$$P(B|A)=\frac{P(AB)}{P(A)} \text{와 } P(A|B)=\frac{P(AB)}{P(B)}$$

단, $P(A)\neq 0$과 $P(B)\neq 0$.

예제 4-18 통계학과는 2학년 때 교직 이수자들을 선발한다. 2학년 학생들은 통계학과에서 25%를 차지하고, 이번 2학년이면서 교직 이수자들로 선발한 학생이 전체 학생들 중 2.5%이다. 통계학과 학생들 중에서 임의로 한 명을 선택하였을 때 그 학생이 2학년일 때 교직 이수자일 경우의 조건부확률을 구하라.

풀이 다음의 두 사상을 정의하자.

A = 선택된 학생은 2학년이다

B = 선택된 학생은 교직 이수자이다.

주어진 조건에서

$$P(A)=0.25,\ P(AB)=0.025$$

이므로

$$P(B|A)=\frac{P(AB)}{P(A)}=\frac{0.025}{0.25}=0.10$$

이다. 그러므로 임의로 선택된 한 학생이 2학년 중에서 교직 이수자일 경우의 조건부확률은 0.10이다.

지금까지 두 사상이 종속일 때 확률의 곱을 다루어 왔다. 이제부터 두 사상 A와 B가 독립인 경우를 고려해 보자. 그러면

$$P(A)=P(A|B) \text{이고 } P(B)=P(B|A)$$

이다. 이 관계식을 이용하여 두 사상 A와 B의 결합확률은 다음과 같이 나타내진다.

▸▸ 독립사상에 대한 확률의 곱

두 독립사상 A와 B의 결합확률은 $P(AB)=P(A)P(B)$

예제 4-19 어느 회사에서 신입사원을 채용하기 위하여 면접관 두 명이 지원자들을 면접보고 있다. 가 면접관은 지원자들 중 70%는 C를, 20%는 B를, 10%는 A를 주고, 나 면접관은 60%는 C를, 30%는 B를, 10%는 A를 준다. 두 명의 면접관들은 독립적으로 면접 점수를 준다. 두 명의 면접관에게 모두 C를 받으면 자동탈락이 되는데, 자동탈락될 확률을 구하라.

풀이 이 예제에서 두 명의 면접관들은 서로 독립적으로 채점을 한다. 즉 한 명의 면접관이 C를 주는 것은 다른 면접관에 영향을 미치지 않는다. 다음의 두 사상을 정의하자.

$A=$가 면접관이 C를 줄 사상

$B=$나 면접관이 C를 줄 사상

A와 B의 결합확률은

$$P(AB)=P(A)P(B)=(0.70)(0.60)=0.42$$

이다.

세 개 이상의 사상들에 대해서도 결합확률을 확장할 수 있다. 다음 예제는 3개의 사상이 서로 독립일 때 결합확률을 다룬다.

예제 4-20 한 환자가 페니실린에 알레르기 반응을 할 확률이 0.20이라고 한다. 3명의 환자에게 그 약을 투여하였을 때

(1) 3명 모두가 알레르기 반응을 할 확률을 구하라.

(2) 3명 중 적어도 한 명이 알레르기 반응을 하지 않을 확률을 구하라.

풀이 (1) 첫 번째 환자, 두 번째 환자, 세 번째 환자가 페니실린에 알레르기 반응을 할 사상을 각각 A, B, C라고 하자. 한 환자가 그 약에 알레르기 반응을 하고 하지 않는 것은 다른 환자에게 영향을 미치지 않는다. 즉 A, B, C는 서로 독립이다. 따라서 3명 모두가 알레르기 반응을 할 확률은

$$P(ABC)=P(A)P(B)P(C)=(0.20)(0.20)(0.20)=0.008$$

(2) 사상 M과 N을 다음과 같이 정의하자.

$M=$세 명의 환자 모두가 알레르기 반응을 한다

$N=$세 명의 환자 중 적어도 한 명은 알레르기 반응을 하지 않는다.

사상 M과 N은 여사상이므로 세 명의 환자 중 적어도 한 명은 알레르기 반응을 하지 않을 확률은

$$P(N) = 1 - P(M) = 1 - P(ABC) = 1 - 0.008 = 0.992$$

이다.

이 절의 중간에서 '서로 배반사상은 항상 종속이다.' 라고 하였다. 다시 말하면 서로 배반사상들은 절대로 동시에 일어날 수 없으며 그 결합확률은 0이 된다. 예를 들면 자동차 대부 신청을 하는 경우에 다음 두 사상을 생각해 보자.

A = 대부 신청서가 승인된 사상
R = 대부 지원서가 거절된 사상

두 사상 A와 R는 서로 배반이다. 그러나 대부 신청서는 승인되거나 거절되거나 둘 중의 하나이다. 따라서 $P(AR) = 0$이다.

4.6 확률의 합

한 사상의 확률은 그 사상에 포함된 단순사상들의 합으로 표현된다. 그러나 어떠한 사상이 여러 다른 사상과 복합적인 형태일 때 확률과 관련이 있는 다른 사상들의 확률을 이용하면 쉬워진다. 이 절에서는 합사상과 그것의 확률에 대해서 생각해 보자.

표본공간에 포함된 두 사상 A와 B에 대해서 그것의 합사상은 A 또는 B에 속하는 단순사상들의 합을 나타낸다. 두 사상 A와 B의 합사상을 $A \cup B$로 나타낸다. 사상들의 합사상의 확률은 다음과 같다.

▸▸ 합사상의 확률

두 사상 A와 B의 합사상 $A \cup B$의 확률은

$$P(A \cup B) = P(A) + P(B) - P(AB)$$

$P(A) + P(B)$는 사상 A에 속하는 단순사상의 확률과 사상 B에 속하는 단순사상의 합이므로 사상 A와 B에 동시에 속하는 단순사상들의 확률은 중복으로 더해지게 된다. 따라서 합사상 $A \cup B$의 확률을 구하기 위해서는 중복되는 부분인 $A \cap B$에 속하는 단순사상의 확률을 빼주어야 한다.

예제 4-21 어느 인터넷 웹사이트에서 결혼 전 동거에 대하여 성인들 6000명에게 의견을 물었더니 다음과 같았다.

	의견		
	찬성	반대	계
남성	1706	1529	3235
여성	1714	1051	2765
합계	3420	2580	6000

그 6000명 중에 임의로 한명을 선택하였을 때, 그 사람이 여성이거나 결혼 전 동거에 대해 반대할 경우의 확률을 구하라.

풀이 두 사상 A와 B를 다음과 같이 정의하자.

A = 선택된 그 사람이 여성이다

B = 선택된 그 사람이 결혼 전 동거에 반대한다.

주어진 표로부터

$$P(A) = 2765/6000 = 0.461$$

$$P(B) = 2580/6000 = 0.43$$

$$P(AB) = P(A)P(B \mid A) = (2765/6000) \times (1051/2765) = 0.175$$

이다. 따라서

$$P(A \cup B) = P(A) + P(B) - P(AB) = 0.461 + 0.430 - 0.175 = 0.716$$

이므로 임의로 선택된 그 사람이 여성이거나 결혼 전 동거에 반대할 경우의 확률은 0.716이 된다.

이 예제에서 합사상의 확률을 사용하지 않고 직접 구할 수도 있다. 표에서 여성이거나 이 제안에 반대하는 사람의 수는

$$1714 + 1051 + 1529 = 4294$$

이므로 구하려는 확률은

$$P(A \cup B) = 4294/6000 = 0.716$$

이다.

예제 4-22 다음 자료는 하버드 의대에서 아스피린의 사용과 심근경색의 관계를 알아보기 위하여 성인 22,071명을 대상으로 5년 동안 연구한 결과이다. 랜덤하게 처리집단과 제어집단으로 나누어 처리집단은 매 이틀마다 아스피린 한 알씩 계속 복용하게 하였고 제어집단은 위약을 복용하게 하였다.

처리	심근경색 정도			계
	치명적	미비	없음	
위약	18	171	10,845	11,034
아스피린	5	99	10,933	11,037
합계	23	270	20,778	22,071

이 피실험자들을 대상으로 임의로 한 명을 선택할 때 다음 확률을 구하라.

(1) 위약을 복용하였거나 심근경색이 없었을 확률

(2) 아스피린을 복용하였거나 치명적 심근경색을 경험하였을 확률

(3) 아스피린을 복용하였거나 위약을 복용하였을 확률

풀이 세 사상 A, F, N를 다음과 같이 정의하자.

A = 선택된 피실험자는 아스피린을 사용하였다.

F = 선택된 피실험자는 치명적 심근경색을 경험하였다.

N = 선택된 피실험자는 심근경색이 없었다.

주어진 표로부터

$P(A) = 11,037/22,071 = 0.5001$ $\quad$ $P(A^c) = 1 - 0.5001 = 0.4999$

$P(F) = 23/22,071 = 0.0010$ $\quad$ $P(N) = 20,778/22,071 = 0.9414$

$P(A^c N) = P(A^c)P(N \mid A^c) = (11,034/22,071)(10,845/11,034) = 0.4914$

$P(AF) = P(A)P(F \mid A) = (11,037/22,071)(5/11,037) = 0.0002$

이다.

(1) $P(A^c \cup N) = P(A^c) + P(N) - P(A^c N) = 0.4999 + 0.9414 - 0.4914 = 0.95$ 이므로 임의로 선택된 피실험자가 위약을 복용하였거나 심근경색을 경험하지 않았을 확률은 0.95이다.

(2) $P(A \cup F) = P(A) + P(F) - P(AF) = 0.5001 + 0.001 - 0.0002 = 0.5009$ 이므로 임의로 선택된 피실험자가 아스피린을 복용하였거나 치명적인 심근경색을 경험하였을 확률은 0.5009이다.

(3) $P(A \cup A^c) = P(A) + P(A^c) = 0.5001 + 0.4999 = 1$ 이므로 임의로 선택된 피실험자가 아스피린을 복용하였거나 복용하지 않았을 확률은 1이다.

앞 절에서 두 사상이 배반이라면 곱사상에 속하는 단순사상이 없으므로 그들의 결합확률은 0임을 알았다. 따라서 배반사상들의 합사상의 확률은 각각의 주변확률들의 합으로 표현된다.

▸▸ 합사상의 확률

두 배반사상 A와 B의 합사상 $A \cup B$의 확률은

$$P(A \cup B) = P(A) + P(B)$$

예제 4-23 예제 4-22에서 22,071명의 피실험자 중 임의로 한 명을 선택하였을 때, 심근경색이 미비하거나 없었을 확률을 구하라.

풀이 두 사상 M와 N을 다음과 같이 정의하자.

M = 그 피실험자는 미비한 심근경색을 경험하였다.
N = 그 피실험자는 심근경색을 경험하지 않았다.

미비한 심근경색을 경험하였거나 경험하지 않았을 것은 동시에 일어날 수 없으므로 두 사상 M과 N은 서로 배반이다. 예제 4-22의 표로부터

$$P(M) = 270/22071 = 0.0122$$
$$P(N) = 20778/22071 = 0.9414$$

이므로 구하는 확률은

$$P(M \cup N) = P(M) + P(N) = 0.0122 + 0.9414 = 0.9536$$

이다.

4.7 베이즈 정리

우리는 두 사상 A와 B가 서로 배반사상일 때, $P(A \cup B) = P(A) + P(B)$임을 배웠다. 이 결과를 k개의 사상으로 일반화하면 다음과 같다.

k개의 사상이 서로 배반사상일 때, k개의 합사상이 일어날 확률은 각 사상이 일어날 확률을 더해 준 것과 같다.

k개의 사상 A_1, A_2, $\cdots$, A_k가 서로 배반사상일 때, k개의 합사상이 일어날 확률은 각 사상이 일어날 확률을 더해 준 것과 같다.

$$P(A_1 \cup A_2 \cup \cdots \cup A_k) = P(A_1) + P(A_2) + \cdots + P(A_k)$$

사상 A는 다른 사상 B에 의해 서로 배반인 두 개의 사상 $A \cap B$와 $A \cap B^c$로 나뉘어질 수 있다. 즉

$$A = (A \cap B) \cup (A \cap B^c)$$

두 개의 사상 $A \cap B$와 $A \cap B^c$는 서로 배반사상이므로

$$\begin{aligned} P(A) &= P((A \cap B) \cup (A \cap B^c)) \\ &= P(A \cap B) + (A \cap B^c) \end{aligned}$$

가 된다. 따라서 확률의 곱을 사용하면

$$P(A) = P(B)P(A \mid B) + P(B^c)P(A \mid B^c)$$

이다. 또한 A가 주어졌을 때, B의 조건부확률은

$$\begin{aligned} P(B \mid A) &= \frac{P(A \cap B)}{P(A)} \\ &= \frac{P(B)P(A \mid B)}{P(B)P(A \mid B) + P(B^c)P(A \mid B^c)} \end{aligned}$$

로 표현된다. 이 식은 뒤에서 자세히 설명할 **베이즈 정리**(Bayes theorem)의 특수한 경우이다.

표본공간 S를 k개의 서로 배반인 사상 B_1, B_2, $\cdots$, B_k로 나누면, 임의의 사상 A는 k개의 서로 배반인 사상 $A \cap B_1$, $A \cap B_2$, $\cdots$, $A \cap B_k$로 나누어진다. 즉

$$A = (A \cap B_1) \cup (A \cap B_2) \cup \cdots \cup (A \cap B_k)$$

k개의 사상 $A \cap B_1$, $A \cap B_2$, $\cdots$, $A \cap B_k$는 서로 배반사상이므로

$$P(A) = (A \cap B_1) + (A \cap B_2) + \cdots + (A \cap B_k)$$

가 되며, 확률의 곱에 의해서

$$\begin{aligned} P(A) &= P(B_1)P(A \mid B_1) + P(B_2)P(A \mid B_2) + \cdots + P(B_k)P(A \mid B_k) \\ &= \sum_{i=1}^{k} P(B_i)P(A \mid B_i) \end{aligned}$$

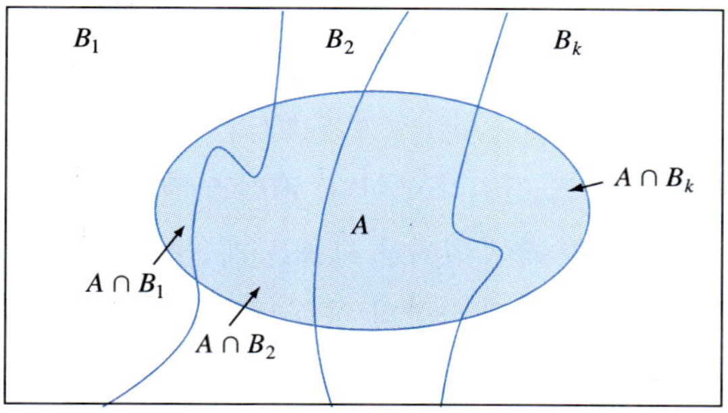

그림 4-5 전확률 공식

가 된다. 이것을 **전확률 공식**(total probability law)이라고 한다.

> **▸▸ 전확률 공식**
>
> 표본공간 S를 k개의 서로 배반인 사상 $B_1, B_2, \cdots, B_k$로 나누면, 임의의 사상 A에 대해
>
> $$P(A) = \sum_{i=1}^{k} P(B_i)P(A \mid B_i)$$

예제 4-24 어떤 학과의 학생은 1학년이 30%, 2학년이 30%, 3학년이 25%, 4학년 15%로 구성되었다고 한다. 각 학년에서 학기말 성적이 평점 3.5 이상 되는 학생의 비율이 1학년과 3학년은 각각 15%, 2학년은 20%, 4학년은 25%라고 한다. 그러면 이 학과 전체 학생에서 학기말 성적이 평점 3.5 이상 되는 학생의 비율은 얼마인가?

풀이 A : 이 학과 전체 학생에서 학기말 성적이 평점 3.5 이상 되는 학생의 사상,
B_1 : 1학년일 사상, B_2: 2학년일 사상, B_3: 3학년일 사상, B_4: 4학년일 사상이라고 하면,

$$P(B_1) = 0.30,\ \ P(B_2) = 0.30,\ \ P(B_3) = 0.25,\ \ P(B_4) = 0.15$$
$$P(A \mid B_1) = 0.15,\ \ P(A \mid B_2) = 0.20,\ \ P(A \mid B_3) = 0.15,\ \ P(A \mid B_4) = 0.25$$

이다. 따라서

$$\begin{aligned} P(A) &= P(B_1)P(A \mid B_1) + P(B_2)P(A \mid B_2) + P(B_3)P(A \mid B_3) + P(B_4)P(A \mid B_4) \\ &= (0.30)(0.15) + (0.30)(0.20) + (0.25)(0.15) + (0.15)(0.25) \\ &= 0.18 \end{aligned}$$

이다.

표본공간 S를 k개의 서로 배반인 사상 $B_1, B_2, \cdots, B_k$로 나누고, $P(A) > 0$이면,

$$P(B_i|A) = \frac{P(B_i)P(A|B_i)}{\sum_{i=1}^{k} P(B_i)P(A|B_i)}$$

이 성립한다. 이것을 베이즈 정리라고 한다. 베이즈 정리는 어떤 사상 A가 일어났을 때, 그 사상이 표본공간 S의 B_i 부분에서 일어난 확률을 계산하는 공식이다. 이와 같이 어떤 실험 결과에서 나온 정보를 이용하여 어떤 사상의 처음 확률을 개선시킬 수 있는데, 이때 처음의 확률을 **사전확률**(prior probability)이라고 하고, 수정된 확률을 **사후확률**(posterior probability)이라고 한다. 즉, $P(B_i)$는 사전확률이고, $P(B_i|A)$는 사후확률이다.

▸▸ **베이즈 정리**

표본공간 S를 k개의 서로 배반인 사상 $B_1, B_2, \cdots, B_k$로 나누고, $P(A)>0$이면,

$$P(B_i|A) = \frac{P(B_i)P(A|B_i)}{\sum_{i=1}^{k} P(B_i)P(A|B_i)} \quad (i=1, 2, \cdots, k)$$

이 성립한다.

예제 4-25 예제 4-24에서 어떤 학생의 학기말 성적이 평점 3.5 이상이었다. 이 학생이 4학년일 확률을 구하라.

풀이 구하고자 하는 확률은 $P(B_4|A)$이다. 따라서

$$\begin{aligned} P(B_4|A) &= \frac{P(B_4)P(A|B_4)}{P(B_1)P(A|B_1)+P(B_2)P(A|B_2)+P(B_3)P(A|B_3)+P(B_4)P(A|B_4)} \\ &= \frac{(0.15)(0.25)}{(0.30)(0.15)+(0.30)(0.20)+(0.25)(0.15)+(0.15)(0.25)} \\ &= \frac{0.0375}{0.18} \\ &= 0.2083 \end{aligned}$$

이다. 즉 4학년 학생의 비율은 전체 학생에서는 15%이었지만, 사상 A의 정보를 이용한 학기말 성적이 평점 3.5 이상인 학생 중에서 20.83%가 되었다.

예제 4-26 HIV+인 사람의 95%를 양성으로 판정하고, HIV−인 사람을 음성으로 판정하는 진단법이 있고 전체 인구 중에 0.1%가 실제 HIV+ 이라고 가정하자. 진단 결과가 양성인 사람이 정말 HIV+일 확률을 찾아라.

풀이

$$P(\text{HIV+}|\text{양성진단}) = \frac{P(\text{양성진단}|\text{HIV+})P(\text{HIV+})}{P(\text{양성진단}|\text{HIV+})P(\text{HIV+})+P(\text{양성진단}|\text{HIV−})P(\text{HIV−})}$$

$$= \frac{(0.95)(0.001)}{(0.95)(0.001)+(0.05)(0.999)} = 0.018664$$

진단결과가 양성이라고 할지라도 실제 HIV+ 보균자일 가능성은 1.87% 정도밖에 안 된다.

연습문제

4.1 흠집이 있는 사과가 약간 섞여 있는 사과 상자에서 임의로 2개의 사과를 골라서 흠집이 있는지를 조사한다. 이 실험의 모든 가능한 실험결과를 열거하고 벤 도표를 그려라.

4.2 연습문제 4.1에 대해서 다음 사상들의 각각에 대한 표본점을 열거하라.

(1) 많아야 한 개의 사과에 흠집이 있다.
(2) 한 개의 사과만 흠집이 없다.
(3) 흠집이 있는 사과는 한 개 이상이다.

4.3 다음의 확률들과 그에 해당하는 표현을 연결하라.

확률	표현
(a) 0.95	(i) 일어날 가능성이 전혀 없다.
(b) 0.02	(ii) 일어날 가능성이 거의 확실하다.
(c) 3.0	(iii) 일어날 가능성과 일어나지 않을 가능성이 같다.
(d) −0.1	(iv) 일어날 가능성이 거의 없다.
(e) 0.3	(v) 일어날 수 있지만 결코 확실하지 않다.
(f) 0.5	(vi) 잘못된 확률값이다.
(g) 0	

4.4 어느 대학교에 있는 최고경영자 과정에 150명이 등록을 하고 있다. 그들의 개성을 시험하였더니 다음 표와 같았다.

	개성 A	개성 B
남성	78	42
여성	19	11

이 과정에 참여하는 사람 중에서 임의로 한 명을 선택하였을 때 다음 경우에 대한 확률을

각각 구하라.

(1) 개성 A를 가진 사람
(2) 여성
(3) 개성 A를 가진 사람 중에 남자
(4) 여성 중에 개성 B를 가진 사람

4.5 연습문제 4.4에 대해서 다음 각각의 물음에 대답하라.

(1) 사상 "여성"과 "개성 A"는 서로 배반사상인가? 그 이유는 무엇인가?
(2) 사상 " 개성 A"와 "개성 B"는 서로 배반사상인가? 그 이유는 무엇인가?
(3) 사상 " 개성 A"와 " 남성"은 독립인가? 그 이유는 무엇인가?

4.6 우리 학교의 2,000명의 학생들에게 통학시간을 물어본 결과 다음 표와 같이 조사되었다. 이 2,000명의 학생 중에서 임의로 한 명을 선택하였을 때 다음 확률을 각각 구하라.

	통학시간		
	30분 미만	30분에서 1시간까지	1시간 이상
남학생	524	455	221
여학생	413	263	124

(1) P(통학시간이 1시간 이상이고 남자)
(2) P(여학생이고 통학시간이 30분 미만)
(3) P(남학생이거나 통학시간이 30분 미만)
(4) P(통학시간이 30분에서 1시간 미만인 학생 중에 여학생)

4.7 두 사상 A와 B에 대해서 다음을 증명하라.

(1) A와 B가 독립일 때 A와 B^c는 독립인가?
(2) $P(A \cup B) \leq P(A) + P(B)$

4.8 다음의 각 사상을 사상 A, B, C 또는 여사상, 합사상, 곱사상의 식으로 나타내어라. 벤 도표를 그려라.

(1) 사상 A, B, C 중 적어도 하나가 일어난다.
(2) 사상 A, B, C 중 기껏해야 하나가 일어난다.

(3) 사상 A, B, C 중 어느 하나도 일어나지 않는다.

(4) 세 사상 전부가 일어난다.

(5) 사상 A, B, C 중 하나만 일어난다.

(6) A와 B는 일어나고 C는 일어나지 않는다.

4.9 $P(A)=\frac{1}{3}$, $P(B)=\frac{1}{4}$, $P(AB)=\frac{1}{6}$일 때 다음의 확률을 구하라.

$$P(A^c),\ P(A^c \cup B),\ P(A \cup B^c),\ P(AB^c),\ P(A^c \cup B^c)$$

4.10 $P(A)=\frac{3}{4}$, $P(B)=\frac{3}{8}$ 때 다음을 증명하라.

(1) $P(A \cup B) \geq \frac{3}{4}$

(2) $\frac{1}{8} \leq P(AB) \leq \frac{3}{8}$

4.11 평소에 하는 말 중 50%가 거짓말인 사람에게 거짓말 탐지기로 어떤 물음에 대한 그 사람의 대답이 거짓인지 참인지를 조사하려고 한다. 이 거짓말 탐지기가 95%의 정확성을 가지고 있다고 할 때, 그 사람의 대답이 거짓이라는 조사 결과가 나올 확률을 구하라.

4.12 갑, 을 병이 똑같은 지갑을 갖고 있고, 갑의 지갑 속에는 1,000원권 3장, 5000권 2장이 들어 있으며, 을의 지갑 속에는 1,000원권 4장, 5,000원권 1장이 들어 있고, 병의 지갑 속에는 1,000원권 4장, 5,000원권 3장이 들어 있다. 지금 우연히 세 지갑 속에서 한 장의 지폐를 끄집어내어 보니 5,000원권이었다. 이것이 갑의 지갑에서 나왔을 확률을 구하라.

4.13 임의의 사상 A, B에 대하여 확률을 각각 $P(A)$, $P(B)$라고 할 때 확률의 공리적 정의로부터 유도되는 확률의 세 가지 중요한 성질을 증명하라.

(1) $P(A \cup B)=P(A)+P(B)-P(A \cap B)$

(2) $P(A^c)=1-P(A)$

(3) 만약 $A \subset B$이면 $P(A) \leq P(B)$

4.14 다음 문장들이 참인지 거짓인지 판단하라.

(1) 어느 한 환자가 병원에 와서 의사에게 여러 가지 증상들을 이야기하자 진단한 후 의사는 그 환자가 감기에 걸렸다고 90% 확신하였다. 이것은 상대적 확률의 한 예이다.

(2) 두 사상의 곱사상은 두 사상 중 하나가 일어나거나 둘 다 일어나는 것이다.

(3) $P(A) = 0.4$, $P(B) = 0.5$, $P(A \cap B) = 0.2$라면, 두 사상 A, B는 상호 배반이다.

(4) 사상 A가 일어나지 않을 확률은 $1 - P(A^c)$이다.

(5) $P(A \cap B) = P(A) + P(B)$이면 두 사상 A와 B는 독립이다.

(6) 베이즈 법칙은 사전확률에 어떤 새로운 정보가 주어지면 그 정보를 이용하여 변화된 사후확률을 구하는 것이다.

4.15 상자 안에 빨간 구슬 10개와 녹색 구슬 10개가 있다.

(1) 상자 안에서 복원추출하여 5번 구슬을 꺼냈는데, 5번 모두 빨간 구슬이었다. 6번째도 마찬가지로 빨간 구슬을 뽑을 확률은 무엇인가?

(2) 상자 안에서 비복원추출하여 5번 구슬을 꺼냈는데, 5번 모두 빨간 구슬이었다. 6번째도 마찬가지로 빨간 구슬을 뽑을 확률은 무엇인가?

4.16 어떤 도둑이 철수의 현금카드를 훔쳤다. 그 현금카드의 비밀번호는 네 자리이다. 이 도둑이 철수의 비밀번호 첫 두 자리가 35라는 것을 알고 있으나 나머지 두 자리는 모른다. 비밀번호는 3500에서 3599 중 한 숫자이다. 현금출납기는 비밀번호를 3번까지 틀리는 것은 허용하나 더 틀리게 되면 현금출납기는 카드를 삼켜 더 이상 시도를 허용하지 않게 된다.

(1) 도둑이 세 번 만에 비밀번호를 알아낼 확률은 무엇인가?

(2) 만약 도둑이 비밀번호의 처음 두 자리뿐만 아니라 세 번째 자리가 1 혹은 7이라는 것까지 안다면, 세 번만에 비밀번호를 알아낼 확률은 무엇인가?

4.17 어느 한 대학교에 1000명의 직원이 있는데, 그 중 400명은 경력이 최소한 20년이고 (사상 A), 100명은 제주도 출신이고 (사상 B), 300명은 유닉스 시스템을 사용해 본 적이 있다(사상 C). 이 세 사상들이 모두 독립이라고 가정하자.

(1) 1000명 중에 한 명을 임의로 뽑았을 때, 이 세 가지 조건을 모두 만족할 확률은 무엇인가?

(2) 1000명 중에 한 명을 임의로 뽑았을 때, 이 세 가지 조건 중 최소한 두 가지를 만족할 확률은 무엇인가?

4.18 철수는 학교에 올 때 25%는 버스를 타고 75%는 지하철을 탄다. 버스를 타면 40% 정도는 지각을 하고 지하철을 타면 30% 정도 지각을 한다. 만약 철수가 어떤 특정한 날 지각을 하였는데, 그가 버스를 탔을 확률은 무엇인가?

4.19 암에 걸린 사람의 87.7%를 암으로 진단하고, 암에 걸리지 않은 사람의 86.9%에게 암이 아니라고 진단하는 혈액 검사법이 있다. 암으로 진단받은 적이 없고 진찰이나 다른 검사를 전혀 받지 않은 우리나라 사람이 이 검사를 받아 암으로 진단받았다면 그 사람이 실제로 암에 걸려 있을 가능성은 얼마인가? 국립암센터의 연구자료에 의하면 해마다 우리나라 남자 10만 명 중 291명, 여자 10만 명 중 176명에서 암이 생긴다고 한다. 이렇게 새로 생기는 암환자 수가 암환자가 얼마나 많은지를 나타내 주지는 못하지만 여기에서 나온 '10만 명 중 291명' 을 기준으로 계산해 보자.

4.20 n명의 학생들이 강의실에 있다. 다음 확률을 구하라.

A : 학생들 모두 생일이 다르다.
B : 학생들 중 최소한 두 명은 생일이 같다. (단, 1년은 365일이다)

(1) $n=3$일 때, 위의 두 사상에 대해 확률을 구하라.
(2) $n=4$일 때, 위의 두 사상에 대해 확률을 구하라.
(3) $n=k$일 때, 위의 두 사상에 대해 확률을 구하라.

4.21 어느 한 지역의 20%가 흡연자라고 알려져 있다. 흡연자인 경우, 폐암으로 사망할 확률이 비흡연자의 폐암 사망률보다 약 10배 높다고 한다. 그 지역의 폐암 사망률이 0.006이라면 흡연자가 폐암으로 사망할 확률은 얼마인가?

4.22 아스피린 두 알이 있는 상자에 실수로 감기약 두 알을 넣게 되었다. 눈으로는 감기약과 아스피린을 구별할 수 없다. 첫 환자가 그 상자 안에서 한 알을 임의로 선택하여 복용하였고 두 번째 환자는 나머지 세 알 중에서 임의로 한 알을 선택하여 복용하였다. 다음의 사상들을 단순사상의 모임으로 표현하라.

(1) 표본공간 S
(2) 첫 번째 환자가 감기약을 복용하였을 사상
(3) 두 명 환자 중에 단지 한 명만이 감기약을 복용하였을 사상
(4) 아무도 감기약을 복용하지 않았을 사상

4.23 인구의 10%가 어떤 특정한 질병을 가지고 있다고 알려져 있으며 혈액검사를 통하여 질병의 유무를 알아내는 검사방법이 있는데, 항상 정확하지는 않다. 질병이 없는 데도 양성으로 판정하기도 하고, 질병이 있는 데도 음성으로 판정할 때도 있다. 다음의 표는 질병 유무에 따른 조건부확률을 나타낸다.

질병	검사 결과	
	양성(P)	음성(P^c)
유 (D)	0.80	0.20
무 (D^c)	0.06	0.94

(1) 임의로 한 명을 선택하였을 때, 양성으로 판정될 확률을 구하라. 또 음성으로 판정될 확률을 구하라.

(2) 어떤 사람이 음성으로 판정되었을 때 그 사람이 그 질병을 가졌을 확률은 무엇인가? 양성으로 판정되었을 때 그 사람이 정말로 그 질병을 가졌을 확률은 무엇인가?

CHAPTER 05

이산확률변수와 확률분포

이 장에서는 확률분포를 설명하기 위해 4장에서 공부한 확률의 개념을 확장한다. 통계적 실험에서 실험결과가 복잡한 경우 모든 실험결과를 나열하여 확률을 정의하기가 사실상 불가능하다. 먼저 확률변수를 설명하고 확률분포의 개념과 평균과 표준편차를 다룬다. 마지막으로 이산확률변수의 특별한 확률분포인 이항분포와 포아송분포를 다룬다.

5.1 확률변수

소규모 도시에 살고 있는 2,000세대가 가지고 있는 자동차 대수에 대한 도수와 상대도수를 나타낸 표가 다음과 같다.

표 5-1 도수와 상대도수

자동차 보유수	도수	상대도수
0	30	30/2000 = 0.015
1	470	470/2000 = 0.235
2	850	850/2000 = 0.425
3	490	490/2000 = 0.245
4	160	160/2000 = 0.080
합계	$N = 2000$	1.000

이 모집단에서 한 세대를 임의로 선택한다고 하자. 한 세대를 임의로 선택하는 행위를 **확률실험**(random experiment)이라고 한다. 선택된 세대가 보유하고 있는 자동차 수를 X라고 하면 X는 표의 첫 번째 열에 있는 다섯 가지 가능한 값(0, 1, 2, 3, 4)의 하나이다. 따라서 이 값

은 확률실험의 결과들에 수치를 대응시키는 것이다. 이와 같은 X를 **확률변수**(random variable)라고 부른다.

> ▸▸ **확률변수**
> 각각의 실험결과에 실수값을 대응시키는 함수로서 X, Y, ⋯ 등으로 표시한다.

확률변수에는 이산형 또는 연속형이 있다. 표 5-1의 세대별 보유 자동차 수는 **이산확률변수**(discrete random variable)의 한 예이다. 왜냐하면 그 확률변수 X의 값 0, 1, 2, 3, 4는 유한개로서 셀 수 있기 때문이다. 이산확률변수에 대한 다른 예를 들면, 어떤 달에 자동차 판매상이 판매한 자동차 수, 어느 날 극장에 오는 사람의 수, 보유하고 있는 신발짝의 수, 동전을 세 번 던져서 나오는 앞면의 개수 등을 들 수 있다. 또한 연속적 구간에 속하는 모든 값을 가질 수 있는 **연속확률변수**(continuous random variable)가 있다. 예를 들면 사람의 키, 어린이의 몸무게, 시험을 완벽하게 치르는 데 걸리는 시간 등을 들 수 있다.

> ▸▸ **이산확률변수**
> 확률변수가 가질 수 있는 값의 개수가 셀 수 있는 경우

> ▸▸ **연속확률변수**
> 확률변수가 어떤 구간에 속하는 모든 값을 가질 수 있으며 개수를 셀 수 없는 경우

이 장에서는 이산확률변수의 이산확률분포를 다루며 연속형의 경우는 이산확률분포와는 다른 개념이 요구되므로 다음 장에서 다룬다.

5.2 이산확률분포

이산확률변수 X의 확률분포는 X의 값들과 그에 대응하는 확률값을 나타내는 것으로 나열된 표나 수식으로 표현된다.

예제 5-1 표 5-1에서 임의로 선택된 세대가 보유한 자동차 수를 X라고 하고, 이를 정리하면 다음 표가 된다.

표 5-2 세대별 보유한 자동차 수의 확률분포

세대별 자동차 수 x	확률 $p(x)$
0	0.015
1	0.235
2	0.425
3	0.245
4	0.080
	$\sum p(x) = 1.000$

이산확률변수의 확률분포는 다음 특징을 가지고 있다.

▸▸ 이산확률분포의 특징

이산확률변수 X의 확률함수 $p(x)$는 다음 두 조건을 만족해야 한다.

1. 모든 x의 값에 대해서 $0 \le p(x) \le 1$
2. $\sum p(x) = 1$

위의 특징은 이산확률분포가 되기 위한 두 가지의 조건이 된다. 표 5-2에서 둘째 열에 있는 각각의 확률은 0과 1 사이에 있고 그 합은 1이므로 이산형분포의 특징을 만족한다. 따라서 그 확률분포는 이산확률분포라고 한다.

표 5-2로부터 x의 어떤 값에 대해서 그 확률을 읽을 수 있다. 예를 들면 세대가 가진 자동차 수가 2대라면 그 확률은 0.425이다. 이 확률은

$$P(X=2) = 0.425$$

로 표현할 수 있다. 선택된 세대가 2대보다 더 많은 자동차를 가질 확률은 3대의 확률과 4대의 확률의 합, $0.245 + 0.080 = 0.325$이다. 이 확률은

$$P(X>2) = P(X=3) + P(X=4) = 0.245 + 0.080 = 0.325$$

로 나타낼 수 있다.

표 5-2를 시각적으로 알아보기 쉽게 표현하는 방법으로 히스토그램과 비슷한 확률히스토그램이 있다.

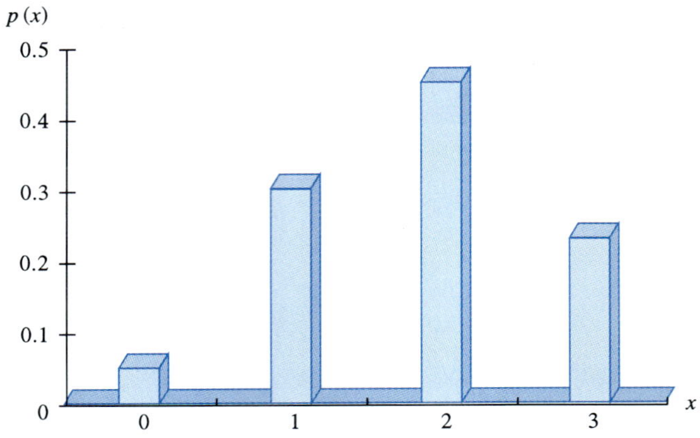

그림 5-1 표 5-2의 확률분포의 확률히스토그램

예제 5-2 다음은 과거 자료를 기초로 하여 어떤 기계의 주별 고장건수의 확률분포이다.

주별 고장건수	0	1	2	3
확률	0.15	0.20	0.35	0.30

(1) 이 확률분포의 확률히스토그램을 그려라.

(2) 한 주일 동안 이 기계의 고장건수가 다음과 같을 때 각각의 확률을 구하라.

① 꼭 2개　　② 1개보다 더 많이

③ 많아도 1개　　④ 0부터 2까지

풀이 한 주일 동안 이 기계의 고장건수를 X라고 하면 확률분포를 다음 표와 같이 만들 수 있다.

표 5-3 고장건수의 확률분포

x	$p(x)$
0	0.15
1	0.20
2	0.35
3	0.30
	$\sum p(x) = 1.00$

(1) 표 5-3의 확률분포의 확률히스토그램

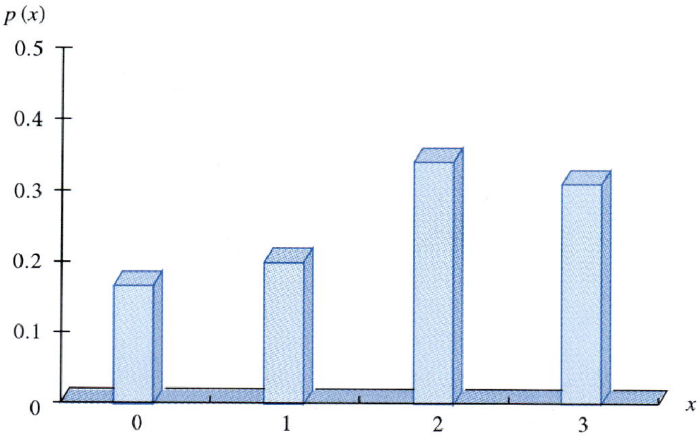

그림 5-2 표 5-3의 확률분포의 확률히스토그램

(2) 표 5-3으로부터

① $P(X=2)=0.35$

② $P(X>1)=P(X=2)+P(X=3)=0.35+0.30=0.65$

③ $P(X\leq 1)=P(X=0)+P(X=1)=0.15+0.20=0.35$

④ $P(0\leq X\leq 2)=P(X=0)+P(X=1)+P(X=2)$

$=0.15+0.20+0.35=0.70$

예제 5-3 어느 숲속의 나무 중 20%가 해충에 감염되어 있다. 2그루의 나무를 임의로 추출하여 해충에 감염된 나무의 수를 X라고 하자. X의 확률분포를 구하라.

풀이 다음 두 사상을 정의한다.

A =추출한 나무가 해충에 감염되어 있지 않다.

B =추출한 나무가 해충에 감염되어 있다.

추출한 2그루의 나무들 중에 해충에 감염된 나무 수 X의 모든 가능한 값은 0 (AA), 1 (AB 또는 BA), 2 (BB)이다. 이 3가지의 확률을 각각 구하면

$$P(X=0)=P(AA)=0.64$$
$$P(X=1)=P(AB \text{ 또는 } BA)=P(AB)+P(BA)=0.16+0.16=0.32$$
$$P(X=2)=P(BB)=0.04$$

이다. 이 확률로부터 표 5-4와 같이 X의 확률분포를 만들 수 있다.

표 5-4 해충에 감염된 나무수의 확률분포

x	$p(x)$
0	0.64
1	0.32
2	0.04
	$\sum p(x) = 1.00$

5.3 이산확률변수의 평균과 표준편차

3장에서 우리는 표본의 중심을 나타내는 대표적인 수치로 표본평균과 산포의 정도를 나타내는 표본표준편차를 배웠다. 모집단에서도 이에 대응하는 모평균과 모표준편차가 있다.

이 절에서는 모집단이 이산확률분포를 따를 때 이산확률변수의 **평균**과 **표준편차**를 다룬다. 이산확률변수 X의 평균 μ는 X의 확률분포의 평균이며 기댓값 $E(X)$로 나타낸다. 이산확률변수의 평균은 수많은 반복 실험의 산술평균이다. 예를 들면 자동차 판매원은 매주 산술평균적으로 2.4대를 판매한다고 기대할 뿐이지, 이것이 매주 2.4대씩 자동차를 판매한다는 뜻은 아니다.

▸▸ 이산확률변수의 평균

이산확률변수 X의 평균은 어떤 실험을 수많이 반복해서 일어난 확률변수들의 산술평균적으로 기대되는 값 μ이다. 수식으로 표현하면 $\mu = E(X) = \sum xp(x)$이다.

예제 5-4 5.2절의 예제 5-2에서 이산확률변수 X는 한 주일 동안 어떤 기계의 고장건수를 나타낸다. X의 모든 가능한 값에 대응하는 확률은 $p(x)$이다. 그 기계에 대한 주당 평균고장건수를 구하라.

풀이 이 기계에 대한 주당 평균고장건수를 구하기 위해 예제 5-2에서 다음 표를 작성하였다.

평균은 $\mu = \sum xp(x) = 1.80$이다. 따라서 이 기계는 일정 기간 동안 주당 평균 1.80회 고장나는 것으로 기대된다. 다시 말하면 이 기계는 많은 주에 사용된다면 어떤 주에는 고장이 전혀 없을 수도 있고, 또 다른 어떤 주에는 1회 고장이 날 수도 있고, 또 어떤 주에는 2 또는 3회 고장이 날 수도 있다. 평균고장건수는 오랜 기간 동안 사용할 경우에 주당 1.8회가 기대되는 것이다.

표 5-5 고장건수의 확률분포에 대한 평균 계산

x	$p(x)$	$xp(x)$
0	0.15	$0(0.15)=0.00$
1	0.20	$1(0.20)=0.20$
2	0.35	$2(0.35)=0.70$
3	0.30	$3(0.30)=0.90$
	$\sum p(x)=1.000$	$\sum xp(x)=1.80$

이제까지 우리는 확률분포의 중심을 나타내는 수치로서 모집단의 평균 또는 기댓값을 다루었다. 확률분포의 퍼진 정도(산포도)를 나타내는 수치로 모집단의 표준편차가 있는데 이는 모분산의 양의 제곱근이다. 모분산은 모집단의 중심인 μ로부터의 편차제곱의 기댓값 $E(X-\mu)^2$으로 정의된다.

▸▸ 이산확률변수의 표준편차

이산확률변수 X의 표준편차 σ는 확률분포의 퍼진 정도를 나타내며 평균 μ의 값에서 퍼진 정도를 나타낸다. 수식으로 표현하면

$$\sigma=\sqrt{\sum(x-\mu)^2 p(x)}=\sqrt{\sum x^2 p(x)-\mu^2}$$

이다.

예제 5-5 반도체를 생산하는 한 전자회사에서 품질관리 검사원들은 출고하기 전에 모든 칩(chip)의 결점을 엄격하게 검사한다. 그럼에도 불구하고 약간의 불량 칩이 검사과정에서 발견되지 않고 통과된다. 검사과정을 거친 400개의 칩에서 발견되지 않고 통과된 불량 칩의 수를 X라고 하자. X의 확률분포가 다음과 같을 때 X의 평균과 표준편차를 구하라.

x	0	1	2	3	4
$p(x)$	0.1	0.2	0.4	0.2	0.1

풀이 평균(기댓값)을 먼저 구하면 다음과 같다.

$$\mu=E(X)=\sum xp(x)=0(0.1)+1(0.2)+2(0.4)+3(0.2)+4(0.1)=2.0$$

분산은 편차제곱 $(X-\mu)^2$의 평균이므로

$$\begin{aligned}\sigma^2&=\sum x^2 p(x)-\mu^2\\&=0^2(1.0)+1^2(0.2)+2^2(0.4)+3^2(0.2)+4^2(0.1)-2.0^2\end{aligned}$$

$= 1.2$

이며 표준편차는 $\sigma = \sqrt{1.2} = 1.095$ 이다.

표준편차 σ의 단위는 확률변수 X의 단위와 동일하므로 확률분포의 퍼진 정도를 표현하는 데 분산 σ^2보다 더 적절하다고 볼 수 있다. 예를 들어 확률변수 X가 소득에 대한 자료로 측정 단위가 '원' 이었다면 표준편차 σ의 단위는 '원' 이나 분산 σ^2의 단위는 '원^2' 이므로 퍼진 정도를 비교하는 데 적절치 못하게 된다.

5.4 이항분포

이항분포는 가장 널리 사용하는 이산확률분포 중의 하나이다. 어떤 실험을 n번 시행하였을 때 성공이 x번 나타날 확률을 구하는 데 사용한다. 예를 들면 한 전자회사에서 생산된 고화질 TV의 불량률이 0.01이라고 할 때 생산된 TV 중 3대의 확률표본에서 꼭 1대가 불량품이 확률을 구하는데 관심이 있을 것이다. 다른 예로서 야구 선수의 평균 타율이 0.25일 때 10번 타구 중에 안타가 전혀 없을 확률을 구하는 데 관심이 있을 것이다.

이항분포를 적용하기 위하여 그 확률변수 X는 반복실험의 매번 결과가 오직 두 가지 결과만을 갖는 이산확률변수이다. 이항실험의 매번 반복되는 실험을 **시행**(trial) 또는 **베르누이 시행**(Bernoulli trial)이라고 부른다. 예를 들면 한 실험이 동전 1개를 1번 던지는 것으로 정의하고 이 실험을 10번 반복하자. 그러면 매번 던지는 실험을 시행이라고 하며 전체적으로 10번의 시행이 있다.

5.4.1 이항실험

다음의 4가지 조건을 만족하는 실험을 **이항실험**이라고 한다.

1. 주어진 실험은 n번 반복되며 이 모든 반복은 동일한 조건에서 시행한다.
2. 매번 시행은 두 가지의 결과만을 가진다. 이런 결과를 보통 '성공(success)' 과 '실패(failure)' 라고 한다.
3. 매번 시행에서 성공의 확률은 p이고 실패의 확률은 $q(=1-p)$로서 그 값은 상수이다.
4. 모든 실험은 독립이다. 다시 말하면 매번 시행의 결과는 다른 시행의 결과에 영향을 미치지 않는다.

시행에서 두 가지의 가능한 결과를 하나는 성공, 다른 하나는 실패라고 하는데 이는 시행의 결과가 두 가지뿐임을 강조하는 의미이며 보통의 성공과 실패가 의미하는 것과는 전혀 무관한 것이다. 보통 우리가 관심이 있는 결과에 성공이란 이름을 붙이게 되는데 예를 들면 어음부도율에 대한 조사에서는 부도가 성공으로 표현되는 것이다.

예제 5-6 한 개의 동전을 10번 던지는 실험에서 이 시행은 이항실험인가?

풀이 주어진 실험은 아래와 같이 이항실험의 네 가지 조건을 만족한다.

(1) 이 시행은 동일한 조건에서 10번 반복 시행한다.

(2) 매번 던질 때 두 가지의 결과만을 가진다. 즉 앞면과 뒷면이 나오는 데 앞면을 성공, 뒷면을 실패라고 할 수 있다.

(3) 매번 시행에서 성공의 확률은 p이고 실패의 확률은 $q(=1-p)$로서 그 값은 상수이다.

(4) 모든 실험은 독립이다. 다시 말하면 매번 시행의 결과는 다른 시행에 영향을 미치지 않는다.

예제 5-7 어느 전자회사에서 생산된 모든 휴대전화 중에 불량품이 5% 정도 있다고 한다. 이 회사의 생산라인에서 3개를 임의로 선택하여 각각이 불량품 또는 우량품인지를 검사한다고 하자. 이 실험은 이항실험인가?

풀이 (1) 이 시행은 동일한 조건에서 3번 반복 시행한다.

(2) 각각의 시행은 두 가지의 결과만을 가진다. 즉 불량품과 우량품인데 불량품을 성공, 우량품을 실패라고 할 수 있다.

(3) 모든 휴대전화 중에 5%가 불량품이므로 매번 시행에서 성공의 확률은 $p = 0.05$이고 실패의 확률은 $q(=1-p)=0.95$로서 그 값은 일정하다.

(4) 모든 시행은 독립이다. 즉 한 전화기가 불량품이면 다른 전화기가 불량품 또는 우량품이 되는데 영향을 미치지 않는다. 이것은 모집단의 크기가 표본의 크기에 비해서 대단히 크기 때문이다.

이와 같이 4가지 조건을 만족하므로 이것은 이항실험이 된다.

이항실험에서 $n=1$일 경우를 베르누이 시행이라고 한다. 1회 시행의 성공의 확률을 p라고 하면 실패의 확률은 $q(=1-p)$가 된다. 따라서 이 시행에서 성공횟수를 X라고 하면 X의 확률분포함수는

$$p(x) = p^x q^{1-x}, \quad x = 0,\ 1$$

이다. 이 확률분포함수에서 X의 평균과 분산은

$$\mu = \sum xp(x) = 0(q) + 1(p) = p$$
$$\sigma^2 = \sum (x-\mu)^2 p(x) = (0-p)^2 p(0) + (1-p)^2 p(1) = pq$$

5.4.2 이항분포

이항실험에서 n번 시행 중 성공의 횟수를 나타내는 확률변수 X를 **이항확률변수**(binomial random variable)라고 부른다. 그러한 실험에서의 확률분포를 **이항분포**(binomial distribution)라고 부른다. 그러므로 이항분포는 이항실험에서 n번 시행 중 x번 성공할 확률을 구하는 데 적용하며 다음과 같다.

▸▸ **이항분포**

이항실험에 대해서 n번 시행 중 꼭 x번 성공할 확률은

$$p(x) = \binom{n}{x} p^x q^{n-x}, \quad x = 0,\ 1,\ \cdots,\ n$$

가 된다. 단,

n = 전체 반복시행횟수
p = 성공확률
$q = 1 - p$ = 실패확률
x = n번 시행 중 성공횟수
$n - x$ = n번 시행 중 실패횟수

이항실험에서 n번 시행 중 x번 성공할 확률을 구하는 데는 단지 n과 p의 값이 필요하다. 이것들을 **이항분포의 모수**(parameters)라고 한다. q는 $q = 1 - p$의 관계에서 알 수 있다.

예제 5-8 예제 5-7에서 어느 전자회사에서 생산된 휴대전화 중의 불량품이 5%정도 있다고 한다. 품질관리 검사원이 이 회사의 생산라인에서 3개를 임의로 선택하여 각각이 불량품 또는 우량품인지를 검사한다. 3대의 휴대전화 중 한 개만 불량품일 확률을 구하라.

풀이 (1) D = 추출된 전화기가 불량품, $P(D) = 0.05$
G = 추출된 전화기가 우량품, $P(G) = 0.95$
이라고 하자. 3개를 검사한 모든 결과는 다음 8가지이다.

$$GGG,\ DGG,\ GDG,\ GGD,\ DDG,\ DGD,\ GDD,\ DDD$$

이 8가지의 검사결과 중 불량품이 꼭 한 개일 경우의 검사결과는

$$DGG,\ GDG,\ GGD$$

이다. 모집단의 크기가 크기 때문에 추출된 3개는 서로 독립이라고 생각할 수 있다. 따라서 불량품이 1개인 검사결과에 대한 각각의 확률은

$$P(DGG) = P(D) \cdot P(G) \cdot P(G) = (0.05)(0.95)(0.95) = 0.0451$$
$$P(GDG) = P(G) \cdot P(D) \cdot P(G) = (0.95)(0.05)(0.95) = 0.0451$$
$$P(GGD) = P(G) \cdot P(G) \cdot P(D) = (0.95)(0.95)(0.05) = 0.0451$$

이며

$$\begin{aligned} P(\text{3대의 전화기 중 1개만 불량품}) &= P(DGG \text{ 또는 } GDG \text{ 또는 } GDD) \\ &= P(DGG) + P(GDG) + P(GGD) \\ &= 0.0451 + 0.0451 + 0.0451 = 0.1353 \end{aligned}$$

이다.

(2) 이 확률을 계산하기 위하여 이항분포함수를 이용할 수 있다.

n = 전체 반복시행횟수 = 3
p = 성공확률 = 0.05
$q = 1 - p$ = 실패확률 = 0.95
$x = n$번 시행 중 성공횟수 = 1
$n - x = n$번 시행 중 실패횟수 = 2

이므로 이항실험에 대해서 $n = 3$번 시행 중 꼭 $x = 1$의 성공할 확률은

$$P(\text{3대의 전화기 중 1개만 불량품}) = p(1) = \binom{3}{1} 0.05^1 0.95^2 = 0.1353$$

이 된다.

예제 5-9 새로운 치료법이 근육통 환자의 60%를 성공적으로 치유시킨다고 알려져 있다. 근육통 환자 중 임의로 추출한 3명의 환자에게 이 치료법을 적용하였을 때 성공적으로 치유된 환자의 수 X의 확률분포를 구하고 그 확률분포에 대한 확률히스토그램을 그려라.

풀이 주어진 조건에 의하여

n = 근육통 치료를 받은 환자의 수 = 3
$p = P$(환자가 성공적으로 치유되었다) = 0.60
$q = P$(환자가 성공적으로 치유되지 않았다) = $1 - 0.60 = 0.40$
x = 성공적으로 치유된 환자의 수

이다. $n=3$명의 표본 중 x의 가능한 수는 0, 1, 2, 3이다. 따라서 이 4가지의 결과에 대한 각각의 확률분포함수는

$$p(x)=\binom{3}{x}0.60^{x}0.40^{3-x},\qquad x=0,\ 1,\ 2,\ 3$$

이 된다. 따라서

$$x=0\text{일 때 } P(X=0)=\binom{3}{0}0.60^{0}0.40^{3}=0.0640$$

$$x=1\text{일 때 } P(X=1)=\binom{3}{1}0.60^{1}0.40^{2}=0.2880$$

$$x=2\text{일 때 } P(X=2)=\binom{3}{2}0.60^{2}0.40^{1}=0.4320$$

$$x=3\text{일 때 } P(X=3)=\binom{3}{3}0.60^{3}0.40^{0}=0.2160$$

이 확률을 정리하면 X의 확률분포표는 다음과 같다.

x	$p(x)$
0	0.0640
1	0.2880
2	0.4320
3	0.2160

확률분포에 대한 확률히스토그램은 다음과 같다.

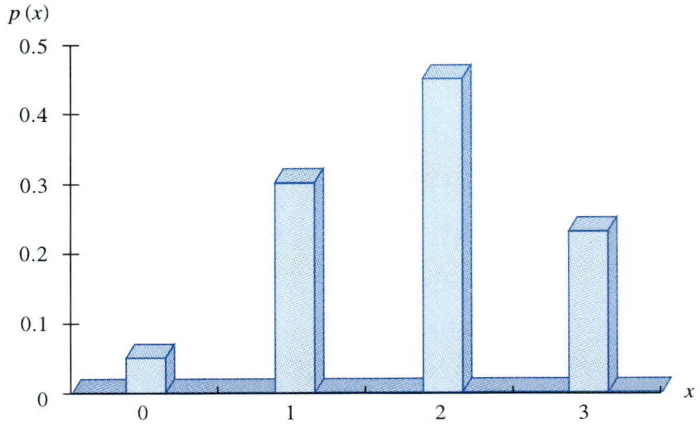

그림 5-3 X의 확률히스토그램

지금부터 <부록 2>에 있는 이항확률표를 이용하여 이항실험에 대한 확률을 계산하여 보자. <부록 2>의 표 2로부터 $n=1$부터 $n=20$까지에 대한 확률을 읽을 수 있다.

예제 5-10 희귀한 혈유병에 걸린 환자가 회복할 확률은 0.4라고 한다. 지금 이 혈유병에 걸린 환자 10명을 임의로 추출하였을 때 회복된 사람 수를 X라고 한다.

(1) X의 확률분포를 구하라.

(2) 꼭 3명만이 회복될 확률을 구하라.

(3) 적어도 3명이 회복될 확률을 구하라.

풀이 (1) 주어진 조건에 의하여

n = 표본에서 혈우병에 걸린 환자 전체 수 = 10

$p = P$(혈유병에 걸린 한 환자가 회복) = 0.4

x = 표본에서 회복된 사람의 수

이다. $n = 10$명의 표본 중 X의 가능한 수는 0, 1, 2, ⋯, 10이다. 따라서 이 11가지의 결과에 대한 각각의 확률분포함수는

$$p(x) = \binom{10}{x} 0.4^x 0.6^{10-x}, \quad x = 0,\ 1,\ 2,\ \cdots,\ 10$$

이다. <부록 2>의 표 2의 $n = 10$인 경우에 $p = 0.40$인 열에 있는 값을 열거하면 다음과 같다.

n	x	p				
		.05	⋯	.40	⋯	.95
10	0	.5987	⋯	.0060	⋯	.0000
	1	.3151	⋯	.0403	⋯	.0000
	2	.0746	⋯	.1209	⋯	.0000
	3	.0105	⋯	.2150	⋯	.0000
	4	.0010	⋯	.2508	⋯	.0000
	5	.0001	⋯	.2007	⋯	.0001
	⋯	⋯	⋯			⋯

(2) <부록 2>의 표 2의 $n = 10$인 경우에 $p = 0.40$인 열에 있는 값을 이용하면

$$P(x = 3) = \binom{10}{3} 0.4^3 0.6^{10-3} = 0.2150$$

(3) <부록 2>의 표 2의 $n = 10$인 경우에 $p = 0.40$인 열에 있는 값을 이용하면

$$\begin{aligned} P(X \geq 3) &= 1 - P(X \leq 2) = 1 - [P(X=0) + P(X=1) + P(X=2)] \\ &= 1 - [0.0060 + 0.0403 + 0.1209] = 0.8328 \end{aligned}$$

이다.

지금까지 이항분포를 따르는 확률변수들의 값에 대한 확률을 구해 보았다. 성공의 확률 p가 변함에 따라 이항분포의 형태는 어떤 모양을 가질까? 결론적으로 말하면 시행횟수 n에 대해서

1. $p = 0.50$이면 이항분포는 좌우대칭이다
2. $p < 0.50$이면 이항분포는 오른쪽으로 꼬리가 긴 비대칭이다
3. $p > 0.50$이면 이항분포는 왼쪽으로 꼬리가 긴 비대칭이다.

이것을 보기 위해 몇 가지 예를 들어 그래프의 형태를 살펴보자.

1. $n = 4$, $p = 0.50$에 대해서 <부록 2>의 표 2로부터 확률분포와 확률히스토그램을 보면 X의 확률분포는 좌우대칭이다.

x	$p(x)$
0	0.0625
1	0.2500
2	0.3750
3	0.2500
4	0.0625

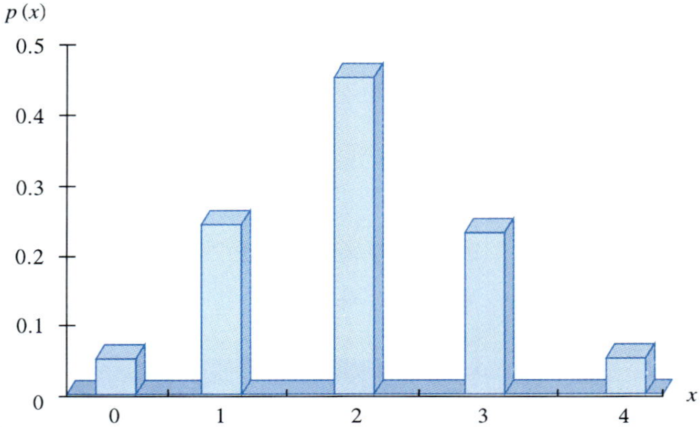

그림 5-4 $n = 4$, $p = 0.50$에 대한 확률분포와 확률히스토그램

2. $n = 4$, $p = 0.30$에 대해서 <부록 2>의 표 2로부터 확률분포와 확률히스토그램을 보면 X의 확률분포는 오른쪽꼬리긴 비대칭이다.

x	$p(x)$
0	0.2401
1	0.4116
2	0.2646
3	0.0756
4	0.0081

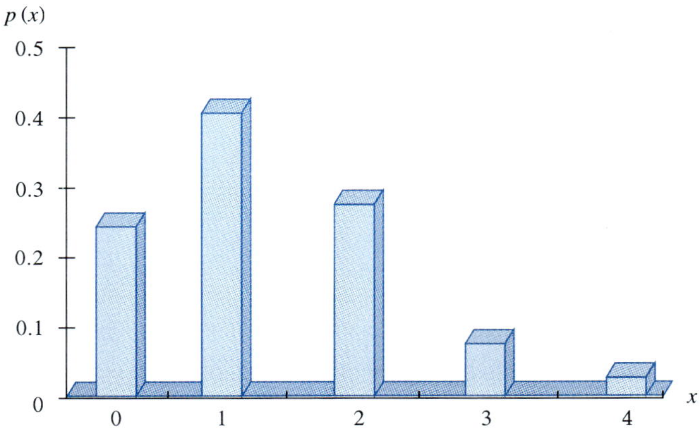

그림 5-5 $n = 4$, $p = 0.30$에 대한 확률분포와 확률히스토그램

3. $n=4$, $p=0.80$에 대해서 <부록 2>의 표 2로부터 확률분포와 확률히스토그램을 보면 X의 확률분포는 왼쪽꼬리긴 비대칭이다.

x	$p(x)$
0	0.0016
1	0.0256
2	0.1536
3	0.4096
4	0.4096

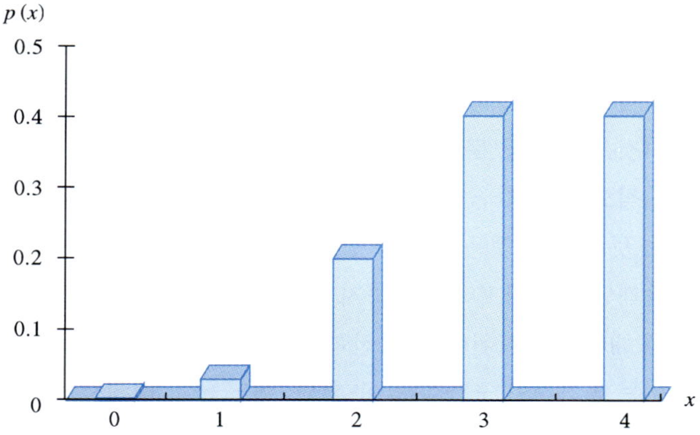

그림 5-6 $n=4$, $p=0.80$에 대한 확률분포와 확률히스토그램

다음은 이항분포의 평균과 표준편차에 대해 알아보자. 예를 들어 어느 전자회사에서 생산된 모든 휴대전화 중에 불량품이 5%일 때 이 회사의 생산라인에서 100개를 임의로 추출하면 불량품이 대략 5개 정도가 될 것으로 예상할 것이다. 이와 같이 불량률에 전체 시행횟수를 곱하면 이항분포의 평균이 된다.

▸▸ 이항분포의 평균과 표준편차

$$\mu = np, \qquad \sigma = \sqrt{npq}$$

$n=$전체 시행횟수, $p=$성공의 확률, $q=$실패의 확률

휴대전화의 불량률이 $p=0.05$이고 전체 추출대수가 $n=100$이라면 평균과 표준편차는

$$\mu = np = 100(0.05) = 5,$$
$$\sigma = \sqrt{npq} = \sqrt{100(0.05)(0.95)} = 2.1794$$

이 된다.

5.5 포아송 분포

통계학 강의시간 50분 동안에 평균적으로 휴대전화가 2번 울린다고 하자. 어느 날 교수님이 수업 중에 한 번이라도 휴대전화가 울리면 즉시 임시시험을 보고 한 번이라도 울리지 않으면 임시시험을 보지 않기로 마음먹었다면 이 날 학생들이 시험을 보게 될 확률은 얼마나 될까? 이것은 **포아송 분포**(Poisson distribution)의 한 예이다. 포아송 분포는 랜덤으로 일어나고 독립적으로 발생하는 실험에 적용된다. 랜덤으로 일어난다는 것은 일정한 패턴을 따르지 않는다는 뜻이다. 이것은 예측할 수 없다는 것이다. 발생의 독립성이란 어떤 사건의 한 번 발생이 연속적인 발생이거나 발생하지 않거나에 영향을 주지 않는 것이다. 그 발생은 항상 일정한 구간에 대해서 고려된다. 휴대전화의 경우에 그 구간은 50분을 나타낸다. 그 구간은 시간적인 구간 또는 공간적인 구간이 될 수 있다. 어느 구간 내에서 실제로 발생의 건수는 랜덤이고 독립이다. 만약 주어진 구간에 대해서 평균 발생 건수를 알고 있다면 포아송 분포를 이용함으로써 그 구간에서 어떤 발생 건수의 확률을 구할 수 있다.

다음의 예들은 포아송 분포로 다룰 수 있는 실제 현상들이다.

1. 일주일 동안 어느 고속도로에서 발생하는 교통사고 건수
2. 한 시간 동안 식품점에 찾아오는 고객의 수
3. 일주일 동안 백화점에서 판매한 TV의 대수

어떤 구간에서 실제의 발생 건수를 X라고 하자. 포아송 분포를 적용하기 위한 조건은 다음과 같다.

1. 주어진 구간에서 사건의 평균 발생횟수는 구간의 시작점에는 관계가 없고 구간의 길이에만 영향을 받는다.
2. 발생은 랜덤이고, 한 순간에 2회 이상의 사건이 발생할 확률은 거의 0에 가깝다.
3. 발생은 독립이다. 즉 한 구간에서 발생한 사건의 횟수는 겹치지 않는 다른 구간에서 발생하는 사건의 횟수에 영향을 받지 않는다.

위의 세 가지 가정을 만족하는 경우 어떤 구간에서 평균적으로 λ회 발생하는 사건의 발생횟수 X의 확률분포함수는 다음과 같다.

▸▸ 포아송 분포

어떤 구간에서 x회 발생의 확률은

$$p(x) = \frac{\lambda^x e^{-\lambda}}{x!}, \quad x = 0,\ 1,\ 2,\ \cdots,\ \lambda = \text{구간에서 평균 발생횟수}$$

한 구간에서 발생하는 평균 횟수를 포아송 분포의 모수라고 한다. 포아송 분포에서 λ의 값을 알고 있다면 사건의 발생횟수 X의 확률분포를 계산할 수 있다.

예제 5-11 어떤 진공청소기는 한 달에 평균 3회 고장 난다고 한다. 포아송 분포를 이용하여 다음 한 달 동안 이 기계가 X회 고장 날 확률을 구하라.

(1) 꼭 2회 고장

(2) 많아야 1회 고장

풀이 주어진 조건에서 λ = 한 달 동안 평균 고장횟수 = 3

X = 이 기계가 그 다음 한 달 동안 고장 날 횟수라고 하자. 그러면

$$(1)\ P(X=2)=\frac{\lambda^x e^{-\lambda}}{x!}=\frac{3^2 e^{-3}}{2!}=0.2240$$

$$(2)\ P(X\le 1)=P(X=0)+P(X=1)$$

$$=\frac{3^0 e^{-3}}{0!}+\frac{3^1 e^{-3}}{1!}=0.0498+0.1494=0.1992$$

이다.

예제 5-12 어느 교차로에서 한 달에 평균 6.9건의 교통사고가 발생한다고 한다. 이 교차로에서 발생하는 교통사고 횟수가 포아송 분포를 따른다고 할 때 이번 달에 꼭 5건의 사고가 발생할 확률을 구하라.

풀이 주어진 조건에서 λ = 한 달 동안 평균 교통사고 발생 건수 = 6.9,

X = 한 달 동안에 발생하는 교통사고 횟수라고 하자. 그러면

$$P(X=5)=\frac{\lambda^x e^{-\lambda}}{x!}=\frac{6.9^5 e^{-6.9}}{5!}=0.1314$$

예제 5-11과 5-12에서는 계산기를 이용하여 확률을 구하였으나 <부록 2>의 표 3을 이용하여 표에서 필요한 값을 읽을 수 있다.

예제 5-13 복현은행 어느 지점에서 매일 평균적으로 2개의 적금통장이 개설된다고 한다. <부록 2>의 표 3을 이용하여 어느 날 이 은행에서 개설되는 적금통장의 건수에 대한 확률을 구하라.

(1) 꼭 6개만

(2) 많아야 3개

(3) 적어도 7개

풀이 λ = 이 은행에서 하루에 개설되는 평균 적금통장 건수 = 2

X = 어느 날 이 은행에서 개설된 적금통장 건수라고 하자. 그러면 <부록>의 표 3에서 $\lambda = 2.0$에 대한 표이다.

x	λ 1.1	1.2	⋯	2.0
0			⋯	0.1353
1			⋯	0.2707
2			⋯	0.2707
3			⋯	0.1804
4			⋯	0.0902
5			⋯	0.0361
6			⋯	0.0120
7			⋯	0.0034
8			⋯	0.0009
9			⋯	0.0002

(1) $P(X=6) = \dfrac{\lambda^x e^{-\lambda}}{x!} = \dfrac{2^6 e^{-2}}{6!} = 0.0120$

(2) $P(X \leq 3) = P(X=0) + P(X=1) + P(X=2) + P(X=3)$

$= 0.1353 + 0.2707 + 0.2707 + 0.1804 = 0.8571$

(3) $P(X \geq 7) = P(X=7) + P(X=8) + P(X=9)$

$= 0.0034 + 0.0009 + 0.0002 = 0.0045$

다음은 이항분포의 포아송 분포로 근사법을 다룬다. 이항분포의 확률변수 X에 대해 불량률 p가 대단히 적고 n이 대단히 크면 X는 근사적으로 포아송 분포를 따른다고 할 수 있다.

예제 5-14 어떤 제품의 생산과정에서 평균 0.1%의 불량률이 나타난다고 한다. 지금 2,000개의 제품을 임의로 추출하였을 때 그 중에 불량품이 한 개도 포함되지 않을 확률을 구하라.

풀이 확률변수 X를 불량품의 개수라고 하면 불량률이 대단히 적고 n이 대단히 크므로 X는 근사적으로 포아송 분포를 따른다고 할 수 있다. 한편 $\lambda = (2000)(0.001)$이므로 X는 $\lambda = 2$인 포아송 분포를 따른다. 따라서 불량품이 한 개도 포함되지 않을 확률은 예제 5-13의 표로부터

$$P(X=0) = \frac{\lambda^x e^{-\lambda}}{x!} = \frac{2^0 e^{-2}}{0!} = 0.1353$$

이다.

다음은 포아송 분포의 평균과 표준편차는 다음과 같다.

▸▸ **포아송 분포의 평균과 표준편차**

$$\mu=\lambda, \quad \sigma=\sqrt{\lambda}$$

λ=구간에서 평균 발생횟수

예제 5-13에서 $\lambda=2.0$이므로 평균과 표준편차는 다음과 같다.

$$\mu=\lambda=2, \quad \sigma=\sqrt{\lambda}=\sqrt{2}=1.4142$$

연습문제

5.1 다음 표는 어느 대학교에 있는 대형컴퓨터가 매달 고장 난 횟수의 확률분포이다.

고장횟수	0	1	2	3
확률	0.55	0.33	0.08	0.04

그 대형컴퓨터가 어떤 달에 고장 난 횟수를 X라고 할 때 다음 확률을 각각 구하라.

(1) $P(X=2)$ (2) $P(X\leq 1)$

(3) $P(X\geq 1)$ (4) $P(X<3)$

5.2 한 도시에서 어느 한 주일 동안 비가 온 횟수를 X라고 하자. 다음 표는 X의 확률분포표이다.

x	0	1	2	3	4	5
$p(x)$	0.31	0.24	0.19	0.14	0.10	0.02

X의 평균과 표준편차를 구하라. 그리고 그 평균값에 대하여 간략하게 설명하라.

5.3 한 공장에서 생산되는 제품은 불량률이 평균 20%라고 한다. 어느 날 생산된 제품 중 임의로 10개의 제품을 추출하였을 때 이 속에 포함된 불량품의 개수를 X라고 한다.

(1) X의 확률분포를 구하라.

(2) 10개 중 불량품이 기껏해야 2개 포함될 확률을 구하라.

(3) X 의 평균과 표준편차를 구하라.

5.4 어느 제조공정에서 10%의 불량품이 발생한다고 한다. 제품 가운데 7개를 임의로 추출하였을 때 이 중에 포함된 불량품의 개수를 X라고 한다.

(1) 4개가 불량품일 확률을 구하라.

(2) 적어도 한 개가 불량품일 확률을 구하라.

(3) 4개 이하가 불량품일 확률을 구하라.

5.5 하나의 배치(batch)가 불량품일 확률이 0.2일 때 10개의 표본 중에서 불량품의 개수가 1개 이하일 확률을 구하라.

5.6 어느 대단위 아파트 단지에 거주하는 가구 중 40%가 승용차 2대를 보유하고 있다고 한다. 이 아파트 단지로부터 임의로 20가구를 추출하였을 때 승용차 2대를 보유한 가구의 수를 X라고 할 때 다음 확률을 구하라. <부록 2> 에 있는 적절한 확률표를 이용하라.

(1) 12가구 이상

(2) 많아야 6가구

(3) 6가구부터 10가구까지

5.7 어느 대학교 일학년 학생들은 한 달에 평균 5회 중앙 도서관에 가서 도서를 대출 받는다고 한다. 도서관 방문 횟수가 포아송 분포를 따른다고 한다.

(1) 한 달 동안에 7번 이상 중앙 도서관에 갈 확률을 구하라.

(2) 한 달 동안에 한 번도 중앙 도서관에 가지 않을 확률을 구하라.

5.8 어느 전화 교환대에 들어오는 전화 통화 횟수 X는 1분당 평균 2회꼴이다. 어느 특정한 1분 동안에

(1) 통화 신청이 1회 들어올 확률을 구하라.

(2) 4회 이상의 통화 신청이 들어올 확률을 구하라.

(3) 통화 신청이 한 건도 없을 확률을 구하라.

5.9 어떤 공장에서 하루 평균 1.5건씩의 안전사고가 발생한다고 한다. 어떤 특정한 날 발생한 사고의 횟수를 X라고 한다.

(1) X 의 확률분포를 구하라.

(2) 특정한 날 사고가 한 건도 일어나지 않을 확률을 구하라.

5.10 은행창구에 매 10분마다 평균 3명의 손님이 온다고 한다. 은행 창구에 오는 손님 수 X는 포아송 분포를 따른다고 할 때

(1) 매 10분 동안 한 사람도 오지 않을 확률을 구하라.

(2) 매 10분마다 5명 이상이 올 확률을 구하라.

5.11 1야드당 옷감에서 결점수가 평균 4개가 된다고 하자. 1야드 옷감에서 결점수가 2 이하일 확률은 얼마인가?

5.12 X는 $n=100,\ \ p=0.02$ 인 이항분포를 따를 때

(1) $P(X=2)$를 이항분포와 포아송 분포를 이용하여 구하고, 이를 비교하라.

(2) $P(X \geq 1)$을 포아송 분포를 이용하여 구하라.

5.13 한 조사에 의하면 성인들의 40%는 모든 대학생들이 윤리과목을 최소한 한 학기를 필수적으로 이수해야 한다고 믿고 있었다. 이 백분율은 모든 성인들의 모집단에 대해서 사실이라고 가정한다.

(1) 12명의 표본에서 이런 견해를 가진 성인들의 수가 다음과 같을 때 확률을 각각 구하여라. <부록 2>에 있는 적절한 확률표를 이용하라.

① 꼭 10명 ② 적어도 7명 ③ 4명 미만

(2) 12명의 표본에서 이런 견해를 가진 성인들의 수를 X라고 하자. <부록 2>에 있는 적절한 확률표를 이용하여 X의 확률분표를 구하라. 그리고 이 확률분포의 평균과 표준편차를 구하라.

5.14 어느 고등학교에서 IQ가 130 이상인 학생이 전체의 2%에 해당된다. 이 학교에서 임의로 200명을 추출하였을 때 포아송 근사를 이용해 다음을 구하라.

(1) IQ가 130 이상인 학생이 한 명도 없을 확률

(2) IQ가 130 이상인 학생이 적어도 5명이 되는 확률

(3) 200명 중 IQ가 130 이상인 학생은 평균 몇 명이 되는가?

5.15 각 추첨에서 상금을 탈 기회가 1/200인 추첨에서 추첨을 100번 하는 복권 1장을 구입하

였을 때 다음과 같이 상금을 탈 근사 확률을 구하라.

(1) 적어도 한 번

(2) 정확히 한 번

(3) 적어도 두 번

5.16 어느 대학교에서 신입생의 1%는 졸업을 하지 못하고 중도 탈락하게 된다고 한다. 신입생 중 임의로 100명을 뽑아 조사를 한다고 할 때 이들 100명 모두가 졸업을 하게 되는 근사 확률을 구하라.

5.17 문제 5.9를 엑셀을 이용하여 구하라.

5.18 문제 5.13을 엑셀을 이용하여 구하라.

엑셀실습

엑셀을 이용하여 이항분포의 확률을 찾아보자.

● **E5-1** 어느 전자회사의 생산된 모든 휴대전화 중에 불량품이 5% 정도 있다고 한다. 품질 관리 검사원이 이 회사의 생산라인에서 3대를 임의로 선택하여 각각이 불량품 또는 우량품인지를 검사한다. 3대의 휴대전화 중 한 대만 불량품일 확률을 구하라.

풀이

단계 1. 【함수 삽입】에서 『BINOM.DIST』 함수를 선택한다.

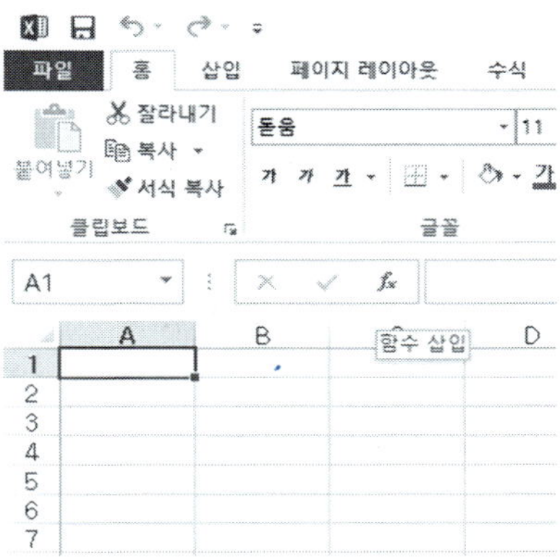

단계 2. $n=3$, $x=1$, $p=0.05$이기 때문에 아래와 같이 입력한다.

단계 3. 단계 2에서 입력을 마친 후 【확인】을 누른다.

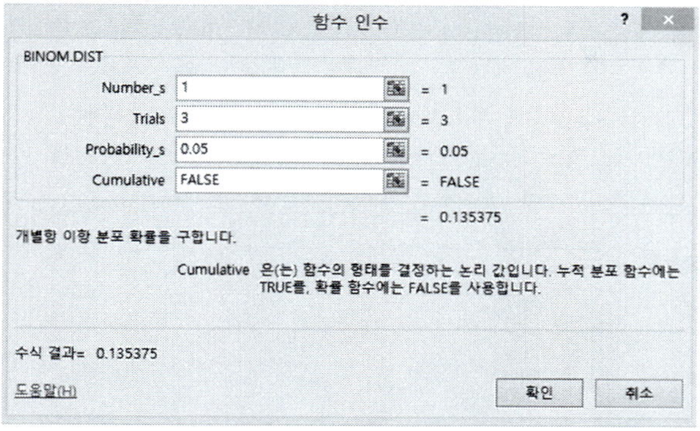

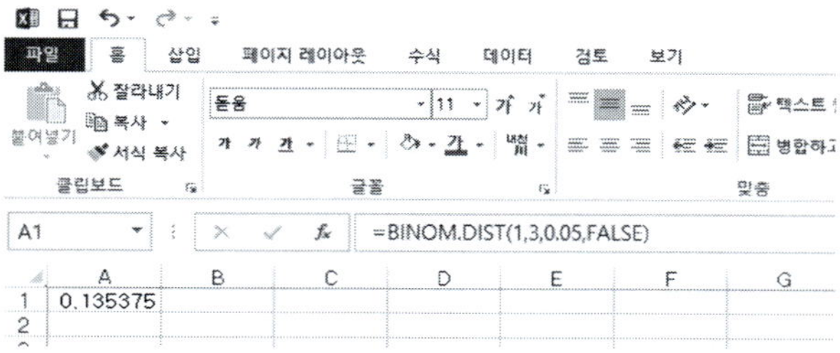

● E5-2 E5-1에서 3대의 휴대전화 중 x대가 불량품일 확률을 구하라.

풀이

단계 1. 불량품 x개를 입력한다.

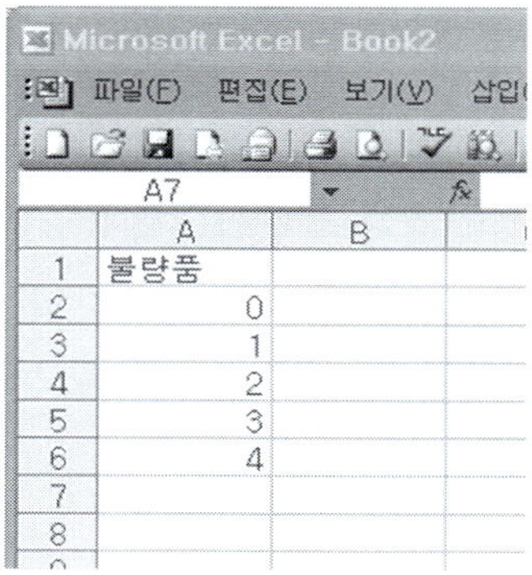

단계 2. 불량품을 입력한 오른쪽 옆에 칸에 =BINOM.DIST(A2,3,0.05,FALSE)를 입력한다.

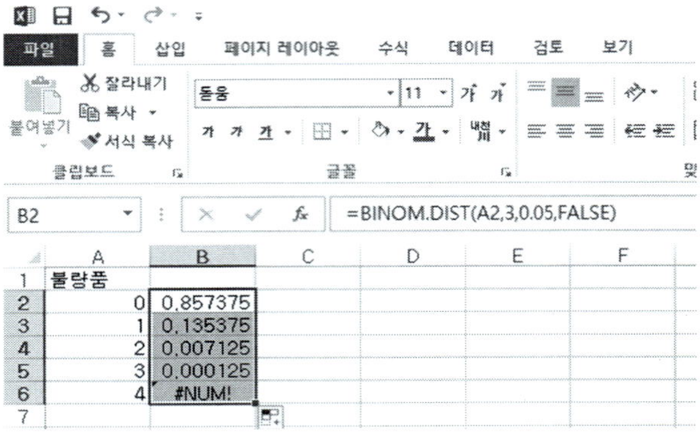

(불량품이 4일 때는 3회의 시행보다 많으므로 에러가 발생한다.)

엑셀을 이용하여 포아송 분포의 확률을 찾아보자.

● **E5-3** 어떤 진공청소기는 한 달에 평균 3회 고장 난다고 한다. 포아송 분포를 이용하여 다음 한 달 동안 이 기계가 꼭 2회 고장 날 확률을 구하라.

단계 1. 【함수 삽입】에서 『POISSON.DIST』 함수를 선택한다.

단계 2. $mean = 3$, $x = 2$ 이기 때문에 아래와 같이 입력한다.

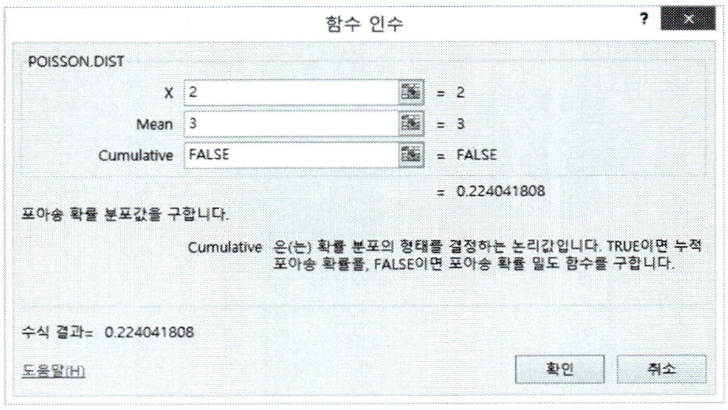

단계 3. 단계 2에서 입력을 마친 후 【확인】을 누른다.

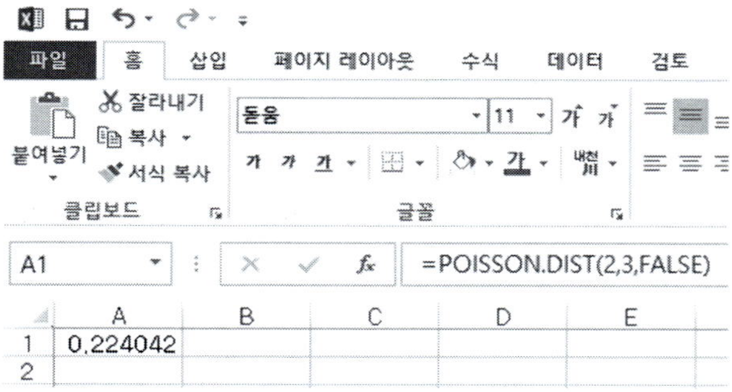

● E5-4 어떤 진공청소기는 한 달에 평균 3회 고장 난다고 한다. 포아송분포를 이용하여 다음 한 달 동안 이 기계가 x회 고장 날 확률을 구하라.

풀이

단계 1. 불량품 x개를 입력한다.

단계 2. 불량품을 입력한 오른쪽 옆에 칸에 =POISSON.DIST(A2,3,FALSE)를 입력한다.

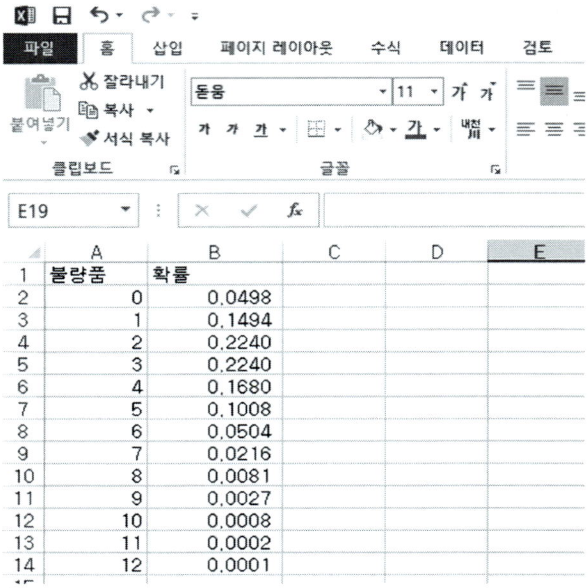

	A	B	C	D	E
1	불량품	확률			
2	0	0.0498			
3	1	0.1494			
4	2	0.2240			
5	3	0.2240			
6	4	0.1680			
7	5	0.1008			
8	6	0.0504			
9	7	0.0216			
10	8	0.0081			
11	9	0.0027			
12	10	0.0008			
13	11	0.0002			
14	12	0.0001			

CHAPTER 06

연속확률변수와 정규분포

5장에서 이산 확률변수와 그들의 확률분포를 소개하였다. 5.1절에서 정의한 대로 연속 확률변수는 한 개 혹은 여러 개의 구간에 속한 어떤 값을 갖는 확률변수이다. 따라서 연속 확률변수가 가질 수 있는 가능한 값은 헤아릴 수 없을 정도로 무한히 많다. 예를 들면 어떤 노동자가 집에서부터 직장까지 출퇴근할 때 걸리는 시간을 나타내는 변수는 연속 확률변수이다. 만일 그 직장의 노동자들 가운데 5분이 가장 짧게, 그리고 80분이 가장 길게 걸린다고 가정하자. X를 임의로 선택된 노동자의 출퇴근시간이라고 하면 X는 5분과 80분 사이의 어떤 값이라고 말할 수 있고 이 구간에 속한 값은 헤아릴 수 없을 만큼 많다. 이 장에서는 가장 많이 사용하는 연속 확률변수의 분포인 정규분포를 공부하고자 한다.

6.1 연속확률분포

5장에서 우리는 **연속확률변수**는 헤아릴 수 없을 만큼 많은 값을 가질 수 있는 변수로서 정의하였다. 예를 들면 건전지의 수명, 어느 지역의 고등학생들의 키, 어떤 시험을 끝내는 데 걸리는 시간, 1리터 우유팩에 들어 있는 실제 우유의 양, 신생아의 체중 등이 있다.

X를 K대학에 재학하고 있는 5,000명의 여학생의 키라고 하자. 표 6–1은 X의 도수와 상대도수를 나타낸다.

표 6–1에서 상대도수는 대응되는 범주의 확률로서 사용된다. 예를 들면 5,000명의 여학생 중에서 1명을 선택하였을 때 그 학생의 키가 159 cm 미만이 될 확률은 $0.018 + 0.034 + 0.092 = 0.144$가 된다.

그림 6–1은 5,000명 여학생들의 키의 분포를 히스토그램과 다각형그림으로 나타낸 것이며, 그림 6–2는 다각형그림을 평활화(smoothing)시킨 것이다. 이 평활화시킨 다각형그림은 연속확률변수 X의 확률분포를 근사시킨 그림이라고 볼 수 있다. 여기서 그림 6–2의 높이는 그림 6–1의 상대도수를 3으로 나눈 값인데 이를 **상대도수밀도**(relative frequency density)라고 한다. 즉 곡선 이하의 면적이 1이 되도록 표준화한 것으로 모든 범주의 폭이 3 cm이므로 상대도수밀도는 상대도수를 3으로 나눈 값이 된다.

표 6-1 K대학에 재학 중인 여학생들의 키의 도수 및 상대도수분포표

여학생의 키 (cm)	도수	상대도수
150 이상 153 미만	90	0.018
153 이상 156 미만	170	0.034
156 이상 159 미만	460	0.092
159 이상 162 미만	750	0.150
162 이상 165 미만	970	0.194
165 이상 168 미만	760	0.152
168 이상 171 미만	640	0.128
171 이상 174 미만	440	0.088
174 이상 177 미만	320	0.064
177 이상 180 미만	220	0.044
180 이상 183 미만	180	0.036
계	5,000	1.0

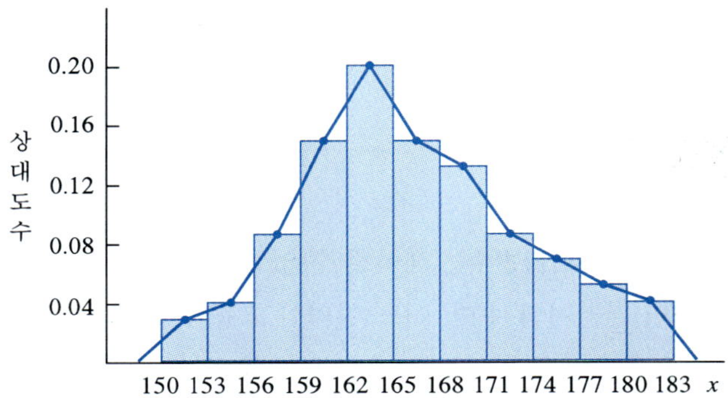

그림 6-1 여학생의 키에 대한 히스토그램과 도수다각형

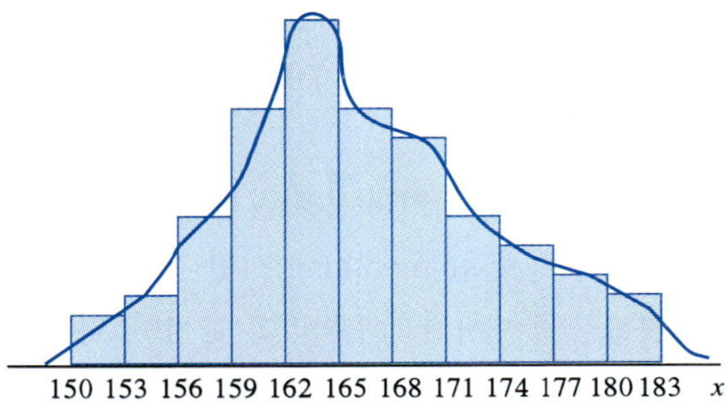

그림 6-2 여학생의 키에 대한 확률분포곡선

연속확률변수 X의 확률분포는 다음과 같은 두 가지 성질을 가지고 있다.

성질 1 X가 어떤 구간에 속할 확률은 0과 1 사이의 값이다.

성질 2 X가 값을 가질 수 있는 서로 배반인 모든 구간의 확률을 합하면 1이다.

성질 1은 아래 그림 6–3에 나타난 것처럼 확률변수 X의 값이 구간 $[a, b]$에 속할 확률은 0과 1 사이의 값임을 나타내고 기호로는 $P(a \le X \le b)$로 나타내며, 성질 2는 그림 6–4에서처럼 확률분포곡선 아래의 전체 면적은 1임을 나타낸다.

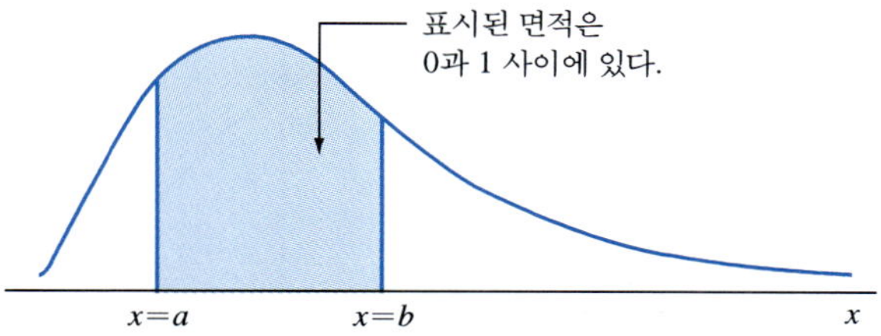

그림 6–3 확률분포곡선의 두 점 사이의 면적

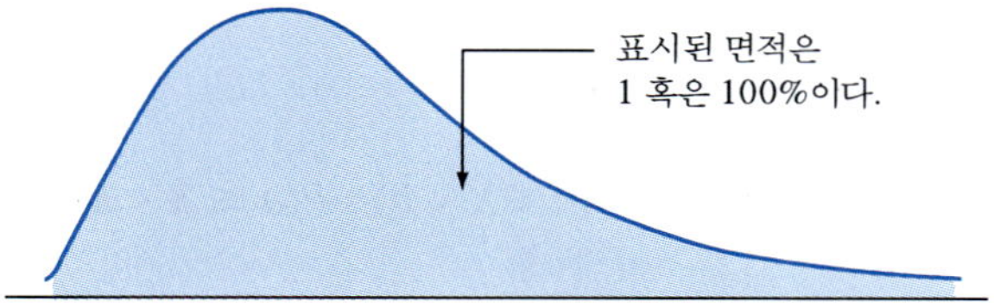

그림 6–4 확률분포곡선의 전체면적

K대학에서 임의로 선택한 여학생의 키가 165 cm에서 171 cm 사이에 속할 확률은 아래 그림 6–5에서처럼 확률분포곡선에서 165 cm와 171 cm 사이의 면적이 된다. 즉

$$P(165 \le X \le 171) = 0.280$$

이 된다.

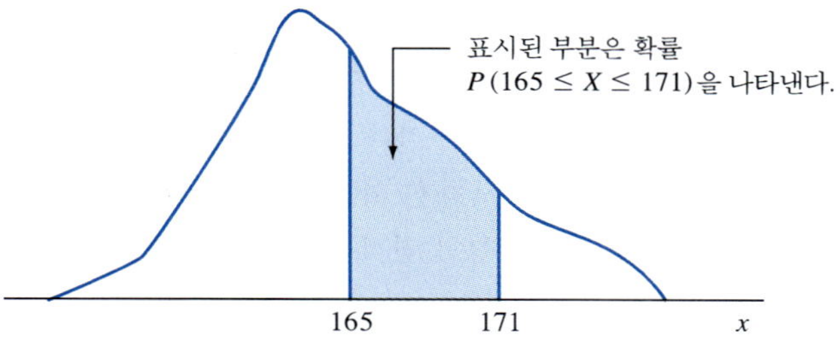

그림 6–5 두 점 사이의 확률

위에서 보듯이 연속확률변수의 확률은 확률분포곡선에서 구간에 대한 면적으로 계산된다. 따라서 한 점에 대한 확률은 항상 0이다. 예를 들면 임의로 선택된 여학생의 키가 정확하게 170cm일 확률은 0이다. 즉

$$P(X=170)=0$$

이는 아래 그림 6-6과 같이 선의 면적은 항상 0이기 때문이다.

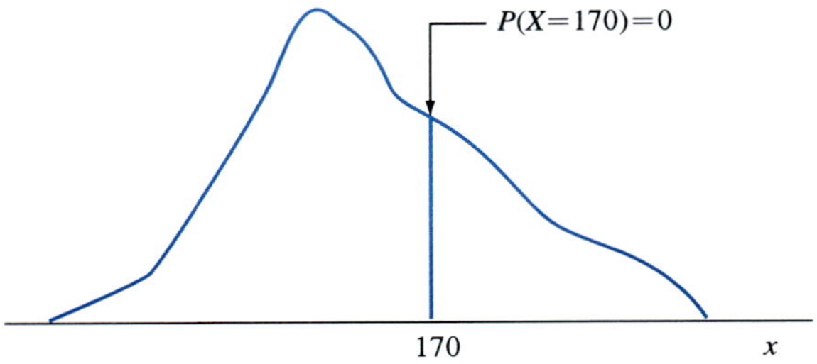

그림 6-6 한 점에서의 확률계산

따라서 임의의 점 a와 b에 대하여,

$$P(a \le X \le b)=P(a < X < b)=P(a \le X < b)=P(a < X \le b)$$

가 성립한다.

사례연구 6-1 단축마라톤의 완주시간 분포

표 6-2는 1996년 11월 26일 개최된 맨체스터 단축마라톤을 완주한 9,071명의 완주시간에 대한 도수와 상대도수분포표이다. 이 단축마라톤은 매년 추수감사절에 커넥티컷주 맨체스터에서 개최되며 거리는 약 7.6km이다. 또한 완주한 9,071명의 평균과 표준편차는 각각 48.118분과 13.122분이였다.

이 자료에 대한 확률분포곡선을 유도하기 위하여 먼저 상대도수를 계급크기로 나누어 상대도수밀도를 계산한다. 이 경우 모든 계급크기가 5(분)이므로 각 계급의 상대도수에 5로 나누어 표 6-3처럼 상대도수밀도를 구한다. 이것을 이용하여 히스토그램과 평활다각형그림을 그리면 그림 6-8처럼 완주시간에 대한 확률분포곡선이 된다.

참고로 그림 6-7에서 직사각형의 면적은 확률을 나타내는 것이 아니다.

표 6-2 단축마라톤에서 완주시간에 대한 도수와 상대도수분포표

완주시간(분)	도수	상대도수
20 이상 25 미만	37	0.004
25 이상 30 미만	319	0.035
30 이상 35 미만	739	0.082
35 이상 40 미만	1301	0.144
40 이상 45 미만	1620	0.179
45 이상 50 미만	1804	0.199
50 이상 55 미만	1355	0.149
55 이상 60 미만	582	0.064
60 이상 65 미만	356	0.039
65 이상 70 미만	176	0.019
70 이상 75 미만	215	0.024
75 이상 80 미만	229	0.025
80 이상 85 미만	166	0.018
85 이상 90 미만	99	0.011
90 이상 95 미만	58	0.006
95 이상 100 미만	15	0.002
합계	9,071	1.000

표 6-2를 이용하여 완주시간에 대한 히스토그램과 도수다각형이 그림 6-7에 그려져 있다.

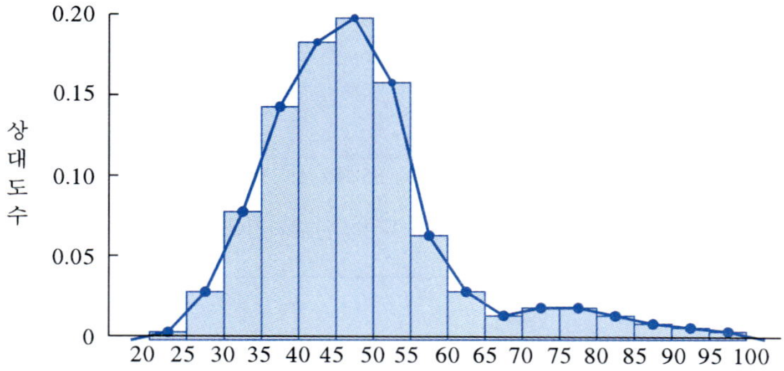

그림 6-7 완주시간에 대한 히스토그램과 도수다각형

표 6-3 완주시간에 대한 상대도수밀도

완주시간(분)	상대도수밀도
20 이상 25 미만	0.00082
25 이상 30 미만	0.00704
30 이상 35 미만	0.01630
35 이상 40 미만	0.02868
40 이상 45 미만	0.03572
45 이상 50 미만	0.03978
50 이상 55 미만	0.02988
55 이상 60 미만	0.01284
60 이상 65 미만	0.00784
65 이상 70 미만	0.00388
70 이상 75 미만	0.00474
75 이상 80 미만	0.00504
80 이상 85 미만	0.00366
85 이상 90 미만	0.00218
90 이상 95 미만	0.00128
95 이상 100 미만	0.00034

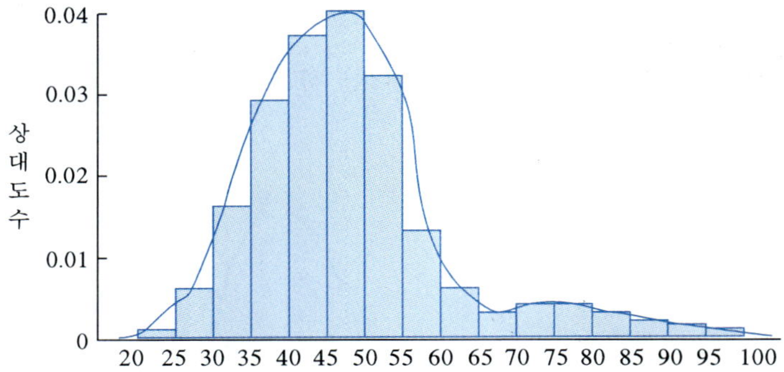

그림 6-8 완주시간에 대한 확률분포곡선

6.2 정규분포

정규분포(normal distribution)는 연속 확률변수가 가질 수 있는 확률분포 중 하나로서 가장 중요하고 많이 사용되는 확률분포이다. 현실 속에서 일어나는 많은 현상들의 분포가 근사적으로 정규분포를 따른다. 예컨대, 사람들의 키 혹은 체중을 나타내는 변수, 수능시험의 점수, 과자 혹은 시리얼 한 통의 무게, 1리터 팩에 들어 있는 우유의 양, 어떤 전구나 전자 부품의 수명, 어떤 일을 완성하는 데 걸리는 시간 등을 나타내는 변수는 근사적으로 정규분포를 따르는 것으로 알려져 있다.

정규분포의 확률분포곡선 혹은 정규곡선(normal curve)은 아래 그림 6-9와 같이 종을 엎어 놓은 모양으로 대칭적(symmetric)인 곡선이다. 여기서 μ와 σ^2은 각각 평균과 분산을 나타내며 정규곡선을 확률분포로 갖는 확률변수를 정규확률변수라고 한다.

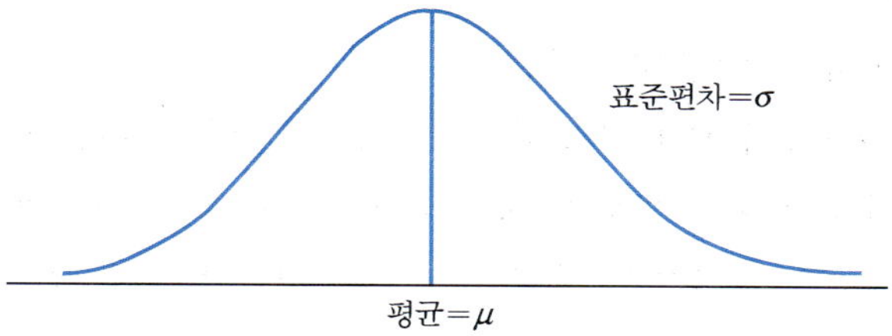

그림 6-9 평균 μ와 표준편차 σ를 갖는 정규분포곡선

정규분포는 다음과 같은 성질을 가지고 있다.

성질 1 정규분포곡선 아래의 전체 면적은 1이다.

성질 2 정규분포는 평균 μ에 대하여 대칭이기 때문에 평균의 왼쪽부분의 면적이나 오른쪽부분의 면적은 같으며 각각 1/2이다.

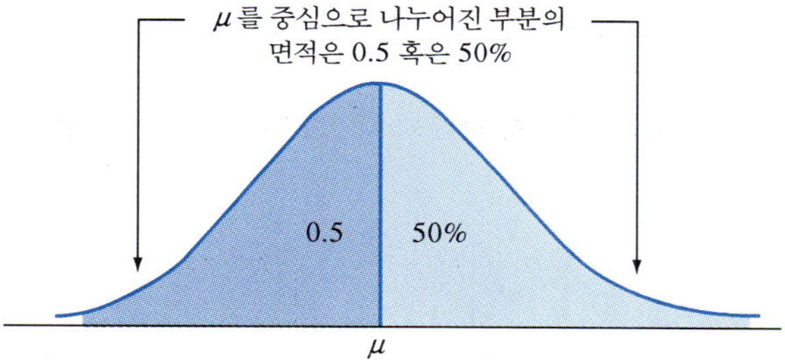

그림 6-10 평균에 대하여 대칭인 정규곡선

성질 3 정규분포의 두 꼬리부분은 $-\infty$, $+\infty$까지 뻗어 있으며, 그림 6-11에서 보듯이 평균에서 3σ를 벗어난 부분의 면적은 거의 0이다.

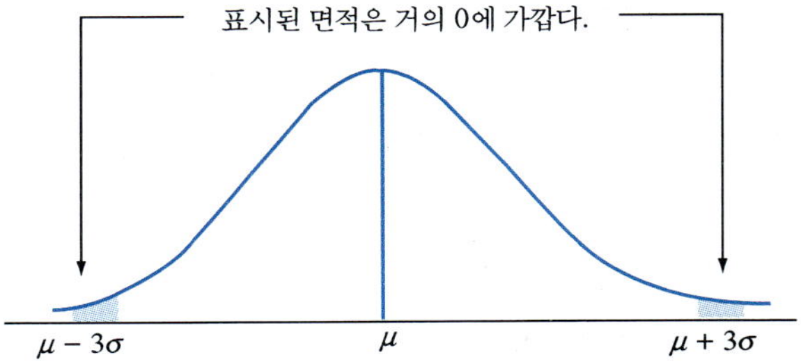

그림 6-11 평균에서 3σ를 벗어난 부분의 면적

평균 μ와 표준편차 σ는 정규분포의 모수이며 이들 모수의 값이 주어졌을 때 어떤 구간에 대한 정규분포의 면적, 즉 확률을 계산할 수 있다. 또한 $\mu(-\infty < \mu < \infty)$와 $\sigma(> 0)$의 값이 변함에 따라 다른 정규분포가 된다. 즉 μ의 값은 분포의 중심이 어딘지를 나타내고, σ는 분포의 퍼짐 정도를 나타낸다. 아래 그림 6-12에서는 평균이 50으로 같으면서 표준편차가 다른 세 정규분포의 모양을 그렸으며, 그림 6-13에서는 표준편차가 5로 같으면서 평균이 다른 세 정규분포를 비교하였다.

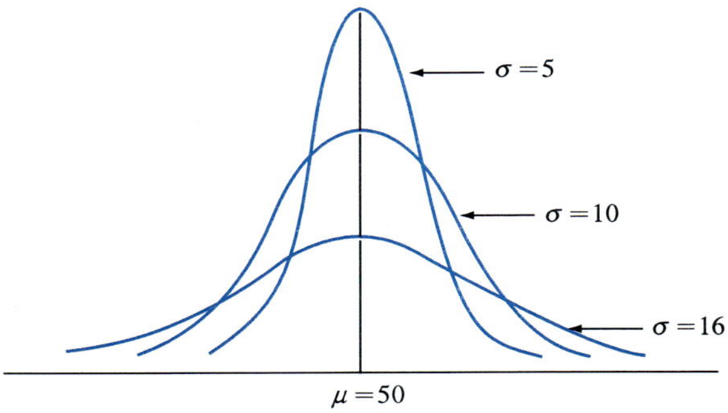

그림 6-12 평균은 같지만 표준편차가 다른 정규분포곡선들

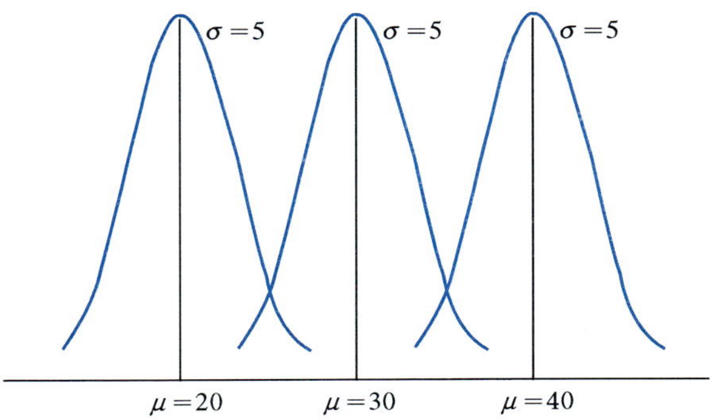

그림 6-13 서로 다른 평균을 갖지만 표준편차는 같은 정규분포곡선들

5장에서 다룬 이항분포나 포아송 분포처럼 정규분포도 수학적인 식으로 표현할 수 있으며, 정규분포곡선의 면적을 계산하기 위하여 수학적 식[1]을 사용하여 적분을 해야 한다.

6.3 표준정규분포

표준정규분포(standard normal distribution)는 정규분포의 특수한 경우로 평균이 0이고 표준편차가 1인 정규분포를 말한다. 그리고 표준정규분포를 따르는 확률변수를 Z로 나타내며, 표준정규분포곡선의 단위를 z **값**(z-value) 혹은 z **점수**(z-score)라고 부른다.

<부록 2>의 표 4에서 표준정규분포표를 제시하고 있다. 이 표를 이용하여 표준정규분포곡선에서 두 점 사이의 면적의 근사값을 계산할 수 있으며 이는 두 점 사이의 확률을 나타낸다.

예제 6-1 표준정규곡선에서 두 점 $z=0$과 $z=1.95$ 사이의 면적을 구하라.

풀이 표 6-4와 그림 6-14를 보자. <부록 2>의 표 4에서 표준정규분포표를 사용하는 방법을 소개하고 있다.

표 6-4 표준정규곡선에서 두 점 $z=0$과 $z=1.95$ 사이의 면적

z	.00	.01	⋯	.05	⋯	.09
0.0	.0000	.0040	⋯	.0199	⋯	.0359
0.1	.0398	.0438	⋯	.0596	⋯	.0753
0.2	.0793	.0832	⋯	.0987	⋯	.1141
•	•	•	⋯	•	⋯	•
•	•	•	⋯	•	⋯	•
•	•	•	⋯	•	⋯	•
1.9	.4713	.4719	⋯	.4744	⋯	.4767
•	•	•	⋯	•	⋯	•
•	•	•	⋯	•	⋯	•
•	•	•	⋯	•	⋯	•
3.0	.4987	.4987	⋯	.4989	⋯	.4990

원하는 면적 (.4744)

[1] 정규분포의 곡선 식은

$$f(x)=\frac{1}{\sigma\sqrt{2\pi}}e^{-\frac{(x-\mu)^2}{2\sigma^2}}$$

이다. 여기서 근사적으로 $e=2.71828$이며 $\pi=3.14159$이다. $f(x)$는 x값에서 정규곡선의 높이를 나타내며 확률밀도함수라고 부른다. 구간 $[a,\ b]$ 사이의 면적은 위의 $f(x)$를 구간 $[a,\ b]$에서 정적분을 해야 하는데 정규확률변수 x가 구간 $[a,\ b]$에 있을 확률을 나타낸다.

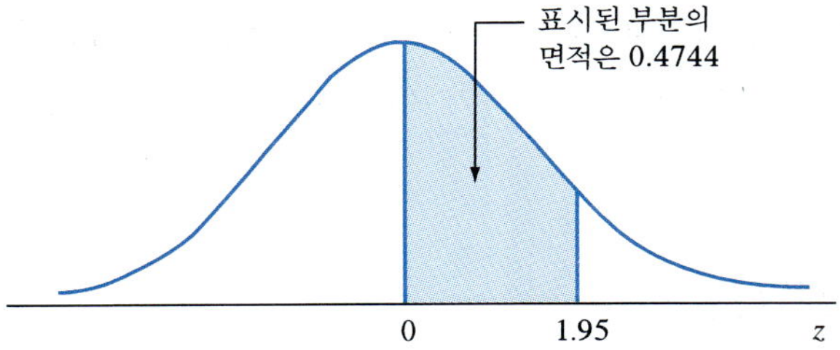

그림 6-14 표준정규곡선에서 두 점 $z=0$과 $z=1.95$ 사이의 면적

따라서 두 점 0과 1.95 사이의 면적$=P(0<z<1.95)=0.4744$가 된다. 6.1절에서 언급한 바와 같이 연속 확률변수가 어떤 특정한 값을 가질 확률은 0이므로

$$P(0<Z<1.95)=P(0\leq Z\leq 1.95)=P(0<Z\leq 1.95)$$
$$=P(0\leq Z<1.95)=0.4744$$

가 된다.

예제 6-2 표준정규곡선에서 두 점 $z=-2.17$과 $z=0$ 사이의 면적을 구하라.

풀이 표준정규분포는 평균에 대하여 대칭이므로 아래 그림 6-15에서 보듯이 두 점 $z=-2.17$과 $z=0$ 사이의 면적은 두 점 $z=0$과 $z=2.17$ 사이의 면적과 같다. 따라서 <부록 2>의 표 4에서 z값이 2.17에 해당되는 값을 읽으면 0.4850이 됨을 알 수 있다. 즉
두 점 $z=-2.17$과 $z=0$ 사이의 면적$=P(-2.17<z<0)=0.4850$가 된다.

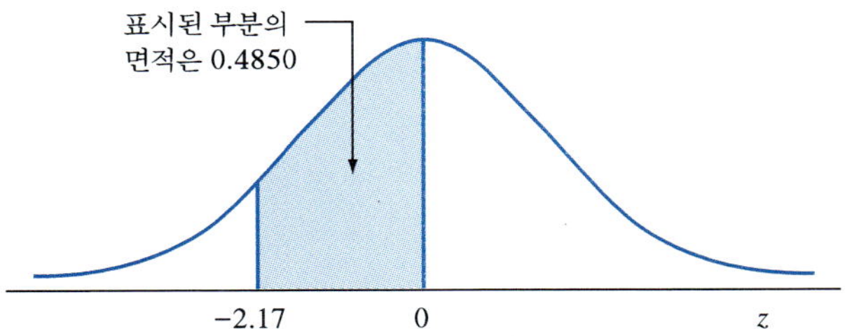

그림 6-15 표준정규곡선에서 두 점 $z=-2.17$과 $z=0$ 사이의 면적

예제 6-3 표준정규분포에서 다음 부분의 면적을 구하라.

(1) 점 $z=2.32$의 오른쪽 부분

(2) 점 $z=-1.54$의 왼쪽 부분

풀이 (1) $z=0$에서 대칭이므로 $z=0$의 오른쪽 부분의 면적은 0.5이다. 따라서 <부록 2>의 표 4에서 두 점 $z=0$와 $z=2.32$ 사이의 면적이 0.4898이므로 구하려

고 하는 면적은 아래 그림 6–16과 같이 $0.5 - 0.4898 = 0.0102$가 된다. 즉 $z = 2.32$의 오른쪽 부분의 면적$=P(Z > 2.32) = 0.5 - 0.4898 = 0.0102$이다.

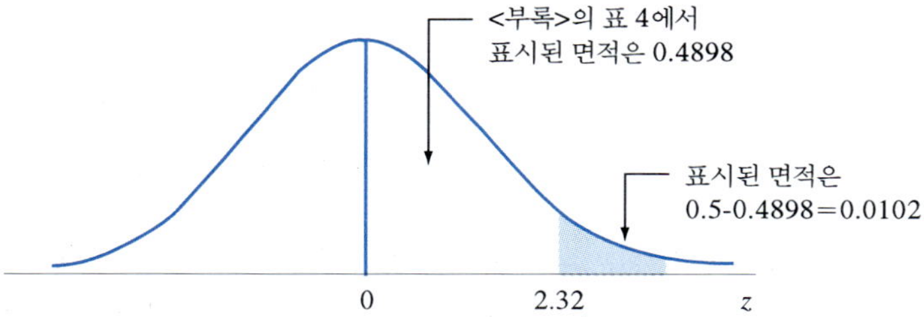

그림 6–16 $z = 2.32$의 오른쪽 부분의 면적

(2) 두 점 $z = -1.54$와 $z = 0$ 사이의 면적은 두 점 $z = 0$과 $z = 1.54$ 사이의 면적과 같으므로 <부록 2>의 표 4에서 0.4382를 얻는다. 따라서 구하려고 하는 면적은 아래 그림 6–17과 같이 $0.5 - 0.4382 = 0.0618$이 된다. 즉 $z = -1.54$의 왼쪽 부분의 면적$=P(z < -1.54) = 0.5 - 0.4382 = 0.0618$이다.

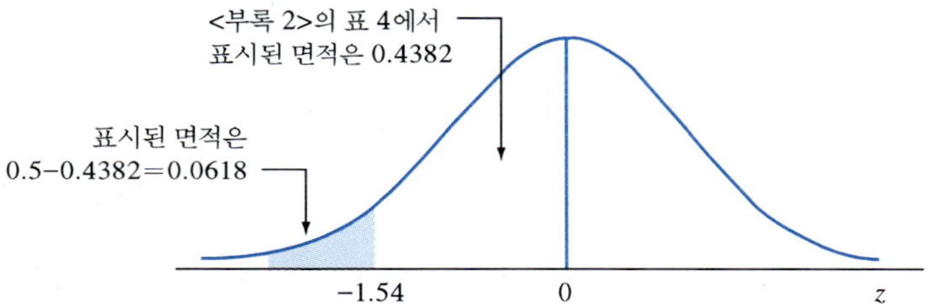

그림 6–17 $z = -1.54$의 왼쪽 부분의 면적

예제 6–4 표준정규분포에서 다음의 확률을 구하라.

(1) $P(1.19 < Z < 2.12)$

(2) $P(-1.56 < Z < 2.31)$

(3) $P(Z > -0.75)$

풀이 (1) 확률 $P(1.19 < Z < 2.12)$은 표준정규분포에서 두 점 $z = 1.19$와 $z = 2.12$ 사이의 면적과 같으므로 아래 그림 6–18과 같다. 따라서 <부록 2>의 표 4에서 두 점 $z = 0$과 $z = 1.19$ 사이의 면적이 0.3830이고, 두 점 $z = 0$와 $z = 2.12$ 사이의 면적이 0.4830이므로,

$$P(1.19 < Z < 2.12) = 0.4830 - 0.3830 = 0.1000$$

가 된다.

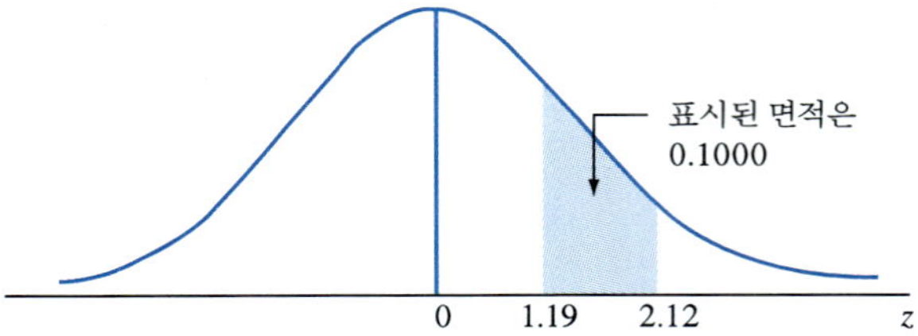

그림 6-18 두 점 $z = 1.19$와 $z = 2.12$ 사이의 면적

(2) 확률 $P(-1.56 < Z < 2.31)$은 아래 그림 6-19과 같이 빗금 친 두 부분의 면적과 같다. <부록 2>의 표 4에서 두 점 $z = -1.56$과 $z = 0$ 사이의 면적은 0.4406이고 $z = 0$과 $z = 2.31$ 사이의 면적은 0.4896이므로

$$P(-1.56 < Z < 2.31) = 0.4406 + 0.4896 = 0.9302$$

가 된다.

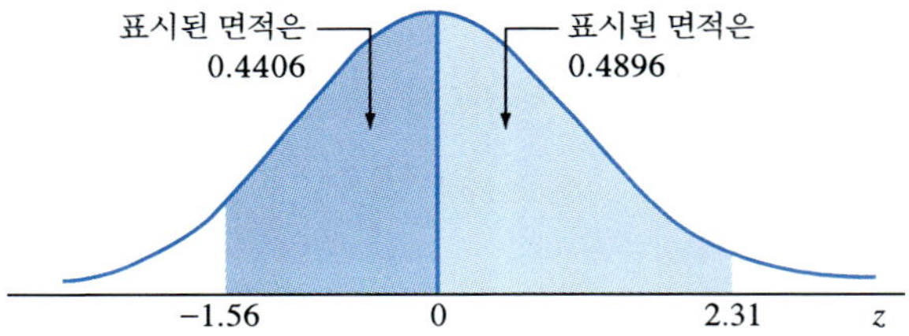

그림 6-19 두 점 $z = -1.56$과 $z = 2.31$ 사이의 면적

(3) <부록 2>의 표 4에서 두 점 $z = -0.75$와 $z = 0$ 사이의 면적은 0.2734이므로 (2)와 같은 방법으로 확률 $P(Z > -0.75)$은

$$P(Z > -0.75) = 0.2734 + 0.5 = 0.7734$$

가 된다.

3.4절에서 언급한 경험법칙은 표준정규분포에 근거한 것으로 <부록 2>의 표 4에서 다음과 같은 결과를 얻는다.

$$P(-1.0 < Z < 1.0) = 2 \times 0.3413 = 0.6826$$
$$P(-2.0 < Z < 2.0) = 2 \times 0.4772 = 0.9544$$
$$P(-3.0 < Z < 3.0) = 2 \times 0.4987 = 0.9974$$

즉 평균에서 표준편차 이내에 있을 확률은 68.26%, 2배의 표준편차 이내에 있을 확률은 95.44%, 그리고 3배의 표준편차 이내에 있을 확률은 99.74%임을 알 수 있다.

예제 6-5 표준정규분포에서 다음 확률을 구하라.

(1) $P(0 < Z < 5.67)$

(2) $P(Z < -5.35)$

풀이 (1) <부록 2>의 표 4에는 $z = 5.67$에 대한 값이 없다. 그러나 5.67은 3.09보다 크므로 확률 $P(0 < Z < 5.67)$은 적어도 0.4990보다 큼을 알 수 있다. 따라서 위의 확률은 근사적으로 0.5임을 알 수 있다.

(2) 같은 방법으로 확률 $P(Z < -5.35)$은 근사적으로 0임을 알 수 있다.

예제 6-6 표준정규분포의 오른쪽 꼬리 부분의 면적이 0.0050이 되는 점을 구하라.

풀이 두 점 0과 z 사이의 면적이 $0.5 - 0.0050 = 0.495$가 되는 z를 <부록>의 표 4에서 찾으면 된다. <부록 2>의 표 4에서 $z = 2.57$일 때는 0.4949이고 $z = 2.58$일 때는 0.4951이 된다. 따라서 우리가 찾는 z는 2.57과 2.58 사이의 값이다. 보간법을 사용하면 $z = 2.575$가 된다.

6.4 정규분포의 표준화

<부록 2>의 표 4에서는 평균이 0이고 표준편차가 1인 정규분포만을 다룬다. 따라서 <부록 2>의 표 4를 이용하여 일반적인 정규분포의 확률을 계산할 수 없다. 그러나 정규분포를 표준화하면 이를 해결할 수 있다.

확률변수 X가 평균이 μ이고 표준편차가 σ인 정규분포를 따른다고 하자. 그러면 X의 표준화변수(standardized variable) Z는 다음과 같다.

$$Z = \frac{X - \mu}{\sigma}$$

그러면 Z는 항상 평균이 0이고 표준편차가 1이 되고 표준정규분포를 따른다.

예제 6-7 확률변수 X가 평균이 25이고 표준편차가 4인 정규분포를 따른다고 하자. 다음을 계산하라.

(1) 두 점 $x = 25$와 $x = 32$ 사이의 면적

(2) 두 점 $x = 18$과 $x = 34$ 사이의 면적

풀이 (1) $Z = \dfrac{X - 25}{4}$라고 두면 Z는 표준정규분포를 따른다. 따라서 그림 6-20에서처럼 두 점 $x = 25$와 $x = 32$ 사이의 면적은 두 점 $z = \dfrac{25 - 25}{4} = 0$과

$z = \frac{32-25}{4} = 1.75$ 사이의 면적과 같다. 따라서 <부록 2>의 표 4에서 두 점 $x = 25$와 $x = 32$ 사이의 면적은 다음 확률로 계산된다. 즉

$$P(25 < X < 32) = P(0 < Z < 1.75) = 0.4599$$

이다.

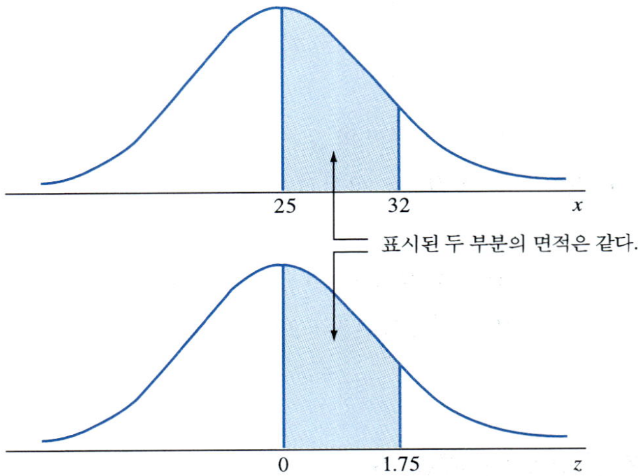

그림 6-20 두 점 $x = 25$와 $x = 32$ 사이의 면적

(2) 위와 같은 방법으로 두 점 $x = 18$과 $x = 34$ 사이의 면적은 두 점 $z = \frac{18-25}{4} = -1.75$와 $z = \frac{34-25}{4} = 2.25$ 사이의 면적과 같다. 따라서 <부록 2>의 표 4를 이용하면

$$P(18 < X < 34) = P(-1.75 < Z < 2.25) = 0.4599 + 0.4878 = 0.9477$$

이 된다.

예제 6-8 확률변수 X가 평균이 40이고 표준편차가 5인 정규분포를 따른다고 하자. 다음 확률을 계산하라.

(1) $P(X > 55)$　　(2) $P(X < 49)$

(3) $P(32 < X < 42)$　　(4) $P(X > 60)$

풀이 (1) $x = 55$의 표준단위는 $z = \frac{55-40}{5} = 3.00$이므로 그림 6-21을 참조하면

$$P(X > 55) = P(Z > 3.00) = 0.5 - 0.4987 = 0.0013$$

이 된다.

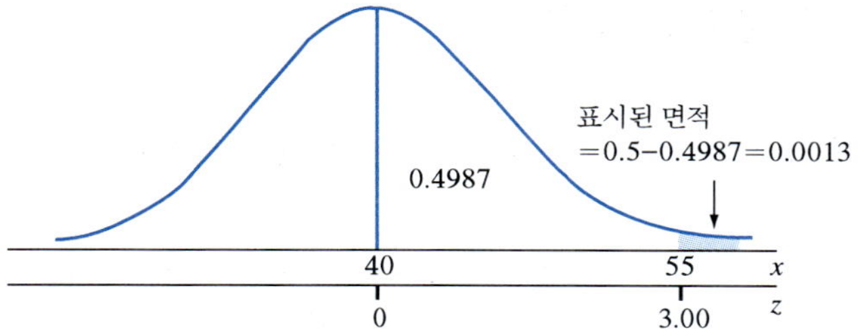

그림 6-21 확률 $P(X>55)$의 계산

(2) $x=49$의 표준단위는 $z=\dfrac{49-40}{5}=1.80$이므로 <부록 2>의 표 4와 그림 6-22로부터

$$P(X<49)=P(Z<1.80)=0.5+0.4641=0.9641$$

가 된다.

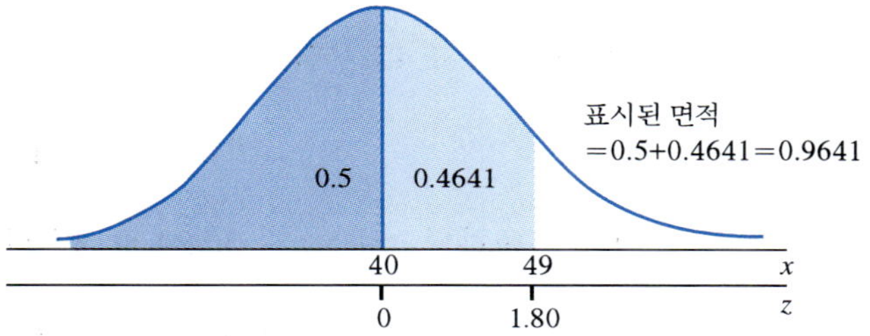

그림 6-22 확률 $P(X<49)$의 계산

(3) 같은 방법으로

$$P(32<X<42)=P\left(\frac{32-40}{5}<Z<\frac{42-40}{5}\right)=P(-1.60<Z<0.40)$$
$$=0.4452+0.1554=0.6006$$

이 된다.

(4) <부록 2>의 표 4로부터 $P(X>60)=P(Z>4.00)\approx 0$가 된다.

예제 6-9 평균이 30이고 표준편차가 10인 정규분포에서 $P(30-c<X<30+c)=0.95$가 되는 c를 구하라.

풀이 X의 확률분포가 30에 대하여 대칭이므로

$P(30<X<30+c)=P\left(0<Z<\dfrac{c}{10}\right)=0.4750$가 되는 c를 찾으면 된다.

따라서 <부록 2>의 표 4에서 $\dfrac{c}{10}=1.960$이다. 즉 $c=19.6$이다.

6.5 정규분포의 응용

이 절에서는 정규분포의 응용을 설명하는 몇 개의 예제를 소개한다.

예제 6-10 전국적으로 실시된 어느 시험에서의 성적은 평균은 506이고 표준편차가 81인 정규분포를 따른다고 한다.

(1) 574점 미만의 점수를 받은 응시자의 비율은 얼마인가?

(2) 점수들의 제 30백분위수를 구하라.

풀이 (1) X를 원래의 점수라고 하면, $x = 574$의 표준단위는 $z = \dfrac{574 - 506}{81} = 0.8395$이다. 따라서 <부록 2>의 표 4에서 구하는 확률은

$$P(X < 574) = P(Z < 0.8395) = 0.5000 + 0.2994 = 0.7994$$

가 된다.

(2) <부록 2>의 표 4로부터,

$$P(Z < -0.524) = 0.30$$

이다. 표준화된 점수 $z = -0.524$에 대응되는 x값은

$$x = 506 + 81(-0.524) = 463.56$$

이므로, 제 30백분위수 점수는 약 463.6이다.

예제 6-11 장난감 자동차를 만드는 공장에서 한 대를 조립하는 데 걸리는 시간은 평균이 55분, 표준편차가 4분인 정규분포를 따른다고 한다. 오후 4시에 조립을 시작한 어느 직공이 퇴근 전에 조립을 완성할 확률은 얼마인가? 단, 퇴근시간은 오후 5시이다.

풀이 X를 한 대를 조립하는 데 걸리는 시간이라고 하면, 원하는 확률은 $P(X < 60)$이다. 따라서 표준화를 하여 <부록 2>의 표 4를 이용하면 아래 그림 6-23과 같이

$$\begin{aligned} P(X < 60) &= P(Z < 1.25) \\ &= P(Z \le 0) + P(0 < Z < 1.25) \\ &= 0.5 + 0.3944 = 0.8944 \end{aligned}$$

가 된다.

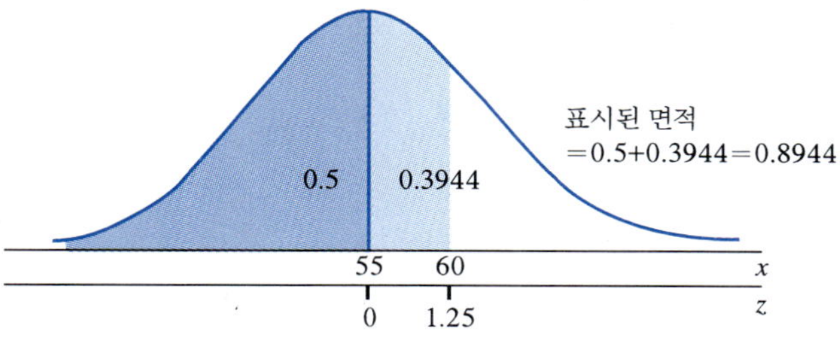

그림 6-23 확률 $P(0 < X < 60)$의 계산

예제 6-12 점심 식단표에 의하면 생채요리에 포함되어 있는 칼로리는 평균이 200이고 표준편차가 5인 정규분포를 따른다고 한다. 당신이 주문한 생채요리에 포함된 칼로리가 다음을 만족할 확률을 구하라.

(1) 208을 초과할 확률

(2) 190과 200 사이일 확률

풀이 (1) X를 생채요리에 포함된 칼로리라고 하자. 그러면 X를 표준화하고 <부록 2>의 표 4를 이용하면

$$P(X > 208) = P(Z > 1.6) = 0.5000 - 0.4452 = 0.0548$$

이 된다.

(2) X를 표준화하고 <부록 2>의 표 4를 이용하면

$$P(190 \le X \le 200) = P(-2.0 \le Z \le 0.0) = 0.4772$$

가 된다.

6.6 이항분포의 정규근사

먼저 제 5장에서 다룬 이항분포에 대하여 복습하여 보자.

1. 이항분포는 이산확률변수에 적용된다.
2. 이항실험을 반복하면 각 시행에서 두 가지 결과 – 예컨대 성공과 실패, 혹은 1과 0 – 중 하나의 결과가 나타난다.
3. 각 시행에서 성공 혹은 실패가 일어날 확률은 동일하다.
4. 각 시행은 서로 독립이다.

그러면 n번 반복시행에서 x번 성공이 나타날 확률은 이항공식으로부터 다음과 같다.

$$p(x) = \binom{n}{x} p^{x}(1-p)^{n-x}, \quad x = 0,\ 1,\ \cdots,\ n.$$

여기서 p는 성공할 확률을 나타낸다.

그러나 이항공식의 사용은 n이 클 때 계산하기가 힘들다. 이 경우 정규분포는 이항확률의 근사값을 구하는 데 사용한다. 실제적으로 n이 크고 p가 0.5에 가까울 때 정규분포를 이용한 이항확률의 근사는 매우 정확하다.

▸▸ 이항분포의 정규근사

보통 $np > 5$이고 $n(1-p) > 5$를 만족하면 모수 n과 p를 갖는 이항분포는 평균이 np 이고 표준편차가 $\sqrt{np(1-p)}$인 정규분포로 근사된다.

표 6-5는 $n = 12$이고 $p = 0.50$일 때의 이항확률분포표이다. 그리고 그림 6-24는 확률분포의 히스토그램과 다각형그림을 평활하여 그린 것이다. 그림에서 보듯이 대칭이며 종 모양을 하고 있다.

표 6-5 $n = 12,\ p = 0.50$일 때의 이항확률분포표

x	$p(x)$
0	0.0002
1	0.0029
2	0.0161
3	0.0537
4	0.1208
5	0.1934
6	0.2256
7	0.1934
8	0.1208
9	0.0537
10	0.0161
11	0.0029
12	0.0002

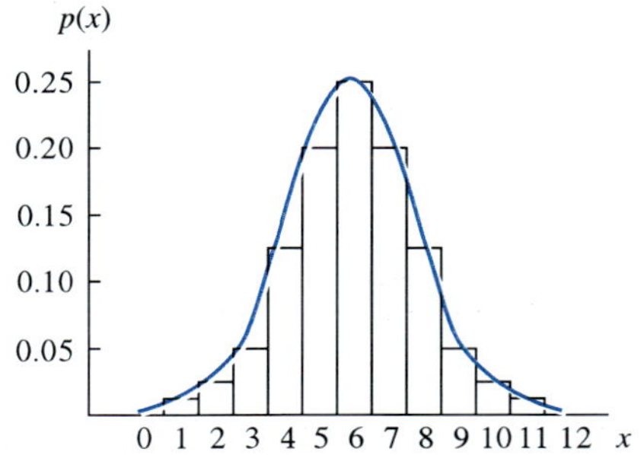

그림 6-24 $n = 12,\ p = 0.50$일 때의 이항확률의 히스토그램

예제 6-13 5년 전에 행해진 대규모 표본조사에 의하면 성인의 50%가 습관적으로 술을 마신다고 한다. 만일 이와 같은 비율이 현재에도 적용된다면, 임의로 성인 30명을 선택하였을 때 그 중에서 19명이 습관적으로 술을 마실 확률을 계산하라.

풀이 X를 30명 중에서 습관적으로 술을 마시는 사람의 수라고 하면 X는 $n = 30$이고 $p = 0.50$인 이항분포를 따른다. 따라서 30명 중 19명이 습관적으로 술을 마실 확률은

$$p(19) = \binom{30}{19}(0.50)^{19}(0.50)^{11} = 0.0509$$

가 된다.

$np = n(1-p) = 15 > 5$이므로 이제 이 확률을 이항분포의 정규근사를 이용하여 계산하여 보자. 아래 3 단계를 거쳐서 계산된다.

단계 1 이항분포의 평균 μ와 표준편차 σ를 계산한다.

5장의 공식을 이용하면,

$$\mu = np = 15$$
$$\sigma = \sqrt{np(1-p)} = 2.7386$$

이다.

단계 2 이산확률변수를 연속확률변수로 조정한다. 그림 6-25처럼 $x = 19$의 확률은 빗금친 직사각형의 면적이다. 이를 **연속을 위한 수정**(correction for continuity)을 하면 구간 [18.5, 19.5]가 된다. 즉 평균이 μ이고 표준편차가 σ인 정규분포에서 두 점 18.5와 19.5 사이의 면적이 되는 것이다.

단계 3 정규분포표를 이용하여 확률을 계산한다. 위의 예제에서

$$P(18.5 < X < 19.5) = P\left(\frac{18.5-15}{2.7386} < Z < \frac{19.5-15}{2.7386}\right)$$
$$= P(1.28 < Z < 1.64) = 0.4495 - 0.3997 = 0.0498$$

이 된다.

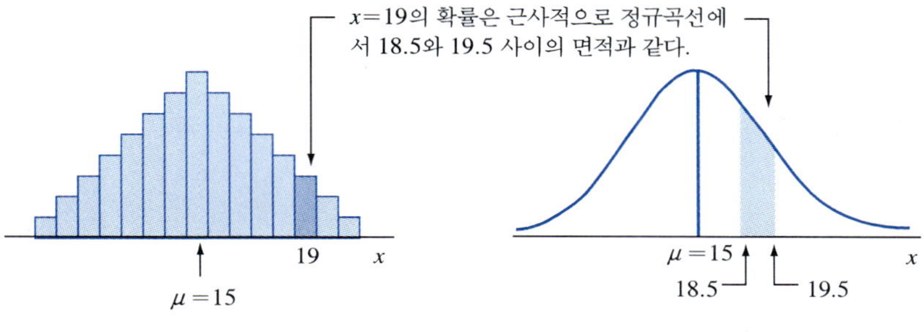

그림 6-25 이항확률 $P(X=19)$의 정규근사

실제로 정확한 이항확률은 0.0509이므로 정규근사에 의한 오차는 $0.0509 - 0.0498 = 0.0011$이 된다. 즉 이 경우 정규근사를 이용하여 이항확률을 구하면 실제값보다 0.0011 작게 계산됨을 알 수 있다.

예제 6-14 2000학년 수능시험에서 자연계열은 301,458명이 응시하여 117,772명이 300점 이상을 얻었다. 수능을 응시한 자연계 학생을 임의로 100명 선택하였을 때 그중 20명 이상이 300점 이상 얻을 확률을 계산하여라.

풀이 자연계학생이 300점 이상 얻을 확률은 $\frac{117772}{301458} \approx 0.39$이므로 구하는 확률은 이항분포를 이용하면,

$$P(X \geq 20) = \sum_{x=20}^{100} \binom{100}{x} 0.39^x (1-0.39)^{100-x}$$

이다. 계산이 너무 복잡하다. 이 경우 정규근사를 이용하여 확률의 근삿값을 계산하면,

단계 1 $n = 100$이고 $p = 0.39$인 이항분포의 평균 μ와 표준편차 σ를 계산하면 다음과 같다.

$$\mu = 100 \times 0.39 = 39 \text{ 이고 } \sigma = \sqrt{100 \times 0.39 \times 0.61} \approx 4.88$$

단계 2 확률 $P(X \geq 20)$은 평균이 39이고 표준편차가 4.88인 정규분포에서 19.5보다 큰 부분의 면적과 같다.

단계 3 <부록 2>의 표 4를 이용하면

$$P(X \geq 20) \approx P(X > 19.5) = P\left(Z > \frac{19.5 - 39}{4.88}\right)$$
$$= P(Z > -4.00) = 1.00$$

가 된다. 즉 100명 중에는 300점 이상을 얻을 학생들이 거의 확실하게 20명 이상이 된다.

연습문제

6.1 X를 연속 확률변수라고 할 때 $P(a < X < b) = P(a \leq X \leq b)$임을 설명하라.

6.2 정규분포에서 평균과 표준편차가 분포모양에 어떻게 영향을 주는지를 설명하라.

6.3 Z를 표준정규분포를 따르는 확률변수라고 하자. 표준정규분포표를 이용하여 다음의 확률을 구하라.

(1) $P(-1.5 \le Z \le 1.5)$
(2) $P(0 < Z \le 1.96)$
(3) $P(-\infty < Z < 1.5)$
(4) $P(-1.53 < Z < -0.50)$
(5) $P(-2.15 < Z < 1.67)$
(6) $P(4.5 < Z < \infty)$
(7) $P(0 < Z < z) = 0.45$가 되는 z값은?

6.4 확률변수 X가 정규분포 $N(20, 16)$을 따를 때, 다음 x값의 z값을 계산하라.

(1) $x = 28$
(2) $x = 16$
(3) $x = 20$
(4) $x = 30$

6.5 확률변수 X가 정규분포 $N(15, 16)$을 따를 때 다음 확률을 계산하라.

(1) $P(9.5 < X < 18)$
(2) $P(X < 6)$
(3) $P(14 < X < 32)$
(4) $P(10 < X)$
(5) $P(x_1 < X < x_2) = 0.95$가 되는 구간 (x_1, x_2)을 2개만 구하라. 구간의 폭이 가장 좁은 구간을 구하라. (이 구간을 보통 X의 95% 예측구간(prediction interval)이라 한다.)

6.6 어느 투수의 투구 속도는 평균이 138 km/h이고 표준편차가 5 km/h이라고 한다. 투구 속도의 분포가 정규분포를 따른다고 가정하고, 어느 순간 던진 투구의 속도가 다음과 같이 될 확률을 계산하라.

(1) 128 km/h 이하
(2) 145 km/h 이상
(3) 140에서 145 km/h 사이
(4) 이 투수의 최고 투구속도는 얼마인가?(1% 미만의 투구를 고려하라.)

6.7 경부고속도로에서 정상적으로 주행하는 승용차의 속도는 평균이 109 km/h이고 표준편차가 9 km/h인 정규분포를 따른다고 한다. 어떤 승용차 2대가 연속으로 과속에 의해 단속될 확률을 계산하라. 단, 110 km/h 이상 운행할 경우에만 과속으로 단속된다.

6.8 (문제 6.7의 연속) 만일 고속도로 경찰청에서 고속으로 주행하는 5% 차량만을 과속으로 단속하고자 한다면 과속기준이 되는 속도는 얼마인가?

6.9 A 대학의 교양강좌인 통계학 성적은 평균이 80, 분산이 25인 정규분포를 따른다. 다음 물음에 답하라.

(1) 통계학 성적이 60점 이하인 학생의 비율은 얼마인가?
(2) 90점 이상인 학생의 비율은 얼마인가?
(3) 상위 5% 내에 들려면 몇 점 이상을 받아야 하는가?

6.10 어느 회사에서 생산하는 전기면도기의 수명(대폭적인 수리를 하기 전까지의 기간)은 평균이 60개월, 표준편차가 6개월인 정규분포를 따른다고 한다. 이 회사에서는 이 전기면도기의 보증기간을 결정하고자 한다.

(1) 이 회사에서 1% 이상 교체하지 않기를 원한다면 보증기간을 몇 개월로 해야 하는가?
(2) 3% 이상 교체하지 않기를 원한다면 보증기간을 몇 개월로 해야 하는가?

6.11 대학교재의 20%가 30,000원 이상이라고 한다. 그리고 모든 대학교재의 가격의 표준편차가 4,000원이라고 알려져 있다. 모든 대학교재의 가격이 정규분포를 따른다고 가정하고 모든 대학교재의 평균은 얼마인가?

6.12 이항분포의 정규근사가 잘 적용될 수 있는 조건에 대하여 말하라.

6.13 이항확률표를 이용하여 다음의 경우 확률함수의 그림을 그리고, 비교하라.

(1) $n=8$ 이고 $p=0.1,\ 0.5,\ 0.9$ 인 경우
(2) $n=20$ 이고 $p=0.25,\ 0.5,\ 0.75$ 인 경우

6.14 한 대학에서 학생들의 70%가 아파트에 거주하고 있음을 알았다. 만일 200명 학생을 임의로 선택하였다면, 그들 중 아파트에 거주하고 있는 학생의 수가 150명 이상 175명 이하일 확률을 근사적으로 구하라.

6.15 어느 도시의 실업률이 8%이다. 노동인구로부터 300명의 표본이 선택되었다. 다음 확률들의 근삿값을 구하라.

(1) 표본에 20명 미만의 실업자가 포함되어 있을 확률
(2) 표본에 30명 보다 많은 실업자가 포함되어 있을 확률

6.16 대학수학능력시험에서 점수의 분포는 평균이 263점이고 표준편차가 25점이다.

(1) 만일 한 학생의 점수가 290점이라면, 그에 대응되는 표준화된 점수는 얼마인가?

(2) 만일 표준화된 점수가 −0.8이라면, 원래 점수는 얼마인가?

(3) 255점에서 300점까지의 원래 점수에 대응되는 표준화된 점수의 구간을 구하라.

(4) −1.0에서 1.0까지의 표준화된 점수에 대응되는 원래 점수의 구간을 구하라.

6.17 어떤 플라스틱 접착제의 접착력은 평균이 45.4kg이고 표준편차가 3.6kg인 정규분포를 따른다. 깨진 플라스틱 조각을 이 접착제로 접착한 다음 43.5kg 무게의 물체로 실험을 하였다. 이때 접착이 실패할 확률은 얼마인가?

6.18 어느 항공회사는 항공편을 예약한 사람들 중 10%의 승객이 좌석예약을 취소하지 않고 공항에 나타나지 않는다는 사실을 알고 있기 때문에 370명의 승객을 수용할 수 있는 항공편에 400건의 예약을 접수받았다.

(1) 예약을 하고 탑승하기 위하여 공항에 나온 승객들 중 1명 이상이 예약한 항공편을 이용할 수 없게 될 확률을 구하라.

(2) 350명 미만의 승객이 이 항공편에 탑승할 확률을 구하라.

6.19 동전을 10번, 100번, 1,000번, 10,000번 던질 때 앞면이 나온 횟수를 X_1, X_2, X_3, X_4라고 하고 다음 물음에 답하라.

(1) 확률 $P(X_1=5)$, $P(X_2=50)$, $P(X_3=500)$, $P(X_4=5000)$을 근사적으로 계산하라.

(2) 동전의 앞면이 나온 비율을 각각 p_1, p_2, p_3, p_4라고 하고 $P(0.4<p_i<0.6)$, $i=1, 2, 3, 4$을 정규근사를 이용하여 계산하라.

6.20 어느 지역구에서 A 후보의 지지율이 60%로 알려져 있다. 만일 200명의 유권자를 조사하여 A 후보를 지지하는 유권자의 수가 다음과 같이 될 확률을 근사적으로 계산하라.

(1) 정확하게 130명 (2) 적어도 150명 이상 (3) 100명 미만

6.21 컴퓨터 메모리칩은 로트(아주 많은 칩이 들어 있다.)로 포장되어 판매한다. 어느 컴퓨터 회사에서 메모리칩을 구입할 때 어느 로트에서 임의로 100개의 샘플을 뽑아 조사하여 7개 이상 불량품이면 그 로트를 구입하지 않는다. 만일 4개 이하이면 로트를 구입하게 되고, 불량품이 5, 6개이면 다시 50개를 더 조사하여 불량품이 2개 이하이면 구입하기로 결정한다. 선적한 로트를 구입하게 될 확률을 계산하라. 단, 이 회사에서 생산하는 메모리칩은 5%의 불량률을 가지고 있다고 알려져 있다.

엑셀실습

엑셀을 이용하여 정규분포의 확률을 계산하고자 한다.

● **E6-1** 어느 해의 입학생의 수능점수는 평균이 368점이고 표준편차가 7점이다. 어떤 입학생의 수능점수가 380점 이상일 확률을 엑셀을 이용하여 계산하라. 단, 수능점수의 분포를 정규분포라고 가정하라.

풀이

수능점수를 X라고 하면 X의 분포는 평균이 368점, 표준편차가 7인 정규분포를 따른다. 따라서 원하는 확률은 $P(X>380)$이다. 엑셀을 이용하면 다음과 같이 계산할 수 있다.

단계 1. 【함수 삽입】에서 『NORM.DIST』를 선택한다.

단계 2. $x=380$, $mean=368$, $sd=7$이기 때문에 아래와 같이 입력한다.

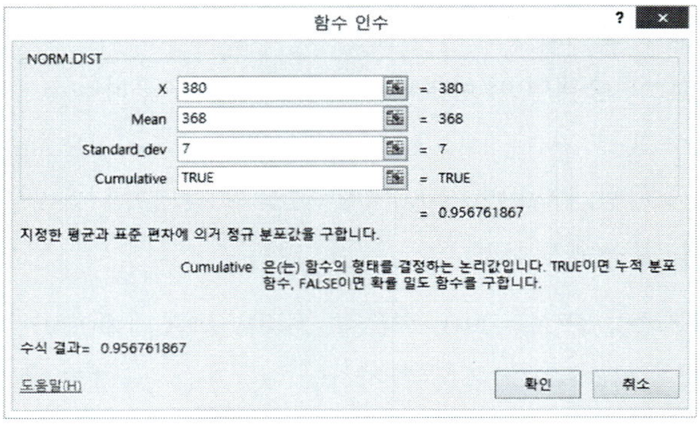

단계 3. 단계 2에서 입력을 마친 후 【확인】을 누른다.

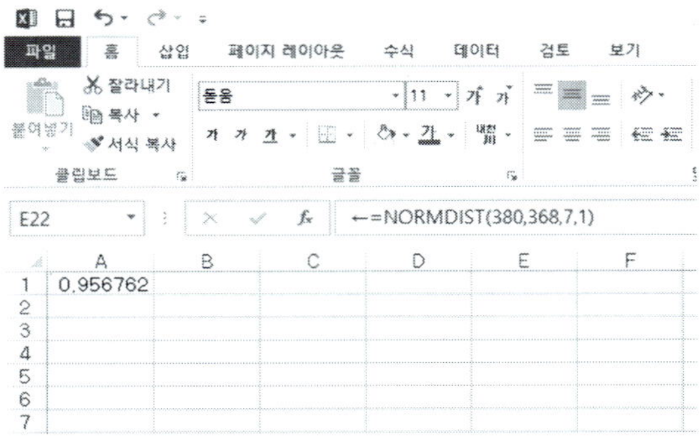

단계 4. 결과값 0.956762는 $P(X<380)$의 값이므로 우리가 원하는 $P(X>380)$의 값을 구하기 위해서는 1−0.956762를 계산해야 한다. 따라서 $P(X>380)=0.043238$이다.

CHAPTER 07

표본분포

5장과 6장에서 이산확률변수와 연속확률변수의 확률분포에 대하여 공부하였다. 이 장에서는 확률분포의 개념을 통계량의 분포로 확장하려고 한다. 3장에서 언급한 대로 모집단의 모수는 항상 상수이지만 통계량은 표본에 의존하는 확률변수이다. 따라서 주어진 표본에서 계산된 표본평균, 표본중앙값, 표본표준편차 등은 확률변수이므로 확률분포를 가지게 된다. 이를 그 통계량의 표본분포라고 한다.

7.1 모집단분포와 표본분포

이 절에서는 모집단분포와 표본분포에 대해서 공부한다.

7.1.1 모집단분포

모집단분포(population distribution)는 관심대상의 모집단에 속하는 모든 원소들의 정보로부터 만들어진 확률분포를 말한다. 예를 들면 어느 지역사회의 정신건강센터에서 외래환자인 어린이 5명의 나이가 다음과 같다고 하자.

$$6 \quad 8 \quad 10 \quad 12 \quad 14$$

X를 어린이들의 나이에 대한 확률변수라고 할 때, 나이 X의 확률분포가 표 7-1에 나열되어 있다.

표 7-1 외래환자 어린이 나이 X의 확률분포

나이(x)	도수	상대도수	확률 $p(x)$
6	1	1/5	0.20
8	1	1/5	0.20
10	1	1/5	0.20
12	1	1/5	0.20
14	1	1/5	0.20
합계	5	1.00	1.00

위의 확률분포를 이용하여 나이 X의 평균과 표준편차를 계산하면 각각 $\mu = 10$과 $\sigma = \sqrt{8}$이며, 이 값은 상수이다.

7.1.2 표본분포

통계조사의 목적은 모집단에 대한 정보를 알아내는 것이다. 여기서 모집단에 대한 정보란 많은 경우에 모집단의 평균과 표준편차 같은 모집단의 특성값을 말한다. 이러한 모집단의 특성값을 **모수**(parameter)라고 하며, 이 특성값은 상수이다. 모집단의 특성값은 모집단 전체를 조사하여야만 알 수 있다. 그러나 대부분의 연구에서는 모집단 전체를 조사한다는 것은 불가능하기 때문에 일반적으로 모수의 값은 알 수가 없다. 따라서 모집단으로부터 표본을 뽑고 표본으로부터 계산되어지는 표본의 특성값, 즉 **통계량**(statistic)을 이용하여 모수를 추정하게 된다. 예를 들면 모평균 μ는 상수이다. 그러나 이 모집단에서 표본을 추출하여 표본평균 $\overline{X}$를 계산하면 같은 모집단에서 같은 표본의 크기만큼 표본을 추출하더라도 추출할 때마다 표본평균은 다른 값이 될 수 있다. 즉 표본평균의 값은 표본에 속한 원소들의 값에 따라 다를 수 있다. 결과적으로 표본평균은 확률변수로서 확률분포를 가지게 된다. 이 분포를 표본평균 $\overline{X}$의 **표본분포**(sampling distribution)라고 한다. 표본평균뿐만 아니라 표본중앙값, 표본최빈값, 표본표준편차 등 모든 통계량은 표본에 따라 다른 값을 가질 수 있으며, 따라서 그 통계량의 표본분포를 가진다.

▸▸ **표본분포**

한 모집단에서 같은 크기로 뽑을 수 있는 모든 표본에서 통계량을 계산할 때, 이 통계량이 이루는 확률분포를 그 통계량의 **표본분포**라고 한다.

위의 어린이 나이에서 5명 중 2명을 **비복원추출**(without replacement)한다고 하자. 가능한 서로 다른 표본은 $\binom{5}{2} = \frac{5!}{2!(5-2)!} = 10$가지가 된다. 구체적으로 모집단에 속한 5명의 어린이의 나이를 각각 A, B, C, D, E라고 두자.

$$A=6,\ \ B=8,\ \ C=10,\ \ D=12,\ \ E=14$$

그러면 5명 중 2명을 뽑는 경우의 수는 10가지로 다음과 같다.

AB, AC, AD, AE, BC, BD, BE, CD, CE, DE

아래 표 7-2에서는 가능한 표본 10가지 경우에 대하여 각각의 표본평균을 계산하였다. 표 7-2에서 계산된 표본평균의 값들을 이용하여 도수분포표를 작성하고 표본분포를 구하면 표 7-3과 같다. 따라서 만일 5명 중 2명을 추출하여 표본평균 13을 얻었다면 그렇게 될 확률은 표 7-3에서

$$P(\overline{X}=13)=p(13)=0.10$$

이 된다.

표 7-2 모든 가능한 표본과 표본평균

표본	표본에서의 나이	표본평균($\overline{x}$)
AB	6, 8	7
AC	6, 10	8
AD	6, 12	9
AE	6, 14	10
BC	8, 10	9
BD	8, 12	10
BE	8, 14	11
CD	10, 12	11
CE	10, 14	12
DE	12, 14	13

표 7-3 표본평균 $\overline{X}$의 표본분포

표본평균($\overline{x}$)	도수	상대도수	확률 $p(x)$
7	1	1/10	0.10
8	1	1/10	0.10
9	2	2/10	0.20
10	2	2/10	0.20
11	2	2/10	0.20
12	1	1/10	0.10
13	1	1/10	0.10
합계	10	1.00	1.00

7.2 표본오차와 비표본오차

일반적으로 표본에서 얻은 통계량은 표본에 속한 원소들의 값에 따라 통계량의 값이 다르며 모수의 값과도 다르게 되어 오차가 일어난다. **오차**(error)는 통계량의 값과 대응되는 모수와의 차이로 정의하며, 평균인 경우는 다음과 같다.

$$\text{오차} = \bar{x} - \mu$$

오차는 **표본오차**(sampling error)와 **비표본오차**(nonsampling error)로 나누는데, 표본오차는 모집단 전체를 조사하지 않고 그의 일부인 표본을 조사함으로써 일어나는 오차이고, 비표본오차는 자료의 수집, 기록, 그리고 표를 만드는 과정 등에서 일어날 수 있는 오차를 말한다.

예제 7-1 표 7-1의 자료를 사용하면, 어린이 5명의 나이는 6, 8, 10, 12, 14세이다. 따라서 모평균 $\mu = \dfrac{(6+8+10+12+14)}{5} = 10$세가 된다. 만약 5명 중 2명을 임의로 추출하여 각각의 나이가 10, 12세라고 하면, 표본평균은 $\bar{x} = \dfrac{(10+12)}{2} = 11$세이므로 표본오차 $= \bar{x} - \mu = 11 - 10 = 1$세가 된다. 즉 표본평균이 모평균보다 1세 높게 나타났는데 이 오차는 모집단 전체가 아닌 표본을 사용하였기 때문에 일어나는 것이다. 만약 표본을 추출하고 기록하는 과정에서 12세를 16세로 잘못 기록하였다면, 표본평균은 $\bar{x} = \dfrac{(10+16)}{2} = 13$세가 되며, 비표본오차$=13 - 11 = 2$세이다. 따라서

$$\text{오차} = \bar{x} - \mu = 13 - 10 = 3 = (11-10) + (13-11) = 1 + 2 = \text{표본오차} + \text{비표본오차}$$

로 나누어진다. 아래 그림 7-1은 이 예제에서 표본오차와 비표본오차를 나타낸다.

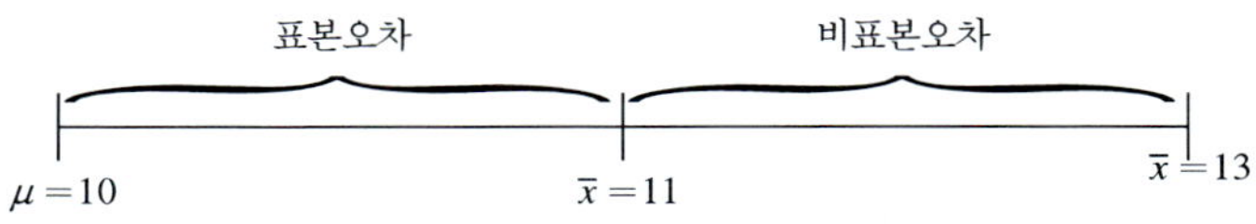

그림 7-1 어린이 나이에 대한 표본오차와 비표본오차

대부분의 경우에 모평균의 값은 알 수 없기 때문에 모평균의 추정값으로서 표본평균을 사용한다. 따라서 모평균을 모르는 경우에는 표본오차의 값은 알 수 없다. 그러나 반복된 표본에서 $\bar{X}$의 값이 변하는 모양을 보고, 표본평균이 모평균을 얼마나 정확하게 추정할 수 있는지를 알 수 있다.

7.3 표본평균의 평균과 표준편차

표본평균의 표본분포로부터 계산된 평균과 표준편차를 $\overline{X}$의 평균과 표준편차라고 한다. 다시 말하면, 모집단에서 같은 크기의 모든 가능한 표본으로부터 구한 표본평균들의 평균과 표준편차를 말한다. 특히 $\overline{X}$의 표준편차는 $\overline{X}$의 오차에 대한 정보를 제공하기 때문에 $\overline{X}$의 **표준오차**(standard error)라고 말한다.

위의 표 7–2를 이용하여 표본평균들의 평균과 표준편차를 계산하면 $\overline{X}$의 평균 $\mu_{\overline{X}} = 10$이 되며 $\overline{X}$의 표준편차 $\sigma_{\overline{X}} = 1.732$가 된다. 물론 표 7–3에서 제시한 $\overline{X}$의 표본분포로부터 계산하여도 같은 결과를 얻을 수 있다.

모평균 μ를 추정하는 데 표본평균 $\overline{X}$를 사용한다면, $\overline{X}$를 μ의 **추정량**(estimator)이라고 한다. $\overline{X}$의 평균은 항상 모평균 μ와 같다. 이와 같이 추정량의 평균이 추정하고자 하는 모수와 같을 때, 이 통계량을 그 모수의 **불편추정량**(unbiased estimator)이라고 한다. 따라서 $E(\overline{X}) = \mu$이므로 표본평균은 모평균의 불편추정량임을 알 수 있다. 이 불편성은 추정량이 가져야 하는 중요한 성질 중에 하나이다.

그러나 $\overline{X}$의 표준편차 $\sigma_{\overline{X}}$는 표본크기 $n=1$인 경우를 제외하면 모집단의 표준편차 σ와 같지 않다. 수리적으로 증명하면, $\overline{X}$의 표준편차는 $\sigma_{\overline{X}} = \frac{\sigma}{\sqrt{n}}$가 된다. 사실, 이 공식은 표본을 **복원추출**(with replacement)하였을 경우이거나 표본크기가 무한히 큰 경우에만 적용되는 공식이다. 실제로 모집단의 크기를 N이라고 할 때 모집단의 크기에 비하여 표본크기가 매우 작으면, 즉 $\frac{n}{N} \leq 0.05$이면 적용할 수 있다. 그렇지 않으면 $\overline{X}$의 표준편차는 유한모집단임을 감안한 **유한모집단수정항**(finite population correction factor; fpc) $\sqrt{\frac{N-n}{N-1}}$을 고려하여 다음과 같이 주어진다.

$$\sigma_{\overline{X}} = \frac{\sigma}{\sqrt{n}}\sqrt{\frac{N-n}{N-1}}$$

따라서 표본평균의 표본분포에 대하여 다음과 같은 사실을 알 수 있다.

> **▸▸ 표본평균의 표본분포의 성질**
> 모집단의 분포에 관계없이
> 1. 표본평균의 평균은 모평균이다.
> 2. 표본평균의 표준편차는 모표준편차보다 작다. 즉 $\sigma_{\overline{X}} \leq \sigma$.
> 3. 표본평균의 표준편차는 표본크기가 커질수록 작아진다.

일반적으로 통계량의 표준편차가 표본크기가 커짐에 따라 점점 작아질 때 그 통계량을 대응되는 모수의 **일치추정량**(consistent estimator)이라고 한다. 이 성질은 불편성과 함께 추정량이 가져야 할 중요한 성질 중의 하나이다. 표본평균의 경우 표본평균의 표준편차는 표본크기가 커질 때 0으로 수렴한다. 따라서 표본평균은 모평균의 일치추정량이 된다.

예제 7-2 어느 대기업에서 근무하는 5,000명의 직원들의 평균연봉은 52,500(천 원)이고 표준편차는 1,000(천 원)이다. 이 기업에서 임의로 선택한 n명 직원들의 평균연봉을 $\overline{X}$라고 하면, 다음의 각 경우에 $\overline{X}$의 평균과 표준편차를 계산하라.

(1) $n = 30$ (2) $n = 75$ (3) $n = 300$

풀이 위의 정보로부터 $N = 5{,}000$, $\mu = 52{,}500$(천 원), $\sigma = 1{,}000$(천 원)이다. 따라서 모든 경우에 $\overline{X}$의 평균 $\mu_{\overline{X}}$는 모집단의 평균인 52,500(천 원)이며, $\overline{X}$의 표준편차 $\sigma_{\overline{X}}$는 각 경우에 다음과 같이 계산된다.

(1) $\frac{n}{N} = \frac{30}{5000} = 0.006$이므로 fpc를 무시할 수 있다. 따라서

$$\sigma_{\overline{X}} = \frac{\sigma}{\sqrt{n}} = \frac{1000}{\sqrt{30}} = 182.574(\text{천 원})\text{이 된다.}$$

(2) $\frac{n}{N} = \frac{75}{5000} = 0.015$이므로 fpc를 무시할 수 있다. 따라서

$$\sigma_{\overline{X}} = \frac{\sigma}{\sqrt{n}} = \frac{1000}{\sqrt{75}} = 115.470(\text{천 원})\text{이 된다.}$$

(3) 같은 방법으로 $\frac{n}{N} = \frac{300}{5000} = 0.06$이므로 fpc를 무시할 수 없다. 따라서

$$\sigma_{\overline{X}} = \frac{\sigma}{\sqrt{n}}\sqrt{\frac{N-n}{N-1}} = \frac{1000}{\sqrt{300}}\sqrt{\frac{5000-300}{5000-1}} = 55.982(\text{천 원})\text{이 된다.}$$

7.4 표본평균의 표본분포의 모양

7.3절에서 $\overline{X}$의 평균과 표준편차를 계산하여 보았는데, $\overline{X}$의 표본분포는 어떤 모양일까? 일반적으로 $\overline{X}$의 표본분포는 모집단의 분포에 따라 다른 모양을 가지지만 크게 다음 두 가지로 나누어 생각할 수 있다.

1. 모집단의 분포가 정규분포인 경우
2. 모집단의 분포가 정규분포가 아닌 경우

7.4.1 모집단이 정규분포인 경우

평균이 μ이고 표준편차가 σ인 정규분포로부터 표본크기 n인 랜덤표본을 추출하여 얻은 표

본평균을 $\overline{X}$라고 하자. 그러면 $\overline{X}$의 표본분포에 대하여 다음과 같은 사실을 알 수 있다.

1. $\overline{X}$의 평균 $\mu_{\overline{X}}$는 모평균 μ와 같다. 즉 $\mu_{\overline{X}} = \mu$이다.
2. $\frac{n}{N} \leq 0.05$인 경우에 $\overline{X}$의 표준편차 $\sigma_{\overline{X}}$는 $\frac{\sigma}{\sqrt{n}}$가 된다.
3. $\overline{X}$의 표본분포는 표본크기 n에 관계없이 정규분포를 따른다. 따라서 $\frac{n}{N} \leq 0.05$인 경우에 $\overline{X}$는 평균이 μ이고 표준편차가 $\frac{\sigma}{\sqrt{n}}$인 정규분포를 따른다.

▸▸ 모집단의 분포가 정규분포일 때 $\overline{X}$의 표본분포

모집단이 평균 μ이고 표준편차 σ인 정규분포일 때, 표본크기 n인 표본평균의 표본분포는 평균 $\mu_{\overline{X}} = \mu$이고 표준편차 $\sigma_{\overline{X}} = \frac{\sigma}{\sqrt{n}}$인 정규분포를 따른다.

아래 그림 7-2에서는 여러 가지의 표본크기 n에 대하여 $\overline{X}$의 표본분포를 그림으로 비교하였다. 설명한 대로 표본크기가 커짐에 따라 산포도가 작아짐을 알 수 있다.

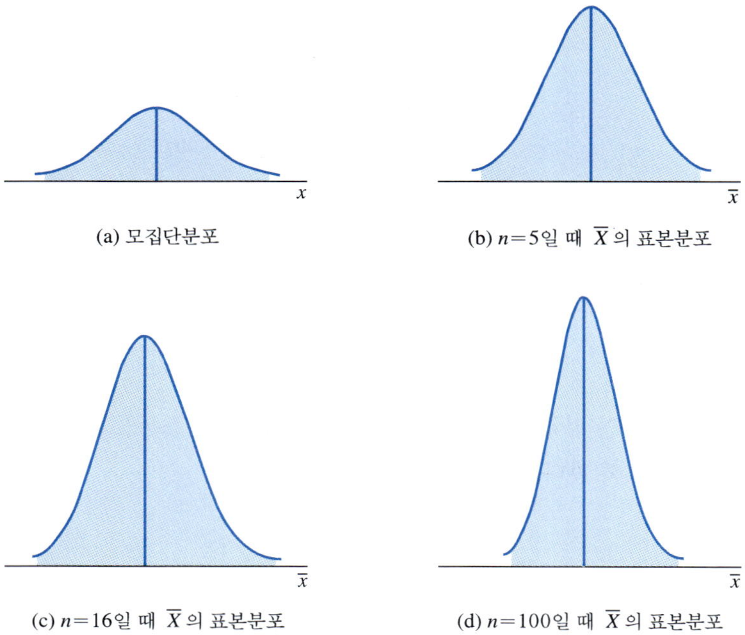

(a) 모집단분포 (b) $n=5$일 때 $\overline{X}$의 표본분포

(c) $n=16$일 때 $\overline{X}$의 표본분포 (d) $n=100$일 때 $\overline{X}$의 표본분포

그림 7-2 모집단의 분포와 표본크기에 따른 $\overline{X}$의 표본분포

다음 예제는 $\overline{X}$의 평균과 표준편차를 계산하고 표본분포의 모양을 설명한다.

예제 7-3 총 10,000명이 응시한 어떤 시험에서 시험점수는 평균이 904점, 표준편차가

153점인 정규분포를 따른다고 한다. 표본크기가 다음과 같을 때 표본평균 $\overline{X}$의 평균과 표준편차를 계산하라.

(1) 16　　(2) 50　　(3) 100

풀이 X를 시험점수라고 하고 μ와 σ를 각각 평균과 표준편차라고 하면

$$\mu = 904 \text{이고 } \sigma = 153$$

이다. 따라서

(1) 표본크기가 16일 때, $\overline{X}$의 평균과 표준편차는

$$\mu_{\overline{X}} = \mu = 904 \text{이고 } \sigma_{\overline{X}} = \frac{\sigma}{\sqrt{n}} = \frac{153}{\sqrt{16}} = 38.250 \text{이다.}$$

따라서 모집단의 분포가 정규분포이기 때문에 $\overline{X}$의 표본분포는 정규분포이며 아래 그림과 같다.

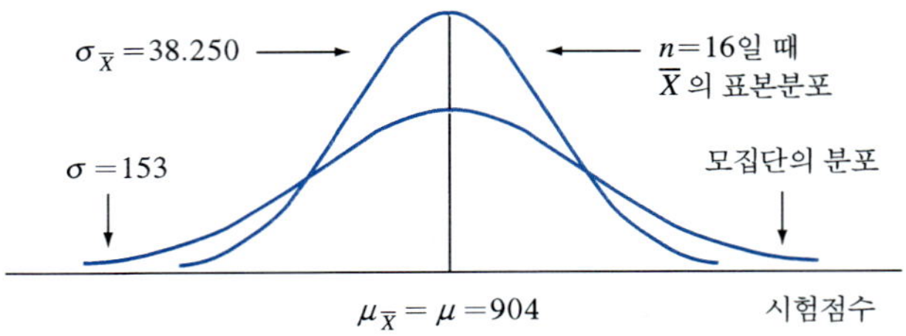

그림 7-3 모집단의 분포와 표본크기가 16일 때 $\overline{X}$의 표본분포의 비교

(2) 표본크기가 50일 때, $\overline{X}$는 평균과 표준편차가

$$\mu_{\overline{X}} = \mu = 904 \text{이고 } \sigma_{\overline{X}} = \frac{\sigma}{\sqrt{n}} = \frac{153}{\sqrt{50}} = 21.637$$

인 정규분포를 따른다. 모집단의 분포와 표본분포를 비교하면 다음 그림 7-4와 같다.

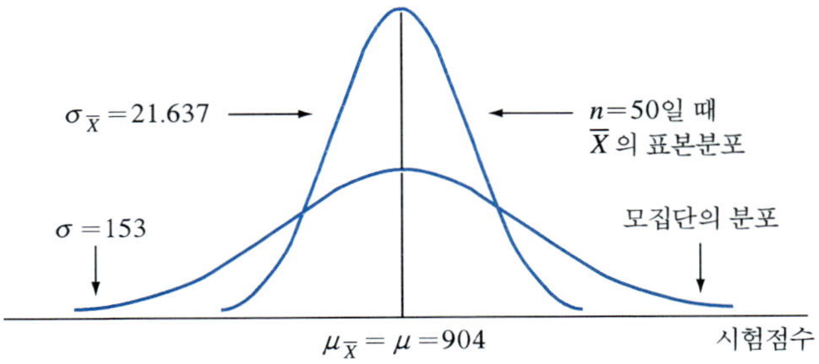

그림 7-4 모집단의 분포와 표본크기가 50일 때 $\overline{X}$의 표본분포의 비교

(3) 표본크기가 100일 때, $\overline{X}$는 평균과 표준편차가

$$\mu_{\overline{X}} = \mu = 904 \text{ 이고 } \sigma_{\overline{X}} = \frac{\sigma}{\sqrt{n}} = \frac{153}{\sqrt{100}} = 15.300$$

인 정규분포를 따른다. 모집단의 분포와 표본분포를 비교하면 다음 그림 7-5와 같다.

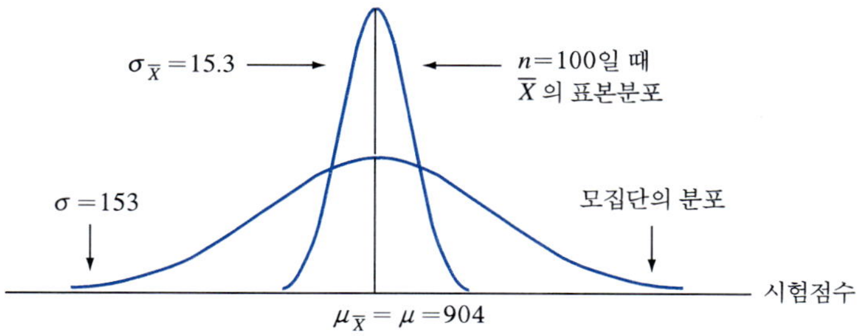

그림 7-5 모집단의 분포와 표본크기가 100일 때 $\overline{X}$의 표본분포의 비교

7.4.2 모집단이 정규분포가 아닌 경우

많은 경우에 있어서 모집단의 분포가 정규분포를 따르지 않는다. 이런 경우 표본평균의 표본분포는 모집단의 분포에 따라 각각 다른 모양의 분포를 가진다. 그러나 **중심극한정리**(central limit theorem)를 이용하면 표본평균의 표본분포는 근사적으로 같은 모양을 가진다.

중심극한정리에 의한 근사분포는 표본크기가 커질수록 더욱 정확하게 된다. 따라서 모집단이 정규분포가 아니더라도 표본평균의 표본분포는 다음과 같은 성질을 가진다.

1. $\overline{X}$의 평균 $\mu_{\overline{X}}$는 모평균 μ와 같다. 즉 $\mu_{\overline{X}} = \mu$이다.
2. $\frac{n}{N} \le 0.05$인 경우에 $\overline{X}$의 표준편차 $\sigma_{\overline{X}}$는 $\frac{\sigma}{\sqrt{n}}$가 된다.
3. $\overline{X}$의 표본분포는 모집단의 분포에 관계없이 표본크기 n이 크면 근사적으로 정규분포를 따른다. 따라서 $\frac{n}{N} \le 0.05$인 경우에 $\overline{X}$는 평균이 μ이고 표준편차가 $\frac{\sigma}{\sqrt{n}}$인 정규분포로 근사한다.

▸▸ 표본평균에 대한 중심극한정리

표본크기 n이 커질 때 표본평균의 표본분포는 모집단의 분포에 관계없이 평균이 μ이고 표준편차가 $\frac{\sigma}{\sqrt{n}}$인 정규분포로 근사한다. 따라서

$$Z = \frac{\overline{X} - \mu}{\sigma / \sqrt{n}}$$

는 근사적으로 $N(0, 1)$이다. 보통 n이 30 이상인 경우에 적용하며 이런 경우를 **대표본**(large sample)이라고 한다.

아래 그림 7-6은 모집단의 분포가 정규분포가 아닐 때도 표본크기가 커질수록 표본평균의 표본분포는 정규분포로 가까워진다는 것을 알 수 있다. 그림 7-6 (a)에서 모집단의 분포는 오른쪽 꼬리가 긴 비대칭분포이므로 정규분포가 아님을 쉽게 알 수 있다.

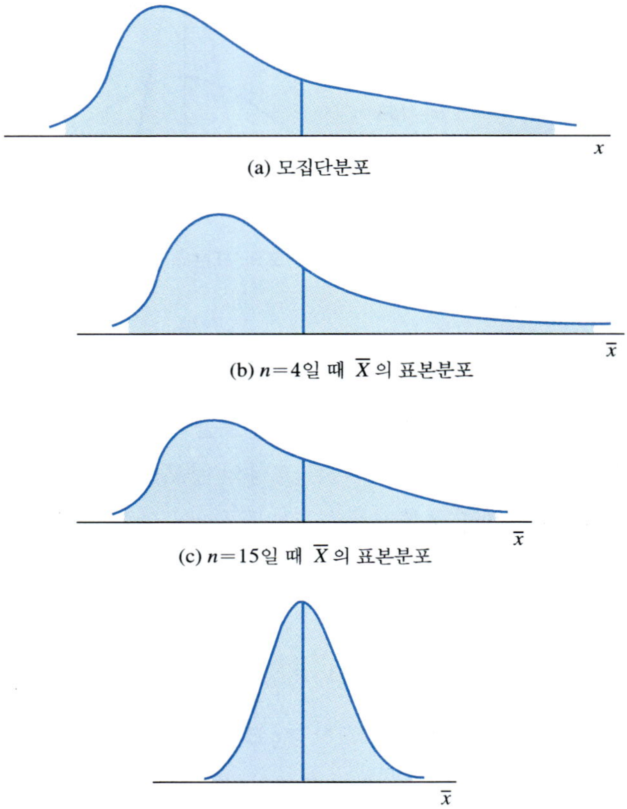

(a) 모집단분포

(b) $n=4$일 때 $\overline{X}$의 표본분포

(c) $n=15$일 때 $\overline{X}$의 표본분포

(d) $n=80$일 때 $\overline{X}$의 표본분포

그림 7-6 모집단이 정규분포가 아닌 경우 표본크기에 따른 $\overline{X}$의 표본분포

예제 7-4 어느 지역의 가구당 월소득 분포는 오른쪽으로 꼬리가 긴 분포 모양을 갖는다. 평균이 230만 원, 표준편차가 60만 원이라고 하자. 이 지역에서 다음과 같은 n가구를 임의로 추출하여 평균 월소득 $\overline{X}$를 계산하였다. $\overline{X}$의 분포는 근사적으로 어떻게 되는가?

(1) $n = 30$　　　　(2) $n = 100$

풀이 X를 가구당 월소득이라고 하자.

(1) 중심극한정리를 이용하면 $\overline{X}$의 표본분포는 평균이 230만 원이고 표준편차가 $\frac{60}{\sqrt{30}} = 10.95$만 원인 정규분포로 근사한다. 그림 7-7은 X의 확률분포와 표본크기가 30인 경우 $\overline{X}$의 표본분포를 비교하였다.

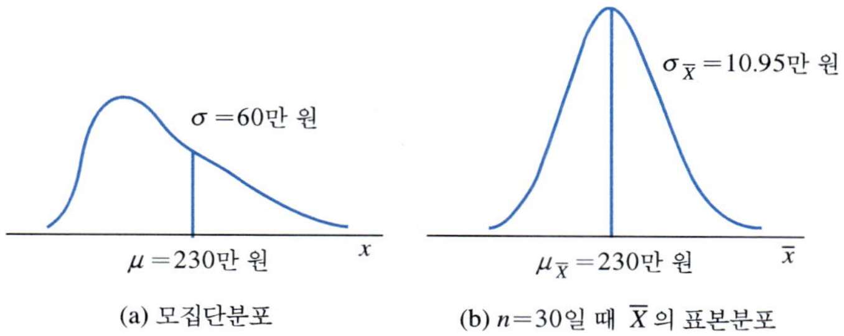

그림 7-7 X의 확률분포와 표본크기가 30인 경우 $\overline{X}$의 표본분포

(2) 같은 방법으로 $\overline{X}$의 표본분포는 평균이 230만 원이고 표준편차가 $\frac{60}{\sqrt{100}} = 6$ 만 원인 정규분포로 근사한다. 그림 7-8은 X의 분포와 표본크기가 100인 경우 $\overline{X}$의 표본분포를 비교하였다. 모집단의 분포와 관계없이 $\overline{X}$의 표본분포는 정규분포 모양으로 근사함을 알 수 있다.

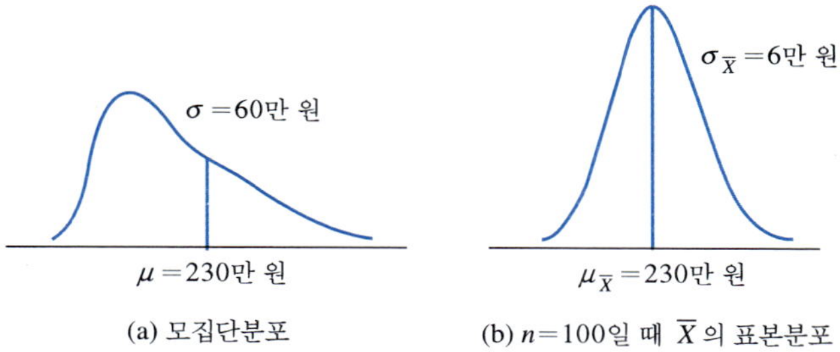

그림 7-8 X의 확률분포와 표본크기가 100인 경우 $\overline{X}$의 표본분포

예제 7-5 평균이 82이고 표준편차가 12인 모집단을 생각하자.

(1) 표본크기가 64인 랜덤표본을 뽑을 때, 표본평균이 80.8과 83.2 사이에 있을 확률을 계산하라.

(2) 표본크기가 100인 랜덤표본을 뽑을 때, 표본평균이 80.8과 83.2 사이에 있을 확률을 계산하라.

풀이 (1) $\mu = 82$이고 $\sigma = 12$이다. $n = 64$는 대표본이므로 중심극한정리로부터 $\overline{X}$의 표본분포는 평균 $\mu_{\overline{X}} = 82$이고 표준편차 $\sigma_{\overline{X}} = \frac{\sigma}{\sqrt{n}} = \frac{12}{\sqrt{64}} = 1.5$인 근사적인 정규분포이다. 따라서

$$P(80.8 < \overline{X} < 83.2) = P(-0.8 < Z < 0.8) = 0.5762$$

(2) $n=100$은 대표본이므로 중심극한정리로부터 $\overline{X}$의 표본분포는 평균 $\mu_{\overline{X}}=82$이고 표준편차 $\sigma_{\overline{X}}=\frac{\sigma}{\sqrt{n}}=\frac{12}{\sqrt{100}}=1.2$인 근사적인 정규분포이다. 따라서

$$P(80.8<\overline{X}<83.2)=P(-1.0<Z<1.0)=0.6826$$

구간 (80.8, 83.2)의 중심은 $\mu=82$이다. 그리고 $\overline{X}$가 이 구간에 있을 확률은 $n=64$일 때보다 $n=100$일 때가 더 크다. 이것은 $n=100$일 때의 표본분포가 $n=64$일 때의 표본분포보다 $\mu=82$의 주위에 더 많이 집중되어 있기 때문이다.

예제 7-6 어느 지역에서 28평형 아파트의 전세가격의 분포는 평균이 8,000만 원이고 표준편차가 1,500만 원인 오른쪽으로 치우쳐진 분포를 따른다고 가정하자. 이 지역에서 28평형 아파트 50가구를 임의로 선택하고 전세가격을 조사하였다. 표본평균 $\overline{X}$가 모평균가격과 500만 원 이내의 차이가 있을 확률을 계산하라.

풀이 구하는 확률은 $P(7500\text{만 원}<\overline{X}<8500\text{만 원})$이다. 또한 중심극한정리로부터 $\overline{X}$의 표본분포는 평균이 8000만 원이고 표준편차가 $\frac{1500}{\sqrt{50}}=212.13$만 원인 정규분포로 근사한다. 따라서 확률을 계산하면

$$\begin{aligned}P(7500\text{만 원}<\overline{X}<8500\text{만 원}) &= P\left(-\frac{500\text{만 원}}{212.13\text{만 원}}<Z<\frac{500\text{만 원}}{212.13\text{만 원}}\right)\\ &= P(-2.36<Z<2.36)\\ &= 2\times P(0<Z<2.36)=2\times 0.4909=0.9818\end{aligned}$$

이다.

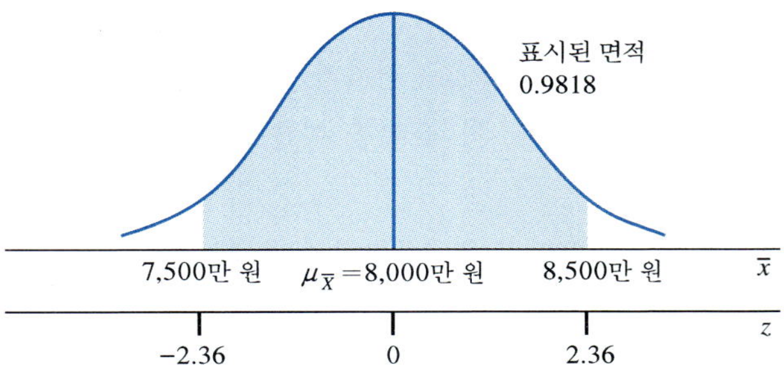

그림 7-9 확률 $P(7500\text{만 원}<\overline{X}<8500\text{만 원})$의 계산

7.5 모비율과 표본비율

모비율(population proportion) p는 관심대상인 모집단에서 어떤 특성을 갖는 원소들의 비율을 나타내며, **표본비율**(sample proportion) $\hat{p}$은 표본에서 어떤 특성을 갖는 원소들의 비율을 나타낸다. N개의 원소로 구성된 모집단에서 n개의 표본을 추출할 때 X와 x를 각각 모집단과 표본에서 어떤 특성을 갖는 원소의 개수라고 하자. 그러면 모비율은 $p=\frac{X}{N}$로 표본비율은 $\hat{p}=\frac{x}{n}$로 정의된다.

예제 7-7 어느 도시에는 총 789,654가구가 있는데 그 중에서 563,282가구가 자기의 집을 소유하고 있다. 그러면 $N=789,654$이며 $X=563,282$이므로 자기 집을 소유한 비율은 $p=\frac{563282}{789654}=0.71$이 된다. 이제 이 도시에서 240가구를 임의로 추출하여 조사하니 그 중 158가구가 자기 집을 소유하고 있었다. 그러면 $n=240$이며 $x=158$이므로 표본비율은 $\hat{p}=\frac{158}{240}=0.66$가 된다.

7.6 표본비율의 표본분포

표본평균과 마찬가지로 표본비율도 표본에 따라 값이 변하는 확률변수이며, 따라서 표본분포를 갖는다. 우선 표본비율의 평균과 표준편차를 생각하자. n개의 표본에서 $X_1, X_2, \cdots, X_n$을 다음과 같이 정의하자. $i=1, 2, \cdots, n$에 대하여

$$X_i=\begin{cases}1, & \text{만약 } i\text{번째 원소가 특정한 성질을 가질 때}\\ 0, & \text{만약 } i\text{번째 원소가 특정한 성질을 가지지 않을 때}\end{cases}$$

그러면 표본평균 $\overline{X}=\frac{1}{n}\sum_{i=1}^{n}X_i=\frac{\text{특정한 성질을 가진 원소의 수}}{n}$가 되어 표본비율 $\hat{p}$과 같게 된다. 따라서 표본비율은 평균의 특수한 경우이므로 표본평균이 가지는 성질을 표본비율도 가지게 된다.

따라서 표본비율의 평균 $\mu_{\hat{p}}$은 모비율 p가 된다. 즉 $\mu_{\hat{p}}=p$이며 표본비율 $\hat{p}$은 모비율 p의 불편추정량이 된다.

한편 표본비율의 표준편차 $\sigma_{\hat{p}}$는 다음과 같이 주어진다.

$$\sigma_{\hat{p}}=\begin{cases}\sqrt{\frac{pq}{n}}, & \frac{n}{N}\le 0.05 \text{ 일 때}\\ \sqrt{\frac{pq}{n}}\sqrt{\frac{N-n}{N-1}}, & \frac{n}{N}>0.05 \text{ 일 때}\end{cases}$$

여기서 $q = 1 - p$이다.

$\sigma_{\hat{p}}$은 표본크기가 커지면 점점 작아져 0으로 수렴하게 된다. 따라서 표본비율은 모비율의 일치추정량임을 알 수 있다.

또한 표본평균에 적용한 중심극한정리를 표본비율에 이용하면 다음과 같은 사실을 알 수 있다.

▸▸ 표본비율에 대한 중심극한정리

표본크기 n이 커질 때 표본비율 $\hat{p}$의 분포는 평균이 p이고 표준편차가 $\sqrt{\frac{pq}{n}}$인 근사적인 정규분포가 된다. 따라서

$$Z = \frac{\hat{p} - p}{\sqrt{pq/n}}$$

는 근사적으로 $N(0, 1)$이다. 여기서 대표본은 $np > 5$와 $nq > 5$를 모두 만족하는 경우이다.

예제 7-8 다음은 학생 5명에게 어떤 의견에 대해 가부를 조사하여 얻은 결과이다. 의견에 대한 찬성률을 p라고 하자.

표 7-4 학생 5명의 의견에 대한 가부

학생	의견의 대한 가부
A	찬성
B	반대
C	찬성
D	찬성
E	반대

(1) 표본비율 $\hat{p}$의 평균과 표준편차를 계산하라.

(2) 표본비율 $\hat{p}$의 표본분포는 근사적으로 정규분포를 따르는가?

풀이 의견에 대한 찬성률 $p = \frac{3}{5} = 0.60$이 된다. 만일 5명 중 3명을 선택하여 p에 대한 추정량 $\hat{p}$을 구하려고 한다. 아래 표 7-5는 모든 가능한 표본비율 $\hat{p}$을 나열하였다.

따라서 아래의 표 7-5로부터 표본비율 $\hat{p}$의 표본분포를 구하면 표 7-6과 같다.

표 7-5 모든 가능한 표본비율 $\hat{p}$의 값

표본	표본비율($\hat{p}$)
ABC	2/3=0.667
ABD	2/3=0.667
ABE	1/3=0.333
ACD	3/3=1.000
ACE	2/3=0.667
ADE	2/3=0.667
BCD	2/3=0.667
BCE	1/3=0.333
BDE	1/3=0.333
CDE	2/3=0.667

표 7-6 표본비율 $\hat{p}$의 표본분포

표본비율($\hat{p}$)	도수	상대도수	확률 $p(\hat{p})$
0.333	3	3/10	0.30
0.667	6	6/10	0.60
1.000	1	1/10	0.10
합계	10	1.00	1.00

(1) 평균의 정의로부터 $\mu_{\hat{p}} = 0.333 \times 0.3 + 0.667 \times 0.60 + 1.0000 \times 0.10 = 0.6001$을 얻는다. 이론적으로는 $\mu_{\hat{p}} = p = 0.6$과 같아야 하지만, 표본비율을 계산할 때 소수점 다섯째 자리에서 반올림한 계산결과이기 때문에 0.6001을 얻었다.

같은 방법으로 표준편차를 구하면,

$$\sigma_{\hat{p}} = \sqrt{0.333^2 \times 0.30 + 0.667^2 \times 0.60 + 1.000^2 \times 0.10 - 0.6001^2} = 0.2002$$

을 얻는다. 이론적으로는 표본비율의 표준편차 $\sigma_{\hat{p}}$의 공식을 이용한

$$\sigma_{\hat{p}} = \sqrt{\frac{pq}{n}}\sqrt{\frac{N-n}{N-1}} = \sqrt{\frac{0.6 \times 0.4}{3}}\sqrt{\frac{5-3}{5-1}} = 0.20$$

와 같아야 하지만, 표본비율을 계산할 때 소수점 다섯째 자리에서 반올림한 계산결과이기 때문에 0.2002를 얻었다.

(2) $np = 5 \times 0.6 = 3.0$는 대표본 조건을 만족하지 않으므로 중심극한정리를 사용할 수 없다. 즉 $\hat{p}$의 표본분포는 정규분포로 근사되지 않는다. 표 7-6과 같이 모든 가능한 표본비율 $\hat{p}$의 값으로부터 구한 $\hat{p}$의 표본분포를 보면 정규분포가 아님을 알 수 있다.

예제 7-9 어떤 TV 방송국에서 특집 프로그램을 방영하고 있는데 시청률이 30%라고 한다. 전국에서 1,000명을 임의로 추출하여 이 특집 프로그램을 시청하고 있는 비율을 $\hat{p}$라고 하자.

(1) $\hat{p}$의 표본분포는?

(2) $\hat{p}$이 32% 이상일 확률을 구하라.

풀이 (1) 문제에서

$$n = 1000, \quad p = 0.3$$

이다. 따라서 $np = 300 > 5$이고 $nq = n(1-p)$, $np = 700 > 5$이므로, 중심극한정리를 이용하면 $\hat{p}$의 표본분포는 평균이 $p = 0.30$이고 표준편차가 $\sqrt{\frac{pq}{n}} = 0.015$인 정규분포로 근사한다.

(2) (1)의 결과를 이용하면,

$$P(\hat{p} > 0.32) = P\left(Z > \frac{0.32 - 0.30}{0.015}\right) = P(Z > 1.33) = 0.0918$$

이 된다. 즉 1,000명 중 320명 이상이 이 특집 프로그램을 시청할 확률이 0.0918이다.

연습문제

7.1 주머니 속에 1, 2, 3, 3, 4, 4의 숫자가 적힌 구슬이 6개 들어 있다. 다음 물음에 답하라.

(1) 주머니에서 한 개의 구슬을 선택하여 나온 숫자를 X라고 하면 X의 확률분포는 무엇인가?

(2) X의 모평균 μ를 구하라. 6개의 숫자의 평균과 일치하는가?

(3) 주머니에서 4개의 구슬을 선택한다면 가능한 모든 표본을 나열하고 각 표본의 표본평균 $\overline{X}$을 계산하라. $\overline{X}$의 표본분포를 구하라.

(4) 철수가 4개의 구슬을 선택하니 1, 4, 4, 2가 나왔다. 표본평균을 계산하고 이때의 표본오차를 구하라.

7.2 어떤 모집단의 평균은 310이고 표준편차가 35라고 한다. 단, $n/N \le 0.05$라고 가정한다.

(1) 표본크기가 10, 100, 400일 때 표본평균 $\overline{X}$의 평균과 표준편차를 각각 구하라.

(2) n개의 표본으로부터 $\overline{X}$의 평균이 $\mu_{\overline{X}} = 310$이고 표준편차가 $\sigma_{\overline{X}} = 3.5$로 계산되었다. 표본크기 n은 얼마인가?

(3) $\mu_{\overline{X}} = 310$이고 $\sigma_{\overline{X}} = 1.75$이면 표본크기 n은 얼마인가?

7.3 경부고속도로에서 주행하는 승용차의 속도는 평균 109 km/h이고 표준편차 9 km/h인 정규분포를 따른다고 한다. 주행하는 15대 차량의 평균속도의 표본분포를 구하라.

7.4 어느 대규모의 인간집단에서 두개골의 길이는 평균 185.6 mm이고 표준편차 12.7 mm인 정규분포를 따른다고 가정하자. 이 모집단에서 표본크기 10인 랜덤표본의 평균이 190 mm보다 클 확률은 무엇인가?

7.5 통계청자료에 따르면 2000년 3/4분기 우리나라의 도시가계 월 평균소득은 2,443(천 원)이다. 도시가계 월 소득의 표준편차가 500(천 원)이라고 가정하자. 도시에서 임의로 400 가구를 조사하여 월 소득의 표본평균을 $\overline{X}$라고 하면 $\overline{X}$의 평균과 표준편차를 구하라.

7.6 표 7–3에 주어진 $\overline{X}$의 표본분포를 이용하여 다음 물음에 답하라.

(1) $\overline{X}$의 평균 $\mu_{\overline{X}}$를 계산하라. 표 7–1에서 계산한 모평균 μ와 같은지 확인하라.

(2) $\overline{X}$의 표준편차 $\sigma_{\overline{X}} = \sqrt{\sum \overline{x}^2 p(\overline{x}) - (\mu_{\overline{X}})^2}$를 계산하라.

(3) 표 7–1에서 모집단의 표준편차 σ을 계산하면 $\sigma = \sqrt{8}$이다. 따라서 표본평균의 표준편차 $\sigma_{\overline{X}} = \dfrac{\sigma}{\sqrt{n}} = \dfrac{\sqrt{8}}{\sqrt{2}} = 2$이다. 그러나 위의 (2)에서 계산한 $\sigma_{\overline{X}}$와는 다르다. 그 이유를 설명하라.

(4) 표본평균의 표준편차를 $\sigma_{\overline{X}} = \dfrac{\sigma}{\sqrt{n}}\sqrt{\dfrac{N-n}{N-1}}$를 이용하여 계산하라. 위의 (2)에서 계산한 $\sigma_{\overline{X}}$와 비교하라.

7.7 중심극한정리를 쓰고 그 의미를 설명하라.

7.8 주사위를 n번 던져 나온 눈의 수의 합을 S_n이라고 하자.

(1) S_1의 확률분포를 구하라. 그리고 S_1의 평균과 표준편차를 계산하라.

(2) S_3의 확률분포를 구하라. 그리고 S_3의 평균과 표준편차를 계산하라.

(3) S_{50}의 평균과 표준편차를 계산하라.

(4) 확률 $P(S_{50} > 190)$을 계산하라.

7.9 주사위를 n번 던져 1이 나온 개수의 비율을 $\hat{p}_n$이라고 하자.

(1) $\hat{p}_3$의 평균과 표준편차를 계산하라.

(2) $\hat{p}_{100}$의 평균과 표준편차를 계산하라.

(3) 확률 $P(\hat{p}_{100} > 0.2)$를 계산하라.

7.10 어느 대학의 학생들의 흡연율 p를 알아보기 위하여 학생들 중 225명을 조사하니 100명이 흡연자였다. 다음 물음에 답하라.

(1) p의 추정량인 표본비율 $\hat{p}$는 얼마인가?

(2) $\hat{p}$의 분포에 대하여 설명하라.

(3) $\hat{p}$과 p와의 차이가 0.05 이내일 확률은 얼마인가?

7.11 과거의 경험에 비추어 볼 때 비행기 승객 1인당 짐의 평균 무게는 20 kg이고, 표준편차가 5 kg이라고 한다. 어느 특정한 날에 랜덤으로 추출한 승객 81명의 짐의 평균 무게가 25 kg 이상일 확률은 얼마인가?

7.12 어느 중학교에서는 지금까지 3학년 학생들의 학년 초 학력고사 성적은 평균 62점, 표준편차가 40점이라고 한다. 올해 3학년에 진급한 학생 196명을 임의로 추출하여 학력고사를 실시하였다.

(1) 이번에 실시한 학력고사의 평균 성적이 68점 이상 될 확률을 구하라.

(2) 이번에 실시한 학력고사의 평균 성적이 56점에서 68점 사이에 있을 확률을 구하라.

(3) 성적이 상위 5%에 들기 위해서는 몇 점 이상이 되어야 하는가?

7.13 모집단이 $\{2, 4, 6, 8\}$로 구성되어 있다고 하자. 이 모집단으로부터

(1) 복원추출해서 얻어진 표본크기 2인 표본평균의 표본분포를 구하고, 표본평균의 평균과 표준편차를 계산하라.

(2) 비복원추출해서 얻어진 표본크기 2인 표본평균의 표본분포를 구하고, 표본평균의 평균과 표준편차를 계산하라.

7.14 최근 뉴스에 의하면 우리나라 유권자의 80%가 '현재의 정치개혁이 부진하다'에 동의한다고 한다. 만일 유권자 100명을 선택하여 정치개혁이 부진하다고 생각하는 비율을 $\hat{p}$라고 하자.

(1) $\hat{p}$의 표본분포는?

(2) $\hat{p}$가 90% 이상일 확률을 구하라.

7.15 노동자의 악력의 분포가 평균 110, 표준편차 10을 가진다고 가정하자. 75명 노동자의 표본평균에 대해 다음을 답하라.

(1) 109와 112 사이에 있을 확률을 구하라.

(2) 111보다 클 확률을 구하라.

7.16 어떤 연구소 연구원의 평균 월급은 270만 원, 표준편차는 30만 원이라고 한다.

(1) 100명의 표본평균에 기초한 $\overline{X}$의 근사분포는 무엇인가?

(2) $P(\overline{X} > 300$만 원$)$을 구하라.

7.17 어느 강가에 있는 조약돌의 크기는 평균이 12.1 cm, 표준편차가 3.2 cm인 정규분포를 따른다고 한다. 9개의 조약돌을 임의로 추출하여 크기를 재었다. $\overline{X}$를 표본으로 추출한 조약돌의 평균이라고 하자.

(1) $\overline{X}$의 분포를 구하라.

(2) $\overline{X}$가 10 cm보다 작을 확률은 얼마인가?

(3) 이 강가에서 크기가 10 cm보다 작은 조약돌의 비율은 얼마인가?

7.18 어떤 회사에서 어느 해에 회사원의 입원일수가 평균 5.4일, 표준편차 2.8일이라고 한다. 이 회사에서 랜덤으로 추출한 49명의 평균 입원일이 다음과 같은 경우의 확률을 구하라.

(1) 4일보다 적을 경우

(2) 4일과 6일 사이일 경우

(3) 6일보다 클 경우

엑셀실습

이 장에서는 모의실험을 통하여 표본평균의 표본분포를 구하는 방법을 실습한다.

● **E7-1** 주사위를 던지는 실험을 엑셀로 모의실습하자. 40번 던지는 실험을 1,000번 반복하여 얻은 1,000개의 표본평균으로부터 $\overline{X}$의 표본분포를 구하여 보자.

풀이

한 번의 실험에서 주사위를 40번 던지는 것이므로 40개의 열과 1,000번 반복하는 것이므로 1,000개의 행이 생성한다.

단계 1. 【함수 삽입】에서 『RANDBETWEEN』을 선택한다. Bottom에는 1을, Top에는 6을 입력하고 확인 을 클릭한다.

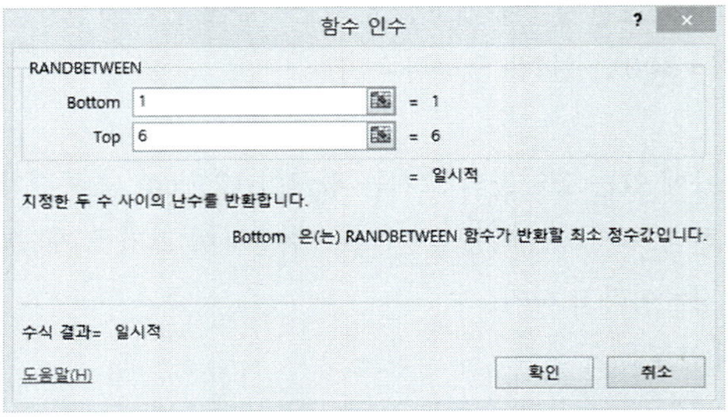

단계 2. 가로로 40개, 세로로 1,000개의 난수를 발생시킨다.

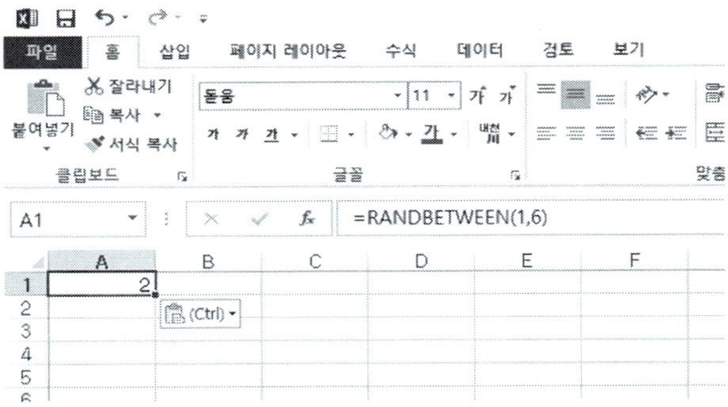

(40×1000개의 난수를 발생하는 방법에는 여러 가지 방법이 있겠지만 위의 그림과 같이 1번 2행에 『=RANDBETWEEN(1,6)』을 입력하고 셀의 가장자리에 마우스를 가져 가면 마우스 모양이 "+" 모양으로 바뀌는 것을 확인할 수 있다. 마우스 모양이 "+" 일 때 왼쪽 클릭을 한 상태에서 마우스를 오른쪽으로 이동시키면 다른 칸에도 같은 『=RANDBETWEEN(1,6)』이 입력되면서 난수가 발생된다.)

단계 3. 1열에서 40열까지의 표본평균을 『AVERAGE』 함수를 사용하여 41번째 열(AO)에 저장한다.

	A	B	C	D	E	F	G	H	I	J	K	L	M	N	O	P
1	1번	2번	3번	4번	5번	6번	7번	8번	9번	10번	11번	12번	13번	14번	15번	16번
2	3	3	5	1	2	4	1	4	1	1	6	1	1	1	3	
3	5	3	1	1	2	5	6	4	6	5	6	2	5	6	6	
4	1	1	5	6	1	1	3	6	4	4	3	2	5	4	2	
5	2	5	3	3	5	1	4	5	2	6	2	2	2	4	1	
6	4	4	4	4	3	4	1	4	6	1	1	5	6	1	5	
7	5	6	1	1	2	3	6	5	2	2	3	5	5	1	1	
8	1	5	5	5	5	1	1	3	2	6	5	5	4	1	1	
9	1	5	2	5	6	3	5	6	6	4	1	5	4	3	6	
10	3	1	3	1	4	2	6	6	6	6	1	4	1	4	5	
11	1	1	6	5	3	4	4	6	6	6	4	5	5	1	4	
12	5	3	2	6	5	1	2	5	4	1	6	6	6	3	1	
13	5	2	1	3	1	1	4	1	3	1	4	5	4	3	4	
14	2	6	2	5	3	5	5	2	4	3	1	4	1	1	3	
15	5	2	6	6	1	5	1	5	1	1	3	6	2	1	5	
16	4	2	3	5	1	2	1	3	3	4	1	2	1	3	2	
17	6	1	1	1	3	5	2	1	6	1	1	2	3	6	6	
18	3	4	4	4	5	1	2	5	3	2	4	1	3	6	3	

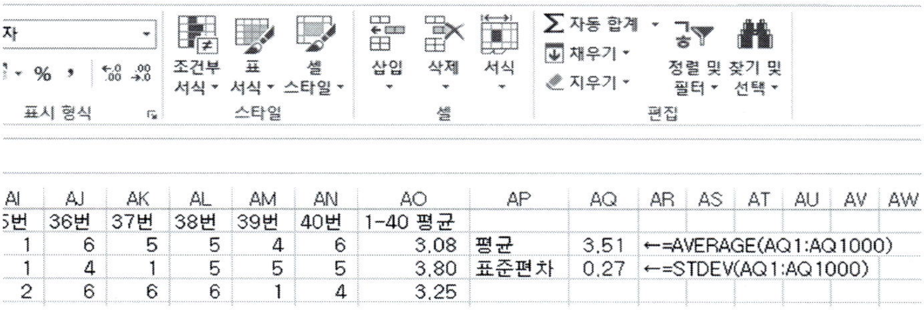

AI	AJ	AK	AL	AM	AN	AO	AP	AQ	AR	AS	AT	AU	AV	AW
5번	36번	37번	38번	39번	40번	1-40 평균								
1	6	5	5	4	6	3.08	평균	3.51	←=AVERAGE(AQ1:AQ1000)					
1	4	1	5	5	5	3.80	표준편차	0.27	←=STDEV(AQ1:AQ1000)					
2	6	6	6	1	4	3.25								

단계 4. 41열에 저장된 표본평균의 평균과 표준편차를 구하여 보고, 표본분포의 모양을 보기 위해 히스토그램을 그린다.

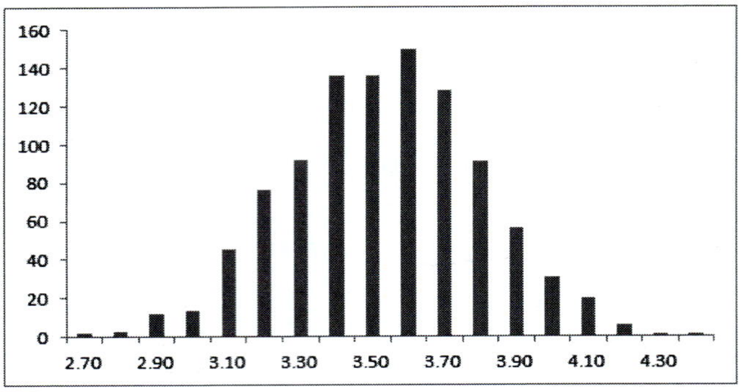

중심극한정리에 의하면 표본크기가 클 때 표본평균의 분포는 평균이 3.50이고 표준편차가 0.27인 정규분포로 근사한다. 그러나 $n = 40$인 경우의 위의 히스토그램에서 표본평균의 분포는 정규분포와 유사하지만 조금 차이가 있다. 만약 표본크기를 더욱 크게 하면, 표본평균의 분포는 정규분포 $N(3.5,\ 0.27^2)$에 더욱 가까워질 것이다.

CHAPTER 08

모평균과 모비율의 추정

모집단의 모수에 대한 추정과 가설검정(9장에서 다룬다)을 통계적 추론(statistical inference)이라고 한다. 통계적추론은 표본 데이터를 이용하여 모수에 관한 결론을 유추하는 과정이다. 이 장에서는 하나의 모집단에서 모평균과 모비율을 추정하는 방법을 다룬다.

8.1 서론

추정(estimation)은 표본으로부터 얻을 수 있는 정보를 이용하여 모수에 숫자적인 값을 부여하는 과정이다. 모수를 추정하기 위해 사용되는 통계량을 **추정량**(estimator)이라고 하며, 하나의 표본으로부터 계산되는 추정량의 값을 **추정치**(estimate)라고 한다. 모수의 추정방법에는 **점추정**(point estimation)과 **구간추정**(interval estimation)이 있다.

점추정이란 표본 데이터로부터 미지의 모수에 가까운 것으로 생각되는 하나의 수를 계산하는 것을 말한다. 예를 들어 모평균 μ를 추정하기 위해 표본평균 $\overline{X}$를 사용한다면 표본평균 $\overline{X}$는 모평균의 점추정량이 되며, 하나의 표본으로부터 구한 표본평균 값은 모평균의 점추정치가 된다. 따라서 점추정치는 표본에 따라서 값이 다르게 계산될 수 있기 때문에 모수의 참값과는 다른 값으로 추정될 수 있다.

점추정을 사용할 때 보통 그 점추정과 관계되는 **오차한계**(margin of error)를 계산한다. 예를 들면 대표본인 경우에 모평균의 추정에 대해서 95% 오차한계는 다음과 같이 계산할 수 있다.

$$95\%\ 오차한계 = \pm(1.96)\,\sigma_{\overline{X}} \quad 혹은 \quad \pm(1.96)\,s_{\overline{X}}$$

즉 표본평균의 표준편차를 찾아서 ± 1.96을 곱하는 것이다. 여기서 $s_{\overline{X}}$는 $\sigma_{\overline{X}}$의 점추정량이며, 이 장의 뒷부분에서 언급될 것이다.

일반적으로 추정량의 표준편차인 표준오차를 알고 있더라도 점추정값의 정확도에 관해서는 알 수 없다. 실제로 모수의 참값을 포함할 것으로 기대되는 구간을 구하는 것이 더욱 바람직할 때가 많다. 즉 표본을 수집하고 이를 이용하여 모수의 참값을 명백히 포함하는 구간을 구하는 것이 목표이다. 그러나 표본과 표본 간의 변이 때문에 이런 구간을 구할 수는 없고, 그 대신에 제시한 구간이 모수의 참값을 포함할 확률이 얼마라고 밝히게 된다. 이와 같이 '모수가 어떤 구간 내에 있을 확률이 얼마이다' 라는 형식으로 모수를 추정하는 방법을 구간추정이라고 한다. 구간추정에서 주어지는 확률을 $(1-\alpha)$로 나타내고 **신뢰계수**(confidence coefficient)라고 하며, 표본으로부터 그 신뢰계수에서 구해진 구간을 $(1-\alpha)100\%$ **신뢰구간**(confidence interval)이라고 한다. 여기서 $(1-\alpha)100\%$ 값을 **신뢰수준**(confidence level)이라고 부른다. 신뢰수준은 90%, 95%, 99%를 흔히 사용하며 대응되는 신뢰계수는 0.90, 0.95, 0.99이다. 신뢰구간의 아래쪽 값을 신뢰구간의 **하한값**(lower limit), 위쪽 값을 신뢰구간의 **상한값**(upper limit)이라고 부른다.

8.2 모평균의 구간추정: 대표본인 경우

평균이 μ이고 분산이 σ^2인 모집단으로부터 크기가 n인 랜덤표본을 추출하여 그 표본평균을 $\overline{X}$라고 하자. 표본평균 $\overline{X}$는 표본크기 n이 크면(보통 $n \geq 30$) 중심극한정리에 의하여 근사적으로 정규분포를 따른다. 따라서 표본크기가 30 이상일 때는 정규분포를 이용하여 모평균 μ에 대한 신뢰구간을 근사적으로 구할 수 있다.

먼저 모집단의 표준편차 σ를 알고 있을 때, 모평균 μ의 신뢰구간을 구해 보자. 이 가정은 신뢰구간의 개념을 단순화하는 데 도움이 된다. 나중에는 σ가 미지의 상수인 경우를 취급한다.

표본평균 $\overline{X}$는 대표본인 경우에 평균은 μ이고 표준편차가 $\frac{\sigma}{\sqrt{n}}$인 정규분포로 근사한다. 따라서

$$Z = \frac{\overline{X}-\mu}{\sigma/\sqrt{n}}$$

는 표준정규분포를 따른다. 한편

$$P(-z_{\alpha/2} < Z < z_{\alpha/2}) = P\left(-z_{\alpha/2} < \frac{\overline{X}-\mu}{\sigma/\sqrt{n}} < z_{\alpha/2}\right) = 1-\alpha$$

이므로, 부등식의 성질을 이용하여 μ에 대해 정리하면 다음의 식을 얻는다.

$$P\left(\overline{X} - z_{\alpha/2}\frac{\sigma}{\sqrt{n}} < \mu < \overline{X} + z_{\alpha/2}\frac{\sigma}{\sqrt{n}}\right) = 1 - \alpha$$

이 식은 표본크기 n개로 반복 표본추출할 경우 $\overline{X} - z_{\alpha/2}\frac{\sigma}{\sqrt{n}}$으로부터 $\overline{X} + z_{\alpha/2}\frac{\sigma}{\sqrt{n}}$까지의 확률구간이 미지의 모수 μ를 포함할 확률이 $1 - \alpha$임을 말해 준다.

σ를 알고 있는 것으로 가정하였기 때문에 표본으로부터 신뢰구간의 하한값과 상한값을 계산할 수 있다. 따라서 구간

$$\left(\bar{x} - z_{\alpha/2}\frac{\sigma}{\sqrt{n}},\ \bar{x} + z_{\alpha/2}\frac{\sigma}{\sqrt{n}}\right)$$

은 모집단의 표준편차 σ를 알 때 모평균 μ의 $(1 - \alpha)100\%$ 신뢰구간이다. 위의 신뢰구간을 편의상

$$\bar{x} \pm z_{\alpha/2}\frac{\sigma}{\sqrt{n}}$$

로 나타낸다.

모표준편차 σ를 모를 때는 위의 구간은 미지의 상수 σ를 포함하고 있기 때문에 표본으로부터 구간의 하한값과 상한값을 계산할 수 없다. 그러나 n이 충분히 큰 경우에는 모표준편차 σ는 그것의 추정량인 표본표준편차 s와 별 차이가 없기 때문에 σ 대신에 s를 사용하여 신뢰구간을 구한다. 그러므로 모표준편차 σ를 모를 때 모평균 μ의 $(1 - \alpha)100\%$ 신뢰구간은

$$\bar{x} \pm z_{\alpha/2}\frac{s}{\sqrt{n}}$$

이다.

▸▸ μ의 신뢰구간 : 대표본인 경우

μ의 $(1 - \alpha)100\%$ 신뢰구간은 다음과 같다.

$$\bar{x} \pm z\sigma_{\overline{X}} : \sigma\text{를 알 때}$$
$$\bar{x} \pm zs_{\overline{X}} : \sigma\text{를 모를 때}$$

여기서 $\sigma_{\overline{X}} = \frac{\sigma}{\sqrt{n}}$, $s_{\overline{X}} = \frac{s}{\sqrt{n}}$. z는 주어진 신뢰수준에 대한 값으로 표준정규분포표로부터 찾을 수 있다.

신뢰구간 공식에 있는 $z\sigma_{\overline{X}}$(혹은 $zs_{\overline{X}}$)를 **추정치의 최대오차**(maximum error of estimate)라고 부르고 E로 나타낸다.

▸▸ μ에 대한 추정치의 최대오차

μ에 대한 추정치의 최대오차인 E는 μ의 신뢰구간을 얻기 위해서 $\bar{x}$의 값에다 빼거나 더하는 값이다. 따라서

$$E = z\sigma_{\bar{X}} \text{ 혹은 } zs_{\bar{X}}$$

신뢰구간 공식에 사용된 z의 값은 주어진 신뢰수준에서 표준정규분포표(<부록 2>의 표 4)로부터 찾을 수 있다. 예를 들어 μ에 대한 95% 신뢰구간을 구한다고 하자. 95% 신뢰수준에 대한 z값을 찾기 위해서 다음과 같은 두 단계의 절차를 밟는다.

1. 0.95를 2로 나누어라. 즉 0.4750
2. 정규분포표의 몸체에 0.4750을 나타내는 z에 대응되는 값을 찾는다. 그러면 z의 값은 1.96이다.

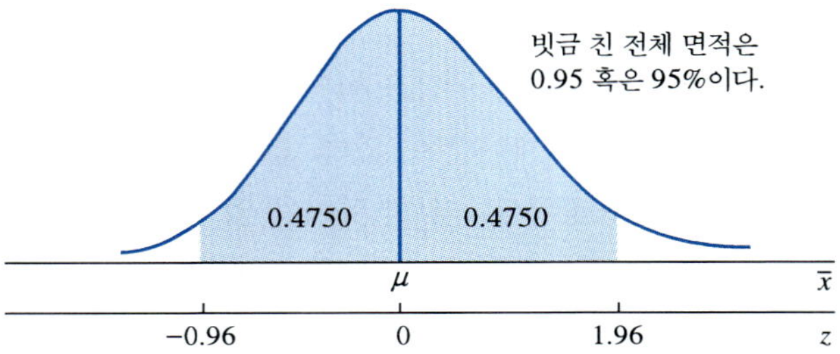

그림 8-1 95% 신뢰수준에서 z를 찾는 방법

$(1-\alpha)100\%$ 신뢰수준에 대해서는 그림 8-2와 같이 $-z$와 z 사이의 면적이 $(1-\alpha)$이다.

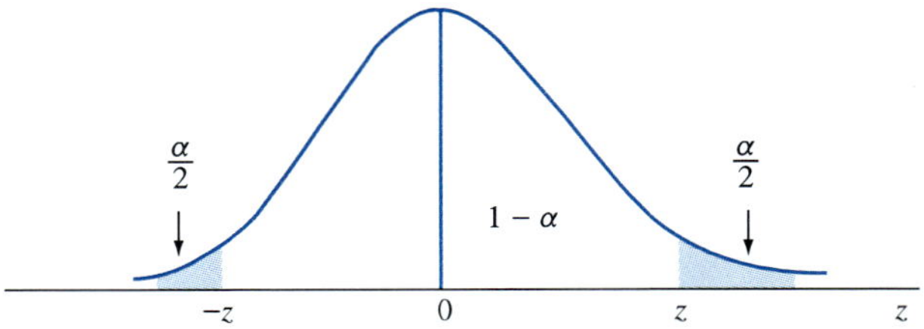

그림 8-2 끝 쪽 부분의 면적

정규곡선 아래의 전체 면적이 1.0이기 때문에 양 끝의 곡선 아래의 전체면적은 α이다. 그림 8-1의 보기에서는 $\alpha = 1 - 0.95 = 0.05$이다. 그러므로 그림 8-2에서처럼 두 끝 쪽의 각각의 곡선 아래의 면적은 $\alpha/2$이다. 따라서 $(1-\alpha)100\%$ 신뢰수준에 관계된 z의 값은 $z_{\alpha/2}$로 나타낸다. 그러나 이 책에서는 혼돈이 없는 한 단순히 z로 나타낼 것이다.

예제 8-1 어느 중학교의 신입생 체중의 평균을 알기 위하여 40명을 랜덤으로 추출하여 조사한 자료가 아래와 같다. (단위: kg)

54.7	58.9	60.3	53.4	60.6	54.1	53.2	56.9	58.7	70.0
50.1	56.4	57.8	57.9	61.3	56.4	56.2	57.7	56.6	58.6
59.8	57.6	54.3	52.1	56.2	57.4	58.9	59.7	60.5	62.6
66.7	58.0	54.3	61.5	59.8	61.0	71.3	54.3	56.2	59.6

(1) 이 학교 신입생 평균 체중 μ의 점추정치는 무엇인가? 이 추정치의 95% 오차한계는 무엇인가?

(2) 이 학교 신입생 평균 체중 μ의 95% 신뢰구간을 구하라.

풀이 **단계 1** 주어진 정보를 이용하여 $s_{\overline{X}}$ 계산

$$n = 40, \qquad \bar{x} = 58.29, \qquad s = 4.256$$

먼저 $\overline{X}$의 표준편차를 찾는다. σ를 모르기 때문에 $\sigma_{\overline{X}}$의 추정량인 $s_{\overline{X}}$를 사용한다.

$$s_{\overline{X}} = \frac{s}{\sqrt{n}} = \frac{4.256}{\sqrt{40}} = 0.6729$$

따라서 μ의 점추정치는

$$\bar{x} = 58.29$$

이고, μ의 점추정치와 관계된 95% 오차한계는

$$95\%\ \text{오차한계} = \pm 1.96 s_{\overline{X}} = \pm 1.96(0.6729) = \pm 1.3289$$

이다.

단계 2 z값 찾기

표본의 크기가 대표본($n \geq 30$)이기 때문에 μ의 신뢰구간을 구하기 위해서 표준정규분포를 사용하며, 신뢰수준 95%에 대한 z의 값은 1.96이다.

단계 3 μ의 95% 신뢰구간

μ의 95% 신뢰구간은

$$\begin{aligned} \bar{x} \pm z s_{\overline{X}} &= 58.29 \pm 1.96(0.6729) \\ &= 58.29 \pm 1.3189 \\ &= (56.9711,\ 59.6089) \end{aligned}$$

이다. 즉 이 학교 신입생 평균체중의 95% 신뢰구간은 56.9711 kg에서 59.6089 kg 사이에 있다.

8.2.1 신뢰구간의 의미

95%의 신뢰구간은 어떻게 해석할 것인가? 예를 들어 모평균 μ를 갖는 모집단에서 표본크기 n인 표본을 추출하여 $\bar{x}$와 s의 값을 구하고, μ의 95% 신뢰구간인

$$\bar{x} \pm 1.96 \frac{s}{\sqrt{n}}$$

를 구할 경우에, 표본마다 $\bar{x}$와 s의 값이 변하며, 따라서 신뢰구간도 변하게 된다. 이와 같은 신뢰구간을 반복하여 구할 때, 이 신뢰구간 중에는 μ를 포함하는 것과 μ를 포함하지 않는 것이 있을 것이다. 따라서 95% 신뢰구간이란 그 신뢰구간 중 95% 정도는 μ를 포함하게 될 것으로 기대할 수 있다는 의미이다. 이와 같은 사실을 그림으로 나타내면 그림 8-3과 같다.

신뢰구간의 크기는 오차한계의 크기 $z\sigma_{\bar{X}} = z\frac{\sigma}{\sqrt{n}}$에 달려 있다. 그러나 σ의 값은 조사자에 의해서 조절되는 부분이 아니기 때문에 신뢰구간의 크기는

1. 신뢰수준에 의존하는 z값
2. 표본크기 n에 달려 있다.

신뢰수준은 z의 값을 결정한다. 신뢰수준이 증가하면 z의 값은 증가하고 신뢰수준이 감소하

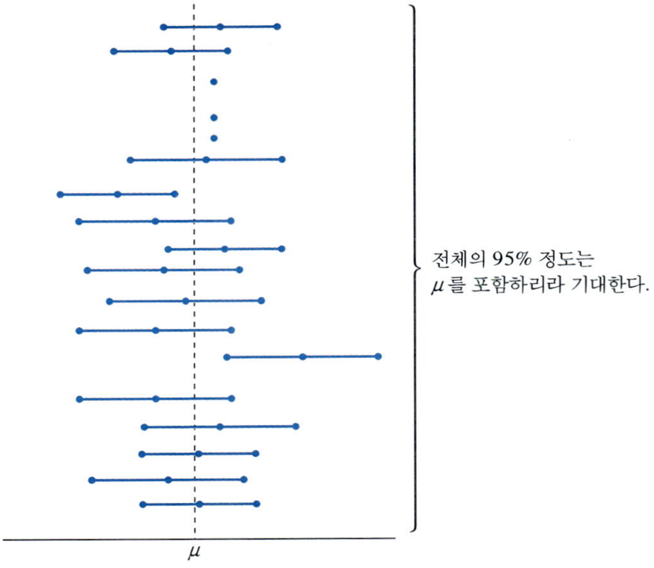

그림 8-3 μ의 95% 신뢰구간의 의미

면 z의 값도 감소한다. 예를 들어 z의 값은 90% 신뢰수준에 대해서는 1.645이고, 95% 신뢰수준에 대해서는 1.96이고, 99% 신뢰수준에 대해서는 2.58이다. 그러므로 신뢰수준이 더 클수록 신뢰구간의 길이가 더 크게 된다.

표준편차 σ가 고정된다면 표본크기 n이 증가하면 $\sigma_{\overline{X}}$의 값은 감소한다. 그러므로 표본크기가 증가함에 따라 신뢰구간의 길이는 감소한다. 따라서 신뢰구간의 길이를 감소시키길 원한다면

1. 신뢰수준을 더 작게 하거나
2. 표본크기를 증가시킨다.

그러나 신뢰수준을 작게 하는 것이 좋은 선택은 아니다. 왜냐하면 낮은 신뢰수준은 더 낮은 신뢰결과를 초래한다. 그러므로 신뢰구간의 길이를 감소시키길 원한다면 표본크기를 증가시키는 것이 더 좋은 선택일 것이다.

예제 8-1에서 신뢰수준을 작게 하거나 표본크기를 크게 함으로써 신뢰구간의 길이가 얼마나 감소하는지 알아보자.

8.2.2 신뢰수준과 신뢰구간의 길이

예제 8-1에서 신뢰수준을 90%로 감소시키자. 정규분포표로부터 90% 신뢰수준에 대한 z값은 1.645이다. 따라서 μ의 90% 신뢰구간은

$$\begin{aligned}\bar{x} \pm z s_{\overline{X}} &= 58.29 \pm 1.645\,(0.6729)\\ &= 58.29 \pm 1.1069\\ &= (57.1831,\ 59.3969)\end{aligned}$$

이다. 즉 이 학교 신입생 평균체중의 90% 신뢰구간은 57.1831 kg과 59.3969 kg 사이에 있다. 이 신뢰구간을 예제 8-1에서 구한 신뢰구간과 비교하면 90% 신뢰구간의 길이가 95% 신뢰구간의 길이 보다 더 작음을 알 수 있다.

8.2.3 표본크기와 신뢰구간의 길이

예제 8-1을 다시 보자. 그 예제에서 주어진 s의 값이 표본크기가 1,600일 때의 값이라고 하자. 따라서 표본크기 $n = 1,600$ 일 때 표본평균의 표준편차는

$$s_{\overline{X}} = \frac{s}{\sqrt{n}} = \frac{4.256}{\sqrt{1600}} = 0.1064$$

이다. 그러므로 μ의 95% 신뢰구간은

$$\begin{aligned}\bar{x} \pm zs_{\overline{X}} &= 58.29 \pm 1.96(0.1064)\\ &= 58.29 \pm 0.2085\\ &= (58.0815,\ 58.4985)\end{aligned}$$

이다. 즉 이 학교 신입생 평균체중의 95% 신뢰구간은 58.0815 kg과 58.4985 kg 사이에 있다. 이 신뢰구간을 예제 8-1에서 구한 신뢰구간과 비교하면 $n = 1,600$을 사용한 95% 신뢰구간의 길이가 $n = 40$을 이용한 95% 신뢰구간의 길이보다 더 작음을 알 수 있다.

8.3 모평균의 구간추정: 소표본인 경우

대표본($n \geq 30$)인 경우에는 표준편차 σ를 알 때나 모를 때나 관계없이, 또한 모집단의 형태가 어떻든 관계없이, 표본평균 $\overline{X}$의 표본분포가 정규분포를 따른다는 중심극한정리를 이용하여 모평균 μ에 대한 구간추정을 할 수 있었다.

그러나 실험의 성격상 또는 비용 때문에 많은 표본을 조사하기가 어려울 때가 종종 있다. 예를 들면 환자에게 새로운 약을 투여하는 실험에서 환자의 숫자가 적다거나 그 실험에 참여하고자 하는 환자가 적을 때, 또는 약 값이 너무 비싸 많은 환자가 참여할 수 없을 경우이다.

소표본($n < 30$)인 경우에는 중심극한정리가 적용될 수 없기 때문에, 모집단이 정규분포를 따르는 경우에 한해서 모평균 μ의 신뢰구간을 구하고자 한다.

7장에서 언급되었듯이 모집단이 정규분포를 따르는 경우에는 표본크기 n에 관계없이 표본평균 $\overline{X}$는 평균 μ이고 표준편차 $\sigma/\sqrt{n}$인 정규분포를 따른다. 그러므로

$$Z = \frac{\overline{X} - \mu}{\sigma/\sqrt{n}}$$

는 표준정규분포를 따른다.

따라서 표본크기가 작은 경우라도 모집단이 모표준편차 σ가 알려진 정규분포인 경우에는 μ의 $(1-\alpha)100\%$ 신뢰구간은 다음과 같이 구할 수 있다.

$$\bar{x} \pm z_{\alpha/2}\frac{\sigma}{\sqrt{n}}$$

그러나 소표본인 경우에는 모집단이 정규분포를 따를 때라도 모표준편차 σ 대신에 표본표준편차 s로 추정하여 대입한 식

$$\frac{\overline{X} - \mu}{s/\sqrt{n}}$$

이 표준정규분포와는 많이 다를 수 있으며, 따라서 표준정규분포를 이용하여 μ에 대한 신뢰구간을 구할 수 없다. 그러므로 이에 대한 분포가 필요하며, 이 경우에는 **t분포**(t distribution)를 이용하여 μ에 대한 신뢰구간을 구할 수 있다. t분포에 대해서는 뒤에 기술한다.

▸▸ t분포를 이용하여 μ의 신뢰구간을 구할 수 있는 조건

다음과 같은 조건을 만족하면 t분포를 이용하여 μ의 신뢰구간을 구할 수 있다.

1. 표본을 추출하는 모집단이 정규분포를 따른다.
2. 표본의 크기가 소표본($n < 30$)이다.
3. 모표준편차 σ를 모른다

8.3.1 t분포

t분포는 **스튜던트 t분포**(Student's t distribution)라고도 불리어지며, 표준정규분포와 여러 면에서 유사하다. t분포는 표준정규분포와 마찬가지로 평균 0에 대해서 좌우대칭이고, 표준정규분포보다 중앙 부분이 낮고 꼬리 부분이 높은 종 모양을 하고 있다. t분포의 형태는 **자유도**(degrees of freedom : df)에 따라 다르며, 자유도가 증가함에 따라 표준정규분포에 가까워진다. **8장**과 **9장**에서 사용되는 t분포의 자유도는 표본크기 n에 1를 뺀 값이다. 즉 $df = n - 1$이다. t분포의 평균은 0이고 표준편차는 $\sqrt{df/(df-2)}$ 이다. 따라서 t분포의 표준편차는 표준정규분포의 표준편차 1보다 더 크다. 그림 8-4는 자유도 9인 t분포와 표준정규분포를 비교하는

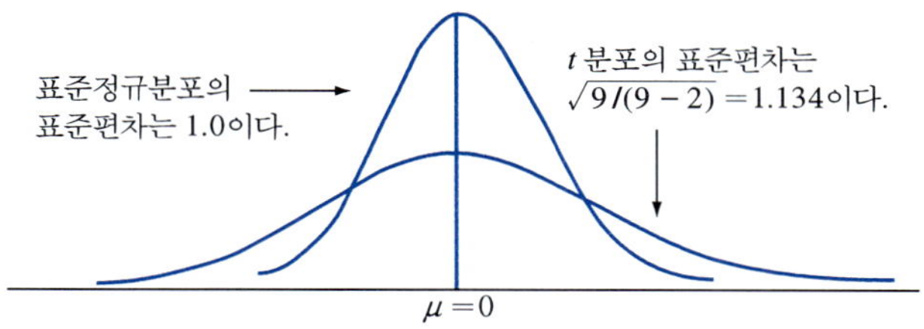

그림 8-4 $df = 9$인 t분포와 표준정규분포

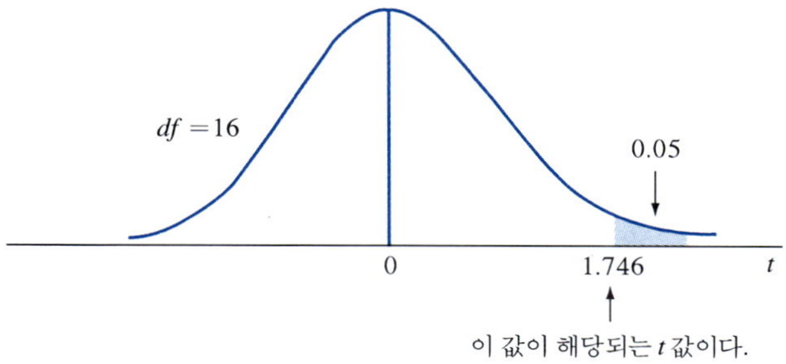

그림 8-5 자유도 16인 t분포의 오른쪽 꼬리 부분의 면적이 0.05에 해당되는 t값

그림이다. 평균은 두 분포 모두 0이고, 표준정규분포의 표준편차는 1인 반면에 t분포의 표준편차는 $\sqrt{df/(df-2)} = \sqrt{9/(9-2)} = 1.134$이다.

<부록 2>의 표 5를 이용하여 주어진 자유도와 t분포의 오른쪽 꼬리 부분의 면적에 해당되는 t값을 찾을 수 있다.

t분포는 0을 중심으로 좌우대칭이기 때문에, t분포의 왼쪽 꼬리 부분의 면적에 해당되는 t값은 같은 자유도를 가지는 t분포의 오른쪽 꼬리 부분의 면적에 해당하는 t값의 부호를 바꾼 값이다. 예를 들면 자유도 16과 t분포의 오른쪽 꼬리 부분의 면적이 0.05에 해당되는 t값은 <부록 2>의 표 5에서 $t_{0.05}(16) = 1.746$이다. 따라서 자유도 16인 t분포의 왼쪽 꼬리 부분의 면적이 0.05에 해당되는 t값은 -1.746이다. 또한 $(1-\alpha)100\%$ 신뢰수준에 관계된 자유도 ν인 t값은 $t_{\alpha/2}(\nu)$로 나타낸다. 그러나 이 책에서는 이 값이 혼돈이 없는 경우에는 단순히 t로 나타낼 것이다.

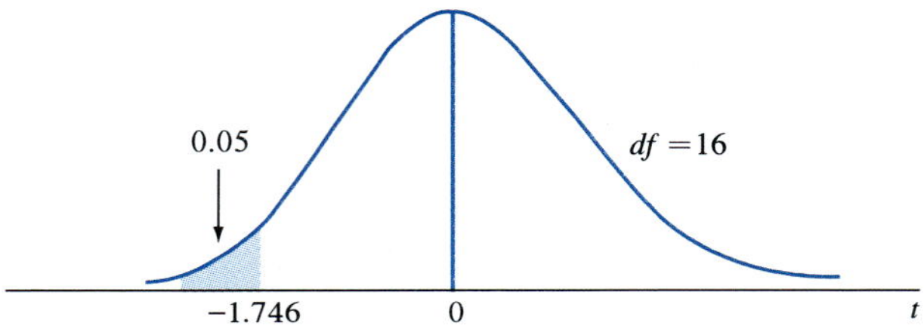

그림 8-6 자유도 16인 t분포의 왼쪽 꼬리 부분의 면적이 0.05에 해당되는 t값

8.3.2 t분포를 이용한 모평균의 신뢰구간

앞에서 설명한 조건을 만족하면 t분포를 이용하여 모평균 μ에 대한 신뢰구간을 구할 수 있다. 즉 모집단이 정규분포를 따를 때 식

$$t = \frac{\overline{X} - \mu}{s/\sqrt{n}}$$

은 자유도 $(n-1)$을 가지는 t분포를 따른다. 한편

$$P(-t_{\alpha/2}(n-1) < t < t_{\alpha/2}(n-1)) = P\left(-t_{\alpha/2}(n-1) < \frac{\overline{X} - \mu}{s/\sqrt{n}} < t_{\alpha/2}(n-1)\right) = 1 - \alpha$$

이므로, 부등식의 성질을 이용하여 μ에 대해 정리하면 다음의 식을 얻는다.

$$P\left(\overline{X} - t_{\alpha/2}(n-1)\frac{s}{\sqrt{n}} < \mu < \overline{X} + t_{\alpha/2}(n-1)\frac{s}{\sqrt{n}}\right) = 1 - \alpha$$

그러므로 $\overline{X} - t_{\alpha/2}(n-1)\frac{s}{\sqrt{n}}$에서 $\overline{X} + t_{\alpha/2}(n-1)\frac{s}{\sqrt{n}}$까지의 확률구간이 모평균 μ를 포함

할 확률이 $1-\alpha$이다.

따라서 구간

$$\left(\bar{x}-t_{\alpha/2}(n-1)\frac{s}{\sqrt{n}},\ \bar{x}+t_{\alpha/2}(n-1)\frac{s}{\sqrt{n}}\right)$$

은 모집단이 정규분포를 따르면서 모표준편차 σ를 모를 경우에 모평균 μ의 $(1-\alpha)100\%$ 신뢰구간이다. 위의 신뢰구간을 편의상

$$\bar{x}\pm t_{\alpha/2}(n-1)\frac{s}{\sqrt{n}}$$

로 나타낸다.

▸▸ μ의 신뢰구간 : 소표본인 경우

μ의 $(1-\alpha)100\%$ 신뢰구간은 다음과 같다.

$$\bar{x}\pm t\frac{s}{\sqrt{n}}$$

여기서 사용된 t는 주어진 신뢰수준과 자유도 $n-1$인 t분포표로부터 찾을 수 있다.

예제 8-2 다음은 출생아 15명의 머리둘레에 대한 자료이다. (단위: cm)

33.38	32.15	33.99	34.10	33.97	34.34	33.95	33.85
34.23	32.73	33.46	34.13	34.45	34.19	34.05	

출생아의 평균 머리둘레 μ의 99% 신뢰구간을 구하여라. 단, 출생아의 머리둘레는 정규분포를 따른다고 가정한다

풀이 **단계 1** 주어진 정보를 이용하여 $s_{\bar{X}}$ 계산

$$n=15,\qquad \bar{x}=33.798,\qquad s=0.630$$

$\bar{X}$의 표본표준편차는

$$s_{\bar{X}}=\frac{s}{\sqrt{n}}=\frac{0.630}{\sqrt{15}}=0.163$$

이다.

단계 2 t값 찾기

자유도는 $df=n-1=15-1=14$이고, 신뢰수준은 99%이므로 t분포의 각 꼬리 부분의 면적은 0.005이다. t분포표로부터 자유도 14이고 오른쪽 꼬리 부분의

면적이 0.005인 t값은 2.977이다.

단계 3 μ의 99% 신뢰구간

μ의 99% 신뢰구간은

$$\bar{x} \pm ts_{\overline{X}} = 33.798 \pm 2.977(0.163)$$
$$= (33.313,\ 34.283)$$

이다. 즉 출생아의 평균 머리둘레의 99% 신뢰구간은 33.313 cm와 34.283 cm 사이에 있다.

8.4 모비율의 구간추정: 대표본인 경우

7장에서 모비율은 p로 나타내고 표본비율은 $\hat{p}$로 나타내었다. 여기서는 표본비율 $\hat{p}$을 이용하여 모비율 p를 추정하는 방법을 다룬다. 표본비율 $\hat{p}$의 표본분포는 대표본일 경우 다음과 같다.

1. $\hat{p}$의 표본분포는 근사적으로 정규분포를 따른다.
2. $\hat{p}$의 평균 $\mu_{\hat{p}}$은 모비율 p와 같다.
3. $\hat{p}$의 표준편차 $\sigma_{\hat{p}}$은 $\sqrt{\frac{pq}{n}}$이다. 여기서 $q = 1 - p$.

> **참고** np와 nq가 둘 다 5보다 크다면 표본크기를 대표본으로 생각한다. 만약 p와 q의 값을 모른다면 $n\hat{p}$와 $n\hat{q}$가 둘 다 5보다 큰 경우를 대표본으로 생각한다.

모비율을 추정할 때에는 p와 q의 값을 모른다. 따라서 $\sigma_{\hat{p}}$의 값을 모른다. 그러므로 $\sigma_{\hat{p}}$의 추정량으로 $s_{\hat{p}}$을 사용한다. $s_{\hat{p}}$의 값은 다음 공식을 이용하여 계산한다.

▸▸ $\hat{p}$의 표준편차의 추정량

$\sigma_{\hat{p}}$의 추정량인 $s_{\hat{p}}$은 다음과 같다.

$$s_{\hat{p}} = \sqrt{\frac{\hat{p}\hat{q}}{n}}$$

표본비율 $\hat{p}$은 모비율 p의 점추정량이다. 평균의 경우와 마찬가지로 모비율에 대한 점추정을 사용할 때마다 그 점추정과 관계된 오차한계를 계산한다. 모비율 추정에 대한 95% 오차한계는 다음과 같이 계산할 수 있다.

$$95\%\ \text{오차한계} = \pm\, 1.96 s_{\hat{p}}$$

즉 표본비율의 표본표준편차에 ± 1.96을 곱한 값이다.

대표본에서 모비율의 신뢰구간은 표본비율 $\hat{p}$의 근사적인 정규성으로부터 구할 수 있다. $\hat{p}$은 평균이 p이고 표준편차가 $\sqrt{pq/n}$인 정규분포로 근사하기 때문에, 확률구간 $\hat{p} \pm z_{\alpha/2}\sqrt{pq/n}$를 사용하려고 한다. 그러나 표준편차가 미지의 모수 p를 포함하고 있으므로 신뢰구간의 값을 구할 수 없다. 따라서 추정된 표준편차 $\sqrt{\hat{p}\hat{q}/n}$를 사용하여, 모비율 p의 $(1-\alpha)100\%$ 신뢰구간은 다음과 같은 공식을 이용하여 구할 수 있다.

▸▸ 모비율 p의 신뢰구간

모비율 p의 $(1-\alpha)100\%$ 신뢰구간은 다음과 같다.

$$\hat{p} \pm z\sqrt{\frac{\hat{p}\hat{q}}{n}}$$

여기서 사용된 z는 주어진 신뢰수준에서 표준정규분포표로부터 얻어진다.

예제 8-3 어느 도시 성인 집단을 대상으로 구강 위생의 실행 태도에 관한 조사를 실시하였다. 성인 300명을 면접 조사한 결과 123명이 정기적으로 1년에 2번씩 구강검사를 한다고 대답하였다.

(1) 이 도시 성인이 정기적으로 1년에 2번씩 구강검사를 하는 비율 p의 점추정치는 무엇인가? 이 추정치의 95% 오차한계는 무엇인가?

(2) 이 도시 성인이 정기적으로 1년에 2번씩 구강검사를 하는 비율 p의 95% 신뢰구간을 구하여라.

풀이 **단계 1** 주어진 정보로부터 $s_{\hat{p}}$ 계산

$$n = 300,\ \ \hat{p} = 0.41,\ \ \hat{q} = 1 - \hat{p} = 1 - 0.41 = 0.59$$

먼저 표본비율의 표본표준편차를 계산하면

$$s_{\hat{p}} = \sqrt{\frac{\hat{p}\hat{q}}{n}} = \sqrt{\frac{(0.41)(0.59)}{300}} = 0.0284$$

이다.

$n\hat{p} = 300(0.41) = 123$과 $n\hat{q} = 300(0.59) = 177$이 둘 다 5보다 크므로 $\hat{p}$의 표본분포는 근사적으로 정규분포를 따른다. 그러므로 정규분포를 이용하여 p의 점

추정치에 대한 오차한계나 p에 대한 신뢰구간을 구할 수 있다.

이 도시 성인이 정기적으로 1년에 2번씩 구강검사를 하는 비율 p의 점추정치는 0.41이다. 즉

$$p\text{의 점추정치 } \hat{p} = 0.41$$

$\hat{p}$의 95% 오차한계는 다음과 같다.

$$95\%\text{ 오차한계} = \pm 1.96 s_{\hat{p}} = \pm 1.96(0.0284) = \pm 0.0557$$

단계 2 z값 찾기
신뢰수준이 95%이므로 그 값에 대응되는 z값은 1.96이다.

단계 3 p의 95% 신뢰구간
p의 신뢰구간의 공식에 모든 값을 대입하면

$$\begin{aligned}\hat{p} \pm z s_{\hat{p}} &= 0.41 \pm 1.96(0.0284) \\ &= 0.41 \pm 0.0557 \\ &= (0.3542,\ 0.4657)\end{aligned}$$

이다. 즉 이 도시 성인이 정기적으로 1년에 2번씩 구강검사를 하는 비율 p의 95% 신뢰구간은 46.57%와 35.43% 사이에 있다.

8.5 모평균의 추정을 위한 표본크기의 결정

지금까지는 주어진 표본을 이용하여 모수를 추정하는 문제를 다루었다. 그러나 이러한 표본을 얻기 전에 표본크기를 얼마로 할 것인가를 결정해야 할 경우가 많다. 일반적으로 표본크기가 클수록 비용이 많이 들고 시간이 많이 소요되기 때문에, 주어진 정밀도를 만족시키기 위한 표본크기를 사전에 결정하는 것이 필요하다.

μ에 대한 추정치의 최대오차는

$$E = z\sigma_{\overline{X}} = z\frac{\sigma}{\sqrt{n}}$$

이다. 만약 최대오차의 크기 E가 미리 주어질 때, 이 최대오차에 해당되는 표본크기를 결정하자. 위의 식으로부터 표본크기를 결정하는 다음의 공식을 얻을 수 있다.

▸▸ **μ의 추정을 위한 표본크기의 결정**

신뢰수준과 모표준편차 σ가 주어지고, μ의 신뢰구간 추정치의 최대오차 E가 미리 주어질 때, 이 최대오차에 해당되는 표본크기 n은

$$n = \frac{z^2\sigma^2}{E^2}$$

이다.

표본크기는 정수가 되어야 하므로 계산된 값이 정수가 아닌 경우는 그 값의 다음에 오는 정수를 표본크기로 택한다.

만약 모표준편차 σ를 모를 때는, 임의로 정한 크기의 예비 표본을 추출하여 표본표준편차를 구한다. 위 공식에서 σ 대신에 s를 사용하여 표본크기 n을 결정한다. 그러나 σ 대신에 s를 사용하는 것은 미리 주어진 최대오차보다 훨씬 더 많은 (혹은 더 적은) 오차를 유발할 수 있다. 이것은 s가 σ를 얼마나 잘 추정하는가에 달려 있다.

예제 8-4 예제 8-1에서 이 학교 신입생의 평균체중 μ에 대한 95% 신뢰구간 추정치의 최대오차를 1 kg으로 하려고 한다. 예제 8-1에서 주어진 자료가 이를 위한 예비 표본추출 결과라고 할 때, 이 최대오차에 해당되는 표본크기를 구하라.

풀이 주어진 정보로부터 $s = 4.256$, 추정치의 최대오차 E는 1이다. 또한 95% 신뢰수준에 대한 z의 값은 1.96이다. 따라서 최대오차에 해당되는 표본크기는

$$n = \frac{z^2 s^2}{E^2} = \frac{(1.96^2)(4.256^2)}{1^2} = 69.585$$

이다. 그러므로 필요한 표본크기는 70명이다.

8.6 모비율의 추정을 위한 표본크기의 결정

p에 대한 추정치의 최대오차는

$$E = z\sigma_{\hat{p}} = z\sqrt{\frac{pq}{n}}$$

이다. 만약 E, p, z가 미리 주어질 때, 이 최대오차에 해당되는 표본크기를 결정하자. 위의 식으로부터 표본크기를 결정하는 다음과 같은 공식을 얻을 수 있다.

▸▸ p의 추정을 위한 표본크기의 결정

신뢰수준과 모비율 p가 주어지고, p의 신뢰구간 추정치의 최대오차 E가 미리 주어질 때, 이 최대오차에 해당되는 표본크기 n은

$$n = \frac{z^2 pq}{E^2}$$

이다.

위의 공식으로부터 n을 찾기 위해서는 p의 값을 알아야 한다. 그러나 p의 값을 알지 못하는 경우가 흔히 있다. 그러한 경우에는 다음과 같은 방법 중 하나를 선택할 수 있다.

1. $p = 0.5$를 사용함으로써 표본 크기 n의 가장 보수적인 값을 구한다. 즉 주어진 E에 대해서 $p = 0.5$의 값은 다른 p의 값들과 비교할 때 가장 큰 표본크기를 준다. 즉

$$n = \frac{z^2}{4E^2}$$

2. 임의로 정한 크기의 예비 표본을 추출하여 표본비율 $\hat{p}$을 계산하고, 위 공식에서 p와 q대신에 $\hat{p}$과 $\hat{q}$을 사용하여 표본크기 n을 결정한다.

예제 8-5 면역학자가 어느 대도시 지역의 성인들 중에 간염 B형 바이러스를 가지고 있는 비율을 추정하려고 한다. 모비율 p에 대한 99% 신뢰구간 추정치의 최대오차를 0.05로 하려고 한다. 이 최대오차에 해당되는 표본크기를 구하라. 이와 비슷한 도시 지역에서의 비율은 0.20이라고 한다.

풀이 주어진 정보로부터 추정치의 최대오차 E는 0.03이다. 또한 99% 신뢰수준에 대한 z의 값은 2.58이다. 따라서 이 최대오차에 해당되는 표본크기 n은

$$n = \frac{z^2 pq}{E^2} = \frac{(2.58^2)(0.20)(0.80)}{0.05^2} = 426.0096$$

이다. 그러므로 필요한 표본크기는 427명이다.

예제 8-6 한 도시에서 취업적령자를 대상으로 실업률을 조사하려고 한다. 이 도시의 실업률 p에 대한 95% 신뢰구간 추정치의 최대오차를 0.04로 하려고 한다. 이 최대오차에 해당되는 표본크기를 구하라.

풀이 추정치의 최대오차 E는 0.04이다. 또한 95% 신뢰수준에 대한 z의 값은 1.96이다. p에 대한 정보가 전혀 없으므로, $p = 0.5$를 사용함으로써 표본크기 n의 가장

보수적인 값을 구한다. 즉

$$n = \frac{z^2}{4E^2} = \frac{1.96^2}{4(0.04^2)} = 600.25$$

이다. 따라서 필요한 표본크기는 601명이다.

연습문제

8.1 주어진 자료로부터 $n = 81$, $\bar{x} = 44.25$, $s = 4.5$를 얻었다.

(1) μ의 점추정치는 무엇인가?
(2) μ의 점추정치와 관계된 95% 오차한계는 무엇인가?
(3) μ의 95% 신뢰구간을 구하라.
(4) (3)에서 μ에 대한 추정치의 최대오차는 무엇인가?

8.2 모표준편차 $\sigma = 16.4$인 모집단으로부터 100개의 표본을 추출하여 얻은 표본평균은 $\bar{x} = 143.72$이다.

(1) μ의 99% 신뢰구간을 구하라.
(2) μ의 95% 신뢰구간을 구하라.
(3) μ의 90% 신뢰구간을 구하라.
(4) 위에서 구한 신뢰구간의 폭이 신뢰수준이 감소함에 따라 감소하는가? 이유를 설명하라.

8.3 모표준편차 $\sigma = 6.30$인 모집단으로부터 표본을 추출하여 얻은 표본평균은 $\bar{x} = 78.90$이다.

(1) 표본크기를 $n = 36$이라고 가정할 때, μ의 95% 신뢰구간을 구하라.
(2) 표본크기를 $n = 81$이라고 가정할 때, μ의 95% 신뢰구간을 구하라.
(3) 표본크기를 $n = 100$이라고 가정할 때, μ의 95% 신뢰구간을 구하라.
(4) 위에서 구한 신뢰구간의 폭이 표본크기가 증가함에 따라 감소하는가? 이유를 설명하라.

8.4 다음 자료는 어떤 도시에 거주하는 자가용 운전자 40명을 임의로 뽑아 1년간 달린 주행거리를 조사한 결과이다. (단위: 1,000 km)

17 22 13 15 19　16 22 14 27 20　26 14 25 20 21
16 20 14 20 21　22 23 23 30 22　19 14 20 18 15
18 12 23 17 17　27 24 24 25 22

(1) 이 도시에 거주하는 자가용 운전자의 1년간 달린 평균 주행거리 μ의 점추정치는 무엇인가? 이 추정치의 95% 오차한계는 무엇인가?

(2) 이 도시에 거주하는 자가용 운전자의 1년간 달린 평균 주행거리 μ의 90% 신뢰구간을 구하라.

8.5 정규분포를 따르는 모집단으로부터 12개의 표본을 추출한 것이 다음과 같다.

13 15 9 11 8 16
14 9 10 14 16 12

(1) μ의 점추정치는 무엇인가?

(2) μ의 95% 신뢰구간을 구하라.

(3) (2)에서 μ에 대한 추정치의 최대오차는 무엇인가?

8.6 자동차 브레이크를 밟은 후에 정지할 때까지 걸리는 평균 정지시간을 추정하려고 한다. 과거의 경험에 의하면 표준편차는 0.4초라고 한다. 평균수명에 대한 99% 신뢰구간 추정치의 최대오차를 0.01초로 하려고 한다. 이 최대오차에 해당되는 표본크기를 구하라.

8.7 다음은 어느 대학교 신입생 중에서 랜덤 추출한 14명을 대상으로 최대 폐활량을 조사한 결과이다.

132 33 91 108 67 169 54 203 190 133 96 30 187 63

단, 이 대학교 신입생들의 최대 폐활량은 정규분포를 따른다고 가정한다.

(1) 이 대학교 신입생의 최대 폐활량 평균 μ의 점추정치는 무엇인가?

(2) 이 대학교 신입생의 최대 폐활량 평균 μ의 95% 신뢰구간을 구하라.

(3) (2)에서 μ에 대한 추정치의 최대오차는 무엇인가?

(4) 이 대학교 신입생의 최대 폐활량 평균 μ에 대한 95% 신뢰구간 추정치의 최대오차를 5로 하려고 한다. 이 최대오차에 해당되는 표본크기를 구하라.

8.8 어떤 모집단으로부터 추출된 900개의 표본에서 구한 표본비율이 0.32이다.

(1) 모비율 p의 90% 신뢰구간을 구하라.

(2) 모비율 p에 대한 90% 신뢰구간 추정치의 최대오차를 0.05로 하려고 한다. 이 최대오차에 해당되는 표본크기를 구하라.

8.9 어떤 모집단으로부터 추출된 500개의 표본에서 구한 표본비율이 0.32 이다.

(1) 모비율 p의 90% 신뢰구간을 구하라.

(2) 모비율 p의 95% 신뢰구간을 구하라.

(3) 모비율 p의 99% 신뢰구간을 구하라.

(4) 위에서 구한 신뢰구간의 폭이 신뢰수준이 감소함에 따라 감소하는가? 이유를 설명하라.

8.10 어떤 모집단으로부터 추출된 표본에서 구한 표본비율이 0.67이다.

(1) 표본크기를 $n=100$이라고 가정할 때, 모비율 p의 95% 신뢰구간을 구하라.

(2) 표본크기를 $n=600$이라고 가정할 때, 모비율 p의 95% 신뢰구간을 구하라.

(3) 표본크기를 $n=1500$이라고 가정할 때, 모비율 p의 95% 신뢰구간을 구하라.

(4) 위에서 구한 신뢰구간의 폭이 표본크기가 증가함에 따라 감소하는가? 이유를 설명하라.

8.11 50만 원 이상의 보험에 가입하는 사람들의 비율을 추정하기 위해 500명을 임의로 추출하여 조사한 결과 62명이 50만 원 이상의 보험에 가입한 것으로 나타났다.

(1) 모비율 p의 95% 신뢰구간을 구하라.

(2) 모비율 p에 대한 95% 신뢰구간 추정치의 최대오차를 0.05로 하려고 한다. 이 최대오차에 해당되는 표본크기를 구하라.

8.12 어느 지역에서 의료혜택을 받지 못하는 가구의 비율을 추정하기 위한 조사를 하고자 한다. 비율 p에 대한 99% 신뢰구간 추정치의 최대오차를 0.03으로 하려고 한다. 이 최대오차에 해당되는 표본크기를 구하라.

8.13 어느 병원 행정가가 그 병원에서 태어나는 아이들의 평균체중을 추정하려고 한다. 평균체중 μ에 대한 99% 신뢰구간 추정치의 최대오차를 1.2 kg으로 하려고 한다. 이 최대오차에 해당되는 표본크기를 구하라. σ는 1 kg으로 가정한다. 신뢰구간을 95%로 낮춘다면 표본크기는 얼마 정도가 좋은가?

8.14 어느 심리학 실험에서 각 개인은 어떤 자극에 A 또는 B라는 두 가지 중 하나의 반응을 나타낸다. A 반응을 보인 사람의 비율 p를 추정하고자 한다. 다음의 각 경우에 대해 p에 대한 90% 신뢰구간 추정치의 최대오차를 0.04로 하려고 한다면 이 최대오차에 해당되는 표본크기를 구하라.

(1) p가 0.2임을 알 때

(2) p의 값에 관한 지식이 전혀 없을 때

8.15 보건위생국은 어떤 도시에서 시각장애자의 비율 p를 추정하려고 한다. 다음 각각의 경우에 대해 p에 대한 95% 신뢰구간 추정치의 최대오차를 0.05로 하려고 한다면 이 최대오차에 해당되는 표본크기를 구하라.

(1) p의 값이 0.3이라고 알고 있을 때

(2) p의 값에 관한 정보가 없을 때

8.16 65개 전자레인지의 표본에서 방사열 측정값의 평균은 $\bar{x}=0.11$이고 표준편차는 $s=0.06$이었다. 전자레인지의 평균 방사열에 대한 95% 신뢰구간을 구하라.

엑셀실습

1. 모평균의 구간추정 : 대표본($n \geq 30$)인 경우

● **E8-1** 다음 데이터는 임의로 선택된 36명의 어른의 키(단위: 인치)이다.

65	68	71	66	69	60	62	69	74	68	70	63
62	72	75	69	65	62	71	68	63	60	66	68
70	68	63	67	71	61	66	61	69	72	71	67

엑셀을 사용하여 전체 어른의 평균 키 μ에 대한 95% 신뢰구간을 구하라.

풀이

단계 1. 1열에 36명의 키의 데이터를 입력한다.

단계 2. 제 3장에서 설명된 『AVERAGE』 함수와 『STDEV』 함수를 사용하여 표본평균과 표본표준편차를 계산하면

$$\bar{x} = 67,\ \ s = 4.0356$$

이다.

단계 3. 【함수 삽입】에서 『범주선택』을 통계로 설정하고 『NORM.S.INV』를 선택한다. 구하는 신뢰구간이 95%이므로 Probability에 $1 - \frac{1-0.95}{12} = 1 - 0.025 = 0.975$를 입력하여 $z_{\alpha/2}$의 값을 구한다.

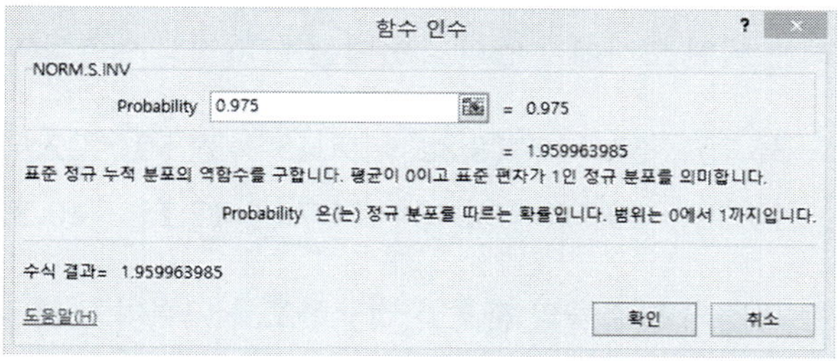

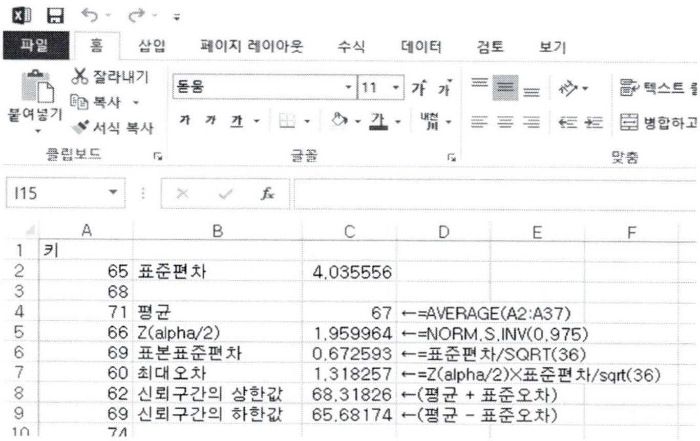

	A	B	C	D
1	키			
2	65	표준편차	4.035556	
3	68			
4	71	평균	67	←=AVERAGE(A2:A37)
5	66	Z(alpha/2)	1.959964	←=NORM.S.INV(0.975)
6	69	표본표준편차	0.672593	←=표준편차/SQRT(36)
7	60	최대오차	1.318257	←=Z(alpha/2)×표준편차/sqrt(36)
8	62	신뢰구간의 상한값	68.31826	←(평균 + 표준오차)
9	69	신뢰구간의 하한값	65.68174	←(평균 - 표준오차)
10	74			

단계 4. 추정된 표준오차=표본표준편차/$\sqrt{36}$의 값을 계산하고 **단계 3**에서 구한 $z_{\alpha/2}$의 값을 곱하여 최대오차를 계산한다.

단계 5. 표본평균최대오차를 계산해서 신뢰구간을 구한다.

67.00은 데이터의 표본평균이고, 4.0356은 모집단의 표준편차 σ 대신에 사용한 표본표준편차이다. 0.673은 추정된 표준오차(표본평균의 표준편차의 추정치)인 $s/\sqrt{n} = 4.036/\sqrt{36} = 0.673$이다. 그리고 65.682는 모평균 μ의 95% 신뢰구간의 하한값이며, 68.318은 μ의 95% 신뢰구간의 상한값이다. 따라서 어른들의 평균 키 μ의 95% 신뢰구간은 (65.682, 68.318)인치이다.

만약 모표준편차 σ를 알 때에는 단계 2를 생략하고 단계 3에서 알고 있는 σ의 값을 사용하면 된다.

2. 모평균의 구간추정 : 소표본($n < 30$)인 경우

표본크기가 작고, 모집단이 정규분포를 따르며, 모표준편차 σ를 모를 때는 t분포를 이용하여 모평균의 신뢰구간을 구한다.

● E8-2 다음 데이터는 어떤 도시에서 임의로 선택된 12가정의 연소득(단위: $1,000)이다.

36.75	52.43	18.82	28.45	39.50	22.65
14.30	46.75	24.48	31.70	17.25	40.27

이 도시에 있는 모든 가정의 연소득의 분포가 정규분포를 따른다고 가정할 때, 엑셀을 사용하여 이 도시에 살고 있는 모든 가정의 평균 연소득에 대한 99% 신뢰구간을 구하라.

풀이

단계 1. 1열에 12가정의 연소득의 데이터를 넣는다.

단계 2. 3장에서 설명된 『AVERAGE』 함수와 『STDEV』 함수를 사용하여 표본평균과 표본표준편차를 계산하면

$$\bar{x} = 67, \quad s = 4.0356$$

이다.

단계 3. 【함수 삽입】에서『범주선택』을 통계로 설정하고 『T.INV』를 선택한다.

구하고자 하는 신뢰구간이 99%이므로 Probability에 $1 - \dfrac{1-0.99}{2} = 1 - 0.005 = 0.995$, Deg_freedom에 11 $(= 12 - 1)$을 입력하여 $t_{\alpha/2}$의 값을 구한다.

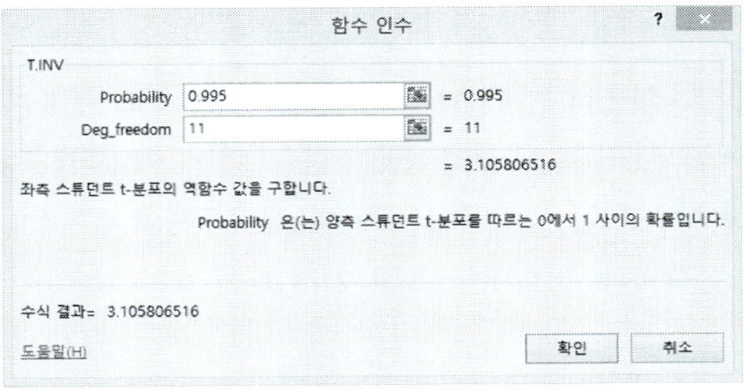

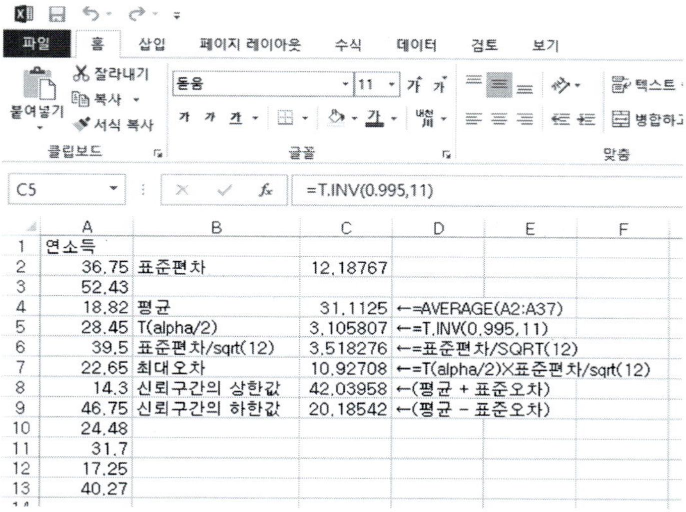

C5 =T.INV(0.995,11)

	A	B	C	D	E	F
1	연소득					
2	36.75	표준편차	12.18767			
3	52.43					
4	18.82	평균	31.1125	←=AVERAGE(A2:A37)		
5	28.45	T(alpha/2)	3.105807	←=T.INV(0.995,11)		
6	39.5	표준편차/sqrt(12)	3.518276	←=표준편차/SQRT(12)		
7	22.65	최대오차	10.92708	←=T(alpha/2)X표준편차/sqrt(12)		
8	14.3	신뢰구간의 상한값	42.03958	←(평균 + 표준오차)		
9	46.75	신뢰구간의 하한값	20.18542	←(평균 - 표준오차)		
10	24.48					
11	31.7					
12	17.25					
13	40.27					

단계 4. 추정된 표준오차=표본표준편차/$\sqrt{12}$의 값을 계산하고 **단계 3**에서 구한 $t_{\alpha/2}$의 값을 곱하여 최대오차를 계산한다.

단계 5. 표본평균±최대오차를 계산해서 신뢰구간을 구한다.

따라서 이 도시에 살고 있는 모든 가정의 평균 연소득(단위: $1,000)에 대한 99% 신뢰구간은 (20.19, 42.04)이다.

3. 모비율의 구간추정 : 대표본인 경우

● E8-3 어떤 대학교 전교생을 대상으로 랜덤 추출한 92명의 학생 중 28명이 흡연하였다. 이 대학 전교생 흡연비율 p의 95% 신뢰구간을 구하라.

풀이

단계 1. 표본비율 $\hat{p}$과 표본표준편차 $s_{\hat{p}}$을 계산하고, 표본비율 $\hat{p}$의 표준편차의 추정치인 추정된 표준오차 $s_{\hat{p}}/\sqrt{n}$을 계산한다.

단계 2. 【함수 삽입】에서 『범주선택』을 통계로 설정하고 『NORM.S.INV』를 선택한다. 구하고자 하는 신뢰구간이 95%이므로 Probability에 $1-\frac{1-0.95}{2}=1-0.025=0.975$를 입력하여 $z_{\alpha/2}$의 값을 구한다.

단계 3. 표본비율±최대오차로 신뢰구간을 계산한다.

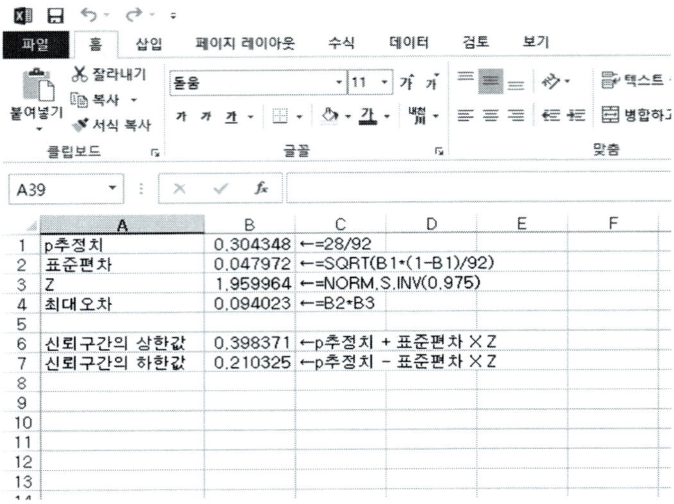

	A	B	C	D	E	F
1	p추정치	0.304348	←=28/92			
2	표준편차	0.047972	←=SQRT(B1*(1-B1)/92)			
3	Z	1.959964	←=NORM.S.INV(0.975)			
4	최대오차	0.094023	←=B2*B3			
5						
6	신뢰구간의 상한값	0.398371	←p추정치 + 표준편차 X Z			
7	신뢰구간의 하한값	0.210325	←p추정치 - 표준편차 X Z			

그러므로 A대학의 전교생 중 흡연자의 비율에 대한 95% 신뢰구간은 (0.210, 0.398)이다.

CHAPTER 09

모평균과 모비율의 가설검정

통계적 가설검정은 표본으로부터 주어진 정보를 이용하여, 모수에 대한 예상이나 주장 또는 추측 등이 옳은지를 판정하는 추론의 한 방법이다. 이 장에서는 통계적 추론 중 가설검정을 소개하고, 모평균 μ와 모비율 p의 가설검정을 다룬다.

9.1 서론

사회과학이나 자연과학 분야 등에서 새로운 학설이나 주장과 같은 모집단에 대한 어떤 추측을 **통계적 가설**(statistical hypothesis)이라고 하며, 가설을 채택하거나 기각하는 통계적 의사결정 과정을 **통계적 가설검정**(testing of statistical hypothesis)이라고 한다. 가설은 **귀무가설**(null hypothesis)과 **대립가설**(alternative hypothesis)이 있으며, 입증하고자 하는 새로운 가설을 대립가설로 설정하고 자료로부터 확실한 근거에 의하여 참임을 입증하기를 원한다. 어떤 가설이 통계적으로 입증되었다는 주장을 하기 위해서는 그것을 뒷받침할 합당한 증거가 데이터에 나타나야 한다. 이것은 법정에서 배심원이 유죄의 증거가 확실하지 않는 한 무죄라는 귀무가설에 집착하는 것과 매우 유사하다고 하겠다. 배심원이 심문하는 의도는 피고의 결백보다는 유죄를 입증하는 것이기 때문이다.

약품 문제에서 새로운 약품이 효과가 있다는 것을 통계적으로 입증하고자 할 때, 효과가 있다는 것이 대립가설이 되고, 효과가 있지 않다는 것이 귀무가설이 된다. 귀무가설의 잘못된 기각은 훨씬 심각한 오류를 범하는 것이 된다. 왜냐하면 효과가 좋지 못한 약품을 생산 판매하는 것이 효과가 좋은 약품을 생산 판매하지 못하는 것보다 심각한 문제가 될 수 있기 때문이다.

귀무가설은 대립가설과 상반되는 가설로서, 대립가설이 참이라는 확실한 근거가 없는 경우

	법정	통계적 가설검정
필요한 강력한 증거	유죄	추측
귀무가설(H_0)	무죄	추측이 거짓
대립가설(H_1)	유죄	추측이 참
기본태도	강력한 유죄의 증거가 있기 전에는 '무죄'를 지지한다.	표본으로부터 귀무가설에 반하는 사실을 강력하게 입증하지 않으면 귀무가설을 그대로 유지한다.

에 받아들이는 가설이다. 보통 귀무가설을 H_0로 대립가설을 H_1으로 나타낸다.

▸▸ 대립가설

표본으로부터 확실한 근거에 의하여 입증하고자 하는 가설로서, 흔히 H_1으로 나타낸다.

▸▸ 귀무가설

대립가설과 상반되는 가설로서, 대립가설이 참이라는 확실한 근거가 없을 때 받아들이는 가설이다. 흔히 H_0로 나타낸다.

가설검정은 표본으로부터 얻어지는 정보를 바탕으로 이루어지기 때문에 잘못된 결정을 내려 오류를 범할 수 있다. 이러한 가설검정의 오류에는 귀무가설이 참일지라도 검정에 의해 귀무가설을 기각하는 **제1종 오류**(type I error)와, 대립가설이 참일 때 검정에서 귀무가설이 기각되지 못하는 **제2종 오류**(type II error)가 있다. 이들을 요약하면 다음과 같다.

검정결과	실제상황	
	H_0가 참인 경우	H_1가 참인 경우
H_0를 기각하지 않음	옳은 결정	제2종 오류
H_0를 기각함	제1종 오류	옳은 결정

▸▸ 제1종 오류

귀무가설이 참임에도 불구하고 검정에서 귀무가설을 기각하는 오류

▸▸ 제2종 오류

대립가설이 참임에도 불구하고 검정에서 귀무가설을 기각하지 못하는 오류

통계적 가설검정에서는 제1종 오류와 제2종 오류를 범할 확률을 주어진 값 이내로 관리하게 된다. 그러나 일정한 표본크기에서는 제1종 오류의 가능성을 줄이려고 하면 제2종 오류의 가능성이 커지므로 두 종류의 오류를 동시에 관리할 수 없다. 따라서 표본크기가 미리 정해진 경우(또는 데이터가 주어진 경우)에는 제1종 오류만을 관리하게 된다. 귀무가설 H_0가 참일 때, 이를 기각하는 오류를 범할 확률의 최댓값을 **유의수준**(significance level)이라고 하며, 흔히 유의수준을 α로 나타낸다. 유의수준 α인 검정법이란 제1종 오류를 범할 확률이 α 이하인 검정법을 뜻한다. 흔히 사용하는 유의수준은 1%(0.01), 5%(0.05), 10%(0.10)이다.

▸▸ **유의수준**

제1종 오류를 범할 확률의 최댓값이다. 즉 귀무가설 H_0가 참일 때, 이를 기각하는 오류를 범할 확률의 최댓값이며, α로 나타낸다.

또한 귀무가설 H_1이 참일 때, 귀무가설을 기각하지 못하는 오류인 제2종 오류의 확률은 β로 표시한다. 즉

$$\beta = P(\text{제2종 오류})$$

이다. 이 확률은 H_1에 속하는 모수 값에 따라 다른 확률값을 가진다.

가설검정에서 이용하는 통계량을 **검정통계량**(test statistic)이라고 한다. 가설검정은 검정통계량의 관측값이 어떤 영역에 속하면 귀무가설을 기각하고, 그렇지 않으면 귀무가설을 기각할 수 없다는 결론을 내리게 되는데, 이 영역을 검정통계량의 **기각역**(rejection region or critical region)이라고 한다. 기각역은 유의수준이 만족되도록 설정된다. 또한 기각역이 아닌 영역을 **채택역**(acceptance region)이라고 한다.

▸▸ **검정통계량**

가설검정을 하기 위해 사용하는 통계량

▸▸ **기각역**

귀무가설 H_0를 기각시키는 검정통계량의 관측값의 영역

가설검정의 결과 H_0를 기각하지 못하고 H_0를 유지한다는 것은 그것을 기각하기 위한 증거의 부족으로 설명되어야 함을 강조한다. 그러한 의미에서 'H_0가 채택되었다' 라고 말하기보다는 오히려 'H_0가 기각되지 못했다' 라고 말한다.

주어진 유의수준 α를 가지는 검정의 결과는 다음과 같이 말해야 한다.

1. 검정통계량의 값이 기각역에 들어가면,

유의수준 α에서 H_0가 기각되었다.

2. 검정통계량의 값이 기각역에 들어가지 않으면,

유의수준 α에서 H_0가 기각되지 못하였다.

가설검정에서 대립가설이 나타내는 모수의 영역은 한쪽 또는 양쪽에 있게 된다. 대립가설에서 모수의 영역이 오른쪽 방향으로만 주어질 때 **오른쪽꼬리검정**(right-tailed test)이라고 하고, 왼쪽 방향으로만 주어질 때 **왼쪽꼬리검정**(left-tailed test)이라고 하며, 양쪽 방향으로 주어지는 검정을 **양쪽꼬리검정**(two-tailed test)이라고 한다. 예를 들어 모수 θ에 관한 검정에서 귀무가설 $H_0:\theta=\theta_0$(θ_0는 주어지는 값)에 대한 대립가설은 다음과 같은 세 가지 경우가 있다.

1. $H_1:\theta>\theta_0$(오른쪽꼬리검정)
2. $H_1:\theta<\theta_0$(왼쪽꼬리검정)
3. $H_1:\theta\neq\theta_0$(양쪽꼬리검정)

참고 귀무가설은 대립가설과 상반되는 가설로서 1. $H_0:\theta\leq\theta_0$ 또는 2. $H_0:\theta\geq\theta_0$로 하는 것이 원칙이나, 편의상 위의 세 가지 모두에 $H_0:\theta=\theta_0$로 하여도 검정은 같은 결과를 준다.

일반적인 가설검정 절차는 다음과 같다.

▸▸ 가설검정 절차

단계 1 귀무가설과 대립가설을 설정한다.

단계 2 검정에 사용되는 검정통계량을 선택한다.

단계 3 유의수준 α에 따른 기각역을 구한다.

단계 4 검정통계량의 값을 계산한다.

단계 5 검정통계량의 값이 기각역에 속하면 유의수준 α에서 귀무가설을 기각하고, 그렇지 않으면 유의수준 α에서 귀무가설을 기각할 수 없다고 결정한다. 혹은 단계 4와 5 대신에 다음과 같은 단계 4−1과 단계 5−1을 이용하기도 한다.

단계 **4−1** 검정통계량의 값을 구하여 그 값에 대한 p값을 계산한다.

단계 **5−1** p값이 유의수준 α보다 작으면 유의수준 α에서 귀무가설을 기각하고, 그렇지 않으면 유의수준 α에서 귀무가설을 기각할 수 없다고 결정한다.

가설검정에서 사용되는 개념 중에 흔히 **p값**(p - value)으로 표현되는 **유의확률**(significance probability)은 귀무가설이 기각되는 최소 유의수준이다. 즉 유의확률은 H_0를 기각하는 증거의 강도를 나타내는 측도라 할 수 있다. 따라서 p값이 작으면 작을수록 귀무가설이 기각될 증거가 커진다고 할 수 있다. 실제로 '검정통계량의 값이 유의수준 α인 기각역에 속한다'와 '유의확률 p값이 유의수준 α보다 작다'는 같은 의미이다. 즉 p값이 유의수준 α보다 작으면 '유의수준 α에서 귀무가설을 기각한다'라고 결정한다. 미리 정해진 유의수준 α를 가지는 가설검정을 할 때, 유의확률을 부가적으로 기록하는 것은 매우 바람직한 통계적 습관이라 하겠다.

▸▸ **p값**

검정통계량의 관찰값이 귀무가설을 기각하는 방향으로 나타나는 확률로서, 귀무가설을 기각하게 되는 최소의 유의수준이다.

주어진 어떤 검정에서 모든 모수의 값에 대해, 귀무가설 H_0를 기각하는 확률의 그래프를 그 검정의 **검정력 곡선**(power curve)이라고 한다. 즉

$$\text{검정력 곡선} = P(H_0\text{기각})$$

모수의 값이 H_0에 속하는 경우에 검정력 곡선의 값은 P(제1종 오류)이 되며, 모수의 값이 H_1에 속하는 경우에 검정력 곡선의 값은 $1 - P$(제2종 오류)가 된다. 이와 같이 H_0를 기각할 확률인 검정력 곡선은 실제상황으로 일어날 수 있는 모든 경우에 대한 검정의 실행을 완전히 묘사하고 있다. 따라서 좋은 검정이 되려면 실제의 모수가 H_0에 속하는 경우에는 검정력 곡선의 값은 제1종 오류의 확률이 되므로 작아야 할 것이고, 실제의 모수가 H_1에 속하는 경우에 검정력 곡선의 값은 (1 - 제2종 오류의 확률)이 되므로 커야 할 것이다.

9.2 모평균의 가설검정: 대표본인 경우

대표본인 경우에 모평균 μ에 관한 가설을 검정하는 문제를 다루어 보자.

7장에서 다룬 중심극한정리에 의해서 표본평균 $\overline{X}$는 표본크기 n이 클 때 모집단의 분포에 관계없이 평균이 μ이고 표준편차가 $\sigma/\sqrt{n}$인 정규분포로 근사함을 공부하였다. 먼저 모표준편차 σ를 알고 있는 경우에 μ의 가설검정을 살펴보자.

특별히 다음 형태의 μ에 관한 오른쪽꼬리검정을 생각해 보자.

$$H_0: \mu \le \mu_0$$
$$H_1: \mu > \mu_0$$

여기서 μ_0는 주어진 값이다.

표본평균 $\overline{X}$의 분포는 $N(\mu, \sigma/\sqrt{n})$이므로 μ를 중심으로 분포되어 있다. 따라서 $\overline{X}$는 μ에 가까운 값을 취하는 것으로 기대되기 때문에, 만약 $\overline{X}$의 관측값이 μ_0에 비해 상당히 크게 나타난다면 μ가 μ_0에 비해 클 수 있다($H_1: \mu > \mu_0$)는 증거로 여길 수 있으므로 $H_0: \mu \le \mu_0$를 기각해야 할 것이다. 다시 말해 $\overline{X} - \mu_0$가 비교적 큰 값을 가진다면 H_1을 지지하게 되어 H_0를 기각해야 한다. $\overline{X}$의 표준편차가 $\sigma/\sqrt{n}$이므로 기각역은 다음 형태를 취한다.

$$\frac{\overline{X} - \mu_0}{\sigma/\sqrt{n}} \ge c$$

기각역의 경계값 c는 미리 지정된 제1종 오류를 범할 확률의 최댓값인 유의수준 α로부터 결정해야 한다. 제1종 오류를 범할 확률은 $\mu = \mu_0$일 때 최대가 된다. 그러므로 $\mu = \mu_0$일 때 다음을 만족하는 c를 결정하면 된다.

$$P\left(\frac{\overline{X} - \mu_0}{\sigma/\sqrt{n}} \ge c\right) = \alpha$$

이 경우에서 표준화된 확률변수

$$Z = \frac{\overline{X} - \mu_0}{\sigma/\sqrt{n}}$$

는 $N(0, 1)$를 따른다. 그리고 $P(Z \ge z_\alpha) = \alpha$이므로 유의수준 α를 만족하는 조건은 $c = z_\alpha$를 택하면 된다.

표본크기가 30보다 큰 대표본인 경우에는 모표준편차 σ를 표본표준편차 s로 추정할지라도 $\overline{X}$의 정규근사는 타당하다. 따라서 모표준편차 σ를 알고 모름에 관계없이 정규분포를 이용하여 모평균의 가설검정을 할 수 있다.

대표본인 경우에 모평균 μ의 가설검정법을 요약하면 다음과 같다.

▸▸ 대표본인 경우에 모평균의 검정

1. 귀무가설 $H_0: \mu = \mu_0$
2. 검정통계량 $Z = \dfrac{\overline{X} - \mu_0}{\sigma/\sqrt{n}}$: σ를 알 때

   $Z = \dfrac{\overline{X} - \mu_0}{s/\sqrt{n}}$: σ 를 모를 때
3. 기각역

   (1) $H_1: \mu > \mu_0$일 때, $Z \ge z_\alpha$

(2) $H_1: \mu < \mu_0$ 일 때, $Z \leq -z_\alpha$

(3) $H_1: \mu \neq \mu_0$ 일 때, $|Z| \geq z_{\alpha/2}$

참고 대립가설 (1)과 (2)에 대한 귀무가설이 각각 $H_0: \mu \leq \mu_0$와 $H_0: \mu \geq \mu_0$인 경우에도 위의 검정법을 그대로 따른다. 이 검정의 검정통계량 Z는 귀무가설이 참일 때 표준정규분포를 따른다. 이와 같은 검정을 정규검정(normal test) 혹은 z-검정(z-test)이라고 한다.

z-검정에서 기각역의 모양을 그림으로 나타내면 다음과 같다.

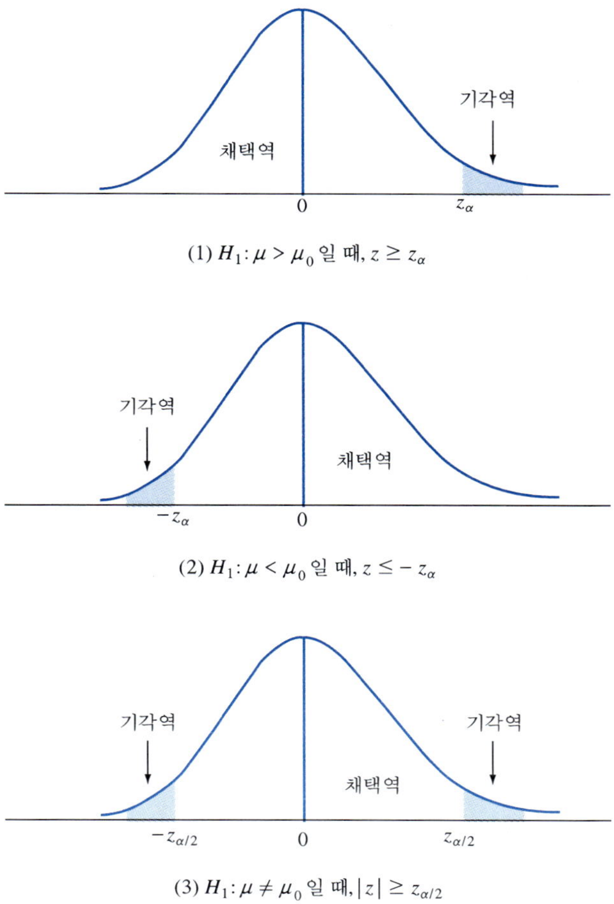

그림 9-1 z-검정의 기각역

예제 9-1 예제 8-1의 자료를 이용하여 이 학교 신입생의 평균 몸무게 μ가 55 kg보다 크다고 할 수 있는가? 유의수준 1%에서 검정하라.

풀이 주어진 정보로부터

$$n=40,\ \ \bar{x}=58.29,\ \ s=4.256,$$
$$s_{\overline{X}}=\frac{s}{\sqrt{n}}=\frac{4.256}{\sqrt{40}}=0.6729$$

이다. 가설검정을 다음과 같이 한다.

단계 1 귀무가설과 대립가설을 설정한다.

$$H_0: \mu=55\ (\text{또는 } \mu \le 55)$$
$$H_1: \mu > 55$$

단계 2 사용할 분포와 검정통계량을 결정한다.

사용할 분포는 표준정규분포이며, 검정통계량은 $Z=\dfrac{\overline{X}-\mu_0}{s/\sqrt{n}}$ 이다

단계 3 기각역을 구한다.

$$Z \ge z_{0.01}=2.326$$

단계 4 검정통계량의 값을 계산한다.

$$Z=\frac{58.29-55}{4.256/\sqrt{40}}=4.889$$

단계 5 $z=4.889 > z_{0.01}=2.326$이므로 기각역에 속한다. 따라서 유의수준 1%에서 귀무가설을 기각한다. 즉 이 자료에 의하면 유의수준 1%에서 이 학교 신입생의 평균 몸무게 μ가 55 kg보다 크다.

9.3 모평균의 가설검정: 소표본인 경우

소표본인 경우에도 만약 표본이 추출된 모집단이 정규분포이고 모표준편차 σ를 알 때에는 정규분포를 이용하여 모평균 μ의 가설검정을 할 수 있다. 그러나 모집단이 정규분포라고 할지라도 모표준편차 σ를 모를 때는, 정규분포 대신에 t분포를 이용하여 모평균의 가설검정을 할 수 있다.

이 경우에 확률변수

$$t=\frac{\overline{X}-\mu}{s_{\overline{X}}}=\frac{\overline{X}-\mu}{s/\sqrt{n}}$$

는 자유도 $n-1$인 t분포를 따른다.

▸▸ t분포를 이용하여 μ의 가설검정을 할 수 있는 조건

다음과 같은 조건을 만족하면 t분포를 이용하여 μ의 가설검정을 할 수 있다.

1. 모집단이 정규분포를 따른다.
2. 표본크기가 소표본($n < 30$)이다.
3. 모표준편차 σ를 모른다.

소표본이면서 모표준편차 σ를 모르는 경우에 μ의 가설검정 절차는 대표본인 경우와 유사하다. 단지 정규분포 대신에 t분포를 사용하는 것이 다른 점이다.

▸▸ 모평균 μ의 가설검정: 소표본이고 모표준편차 σ를 모르는 경우

1. 귀무가설 $H_0: \mu = \mu_0$
2. 검정통계량 $t = \dfrac{\overline{X} - \mu_0}{s/\sqrt{n}}$
3. 기각역

   (1) $H_1: \mu > \mu_0$ 일 때, $t \geq t_\alpha(n-1)$

   (2) $H_1: \mu < \mu_0$ 일 때, $t \leq -t_\alpha(n-1)$

   (3) $H_1: \mu \neq \mu_0$ 일 때, $|t| \geq t_{\alpha/2}(n-1)$

이와 같이 t분포를 이용한 검정을 **t-검정**(t-test)이라고 한다.

예제 9-2 예제 8-2의 자료를 이용하여 출생아의 평균 머리둘레 μ가 33 cm보다 크다고 할 수 있는가? 유의수준 5%에서 검정하라.

풀이 주어진 정보로부터

$$n = 15,\ \ \bar{x} = 33.798,\ \ s = 0.630$$

$$s_{\overline{X}} = \frac{s}{\sqrt{n}} = \frac{0.630}{\sqrt{15}} = 0.163,\ \ df = 14$$

이다. 가설검정을 다음과 같이 한다.

단계 1 귀무가설과 대립가설을 설정한다.

$$H_0: \mu = 33$$
$$H_1: \mu > 33$$

단계 2 사용할 분포와 검정통계량을 결정한다.

사용할 분포는 t 분포이며, 검정통계량은 $t = \dfrac{\overline{X} - \mu_0}{s/\sqrt{n}}$ 이다

단계 3 기각역을 구한다.

$$t \geq t_{\alpha}(n-1) = t_{0.05}(14) = 1.761$$

단계 4 검정통계량의 값을 계산한다.

$$t = \frac{33.798 - 33}{0.63/\sqrt{15}} = 4.906$$

단계 5 $t = 4.906 > t_{0.05}(14) = 1.761$ 이므로 유의수준 5%에서 귀무가설을 기각한다. 즉 이 자료에 의하면 유의수준 5%에서 출생아의 평균 머리둘레 μ가 33 cm보다 크다.

9.4 모비율의 가설검정: 대표본인 경우

7장에서 표본비율 $\hat{p}$은 대표본인 경우 평균이 p이고 표준편차가 $\sqrt{pq/n}$인 정규분포로 근사함을 공부하였다. 대표본인 경우란 np와 nq 둘 다 5보다 큰 경우를 말한다. 따라서 귀무가설 $H_0 : p = p_0$(p_0는 주어진 값) 하에서 $\hat{p}$은 근사적으로 $N(p_0,\ p_0 q_0/n)$를 따른다. 그러므로 표준화된 통계량

$$Z = \frac{\hat{p} - p_0}{\sqrt{p_0 q_0/n}}$$

는 근사적으로 $N(0, 1)$이다.

대표본인 경우에 모비율 p의 가설검정법을 요약하면 다음과 같다.

▸▸ 모비율의 가설검정: 대표본인 경우

1. 귀무가설 $H_0 : p = p_0$(p_0는 주어진 값)
2. 검정통계량 $Z = \dfrac{\hat{p} - p_0}{\sqrt{p_0 q_0/n}}$

   여기서 $q_0 = 1 - p_0$.
3. 기각역

   (1) $H_1 : p > p_0$일 때, $Z \geq z_{\alpha}$

   (2) $H_1 : p < p_0$일 때, $Z \leq -z_{\alpha}$

   (3) $H_1 : p \neq p_0$일 때, $|Z| \geq z_{\alpha/2}$

> 참고 대립가설 (1)과 (2)에 대한 귀무가설이 각각 $H_0: p \le p_0$와 $H_0: p \ge p_0$인 경우에도 위의 검정법을 그대로 따른다. 또한 가설검정을 할 경우 np_0나 nq_0가 둘 다 5보다 크다면 표본을 대표본으로 생각한다.

예제 9-3 예제 8-3의 자료를 이용하여 이 도시 성인이 정기적으로 1년에 2번씩 구강검사를 하는 비율 p가 45% 보다 높다고 할 수 있는가? 유의수준 5%에서 검정하라.

풀이 주어진 정보로부터 $n = 300$, $\hat{p} = 0.41$, $np_0 = 300(0.45) = 135$, $nq_0 = 300(0.55) = 165$가 모두 5보다 크므로 대표본이다. 가설검정을 다음과 같이 한다.

단계 1 귀무가설과 대립가설을 설정한다.

$$H_0: p = 0.45$$
$$H_1: p > 0.45$$

단계 2 사용할 분포와 검정통계량을 결정한다.

사용할 분포는 표준정규분포이며, 검정통계량은 $Z = \dfrac{\hat{p} - p_0}{\sqrt{p_0 q_0 / n}}$이다.

단계 3 기각역을 구한다.

$$Z \ge z_\alpha = z_{0.05} = 1.645$$

단계 4 검정통계량의 값을 계산한다.

$$z = \frac{0.41 - 0.45}{\sqrt{(0.45)(0.55)/300}} = -1.39$$

단계 5 $z = -1.39 < z_{0.05} = 1.645$이므로 귀무가설을 기각할 수 없다. 즉 유의수준 5%에서 이 도시 성인이 정기적으로 1년에 2번씩 구강검사를 하는 비율 p가 45% 보다 높다고 할 수 없다.

9.5 가설검정과 신뢰구간의 관계

주의 깊은 독자는 가설검정을 위해 사용한 식과 신뢰구간을 구할 때 사용한 식 사이에 닮은 점이 있음을 발견하였을 것이다. 이 두 개념 사이의 관계를 명확하게 하기 위하여 정규모집단의 모평균 μ에 관한 추론을 다시 생각해 보자.

μ의 $(1-\alpha)100\%$ 신뢰구간은 다음과 같다.

$$\left(\bar{x} - t_{\alpha/2}(n-1)\frac{s}{\sqrt{n}},\ \bar{x} + t_{\alpha/2}(n-1)\frac{s}{\sqrt{n}}\right)$$

한편 귀무가설 $H_0 : \mu = \mu_0$와 대립가설 $H_1 : \mu \neq \mu_0$에 대해 유의수준 α인 가설검정의 기각역은 다음과 같다.

$$\left|\frac{\bar{x} - \mu_0}{s/\sqrt{n}}\right| \geq t_{\alpha/2}(n-1)$$

따라서 채택역은

$$-t_{\alpha/2}(n-1) < \frac{\bar{x} - \mu_0}{s/\sqrt{n}} < t_{\alpha/2}(n-1)$$

이므로, μ_0에 대해 정리하면

$$\bar{x} - t_{\alpha/2}(n-1)\frac{s}{\sqrt{n}} < \mu_0 < \bar{x} + t_{\alpha/2}(n-1)\frac{s}{\sqrt{n}}$$

와 같이 나타낼 수 있다.

이 식은 어떠한 귀무가설 μ_0가 $(1-\alpha)100\%$ 신뢰구간에 포함되면 유의수준 α에서 귀무가설이 기각되지 않음을 보인다. 그러므로 μ의 $(1-\alpha)100\%$ 신뢰구간이 구해지면, 이 구간에 포함되지 않는 모든 가능한 귀무가설 μ_0는 유의수준 α에서 기각될 것이고, 이 구간에 포함되는 귀무가설 μ_0는 유의수준 α에서 기각되지 않을 것이다.

예제 9-4 정규모집단에서 표본크기가 $n = 9$인 랜덤표본을 추출한 결과 표본평균이 8.3이고, 표본표준편차가 1.2였다. μ의 95% 신뢰구간을 구하고, $H_0 : \mu = 8.5$이고 $H_0 : \mu \neq 8.5$인 가설을 유의수준 5%에서 검정하라.

풀이 μ의 95% 신뢰구간은

$$\left(\bar{x} - t_{0.025}(8)\frac{s}{\sqrt{n}},\ \bar{x} + t_{0.025}(8)\frac{s}{\sqrt{n}}\right)$$

이다. 여기서 $n = 9$, $t_{0.025}(8) = 2.306$, $\bar{x} = 8.3$, $s = 1.2$이므로 μ의 95% 신뢰구간은

$$\left(8.3 - 2.306\frac{1.2}{\sqrt{9}},\ 8.3 + 2.306\frac{1.2}{\sqrt{9}}\right) = (7.4,\ 9.2)$$

이다.

$H_0 : \mu = 8.5$를 검정하는 문제를 생각해 보면, 8.5는 위에서 계산한 μ의 95%

신뢰구간에 포함된다. 그러므로 귀무가설 $H_0: \mu = 8.5$가 유의수준 5%에서 기각되지 않는다고 할 수 있다.

이것은 구간추정과 양쪽꼬리검정의 관계를 보여 주며, 신뢰구간 식은 사실상 동시에 많은 귀무가설을 검정하기 때문에, 신뢰구간 식은 단 하나의 귀무가설을 검정하는 것보다 더 포괄적인 추론 방법으로 생각할 수 있다.

연습문제

9.1 어느 전구 생산 회사에서는 전구의 평균 수명이 15,000시간 이상이라고 선전하고 있다. 이를 확인하기 위하여 64개의 전구를 검사한 결과

$$\bar{x} = 15,320\text{시간}, \quad s = 1,250\text{시간}$$

이었다. 이 회사의 선전을 믿을 수 있는가? 유의수준 5%에서 검정하라.

9.2 연습문제 8.4의 자료를 이용하여, 그 도시에 거주하는 자가용 운전자들이 일년 간 달린 평균 주행거리가 21,000 km 보다 작다고 할 수 있는가? 유의수준 5%에서 검정하라.

9.3 어느 치즈 공장에서 생산된 통조림에는 치즈 함량이 12% 라고 표시되어 있다. 이를 확인하기 위하여 49통을 조사한 결과 치즈 함량이

$$\bar{x} = 11\%, \quad s = 3\%$$

이었다. 이 통조림의 치즈 함량 표시는 정당하다고 할 수 있는가? 유의수준 10%에서 검정하라.

9.4 어느 자동차 회사에서는 새로 나온 자동차의 연비가 1리터당 17 km라고 선전한다. 이를 확인하기 위하여 50대의 자동차를 주행시킨 결과

$$\bar{x} = 16.7\text{km}, \quad s = 1.2\text{km}$$

였다. 실제 주행거리는 선전의 주행거리보다 작은지를 유의수준 5%에서 검정하라.

9.5 연습문제 8.5의 자료를 이용하여, 모평균이 12보다 크다고 할 수 있는가? 유의수준 10% 에서 검정하라.

9.6 영수의 학교에서 며칠 후 체육대회가 있다. 100 m 달리기 경기에서는 13.5초 이내에 달리지 않으면 입상할 수 없다고 한다. 영수의 9회 연습기록은 다음과 같다.

13.5 12.3 12.9 13.1 12.5 12.7 12.3 12.6 13.7

이 기록에 근거하여 체육부장은 영수가 체육대회에 입상이 가능하다고 한다. 체육부장의 주장을 유의수준 10%에서 검정하라. 단, 영수의 100 m 달리기 연습 기록은 정규분포를 따른다고 가정한다.

9.7 연습문제 8.7의 자료를 이용하여, 이 대학 신입생들의 최대 폐활량 평균이 110과 다르다는 주장을 유의수준 5%에서 검정하라.

9.8 어느 제약회사에서는 피부약을 새로 개발하여, 일주일간 치료하면 피부염 치유률이 80% 이상이라고 선전하였다. 이를 확인하기 위하여 100명의 피부염 환자에게 이 약을 바르게 한 결과 87명이 완치되었다. 이 제약 회사의 선전을 믿을 수 있는가? 유의수준 1%에서 검정하라.

9.9 연습문제 8.8의 자료를 이용하여, 모비율이 30%보다 크다는 주장을 유의수준 1%에서 검정하라.

9.10 연습문제 8.11의 자료를 이용하여, 50만 원 이상의 보험에 가입하는 사람들의 비율이 25% 보다 크다는 주장을 유의수준 5%에서 검정하라.

9.11 지난달에 어느 TV 방송국의 토크쇼 시청률이 35%로 나타났다. 이 시청률이 이 달에도 변함이 없는지를 알아보기 위해 300세대를 조사한 결과, 그 중에서 121세대가 이 방송국의 토크쇼를 시청하고 있는 것으로 나타났다. 시청률이 변동되었다는 근거가 있는가? 유의수준 10%에서 검정하라.

9.12 어느 살충제는 한 번 살포에 75% 이상의 살충 효과가 있다고 선전하고 있다. 이를 확인하기 위하여 150마리의 해충에 이 약을 살포하였더니 92마리가 죽었다. 이 살충제의 선전을 믿을 수 있는가? 유의수준 5%에서 검정하라.

9.13 어느 회사는 어떤 회계 감사작업을 완성하기 위하여 종업원들이 필요로 하는 표준시간을 정하고자 한다. 18명의 종업원들로부터 측정한 자료에 의해 $\bar{x} = 4.1$시간이고 $s = 1.6$시

간이었다. 유의수준 5%에서 이 회사 종업원들이 필요로 하는 표준시간 μ가 3.5시간 보다 크다고 할 수 있는지를 검정하라.

9.14 물리학적인 이론에 의하면 압축기의 냉각수로 사용되는 물의 평균 온도의 상승은 5℃ 이하여야 한다. 실제 압축기의 냉각수의 온도를 8번에 걸쳐 독립적으로 측정해 본 결과 다음의 데이터를 얻었다.

6.4 4.3 5.7 4.9 6.5 5.9 6.4 5.1

단, 모집단은 정규분포를 따른다고 가정한다.

(1) 냉각수로 사용되는 물의 평균 온도 상승에 대한 95% 신뢰구간을 구하라.
(2) 이 데이터에 의하면 물리학적인 이론을 반박하는지를 유의수준 5%에서 검정하라.

9.15 특별한 지질암층으로부터 암석견본들이 발굴되었다. 그리고 그들의 카드뮴 함유량의 백분율을 결정하기 위하여 화학 분석을 실시하였다. 35개의 랜덤표본을 추출하여 분석한 결과 평균과 표준편차가 각각 10.2와 3.1이었다. 만일 평균 백분율 함유량이 적어도 8이라면 이 광물은 경제적으로 채취할 만한 가치가 있다고 한다.
(1) 이 지질암층에서 카드뮴의 평균 백분율 함유량에 대한 95% 신뢰구간을 구하라.
(2) 이 데이터는 상업상 채취의 실현 가능성을 강하게 시사하는가? 유의수준 1%에서 검정하라.

9.16 어느 개발도상국가에서 영양조사를 실시하였다. 500명의 농촌주민을 표본으로 매일 섭취하는 칼로리 평균치가 1,985임을 알게 되었다. 이 자료로부터 모집단의 평균이 2,000보다 작다고 할 수 있는지를 유의수준 1%에서 검정하라.

9.17 랜덤표본에서 계산한 μ의 95% 신뢰구간이 (42.6, 51.5)이었다고 하자. 만일 같은 데이터로 $H_0: \mu = 50$, $H_0: \mu \neq 50$인 가설을 유의수준 5%에서 검정하려고 한다면, 어떤 결론을 내릴 수 있는가?

엑셀실습

1. 모평균의 가설검정: 대표본인 경우

● **E9-1** 과거 연구에서 모든 대학생들이 사회봉사를 하는 평균 시간은 주당 50분이었다. 다음 데이터는 최근 임의로 선택된 34명의 대학생들이 사회봉사를 한 시간이다.

34 56 74 23 12 89 87 56 48 13 9 85

76 56 17 28 66 38 46 81 29 33 41 78

11 57 17 22 91 54 19 35 65 47

엑셀을 사용하여, 모든 대학생들이 사회봉사를 하는 평균 시간은 주당 50분보다 적은지를 유의수준 5%에서 검정하라.

풀이

귀무가설과 대립가설은

$$H_0 : \mu = 50$$
$$H_1 : \mu < 50$$

이며, 유의수준은 0.05이고, 왼쪽꼬리검정이다.

단계 1. 1열에 34명의 사회봉사 시간의 데이터를 넣어라.

단계 2. 표본평균과 표본표준편차를 계산한다.

단계 3. 검정통계량 $Z = \dfrac{\text{표본평균} - \mu_0}{\text{추정된 표본오차}}$ 와 p값을 계산한다.

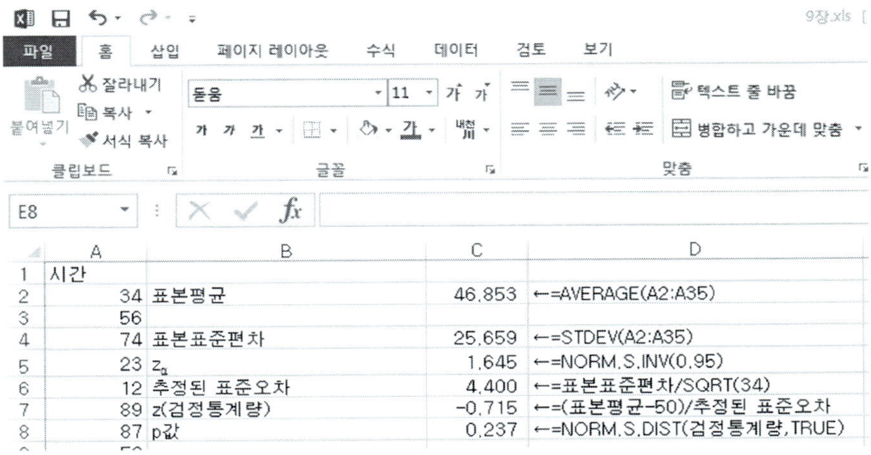

	A	B	C	D
1	시간			
2	34	표본평균	46.853	←=AVERAGE(A2:A35)
3	56			
4	74	표본표준편차	25.659	←=STDEV(A2:A35)
5	23	z_α	1.645	←=NORM.S.INV(0.95)
6	12	추정된 표준오차	4.400	←=표본표준편차/SQRT(34)
7	89	z(검정통계량)	-0.715	←=(표본평균-50)/추정된 표준오차
8	87	p값	0.237	←=NORM.S.DIST(검정통계량,TRUE)

46.85는 데이터의 표본평균이고, 25.659는 표본표준편차이며, 4.40은 표본평균의 추정된 표준오차이고, −0.715는 검정통계량 Z의 값이며, 0.237은 p값이다.

정규분포표로부터 유의수준 0.05를 가진 왼쪽꼬리검정에 대한 임계값은 −1.65이다. 검정통계량의 값 $z=-0.715$가 임계값 −1.65보다 크므로, 유의수준 5%에서 귀무가설을 기각할 수 없다. 따라서 이 표본 정보에 의하면 유의수준 5%에서 모든 대학생들이 사회봉사를 하는 평균 시간은 주당 50분보다 적다고 할 수 없다.

또한 p값을 이용하여 검정의 결과를 살펴보자. p값 0.237가 유의수준 $\alpha=0.05$보다 크므로 유의수준 5%에서 귀무가설을 기각할 수 없다는 같은 결과를 얻는다.

만약 모표준편차를 알 때에는 **단계 2**를 생략하고 **단계 3**에서 알려진 모표준편차 σ값을 이용하여 검정통계량 Z를 계산하여 검정한다.

2. 모평균의 가설검정: 소표본인 경우

표본크기가 적고, 모집단이 정규분포를 따르며, 모표준편차 σ를 모를 때는 t분포를 이용하여 모평균에 대한 가설검정을 한다.

● E9-2 어떤 심리학자가 어린아이들의 첫 걸음마의 평균 연령이 12.5월이라고 주장한다. 다음 데이터는 임의로 선택된 18명의 어린아이들의 첫 걸음마 때의 나이(단위 : 월)이다.

15	11	13	14	15	12	15	10	16
17	14	16	13	15	15	14	11	13

엑셀을 사용하여, 어린아이들의 첫 걸음마의 평균 연령이 12.5월과 다른지를 유의수준 1%에서 검정하라.

풀이

귀무가설과 대립가설은

$$H_0: \mu = 12.5$$
$$H_1: \mu \neq 12.5$$

이며, 유의수준은 0.01이고, 양쪽꼬리검정이다.

단계 1. 1열에 18명의 어린아이들의 첫 걸음마 때의 나이 데이터를 넣어라.

단계 2. 표본평균과 표본표준편차를 계산한다.

단계 3. 검정통계량 $t = \dfrac{\text{표본평균} - \mu_0}{\text{추정된 표본오차}}$ 와 p값을 계산한다.

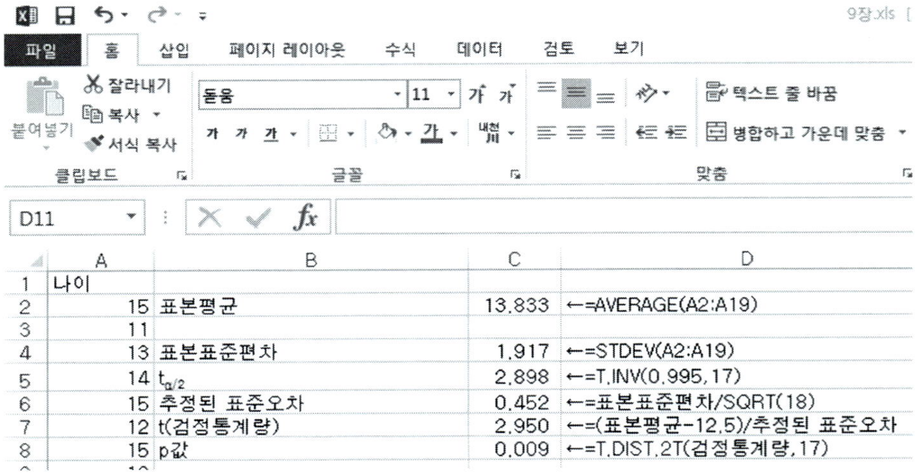

	A	B	C	D
1	나이			
2	15	표본평균	13.833	←=AVERAGE(A2:A19)
3	11			
4	13	표본표준편차	1.917	←=STDEV(A2:A19)
5	14	$t_{\alpha/2}$	2.898	←=T.INV(0.995,17)
6	15	추정된 표준오차	0.452	←=표본표준편차/SQRT(18)
7	12	t(검정통계량)	2.950	←=(표본평균-12.5)/추정된 표준오차
8	15	p값	0.009	←=T.DIST.2T(검정통계량,17)

13.833은 데이터의 표본평균이고, 1.917은 표본표준편차이며, 0.452는 표본평균의 추정된 표준오차이고, 2.95는 검정통계량 t의 값이고, 0.009는 p값이다.

t분포로부터 유의수준 $\alpha = 0.01$와 자유도 $df = 18 - 1 = 17$을 가진 양쪽꼬리검정에 대한 기각역은 $|t| \geq 2.898$이다. 검정통계량의 값 $t = 2.95$가 기각역에 들어감으로서 유의수준 1%에서 귀무가설은 기각된다. 따라서 이 자료에 의하면 유의수준 1%에서 어린아이들의 첫 걸음마의 평균 연령이 12.5월과 다르다.

또한 p값을 이용하여 검정의 결과를 살펴보자. p값 0.009가 유의수준 $\alpha = 0.01$보다 작으므로 유의수준 1%에서 귀무가설을 기각한다는 동일한 결과를 얻는다.

3. 모비율의 가설검정: 대표본인 경우

● **E9-3** 컴퓨터 칩을 생산하는 어떤 기계가 적절히 작동할 때는 4% 이상의 불량칩을 생산하지 않는다. 그 기계가 4% 이상의 불량칩을 생산할 때마다 기계는 수리가 필요하다. 그 기계가 적절히 작동하고 있는가를 점검하기 위해서, 품질관리부에서는 칩의 표본을 얻어서 그 표본의 불량 여부를 조사한다. 최근 생산 라인으로부터 얻은 200개의 표본 중에 14개의 불량품이 있었다. 엑셀을 사용하여, 그 기계가 수리가 필요한지를 유의수준 5%에서 검정하라.

풀이

n을 표본으로 얻은 칩의 개수라고 하고, x를 표본 중에 있는 불량품의 개수라고 하자. 따라서

$$n=200,\ \ x=14$$

귀무가설과 대립가설은 다음과 같다.

$$H_0 : p=0.04 \text{ (기계 수리가 필요하지 않다)}$$
$$H_1 : p>0.04 \text{ (기계 수리가 필요하다)}$$

다음은 엑셀을 이용한 모비율 p에 대한 가설검정 절차이다.

단계 1. 표본비율 $\hat{p}$과 추정된 표준오차 $s_{\hat{p}}$의 값을 계산한다.

단계 2. 【함수 삽입】에서 『NORM.S.INV』를 선택한다.

단계 3. 검정통계량 $Z=\dfrac{\text{표본평균}-p_0}{\text{추정된 표준오차}}$와 p값을 계산한다.

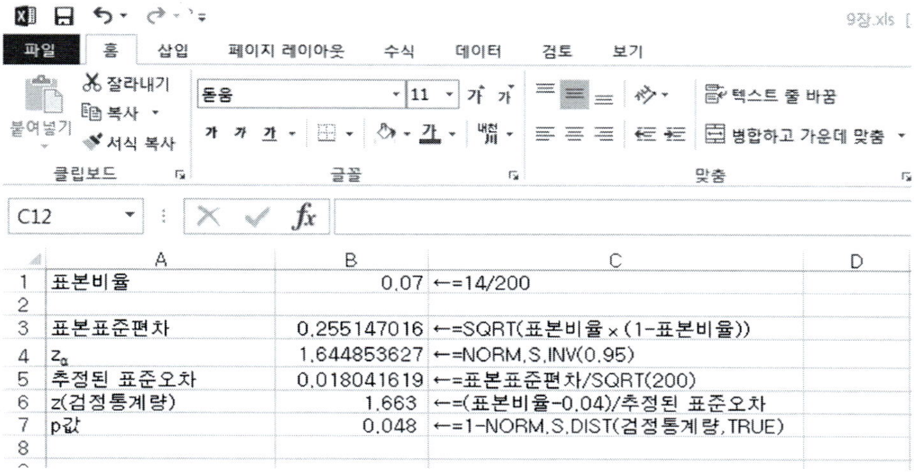

	A	B	C	D
1	표본비율	0.07	←=14/200	
2				
3	표본표준편차	0.255147016	←=SQRT(표본비율×(1-표본비율))	
4	z_α	1.644853627	←=NORM.S.INV(0.95)	
5	추정된 표준오차	0.018041619	←=표본표준편차/SQRT(200)	
6	z(검정통계량)	1.663	←=(표본비율-0.04)/추정된 표준오차	
7	p값	0.048	←=1-NORM.S.DIST(검정통계량,TRUE)	
8				

위의 결과에서 검정통계량의 값이 $z=1.66$이므로 기각역에 속한다. 그러므로 유의수준 5%에서 귀무가설을 기각한다. 즉 200개의 표본에서 14개의 불량품이 나왔으므로 유의수준 5%에서 기계를 수리해야 한다는 결론을 얻는다.

또한 p값을 이용하여 검정의 결과를 살펴보자. p값 0.048가 유의수준 $\alpha=0.05$보다 작으므로 유의수준 5%에서 귀무가설을 기각한다는 동일한 결과를 얻는다.

CHAPTER 10

두 모집단에 대한 추정과 가설검정

8장과 9장에서는 하나의 모집단에 대한 모평균과 모비율에 대한 추정과 가설검정을 취급하였다. 이 장에서는 두 모평균의 차이와 두 모비율의 차이에 대한 추정과 가설검정을 생각하여 보기로 한다.
예를 들면 대구와 부산의 아파트 평균가격 차이에 대한 신뢰구간을 알고 싶다든지, 또는 실제로 두 지역 간에 아파트 평균가격이 차이가 있는가를 검정하고자 하는 것이다. 또 다른 예로서 모든 성인 남녀 사이에 음주비율 차이에 대한 신뢰구간을 추정하고자 하거나, 또는 이것을 검정하고자 하는 문제에 대하여 그 방법을 생각하여 보기로 한다.

10.1 대표본이고 독립인 경우 두 모평균의 차에 대한 추론

μ_1을 모집단 1의 평균이라고 하고, μ_2를 모집단 2의 평균이라고 할 때 두 모평균 사이의 차 $\mu_1-\mu_2$의 신뢰구간과 $\mu_1-\mu_2$에 대한 가설검정을 생각하여 보자. 그러기 위하여 우선 모집단 1에서 얻은 표본의 평균을 $\overline{X}_1$라고 하고, 모집단 2에서 얻은 표본의 평균을 $\overline{X}_2$라고 하면, $\mu_1-\mu_2$의 점추정량으로 $\overline{X}_1-\overline{X}_2$를 사용한다. 따라서 $\overline{X}_1-\overline{X}_2$는 $\mu_1-\mu_2$의 신뢰구간과 가설검정을 하기 위해 사용되는 통계량이다. 이 절에서는 우선 표본크기가 크고 두 모집단이 서로 독립인 경우에 대하여 공부하기로 한다.

10.1.1 독립표본과 종속표본

두 개의 표본들이 서로 다른 모집단에서 추출되었을 때, 하나의 표본의 원소들이 다른 하나의 표본의 원소들과 관계를 가지고 있지 않을 때 이 두 표본을 **독립표본**이라고 하며, 그렇지 않을 때 이 두 표본을 **종속표본**이라고 한다. 그러므로 두 독립표본들에서는 하나의 표본을 추출하는 것이 다른 하나의 표본을 추출하는 데 아무런 영향을 받지 않는다.

▸▸ **독립표본과 종속표본**

두 개의 표본이 서로 다른 모집단에서 추출되었을 때, 하나의 표본의 원소가 다른 하나의 표본의 원소와 관계를 가지고 있지 않을 때, 이 두 표본을 독립표본이라고 하며, 그렇지 않을 때 이 두 표본을 종속표본이라고 한다.

예제 10-1 봉급생활자 중 남자와 여자의 평균 봉급이 차이가 있는가를 알려고 한다면 남자 집단에서 하나의 표본을 추출하고, 또한 여자 집단에서 다른 하나의 표본을 추출하여야 할 것이다. 이 경우 이들 두 개의 표본은 독립표본이다.

예제 10-2 어떤 체중 감소 운동이 효과가 있는가를 알기 위하여 우리는 먼저 실험대상인 사람을 선택하여 체중별로 몇 개의 집단으로 나누고, 이들에게 체중 감소 운동을 얼마간 실시한 후 체중을 측정하였을 때, 처음 실험대상으로 뽑은 사람들의 체중과 운동을 실시한 후 측정한 이들의 체중은 서로 종속적인 관계가 있다. 이와 같은 표본을 종속표본이라고 한다.

여기서는 먼저 독립표본에 기초하여 두 모집단을 비교하는 통계적 추론 방법을 다루고자 한다.

10.1.2 $\overline{X}_1 - \overline{X}_2$의 평균, 표준편차와 표본분포

서로 독립인 두 개의 다른 모집단 1과 모집단 2로부터 각각 독립인 표본들을 추출하고 다음과 같은 기호로 표시하자.

μ_1 = 모집단 1의 모평균

μ_2 = 모집단 2의 모평균

σ_1 = 모집단 1의 모표준편차

σ_2 = 모집단 2의 모표준편차

n_1 = 모집단 1에서 추출한 표본크기

n_2 = 모집단 2에서 추출한 표본크기

$\overline{X}_1$ = 모집단 1에서 추출한 표본의 표본평균

$\overline{X}_2$ = 모집단 2에서 추출한 표본의 표본평균

$s_1^2 = \dfrac{\sum_{i=1}^{n_1}(X_{1i} - \overline{X}_1)^2}{n_1 - 1}$ = 모집단 1에서 추출한 표본의 표본분산

$$s_2^2 = \frac{\sum_{i=1}^{n_2}(X_{2i}-\overline{X}_2)^2}{n_2-1} = \text{모집단 2에서 추출한 표본의 표본분산}$$

n_1과 n_2가 대표본이면 중심극한정리에 의하여 $\overline{X}_1$는 평균이 μ_1이고 표준편차가 $\sigma_1/\sqrt{n_1}$인 근사적인 정규분포에 따르고, $\overline{X}_2$는 평균이 μ_2이고 표준편차가 $\sigma_2/\sqrt{n_2}$인 근사적인 정규분포에 따른다. 그러므로 $\overline{X}_1-\overline{X}_2$의 표본분포는 평균 $\mu_{\overline{X}_1-\overline{X}_2}$와 표준편차 $\sigma_{\overline{X}_1-\overline{X}_2}$가

$$\mu_{\overline{X}_1-\overline{X}_2}=\mu_1-\mu_2,\quad \sigma_{\overline{X}_1-\overline{X}_2}=\sqrt{\frac{\sigma_1^2}{n_1}+\frac{\sigma_2^2}{n_2}}$$

인 그림 10-1과 같은 모양의 근사적인 정규분포에 따른다. 따라서

$$Z=\frac{(\overline{X}_1-\overline{X}_2)-(\mu_1-\mu_2)}{\sqrt{\frac{\sigma_1^2}{n_1}+\frac{\sigma_2^2}{n_2}}}\sim N(0,\,1)$$

이다.

▸▸ $\overline{X}_1-\overline{X}_2$의 평균, 표준편차와 표본분포

독립인 두 개의 모집단에서 추출한 표본들이 대표본인 경우, $\overline{X}_1-\overline{X}_2$의 표본분포는 평균 $\mu_{\overline{X}_1-\overline{X}_2}$와 표준편차 $\sigma_{\overline{X}_1-\overline{X}_2}$를 가지는 근사적인 정규분포에 따른다. 여기서

$$\mu_{\overline{X}_1-\overline{X}_2}=\mu_1-\mu_2,\quad \sigma_{\overline{X}_1-\overline{X}_2}=\sqrt{\frac{\sigma_1^2}{n_1}+\frac{\sigma_2^2}{n_2}}$$

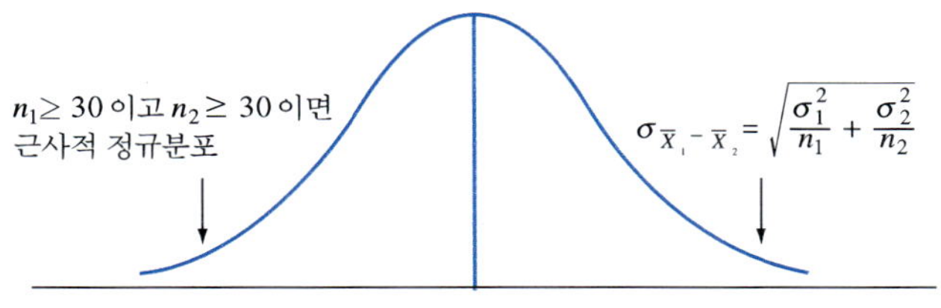

그림 10-1 $\overline{X}_1-\overline{X}_2$의 표본분포 모양

그러나 실제적으로 표준편차 σ_1과 σ_2를 모르는 경우가 많기 때문에 $\sigma_{\overline{X}_1-\overline{X}_2}$의 값을 알 수 없다. 이런 경우 우리는 σ_1과 σ_2의 추정량을 구하여 사용한다. 독립인 두 개의 다른 모집단에서 추출한 표본에서 계산된 표본표준편차를 각각 s_1과 s_2라고 하면 $\sigma_{\overline{X}_1-\overline{X}_2}$의 추정량 $s_{\overline{X}_1-\overline{X}_2}$는

$$s_{\overline{X}_1-\overline{X}_2}=\sqrt{\frac{s_1^2}{n_1}+\frac{s_2^2}{n_2}}$$

이다. 따라서 표본크기 n_1과 n_2가 클 때

$$Z = \frac{(\overline{X}_1 - \overline{X}_2) - (\mu_1 - \mu_2)}{\sqrt{\frac{s_1^2}{n_1} + \frac{s_2^2}{n_2}}} \sim N(0, 1)$$

을 근사적으로 따른다.

10.1.3 $\mu_1 - \mu_2$의 신뢰구간

10.1.2절의 $\overline{X}_1 - \overline{X}_2$의 표본분포를 이용하여 $\mu_1 - \mu_2$의 신뢰구간을 구할 수 있다.

▸▸ $\mu_1 - \mu_2$의 신뢰구간 : 대표본인 경우

z를 주어진 신뢰수준에 해당하는 정규분포로부터 얻어진 값이라면 $\mu_1 - \mu_2$에 대한 $(1-\alpha)100\%$ 신뢰구간은

$$(\overline{x}_1 - \overline{x}_2) \pm z\sigma_{\overline{X}_1 - \overline{X}_2} : \sigma_1\text{과 } \sigma_2\text{를 아는 경우}$$
$$(\overline{x}_1 - \overline{x}_2) \pm z s_{\overline{X}_1 - \overline{X}_2} : \sigma_1\text{과 } \sigma_2\text{를 모르는 경우}$$

여기서

$$\sigma_{\overline{X}_1 - \overline{X}_2} = \sqrt{\frac{\sigma_1^2}{n_1} + \frac{\sigma_2^2}{n_2}}, \quad s_{\overline{X}_1 - \overline{X}_2} = \sqrt{\frac{s_1^2}{n_1} + \frac{s_2^2}{n_2}}$$

예제 10-3 A라는 신용카드회사가 어떤 지역의 자기회사 카드회원의 월 평균 사용액을 알기 위하여 2006년과 2005년에 카드회원을 각각 200명과 250명을 임의로 선택하여 7월의 사용금액을 조사한 결과 평균이 각각 60만 원과 54만 원이었다. 또한 그 지역의 전체 카드회원이 사용한 금액의 표준편차는 각각 21만 원과 19만 원이라고 한다.

(1) 그 지역의 전체 카드회원이 7월에 사용한 평균금액을 2006년과 2005년 각각 μ_1과 μ_2라고 할 때 $\mu_1 - \mu_2$의 점추정치는 얼마인가?

(2) 그 지역의 전체 카드회원이 사용한 2006년의 평균금액과 2005년의 평균금액의 차이에 대한 95% 신뢰구간을 구하라.

풀이 **단계 1** 주어진 정보를 이용하여 $\sigma_{\overline{X}_1 - \overline{X}_2}$ 계산

2006년과 2005년의 표본평균을 각각 $\overline{x}_1$와 $\overline{x}_2$라고 하면

$$2006\text{년} : n_1 = 200, \quad \overline{x}_1 = 60\text{만 원}, \quad \sigma_1 = 21\text{만 원}$$
$$2005\text{년} : n_2 = 250, \quad \overline{x}_2 = 54\text{만 원}, \quad \sigma_2 = 19\text{만 원}$$

이다.

$$\bar{x}_1 - \bar{x}_2 = 60\text{만 원} - 54\text{만 원} = 6\text{만 원}$$

$$\sigma_{\bar{X}_1 - \bar{X}_2} = \sqrt{\frac{\sigma_1^2}{n_1} + \frac{\sigma_2^2}{n_2}} = \sqrt{\frac{21^2}{200} + \frac{19^2}{250}} = 1.91\text{만 원}$$

그러므로 $\mu_1 - \mu_2$의 점추정치는

$$\bar{x}_1 - \bar{x}_2 = 6\text{만 원}$$

이다.

단계 2 z값 찾기

$1-\alpha = 0.95$에 해당하는 정규분포의 z값은 $z = 1.96$이다.

단계 3 $\mu_1 - \mu_2$의 95% 신뢰구간

$\mu_1 - \mu_2$의 95% 신뢰구간은

$$(\bar{x}_1 - \bar{x}_2) \pm z\sigma_{\bar{X}_1 - \bar{X}_2} = 6 \pm 1.96(1.91)$$
$$= 6 \pm 3.7436\text{만 원}$$

이므로 (2.2564만 원, 9.7436만 원)이다.

예제 10-4 두 종족집단 A와 B에서 여성의 초혼 나이를 비교하기 위하여, 각 집단에서 결혼한 여성 100명을 랜덤표본으로 추출하여 초혼 때의 나이를 조사한 결과 평균과 표준편차가 다음과 같았다.

종족집단	A	B
표본평균	20.7	18.5
표본표준편차	6.3	5.8

A 지역의 평균 초혼연령(μ_1)와 B 지역의 평균 초혼연령(μ_2)의 차 $\mu_1 - \mu_2$의 95% 신뢰구간을 구하라.

풀이 **단계 1** 주어진 정보를 이용하여 $s_{\bar{X}_1 - \bar{X}_2}$ 계산

A 지역 : $n_1 = 100$, $\bar{x}_1 = 20.7$, $s_1 = 6.3$

B 지역 : $n_2 = 100$, $\bar{x}_2 = 18.5$, $s_2 = 5.8$

그러므로

$$s_{\bar{X}_1 - \bar{X}_2} = \sqrt{\frac{s_1^2}{n_1} + \frac{s_2^2}{n_2}} = \sqrt{\frac{6.3^2}{100} + \frac{5.8^2}{100}} = 0.8563$$

이다.

단계 2 z값 찾기

$1-\alpha=0.95$에 해당하는 정규분포의 z값은 $z=1.96$이다.

단계 3 $\mu_1-\mu_2$의 95% 신뢰구간

$\mu_1-\mu_2$의 95% 신뢰구간은

$$(\bar{x}_1-\bar{x}_2)\pm zs_{\bar{X}_1-\bar{X}_2}=(20.7-18.5)\pm 1.96(0.8563)=2.2\pm 1.68$$

이므로 (0.52, 3.88)이다. 따라서 종족 B의 여성이 종족 A의 여성보다 평균적으로 0.52년에서 3.88년 더 일찍 결혼하는 경향이 있다.

10.1.4 $\mu_1-\mu_2$의 가설검정

우리는 가끔 서울의 집값과 대구의 집값이 차이가 있는가? 또는 도시의 고등학생과 시골의 고등학생들의 학업에 집중하는 시간 차이가 나는가 하는 것에 관심을 가질 때가 있다. 이 경우 우리는 아래와 같은 세 가지 경우를 생각할 수 있다.

1. 모집단 1의 평균(μ_1)과 모집단 2의 평균(μ_2)이 차이가 있다는 대립가설에 대하여 검정하는 것으로 $\mu_1-\mu_2\neq 0$ 또는 $\mu_1\neq\mu_2$인 대립가설이다.
2. 모집단 1의 평균(μ_1)이 모집단 2의 평균(μ_2)보다 크다는 대립가설에 대하여 검정하는 것으로 $\mu_1-\mu_2>0$ 또는 $\mu_1>\mu_2$인 대립가설이다.
3. 모집단 1의 평균(μ_1)이 모집단 2의 평균(μ_2)보다 작다는 대립가설에 대하여 검정하는 것으로 $\mu_1-\mu_2<0$ 또는 $\mu_1<\mu_2$인 대립가설이다.

▸▸ $\bar{X}_1-\bar{X}_2$를 이용한 검정통계량

귀무가설 H_0에서 주어진 값을 $\mu_1-\mu_2$에 대입하여, $\bar{X}_1-\bar{X}_2$를 이용한 검정통계량 Z를

$$Z=\frac{(\bar{X}_1-\bar{X}_2)-(\mu_1-\mu_2)}{\sigma_{\bar{X}_1-\bar{X}_2}}$$

계산한다. 만일 σ_1과 σ_2을 알지 못할 경우는 $\sigma_{\bar{X}_1-\bar{X}_2}$ 대신에 $s_{\bar{X}_1-\bar{X}_2}$를 사용한다.

위와 같은 가설검정도 9장에서 공부한 하나의 모집단에서의 가설검정의 절차와 같이 유사하게 수행할 수 있다.

▸▸ 모평균 차의 가설검정 : 대표본인 경우

1. 귀무가설 $H_0: \mu_1 - \mu_2 = \delta_0$

2. 검정통계량 $Z = \dfrac{(\overline{X}_1 - \overline{X}_2) - \delta_0}{\sqrt{\dfrac{\sigma_1^2}{n_1} + \dfrac{\sigma_2^2}{n_2}}}$: σ_1과 σ_2를 알 때

$Z = \dfrac{(\overline{X}_1 - \overline{X}_2) - \delta_0}{\sqrt{\dfrac{s_1^2}{n_1} + \dfrac{s_2^2}{n_2}}}$: σ_1과 σ_2를 모를 때

3. 기각역

(1) $H_1: \mu_1 - \mu_2 > \delta_0$일 때, $Z \geq z_\alpha$

(2) $H_1: \mu_1 - \mu_2 < \delta_0$일 때, $Z \leq -z_\alpha$

(3) $H_1: \mu_1 - \mu_2 \neq \delta_0$일 때, $|Z| \geq z_{\alpha/2}$

여기서 δ_0는 귀무가설하에서 두 평균 차 $\mu_1 - \mu_2$의 지정된 값이다. $\mu_1 = \mu_2$인 경우는 $\delta_0 = 0$인 경우와 같다.

예제 10-5 예제 10-3에서 어떤 지역의 전체 카드 가입자가 2006년과 2005년에 사용한 평균금액에 차이가 있는가? 유의수준 1%로 검정하라.

풀이 가설검정을 다음과 같이 한다.

단계 1 귀무가설과 대립가설을 설정한다.

$$H_0: \mu_1 - \mu_2 = 0$$
$$H_1: \mu_1 - \mu_2 \neq 0$$

단계 2 사용할 분포와 검정통계량을 결정한다.

n_1과 n_2가 각각 200과 250으로 대표본이므로 표준정규분포를 사용하며, 검정통계량은

$$Z = \frac{\overline{X}_1 - \overline{X}_2}{\sqrt{\dfrac{\sigma_1^2}{n_1} + \dfrac{\sigma_2^2}{n_2}}}$$

이다.

단계 3 기각역을 구한다.

유의수준 1%에 대응하는 z값을 구하면 2.58이다. 그러므로 기각역은

$$|Z| \geq 2.58$$

이다.

단계 4 검정통계량의 값을 구한다.

$$Z = \frac{\overline{X}_1 - \overline{X}_2}{\sqrt{\frac{\sigma_1^2}{n_1} + \frac{\sigma_2^2}{n_2}}} = \frac{60 - 54}{1.94} = 3.1414$$

단계 5 $|z| = 3.1414 > z_{0.005} = 2.58$이므로 유의수준 1%에서 귀무가설을 기각한다. 즉 유의수준 1%에서 2006년의 평균이 2005년의 평균과 다르다.

예제 10-6 예제 10-4의 자료로서 두 지역의 평균 초혼연령이 차이가 있는지를 유의수준 5%로 검정하라.

풀이 가설검정을 다음과 같이 한다.

단계 1 귀무가설과 대립가설을 설정한다.

$$H_0: \mu_1 - \mu_2 = 0$$
$$H_1: \mu_1 - \mu_2 \neq 0$$

단계 2 사용할 분포와 검정통계량을 결정한다.

n_1과 n_2가 모두 100으로 대표본이므로 표준정규분포를 사용하며, 검정통계량은

$$Z = \frac{\overline{X}_1 - \overline{X}_2}{\sqrt{\frac{s_1^2}{n_1} + \frac{s_2^2}{n_2}}}$$

이다.

단계 3 기각역을 구한다.

유의수준 5%에 대응하는 z값을 구하면 1.96이다. 그러므로 기각역은

$$|Z| \geq 1.96$$

이다.

단계 4 검정통계량의 값을 구한다.

$$Z = \frac{\overline{X}_1 - \overline{X}_2}{\sqrt{\frac{s_1^2}{n_1} + \frac{s_2^2}{n_2}}} = \frac{20.7 - 18.5}{0.8563} = 2.569$$

단계 5 $|z| = 2.569 > z_{0.025} = 1.96$이므로 유의수준 5%에서 귀무가설을 기각한다. 즉 유의수준 5%에서 두 지역의 평균 초혼연령이 차이가 있다.

10.2 소표본이고 독립인 경우의 두 모평균의 차에 대한 추론: 표준편차가 같은 경우

앞 절에서 우리는 표본크기가 큰 경우의 두 모평균 차 $\mu_1 - \mu_2$의 추론에서 정규분포를 사용하는 것을 공부하였다. 그러나 많은 경우에 있어서 표본크기가 작을 경우, 즉 두 개의 표본크기가 모두 30개보다 작은 경우가 있다. 이와 같이 표본크기가 작을 경우도 두 모집단이 정규분포를 따르고 표준편차 σ_1과 σ_2를 알고 있을 때는, 대표본의 경우와 마찬가지로 정규분포를 사용하면 된다. 그러나 대표본인 경우는 모집단의 분포에 관계없이 두 모집단의 평균 차에 대한 추론에 정규분포를 적용할 수 있지만, 소표본인 경우에는 두 모집단의 분포가 정규분포일 때에만 두 모집단의 평균 차에 대한 추론에 정규분포를 적용할 수 있다는 것에 주의하여야 한다. 또한 σ_1과 σ_2를 모를 때에는 두 모집단의 분포가 정규분포를 따른다고 하더라도 정규분포를 사용하여 추론할 수 없다. 그러므로 이 절에서는 이와 같은 경우에 대하여 살펴보기로 한다.

▸▸ $\mu_1 - \mu_2$의 추론에서 t분포를 사용할 때

$\mu_1 - \mu_2$의 추론에서 다음의 3개의 가정을 만족하면 t분포를 사용할 수 있다.

1. 두 모집단의 분포는 정규분포에 따른다.
2. 두 모집단으로부터 추출된 표본크기가 작고 (모두가 30개 미만) 독립이다.
3. 두 모집단의 표준편차 σ_1과 σ_2의 값은 모르지만 $\sigma_1 = \sigma_2 (\equiv \sigma)$이다.

대표본인 경우와 마찬가지로 $\mu_1 - \mu_2$에 대한 추론으로 사용될 통계량은 $\overline{X}_1 - \overline{X}_2$이며, $\overline{X}_1 - \overline{X}_2$의 평균과 표준편차는 각각 다음과 같다.

$$E(\overline{X}_1 - \overline{X}_2) = \mu_1 - \mu_2$$

$$\sigma_{\overline{X}_1 - \overline{X}_2} = \sigma \sqrt{\frac{1}{n_1} + \frac{1}{n_2}}$$

그러므로

$$Z = \frac{(\overline{X}_1 - \overline{X}_2) - (\mu_1 - \mu_2)}{\sigma \sqrt{\frac{1}{n_1} + \frac{1}{n_2}}} \sim N(0, 1)$$

이다.

두 모집단의 공통 표준편차인 σ를 모를 경우 σ 대신에 점추정량 s_p를 사용한다. 이때 s_p를 **합동표본표준편차**(pooled sample standard deviation)라고 한다.

▸▸ 합동표본표준편차

n_1과 n_2를 두 표본의 표본크기라고 하고, s_1^2과 s_2^2를 각각의 표본분산이라고 하면, 두 표본을 이용한 σ의 합동표본표준편차는

$$s_p = \sqrt{\frac{(n_1-1)s_1^2+(n_2-1)s_2^2}{n_1+n_2-2}}$$

이다.

▸▸ $\overline{X}_1-\overline{X}_2$의 표준편차의 추정량

$\overline{X}_1-\overline{X}_2$의 표준편차의 추정량은

$$s_{\overline{X}_1-\overline{X}_2} = s_p\sqrt{\frac{1}{n_1}+\frac{1}{n_2}}$$

이다.

따라서 두 모집단의 공통 표준편차인 σ를 모를 경우 $\mu_1-\mu_2$의 추론에 기초가 되는 다음의 t 분포를 얻는다. 즉

$$t = \frac{(\overline{X}_1-\overline{X}_2)-(\mu_1-\mu_2)}{s_p\sqrt{\frac{1}{n_1}+\frac{1}{n_2}}}$$

는 자유도 n_1+n_2-2인 t분포를 따르는 것으로 알려져 있다.

10.2.1 $\mu_1-\mu_2$의 신뢰구간

두 모집단이 값이 알려지지 않은 공통 표준편차를 갖는 정규분포를 따를 때, $\mu_1-\mu_2$에 대한 신뢰구간은 다음과 같이 구할 수 있다.

▸▸ $\mu_1-\mu_2$의 신뢰구간 : 소표본이면서 공통 표준편차 σ를 모를 경우

t를 자유도가 n_1+n_2-2인 $1-\alpha$에 해당하는 t분포의 값이라고 할 때, $\mu_1-\mu_2$에 대한 $(1-\alpha)100\%$의 신뢰구간은

$$(\overline{x}_1-\overline{x}_2) \pm t s_{\overline{X}_1-\overline{X}_2}$$

이다. 여기서

$$s_{\overline{X}_1-\overline{X}_2}=s_p\sqrt{\frac{1}{n_1}+\frac{1}{n_2}}$$

예제 10-7 어느 연구팀이 건강한 사람의 표본과 입원한 사람의 표본으로부터 혈청 아밀라제 자료를 수집하였다. 건강한 사람 15명에 대한 자료로부터 아밀라제 양은 평균 120, 표준편차 40이고, 입원한 사람 22명의 자료로부터 아밀라제 양은 평균 96, 표준편차 35이였다. 건강한 사람의 평균 아밀라제 양 μ_1과 입원한 사람의 평균 아밀라제 양 μ_2의 차에 대한 95% 신뢰구간을 구하라. 단, 두 집단은 서로 독립이며, 모분산이 같은 정규분포를 따른다고 가정한다.

풀이 **단계 1** 주어진 정보를 이용하여 $s_{\overline{X}_1-\overline{X}_2}$ 계산

건강한 사람 : $n_1=15,\quad \bar{x}_1=120,\quad s_1=40$

입원한 사람 : $n_2=22,\quad \bar{x}_2=96,\quad s_2=35$

합동표본표준편차가

$$\begin{aligned}s_p&=\sqrt{\frac{(n_1-1)s_1^2+(n_2-1)s_2^2}{n_1+n_2-2}}\\&=\sqrt{\frac{(15-1)40^2+(22-1)35^2}{15+22-2}}\\&=30.0789\end{aligned}$$

이므로, $\overline{X}_1-\overline{X}_2$의 표준편차의 추정량은

$$\begin{aligned}s_{\overline{X}_1-\overline{X}_2}&=s_p\sqrt{\frac{1}{n_1}+\frac{1}{n_2}}\\&=(30.0789)\sqrt{\frac{1}{15}+\frac{1}{22}}=12.75\end{aligned}$$

이다.

단계 2 t값 계산

$1-\alpha=0.95$에 대응하는 자유도가 35인 t분포의 양쪽 꼬리 부분의 면적의 합이 0.05, 즉 $\alpha/2=0.025$에 대응하는 t분포의 값이 $t=2.03$이다.

단계 3 $\mu_1-\mu_2$의 95%의 신뢰구간

건강한 사람의 평균 아밀라제 양을 μ_1, 입원한 사람의 평균 아밀라제 양을 μ_2라고 하면 $\mu_1-\mu_2$의 95%의 신뢰구간은

$$(\bar{x}_1 - \bar{x}_2) \pm ts_{\bar{X}_1 - \bar{X}_2} = (120 - 96) \pm 2.03(12.75)$$
$$= 24 \pm 25.8825$$

이므로 $(-1.8825,\ 49.8825)$이다.

10.2.2 $\mu_1 - \mu_2$의 가설검정

10.2절에서 언급한 가정을 만족할 경우 두 모집단의 평균 차에 대한 가설검정에 t분포를 적용할 수 있다.

▸▸ $\bar{X}_1 - \bar{X}_2$를 이용한 검정통계량

귀무가설 H_0에서 주어진 값을 $\mu_1 - \mu_2$에 대입하여, $\bar{X}_1 - \bar{X}_2$를 이용한 검정통계량 t는

$$t = \frac{\bar{X}_1 - \bar{X}_2 - (\mu_1 - \mu_2)}{s_{\bar{X}_1 - \bar{X}_2}}$$

에 의하여 계산할 수 있다. 여기서

$$s_{\bar{X}_1 - \bar{X}_2} = s_p \sqrt{\frac{1}{n_1} + \frac{1}{n_2}}$$

▸▸ 모평균 차의 검정: 소표본이면서 공통 표준편차 σ를 모를 경우

1. 귀무가설 $\mathrm{H}_0 : \mu_1 - \mu_2 = \delta_0$
2. 검정통계량 $t = \dfrac{(\bar{X}_1 - \bar{X}_2) - \delta_0}{s_p \sqrt{\dfrac{1}{n_1} + \dfrac{1}{n_2}}}$
3. 기각역
   (1) $H_1 : \mu_1 - \mu_2 > \delta_0$일 때, $t \ge t_{\alpha}(n_1 + n_2 - 2)$
   (2) $H_1 : \mu_1 - \mu_2 < \delta_0$일 때, $t \le -t_{\alpha}(n_1 + n_2 - 2)$
   (3) $H_1 : \mu_1 - \mu_2 \ne \delta_0$일 때, $|t| \ge t_{\alpha/2}(n_1 + n_2 - 2)$

예제 10-8 예제 10–7에서 두 모평균이 다르다고 할 수 있는가? 유의수준 5%로 검정하라.

풀이 가설검정을 다음과 같이 한다.

단계 1 귀무가설과 대립가설을 설정한다.

$$H_0 : \mu_1 - \mu_2 = 0$$
$$H_1 : \mu_1 - \mu_2 \ne 0$$

단계 2 사용할 분포와 검정통계량을 결정한다.

검정에 사용할 분포는 t 분포이며, 검정통계량은

$$t = \frac{(\overline{X}_1 - \overline{X}_2) - 0}{s_p\sqrt{\frac{1}{n_1} + \frac{1}{n_2}}}$$

이다.

단계 3 기각역을 구한다.

t 분포에서 자유도가 $n_1 + n_2 - 2 = 15 + 22 - 2 = 35$이고, 유의수준 $\alpha = 0.05$에 해당하는 기각역을 구한다. 즉 기각역은 자유도 35인 t 분포의 양쪽 꼬리 부분 면적의 합이 0.05인 t값의 범위이다. 따라서

$$|t| \geq 2.03$$

이다.

단계 4 검정통계량의 값을 구한다.

$$t = \frac{(\overline{X}_1 - \overline{X}_2) - 0}{s_p\sqrt{\frac{1}{n_1} + \frac{1}{n_2}}} = \frac{(120 - 96) - 0}{12.75} = 1.88$$

단계 5 $|t| = 1.88 < t_{0.025}(35) = 2.03$이므로 기각역에 들지 않는다. 따라서 건강한 사람의 평균 아밀라제 양과 입원한 사람의 평균 아밀라제 양은 유의수준 5%에서 다르다고 할 수 없다.

10.3 소표본이고 독립인 경우의 두 모평균의 차에 대한 추론: 표준편차가 다른 경우

10.2절에서는 표본크기가 작고 독립인 표본에 대한 두 모평균의 차에 대한 추론으로서 같은 모표준편차를 갖는 경우를 생각하였지만, 실제로 모표준편차가 다른 경우도 있다. 따라서 이 절에서는 이와 같은 경우의 추론에 대해 공부하기로 한다. 우선 모표준편차가 다르고 또한 이들을 모를 때에 사용하는 t 분포의 자유도는 10.2절에서의 것과 다르다. 따라서 우선 모표준편차가 다를 때의 t 분포의 자유도를 계산하는 방법을 알아보기로 한다.

또한 두 모평균의 차에 대한 추론에 대해서도 $\overline{X}_1 - \overline{X}_2$의 확률분포를 사용하므로, $\overline{X}_1 - \overline{X}_2$의 표준편차의 추정량을 알아본다.

▸▸ **자유도**

$\mu_1 - \mu_2$ 에 대한 추론에서 사용할 t 분포의 자유도(df)는 아래의 세 가지 가정이 만족할 때

$$df = \frac{(s_1^2/n_1 + s_2^2/n_2)^2}{\frac{(s_1^2/n_1)^2}{n_1 - 1} + \frac{(s_2^2/n_2)^2}{n_2 - 1}}$$

이다. 세 가지 가정은 다음과 같다.

1. 두 모집단이 정규분포에 따른다.
2. 두 표본들은 모두 표본크기가 작고 독립이다.
3. 두 모집단의 표준편차는 서로 다르고 값을 모른다.

일반적으로 위에서 계산된 자유도의 값은 정수가 아니다. 따라서 그 값을 반올림한 정수를 자유도로 사용한다.

▸▸ **$\overline{X}_1 - \overline{X}_2$의 표준편차의 추정량**

$\overline{X}_1 - \overline{X}_2$ 의 표준편차의 추정량은

$$s_{\overline{X}_1 - \overline{X}_2} = \sqrt{\frac{s_1^2}{n_1} + \frac{s_2^2}{n_2}}$$

이다.

10.3.1 $\mu_1 - \mu_2$의 신뢰구간

이제 우리는 표본크기가 작으면서, 두 모집단의 표준편차가 서로 다르고 값을 알지 못할 경우에 $\mu_1 - \mu_2$ 의 신뢰구간을 구하는 방법을 알아본다.

▸▸ **$\mu_1 - \mu_2$의 신뢰구간**

t 를 주어진 10.3절에서 설명한 자유도와 신뢰수준에 대응하는 t 분포의 값이라고 하면, $\mu_1 - \mu_2$ 의 $(1-\alpha)100\%$ 신뢰구간은

$$(\overline{x}_1 - \overline{x}_2) \pm t s_{\overline{X}_1 - \overline{X}_2}$$

이다. 여기서

$$s_{\overline{X}_1 - \overline{X}_2} = \sqrt{\frac{s_1^2}{n_1} + \frac{s_2^2}{n_2}}$$

예제 10-9 다음은 어떤 질병에 대해 질병이 있는 환자 10명과 건강한 사람 20명을 대상으로 전 혈청 보체 활동력(Total Serum Complement Activity)을 측정한 결과 다음과 같다.

	환자	건강한 사람
표본평균	62.6	47.2
표본표준편차	33.8	10.1

두 집단 간의 평균 전 혈청 보체 활동력 차에 대한 95% 신뢰구간을 구하라. 단, 두 모집단은 서로 독립이며 각각 정규분포를 따르고, 모표준편차는 동일하지 않다고 가정한다.

풀이 환자의 평균 전 혈청 보체 활동력을 μ_1, 건강한 사람의 평균 전 혈청 보체 활동력을 μ_2라고 하자.

단계 1 주어진 정보로부터 $s_{\overline{X}_1-\overline{X}_2}$ 계산

주어진 자료에서

$$\text{환자} : n_1=20,\quad \overline{x}_1=62.6,\quad s_1=33.8$$
$$\text{건강한 사람} : n_2=10,\quad \overline{x}_2=47.2,\quad s_2=10.1$$

이다. 또한 $\overline{X}_1-\overline{X}_2$의 표준편차의 추정량은

$$s_{\overline{X}_1-\overline{X}_2}=\sqrt{\frac{s_1^2}{n_1}+\frac{s_2^2}{n_2}}$$
$$=\sqrt{\frac{33.8^2}{20}+\frac{10.1^2}{10}}=10.92$$

이다.

단계 2 t값 찾기

자유도를 계산하면

$$df=\frac{(s_1^2/n_1+s_2^2/n_2)^2}{\dfrac{(s_1^2/n_1)^2}{n_1-1}+\dfrac{(s_2^2/n_2)^2}{n_2-1}}$$
$$=\frac{(33.8^2/20+10.1^2/10)^2}{\dfrac{(33.8^2/20)^2}{20-1}+\dfrac{(10.1^2/10)^2}{10-1}}=23.7\doteq 24$$

이다. 그러므로 자유도가 24인 t분포에서 양쪽 꼬리 부분의 면적의 합이 0.05 (한 쪽 꼬리 부분의 면적이 0.025)인 t값을 구하면 2.064이다.

단계 3 $\mu_1 - \mu_2$의 95% 신뢰구간

$\mu_1 - \mu_2$의 95% 신뢰구간은

$$(\bar{x}_1 - \bar{x}_2) \pm t s_{\bar{X}_1 - \bar{X}_2} = (62.6 - 47.2) \pm 2.064\,(10.9245)$$
$$= 15.4 \pm 22.5$$

이므로 $(-7.1,\ 37.9)$이다.

10.3.2 $\mu_1 - \mu_2$의 가설검정

두 모집단의 모표준편차가 같지 않으면서 모를 경우에 $\mu_1 - \mu_2$의 가설검정의 절차는, 자유도와 $\bar{X}_1 - \bar{X}_2$의 표준편차의 추정량인 $s_{\bar{X}_1 - \bar{X}_2}$의 계산만 10.3절에서 설명한 경우와 같이 다를 뿐 10.2.2절과 동일하다.

▸▸ $\bar{X}_1 - \bar{X}_2$를 이용한 검정통계량 t

귀무가설 H_0에서 주어진 값을 $\mu_1 - \mu_2$에 대입하여, $\bar{X}_1 - \bar{X}_2$를 이용한 검정통계량 t는

$$t = \frac{\bar{X}_1 - \bar{X}_2 - (\mu_1 - \mu_2)}{\sqrt{\dfrac{s_1^2}{n_1} + \dfrac{s_2^2}{n_2}}}$$

이다.

▸▸ 모평균 차의 검정: 소표본이면서 표준편차 σ_1과 σ_2를 모를 경우

1. 귀무가설 $H_0: \mu_1 - \mu_2 = \delta_0$
2. 검정통계량 $t = \dfrac{(\bar{X}_1 - \bar{X}_2) - \delta_0}{\sqrt{\dfrac{s_1^2}{n_1} + \dfrac{s_2^2}{n_2}}}$
3. 기각역
   (1) $H_1: \mu_1 - \mu_2 > \delta_0$일 때, $t \geq t_\alpha(df)$
   (2) $H_1: \mu_1 - \mu_2 < \delta_0$일 때, $t \leq -t_\alpha(df)$
   (3) $H_1: \mu_1 - \mu_2 \neq \delta_0$일 때, $|t| \geq t_{\alpha/2}(df)$

여기서

$$df = \frac{(s_1^2/n_1 + s_2^2/n_2)^2}{\dfrac{(s_1^2/n_1)^2}{n_1 - 1} + \dfrac{(s_2^2/n_2)^2}{n_2 - 1}}$$

일반적으로 위에서 계산된 자유도(df)의 값은 정수가 아니다. 따라서 그 값을 반올림한 정수를 자유도로 사용한다.

예제 10-10 예제 10-9에서 전 혈청 보체 활동력의 평균치가 두 모집단 간에 차이가 있는지를 유의수준 5%에서 검정하라.

풀이 가설검정을 다음과 같이 한다.

단계 1 귀무가설과 대립가설을 설정한다.

$$H_0 : \mu_1 - \mu_2 = 0$$
$$H_1 : \mu_1 - \mu_2 \neq 0$$

단계 2 사용할 분포와 검정통계량을 결정한다.
검정에 사용할 분포는 t분포이며, 검정통계량은

$$t = \frac{(\overline{X}_1 - \overline{X}_2) - 0}{\sqrt{\frac{s_1^2}{n_1} + \frac{s_2^2}{n_2}}}$$

이다.

단계 3 기각역을 구한다.
t분포에서 자유도가 24이고, 유의수준 $\alpha = 0.05$에 해당하는 기각역을 구한다. 즉 기각역은 자유도 24인 t분포의 양쪽 꼬리 부분의 면적의 합이 0.05인 t값의 범위이다. 따라서

$$|t| \geq 2.064$$

이다.

단계 4 검정통계량의 값을 구한다.

$$t = \frac{(\overline{X}_1 - \overline{X}_2) - 0}{\sqrt{\frac{s_1^2}{n_1} + \frac{s_2^2}{n_2}}} = \frac{(62.6 - 47.2) - 0}{10.92} = 1.41$$

단계 5 $|t| = 1.41 < t_{0.025}(24) = 2.064$이므로 기각역에 들지 않는다. 따라서 환자의 평균 전 혈청 보체 활동력과 건강한 사람의 평균 전 혈청 보체 활동력은 유의수준 5%에서 다르다고 할 수 없다.

10.4 대응표본을 갖는 두 모집단 평균의 차에 대한 추론

앞 절에서는 독립관계가 있는 두 모집단의 모평균의 차에 대한 추론을 다루었다. 그러나 예를 들어 체중 감소를 위하여 하나의 운동요법을 실시하였을 때, 운동을 실시하기 전 체중과 일정기간 운동을 실시한 후 체중은 서로 종속관계를 가진다. 이 절에서는 종속관계가 있는 두 모집단 평균의 차에 대한 추론을 **대응표본**(matching sample)을 이용하여 공부하기로 한다.

▸▸ 대응표본

실험대상을 동질적인 쌍으로 택하여 각 쌍에서 한 실험단위에는 처리 1을 적용시키고, 나머지 실험단위에는 처리 2를 적용시켜 얻은 자료를 짝으로 나타내는 것을 **대응표본**이라고 한다.

대응표본에서는 두 표본들의 짝으로 된 원소들의 차를 새로운 표본으로 생각하여 두 모집단 평균의 차에 대한 추론을 한다. 그러므로 두 표본들의 크기는 모두가 동일한 n개가 되어야 하고, 또한 서로 짝지어진 원소들을 새로운 표본으로 생각하므로 표본크기는 n개가 된다. 따라서 대응표본의 자유도는 $n-1$이 된다. 그러면 우선 여기서 사용하는 몇 가지 기호를 다음과 같이 표시한다.

$D_i = i$번째 대응표본의 차, $i = 1, 2, \cdots, n$
$\mu_D =$대응표본의 차에 대한 모평균
$\sigma_D =$대응표본의 차에 대한 모표준편차
$\overline{D} =$대응표본 차의 표본평균
$s_D =$대응표본 차의 표본표준편차
$n =$대응표본의 개수

▸▸ 대응표본 차의 표본평균과 표본표준편차

대응표본 차의 표본평균과 표본표준편차는

$$\overline{D} = \frac{\sum_{i=1}^{n} D_i}{n}, \quad s_D = \sqrt{\frac{\sum_{i=1}^{n} D_1^2 - \frac{(\sum_{i=1}^{n} D_i)^2}{n}}{n-1}}$$

로 계산한다.

대응표본일 때 $\mu_1 - \mu_2$의 추론에서는 10.2절과 10.3절에서와 달리 통계량 $\overline{X}_1 - \overline{X}_2$ 대신에

통계량 $\overline{D}$를 사용한다. 그러나 사실은 항상 $\overline{D}=\overline{X}_1-\overline{X}_2$이고 $\mu_D=\mu_1-\mu_2$이다.

▸▸ $\overline{D}$의 평균, 표준편차와 표본분포

대응표본의 개수가 크면($n \geq 30$) 중심극한정리에 의하여 $\overline{D}$의 표본분포는 근사적으로 정규분포에 따르며, 평균과 표준편차는 다음과 같다.

$$\mu_{\overline{D}}=\mu_D, \quad \sigma_{\overline{D}}=\frac{\sigma_D}{\sqrt{n}}$$

그러므로 대응표본의 개수가 대표본($n \geq 30$)일 때는 근사적인 정규분포를 사용하여 μ_D에 대한 추론을 할 수 있다.

그러나 대응표본의 개수가 작을 때는 정규분포를 사용하여 μ_D에 대한 추론을 할 수 없다. 이 경우에는 대응표본의 차인 **짝차**(paired differences)의 모집단이 정규분포를 따른다면, 정규분포 대신에 t분포를 사용하여 μ_D에 대한 추론을 할 수 있다.

▸▸ 대응표본 차의 표준편차의 추정량

$\overline{D}$의 표준편차 $\sigma_{\overline{D}}$의 추정량으로

$$s_{\overline{D}}=\frac{s_D}{\sqrt{n}}$$

를 사용한다. 여기서

$$s_D=\sqrt{\frac{\sum_{i=1}^{n} D_i^2-\frac{(\sum_{i=1}^{n} D_i)^2}{n}}{n-1}}$$

10.4.1 μ_D의 신뢰구간

대응표본의 차의 표본평균 $\overline{D}$는 μ_D의 점추정량이고, 이를 이용하여 μ_D의 신뢰구간을 구한다.

▸▸ μ_D의 신뢰구간: 대표본인 경우

대응표본의 개수가 대표본($n \geq 30$)일 때 μ_D의 $(1-\alpha)100\%$ 신뢰구간은

$$\overline{d} \pm z s_{\overline{D}}$$

이다. 여기서 $s_{\overline{D}}=\frac{s_D}{\sqrt{n}}$이고, z는 주어진 신뢰수준에 해당하는 표준정규분포로부터 얻어진 값이다.

▸▸ μ_D의 신뢰구간: 소표본인 경우

1. 짝차의 모집단은 정규분포에 따른다.
2. n은 30보다 작다.

만약 위의 두 가지 가정을 만족하면 t분포를 사용하여 μ_D에 대한 추론을 한다. 즉 t가 자유도 $n-1$인 t분포에서 주어진 신뢰수준에 해당하는 t값이라면 μ_D의 $(1-\alpha)100\%$ 신뢰구간은

$$\bar{d} \pm t s_{\overline{D}}$$

이다. 여기서

$$s_{\overline{D}} = \frac{s_D}{\sqrt{n}}$$

예제 10-11 비만증 환자들에게 체중을 감소시켜 주는 새로운 치료방법을 개발하였다는 주장이 있다. 이 방법에 의하면 2주일 만에 체중을 부작용 없이 줄일 수 있다고 한다. 이 방법이 효과가 있는지를 알기 위하여 10명의 환자에게 2주일간 치료 전과 후의 체중을 조사한 것이 아래 표와 같다. 치료 전과 후의 체중의 차 μ_D의 95% 신뢰구간을 구하라.

환자번호	1	2	3	4	5	6	7	8	9	10
치료 전 체중(X_i)	98	76	102	83	92	88	72	93	81	80
치료 후 체중(Y_i)	97	77	100	78	94	87	75	90	80	83
$D_i = X_i - Y_i$	1	−1	2	5	−2	1	−3	3	1	−3
D_i^2	1	1	4	25	4	1	9	9	1	9

풀이 **단계 1** 주어진 정보로부터 $s_{\overline{D}}$ 계산

자료에 의하여

$$\bar{d} = \frac{\sum_{i=1}^{10} D_i}{n} = \frac{4}{10} = 0.4$$

$$s_D = \sqrt{\frac{\sum_{i=1}^{10} D_i^2 - \frac{(\sum_{i=1}^{10} D_i)^2}{10}}{10-1}} = \sqrt{\frac{64 - \frac{0.4^2}{10}}{10-1}} = 2.63$$

이다. 그러므로 $\overline{D}$의 표준편차의 추정치는

$$s_{\overline{D}} = \frac{s_D}{\sqrt{n}} = \frac{2.63}{\sqrt{10}} = 0.832$$

이다.

단계 2 t값 찾기

자유도가 $n-1=10-1=9$인 t분포에서 신뢰수준 95%의 t값은 t분포의 양쪽 꼬리 부분의 면적이 0.05인, 즉 오른쪽 꼬리 부분의 면적이 0.025인 $t=2.262$이다.

단계 3 μ_D의 95% 신뢰구간

μ_D의 95% 신뢰구간은

$$\overline{d} \pm ts_{\overline{D}} = 0.4 \pm 2.262\,(0.832) = 0.4 \pm 1.88$$

이다. 즉 -1.48에서 2.28이다.

10.4.2 μ_D의 가설검정

μ_D의 가설검정에 있어서도 통계량으로 $\overline{D}$를 사용하며, 9장에서 배웠던 것처럼 대응표본의 크기가 큰 경우($n \geq 30$)에는 짝차의 모집단의 분포가 정규분포를 따른다는 가정이 없어도 중심극한정리를 적용하면

$$Z = \frac{\overline{D} - \mu_d}{s_D / \sqrt{n}}$$

는 근사적으로 표준정규분포를 따른다. 따라서 μ_D에 대한 가설검정은 표준정규분포를 이용하여 시행할 수 있다.

▸▸ **모평균 차의 검정: 대표본인 경우**

1. 귀무가설 $H_0: \mu_D = \delta_0$
2. 검정통계량 $Z = \dfrac{\overline{D} - \delta_0}{s_D / \sqrt{n}}$
3. 기각역
   (1) $H_1: \mu_D > \delta_0$일 때, $Z \geq z_\alpha$
   (2) $H_1: \mu_D < \delta_0$일 때, $Z \leq -z_\alpha$
   (3) $H_1: \mu_D \neq \delta_0$일 때, $|Z| \geq z_{\alpha/2}$

그러나 소표본인 경우에는 10.4절에서 설명한 두 가지 가정을 만족할 때

$$t = \frac{\overline{D} - \mu_d}{s_D / \sqrt{n}}$$

는 자유도가 $n-1$인 t분포를 따른다. 따라서 μ_D에 대한 가설검정은 t분포를 이용하여 시행할 수 있다.

▸▸ $\overline{D}$를 이용한 검정통계량

$\overline{D}$를 이용한 검정통계량은

$$t = \frac{\overline{D} - \delta_0}{s_D / \sqrt{n}}$$

로 계산한다.

▸▸ 모평균 차의 검정: 소표본인 경우

1. 귀무가설 $H_0 : \mu_D = \delta_0$
2. 검정통계량 $t = \dfrac{\overline{D} - \delta_0}{s_D / \sqrt{n}}$
3. 기각역
   - (1) $H_1 : \mu_D > \delta_0$일 때, $t \geq t_\alpha(n-1)$
   - (2) $H_1 : \mu_D < \delta_0$일 때, $t \leq -t_\alpha(n-1)$
   - (3) $H_1 : \mu_D \neq \delta_0$일 때, $|t| \geq t_{\alpha/2}(n-1)$

예제 10-12 예제 10-11에서 새로운 방법이 체중을 줄이는 데 효과가 있다고 할 수 있는가? 유의수준 5%로 검정하라.

풀이 가설검정을 다음과 같이 한다.

단계 1 귀무가설과 대립가설을 설정한다.

$$H_0 : \mu_D = 0$$
$$H_0 : \mu_D > 0$$

단계 2 사용할 분포와 검정통계량을 결정한다.

검정에 사용할 분포는 t분포이며, 검정통계량은

$$t = \frac{\overline{D} - 0}{s_D / \sqrt{n}}$$

이다.

단계 3 기각역을 구한다.

자유도가 $n-1=10-1=9$이고, 유의수준이 $\alpha=0.05$에 대응하는 t분포의 값을 구하면 1.833이다. 따라서 기각역은

$$t \geq 1.833$$

이다.

단계 4 검정통계량의 값을 구한다.

$$t=\frac{\overline{D}-0}{s_D/\sqrt{n}}=\frac{0.4-0}{2.63/\sqrt{10}}=0.48$$

단계 5 $t=0.48<t_{0.05}(9)=1.833$이므로 기각역에 포함되지 않는다. 따라서 유의수준 5%에서 새로운 방법이 체중을 줄이는 데 효과가 있다고 할 수 없다.

10.5 독립인 두 모집단의 모비율 차에 대한 추론

우리는 가끔 두 모집단 비율의 차에 대한 추론을 생각할 때가 있다. 예를 들면 두 대의 기계에서 생산되는 제품의 불량률의 차이나, 두 고등학교의 대학입시 합격률 차이에 대한 추론을 할 때이다. 만약 p_1과 p_2를 두 대의 기계에서 생산되는 제품의 불량률이라고 할 때 p_1-p_2의 신뢰구간을 구한다든지, 아니면 p_1과 p_2가 차이가 있겠는가 하는 문제에 접한다. 그러므로 이 절에서는 표본크기가 크고 독립인 표본일 때 p_1-p_2의 추론에 대하여 공부하기로 한다.

10.5.1 $\hat{p}_1-\hat{p}_2$의 평균, 표준편차와 표본분포

만약 x_1과 x_2를 표본크기가 각각 n_1과 n_2인 두 표본에서 주어진 특성치를 가지는 개수라고 하자. 7.6절에서 공부한 중심극한정리에 의해서 표본비율

$$\hat{p}_1=\frac{x_1}{n_1} \text{과 } \hat{p}_2=\frac{x_2}{n_2}$$

는 대표본일 때 각각 근사적으로 정규분포에 따른다. 따라서 $\hat{p}_1-\hat{p}_2$의 평균과 표준편차 및 표본분포는 다음과 같다.

▸▸ $\hat{p}_1-\hat{p}_2$의 평균과 표준편차 및 표본분포

$\hat{p}_1-\hat{p}_2$는 대표본일 때 평균과 표준편차가 각각

$$\mu_{\hat{p}_1-\hat{p}_2}=p_1-p_2$$

$$\sigma_{\hat{p}_1-\hat{p}_2}=\sqrt{\frac{p_1q_1}{n_1}+\frac{p_2q_2}{n_2}}$$

인 정규분포에 따른다. 따라서

$$Z=\frac{(\hat{p}_1-\hat{p}_2)-(p_1-p_2)}{\sqrt{\frac{p_1q_1}{n_1}+\frac{p_2q_2}{n_2}}}\sim N(0,1)$$

이다. 여기서 $q_1=1-p_1$이고, $q_2=1-p_2$이다.

10.5.2 p_1-p_2의 신뢰구간

p_1-p_2의 신뢰구간을 구할 경우 우리는 p_1-p_2의 추정량인 $\hat{p}_1-\hat{p}_2$을 사용한다.

▸▸ p_1-p_2의 신뢰구간 : 대표본인 경우

p_1-p_2의 $(1-\alpha)100\%$ 신뢰구간은

$$(\hat{p}_1-\hat{p}_2)\pm zs_{\hat{p}_1-\hat{p}_2}$$

이다. 여기서 z는 주어진 신뢰수준 $1-\alpha$에 해당하는 표준정규분포로부터 얻어지는 값이고,

$$s_{\hat{p}_1-\hat{p}_2}=\sqrt{\frac{\hat{p}_1\hat{q}_1}{n_1}+\frac{\hat{p}_2\hat{q}_2}{n_2}}$$

이다.

예제 10-13 어떤 부품의 생산과정에 대한 변화를 알아보기 위하여 기존의 생산과정에서 생산된 제품 중 임의로 1,500개를 추출하여 조사한 결과 불량품이 75개였다. 또한 새로운 생산과정에서 생산된 제품 중 임의로 2,000개를 추출하여 조사한 결과 80개의 불량품이 나왔다.

(1) 기존의 생산과정에서의 불량률 p_1, 새로운 생산과정에서의 불량률 p_2라고 할 때 p_1-p_2의 점추정치는 얼마인가?

(2) 두 생산과정에서 불량률의 차인 p_1-p_2의 90% 신뢰구간을 구하라.

풀이 **단계 1** 주어진 정보로부터 $s_{\hat{p}_1-\hat{p}_2}$ 계산

x_1을 기존의 생산과정에서의 불량품의 개수라고 하고, x_2를 새로운 생산과정에서의 불량품의 개수라고 하면, 주어진 자료에서

$$\text{기존의 생산과정}: n_1=1500,\quad x_1=75$$

$$\text{새로운 생산과정}: n_2 = 2000, \quad x_2 = 80$$

이다. 따라서 두 표본비율은 각각

$$\hat{p}_1 = \frac{x_1}{n_1} = \frac{75}{1500} = 0.05$$
$$\hat{p}_2 = \frac{x_2}{n_2} = \frac{80}{2000} = 0.04$$

이다. 그러므로 $\hat{q}_1 = 1 - 0.05 = 0.95$이고 $\hat{q}_2 = 1 - 0.04 = 0.96$이다.

따라서 $p_1 - p_2$의 점추정치는

$$\hat{p}_1 - \hat{p}_2 = 0.05 - 0.04 = 0.01$$

이다. 또한

$$\begin{aligned} s_{\hat{p}_1 - \hat{p}_2} &= \sqrt{\frac{\hat{p}_1 \hat{q}_1}{n_1} + \frac{\hat{p}_2 \hat{q}_2}{n_2}} \\ &= \sqrt{\frac{(0.05)(0.95)}{1500} + \frac{(0.04)(0.96)}{2000}} \\ &= 0.0071 \end{aligned}$$

단계 2 z값 찾기

$n_1 \hat{p}_1$, $n_1 \hat{q}_2$, $n_2 \hat{p}_2$과 $n_2 \hat{q}_2$이 각각

$$n_1 \hat{p}_1 = 1500(0.05) = 75, \quad n_1 \hat{q}_1 = 1500(0.05) = 1425$$
$$n_2 \hat{p}_2 = 2000(0.04) = 80, \quad n_2 \hat{q}_2 = 2000(0.96) = 1920$$

이므로 모두 5보다 크다. 따라서 두 표본들의 크기는 대표본이다. 그러므로 신뢰구간을 구하기 위하여 정규분포를 이용할 수 있다. 신뢰수준 90%에 해당하는 정규분포의 값은 $z = 1.645$이다.

단계 3 $p_1 - p_2$의 90% 신뢰구간

$p_1 - p_2$의 90% 신뢰구간은

$$\begin{aligned} (\hat{p}_1 - \hat{p}_2) \pm z s_{\hat{p}_1 - \hat{p}_2} &= (0.05 - 0.04) \pm 1.645(0.0071) \\ &= 0.01 \pm 0.0117 \end{aligned}$$

이다. 즉 -0.0017에서 0.0217이다.

10.5.3 $p_1 - p_2$의 가설검정

우리는 앞 절에서 대표본일 때

$$Z = \frac{(\hat{p}_1 - \hat{p}_2) - (p_1 - p_2)}{\sqrt{\frac{p_1 q_1}{n_1} + \frac{p_2 q_2}{n_2}}} \sim N(0, 1)$$

임을 공부하였다. $p_1 - p_2$에 대한 가설검정을 할 때 귀무가설로 $H_0 : p_1 = p_2 (\equiv p)$을 보통 사용한다. 따라서 귀무가설 $H_0 : p_1 = p_2 (\equiv p)$가 사실이라면, 대표본인 경우에

$$Z = \frac{(\hat{p}_1 - \hat{p}_2) - 0}{\sqrt{pq\left(\frac{1}{n_1} + \frac{1}{n_2}\right)}} \sim N(0, 1)$$

이다.

우리는 p_1과 p_2의 공통값인 p의 값을 모르기 때문에 p의 추정량으로

$$\overline{p} = \frac{x_1 + x_2}{n_1 + n_2} = \frac{n_1 \hat{p}_1 + n_2 \hat{p}_2}{n_1 + n_2}$$

을 사용한다. 이 값을 p의 **합동표본비율**(pooled sample proportion)이라고 한다. 또한 귀무가설 $H_0 : p_1 = p_2 (\equiv p)$가 사실이라면, 대표본인 경우에

$$Z = \frac{(\hat{p}_1 - \hat{p}_2) - 0}{\sqrt{\overline{p}\overline{q}\left(\frac{1}{n_1} + \frac{1}{n_2}\right)}} \sim N(0, 1)$$

임이 밝혀져 있다. 여기서 $\overline{q} = 1 - \overline{p}$이다.

▸▸ $\hat{p}_1 - \hat{p}_2$을 이용한 검정통계량

$\hat{p}_1 - \hat{p}_2$을 이용한 검정통계량은

$$Z = \frac{(\hat{p}_1 - \hat{p}_2) - 0}{\sqrt{\overline{p}\overline{q}\left(\frac{1}{n_1} + \frac{1}{n_2}\right)}}$$

으로 계산한다.

그러므로 두 모비율 차 $p_1 - p_2$에 대한 가설검정을 다음과 같이 시행할 수 있다.

▸▸ **모비율 차의 가설검정: 대표본인 경우**

1. 귀무가설 $H_0: p_1 - p_2 = 0$ (또는 $H_0: p_1 = p_2$)

2. 검정통계량 $Z = \dfrac{(\hat{p}_1 - \hat{p}_2) - 0}{\sqrt{\overline{p}\overline{q}\left(\frac{1}{n_1} + \frac{1}{n_2}\right)}}$

3. 기각역

   (1) $H_1: p_1 - p_2 > 0$ 일 때, $Z \geq z_\alpha$

   (2) $H_1: p_1 - p_2 < 0$ 일 때, $Z \leq -z_\alpha$

   (3) $H_1: p_1 - p_2 \neq 0$ 일 때, $|Z| \geq z_{\alpha/2}$

예제 10-14 예제 10-13의 자료로부터 새로운 생산과정에서의 불량률이 기존의 생산과정에서의 불량률보다 적다고 할 수 있는가? 유의수준 5%로 검정하라.

풀이 가설검정을 다음과 같이 한다.

단계 1 귀무가설과 대립가설을 설정한다.

$$H_0: p_1 - p_2 = 0$$
$$H_1: p_1 - p_2 > 0$$

단계 2 사용할 분포와 검정통계량을 결정한다.
검정에 사용할 분포는 표준정규분포이며, 검정통계량은

$$Z = \frac{(\hat{p}_1 - \hat{p}_2) - 0}{\sqrt{\overline{p}\overline{q}\left(\frac{1}{n_1} + \frac{1}{n_2}\right)}}$$

이다.

단계 3 기각역을 구한다.
유의수준 5%에 해당하는 기각역을 구하면

$$Z \geq 1.645$$

이다

단계 4 검정통계량의 값을 구한다.
검정통계량의 값을 구하기 위하여 우선 합동표본비율과 $\hat{p}_1 - \hat{p}_2$의 표준편차의 추정량을 구하면

$$\overline{p}=\frac{x_1+x_2}{n_1+n_2}=\frac{75+80}{1500+2000}=0.044$$

$$\overline{q}=1-\overline{p}=1-0.044=0.956$$

$$s_{\hat{p}_1-\hat{p}_2}=\sqrt{\overline{p}\overline{q}\left(\frac{1}{n_1}+\frac{1}{n_2}\right)}$$

$$=\sqrt{(0.044)(0.956)\left(\frac{1}{1500}+\frac{1}{2000}\right)}=0.007$$

이다. 검정통계량의 값은

$$Z=\frac{(\hat{p}_1-\hat{p}_2)-0}{s_{\hat{p}_1-\hat{p}_2}}=\frac{(0.05-0.04)-0}{0.007}=1.429$$

이다.

단계 5 $z=1.429<z_{0.05}=1.645$이므로 유의수준 5%에서 귀무가설은 기각되지 못한다. 즉, 유의수준 5%에서 새로운 생산과정에서의 불량률이 기존의 생산과정에서의 불량률보다 적다고 할 수 없다.

연습문제

10.1 다음은 두 개의 모집단으로부터 추출한 두 개의 독립된 표본으로부터 얻어진 자료이다.

$$n_1=150,\quad \overline{x_1}=5.56,\quad s_1=1.65$$
$$n_2=170,\quad \overline{x_2}=4.80,\quad s_2=1.58$$

(1) $\mu_1-\mu_2$의 점추정치는 얼마인가?

(2) $\mu_1-\mu_2$의 99% 신뢰구간을 구하라.

(3) 두 모집단의 평균이 같은지를 유의수준 5%로 검정하라.

(4) μ_1이 μ_2 보다 크다고 할 수 있는지 유의수준 1%로 검정하라.

10.2 어느 도시의 1999년과 1998년의 여름철 휘발유의 평균 소비자 가격을 알기 위하여 1999년도와 1998년도에 주유소를 임의로 100개와 120개를 선택하여 휘발유 소비자 가격을 조사하였더니 1999년에는 리터당 평균가격이 1,215원, 표준편차가 35원이고 1998년에는 평균가격이 998원, 표준편차가 27원이었다.

(1) μ_1과 μ_2를 각각 1999년과 1998년의 이 도시 전체의 여름철 리터당 평균 휘발유 가격이라고 할 때 $\mu_1-\mu_2$의 점추정치는 얼마인가?

(2) 1999년과 1998년의 이 도시 전체의 여름철 리터당 평균 휘발유 가격의 차이에 대한 90% 신뢰구간을 구하라.

(3) 1999년의 여름철 리터당 휘발유 평균가격이 1998년의 평균가격보다 높다고 할 수 있는가? 유의수준 1%로 검정하라.

10.3 6세 이하의 자녀를 갖고 있는 직장 여성의 연간 평균 결근횟수를 비교하기 위하여 갑이라는 직장에서 임의로 45명을 선택하여 조사하였더니 평균 6.4일, 표준편차 1.20일을 결근하였으며, 을이라는 직장에서 50명을 임의로 선택하여 조사한 결과 평균이 9.3일, 표준편차 1.85일을 결근하였다고 한다.

(1) 두 직장의 전체의 직장 여성의 평균 결근일수의 차이에 대한 95% 신뢰구간을 구하라.

(2) 유의수준 5%로 갑회사의 평균 결근일수가 을회사의 평균 결근일수보다 작다고 할 수 있는가를 검정하라.

(3) 위 (2)의 검정에서 제1종 오류는 무엇이며 이 검정에서 사용한 제1종 오류에 대한 확률은 얼마인가를 설명하라.

10.4 저지방 요구르트를 생산하는 갑이라는 회사가 자기회사 제품을 임의로 50개 선택하여 조사하였더니 컵당 평균이 141칼로리, 표준편차가 5.4칼로리이며 경쟁회사의 같은 양의 생산제품 40개를 임의로 선택하여 조사한 결과 컵당 평균이 144칼로리, 표준편차가 6.3칼로리라고 한다.

(1) 두 회사에서 생산되는 전체 제품에 대한 같은 양의 컵당 평균 칼로리의 차이에 대한 98% 신뢰구간을 구하라.

(2) 갑회사의 요구르트가 경쟁회사의 제품보다 컵당 칼로리가 적다고 할 수 있는가를 유의수준 1%로 검정하라.

(3) (2)의 검정에서 검정에 대한 p값을 계산하라. 또한 이 p값에 근거하여 유의수준 $\alpha = 0.005$와 $\alpha = 0.025$일 경우 각각 귀무가설을 기각할 수 있는가를 설명하라.

10.5 다음은 표준편차가 모두 같고 모르는 정규분포에 따르는 두 모집단에서 추출한 독립인 두 표본들에 대한 자료이다.

$$n_1 = 20, \quad \bar{x}_1 = 33.75, \quad s_1 = 5.255$$
$$n_2 = 23, \quad \bar{x}_2 = 28.50, \quad s_2 = 4.55$$

(1) $\mu_1 - \mu_2$의 점추정치는 얼마인가?

(2) $\mu_1 - \mu_2$에 대한 99% 신뢰구간을 구하라.

(3) 두 모집단의 평균이 같은가를 유의수준 1%로 검정하라.

(4) 첫째 모집단의 모평균이 두 번째 모집단의 모평균보다 크겠는가를 유의수준 5%로 검정하라.

10.6 다음은 표준편차가 모두 같고 모르는 정규분포에 따르는 두 모집단에서 추출한 독립인 두 표본들에 대한 자료이다.

표본 1 : 27 31 25 33 21 35 30 26 25 31 33 30 28

표본 2 : 24 28 22 25 24 22 29 26 25 28 19 29

(1) μ_1을 모집단 1의 평균, μ_2를 모집단 2의 평균이라고 할 때 $\mu_1-\mu_2$의 점추정치는 얼마인가?

(2) $\mu_1-\mu_2$의 98% 신뢰구간을 구하라.

(3) μ_1이 μ_2보다 크다고 할 수 있는가? 유의수준 1%로 검정하라.

10.7 어떤 제약회사에서 환자의 고통을 빨리 치유할 수 있다고 하여 A라는 상표의 약을 개발하였고, 또 다른 회사에서 같은 종류의 약을 상표 B로서 개발하였다. 이 두 약의 효능을 조사하기 위하여 임의로 선택된 두 환자집단에 A와 B를 복용한 후 고통이 없어지는 시간을 측정한 것이 다음과 같다. (여기서 상표 A와 B의 효과는 분산이 같은 정규분포를 따른다고 가정한다.)

A를 복용한 환자군 : $n_1=25$, $\bar{x}_1=44$분, $s_1=13$분

B를 복용한 환자군 : $n_2=22$, $\bar{x}_2=49$분, $s_2=11$분

(1) 두 약을 복용한 환자군들이 고통이 없어지는 평균시간의 차에 대한 99% 신뢰구간을 구하라.

(2) 상표 A가 B보다 효과적이라고 할 수 있는가? 유의수준 1%로 검정하라.

10.8 두 모집단의 모분산이 같지도 않고 모르는 모표준편차를 갖고 있는 정규분포라고 한다. 이 두 모집단으로부터 추출한 표본들의 자료가 다음과 같다.

$n_1=24$, $\bar{x}_1=17.20$, $s_1=3.90$

$n_2=16$, $\bar{x}_2=19.40$, $s_2=5.15$

(1) 두 모집단의 평균의 차에 대한 95% 신뢰구간을 구하라.

(2) 두 모집단의 평균이 다르다고 할 수 있는가? 유의수준 1%로 검정하라.

10.9 짝차들의 모집단이 정규분포에 따른다고 할 때, 다음의 자료로써 μ_D에 대한 95% 신뢰구간을 구하라.

(1) $n=9$, $\bar{d}=25.4$, $s_D=13.5$, 신뢰수준=99%

(2) $n=26$, $\bar{d}=13.2$, $s_D=4.8$, 신뢰수준=95%

(3) $n=12$, $\bar{d}=34.6$, $s_D=11.7$, 신뢰수준=90%

10.10 짝차들의 모집단이 정규분포에 따른다고 할 때, 다음의 자료로써 μ_D에 대한 가설검정을 하라.

(1) $H_0:\mu_D=0$, $H_1:\mu_D\neq 0$, $n=26$, $\bar{d}=9.6$, $s_D=3.9$, $\alpha=0.05$

(2) $H_0:\mu_D=0$, $H_1:\mu_D>0$, $n=15$, $\bar{d}=8.8$, $s_D=4.7$, $\alpha=0.01$

(3) $H_0:\mu_D=0$, $H_1:\mu_D<0$, $n=20$, $\bar{d}=-7.4$, $s_D=2.3$, $\alpha=0.10$

10.11 자신감을 심어주는 교육기관에 종업원 7명을 보낸 후 이들이 교육기관에서 훈련하기 전과 후의 자신감에 대한 것을 조사한 성적이 다음과 같다. 단, 모집단은 정규분포를 따른다고 가정한다.

(1) 교육기관에서 훈련하기 전과 후의 성적 차이 μ_D의 95% 신뢰구간을 구하라.

(2) 이 교육기관에서의 훈련이 자신감에 대한 성적을 올리는 데 효과가 있다고 할 수 있는가 ? 유의수준 1%로 검정하라.

훈련 전 성적	8	5	4	9	6	8	5
훈련 후 성적	10	7	5	11	6	7	9

10.12 어떤 회사에서 생산되는 제품의 무게를 줄이고자 8명의 근로자를 임의로 선택하여 12주간 특별훈련을 실시한 후 이들이 생산된 제품의 무게를 조사한 것이 다음과 같다.

(1) 훈련을 실시하기 전과 후의 평균의 차 μ_D의 90% 신뢰구간을 구하라.

(2) 이 특별훈련이 제품의 무게를 줄이는 데 효과가 있다고 할 수 있는가? 유의수준 1%로 검정하라.

훈련 전 제품의 무게	81	75	89	91	65	70	90	69
훈련 후 제품의 무게	97	72	93	110	78	69	115	75

10.13 다음은 독립인 두 모집단에서 추출한 자료이다.

(1) p_1-p_2의 99% 신뢰구간을 구하라.

(2) 두 모비율이 다르다고 할 수 있는가? 유의수준 1%로 검정하라.

$$n_1=300,\quad \hat{p}_1=0.53\quad ;\quad n_2=200,\quad \hat{p}_2=0.59$$

10.14 하나의 모집단에서 추출한 $n_1 = 1000$개의 표본 중 $x_1 = 280$이고, 다른 모집단에서 추출한 $n_2 = 1,200$개의 표본 중 $x_2 = 396$라고 한다.

(1) $p_1 - p_2$의 점추정치를 구하라.

(2) $p_1 - p_2$의 99% 신뢰구간을 구하라.

(3) 귀무가설과 대립가설이 각각 $H_0 : p_1 = p_2$와 $H_1 : p_1 < p_2$인 경우 $\hat{p}_1 - \hat{p}_2$의 표본분포에서 유의수준 1%의 기각역을 구하라.

(4) 위의 (3)에서 검정통계량 z의 값을 구하라.

(5) 위의 (3)에서 유의수준 1%로 귀무가설을 기각할 수 있는가?

10.15 어떤 지방의 3세에서 17세 사이의 아이들의 비만율을 조사하기 위하여 1990년에 400명을 임으로 선택하여 조사한 결과 24%가 비만이었고, 1999년에 500명을 임의로 선택하여 조사한 결과 31%가 미만이었다고 한다.

(1) 1990년과 1999년의 3세에서 17세 사이의 아이들의 비만율의 차이에 대한 98% 신뢰구간을 구하라.

(2) 1990년의 비만율이 1999년의 비만율보다 적다고 할 수 있는가? 유의수준 1%로 검정하라.

10.16 어느 도시 지역의 A 고등학교의 남학생 120명과 여학생 80명을 임의로 선택하여 화학시험을 실시한 결과 남학생은 평균이 $\bar{x}_1 = 62$점이고 표준편차가 $s_1 = 15$점이며, 여학생은 평균이 $\bar{x}_2 = 54$점이고 표준편차가 $s_2 = 10$점이라고 한다. 전체 남학생의 평균성적(μ_1)과 전체 여학생의 평균성적(μ_2)의 차 ($\mu_1 - \mu_2$)의 99% 신뢰구간을 구하라.

10.17 당뇨병 환자들이 식사 전에 복용하는 A, B 두 가지 약의 효능을 비교하기 위하여 임의로 선택된 4명의 환자에게 약 A를 복용하게 하고, 다른 4명의 환자를 임의로 선택하여 약 B를 복용하게 하여 몇 분 후에 효과가 나타나는 지를 실험한 결과 A를 복용한 환자는 평균이 140, 표본표준편차가 20이며 B를 복용한 환자는 평균이 150, 표본표준편차가 25이다. 약 A와 B의 효과는 분산이 같은 정규분포를 따른다고 가정할 때, 약 A의 평균 효과와 약 B의 평균 효과의 차에 대한 95% 신뢰구간을 구하라.

10.18 지난 15년 동안 A 지방의 5월 중의 평균 강우량은 1.94인치, 표준편차 0.45인치이고, 지난 10년 동안 B 지방의 5월 중의 평균 강우량은 1.04인치, 표준편차 0.26인치라고 한다. 그러면 두 지방의 실제의 5월 중의 평균 강우량의 차에 대한 95% 신뢰구간을 구하라. 단, 두 지방의 강우량은 각각 정규분포를 따르며, 모표준편차는 서로 다르다고 가정한다.

10.19 어떤 식이요법이 심혈압에 효과를 나타내는가를 알기 위하여 7명의 심혈압 환자를 임의로 선택하여 식이요법을 실시하기 전의 심혈압을 측정하고, 식이요법을 3개월간 실시한 후의 심혈압을 측정한 결과 다음과 같다.

식이요법 전 :	210	180	195	220	231	199	224
식이요법 후 :	193	186	186	223	220	183	233

심혈압을 갖고 있는 전체 성인의 식이요법을 실시하기 전과 후의 심혈압의 차가 정규분포에 따른다고 가정할 때, 심혈압의 차의 평균 μ_D의 95% 신뢰구간을 구하라.

10.20 어떤 초등학교에서 겨울철과 여름철에 결석률이 차이가 있는가를 알기 위하여 임의로 300명을 추출하여 겨울철 30일 중 1일 이상 결석한 학생 수를 조사한 결과 64명이었고, 400명을 임의로 선택하여 여름철 30일 중 1일 이상 결석한 학생 수를 조사하였더니 51명이었다. 여름철과 겨울철의 결석률이 차이가 있다고 할 수 있는가? 유의수준 1%로 검정하라.

엑셀실습

1. 대표본이고 독립인 경우의 두 모평균 차에 관한 추론

엑셀은 대표본이고 독립인 경우의 두 모평균 차에 관한 신뢰구간이나 가설검정을 정규분포를 사용하여 할 수 있는 절차를 포함하고 있지 않다. 그러나 엑셀을 이용하여 이들 추론을 하기 위한 가장 간단한 방법은 표본크기에 관계없이 t분포를 사용하는 것이다. 이 절차는 다음에 설명된다. 마찬가지로 엑셀은 대표본이고 독립인 경우의 두 모비율 차에 관한 신뢰구간이나 가설검정을 정규분포를 사용하여 할 수 있는 절차를 포함하고 있지 않다. 그러므로 이 절차는 엑셀 실습에서는 취급하지 않는다.

2. 소표본이고 독립인 경우의 두 모평균 차에 관한 추론: 표준편차를 아는 경우

● **E10-1** 다음은 어느 학교에서 학생들을 비슷한 두 그룹으로 나누어 한 그룹에는 교육방법 A로 교육하고, 다른 한 그룹은 교육방법 B로 교육한 후 학생들에게 시험을 치루었다. 각 그룹에서 랜덤하게 9명씩의 시험성적 표본을 얻은 것이 다음과 같다.

교육방법	점수								
A	215	258	248	270	291	299	244	265	250
B	257	284	305	308	320	240	248	278	280

학생들의 시험성적은 두 집단 모두 정규분포이며, 각각의 분산이 625로 알려져 있다고 할 때, 두 교육방법에 차이가 있는지를 유의수준 5%에서 검정하라.

풀이

단계 1. 자료를 입력한다.

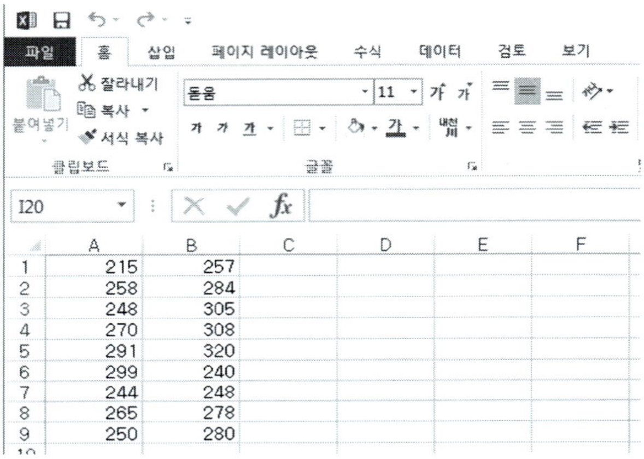

단계 2. **【도구】**→**【데이터분석】**을 선택한다.

단계 3. 데이터분석 창에서 『z – 검정 : 평균에 대한 두집단』을 선택한다.

단계 4. 『변수 1 입력 범위』와 『변수 2 입력 범위』에 데이터를 입력하고, 『가설 평균차』는

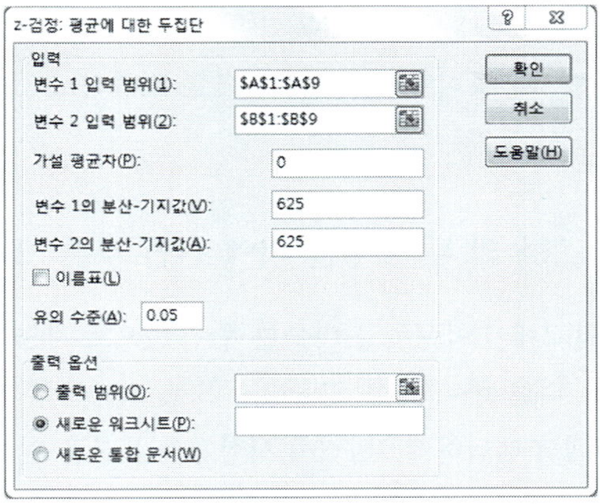

$H_0: \mu_A - \mu_B = 0$, $H_1: \mu_A - \mu_B \neq 0$을 검정하므로 0을 입력한다.

단계 5. 『변수 1과 변수 2의 분산−기지값』에는 분산 625를 각각 입력하고, 『유의수준』에 0.05를 입력한다.

출력 옵션을 사용하여 사용자가 원하는 곳에 결과를 나타낼 수 있다. (여기서는 새로운 워크시트에 나타나도록 하겠다.)

단계 6. 확인을 선택하면 새로운 워크시트에 『z − 검정 : 평균에 대한 두집단』 결과가 나타난다.

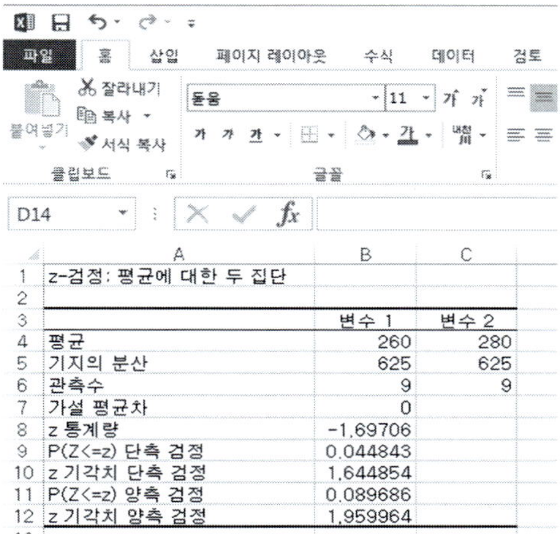

	A	B	C
1	z-검정: 평균에 대한 두 집단		
2			
3		변수 1	변수 2
4	평균	260	280
5	기지의 분산	625	625
6	관측수	9	9
7	가설 평균차	0	
8	z 통계량	-1.69706	
9	P(Z<=z) 단측 검정	0.044843	
10	z 기각치 단측 검정	1.644854	
11	P(Z<=z) 양측 검정	0.089686	
12	z 기각치 양측 검정	1.959964	

엑셀 결과로부터 검정통계량의 값 $z = -1.693$, p값(양측)은 0.089이다. $|z| = 1.697 < z_{0.025} = 1.96$이므로 유의수준 5%에서 귀무가설을 기각할 수 없다. 즉 유의수준 5%에서 두 가지 교육방법에 차이가 있다고 할 수 없다.

3. 소표본이고 독립인 경우의 두 모평균 차에 관한 추론: 표준편차가 같은 경우

● **E10-2** 어떤 보험회사는 고속도로에서 남자 운전자와 여자 운전자의 자동차의 평균 주행속도의 차이를 알기를 원하였다. 따라서 이 고속도로를 달리는 남자 운전자들 중 임의로 16명을 선택하여 그들의 자동차 주행속도를 조사하였더니 다음의 데이터를 얻었다.

70	67	65	72	71	54	74	69
63	57	64	76	60	55	63	69

또한 여자 운전자들 중 임의로 14명을 선택하여 그들의 자동차 주행속도를 조사하였더니 다음의 데이터를 얻었다.

61 55 58 66 70 54 57

60 63 72 65 63 59 67

이 고속도로를 달리는 모든 남자 운전자와 여자 운전자의 자동차 주행속도는 모표준편차가 같은 정규분포에 따른다고 가정한다.

(1) 이 고속도로를 달리는 모든 남자 운전자와 여자 운전자의 자동차 평균 주행속도의 차이에 대한 99% 신뢰구간을 구하라.

(2) 이 고속도로를 달리는 모든 남자 운전자의 자동차 평균 주행속도가 여자 운전자의 자동차 평균 주행속도보다 크다고 할 수 있는지를 유의수준 1%에서 검정하라.

풀이

단계 1. 자료를 입력한다.

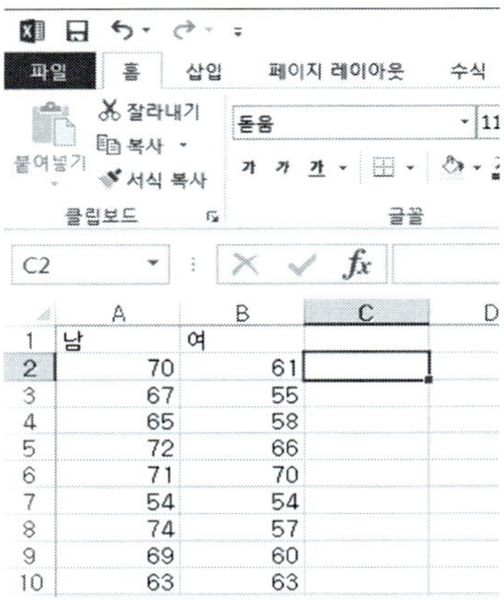

단계 2. 【도구】→【데이터분석】을 선택한다.

단계 3. 데이터분석 창에서 『t－검정 : 등분산 가정 두집단』을 선택한다.

단계 4. 『변수 1 입력 범위』와 『변수 2 입력 범위』에 데이터를 입력하고, 『유의수준』에 0.01을 입력한다.

출력 옵션을 사용하여 사용자가 원하는 곳에 결과를 나타낼 수 있다. (여기서는 새로운 워크시트에 나타나도록 하겠다.)

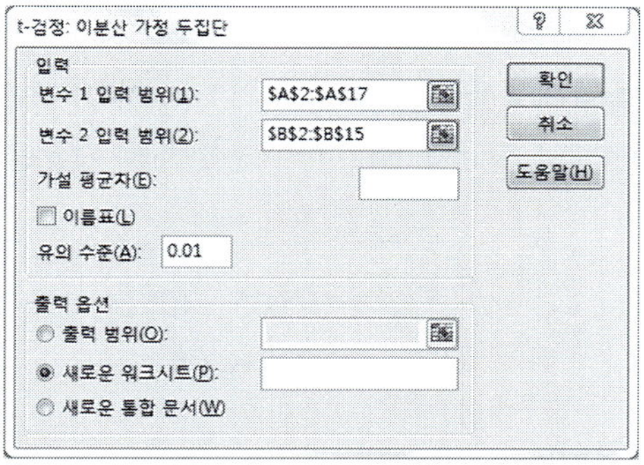

단계 5. 확인을 선택하면 새로운 워크시트에 『t - 검정 : 등분산 가정 두 집단』 결과가 나타난다.

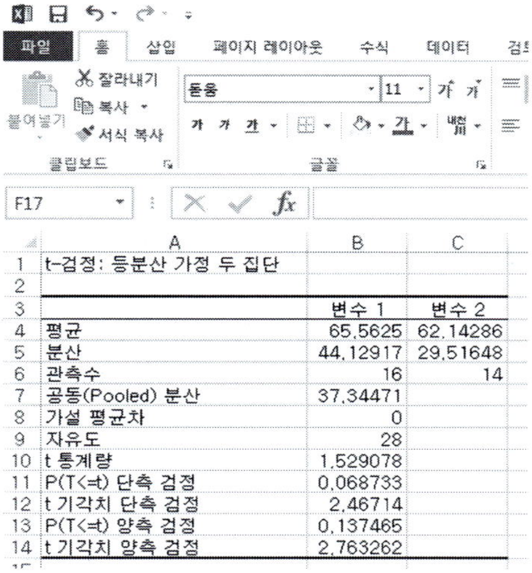

	A	B	C
1	t-검정: 등분산 가정 두 집단		
2			
3		변수 1	변수 2
4	평균	65.5625	62.14286
5	분산	44.12917	29.51648
6	관측수	16	14
7	공동(Pooled) 분산	37.34471	
8	가설 평균차	0	
9	자유도	28	
10	t 통계량	1.529078	
11	P(T<=t) 단측 검정	0.068733	
12	t 기각치 단측 검정	2.46714	
13	P(T<=t) 양측 검정	0.137465	
14	t 기각치 양측 검정	2.763262	

(1) 남자 운전자와 여자 운전자의 자동차 평균 주행속도의 차이에 대한 99% 신뢰구간을 구해 보자.

합동표본표준편차가

$$s_p = \sqrt{\frac{(n_1 - 1)\, s_1^2 + (n_2 - 1)\, s_2^2}{n_1 + n_2 - 2}}$$

$$= \sqrt{\frac{(16-1)\,44.13 + (14-1)\,29.52}{16+14-2}}$$

$$= \sqrt{37.3447} = 6.111$$

이므로 $\overline{X}_1 - \overline{X}_2$의 표준편차의 추정량은

$$s_{\overline{X}_1 - \overline{X}_2} = s_p \sqrt{\frac{1}{n_1} + \frac{1}{n_2}}$$

$$= (6.111)\sqrt{\frac{1}{16} + \frac{1}{14}} = 2.236$$

이다.

또한 $1-\alpha=0.99$에 대응하는 자유도가 28인 t분포의 양쪽 꼬리 부분의 면적의 합이 0.01, 즉 $\alpha/2=0.005$에 대응하는 t분포의 값이 $t=3.05$이다.

그러므로 남자 운전자의 평균을 μ_1, 여자 운전자의 평균을 μ_2라고 하면 $\mu_1-\mu_2$의 99%의 신뢰구간은

$$\begin{aligned}(\bar{x}_1-\bar{x}_2)\pm ts_{\bar{X}_1-\bar{X}_2} &= (65.65-62.14)\pm 3.05(2.236)\\ &= 3.51\pm 6.82\end{aligned}$$

이므로 $(-3.31, 10.33)$이다.

(2) 가설검정은 다음과 같이 수행한다.

엑셀 결과로부터 검정통계량의 값 $t=1.53$, p값(단측)은 0.069, 자유도는 28이다. p값 0.069이 유의수준 $\alpha=0.01$보다 크므로 유의수준 1%에서 귀무가설을 기각할 수 없다. 즉 유의수준 1%에서 이 고속도로를 달리는 모든 남자 운전자의 자동차 평균 주행속도가 여자 운전자의 자동차 평균 주행속도보다 크다고 할 수 없다.

4. 소표본이고 독립인 경우의 두 모평균 차에 관한 추론: 표준편차가 다른 경우

● **E10-3** E10-2의 데이터를 사용하여, 이 고속도로를 달리는 모든 남자 운전자와 여자 운전자의 자동차 주행속도는 모표준편차가 다른 정규분포에 따른다고 가정할 때,

(1) 이 고속도로를 달리는 모든 남자 운전자와 여자 운전자의 자동차 평균 주행속도의 차이에 대한 99% 신뢰구간을 구하라.

(2) 이 고속도로를 달리는 모든 남자 운전자의 자동차 평균 주행속도가 여자 운전자의 자동차 평균 주행속도보다 크다고 할 수 있는지를 유의수준 1%에서 검정하라.

풀이

단계 1. 자료를 입력한다.

단계 2. 【도구】→【데이터분석】을 선택한다.

단계 3. 데이터 분석 창에서 『t-검정 : 이분산 가정 두 집단』을 선택한다.

단계 4. 『변수 1 입력 범위』와 『변수 2 입력 범위』에 데이터를 입력하고, 『유의수준』에 0.01을 입력한다.

출력 옵션을 사용하여 사용자가 원하는 곳에 결과를 나타낼 수 있다. (여기서는 새로운 워크시트에 나타나도록 하겠다.)

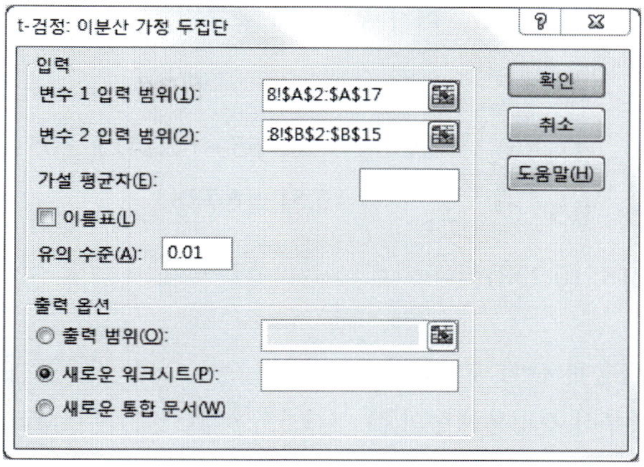

단계 5. 확인을 선택하면 새로운 워크시트에 『t − 검정 : 이분산 가정 두집단』 결과가 나타난다.

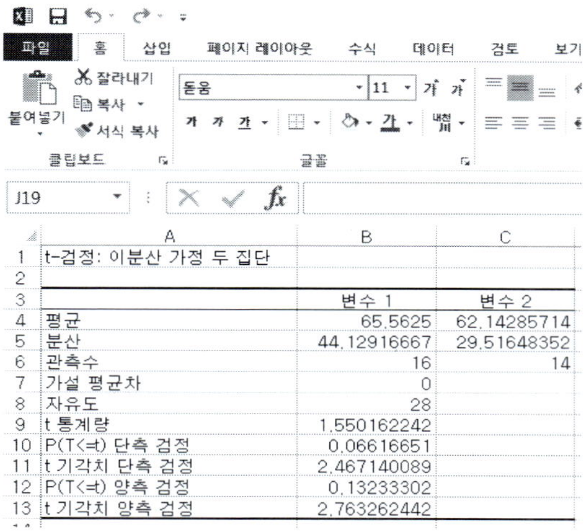

	A	B	C
1	t-검정: 이분산 가정 두 집단		
2			
3		변수 1	변수 2
4	평균	65.5625	62.14285714
5	분산	44.12916667	29.51648352
6	관측수	16	14
7	가설 평균차	0	
8	자유도	28	
9	t 통계량	1.550162242	
10	P(T<=t) 단측 검정	0.06616651	
11	t 기각치 단측 검정	2.467140089	
12	P(T<=t) 양측 검정	0.13233302	
13	t 기각치 양측 검정	2.763262442	

(1) 남자 운전자와 여자 운전자의 자동차 평균 주행속도의 차이에 대한 99% 신뢰구간을 구해 보자.

$\overline{X}_1 - \overline{X}_2$의 표준편차의 추정량은

$$s_{\overline{X}_1 - \overline{X}_2} = \sqrt{\frac{s_1^2}{n_1} + \frac{s_2^2}{n_2}}$$
$$= \sqrt{\frac{44.13}{16} + \frac{29.52}{14}} = 2.206$$

이다.

또한 $1-\alpha = 0.99$에 대응하는 자유도가 28인 t분포의 양쪽 꼬리 부분의 면적의 합이 0.01, 즉 $\alpha/2 = 0.005$에 대응하는 t분포의 값이 $t = 3.05$이다.

남자 운전자의 평균을 μ_1, 여자 운전자의 평균을 μ_2라고 하면 $\mu_1 - \mu_2$의 99%의 신뢰구간은

$$(\bar{x}_1 - \bar{x}_2) \pm ts_{\bar{X}_1 - \bar{X}_2} = (65.65 - 62.14) \pm 3.05(2.206)$$
$$= 3.51 \pm 6.7283$$

이므로 (−3.218, 10.238)이다.

(2) 가설검정은 다음과 같이 수행한다.

엑셀 결과로부터 검정통계량의 값 $t = 1.55$, p값(단측)은 0.066, 자유도는 28이다. p값 0.066가 유의수준 $\alpha = 0.01$보다 크므로 유의수준 1%에서 귀무가설을 기각할 수 없다. 즉 유의수준 1%에서 이 고속도로를 달리는 모든 남자 운전자의 자동차 평균 주행속도가 여자 운전자의 자동차 평균 주행속도보다 크다고 할 수 없다.

5. 대응표본인 경우의 두 모평균 차에 관한 추론

● **E10-4** 어떤 연구자가 심장 혈압에 대해 특별 다이어트의 효과를 알기 위해서 7명의 어른을 임의로 선택하여 3개월간 다이어트 프로그램을 실시하였다. 다음 데이터는 7명의 심장 혈압에 대한 프로그램 전과 후의 값이다.

전	210	180	195	220	231	119	224
후	193	186	186	223	220	183	233

μ_D를 모든 어른들의 특별 다이어트 프로그램에서 심장 혈압의 평균감소 효과라고 할 때, μ_D의 95% 신뢰구간을 구하라. 단 짝차들의 모집단은 정규분포에 따른다고 가정한다.

풀이

단계 1. 1열과 2열에 데이터를 입력한다.

단계 2. 각 행의 짝차를 구하여 3열에 입력한다.

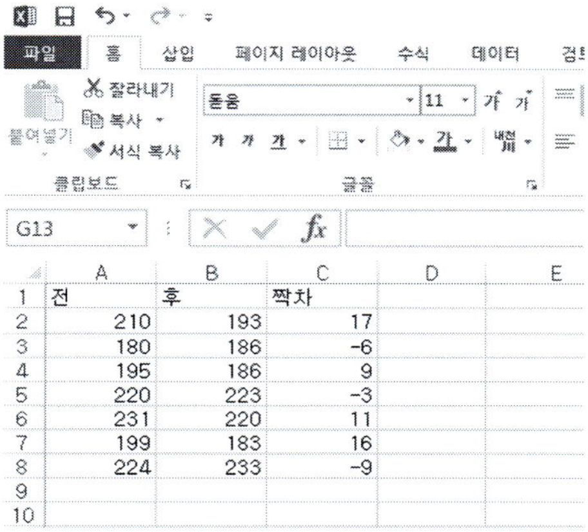

	A	B	C	D	E
1	전	후	짝차		
2	210	193	17		
3	180	186	-6		
4	195	186	9		
5	220	223	-3		
6	231	220	11		
7	199	183	16		
8	224	233	-9		
9					
10					

단계 3. 8장에서 설명된 신뢰구간을 구하는 순서를 따라 신뢰구간을 구한다.

D	E	F	G	H
짝차의 표본평균	5	←=AVERAGE(C2:C8)		
짝차의 표본표준편차	10.7857931	←=STDEV(C2:C8)		
$z_{\alpha/2}$	1.95996398	←=NORM.S.INV(0.975)		
추정된 표준오차	4.07664661	←=짝차의 표본표준편차/SQRT(7)		
최대오차	7.99008054	←=$z_{\alpha/2}$ × 추정된 표준오차		
신뢰구간의 상한값	12.9900805	←(표본평균 + 최대오차)		
신뢰구간의 하한값	-2.9900805	←(표본평균 - 최대오차)		

그러므로 μ_D의 95% 신뢰구간은 (− 2.99, 12.99)이다.

● **E10–5** E10–4 데이터로써 짝차들의 모평균 μ_D가 0과 다른지를 유의수준 5%에서 검정하라.

풀이

귀무가설과 대립가설은

$$H_0 : \mu_D = 0$$
$$H_1 : \mu_D \neq 0$$

이고, 유의수준은 0.05이며, 양쪽꼬리검정이다.

단계 1. 자료를 입력한다.

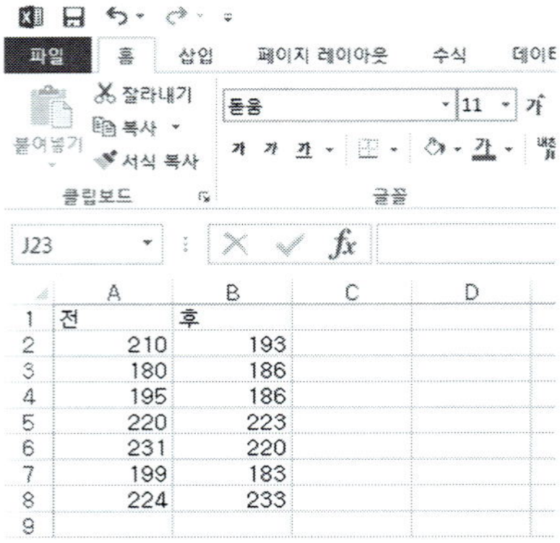

단계 2. 【도구】→【데이터분석】을 선택한다.

단계 3. 데이터분석 창에서 『t – 검정 : 쌍체비교』를 선택한다.

단계 4. 『변수 1 입력 범위』와 『변수 2 입력 범위』에 데이터를 입력하고, 『가설 평균차』에는 0을 입력하고, 『유의수준』에 0.05를 입력한다.

출력 옵션을 사용하여 사용자가 원하는 곳에 결과를 나타낼 수 있다. (여기서는 새로운 워크시트에 나타나도록 하겠다.)

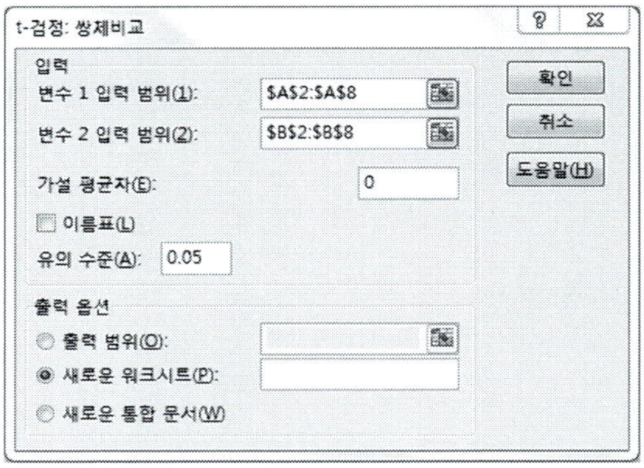

단계 5. 확인을 선택하면 새로운 워크시트에 『t – 검정 : 쌍체비교』 결과가 나타난다.

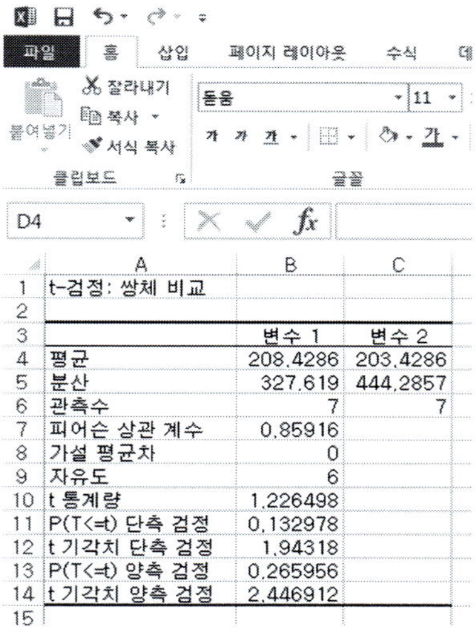

	A	B	C
1	t-검정: 쌍체 비교		
2			
3		변수 1	변수 2
4	평균	208.4286	203.4286
5	분산	327.619	444.2857
6	관측수	7	7
7	피어슨 상관 계수	0.85916	
8	가설 평균차	0	
9	자유도	6	
10	t 통계량	1.226498	
11	P(T<=t) 단측 검정	0.132978	
12	t 기각치 단측 검정	1.94318	
13	P(T<=t) 양측 검정	0.265956	
14	t 기각치 양측 검정	2.446912	
15			

귀무가설이 $\mu_D = 0$이고 대립가설이 $\mu_D \neq 0$임을 나타낸다. 1.226은 검정통계량 t의 값이며, 0.266은 p값이다. p값 0.27이 유의수준 $\alpha = 0.05$보다 크므로, 유의수준 5%에서 귀무가설을 기각할 수 없다. 따라서 이 표본 정보에 의하면 유의수준 5%에서 짝차들의 모평균 μ_D가 0과 다르다고 할 수 없다.

CHAPTER 11

카이제곱검정

이 장에서는 두 개 이상의 범주를 갖는 실험에 대한 가설검정인 적합도검정, 분할표에 대한 가설검정인 독립성검정과 동질성검정, 하나의 모집단에 대한 분산과 표준편차에 대한 추론을 소개한다. 이러한 모든 검정은 카이제곱분포를 사용하여 검정한다.

11.1 카이제곱분포

카이제곱분포(chisquare distribution)는 t분포와 같이 자유도라고 하는 하나의 모수를 갖는 분포이다. 카이제곱분포는 χ^2분포라고 쓰고, 분포의 모양은 자유도에 따라 달라진다. 확률변수 χ^2은 항상 0 이상의 값을 취한다. 따라서 카이제곱분포곡선은 원점에서 시작하여 수직축의 오른쪽에 위치한다. 그림 11-1은 자유도가 2, 7, 12인 세 가지의 카이제곱분포곡선을 보여 준다.

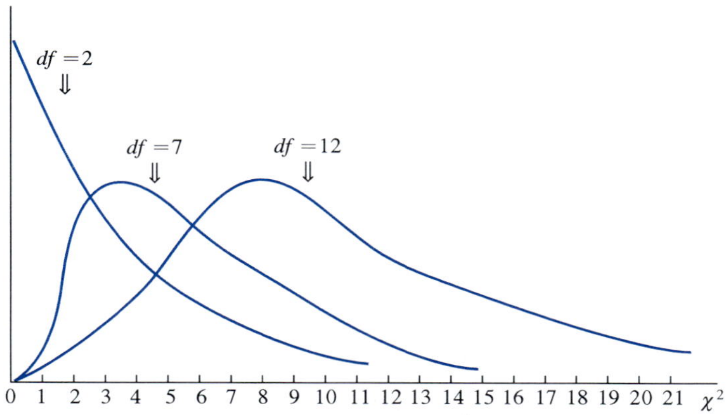

그림 11-1 카이제곱분포곡선

그림에서 보는 바와 같이 카이제곱분포곡선의 모양은 자유도가 작은 경우에는 비대칭이고 자유도가 증가함에 따라 모양이 급격히 바뀌어 큰 자유도인 경우에는 정규분포곡선과 비슷하다. 카이제곱분포곡선의 봉우리는 자유도가 1과 2인 경우 0에서, 자유도가 3 이상이면 $df-2$인 곳에 있다.

▸▸ 카이제곱분포

카이제곱분포는 자유도를 모수로 갖는 분포이다. 카이제곱분포곡선의 모양은 자유도가 작은 경우에는 비대칭이고, 자유도가 증가함에 따라 대칭 모양에 가까워진다. 카이제곱분포곡선 전체는 수직축의 오른쪽에 있다.

자유도가 ν인 χ^2분포를 기호 $\chi^2(\nu)$으로 나타내기로 한다. 또한 자유도 ν인 χ^2분포에서 오른쪽 꼬리의 면적이 α인 점을 $\chi^2_\alpha(\nu)$이라고 하자. 즉 $\chi^2_\alpha(\nu)$은 자유도 ν인 χ^2분포에서

$$P(\chi^2 > \chi^2_\alpha(\nu)) = \alpha$$

를 만족하는 상수이다. <부록 2>의 표 6에는 여러 가지 자유도에 대한 $\chi^2_\alpha(\nu)$가 주어져 있다.

카이제곱분포곡선의 자유도와 오른쪽꼬리의 면적 α를 알면 <부록 2>의 표 6으로부터 $\chi^2_\alpha(\nu)$의 값을 찾을 수 있다. 예제 11-1과 11-2에서 표를 읽는 방법을 알아보자.

예제 11-1 $\chi^2_{0.10}(7)$의 값을 찾아라.

풀이 <부록 2>의 표 6에서 자유도에 대한 열에서 7, 제일 위의 행에서 0.100을 찾고 7에 대한 행과 0.100에 대한 열이 만나는 12.017이 $\chi^2_{0.10}(7)$의 값이다. 표 11-1은 <부록 2>의 표 6의 일부분이다.

표 11-1 $\chi^2_{0.10}(7)$의 값

자유도	카이제곱분포곡선의 오른쪽 꼬리의 면적				
	0.995	···	0.100	···	0.005
1	0.000	···	2.706	···	7.879
2	0.010	···	4.605	···	10.597
···	···	···	···	···	···
···	···	···	···	···	···
···	···	···	···	···	···
7	0.989	···	12.017	···	20.278
···	···	···	···	···	···
···	···	···	···	···	···
···	···	···	···	···	···
100	67.328	···	118.498	···	140.169

그림 11-2에서 보는 바와 같이 $\chi^2_{0.10}(7)$의 값은 12.017이다.

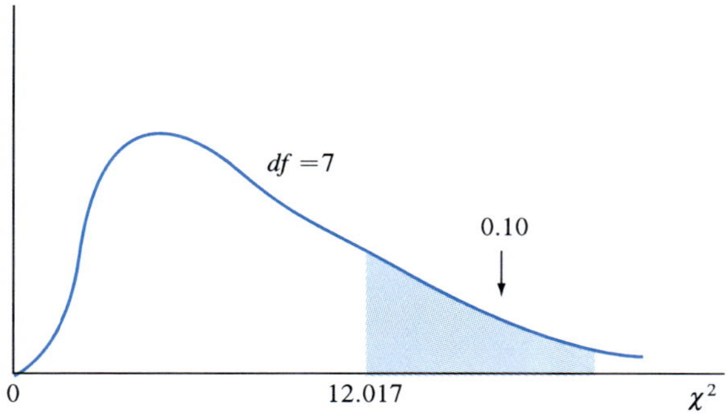

그림 11-2 $\chi^2_{0.10}(7)$의 값

예제 11-2 자유도 12인 카이제곱분포의 왼쪽꼬리의 면적 0.05에 대한 χ^2분포의 값을 찾아라.

풀이 카이제곱분포곡선의 오른쪽꼬리의 면적을 알 때 <부록 2>의 표 6을 읽을 수 있다. 이 예제와 같이 왼쪽꼬리의 면적이 주어진 경우 카이제곱분포곡선의 오른쪽꼬리의 면적은 다음과 같이 구할 수 있다.

$$\text{오른쪽꼬리의 면적} = 1 - \text{왼쪽꼬리의 면적}$$

예제에서, 오른쪽꼬리의 면적 $= 1 - 0.05 = 0.95$이다. <부록 2>의 표 6의 자유도에 대한 열에서 12, 제일 위의 행에서 0.950을 찾고 12에 대한 행과 0.950에 대한 열이 만나는 5.226이 $\chi^2_{0.95}(12)$의 값이다. 표 11-2는 <부록 2>의 표 6의 일부분이다.

표 11-2 $\chi^2_{0.95}(12)$의 값

자유도	카이제곱분포곡선의 오른쪽 꼬리의 면적				
	0.995	…	0.950	…	0.005
1	0.000	…	0.004	…	7.879
2	0.010	…	0.103	…	10.597
…	…	…	…	…	…
…	…	…	…	…	…
…	…	…	…	…	…
12	3.074	…	5.226	…	28.300
…	…	…	…	…	…
…	…	…	…	…	…
…	…	…	…	…	…
100	67.328	…	77.929	…	140.169

그림 11-3에서 보는 바와 같이 $\chi^2_{0.95}(12)$의 값은 5.226이다.

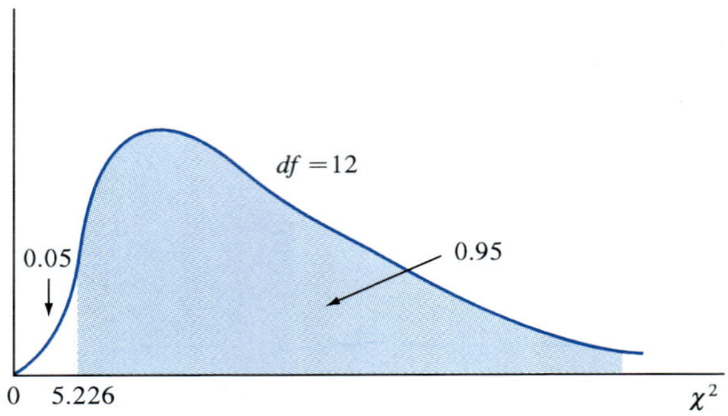

그림 11-3 $\chi^2_{0.95}(12)$의 값

11.2 적합도검정

세 개 이상 가능한 결과 혹은 범주를 갖는 실험에 대한 가설검정 방법을 소개한다. 이러한 **다항실험**(multinomial experiments)은 다음과 같은 네 가지 특성을 갖고 있다. 이항실험은 다항실험의 특별한 경우이다.

▸▸ 다항실험

다음과 같은 특성을 갖는 실험을 다항실험이라고 한다.

1. n번의 동일한 시행으로 구성된다.
2. 각 시행의 결과는 $k(k > 2)$개의 가능한 결과 혹은 범주 중 하나이다.
3. 각 시행은 독립이다.
4. 여러 개의 결과들의 확률은 매 시행마다 일정하다.

예로서 하나의 주사위를 여러 번 던지는 실험은 다항실험이다. 왜냐하면 그것은 많은 동일한 시행; 각 시행 결과는 6개 가능한 결과 중 하나; 각 시행은 다른 시행과 독립; 6개의 결과에 대한 확률은 매 시행마다 일정하기 때문이다.

실험 결과로부터 얻어지는 도수를 **관측도수**(observed frequencies)라고 하고 기호 O로 쓰자. **적합도검정**(goodness-of-fit test)에서는 실험에서 얻어진 관측도수가 어떤 형(pattern) 혹은 이론적 분포를 따르는가 하는 귀무가설을 검정한다. 이러한 검정을 적합도검정이라고 하는데 그 이유는 검정하고자 하는 가설이 관측도수가 주어진 이론적분포에 얼마나 잘 적합되느냐이기 때문이다.

하나의 주사위를 여러 번 던지는 실험의 예제에서 주어진 주사위가 공정하다는 귀무가설을 검정한다. 만약 각 시행결과에 대한 관측도수가 전체 던진 횟수의 1/6에 가깝다면 주사위는 공정할 것이다.

귀무가설이 참일 때 우리가 어떤 범주에 대하여 기대할 수 있는 도수를 **기대도수**(expected frequencies)라고 하고 기호 E로 나타낸다.

$$E = np,$$

여기서 n은 총 시행횟수이고 p는 어떤 범주에 속할 확률이다.

▸▸ 관측도수와 기대도수

실험의 결과로부터 얻어지는 도수를 관측도수라고 하고 기호 O로 나타낸다. 기호 E로 나타내는 기대도수는 귀무가설이 참일 때 얻어질 것으로 기대되는 도수이다. 어떤 범주에 대한 기대도수는 다음과 같다.

$$E = np,$$

여기서 n은 총 시행횟수이고 p는 귀무가설이 참일 때 하나의 원소가 그 범주에 속할 확률이다.

▸▸ 적합도검정에 대한 자유도

적합도검정에서 자유도는 다음과 같다.

$$\text{자유도}\,(df) = k - 1,$$

여기서 k는 실험에서 가능한 범주들의 수이다.

적합도검정의 절차는 앞 장에서 언급한 바와 같이 다섯 단계로 이루어진다. 적합도검정은 항상 오른쪽꼬리검정이다.

▸▸ 적합도검정의 검정통계량

적합도검정의 검정통계량은 χ^2이며 그 값은 다음과 같이 계산된다.

$$\chi^2 = \Sigma \frac{(O - E)^2}{E},$$

$$O = \text{범주에 대한 관측도수},\quad E = \text{범주에 대한 기대도수} = np.$$

카이제곱 적합도검정은 항상 오른쪽꼬리검정이다.

> 참고 적합도검정을 하기 위하여 각 범주의 기대도수는 적어도 5 이상이 되도록 표본크기가 충분히 커야 한다. 만약 기대도수가 5 미만인 범주가 있다면 각 기대도수가 최소한 5 이상이 되도록 표본크기를 증가시키든지 인접한 범주들을 의미 있게 결합하여 조정한 다음 검정을 해야 한다.

예제 11-3 다음 표는 음주운전으로 체포된 100명의 표본에 대한 연령분포이다. 유의수준 1%를 사용하여 음주운전으로 체포된 사람들의 비율이 모든 연령그룹에 대하여 같다는 귀무가설을 기각할 수 있는가?

나이	16–25	26–35	36–45	46–55	56이상
체포자 수	32	25	19	16	8

풀이 가설검정을 다음과 같이 한다.

단계 1 귀무가설과 대립가설을 설정한다.

H_0 : 음주운전으로 체포된 사람들의 비율이 모든 연령그룹에 대하여 같다.

H_1 : 음주운전으로 체포된 사람들의 비율이 모든 연령그룹에 대하여 같지는 않다.

단계 2 사용할 분포를 결정한다.

χ^2 분포이다.

단계 3 기각역을 구한다.

$\alpha = 0.01$, $k = 5$. $df = k - 1 = 5 - 1 = 4$ 이므로 기각역은

$\chi^2 \geq \chi^2_{0.01}(4) = 13.277$ 이다.

단계 4 검정통계량의 값을 구한다.

검정통계량 χ^2 의 값을 구하기 위해 필요한 계산은 표 11-3에 있다.

표 11-3

범주(나이)	O	p	$E = np$	$(O - E)$	$(O - E)^2$	$\frac{(O-E)^2}{E}$
16–25	32	0.20	20	12	144	7.200
26–35	25	0.20	20	5	25	1.250
36–45	19	0.20	20	−1	1	0.050
46–55	16	0.20	20	−4	16	0.800
56이상	8	0.20	20	−12	144	7.200
	$n = 100$					합 $= 16.500$

$$\chi^2 = \Sigma\frac{(O-E)^2}{E} = 16.500$$

단계 5 $\chi^2 = 16.500 > \chi^2_{0.01}(4) = 13.277$ 이므로 유의수준 1%에서 귀무가설을 기각한다. 즉 유의수준 1%에서 음주운전으로 체포된 사람들의 비율이 표에서 주어진 모든 연령그룹에 대하여 같지 않다.

예제 11-4 두 종 계통의 옥수수를 교배하여 잡종을 만들어 육성한 결과 4종류의 옥수수를 얻었다. 총 1301개 중 각각의 개수는 다음과 같다.

	녹색인 것	황금색인 것	녹색의 줄이 있는 것	황금색 및 녹색의 줄이 있는 것	
관측도수	773	231	238	59	1,301

이 결과는 Mendel의 유전법칙(녹색 : 황금색 : 녹색의 줄 : 녹색 및 황금색의 줄이 9 : 3 : 3 : 1)에 따른다고 할 수 있는지를 유의수준 5%에서 검정하여라.

풀이 가설검정을 다음과 같이 한다.

단계 1 귀무가설과 대립가설을 결정한다.

H_0 : Mendel의 유전법칙을 따른다.

H_1 : Mendel의 유전법칙을 따르지 않는다.

단계 2 사용할 분포를 결정한다.

χ^2 분포 이다.

단계 3 기각역을 구한다.

$\alpha = 0.05$. $k = 4$, $df = k - 1 = 4 - 1 = 3$ 이므로 기각역은

$\chi^2 \ge \chi^2_{0.05}(3) = 7.815$ 이다.

단계 4 검정통계량의 값을 구한다.

검정통계량 χ^2의 값을 구하기 위해 필요한 계산은 표 11-4에 있다.

$$\chi^2 = \Sigma\frac{(O-E)^2}{E} = 9.20$$

단계 5 $\chi^2 = 9.20 > \chi^2_{0.05}(3) = 7.815$ 이므로 유의수준 5%에서 Mendel의 유전법칙을 따르지 않는다.

표 11-4

범주(나이)	O	p	$E=np$	$(O-E)$	$(O-E)^2$	$\frac{(O-E)^2}{E}$
녹색인 것	773	9/16	731.8	41.2	1696.41	2.32
황금색인 것	231	3/16	243.9	−12.9	167.38	0.68
녹색의 줄이 있는 것	238	3/16	243.9	−5.9	35.25	0.04
황금색 및 녹색의 줄이 있는 것	59	1/16	81.3	−22.3	497.85	6.16
	$n=1301$					합$=9.20$

11.3 분할표

하나의 원소에 대하여 두 개 이상의 변수에 대한 정보가 있다. 이러한 정보는 **분할표**(contingency table or cross-tabulation)라고 하는 이원분류표로 요약하여 표현할 수 있다. 표 11−5는 A 대학에서 수집한 자료인 분할표의 보기로써 2006년 A 대학에 등록한 학생들의 성별은 각 행(row)에, 전시간제(full-time) 혹은 시간제(part-time)는 각 열(column)에 나타나 있다. 여기서 행의 수 $R=2$이며, 열의 수 $C=2$가 되는 분할표로 $R\times C=2\times 2$의 분할표라고 한다. 이 분할표는 행과 열이 만나는 4개의 칸(cell)이 있다. 일반적으로 $R\times C$ 분할표는 R개의 행과 C개의 열로 구성되어 있다.

분할표에서 칸의 수는 행의 수 곱하기 열의 수이다. 분할표에서 칸에 속하는 개체는 두 가지 특성을 가지고 있다. 표 11−5의 첫째 행의 두 번째 열에 있는 2,478명의 학생은 남자이며 시간제 등록생이다. 칸의 수를 결합도수(combined frequencies)라고 한다.

표 11−5 2006년 A대학의 총 등록 학생수

	전시간제	시간제
남학생	3903	2478
여학생	4161	3668

11.4 독립성검정과 동질성검정

이 절에서는 분할표를 사용하여 수행하는 독립성검정과 동질성검정을 다룬다.

11.4.1 독립성검정

분할표에 대한 **독립성검정**(test of independence)은 "어떤 모집단의 원소의 두 가지 특성이 종속이다"라는 대립가설에 대하여 "두 가지 특성이 독립이다"라는 귀무가설을 검정하는 방법이다. 예를 들어 한나라당과 열린우리당의 선호도와 수입수준과는 독립인지를 검정하고자 한다. 이러한 검정은 카이제곱분포를 사용하여 수행한다.

▸▸ 독립성검정의 자유도

독립성검정의 자유도(df)는 다음과 같다.

$$\text{자유도}(df) = (R-1) \times (C-1),$$

여기서 R = 분할표에서 행의 수, C = 분할표에서 열의 수.

독립성검정에서 검정통계량 χ^2의 값은 적합도검정과 같은 공식을 사용하여 구할 수 있다.

▸▸ 독립성검정의 검정통계량

독립성검정에 대한 검정통계량 χ^2의 값은 다음과 같이 계산된다.

$$\chi^2 = \Sigma \frac{(O-E)^2}{E},$$

여기서 O = 칸에 대한 관측도수, E = 칸에 대한 기대도수.

독립성검정의 귀무가설은 항상 "두 가지 특성이 독립이다"이고 대립가설은 "두 가지 특성이 종속이다"이다. 분할표에서 실험의 결과로 얻어진 도수는 **관측도수**(observed frequencies)이다. **기대도수**(expected frequencies)의 계산과정은 예제 11-5에서 설명한다.

예제 11-5 고등학교에서 교칙위반은 주요 문제이다. 랜덤으로 추출된 성인 300명에게 교칙위반에 대하여 선생님께 학생들을 처벌할 수 있는 많은 자유를 부여하는 것에 대한 찬반을 물었다. 응답의 이원분류표는 다음과 같다.

	찬성(F)	반대(A)	무반응(N)
남(M)	93	70	12
여(W)	87	32	6

이러한 논쟁에 대한 두 가지 특성, 즉 성별과 의견이 독립이라는 가정 하에서 기대도수를 구하여라.

풀이 표 11-6에는 예제 11-5의 표와 함께 행의 합과 열의 합이 있다.

표 11-6

	찬성(F)	반대(A)	무반응(N)	행의 합
남(M)	93	70	12	175
여(W)	87	32	6	125
열의 합	180	102	18	300

독립성검정에서 귀무가설은 두 특성, 즉 성별과 의견은 독립이다. 따라서 남자이며 찬성인 칸에 대한 기대도수는 다음과 같이 계산된다. 어떤 사람이 남자일 확률은 $P(M)=175/300$이며, 의견이 찬성(F)일 확률은 $P(F)=180/300$이다. 성별과 의견은 독립이므로

$$P(M \text{ and } F)=P(M)\times P(F)=\frac{175}{300}\times\frac{180}{300}$$

이다. 따라서 남자(M)이며 찬성(F)에 대한 기대도수 E는 다음과 같다.

$$E=300\times P(M \text{ and } F)=300\times P(M)\times P(F)=300\times\frac{175}{300}\times\frac{185}{300}$$
$$=\frac{175\times 180}{300}=\frac{(\text{행의 합})\times(\text{열의 합})}{\text{표본의 크기}}$$

▸▸ **독립성검정에 대한 기대도수**

어떤 칸에 대한 기대도수 E는 다음과 같이 계산된다.

$$E=\frac{(\text{행의 합})\times(\text{열의 합})}{\text{표본의 크기}}$$

표 11-6의 6개의 칸에 대한 기대도수는 다음과 같이 계산된다.

M 이며 F칸에 대한 기대도수 $E=(175\times 180)/300=105.0$
M 이며 A칸에 대한 기대도수 $E=(175\times 102)/300=59.5$
M 이며 N칸에 대한 기대도수 $E=(175\times 18)/300=10.5$
W이며 F칸에 대한 기대도수 $E=(125\times 180)/300=75.0$
W이며 A칸에 대한 기대도수 $E=(125\times 102)/300=42.5$
W이며 N칸에 대한 기대도수 $E=(125\times 18)/300=7.5$

기대도수는 표 11-7과 같이 보통 대응하는 관측도수 아래 괄호 안에 나타낸다.

표 11-7

	찬성(F)	반대(A)	무반응(N)	행의 합
남(M)	93 (105.0)	70 (59.5)	12 (10.5)	175
여(W)	87 (75.0)	32 (42.5)	6 (7.5)	125
열의 합	180	102	18	300

독립성검정은 적합도검정과 같이 항상 오른쪽꼬리검정이다.

참고 카이제곱 독립성검정을 하기 위하여 각 범주의 기대도수는 적어도 5 이상이 되도록 표본크기가 충분히 커야 한다. 만약 기대도수가 5 미만인 칸이 있다면 각 기대도수가 최소한 5 이상이 되도록 표본크기를 증가시키던지 인접한 범주들을 의미 있게 결합하여 조정한 다음 검정을 해야 한다.

예제 11-6 예제 11-5에서 주어진 이원분류표의 두 특성, 즉 어른들의 성별과 견해가 독립인지 유의수준 1%에서 검정하라.

풀이 **단계 1** 귀무가설과 대립가설을 설정한다.

H_0 : 어른들의 성별과 견해는 독립이다.

H_1 : 어른들의 성별과 견해는 종속이다.

단계 2 사용할 분포를 결정한다.

χ^2분포이다.

단계 3 기각역을 구한다.

$\alpha = 0.01,\ R = 2,\ C = 3$이므로

$df = (R-1) \times (C-1) = (2-1) \times (3-1) = 2$이다. 기각역은

$\chi^2 \geq \chi^2_{0.01}(2) = 9.210$이다.

단계 4 검정통계량의 값을 계산한다.

$$\begin{aligned}\chi^2 &= \Sigma\frac{(O-E)^2}{E} \\ &= \frac{(93-105.0)^2}{105.0} + \frac{(70-59.5)^2}{59.5} + \frac{(12-10.5)^2}{10.5} \\ &\quad + \frac{(87-75.0)^2}{75.0} + \frac{(32-42.5)^2}{42.5} + \frac{(6-7.5)^2}{7.5} \\ &= 1.371+1.853+0.214+1.920+2.594+0.300 = 8.252\end{aligned}$$

단계 5 $\chi^2 = 8.252 < \chi^2_{0.01}(2) = 9.210$이므로 유의수준 1%에서 귀무가설을 기각하지 못한다. 즉 유의수준 1%에서 어른들의 성별과 견해는 독립이다.

11.4.2 동질성검정

동질성검정(test of homogeneity)은 두 개 이상의 모집단이 어떤 특성의 분포에 대하여 동질한지를 검정하는 방법이다. 예를 들어 대학에서 학점비율이 성별에 따라 다른지를 검정하고자 한다.

> ▸▸ **동질성검정**
> 동질성검정은 두 개 이상의 다른 모집단에서 어떤 특성을 갖는 원소의 비율이 같다는 귀무가설과 비율이 다르다는 대립가설의 검정이다.

어느 대학교 남녀 대학생을 각각 130명과 250명을 랜덤추출하여 수집한 자료가 표 11-8과 같다.

표 11-8

성별	학점 A	B	C	D	F	
남자	29 (11.97)	52 (43.45)	26 (42.43)	17 (27.03)	6 (5.13)	130
여자	6 (23.03)	75 (83.55)	98 (81.58)	62 (51.97)	9 (9.87)	250

( )는 기대도수를 나타낸다.

동질성검정에서 기대도수의 계산식은 독립성검정의 계산식과 동일하다. 이 예제에서 행의 합은 고정되어 있다. 즉 미리 남학생 중에서 130명, 여학생 중에서 250명을 표본으로 취하였다. 그러나 열의 합은 두 표본으로부터 랜덤으로 결정된다. 독립성검정에서는 전체 표본크기만 미리 정해져 있고 행의 합과 열의 합은 랜덤으로 결정된다. 이와 같이 행의 합과 열의 합이 랜덤으로 결정되면 독립성검정을 하게 된다. 반면에 행의 합이나 열의 합 중 하나가 고정되어 있으면 동질성검정을 하게 된다.

동질성검정 절차는 독립성검정에서 사용한 절차와 비슷하다. 동질성검정은 독립성검정과 같이 항상 오른쪽꼬리검정이다.

예제 11-7 표 11-8에 주어진 어떤 대학에서 성별에 따라 수집한 학점자료에서, 성별에 따라 학점비율이 다르다고 할 수 있는지를 유의수준 5%에서 검정하라.

풀이 **단계 1** 귀무가설과 대립가설을 설정한다.

H_0 : 성별에 관계없이 학점비율이 동일하다.

H_1 : 성별에 따라 학점비율이 동일하지 않다.

단계 2 사용할 분포를 결정한다.

χ^2분포이다.

단계 3 기각역을 구한다.

$\alpha=0.05,\ R=2,\ C=5$이므로

$df=(R-1)\times(C-1)=(2-1)\times(5-1)=4$이다. 기각역은

$\chi^2 \geq \chi^2_{0.05}(4)=9.488$이다.

단계 4 검정통계량의 값을 계산한다.

기대도수는 표 11–8의 괄호 안에 주어져 있다. 기대도수 및 검정통계량의 값을 구하는 식은 독립성검정에서 식과 동일하다.

$$
\begin{aligned}
\chi^2 &= \sum_{i=1}^{2}\sum_{j=1}^{5}\frac{(O_{ij}-E_{ij})^2}{E_{ij}} \\
&= \frac{(29-11.97)^2}{11.97}+\frac{(52-43.45)^2}{43.45}+\frac{(26-42.42)^2}{42.42} \\
&\quad +\frac{(17-27.03)^2}{27.03}+\frac{(6-5.13)^2}{5.13}+\frac{(6-23.03)^2}{23.03} \\
&\quad +\frac{(75-83.55)^2}{83.55}+\frac{(98-81.58)^2}{81.58}+\frac{(62-51.97)^2}{51.97}+\frac{(9-9.87)^2}{9.87} \\
&= 54.899
\end{aligned}
$$

단계 5 $\chi^2=54.899>\chi^2_{0.05}(4)=9.488$

이므로 유의수준 5%에서 귀무가설을 기각한다. 즉, 유의수준 5%에서 성별에 따라 학점비율이 동일하다고 할 수 없다.

11.5 모분산의 추론

모분산 σ^2(혹은 표준편차 σ)에 대한 구간추정과 가설검정에 대하여 소개한다. 모든 통계량과 같이 표본분산도 확률변수이고 표본분포를 갖는다. 만약, 주어진 크기의 모든 표본이 모집단으로부터 추출되고 그들의 분산이 계산되어지면 이러한 분산들의 확률분포를 **표본분산의 표본분포**(sampling distribution of the sampling variance)라고 한다.

▸▸ $\dfrac{(n-1)s^2}{\sigma^2}$의 분포

표본이 정규모집단에서 추출되었다면

$$\frac{(n-1)s^2}{\sigma^2}$$

은 자유도 $n-1$인 카이제곱분포를 따른다.

따라서 카이제곱분포는 모분산에 대한 구간추정과 가설검정에 사용된다.

11.5.1 모분산의 추정

다른 모든 통계량과 마찬가지로 표본분산은 확률변수이므로 표본분포를 갖는다. 표본분산의 확률분포를 표본분산의 표본분포라고 한다. 모분산 σ^2의 점추정치는 표본분산 s^2의 값이다. σ^2의 $100(1-\alpha)\%$ 신뢰구간은 다음 공식으로 주어진다.

▸▸ 모분산 σ^2의 신뢰구간

표본이 정규모집단에서 추출되었다면 σ^2의 $(1-\alpha)100\%$ 신뢰구간은 다음과 같다.

$$\left(\frac{(n-1)s^2}{\chi^2_{\alpha/2}(n-1)}, \frac{(n-1)s^2}{\chi^2_{1-\alpha/2}(n-1)}\right)$$

또한 σ의 $(1-\alpha)100\%$ 신뢰구간은 다음과 같다.

$$\left(\sqrt{\frac{(n-1)s^2}{\chi^2_{\alpha/2}(n-1)}}, \sqrt{\frac{(n-1)s^2}{\chi^2_{1-\alpha/2}(n-1)}}\right)$$

예제 11-8 설폰산의 비슷한 용기 중에서 7개를 임의로 추출하여 무게를 조사하였더니 9.8, 10.2, 10.4, 9.8, 10.0, 10.0, 9.6온스였다고 하자. 이들 용기에 대한 모분산 σ^2에 대한 95% 신뢰구간을 구하여라. 단, 모집단은 정규분포라고 가정하자.

풀이 **단계 1** 주어진 정보를 이용하여 s^2 계산

$n=7, \quad s^2=0.08$

단계 2 χ^2 값 찾기

자유도$=n-1=7-1=6$, $1-\alpha=0.95$이므로

$\chi^2_{0.025}(6)=14.449$, $\chi^2_{0.975}(6)=1.237$이다.

단계 3 σ^2에 대한 95% 신뢰구간

$$\left(\frac{(7-1)(0.08)}{14.449}, \frac{(7-1)(0.08)}{1.237}\right)=(0.033, 0.388)$$

이다.

모표준편차 σ에 대한 95% 신뢰구간은

$$(\sqrt{0.033},\ \sqrt{0.388}) = (0.173,\ 0.623)$$

이다.

11.5.2 모분산의 가설검정

모분산에 대한 가설검정은 단측검정과 양측검정 둘 다 가능하다.

▸▸ σ^2에 대한 검정통계량

표본이 정규모집단에서 추출되었다면 검정통계량 χ^2은

$$\chi^2 = \frac{(n-1)S^2}{\sigma_0^2}$$

이다. 귀무가설이 참이라면 χ^2은 자유도 $(n-1)$인 카이제곱분포를 따른다. 여기서 S^2은 표본분산, σ_0^2은 주어진 모분산의 값이다.

예제 11-9 예제 11-8에서 용기의 무게에 대한 모분산이 0.3온스라고 할 수 있는가? 유의수준 5%에서 검정하라.

풀이 주어진 정보로부터 $n=7,\ \alpha=0.05,\ s^2=0.08$이다.

단계 1 귀무가설과 대립가설을 설정한다.

$H_0: \sigma^2 = 0.3$

$H_1: \sigma^2 \neq 0.3$

단계 2 사용할 분포를 결정한다.

χ^2분포 이다.

단계 3 기각역을 구한다.

$\alpha = 0.05$, 자유도 $n-1 = 7-1 = 6$이다. 기각역은

$\chi^2 \geq \chi^2_{0.025}(6) = 14.449$ 혹은 $\chi^2 \leq \chi^2_{0.975}(6) = 1.237$이다.

단계 4 검정통계량의 값을 계산한다.

$$\chi^2 = \frac{(n-1)s^2}{\sigma_0^2} = \frac{(7-1)(0.08)}{(0.3)} = 1.6$$

단계 5 기각 여부를 결정한다.

$\chi^2_{0.975}(6) = 1.237 < \chi^2 = 1.6 < \chi^2_{0.025}(6) = 14.449$이므로 유의수준 5%에서 귀무가설을 기각하지 못한다. 즉 모분산은 유의수준 5%에서 $\sigma^2 = 0.3$이라고 할 수 있다.

연습문제

11.1 자유도가 30인 카이제곱분포곡선의 오른쪽꼬리의 면적 0.05에 대한 χ^2의 값을 찾아라.

11.2 자유도가 15인 카이제곱분포곡선의 왼쪽꼬리의 면적 0.10에 대한 χ^2의 값을 찾아라.

11.3 다음은 주사위를 60번 굴렸을 때의 도수분포표이다. 유의수준 5%에서 주어진 주사위가 공정하다는 귀무가설이 사실인지 아닌지를 검정하라.

결과	1	2	3	4	5	6
도수	7	12	8	15	11	7

11.4 다음 표는 1주일 동안 어느 경찰서에서 보고한 범죄발생 건수를 요일별로 정리한 자료이다. 범죄발생 건수가 1주일 동안 요일에 관계없이 고루 발생하였는지 검정하라.

요일	월	화	수	목	금	토	일
사건수	38	31	40	39	40	44	48

11.5 경북대학교에 등록한 학부생 중 19%는 4학년, 23%는 3학년, 27%는 2학년, 31%는 1학년이라고 하자. 학교정책에 대한 여론조사를 수행하기 위하여 학생회를 통하여 200명의 학생을 표본으로 취하였다. 표본 200명은 4학년 50명, 3학년 46명, 2학년 55명, 1학년 49명으로 확인되었다. 유의수준 10%에서 '이 표본이 랜덤표본이다'라는 귀무가설을 검정하라.

11.6 교통위반으로 단속된 운전자 중 100명을 조사하여 안전띠 착용 여부를 조사하였더니 다음과 같았다.

유의수준 2.5%에서 성별과 안전띠 착용 여부가 관계가 있는지를 검정하라.

	안전띠 착용	안전띠 미착용
남	34	21
여	30	15

11.7 다음 표는 랜덤으로 뽑은 400명에 대한 내과의사를 방문한 횟수와 흡연 유무를 나타낸 이원분류표이다.

	내과의사 방문횟수		
	0~1	2~4	5 이상
흡연자	20	60	80
비흡연자	110	90	40

유의수준 5%에서 모든 사람들에 대하여 흡연과 내과의사 방문이 무관한지 검정하라.

11.8 어느 정치학자가 유권자의 연령층과 정치적 성향 사이의 관계가 있는지를 알아보기 위해 200명을 대상으로 설문조사한 결과 다음과 같은 4×3분할표를 얻었다.

연령층 \ 정치적 성향	보수	진보	무관심
30세 미만	11	22	10
30세이상–40세미만	15	19	9
40세이상–50세미만	28	15	6
50세이상	56	6	3

연령과 정치적 성향과는 무관한지 검정하라.

11.9 A 대학에서는 90명의 학생들을 대상으로 동아리 가입 여부에 대한 설문조사를 실시하여 다음과 같은 자료를 얻었다고 한다. 동아리 가입 여부와 성별이 무관한지 검정하라.

성별 \ 여부	가입	가입하지 않음
남자	22	28
여자	13	27

11.10 임의로 선정된 환자들의 두 그룹에 같은 질병을 치료하기 위하여 두 종류의 약을 투여하였다. 한 그룹에는 60명의 환자가, 다른 그룹에서는 40명의 환자가 뽑혔다. 다음 표는 두 종류의 약에 대하여 치유 여부에 대한 환자수 자료이다.

	치유됨	치유되지 않음
약1	46	14
약2	18	22

유의수준 1%에서 두 종류의 약에 따라 치유율이 다른지 검정하라.

11.11 대기업으로부터 사무직 노동자 95명, 생산직 노동자 50명이 랜덤으로 뽑혔다. 이러한 노동자들에게 회사의 어떤 논쟁에 대하여 견해를 물어본 결과 다음 표와 같다.

	견해		
	찬성	반대	미정
생산직 노동자	47	39	9
사무직 노동자	21	26	3

유의수준 5%에서 두 그룹의 노동자에 대한 견해의 분포가 동질하다는 귀무가설을 검정하라.

11.12 통계학을 전공하는 남녀 대학생을 각각 48명, 34명을 랜덤추출하여 좋아하는 컴퓨터 화면의 배경색을 조사한 결과 다음과 같은 분할표를 얻었다.

선호도 성별	회색	초록색	검정색	합계
남자	23	18	7	48
여자	15	10	9	34

성별에 따라 컴퓨터 화면의 배경색에 대한 선호 비율이 다른지 검정하라.

11.13 어떤 전구의 제조업자가 전구수명의 분산이 4,000시간^{2}이라고 주장한다. 소비자단체에서 25개의 전구를 랜덤추출하여 테스트하였다. 테스트 결과 전구수명의 분산은 4,990시간^{2}으로 밝혀졌다. 전구수명의 분포는 정규분포라고 가정할 때 다음을 구하라.

(1) 전구수명에 대한 분산과 표준편차에 대한 99% 신뢰구간을 구하라.

(2) 유의수준 5%에서 전구수명의 분산이 4,000시간^{2}과 다르다고 할 수 있겠는가?

엑셀실습

적합도검정, 독립성검정 및 동질성검정에 대한 엑셀 과정을 실습한다.

적합도검정

● **E11-1** 엑셀을 사용하여 예제 11-3을 실습하여 보자.

풀이

단계 1. 자료를 입력한다.

단계 2. 체포자수의 합을 구한다. 합은 표본크기가 된다.

단계 3. 체포자수에 확률을 곱하여 기대도수를 생성한다.

단계 4. $(O-E)^2/E$를 계산한다.

단계 5. $(O-E)^2/E$의 값을 모두 합한다. 이것이 검정통계량 χ^2의 값이다.

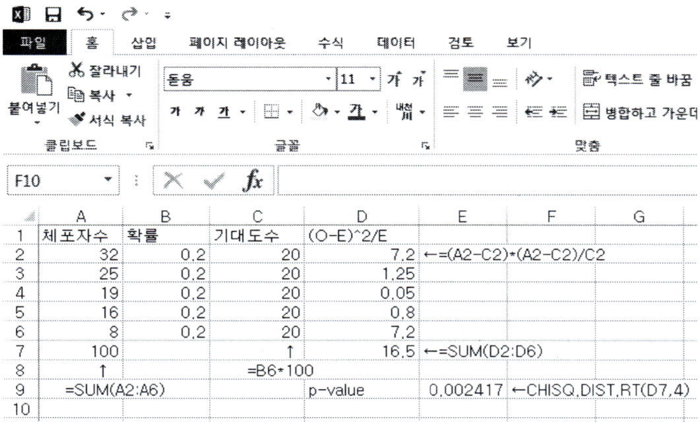

	A	B	C	D	E	F	G
1	체포자수	확률	기대도수	(O-E)^2/E			
2	32	0.2	20	7.2	←=(A2-C2)*(A2-C2)/C2		
3	25	0.2	20	1.25			
4	19	0.2	20	0.05			
5	16	0.2	20	0.8			
6	8	0.2	20	7.2			
7	100		↑	16.5	←=SUM(D2:D6)		
8	↑		=B6*100				
9	=SUM(A2:A6)			p-value	0.002417	←CHISQ.DIST.RT(D7,4)	
10							

위의 결과에서 $\chi^2=16.5$를 얻는다.

단계 6. p값을 구하기 위하여 『CHIDIST』라는 함수를 이용하며, CHIDIST(16.5, 4)를 입력한다.

$\chi^2=16.5>\chi^2_{0.01}(4)=13.277$이므로 유의수준 1%에서 귀무가설은 기각된다. 또한 p값 $=0.002$가 유의수준 0.01보다 작으므로 유의수준 1%에서 귀무가설은 기각된다는 같은 결과를 얻는다.

독립성검정 혹은 동질성검정

● E11-2 엑셀을 사용하여 예제 11-6을 실습하여 보자.

풀이

단계 1. 자료를 입력한다.

단계 2. 각 행과 열의 합을 구한다.

단계 3. 기대도수를 구한다.

단계 4. $(O-E)^2/E$를 계산한다.

단계 5. $(O-E)^2/E$의 값을 모두 합한다. 이것이 검정통계량 χ^2의 값이다.

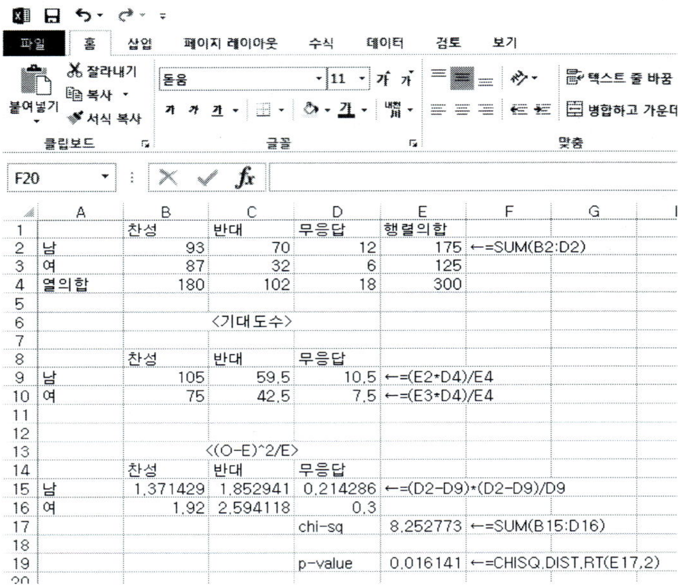

	A	B	C	D	E	F	G
1		찬성	반대	무응답	행렬의합		
2	남	93	70	12	175	←=SUM(B2:D2)	
3	여	87	32	6	125		
4	열의합	180	102	18	300		
5							
6			<기대도수>				
7							
8		찬성	반대	무응답			
9	남	105	59.5	10.5	←=(E2*D4)/E4		
10	여	75	42.5	7.5	←=(E3*D4)/E4		
11							
12							
13			<(O-E)^2/E>				
14		찬성	반대	무응답			
15	남	1.371429	1.852941	0.214286	←=(D2-D9)*(D2-D9)/D9		
16	여	1.92	2.594118	0.3			
17				chi-sq	8.252773	←=SUM(B15:D16)	
18							
19				p-value	0.016141	←=CHISQ.DIST.RT(E17,2)	

위의 결과에서 $\chi^2=8.252$를 얻는다.

단계 6. p값을 구하기 위하여 『CHIDIST』라는 함수를 이용하며, CHIDIST(8.252, 2)를 입력한다.

$\chi^2=8.252<\chi^2_{0.01}(2)=9.210$이므로 유의수준 1%에서 귀무가설을 기각하지 못한다. 또한 p값$=0.016$이 유의수준 0.01보다 크므로 유의수준 1%에서 귀무가설을 기각하지 못한다는 같은 결과를 얻는다.

CHAPTER 12

분산분석

10장에서 우리는 두 모집단의 평균을 비교하기 위한 통계적 방법을 다루었다. 그러나 흔히 두 개 이상의 모집단의 평균을 비교하는 문제를 대하게 된다. 이러한 문제에 대한 통계적 방법 중에 하나가 분산분석(analysis of variance)이다. 이 장에서는 분산분석을 이용하여 두 개 이상의 모집단이 동일한 평균을 갖는지를 검정하는 통계적 방법을 다룬다. 분산분석은 F분포를 사용한다.

12.1 F분포

t분포와 카이제곱분포처럼 **F분포**(F distribution) 곡선의 모양은 자유도에 따라 달라진다. F분포는 분자의 자유도와 분모의 자유도를 갖는다. 이러한 두 자유도를 F분포의 모수라고 한다. F분포는 항상 0 이상의 값을 가지며 연속분포이다. F분포의 모양은 비대칭이지만 자유도가 증가함에 따라서 비대칭의 정도가 감소한다.

▸▸ F 분포

1. F분포는 연속이며 비대칭이다.
2. F분포는 분자의 자유도와 분모의 자유도를 갖는다.
3. F분포는 0 이상의 값을 갖는다.

F 분포의 분자의 자유도와 분모의 자유도를 다음과 같이 나타내자.

$$\text{자유도}=(\text{분자의 자유도, 분모의 자유도}).$$

F분포곡선은 자유도에 따라 다르며 그림 12-1과 같다. 그림에서 자유도가 증가함에 따라 곡

선의 봉우리가 오른쪽으로 이동함을 알 수 있다. 즉 비대칭의 정도가 감소한다. 분자의 자유도 m, 분모의 자유도 n인 F분포를 기호 $F(m, n)$으로 나타내기로 한다. 또한 분자의 자유도 m, 분모의 자유도 n인 F분포에서 오른쪽꼬리의 면적이 α인 점을 $F_\alpha(m, n)$이라고 하자. 즉 $F_\alpha(m, n)$은 분자의 자유도 m 분모의 자유도 n인 F분포에서

$$P(F > F_\alpha(m, n)) = \alpha$$

를 만족하는 상수이다. <부록 2>의 표 7에는 여러 가지 자유도에 대한 $F_\alpha(m, n)$가 주어져 있다. <부록 2>의 표 7의 수를 읽기 위하여 분자의 자유도, 분모의 자유도, F분포 곡선의 오른쪽 꼬리의 면적을 알아야 한다. F분포표는 F분포 곡선의 오른쪽꼬리의 면적이 0.01, 0.025, 0.05에 따라서 세 부분으로 구성되어 있다.

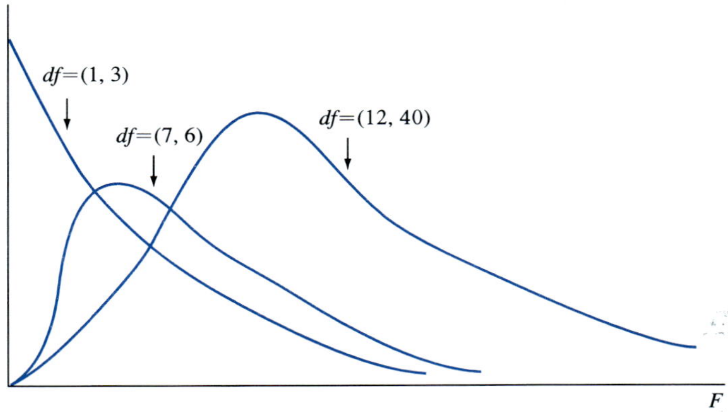

그림 12-1 F분포 곡선

예제 12-1 $F_{0.05}(8, 14)$의 값을 구하여라.

풀이 <부록 2>의 표 7에서 F분포 곡선의 오른쪽꼬리의 면적 0.05에 대응하는 부분으로부터 원하는 F값은 분자의 자유도의 행에서 8, 분모의 자유도의 열에서 14가 만나는 값 2.70이다. F값은 표 12-1과 그림 12-2에서 보는 바와 같이 2.70

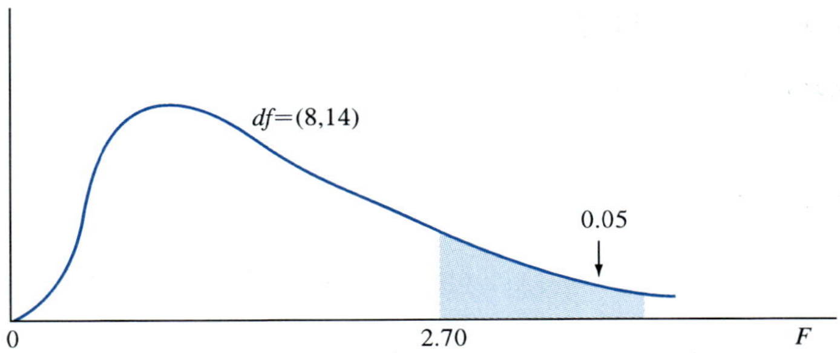

그림 12-2 $F_{0.05}(8, 14)$의 값

표 12-1 $F_{0.05}(8, 14)$의 값

		분자의 자유도					
		1	2	⋯	8	⋯	100
분모의 자유도	1	161.5	199.5	⋯	238.9	⋯	253.0
	2	18.51	19.00	⋯	19.37	⋯	19.49
	•	⋯	⋯	⋯	⋯	⋯	⋯
	•	⋯	⋯	⋯	⋯	⋯	⋯
	14	4.60	3.74	⋯	2.70	⋯	2.19
	•	⋯	⋯	⋯	⋯	⋯	⋯
	•	⋯	⋯	⋯	⋯	⋯	⋯
	100	3.94	3.09	⋯	2.03	⋯	1.39

이다. 가설검정에서 <부록 2>의 표 7로부터 취한 F값을 F분포의 임계값이라고 한다.

12.2 일원분산분석

예를 들어 어떤 연구소에서 네 종류의 자동차가 동일한 연비를 갖는지를 알아보려고 한다. 이를 위하여 연구자는 비슷한 경력의 운전기사 32명을 랜덤하게 네 그룹으로 나누었다. 각 그룹에 속한 기사들에게 그룹별로 동일한 자동차로 시험 주행케 하는 실험을 계획하였다. 이 실험에서 연비의 측정은 리터당 평균 주행거리를 이용하려고 한다. 이때 연비에 영향을 주는 **요인**(factor)은 자동차의 종류이고 서로 다른 네 가지 종류를 요인의 **수준**(levels)이라고 한다. 이와 같이 요인이 하나밖에 없는 경우에는 요인의 각 수준이 하나의 **처리**(treatment)가 되고 둘 이상의 요인이 있는 경우에는 요인들의 수준의 조합이 하나의 처리가 된다. 여기서, 각 **실험단위**(experimental unit)에 처리가 랜덤하게 지정되는 실험방법을 **완전임의배열법**(completely randomized design)이라고 한다.

▸▸ 분산분석

분산분석은 두 개 이상 모집단의 모평균이 동일하다는 귀무가설을 검정하는 데 사용되는 절차이다.

요인이 하나인 경우의 완전임의배열법을 위한 분산분석 모형에 대하여 알아보자. 평균이 각각 μ_1, μ_2, ⋯, μ_k인 서로 독립인 정규모집단으로부터 표본의 크기가 각각 n_1, n_2, ⋯, n_k인 k개의 랜덤표본이 있다고 가정하자.

▸▸ **일원분산분석의 가정**

1. 표본이 추출된 모집단은 정규분포이다.
2. 표본이 추출된 모집단들의 분산은 동일하다.
3. 다른 모집단으로부터 추출된 표본은 랜덤이며 독립이다.

각 표본에서 관측치는 y_{ij}로 나타내고 이들은 각 표본에 대응되는 모집단의 평균μ_i와 ε_{ij}만큼의 차이를 갖는다고 하자. 그러면 각 관측치는 다음과 같이 나타낼 수 있다.

$$y_{ij}=\mu_i+\varepsilon_{ij}=\mu+\alpha_i+\varepsilon_{ij},\ \ i=1,\ \cdots,\ k;\ \ j=1,\ \cdots,\ n_i$$

여기서 y_{ij}는 i번째 처리에서 j번째 관측치이고,

μ_i는 i번째 처리에 대응되는 모집단의 평균(처리평균)이고,

μ는 모든 실험단위에 공통인 전체적 평균효과이고,

α_i는 i번째 처리로부터의 효과($\alpha_i=\mu_i-\mu,\ \ \Sigma\alpha_i=0$)이며,

ε_{ij}는 오차항으로 서로 독립이며 $N(0,\ \sigma^2)$를 따르는 확률변수이다.

위와 같은 분산분석 모형 하에서 각 처리의 효과가 같은지를, 다시 말하면 각 모평균이 동일한지를 검정하는 문제를 알아보자. 이와 같은 검정문제의 가설은

$$H_0: \mu_1=\mu_2=\cdots=\mu_k$$
$$H_1: \text{모든 } \mu_i\text{가 같지는 않다}$$

혹은

$$H_0: \alpha_1=\alpha_2=\cdots=\alpha_k=0$$
$$H_1: \text{모든 } \alpha_i\text{가 0은 아니다}$$

이다.

일원분산분석에서 수준의 개수가 k개이고 각 수준에서의 관측치가 $n_1,\ n_2,\ \cdots,\ n_k$인 경우의 일반적인 자료구조는 아래와 같다.

여기서

$$y_{..}=\sum_{i=1}^{k}\sum_{j=1}^{n_i}y_{ij},\quad \bar{y}_{..}=\frac{y_{..}}{N},\quad N=\sum_{i=1}^{k}n_i,$$

$$y_{i.}=\sum_{j=1}^{n_i}y_{ij},\quad \bar{y}_{i.}=\frac{y_{i.}}{n_i},$$

$$s_i^2=\frac{1}{n_i-1}\sum_{j=1}^{n_i}(y_{ij}-\bar{y}_{i.})^2$$

	요인의 수준				
	1	2	$\cdots$	k	
	y_{11}	y_{21}	$\cdots$	y_{k1}	
	y_{12}	y_{22}	$\cdots$	y_{k2}	
			$\cdot$		
			$\cdot$		
			$\cdot$		
	y_{1n_1}	y_{2n_1}	$\cdots$	y_{kn_k}	
합	$y_{1.}$	$y_{2.}$	$\cdots$	$y_{k.}$	$y_{..}$
평균	$\bar{y}_{1.}$	$\bar{y}_{2.}$	$\cdots$	$\bar{y}_{k.}$	$\bar{y}_{..}$
분산	s_1^2	s_2^2	$\cdots$	s_k^2	

이다.

위 자료를 이용하여 **분산분석표**(analysis of variance table : ANOVA table)를 작성하면 다음과 같다.

요인	제곱합	자유도	제곱평균	F 통계량
처리	SST	$k-1$	MST	$\frac{MST}{MSE}$
오차	SSE	$N-k$	MSE	
합계	$SSTO$	$N-1$		

여기서,

$$SSTO = \sum_{i=1}^{k}\sum_{j=1}^{n_i}(y_{ij}-\bar{y}_{..})^2 = \sum_{i=1}^{k}\sum_{j=1}^{n_i} y_{ij}^2 - \frac{y_{..}^2}{N}$$

$$SST = \sum_{i=1}^{k} n_i(\bar{y}_{i.}-\bar{y}_{..})^2 = \sum_{i=1}^{k}\frac{y_{i.}^2}{n_i} - \frac{y_{..}^2}{N}$$

$$SSE = SSTO - SST$$

$$MST = \frac{SST}{k-1}$$

$$MSE = \frac{SSE}{N-k}$$

이다.

분산분석표에서 SST는 처리의 효과에 의한 y_{ij}의 변동을 나타내는 **제곱합**(sum of squares)

이고 SSE는 오차에 의한 y_{ij}의 변동을 나타내는 제곱합으로 이들의 제곱평균 중 MSE는 공동분산 σ^2의 불편추정량이고, MST는 H_0가 참일 때 불편추정량이 된다. 따라서 MST가 MSE에 비해 상대적으로 크다면 처리 간 효과의 차이는 유의한 것으로 볼 수 있다. 그런데 H_0가 참일 때 이들 제곱평균의 비, 즉 F통계량의 분포는 분자와 분모의 자유도가 각각 $k-1$, $N-k$인 F분포를 따른다. 따라서 다음과 같은 통계적 가설검정 절차를 이용할 수 있다.

① 가설 $H_0: \mu_1 = \mu_2 = \cdots = \mu_k$

② 유의수준$= \alpha$

③ 검정통계량

$$F = \frac{MST}{MSE}$$

④ 기각역

$$F \geq F_\alpha(k-1,\ N-k)$$

위와 같은 검정절차를 수행한 결과 처리평균들 사이에 차이가 있다는 결론이 날 경우에는 각 처리평균과 이들의 차이에 대하여 알아보아야 할 것이다.

처리평균 μ_i에 대한 $100(1-\alpha)\%$ 신뢰구간:

$$\left(\bar{y}_{i.} - t_{\alpha/2}(N-k)\sqrt{\frac{MSE}{n_i}},\ \bar{y}_{i.} + t_{\alpha/2}(N-k)\sqrt{\frac{MSE}{n_i}}\right)$$

처리평균차이 $\mu_i - \mu_j$에 대한 $100(1-\alpha)\%$ 신뢰구간:

$$\left(\bar{y}_{i.} - \bar{y}_{j.} - t_{\alpha/2}(N-k)\sqrt{MSE\left(\frac{1}{n_i}+\frac{1}{n_j}\right)},\quad \bar{y}_{i.} - \bar{y}_{j.} + t_{\alpha/2}(N-k)\sqrt{MSE\left(\frac{1}{n_i}+\frac{1}{n_j}\right)}\right)$$

예제 12.2 다음 자료는 12.2절에서 예로 든 실험의 결과이다.

(1) 분산분석을 이용하여 네 종류의 자동차(A, B, C, D)의 연비가 동일한지를 검정하라.

(2) A와 D 자동차의 평균 주행거리 μ_A와 μ_D에 대한 95% 신뢰구간을 각각 구하라.

(3) $\mu_D - \mu_A$에 대한 95% 신뢰구간을 구하라.

주행거리			
A	B	C	D
20.6	18.0	21.8	24.3
19.9	17.9	21.6	19.7
21.1	20.3	17.7	22.3
18.1	21.5	18.4	23.5
20.1	18.8	18.9	22.7
22.3	19.4	19.1	22.6
20.5	20.5	19.3	23.4
19.6	18.7	17.4	21.9

풀이 (1)

$$SSTO = \sum_{i=1}^{k}\sum_{j=1}^{n_i}(y_{ij} - \bar{y}_{..})^2$$
$$= \Sigma\Sigma y_{ij}^2 - \frac{y_{..}^2}{N}$$
$$= 109.26$$
$$SST = \sum_{i=1}^{k} n_i(\bar{y}_{i.} - \bar{y}_{..})^2$$
$$= \sum_{i=1}^{k}\frac{y_{i.}^2}{n_i} - \frac{y_{..}^2}{N}$$
$$= 55.21$$
$$SSE = SSTO - SST$$
$$= 54.05$$

이므로 다음과 같은 분산분석표를 작성할 수 있다.

분산분석표				
요인	제곱합	자유도	제곱평균	F
처리	55.21	3	18.40	9.53
오차	54.05	28	1.93	
합계	109.26			

$F = 9.53 > F_{0.05}(3, 28) = 2.95$이므로 유의수준 0.05에서 귀무가설을 기각한다. 즉 네 가지 종류의 자동차의 평균주행거리들은 동일하지 않다.

(2) μ_A에 대한 95% 신뢰구간 :

$$(\bar{y}_{1.} - t_{\alpha/2}(N-k)\sqrt{\frac{MSE}{n_1}},\ \bar{y}_{1.} + t_{\alpha/2}(N-k)\sqrt{\frac{MSE}{n_1}})$$
$$= (20.275 - 2.048\sqrt{\frac{1.93}{8}},\ 20.275 + 2.048\sqrt{\frac{1.93}{8}})$$
$$= (19.269,\ 21.281)$$

μ_D에 대한 95% 신뢰구간 :

$$(\bar{y}_{4.} - t_{\alpha/2}(N-k)\sqrt{\frac{MSE}{n_4}},\ \bar{y}_{4.} + t_{\alpha/2}(N-k)\sqrt{\frac{MSE}{n_4}})$$
$$= (22.550 - 2.048\sqrt{\frac{1.93}{8}},\ 22.550 + 2.048\sqrt{\frac{1.93}{8}})$$
$$= (21.544,\ 23.556)$$

(3) $\mu_D - \mu_A$ 에 대한 95% 신뢰구간 :

$$\begin{aligned}&(\bar{y}_{4.} - \bar{y}_{1.} - t_{\alpha/2}(N-k)\sqrt{MSE(\frac{1}{n_4}+\frac{1}{n_1})},\\ &\qquad \bar{y}_{4.} - \bar{y}_{1.} + t_{\alpha/2}(N-k)\sqrt{MSE(\frac{1}{n_4}+\frac{1}{n_1})})\\ &=(22.550-20.275-2.048\sqrt{1.93(\frac{1}{8}+\frac{1}{8})},\\ &\qquad 22.550-20.275+2.048\sqrt{1.93(\frac{1}{8}+\frac{1}{8})})\\ &=(0.852,\ 3.698)\end{aligned}$$

12.3 이원분산분석

12.2절의 자동차 연비실험에서 실험단위인 운전기사들이 비슷한 경력의 소유자로서 동질적임을 가정하였다. 그러나 운전기사 간의 변동이 심한 경우 오차항이 단순한 실험오차가 아닐 수 있기 때문에 우리는 다른 실험방법을 생각하여야 한다. 이를 테면, 각 운전기사가 네 종류의 자동차 모두를 랜덤 순서대로 한 번씩 시험 주행케 할 수 있다. 이와 같은 실험방법을 **확률화블록계획법**(randomized block design)이라고 한다.

위의 연비실험에서 전체 관측치들을 실험에 참가한 운전기사의 수 만큼의 그룹으로 묶은 것과 같이, 일반적으로 동질적인 실험단위들의 그룹으로 묶은 것을 **블록**(block)이라고 한다. 블록은 일반적으로 인자 외의 다른 요인에 의한 변동이 심할 경우에 사용한다. 예를 들면 벼품종에 따른 수확량을 조사할 때 실험에 사용되는 논의 지력이 일정하지 않는 경우에는 우선 지력이 일정하도록 몇 개의 구획(블록)을 만든 후 각 구획에 모든 품종의 벼를 심는다. 이와 같이 하면 지력의 차가 심한 경우에도 그로 인한 변동을 제거할 수 있으므로 벼품종 간의 수확량 차이에 대해 더욱 정확하게 조사할 수 있다. 확률화블록계획법에서는 완전임의배열법과는 달리 전체실험을 랜덤하게 하지 않고 각 블록 안에서만 실험을 랜덤하게 하면 된다.

확률화블록계획법에서 블록이 b개 있는 경우의 분산분석 모형은 다음과 같이 나타낼 수 있다.

$$y_{ij} = \mu + \alpha_i + \beta_j + \varepsilon_{ij}, \quad i=1, \cdots, k; \quad j=1, \cdots, b$$

여기서 y_{ij}는 j번째 블록에서 i번째 처리에 관한 관측치이고,

μ는 모든 실험단위에 공통인 전체적 평균효과이고,

α_i는 i번째 처리로부터의 효과($\sum\alpha_i = 0$)이고,

β_j는 j번째 블록으로부터의 효과이며,
ε_{ij}는 오차항으로 서로 독립이며 $N(0, \sigma^2)$를 따르는 확률변수이다.

위와 같은 분산분석 모형 하에서 각 처리의 효과가 같은지를 검정하는 문제를 알아보자. 이와 같은 검정문제의 가설은

$$H_0 : \alpha_1 = \alpha_2 = \cdots = \alpha_k = 0$$
$$H_1 : \text{모든 } \alpha_i \text{가 0은 아니다}$$

이다. 확률화블록계획법에서 유의할 점은 블록 간의 변동을 오차항에서 분리시켰지만 주된 관심은 일원분산분석에서와 마찬가지로 요인의 수준(처리) 간의 차에 대한 검정이다. 블록은 요인의 수준 간의 차에 대한 검정을 더욱 정확하게 하기 위해 사용되는 것이므로 블록 수준 간의 차에 대한 검정은 중요하지 않다.

확률화블록계획법에서 b개의 각 블록에 k개의 처리에 대한 관측치가 있는 경우의 일반적인 자료구조는 아래와 같다.

		처리				합	평균
		1	2	⋯	k		
블록	1	y_{11}	y_{21}	⋯	y_{k1}	$y_{.1}$	$\bar{y}_{.1}$
	2	y_{12}	y_{22}	⋯	y_{k2}	$y_{.2}$	$\bar{y}_{.2}$
	•			•		•	•
	•			•		•	•
	•			•		•	•
	b	y_{1b}	y_{2b}	⋯	y_{kb}	$y_{.b}$	$\bar{y}_{.b}$
합계		$y_{1.}$	$y_{2.}$	⋯	$y_{k.}$	$y_{..}$	
평균		$\bar{y}_{1.}$	$\bar{y}_{2.}$	⋯	$\bar{y}_{k.}$		$\bar{y}_{..}$

여기서

$$y_{..} = \sum_{i=1}^{k}\sum_{j=1}^{b} y_{ij}, \quad \bar{y}_{..} = \frac{y_{..}}{bk},$$
$$y_{i.} = \sum_{j=1}^{b} y_{ij}, \quad \bar{y}_{i.} = \frac{y_{i.}}{b},$$
$$y_{.j} = \sum_{i=1}^{k} y_{ij}, \quad \bar{y}_{.j} = \frac{y_{.j}}{k}$$

이다.

위 자료를 이용하여 분산분석표(ANOVA table)를 작성하면 다음과 같다.

요인	제곱합	자유도	제곱평균	F 통계량
처리	SST	$k-1$	MST	$\frac{MST}{MSE}$
블록	SSB	$b-1$	MSB	
오차	SSE	$(b-1)(k-1)$	MSE	
합계	$SSTO$	$bk-1$		

여기서

$$SSTO = \sum_{i=1}^{k}\sum_{j=1}^{b}(y_{ij}-\overline{y}_{..})^2 = \sum_{i=1}^{k}\sum_{j=1}^{b}y_{ij}^{\ 2} - \frac{y_{..}^2}{bk}$$

$$SST = \sum_{i=1}^{k} b(\overline{y}_{i.}-\overline{y}_{..})^2 = \frac{\sum_{i=1}^{k}y_{i.}^{\ 2}}{b} - \frac{y_{..}^{\ 2}}{bk}$$

$$SSB = \sum_{j=1}^{b} k(\overline{y}_{.j}-\overline{y}_{..})^2 = \frac{\sum_{j=1}^{b}y_{.j}^{\ 2}}{k} - \frac{y_{..}^{\ 2}}{bk}$$

$$SSE = SSTO - SST - SSB$$

$$MST = \frac{SST}{k-1}$$

$$MSB = \frac{SSB}{b-1}$$

$$MSE = \frac{SSE}{(b-1)(k-1)}$$

이다.

일원분산분석에서와 마찬가지로 위 분산분석표에서의 제곱평균 MST와 MSE의 비, 즉 F통계량을 사용하여 처리효과에 대한 가설을 검정할 수 있다. 이 경우 H_0가 참일 때 F통계량의 분포는 분자와 분모의 자유도가 $k-1$, $(b-1)(k-1)$인 F분포를 따른다. 따라서 다음과 같은 통계적 가설검정 절차를 이용할 수 있다.

① 가설

$H_0: \alpha_1 = \alpha_2 = \cdots = \alpha_k = 0$
H_1: 모든 α_i가 0은 아니다

② 유의수준 $= \alpha$

③ 검정통계량

$$F = \frac{MST}{MSE}$$

④ 기각역

$$F \ge F_\alpha(k-1,\ (b-1)(k-1))$$

위와 같은 검정절차를 수행한 결과 처리평균들 사이에 차이가 있다는 결론이 날 경우에는 각 처리평균과 이들의 차이에 대하여 구체적으로 알아보아야 할 것이다.

처리평균에 대한 $100(1-\alpha)\%$ 신뢰구간 :

$$\left(\bar{y}_{i.} - t_{\alpha/2}((b-1)(k-1))\sqrt{\frac{MSE}{b}},\quad \bar{y}_{i.} + t_{\alpha/2}((b-1)(k-1))\sqrt{\frac{MSE}{b}}\right)$$

처리평균 차이에 대한 $100(1-\alpha)\%$ 신뢰구간 :

$$\left(\bar{y}_{i.} - \bar{y}_{j.} - t_{\alpha/2}((b-1)(k-1))\sqrt{MSE\left(\frac{1}{b}+\frac{1}{b}\right)},\right.$$
$$\left.\bar{y}_{i.} - \bar{y}_{j.} + t_{\alpha/2}((b-1)(k-1))\sqrt{MSE\left(\frac{1}{b}+\frac{1}{b}\right)}\right)$$

예제 12.3 다음 자료는 네 사람의 자원자를 대상으로 한 자극 및 반응 실험의 결과이다. 관측치는 반응에 걸린 시간의 길이이고 측정 단위는 초이다.

		자원자			
		1	2	3	4
자극	A	1.7	1.5	0.1	0.6
	B	3.4	2.6	2.3	2.2
	C	2.3	2.1	0.8	1.6

(1) 분산분석을 이용하여 세 종류의 자극(A, B, C)에 대한 반응이 동일한지를 검정하라.

(2) 자극 A의 평균 반응시간에 대한 95% 신뢰구간을 각각 구하라.

(3) 자극 A와 B의 평균 반응시간의 차이에 대한 95% 신뢰구간을 구하라.

풀이 (1)

$$SSTO = \sum_{i=1}^{3}\sum_{j=1}^{4}(y_{ij}-\bar{y}_{..})^2 = \Sigma\Sigma y_{ij}^2 - \frac{y_{..}^2}{bk} = 9.407$$

$$SST = \sum_{i=1}^{3} 4\times(\bar{y}_{i.}-\bar{y}_{..})^2 = \sum_{i=1}^{3}\frac{y_{i.}^2}{b} - \frac{y_{..}^2}{bk} = 5.472$$

$$SSB = \sum_{j=1}^{4} 3\times(\bar{y}_{.j}-\bar{y}_{..})^2 = \sum_{j=1}^{4}\frac{y_{.j}^2}{k} - \frac{y_{..}^2}{bk} = 3.480$$

$$SSE = SSTO - SST - SSB = 0.455$$

이므로 다음과 같은 분산분석표를 작성할 수 있다.

요인	제곱합	자유도	제곱평균	F
처리	5.472	2	2.74	36.05
블록	3.480	3	1.16	
오차	0.455	6	0.076	
합계	9.407	11		

$F = 36.05 > F_{0.05}(2, 6) = 5.14$이므로 유의수준 0.05에서 귀무가설을 기각한다. 즉 유의수준 5%에서 세 가지 종류의 자극의 평균반응시간들이 동일하지 않다.

(2) 자극 A의 평균 반응시간에 대한 95% 신뢰구간 :

$$\left(\bar{y}_{1.} - t_{\alpha/2}((b-1)(k-1))\sqrt{\frac{MSE}{b}},\ \bar{y}_{1.} + t_{\alpha/2}((b-1)(k-1))\sqrt{\frac{MSE}{b}}\right)$$

$$= \left(0.98 - 2.447\sqrt{\frac{0.076}{4}},\ 0.98 + 2.447\sqrt{\frac{0.076}{4}}\right)$$

$$= (0.637,\ 1.323)$$

(3) 자극 A와 B의 평균 반응시간의 차에 대한 95% 신뢰구간 :

$$\left(\bar{y}_{2.} - \bar{y}_{1.} - t_{\alpha/2}((b-1)(k-1))\sqrt{MSE \times \frac{2}{b}},\ \bar{y}_{2.} - \bar{y}_{1.} + t_{\alpha/2}((b-1)(k-1))\sqrt{MSE \times \frac{2}{b}}\right)$$

$$= \left(2.62 - 0.98 - 2.447\sqrt{0.076 \times \frac{2}{4}},\ 2.62 - 0.98 + 2.447\sqrt{0.076 \times \frac{2}{4}}\right)$$

$$= (1.16,\ 2.12)$$

연습문제

12.1 자유도가 (5, 12)인 F분포 곡선의 오른쪽꼬리의 면적 0.05에 대한 F의 값을 찾아라.

12.2 자유도가 (5, 12)인 F분포 곡선의 왼쪽꼬리의 면적 0.01에 대한 F의 값을 찾아라.

12.3 다음 분산분석표를 완성하고 사용된 실험방법을 설명하라. 그리고 처리평균 사이에 차이가 있는지를 유의수준 5%에서 검정하라.

요인	제곱합	자유도	제곱평균
처리	(　)	4	0.52
블록	(　)	(　)	(　)
합계	10.25	19	

12.4 소비자 단체에서는 3종류의 약이 두통을 해소시키는 데 소요되는 평균 시간이 같은지를 알고자 한다. 랜덤으로 뽑은 6명의 환자에게 약 1을, 4명의 환자에게 약 2를, 5명의 환자에게 약 3을 복용시켰다. 다음 표는 환자들의 약 복용 후 두통 해소에 소요된 시간(분)이다.

약 1	약 2	약 3
25	15	44
38	21	39
42	19	54
65	25	58
47		73
52		

유의수준 2.5%에서 3종류의 약이 두통을 해소시키는 데 소요되는 평균시간이 같다고 할 수 있는지를 검정하라.

12.5 소비자 단체는 4개의 보험회사의 자동차 보험료가 다른지를 알고 싶어 한다. 이 단체에서는 4개의 보험회사 각각에서 운전경력, 자동차, 보험정책 등이 비슷한 몇 명의 운전자를 랜덤으로 추출하였다. 다음은 4개의 보험회사와 계약하고 있는 운전자들이 매달 납부하는 보험료이다.

회사 A	회사 B	회사 C	회사 D
65	48	57	62
73	69	61	53
54	88	89	45
43		77	51
		69	

유의수준 1%에서 4개의 보험회사와 계약하고 있는 운전자들이 납부하는 매달 자동차 평균보험료가 같은지를 검정하라.

12.6 다음은 A, B, C 세 종류의 페인트의 평균 건조시간이 차이가 있는지를 알아보기 위하여 완전임의배열법으로 건조시간을 측정한 결과이다.

페인트 종류		
A	B	C
3.6	4.0	2.7
2.8	3.4	4.0
3.4	4.6	3.3
3.9	3.5	3.0
3.6	5.4	2.9
4.0	3.2	3.1
	3.8	3.6

분산분석을 이용하여 세 종류의 페인트의 평균 건조시간이 차이가 있는지를 유의수준 5% 에서 검정하라.

12.7 다음은 어느 인류학 연구소가 서로 다른 곳에 있는 세 개의 무덤군(A,B,C)을 발굴하여 각 무덤군으로부터 발견된 성인 두개골의 둘레(cm)를 측정한 것이다.

두개골의 둘레		
A	B	C
48.4	52.8	44.2
46.2	49.6	44.7
47.1	50.5	46.1
46.3	48.7	45.4
45.9		

(1) 유의수준 5%에서 위 각 군의 두개골이 동일한 집단의 것이라는 결론을 내릴 수 있는가?

(2) 무덤군 B와 C의 각 소속집단의 두개골의 평균둘레의 차이에 대한 95% 신뢰구간을 구하라.

12.8 다음 자료는 어느 시에 있는 5개 고등학교에서 각각 랜덤 추출한 학생들을 대상으로 '장래희망 수준지수' 를 입학 직후와 졸업 직전에 측정하여 지수의 증감을 계산한 것이다.

학교	증감점수
A	+11 +32 +19 +16 +15 −3 +24 +13 +6
B	−4 +24 +16 −2 +13+16 +20 +24 +16 +9 +12
C	+13 +31 +34 −7 +18+24 +34 +29 +25
D	+16 +11 −2 +4 +13+17 +10 +7 +19
E	+8 −11 +4 +7 +12 −1 −3 +24 +17 +28 +9 +14 +22

(1) 학교 간에 증감점수의 평균이 차이가 있는지를 유의수준 5%에서 검정하라.

(2) 어느 학교의 증감점수의 평균이 가장 높은가? 가장 낮은 학교는?

(3) C와 E 학교의 증감점수의 평균차이에 대한 95% 신뢰구간을 구하라.

12.9 다음 자료는 랜덤하게 나누어진 세 집단의 학생들을 대상으로 강의식, 발표식, 토론식의 세 가지 수업방법을 통한 수업성취도를 측정한 결과이다.

수업 방법	수업 성취도									
강의식	2	3	1	9	3	6	9	15	4	1
발표식	2	9	15	6	10	12	13	9	12	10
토론식	9	12	6	12	15	15	6	9	15	

(1) 세 가지 수업방법의 효과의 차이가 있는가를 유의수준 5%에서 검정하라.

(2) 강의식과 토론식의 평균성취도의 차이에 대한 95% 신뢰구간을 구하라.

12.10 어느 경영문제 연구소에서 도산한 기업들 가운데 기업 규모별로 랜덤추출하여 기업의 수명을 조사한 결과이다.

기업규모 (i)	조사업체수 (n_i)	평균수명 ($\bar{y}_{i.}$)	표준편차 (s_i)
대(1)	40	6.1	2.1
중(2)	33	3.8	1.6
소(3)	48	3.1	1.8

(1) 조사대상 기업의 평균수명은 얼마인가?

(2) 분산분석표를 작성하고 기업규모에 따른 기업의 평균수명은 차이가 있는가를 유의수준 5%에서 검정하라. ($SSE = \sum_{i=1}^{3} (n_i - 1) s_i^2$)

(3) 대규모 기업과 소규모 기업의 평균수명 차이에 대한 95%신뢰구간을 구하라.

12.11 다음 분산분석표를 완성하고 사용된 실험방법을 설명하라. 그리고 처리평균 사이에 차이가 있는지를 유의수준 5%에서 검정하라.

요인	제곱합	자유도	제곱평균
처리	(　　)	2	(　　)
블록	3.480	3	(　　)
오차	0.455	(　　)	(　　)
합계	9.407	11	

12.12 다음 분산분석표를 보고 물음에 답하라.

요인	제곱합	자유도	제곱평균
처리	142.67	4	35.67
블록	68.14	3	13.63
오차	38.33	12	3.19
합계	249.14	19	

(1) 어떤 실험방법이 사용되었는가?

(2) 몇 개의 처리가 비교되었는가?

(3) 몇 개의 관측값이 분석되었는가?

(4) 유의수준 5%에서 처리효과가 다르다고 할 수 있는가? 그 이유는?

12.13 어느 산업 심리학자가 공장에서 근무하는 근로자들의 사기를 높이는 세 가지 방법을 비교하기 위해 교육 정도에 따라 네 그룹으로 나누어 실험을 하였다. 세 방법의 효과를 관측한 수치가 아래와 같다.

처리방법	교육 정도에 따른 그룹			
	1	2	3	4
A	8	5	3	4
B	9	8	9	8
C	7	7	5	5

이 자료는 근로자의 사기를 높이는 데 세 가지 방법의 효과가 다르다고 주장하기에 충분한가? 세 가지 방법의 효과가 다르다면 각 방법들 간의 차이에 대해 95% 신뢰구간을 구해 보라.

12.14 다음 자료는 6개의 다른 지역(1, 2, 3, 4, 5, 6)에서 5가지 종류(A, B, C, D, E)의 휘트밀에 대한 생산량을 조사한 것이다. 실험방법은 모든 종류의 휘트밀이 각 지역의 어떤 한 구획 내에 랜덤하게 할당되었다. 각 지역의 구획 내에 있는 관측값들은 비슷한 반면에, 지역 간에는 상당한 차이가 예상된다.

종류	지역					
	1	2	3	4	5	6
A	35.3	31.0	32.7	36.8	37.2	33.1
B	30.7	32.2	31.4	31.7	35.0	32.7
C	38.2	33.4	33.6	37.1	37.3	38.2
D	34.9	36.1	35.2	38.3	40.2	36.0
E	32.4	28.9	29.2	30.7	33.9	32.1

(1) 실험방법을 설명하라.

(2) 종류 간에 차이가 있는지를 유의수준 1%에서 검정하고 결론을 말하라.

(3) 종류 간에 차이가 있다면, 구체적으로 어느 종류들 간에 차이가 있는지를 조사하라.

엑셀실습

일원분산분석과 이원분산분석에 대한 엑셀 과정을 실습한다.

● **E12-1** 세 가지 수업방법의 효과를 알아보기 위하여 통계학을 수강하는 통계학과 1학년 학생 15명을 세 그룹으로 랜덤하게 나누었다. 학기말에 똑같은 시험을 15명에게 치렀다. 다음 표는 세 그룹에 있는 학생들의 시험점수이다.

방법 I	방법 II	방법 III
48	55	84
73	85	68
51	70	95
65	69	74
87	90	67

세 가지 수업방법의 효과가 같은지를 유의수준 5%에서 검정하라.

풀이

단계 1. 자료를 입력한다.

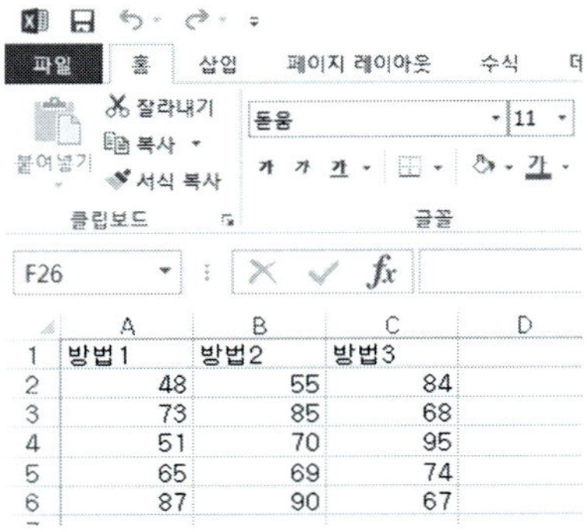

단계 2. 【도구】→【데이터 분석】을 선택한다.

단계 3. 통계 데이터 분석 창에서 『분산분석 : 일원배치법』을 선택한다.

단계 4. 입력범위에 데이터가 있는 곳을 지정해 주며 데이터의 방향을 선택하여 준다(여기에서는 데이터 방향이 열로 되어 있으므로 열을 선택한다). 그리고 첫째 행에 데이터에 대한 이름이 있다면 첫째 행 이름표 사용을 선택하여 준다. 유의수준을 입력한다.

출력옵션을 사용하여 사용자가 원하는 곳에 결과를 나타낼 수 있다.
(여기서는 새로운 워크시트에 나타나도록 하겠다.)

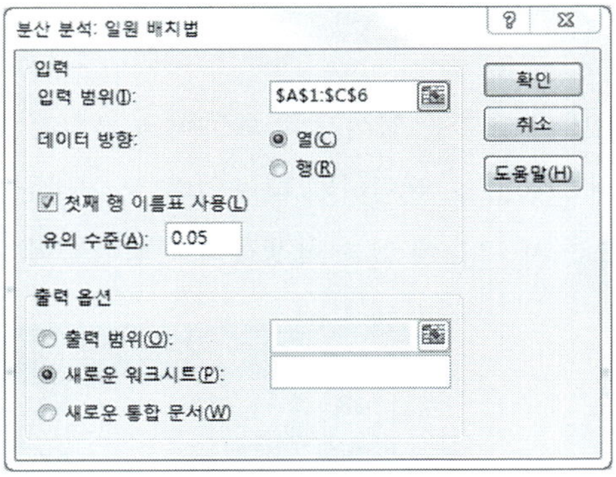

단계 5. 확인을 선택하면 새로운 워크시트에 『분산분석 : 일원배치법』 결과가 나타난다.

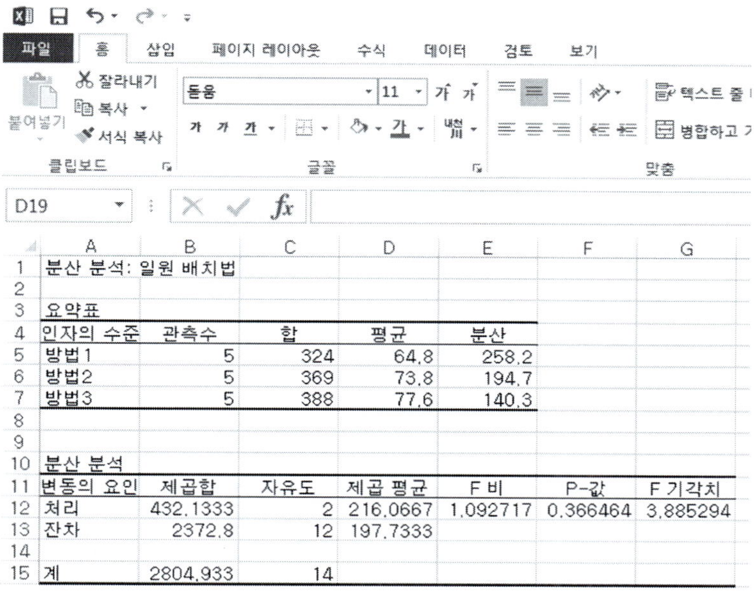

	A	B	C	D	E	F	G
1	분산 분석: 일원 배치법						
2							
3	요약표						
4	인자의 수준	관측수	합	평균	분산		
5	방법1	5	324	64.8	258.2		
6	방법2	5	369	73.8	194.7		
7	방법3	5	388	77.6	140.3		
8							
9							
10	분산 분석						
11	변동의 요인	제곱합	자유도	제곱 평균	F 비	P-값	F 기각치
12	처리	432.1333	2	216.0667	1.092717	0.366464	3.885294
13	잔차	2372.8	12	197.7333			
14							
15	계	2804.933	14				

위의 ANOVA 분석결과에서 p값이 0.366으로 유의수준 $\alpha = 0.05$보다 크므로 유의수준 5%에서 귀무가설을 기각하지 못한다. 즉 유의수준 5%에서 세 가지 수업방법의 효과가 같다고 할 수 있다.

● **E12-2** 다음 자료는 6개의 다른 지역(1, 2, 3, 4, 5, 6)에서 5가지 종류(A, B, C, D, E)의 휘트밀에 대한 생산량을 조사한 것이다. 실험방법은 모든 종류의 휘트밀이 각 지역의 어떤 한 구획 내에 랜덤하게 할당되었다. 각 지역의 구획 내에 있는 관측값들은 비슷한 반면에, 지역 간에는 상당한 차이가 예상된다.

종류	지역					
	1	2	3	4	5	6
A	35.3	31.0	32.7	36.8	37.2	33.1
B	30.7	32.2	31.4	31.7	35.0	32.7
C	38.2	33.4	33.6	37.1	37.3	38.2
D	34.9	36.1	35.2	38.3	40.2	36.0
E	32.4	28.9	29.2	30.7	33.9	32.1

종류 간에 차이가 있는지를 유의수준 1%에서 검정하라.

풀이

단계 1. 자료를 입력한다.

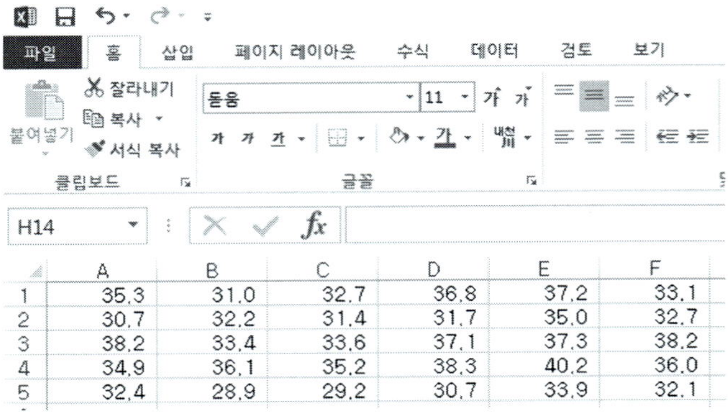

단계 2. 【도구】→【데이터 분석】을 선택한다.

단계 3. 통계 데이터 분석 창에서 『**분산분석: 반복 없는 이원 배치법**』을 선택한다.

단계 4. 입력범위에 데이터가 있는 곳을 지정해 주고, 유의수준을 입력한다.

출력옵션을 사용하여 사용자가 원하는 곳에 결과를 나타낼 수 있다.
(여기서는 새로운 워크시트에 나타나도록 하겠다.)

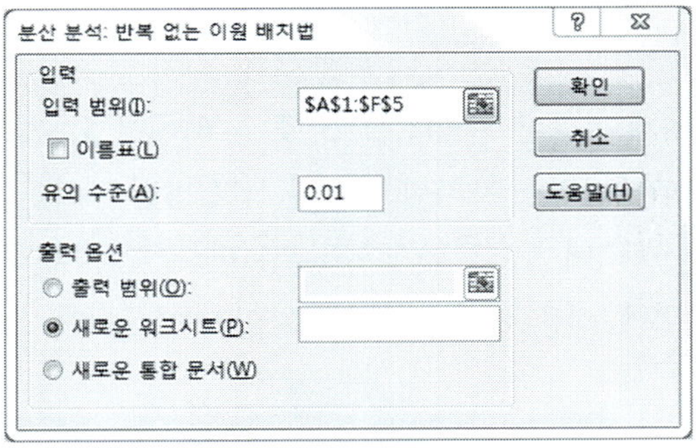

단계 5. 확인을 선택하면 새로운 워크시트에 『**분산분석: 반복 없는 이원 배치법**』 결과가 나타난다.

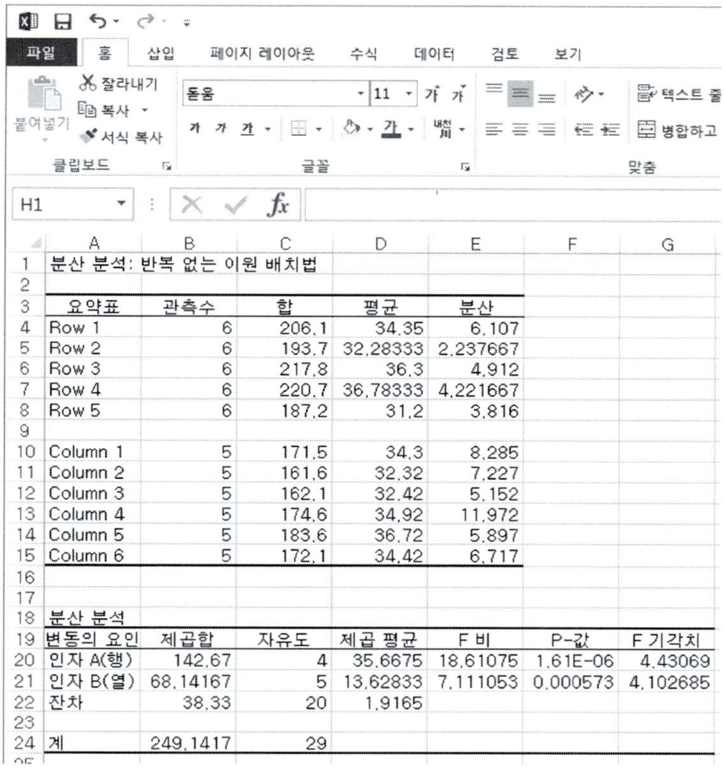

	A	B	C	D	E	F	G
1	분산 분석: 반복 없는 이원 배치법						
2							
3	요약표	관측수	합	평균	분산		
4	Row 1	6	206.1	34.35	6.107		
5	Row 2	6	193.7	32.28333	2.237667		
6	Row 3	6	217.8	36.3	4.912		
7	Row 4	6	220.7	36.78333	4.221667		
8	Row 5	6	187.2	31.2	3.816		
9							
10	Column 1	5	171.5	34.3	8.285		
11	Column 2	5	161.6	32.32	7.227		
12	Column 3	5	162.1	32.42	5.152		
13	Column 4	5	174.6	34.92	11.972		
14	Column 5	5	183.6	36.72	5.897		
15	Column 6	5	172.1	34.42	6.717		
16							
17							
18	분산 분석						
19	변동의 요인	제곱합	자유도	제곱 평균	F 비	P-값	F 기각치
20	인자 A(행)	142.67	4	35.6675	18.61075	1.61E-06	4.43069
21	인자 B(열)	68.14167	5	13.62833	7.111053	0.000573	4.102685
22	잔차	38.33	20	1.9165			
23							
24	계	249.1417	29				

결과의 분산분석표에서 인자 A(행)은 종류(처리)를 인자 B(열)은 지역(블록)을 의미한다. 가설은

$$H_0: \mu_A = \mu_B = \cdots = \mu_E$$

$$H_1: \text{모든 } \mu\text{가 같지는 않다.}$$

위의 ANOVA 분석결과에서 p값이 1.61E−06(E−06은 10^{-6}을 의미)으로 0에 가깝고 유의수준 $\alpha = 0.01$보다 작으므로 유의수준 1%에서 귀무가설을 기각한다. 즉 유의수준 1%에서 5가지 종류(A, B, C, D, E)의 휘트밀에 대한 생산량은 모두 같다고 할 수 없다.

CHAPTER 13

회귀분석

이 장에서는 회귀분석과 상관분석을 사용하여 변수 간의 관계를 생각해 본다. 회귀분석을 사용하여 한 변수의 변화에 따른 다른 변수의 변화를 계산할 수 있다. 예를 들면 회귀모형을 이용하여 한 가구 수입의 변화에 따른 식비의 변화를 추정할 수 있다. 또한 회귀모형은 한 변수의 값 혹은 여러 변수 값이 주어졌을 때 다른 변수의 예측값을 구하는 데 도움을 줄 수 있다. 예컨대 회귀직선을 사용하여 주어진 수입에 따른 한 가구의 식비를 근사적으로 예측할 수 있다.
한편 상관분석에서 상관계수는 단순히 두 변수 간의 선형관계가 얼마나 강하게 연관되어 있는지를 보여 줄 뿐, 한 변수의 변화에 따른 다른 변수의 변화의 크기를 제공하지는 않는다. 예를 들면 상관계수는 식비와 수입이 얼마나 선형적 관련이 있는가를 말해 준다.

13.1 단순선형회귀모형

단순선형회귀모형에서의 단순과 선형에 대한 의미를 설명한다. 먼저 단순회귀를 설명하기 위하여 식비와 수입의 관계를 조사하는 문제를 다시 보자. 매주 또는 매월에 식비를 얼마나 지급할 것인가를 결정할 때 어떤 요인이나 변수가 영향을 미칠까? 명백하게, 가족의 수입이 하나의 요인이다. 또한 다른 많은 변수들이 식비에 영향을 줄 수도 있다. 예를 들면 가구의 자산, 가구의 규모, 가족원의 미각이나 선호도, 그리고 가족원의 다이어트의 필요성이 식비에 영향을 줄 수 있는 것들이다. 이러한 변수들은 매우 독립적이고 다른 가족들 간의 다른 식비를 설명하므로 **독립변수**(independent variable) 또는 **설명변수**(explanatory variable)라고 한다. 즉 이러한 변수들은 다른 가족들 간에 왜 식비가 다른지를 설명한다. 이때 식비는 독립변수에 의존하므로 **종속변수**(dependent variable) 또는 **반응변수**(response variable)라고 한다. 한 종속변수에 대해서 두 개 이상의 독립변수를 가지고 회귀분석을 수행하는 것을 **다중회귀**(multiple regression)라고 한다. 하지만 하나의(일반적으로 가장 중요한) 독립변수만을 가지고 종속변수의 변동을 설명한다면 이것은 **단순회귀**(simple regression)라고 한다. 단순 또는 다중회귀분석은 항상 한 개의 종속변수를 사용한다.

▶▶ **단순회귀**

회귀모형은 두 개 혹은 두 개 이상의 변수들의 관계를 나타낸 수학적인 방정식이다. 단순회귀모형은 두 개의 변수만 포함한다. 하나는 종속변수이고 다른 하나는 독립변수이다. 종속변수는 설명되어지는 것이고 독립변수는 종속변수의 변동을 설명하는 데 사용하는 것이다.

한편 회귀분석에서 종속변수와 독립변수들 간의 관계는 **회귀모형**(regression model)이라고 불리는 수학적 등식에 의해 표현된다. 좌표 상에 표현하였을 때, 회귀모형은 직선을 포함한 다양한 형태 중의 하나로 가정할 수 있다. 종속변수와 독립변수들 간에 선형관계가 주어진 선형모형을 **선형회귀모형**(linear regression model)이라고 부르고, 그렇지 않는 것을 **비선형회귀모형**(nonlinear regression model)이라고 부른다. 이 장에서는 오직 선형회귀모형만을 생각한다.

▶▶ **선형회귀모형**

종속변수와 독립변수들 간의 관계가 선형으로 주어진 회귀모형을 선형회귀모형(linear regression model)이라고 부른다. 특별히, 독립변수가 한 개인 경우는 단순선형회귀모형(Simple linear regression)이라고 부른다.

13.2 단순선형회귀분석

회귀모형에서 독립변수는 일반적으로 x로 표시하고 종속변수는 y로 표시한다. 여기에서 y – 절편(상수항)은 α로, 기울기(x – 계수)는 β로 표시하고, 단순선형회귀모형을 다음과 같이 나타낸다.

$$y = \alpha + \beta x \tag{13.1}$$

모형 (13.1)에서 α는 $x = 0$에 대한 y값, 즉 y–절편이고, β는 x의 한 단위 증가에 따른 y의 변화량이다.

모형 (13.1)은 **결정적 모형**(deterministic model)이라고 불린다. 이것은 x와 y의 **정확한 관계**(exact relationship)를 제공한다. 이 모형은 x에 의해 y가 정확하게 결정되고 주어진 x값에 단 하나의 y값만 대응되는 것을 간단히 보여준다.

그러나 많은 경우에 변수들의 관계는 정확하지 않다. 예를 들어 y가 식비이고 x가 수입이면, 모형 (13.1)은 식비는 수입에 의해서만 결정되고 수입이 같은 모든 가족은 식비도 모두 같다라고 말하고 있다. 그러나 앞에서 언급한 바와 같이 식비는 많은 변수들에 의해 영향을 받기 때문에 모형 (13.1)처럼 표현할 수 없다. 실제로 수입이 같음에도 가구의 규모, 자산 그리고 가족원의 미각과 선호도의 차이 때문에 식비가 달라진다. 그러므로 이러한 변수들을 고려해 넣거나 모형을 완전히 하기 위해서, 우리는 모형 (13.1)의 오른쪽에 다른 항을 더할 필요가 있다. 이때 더하는 항을 **오차항**(random error term)이라고 부르고 이것을 ε(그리스문자 epsilon)으로 표기한다. 따라서 우리가 고려하는 회귀모형은 다음과 같다.

$$y = \alpha + \beta x + \varepsilon \tag{13.2}$$

모형 (13.2)를 **확률적 모형**(probabilistic model) 또는 **통계적 관계**(statistical relationship)라고 부른다.

▸▸ 회귀모형

$y = \alpha + \beta x + \varepsilon$ 인 회귀모형에서, α는 $y-$절편이고 β는 기울기며 ε은 오차항이다. 종속변수와 독립변수는 각각 y와 x이다.

모형 (13.2)에서 α와 β는 **모수**(population parameters)이다. 모수를 포함하고 있는 모형 (13.2)로 표현된 회귀선을 **모회귀선**(population regression line)이라고 부른다. 모회귀선에서 α와 β의 값을 $y-$**절편**(y-intercept)과 **기울기**(slope)의 **참값**(true value)이라고 부른다. 그러나 현실적으로 모집단 자료를 얻기가 불가능하므로 표본자료를 사용하여 모형 (13.2)를 추정한다. x와 y의 표본자료로부터 계산된 $y-$절편과 기울기의 값을 α와 β의 추정값으로 부르고 a와 b로 표기된다. a와 b를 사용함으로 우리는 추정된 회귀모형을 아래와 같이 쓸 수 있다.

$$\hat{y} = a + bx \tag{13.3}$$

여기에서 $\hat{y}$(y hat이라고 읽고)는 주어진 x값에 대한 y의 추정값(fitted value) 또는 예측값(predicted value)이다. 모형 (13.3)은 추정회귀모형이라고 불린다.

▸▸ α와 β의 추정치

표본 자료를 사용해 추정된 모형 $\hat{y} = a + bx$에서, a와 b를 각각 α와 β의 추정치라고 한다.

13.2.1 산점도

다음의 표 13−1은 일곱 가구의 지난달 수입과 식비를 기록한 자료이다.

표 13−1에서 우리는 일곱 가구에 대해 각각 (수입, 식비)의 짝진 관측값을 가진다. 일곱 개의 짝진 관측값을 좌표에 점으로 찍으면 우리는 **산점도**(scatter diagram)를 그릴 수 있다. 그림 13−1은 표 13−1에 대한 산점도이다. 이 도표에서 각각의 점은 한 가구를 나타낸다.

표 13-1 일곱 가구의 수입과 식비

수입(단위: 십만원)	식비(단위: 십만원)
35	9
49	15
21	7
39	11
15	5
28	8
25	9

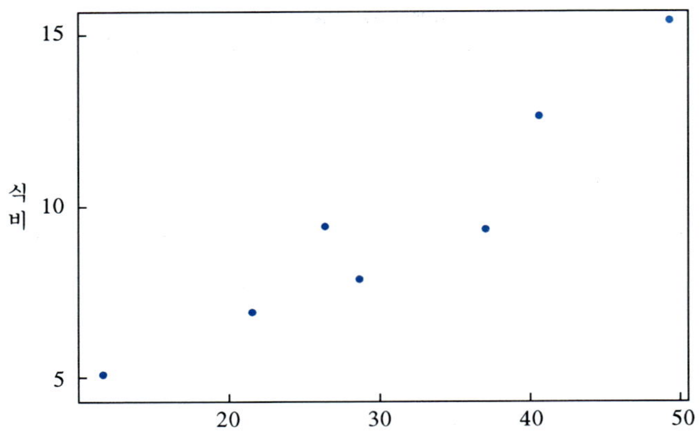

그림 13-1 산점도

> **▸▸ 산점도**
> 짝진 관측값의 점 그림을 산점도라고 부른다.

산점도는 두 변수들의 관계를 찾는 데 도움을 준다. 예를 들면 그림 13-1의 산점도를 살펴보면 수입과 식비에 강한 선형관계가 있음을 알 수 있다. 만약에 점들을 통과하는 직선을 그으면, 점들은 대부분 선의 근처에 있을 것이다.

산점도에 a와 b값을 다르게 하여 임의로 많은 수의 직선을 그릴 수 있지만 우리의 관심은 산점도에 있는 점들을 가장 잘 적합하는 직선을 찾는 것이다. 이러한 직선은 독립변수와 종속변수의 관계를 가장 잘 설명한다. 다음 절에서 논의될 **최소제곱법**(least squares method)은 이러한 직선을 찾는 방법을 제공한다. 최소제곱법으로 얻어진 직선을 **최소제곱회귀직선**(least squares regression line)이라고 한다.

13.2.2 최소제곱회귀직선

표본자료로부터 얻어지는 y값을 **관측값**(observed value)이라고 한다. 13.2절에서 언급하였던 바와 같이, 회귀직선을 사용하여 얻어지는 y값은 $\hat{y}$이라고 표시하고 **추정값**이라고 한다. 표본자료를 사용하여 모형 (13.2)를 추정하고 이 추정을 근거로 하여 얻어진 실제값과 추정값의 차이를 **잔차**(residual)라고 하고, 이를 e라고 표기한다. 만약 우리가 표본자료로 모형 (13.2)를 추정하면 e값은 아래와 같이 주어진다.

$$e = \text{실제 식비} - \text{추정된 식비} = y - \hat{y}$$

산점도에서 회귀직선을 적합하면 e는 어떤 가구의 실제 위치와 회귀직선 상의 점 사이의 수직거리이다. 주어진 실제 식비의 점이 회귀직선 위에 있으면 잔차값은 양수이고 회귀직선 아래에 있으면 음수이다. 이러한 잔차들의 합은 항상 0이다. 즉 표본에 포함된 일곱 가구들에 대한 실제 식비의 합은 회귀모형으로부터 추정된 식비의 합과 꼭 같아야 한다. 따라서

$$\sum e = \sum (y - \hat{y}) = 0$$

이다. 그러므로 주어진 점들에 가장 잘 적합하는 직선을 찾기 위해, 우리는 잔차들의 합을 최소화할 수 없다. 대신 잔차를 제곱하여 모두 더한 **잔차제곱합**(error sum of squares)을 최소로 한다. 잔차제곱합을 **SSE**로 표기하기로 한다. 즉

$$\text{SSE} = \sum e^2 = \sum (y - \hat{y})^2$$

이다. 최소제곱법은 회귀모형에서 잔차제곱합을 최소화시키는 a와 b값을 제공한다.

▸▸ 잔차제곱합

SSE라 표기되는 잔차제곱합은 아래와 같다.

$$\text{SSE} = \sum e^2 = \sum (y - \hat{y})^2$$

SSE를 최소로 하는 a와 b의 값들을 α와 β의 최소제곱추정치라고 부른다. 그리고 이러한 추정치를 사용하여 구한 회귀직선을 최소제곱회귀직선이라고 부른다.

α와 β의 최소제곱추정치 a와 b는 아래의 식을 사용하여 계산된다.

▸▸ 최소제곱회귀직선

최소제곱회귀직선 $\hat{y} = a + bx$ 에 대하여

$$b = \frac{SS_{xy}}{SS_{xx}} \text{ 이고 } a = \bar{y} - b\bar{x}$$

여기서,

$$SS_{xy} = \sum xy - \frac{(\sum x)(\sum y)}{n} \text{ 이고 } SS_{xx} = \sum x^2 - \frac{(\sum x)^2}{n}$$

이다. 그리고 "SS" 는 "제곱합"을 나타낸다. 또한 최소제곱회귀직선 $\hat{y} = a + bx$를 x에 대한 y의 회귀라고 부른다.

예제 13-1 표 13-1에 주어진 일곱 가구의 수입과 식비의 자료를 가지고 최소제곱회귀직선을 찾아라. 이때 수입은 독립변수로 식비는 종속변수로 사용하라.

풀이 회귀모형 $\hat{y} = a + bx$에 대한 a와 b값을 찾는다. 표 13-2는 a와 b를 계산하는 데 필요한 값들을 보여 준다. 독립변수(수입)은 x로 종속변수(식비)는 y로 표기하자.

표 13-2

수입 x	식비 y	xy	x^2
35	9	315	1225
49	15	735	2401
21	7	147	441
39	11	429	1521
15	5	75	225
28	8	224	784
25	9	225	625
$\sum x = 212$	$\sum y = 64$	$\sum xy = 2150$	$\sum x^2 = 7222$

a와 b값을 구하기 위해 아래의 단계를 실행한다.

단계 1 $\sum x$, $\sum y$, $\bar{x}$와 $\bar{y}$를 계산한다.

$$\sum x = 212, \quad \sum y = 64$$
$$\bar{x} = \sum x / n = 212/7 = 30.286$$
$$\bar{y} = \sum y / n = 64/7 = 9.143$$

단계 2 $\sum xy$와 $\sum x^2$을 계산한다.

$$\sum xy = 2150, \quad \sum x^2 = 7222$$

단계 3 SS_{xy}와 SS_{xx}를 계산한다.

$$SS_{xy}=\sum xy-\frac{(\sum x)(\sum y)}{n}=2150-\frac{(212)(64)}{7}=211.714$$

$$SS_{xx}=\sum x^2-\frac{(\sum x)^2}{n}=7222-\frac{(212)^2}{7}=801.429$$

단계 4 a와 b를 계산한다.

$$b=\frac{SS_{xy}}{SS_{xx}}=\frac{211.714}{801.429}=0.264$$

$$a=\overline{y}-b\overline{x}=9.143-(0.264)(30.286)=1.147$$

따라서 추정된 회귀모형 $\hat{y}=1.147+0.264x$은 아래와 같다.
이 회귀직선을 최소제곱회귀직선이라고 부른다. 이것은 수입에 대한 식비의 회귀를 나타내 준다. 이를 산점도에 그리면, 다음의 그림 13-2와 같다.

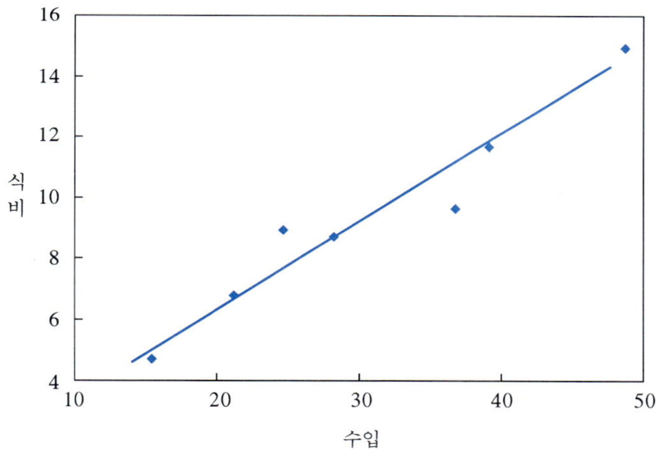

그림 13-2 최소제곱회귀직선

추정된 회귀모형을 사용함으로써 어떤 특정한 x에 대한 y의 예측값을 찾을 수 있다. 예를 들면 한달 수입이 350만 원, 즉 $x=35$(10만 원 단위의 수입으로 표기한 것)인 가구가 임의로 선택되었다고 하자. 그러면 이 가구에 대한 식비의 예측값은 아래와 같다.

$$\hat{y}=1.147+(0.264)(35)=10.387=1,038,700(\text{원})$$

즉 추정된 회귀직선을 근거로 한달 수입이 350만 원인 가정은 평균적으로 한달 식비를 1,038,700원 지출할 것이라고 예측할 수 있다. 또한 $\hat{y}$의 값은 $x=35$

에 대한 y의 평균값의 점추정량으로 생각할 수 있다. 따라서 한달 수입이 350만 원인 모든 가구들은 평균적으로 한 달에 식비를 1,038,700원 쓴다고 말할 수 있다.

일곱 가구에 대한 자료에서 수입이 350만 원인 가구가 있다. 표 13.1을 보면 이 가구에 대한 실제 식비는 90만 원이다. 실제값과 예측값의 차이는 잔차 혹은 추정오차이다. 그러므로 이 가구에 대한 잔차는 아래와 같다.

$$e = y - \hat{y} = 9.00 - 10.3884 = -1.3884 = -138,840\text{원}$$

따라서 잔차는 −138,840원이다. 잔차가 음수라는 것은 실제값보다 예측값이 더 큰 것을 나타낸다. 즉 만약에 회귀모형을 사용한다면 이 가구의 식비는 138,840원만큼 과다 추정되었다.

13.2.3 a와 b의 해석

예제 13−1에서 계산된 $a = 1.147$와 $b = 0.264$를 어떻게 해석할까? 회귀직선의 기울기와 절편에 관한 간단한 해석은 13.1.2절에 나와 있다. 다음은 a와 b에 관한 해석을 좀 더 자세히 설명한 것이다.

13.2.3.1 a의 해석

가구의 수입이 0인 경우를 생각해 보자. 예제 13−1의 추정된 회귀모형을 사용하여 x가 0일 때 y의 추정값을 구해 보면 아래와 같다.

$$\hat{y} = 1.147 + .264(0) = 1.147 = 114,700\text{원}$$

따라서 수입이 없는 가구의 한 달 식비는 114,700원으로 추정될 수 있다. 여기서 $\hat{y}$이 주어진 x에서의 y의 평균값에 대한 점추정치인 것을 강조하면, 다른 말로 수입이 0인 모든 가구가 평균적으로 식비에 114,700원을 쓴다고 말할 수 있다. 그러므로 표본자료로부터 추정된 회귀모형하에서 $a = 1.147$는 $x = 0$일 때 y의 평균값이나 예측값을 말한다.

그러나 우리는 a를 해석할 때 매우 조심해야 한다. 위의 예제인 일곱 가구에서 수입은 150만 원에서 490만 원까지 변한다. (표 13−1을 보면 최솟값 15부터 최댓값 49까지이다.) 그러므로 우리의 회귀직선은 x의 값이 15에서 49까지만 유효하다. 만약에 이 범위를 벗어난 x값에 대한 y값을 예측하면 맞지 않을 경우가 많다. 따라서 $x = 0$은 표본자료에서 가지는 가구의 수입범위를 벗어나기 때문에 가구의 수입이 없을 때 식비의 예측값 114,700원이라는 것은 신뢰성이 없다. 최댓값 490만 원 이상의 수입에 대한 식비의 예측도 마찬가지이다.

13.2.3.2 b의 해석

회귀모형에서 b의 값은 x(독립변수)의 단위 증가에 따른 y(종속변수)의 변화량이다. 예를 들면 예제 13–1에서 구한 회귀모형을 사용하면 다음과 같다.

$$x = 30 \text{ 일 때, } \hat{y} = 1.147 + 0.264(30) = 9.067$$
$$x = 31 \text{ 일 때, } \hat{y} = 1.147 + 0.264(31) = 9.331$$

따라서 x가 30에서 31로 단위 증가할 때 $\hat{y}$은 9.331 – 9.067=0.264로 b값만큼 증가한다. 측정단위가 10만 원이기 때문에 평균적으로 수입의 10만 원 증가는 식비가 26,400원만큼 오르는 요인이 될 수 있다고 말할 수 있다. 앞의 문장에서 평균적이라는 말이 의미하는 바를 살펴보자. 회귀직선은 주어진 x값에 대한 y의 평균값을 보여 준다. 만약에 한 가구의 수입이 10만 원 증가한다면 그 가구의 식비가 26,400원만큼 증가할 수도 있고 안 할 수도 있다. 그러나 모든 가구들의 수입이 각각 10만 원씩 증가한다면 식비의 증가량의 평균은 26,420원에 거의 가까울 것이다.

b가 양수일 때, x가 증가하면 y도 증가하고 x가 감소하면 y도 감소한다. 즉 x와 y의 움직임이 같은 방향으로 나아간다. 이러한 x와 y 사이의 관계를 **양의 선형관계**(positive linear relationship)라고 한다. 반대의 경우로 b가 음수일 때는, x가 증가하면 y는 감소하고 x가 감소하면 y는 증가한다. 즉 x와 y의 변화는 반대 방향이다. 이러한 x와 y의 관계를 **음의 선형관계**(negative linear relationship)라고 부른다.

13.2.4 회귀모형의 가정

회귀분석은 어떤 가정들을 필요로 한다. 다음의 회귀모형을 생각해 보자.

$$y = \alpha + \beta x + \varepsilon$$

이 모형은 다음에 살펴볼 네 가지 가정들을 포함하고 있다. 이 가정들을 가구들의 식비와 수입의 예제를 이용하여 설명한다.

가정 1 각 x에 대한 랜덤 오차항 ε은 평균이 0이다. 예컨대 같은 수입을 가지는 모든 가구들 사이에 어떤 가구들은 예측된 식비보다 더 많이 지출할 수 있고(이 경우 양의 오차값들을 가진다) 다른 가구들은 예측된 식비보다 더 적게 지출할 수도 있다(이 경우 음의 오차값들을 가진다). 이 가정을 간단히 말하면, 같은 수입을 가지는 모든 가구들의 오차값들의 평균이 0이 되도록 양의 오차값들의 합과 음의 오차값들의 합이 같아야 한다는 것이다. 따라서 ε의 평균값이 0일 경우 x가 주어졌을 때의 y값의 평균은 $\alpha + \beta x$와 같고 아래와 같이 쓴다.

$$\mu_{y|x} = \alpha + \beta x$$

여기서 $\mu_{y|x}$는 주어진 x값에 대한 y의 평균값을 나타낸다.

가정 2 다른 관찰값에 연관되어 있는 오차항은 서로 독립이다. 이 가정에 따르면, 예제에서 어떤 두 가구에 대한 오차항들은 독립이다. 즉 모든 가구들은 식비를 결정하는 데 독립적으로 결정한다.

가정 3 주어진 x값에 대해 오차항들의 분포는 정규분포이다. 예컨대 같은 수입을 가지는 모든 가구들에 대한 식비는 정규분포를 따른다.

가정 4 각 x값에 대한 오차항들의 분포는 같은(일정한) 분산을 가진다. 이를 σ_ε^2으로 표시하자. 이 가정에 의하면 회귀직선 주위에 퍼지는 정도가 모든 x값에 대하여 같다.

회귀모형을 이용한 추론이나 예측이 타당성을 얻으려면 회귀모형의 가정들이 만족되어야 한다. $\hat{y}_i$ 혹은 x_i에 대한 잔차 e_i의 산점도를 이용하여 회귀모형의 가정에 대한 검토를 할 수 있다. 잔차의 산점도에서 점들이 0을 중심으로 특별한 경향을 보이지 않고 랜덤하게 나타나면 가정들이 타당함을 의미한다.

그림 13–3은 예제 13–1에서 주어진 일곱 가구의 수입과 식비 자료에 대한 잔차의 산점도이다. 특별한 경향성이 없으므로 회귀모형의 가정에 문제가 없다고 할 수 있다.

단순선형회귀모형을 적용할 때 주의를 기울여야 한다. 단순선형회귀모형을 사용할 때 두 변수들 간의 관계가 직선으로 표현된다고 가정한다. 실제로는 변수들 간의 관계는 선형이 아닐 수도 있다. 그러므로 단순회귀분석을 사용하기 전에 산점도를 그려 보고 점들의 모양을 관찰해야 한다. 산점도에서 직선의 관계를 보여 줄 때만 변수들 간의 관계를 추정하기 위해 단순선형회귀모형을 사용할 수 있다.

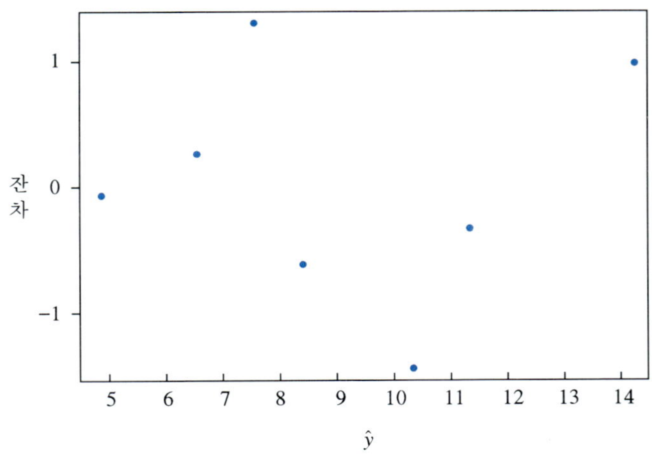

그림 13–3 잔차의 산점도

13.3 오차의 표준편차

수입과 식비의 예에서 같은 수입을 가지는 모든 가구들은 실제로는 식비 지출이 다를 것으로 예상된다. 결과적으로 오차(ε)는 이러한 가구들에서 식비의 차이값으로 가정할 수 있다. 표준편차(σ_ε)는 모회귀선 주위의 이러한 오차들의 퍼진 정도를 측정한다. **오차의 표준편차**(standard deviation of errors)는 오차들이 얼마나 넓게 퍼져 있는지를 말해 준다. 따라서 y의 값이 주어진 x에 대해서 퍼져 있다. 예컨대 $x=20$을 지나는 수직선 위의 점들은 모집단에서 한달 수입이 200만 원인 모든 가구들의 식비를 의미한다. 회귀직선 위의 점과 각 점들의 거리(y축 방향으로 거리)는 대응되는 오차값들이다. 오차의 표준편차(σ_ε)는 모회귀선 주위의 이러한 점들의 퍼진 정도를 측정한다. x의 다른 값인 $x=35$일 때도 마찬가지이다.

σ_ε는 모집단에 대한 오차의 표준편차를 나타낸다. 그러나 일반적으로 σ_ε는 모르는 경우가 많다. 이러한 경우에 표본표준편차(s_e)로 이것을 추정한다. 아래에 (s_e)을 계산하는 간단한 계산방법이 나와 있다.

$$s_e=\sqrt{\frac{\text{SSE}}{n-2}} \quad \text{여기에서 SSE}=\Sigma(y-\hat{y})^2$$

위의 공식에서 $n-2$는 회귀모형의 **자유도**(degrees of freedom)이다. $df=n-2$인 이유는 a와 b를 구하는 데 각각 하나의 자유도를 잃었기 때문이다.

▸▸ 단순선형회귀모형의 자유도

단순선형회귀모형의 자유도는 아래와 같다.

$$df=n-2$$

편의상 오차의 표본표준편차의 계산은 아래의 식과 같이 한다.

▸▸ 오차의 표본표준편차

오차의 표본표준편차는 아래와 같이 계산한다.

$$s_e=\sqrt{\frac{SS_{yy}-bSS_{xy}}{n-2}}$$

여기서 $SS_{yy}=\Sigma y^2-\frac{(\Sigma y)^2}{n}$이다.

아래의 예제 13-2에서는 표 13-1의 자료를 가지고 오차의 표본표준편차를 구하는 방법을 설명한다.

예제 13-2 표 13-1에 주어진 일곱 가구들의 수입과 식비의 자료를 가지고 오차의 표본표준편차를 구하라.

풀이 오차의 표본표준편차 s_e를 계산하기 위해 SS_{xy}, SS_{yy}, 그리고 b값을 알아야 한다. 먼저 예제 13-1에서 SS_{xy}과 b의 값은 계산하였고 그 값들은 아래와 같다.

$$SS_{xy}=211.714,\quad b=0.264.$$

SS_{yy}을 계산하기 위해 먼저 표 13-3에서 보여 준 것처럼 $\sum y^2$을 계산한다.

표 13-3

수입 x	식비 y	y^2
35	9	81
49	15	225
21	7	49
39	11	121
15	5	25
28	8	64
25	9	81
$\sum x=212$	$\sum y=64$	$\sum y^2=646$

따라서 SS_{yy}의 값을 구하면 아래와 같다.

$$SS_{yy}=\sum y^2-\frac{(\sum y)^2}{n}=646-\frac{64^2}{7}=60.857$$

그러므로 오차의 표본표준편차는 다음과 같다.

$$s_e=\sqrt{\frac{SS_{yy}-bSS_{xy}}{n-2}}=\sqrt{\frac{60.857-.264(211.714)}{7-2}}=0.996$$

13.4 결정계수

주어진 자료에 회귀모형을 적합시킬 때 우리는 다음의 의문을 가진다. 회귀모형이 얼마나 적절한가? 즉 회귀모형에서 얼마나 독립변수가 종속변수의 변동을 잘 설명할 수 있는가? **결정계수**(coefficient of determination)는 이러한 질문에 대답할 수 있는 하나의 방법이다.

가구들의 수입은 모르고 식비만 안다고 가정하자. 그러면 이 경우에 어떤 가구에 대한 식비를 예측하기 위해 회귀직선을 사용할 수 없다. 앞 장에서 한 것처럼 회귀모형이 없는 경우에는 모든 가구들의 식비의 예측값으로 $\bar{y}$를 쓸 수 있다. 결론적으로, 각각의 가구에 대한 추정오차 값은 실제 식비값과 평균 식비값의 차이, 편차 $y-\bar{y}$로 주어진다. 만약에 모든 가구들에 대해서 이와 같은 추정편차들을 계산하고 그것들을 제곱하고 모두 더하면 그것은 **총제곱합**(total sum of squares)이 되고 SSTO라고 표기한다. 실제로 SSTO는 SS_{yy}와 같고 아래와 같이 정의한다.

$$\text{SSTO} = SS_{yy} = \Sigma(y-\bar{y})^2$$

그러나 계산의 편리를 위해 SSTO는 아래와 같은 공식을 사용하여 구한다.

▸▸ **총제곱합**

SSTO로 표기하는 총제곱합은 아래와 같다.

$$\text{SSTO} = \Sigma y^2 - \frac{(\Sigma y)^2}{n}$$

이것은 SS_{yy}의 계산공식과 같다.

예제 13–2에서 계산된 SS_{yy}의 값은 60.8571이다. 따라서 SSTO의 값은 다음과 같다.

$$\text{SSTO} = 60.857$$

예제 13–1로부터 $\bar{y} = 9.143$이다.

지금부터 표본자료인 일곱 가구 각각의 식비를 예측하는 데 단순선형회귀모형을 사용한다고 가정하자. 이 경우에는 예제 13–1에서 사용한 아래의 모형을 가지고 각 가구의 식비를 예측한다.

$$\hat{y} = 1.147 + 0.264x$$

$\hat{y}$로 표기되는 일곱 가구들의 식비의 예측값은 표 13–4에 나타나 있다. 또한 잔차들과 잔차의 제곱들도 나와 있다.

추정된 회귀모형에 x값을 대입함으로써 $\hat{y}$값(표 13.4의 3번째 칸에 주어진)을 계산할 수 있다. 예를 들어 첫 번째 가구의 x값은 35이다. 회귀식에 x값을 넣으면 아래와 같이 첫 번째 가구의 추정된 y값을 구할 수 있다.

$$\hat{y} = 1.147 + 0.265(35) = 10.387$$

유사하게 다른 $\hat{y}$의 값들도 찾을 수 있다.

잔차제곱합(residual sum of squares)은 SSE로 나타내며, 표 13–4의 5번째 칸에 주어진 값

표 13-4 예측값, 잔차, 잔차의 제곱

x	y	$\hat{y}=1.147+0.264x$	$e=y-\hat{y}$	$e=(y-\hat{y})^2$
35	9	10.387	−1.387	1.924
49	15	14.083	0.917	0.841
21	7	6.691	0.309	0.095
39	11	11.443	−0.443	0.196
15	5	5.107	−0.107	0.011
28	8	8.539	−0.539	0.291
25	9	7.747	1.253	1.570
				$\Sigma e^2=\Sigma(y-\hat{y})^2=4.928$

들을 더함으로써 구할 수 있다. 따라서

$$SSE=\Sigma(y-\hat{y})^2=4.928$$

앞의 계산으로부터

$$SSTO=60.857 \text{ 그리고 } SSE=4.928$$

이러한 값들은 식비의 예측값으로 $\overline{y}$대신에 $\hat{y}$을 사용하였을 때 잔차제곱합이 60.8571에서 4.928로 감소되었음을 보여 준다. 잔차의 제곱들에서 이러한 감소를 **회귀제곱합**(regression sum of square)라고 하고 SSR로 표기한다. 즉

$$SSR=SSTO-SSE=60.857-4.928=55.929$$

SSR의 값은 아래의 공식으로도 계산할 수 있다.

$$SSR=\Sigma(\hat{y}-\overline{y})^2$$

> **▸▸ 회귀제곱합**
> SSR로 표기되는 회귀제곱합은 아래와 같다.
>
> $$SSR=SSTO-SSE$$

따라서 SSR은 SSTO 중에서 회귀모형에 의해 설명되어지는 부분이고 SSE는 SSTO 중에서 회귀모형으로 설명할 수 없는 부분이다. SSR과 SSE의 합은 항상 SSTO와 같다. 즉

$$SSTO=SSR+SSE$$

SSTO에 대한 SSR의 비를 **결정계수**(coefficient of determination)라고 하고, 이는 r^2으로 표기된다. 결정계수는 SSTO 중에 회귀모형에 의해 설명되어지는 비율을 나타낸다. 따라서 결정계수의 값은 항상 0과 1 사이의 값이다. 결정계수를 구하는 공식은 구체적으로 아래와 같다.

$$r^2 = \frac{\mathrm{SSR}}{\mathrm{SSTO}} = \frac{\mathrm{SSTO} - \mathrm{SSE}}{\mathrm{SSTO}}$$

그러나 계산의 편리를 위해 다음의 공식을 이용하는 것이 유용하다.

▸▸ **결정계수**

결정계수 r^2은 SSTO 중에 회귀모형에 의해 설명되어지는 몫을 나타내며, 계산공식은 아래와 같다.

$$r^2 = \frac{bSS_{xy}}{SS_{yy}}$$

여기서 $0 \le r^2 \le 1$이다.

예제 13-3 표 13-1에 있는 일곱 가구에 대한 수입과 식비의 자료로 결정계수를 구해 보자.

풀이 예제 13-1과 13-2로부터

$$b = 0.264, SS_{xy} = 211.714,\ \text{그리고}\ SS_{yy} = 60.857$$

그러므로

$$r^2 = \frac{bSS_{xy}}{SS_{yy}} = \frac{(0.264)(211.714)}{60.857} = 0.918$$

이다. 따라서 가구들에 대한 식비의 예측값을 $\bar{y}$ 대신에 $\hat{y}$로 사용하였을 때 SSTO는 91.8%(60.857부터 4.928까지)가량 감소된다는 것을 말할 수 있다.

총제곱합(SSTO)은 식비에서의 총변동의 측도이고, 회귀제곱합(SSR)은 총변동에서 회귀모형(또는 수입)에 의해 설명되어지는 몫이다. 그리고 잔차제곱합(SSE)은 총변동에서 회귀모형에 의해 설명되어질 수 없는 몫이다. 그러므로 예제 13-3에서 식비의 전체 변동 중 91.8%는 수입의 변화에 기인한 것이라고 말할 수 있고 나머지 8.2%는 다른 요인과 임의변동에 의한 것이라고 할 수 있다.

일반적으로 r^2 값이 클수록 더 좋은 회귀모형이라고 할 수 있다. 이것은 r^2 값이 클수록 총변동에서 독립변수가 설명하는 부분이 많아지고 다른 변수나 임의변동에 의한 부분들은 줄기 때문이다.

13.5 β에 대한 추론

이 절에서는 회귀선의 기울기 β에 대한 신뢰구간과 가설검정을 다룬다.

13.5.1 b의 표본분포

회귀선을 결정하는 중요한 목적 중 하나는 회귀직선의 기울기인 β의 추정값을 찾는 것이다. 이 경우에 표본자료를 사용하여 회귀직선을 구한다. 즉 표본자료로부터 회귀선에 관한 추론을 한다. 표본자료로 부터 구한 b값은 회귀직선의 기울기 β에 관한 점추정 값이다. 한 개의 표본만을 생각하고, 그 표본을 사용하여 회귀직선을 추정한다면 b의 값은 그 표본에만 의존하게 된다. 여기서 표본을 달리하면 b값이 달라질 것이다. 따라서 b는 확률변수이고 표본분포라고 불리우는 확률분포를 가지게 된다. b의 평균, 표준오차, 그리고 확률분포의 모양은 다음과 같다.

▸▸ b의 평균, 표준오차, 그리고 표본분포

오차들이 정규분포를 따른다는 가정 하에서 b의 표본분포는 정규분포이다. 각각 μ_b와 σ_b로 표기하는 b의 평균과 표준오차는 아래와 같다.

$$\mu_b = \beta \text{ 그리고 } \sigma_b = \frac{\sigma_\varepsilon}{\sqrt{SS_{xx}}}$$

그러나 실제로 σ_ε의 값을 모르기 때문에 σ_ε의 추정값인 s_e로 대신한다. σ_ε의 값을 모르는 경우에 s_e에 의해 추정되어지는 b의 추정된 표준오차는 아래와 같다.

$$s_b = \frac{s_e}{\sqrt{SS_{xx}}}$$

σ_ε의 값을 모르는 경우라도 표본크기가 큰($n \geq 30$) 경우에는 β에 관한 추론을 하는 데 정규분포를 사용한다. 그러나 σ_ε의 값을 모르고 표본크기가 작은($n < 30$) 경우에는 β에 관한 추론을 하는데 t분포를 사용한다.

13.5.2 β의 추정

표본자료로 부터 구해지는 b의 값은 회귀직선의 기울기 β의 추정값이다. 13.5.1에서 언급한 바와 같이 σ_ε의 값을 모르고 표본크기가 작은 경우에는 β의 신뢰구간을 구하는 데 t분포를 사용한다.

▸▸ β의 $(1-\sigma)100\%$ 신뢰구간

β의 $(1-\sigma)100\%$ 신뢰구간은 아래와 같다.

$$b \pm t_{\alpha/2}(n-2)\,s_b$$

여기서 $s_b = \dfrac{s_e}{\sqrt{SS_{xx}}}$ 이다.

예제 13-4 표 13-1의 수입과 식비의 자료를 사용하여 β의 신뢰구간을 구하여라.

풀이 주어진 정보와 예제 13-1과 13-2에서 주어진 계산값을 사용하면

$$n=7,\ \ b=0.264,\ SS_{xx}=801.429,\ \text{그리고}\ s_e=0.992$$

여기서 신뢰수준은 95%이다. 따라서

$$s_b = \frac{s_e}{\sqrt{SS_{xx}}} = \frac{0.996}{\sqrt{801.429}} = 0.035$$

$$df = n-2 = 7-2 = 5,$$

$\alpha/2 = 0.5-(0.95/2) = 0.025$ 이므로 $t_{0.025}(5) = 2.571$이다.

그러므로 β의 95% 신뢰구간은 아래와 같다.

$$b \pm t_{0.025}(5)\,s_b = 0.264 \pm 2.571\,(0.035) = 0.264 \pm 0.090 = (0.174,\ 0.354)$$

따라서 회귀선의 기울기 β의 95% 신뢰구간은 0.174에서 0.354까지이다.

13.5.3 β의 가설검정

귀무가설이 $\beta=0$일 때 β에 대한 가설검정은 주어진 x에 대한 y값을 예측하는 데 회귀직선이 쓸모없다는 것을 검정하는 것과 같은 말이다. 여기서 우리는 x와 y 간의 선형관계를 검정한다는 점을 유의해야 한다.

x와 y 간에 선형관계가 없다는 가설을 검정하기 위해서는 회귀직선의 기울기가 0, 즉 $\beta=0$인 귀무가설을 고려한다. 이때 대립가설은 아래의 세 가지 중 하나가 될 수 있다. (1) $\beta \neq 0$, 즉 x와 y 간에 선형관계가 있다. (2) $\beta > 0$, 즉 x와 y 간에 양의 선형관계가 있다. (3) $\beta < 0$, 즉 x와 y 간에 음의 선형관계가 있다.

β에 관해 가설검정을 수행하는 과정은 앞 절에서와 유사하다.

▸▸ b를 이용한 검정통계량

b를 이용한 검정통계량 t는 아래와 같이 계산된다.

$$t = \frac{b - \beta}{s_b}$$

여기서 β의 값은 귀무가설에서 주어진 값이다.

예제 13-5 일곱 가구의 수입과 지출에 대한 예제에서 회귀직선의 기울기가 양수라는 것을 유의수준 1%에서 검정하라.

풀이 이미 주어진 정보들과 예제 13-1과 13-4의 내용을 사용하면 아래와 같다.

$$n = 7,\ \ b = 0.264,\ \ \text{그리고}\ s_b = 0.035$$

단계 1 가설을 설정한다.

$$H_0 : \beta = 0\ \text{(기울기가 0이다)}$$
$$H_1 : \beta > 0\ \text{(기울기가 양수이다)}$$

여기서 귀무가설에 $\beta \le 0$(기울기가 양수가 아니다)로 대신할 수도 있다.

단계 2 검정통계량을 찾는다.

표본크기가 작고($n < 30$) σ_ε을 모르기 때문에 검정통계량은 자유도 $n-1$인 t분포를 따르는

$$t = \frac{b - 0}{s_b}$$

이다.

단계 3 기각역을 구한다.

$$t \ge t_{0.01}(5) = 3.365$$

단계 4 검정통계량의 값을 구한다.

$$t = \frac{b - 0}{s_b} = \frac{0.264 - 0}{0.035} = 7.543$$

검정통계량의 값은 다음과 같이 계산된다.

단계 5 결정을 한다.

$t = 7.543 > t_{0.01}(5) = 3.365$이므로 유의수준 1%에서 귀무가설을 기각한다. 따

라서 유의수준 1%에서 x(수입)와 y(식비) 간에는 양의 선형관계가 존재한다고 결론을 내린다. 즉 수입이 증가하면 식비도 증가하며 수입이 감소하면 식비도 감소한다.

13.6 선형관계

두 변수들 간의 선형관계를 측정하는 다른 하나는 **상관계수**(correlation coefficient)이다. 이 절에서는 두 변수들 간의 선형관계가 얼마나 강한가를 측정하는 상관계수에 관해 설명한다. 즉 상관계수는 산점도에서 회귀직선 주위에 점들이 얼마나 가까이 퍼져 있는가를 측정한다. 모집단으로부터 구한 상관계수는 ρ(그리스 문자 rho)로 표기하고 표본으로부터 구한 상관계수는 r로 표기한다. 상관계수를 제곱하면 결정계수의 값과 같다.

▸▸ 상관계수의 값

상관계수는 항상 −1에서 1 사이이다. 즉

$$-1 \le \rho \le 1 \quad \text{그리고} \quad -1 \le r \le 1$$

만약 $r = 1$이면 두 변수가 완벽한 양의 선형관계를 가진다는 것을 말한다. 이 경우 산점도 내의 모든 점들은 기울기가 양인 직선 위에 존재한다. 만약 $r = -1$이면 두 변수가 완벽한 음의 선형관계를 가진다는 것을 말한다. 이 경우는 산점도 내의 모든 점들은 기울기가 음인 직선 위에 존재하게 된다. 만약 산점도 내의 모든 점들이 골고루 퍼져 있으면 두 변수들 간의 어떤 선형관계도 없으며 결과적으로 r은 0에 가깝게 된다.

일반적으로 완벽한 선형관계를 가지는 예들은 거의 없다. 실제 문제에서 우리가 관측하기를 원하는 것은 양의 선형관계가 존재하느냐 음의 선형관계가 존재하느냐이다.

만약 두 변수의 상관관계가 양수이고 1에 가깝다면 두 변수 사이에 강한 양의 선형관계가 있다고 말한다. 만약 두 변수의 상관관계가 양수이고 0에 가깝다면 두 변수 사이에 약한 양의 선형관계가 존재한다고 말한다. 반대로, 만약 두 변수의 상관관계가 음수이고 −1에 가깝다면 두 변수 사이에 강한 음의 선형관계가 있다고 말한다. 또한 만약에 두 변수의 상관관계가 음수이고 0에 가깝다면 두 변수 사이에 약한 음의 선형관계가 있다고 말한다. 산점도로 보면 강한 상관관계는 점들이 회귀직선의 주위에 매우 가깝게 찍혀 있고 약한 상관관계는 점들이 회귀직선에서 넓게 퍼져서 찍혀 있다. 그러나 주의할 점은 상관계수는 두 변수 간 선형성의 정도를 측정하는 측도일 뿐 그림 13.4 (d)와 같은 선형이 아닌 관계는 파악하지 못한다.

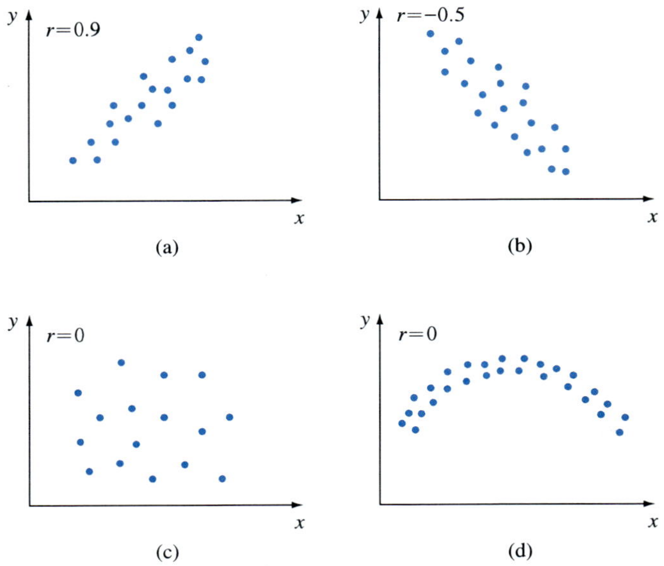

그림 13-4 변수들 간의 선형관계

상관계수는 아래의 공식을 사용하여 계산된다. (이러한 상관계수를 **피어슨 승적률 상관계수** (Pearson product moment correlation coefficient)라고도 한다.)

> ▸▸ **상관계수**
>
> r로 표기하는 상관계수는 표본에 대한 두 변수들 간의 선형관계의 정도를 측정하고 아래와 같이 계산된다.
>
> $$r = \frac{SS_{xy}}{\sqrt{SS_{xx}SS_{yy}}}$$

SS_{xx}와 SS_{yy}는 항상 양수이므로 SS_{xy}의 부호에 의해 r의 부호가 결정된다. 만약에 SS_{xy}가 양수이면 r도 양수이고 SS_{xy}가 음수이면 r도 음수가 된다. 기억해야 될 중요한 다른 하나는 같은 표본에서 계산된 r과 b의 값은 항상 같은 부호를 가진다는 것이다. 이것은 r과 b가 x와 y의 관계에 대해서 같은 정보를 제공하기 때문이다. 마찬가지로 ρ와 β는 항상 같은 부호를 가진다.

예제 13-6 일곱 가구들의 수입과 식비의 예제를 가지고 상관계수를 구하라.

풀이 예제 13-1과 13-2의 계산으로부터 아래의 값들을 구할 수 있다.

$$SS_{xy} = 211.714, \quad SS_{xx} = 801.429, \quad \text{그리고} \quad SS_{yy} = 60.857$$

위의 값들을 r에 대한 공식에 대입하면 아래와 같다.

$$r = \frac{SS_{xy}}{\sqrt{SS_{xx} SS_{yy}}} = \frac{211.714}{\sqrt{(801.429)(60.857)}} = 0.959$$

따라서 상관계수는 0.959이다.

상관계수는 두 변수들이 얼마나 강하게 선형관계가 있는지를 간단하게 말해 준다. 예제 13–6에서 수입과 식비의 상관계수가 0.959라는 것은 수입과 식비가 매우 강하게 양의 선형관계로 연관되어 있음을 나타낸다. 그러나 이 상관계수는 선형관계 이외에 더 많은 정보는 제공하지 않는다.

13.4절에서 설명한 것처럼 상관계수의 제곱은 결정계수가 된다. 따라서 $(0.959)^2$은 0.920이고 이것은 예제 13–3에서 계산한 r^2의 값이 된다.

때때로 실제로는 그렇지 않은데 계산된 r값이 강한 선형관계를 보여 주는 경우도 있다. 예를 들면 지난 30년간 코카콜라의 값과 가족의 크기라는 자료를 가지고 상관계수를 구해 보면 강한 음의 상관관계가 있음을 볼 수 있다. 즉 시간에 따라 코카콜라의 가격은 증가하고 가족의 크기는 줄어들었다. 이것이 코카콜라의 가격과 가족의 크기 사이에 연관이 있다는 것은 아니다. 그러므로 상관계수를 계산하기 전에 두 변수들 사이에 인과 관계가 있는지 없는지는 상식이나 이론으로부터 도움을 받아야만 한다.

또한 단순선형회귀분석을 하는 데 있어서 독립변수와 종속변수를 구별해야 하지만 상관계수에는 이러한 구별이 존재하지 않는 것을 주의해야 한다.

13.7 회귀분석: 예제

이 절에서는 이 장에서 지금까지 설명하였던 모든 내용을 포함한 실제 문제를 풀어본다.

예제 13–7 유사한 보험에 든 여덟 명의 운전자가 임의로 선택되었다. 아래의 표는 그들의 운전경험(단위: 년)과 매월 자동차 보험료(단위: 달러)이다.

(1) 보험료가 운전경력에 의존하는가? 또는 운전경력이 보험료에 의존하는가? 두 변수 사이에 양 또는 음의 상관관계를 기대할 수 있는가?

(2) SS_{xx}, SS_{yy}, 그리고 SS_{xy}를 계산하라.

운전경력 (단위: 년)	매월 자동차 보험료 (단위: 달러)
5	64
2	87
12	50
9	71
15	44
6	56
25	42
16	60

(3) (1)에서 대답한 답을 기초로 적당한 독립변수과 종속변수를 사용하여 최소제곱회귀직선을 구하라.

(4) (3)에서 계산된 a와 b의 의미를 해석해라.

(5) 회귀직선과 산점도를 그려라.

(6) r과 r^2의 값을 구하고 그 의미를 설명하라.

(7) 운전경력이 10년인 운전자의 매월 자동차 보험료를 예측하라.

(8) 오차의 표본표준편차를 계산하라.

(9) β에 대한 90% 신뢰구간을 구하라.

(10) 유의수준 5%에서 β가 음수라는 가설을 검정하라.

풀이 (1) 이론이나 직감으로 보험료가 운전경력에 의존한다는 것을 알 수 있다. 결과적으로 보험료는 종속변수이고 운전경력은 독립변수가 된다. 보험회사에서는 초보자일수록 사고를 낼 위험이 많다고 생각해서 그들에게 더 높은 보험료를 받는다. 대체로 운전경력이 늘수록 보험료는 줄어든다. 그러므로 두 변수들 사이에는 음의 상관관계를 생각할 수 있다. 즉 모상관계수 ρ와 회귀선의 기울기 β는 음수이다.

(2) 표 13.5의 계산표는 $\sum x$, $\sum y$, $\sum xy$, 그리고 $\sum y^2$의 값을 나타낸다.

표 13-5 계산표

운전경력 x	보험료 y	xy	x^2	y^2
5	64	320	25	4096
2	87	174	4	7569
12	50	600	144	2500
9	71	639	81	5041
15	44	660	225	1936
6	56	336	36	3136
25	42	1050	625	1764
16	60	960	256	3600
$\sum x=90$	$\sum y=474$	$\sum xy=4739$	$\sum x^2=1396$	$\sum y^2=29642$

$\bar{x}$와 $\bar{y}$의 값은 각각 아래와 같다.

$$\bar{x}=\sum x/n=90/8=11.25$$
$$\bar{y}=\sum y/n=474/8=59.25$$

SS_{xx}, SS_{yy}, 그리고 SS_{xy}의 값은 아래와 같이 계산된다.

$$SS_{xy} = \sum xy - \frac{(\sum x)(\sum y)}{n} = 4739 - \frac{(90)(474)}{8} = -593.500$$

$$SS_{xx} = \sum x^2 - \frac{(\sum x)^2}{n} = 1396 - \frac{(90)^2}{8} = 383.500$$

$$SS_{yy} = \sum y^2 - \frac{(\sum y)^2}{n} = 29,642 - \frac{(474)^2}{8} = 1557.500$$

(3) 추정된 회귀직선을 찾기 위해 a와 b를 계산하면 아래와 같다.

$$b = \frac{SS_{xy}}{SS_{xx}} = \frac{-593.500}{383.500} = -1.548$$
$$a = \bar{y} - b\bar{x} = 59.25 - (-1.548)(11.25) = 76.665$$

따라서 $\hat{y} = a + bx$의 추정된 회귀직선은 아래와 같다.

$\hat{y} = 76.665 - 1.548x$

(4) $a = 76.665$는 $x = 0$일 때의 $\hat{y}$ 값을 나타낸다. 그것은 운전경력이 없는 사람에 대한 보험료의 예상값이다. 하지만 이것을 실제로 적용시키기는 어렵다. 왜냐하면 표본에서의 운전경력이 모두 2년 이상이기 때문이다.

b의 값은 x의 단위 변동에 따르는 $\hat{y}$의 변동량이다. 따라서 $b = -1.548$이 가리키는 것은 운전경력을 1년씩 쌓을 때마다 월 보험료는 1.548달러씩 감소한다는 의미이다.

(5) 그림 13-5는 여덟 명의 운전자의 자료를 가지고 산점도와 회귀직선을 그린 것이다. 회귀직선의 기울기가 왼쪽에서 오른쪽으로 감소한다. 이러한 결과는 우리가 예상한 운전경력과 보험료에 대한 관계와 같다.

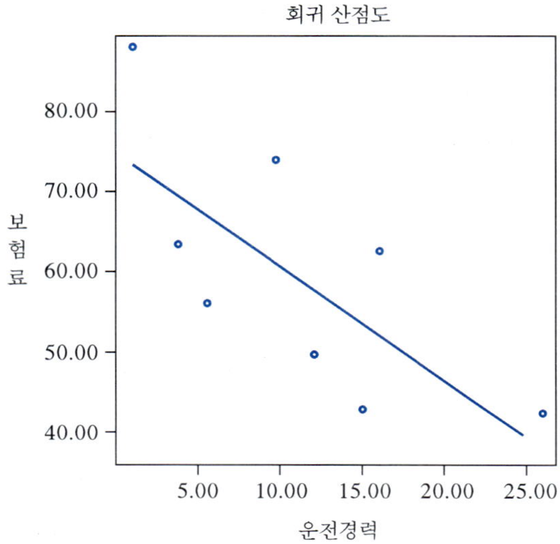

그림 13-5 보험 자료에 대한 산점도와 회귀직선

(6) r과 r^2의 값을 구하면 아래와 같다.

$$r = \frac{SS_{xy}}{\sqrt{SS_{xx}SS_{yy}}} = \frac{-593.500}{\sqrt{(383.500)(1557.500)}} = -0.768$$

$$r^2 = \frac{bSS_{xy}}{SS_{yy}} = \frac{(-1.548)(-593.500)}{1557.500} = 0.590$$

$r = -0.768$의 값은 운전경력과 보험료는 음의 상관관계가 있다는 것을 보여준다. 선형관계는 대체로 강한 편이다.

$r^2 = 0.59$는 보험료의 총변동 중에 59%만 운전경력에 설명되고 나머지 41%는 아니다라는 말이다. r^2의 낮은 값은 보험료를 결정하는 많은 다른 중요한 요인이 있을 수도 있다는 뜻이다. 예를 들어 중요한 요인으로 차의 연식이나 운전자의 나이 등이 있다.

(7) 추정된 회귀선을 사용하여 $x = 10$에 대한 y의 예측값을 구하면

$$\hat{y} = 76.665 - 1.548x = 76.665 - 1.548(10) = 61.185$$

이다. 따라서 10년 운전한 사람의 매월 보험료는 61.185달러로 기대될 수 있다.

(8) 오차의 표본표준편차는

$$\begin{aligned} s_e &= \sqrt{\frac{SS_{yy} - bSS_{xy}}{n-2}} \\ &= \sqrt{\frac{1557.500 - (-1.548)(-593.500)}{8-2}} \\ &= 10.318 \end{aligned}$$

이다.

(9) β에 대한 90% 신뢰구간을 구하기 위해서 먼저 b의 추정된 표준오차를 구한다.

$$s_b = \frac{s_e}{\sqrt{SS_{xx}}} = \frac{10.318}{\sqrt{383.500}} = 0.527$$

$\alpha/2 = 0.10/2 = 0.05$, $df = n - 2 = 8 - 2 = 6$ 이므로 $t_{0.05}(6) = 1.943$이다.

따라서 β에 대한 90% 신뢰구간은

$$\begin{aligned} b \pm ts_b &= -1.548 \pm 1.943(0.527) \\ &= -1.548 \pm 1.0240 = (-2.571, -0.524) \end{aligned}$$

이다. 그러므로 β가 -2.571에서 -0.524 사이에 있음을 90% 믿을 수 있다. 즉 대부분의 경우에 운전경력이 1년 증가함에 따라 보험료는 매월 0.524달러에서 2.571달러만큼 감소한다.

(10) β에 대한 가설검정을 실행한다.

단계 1 가설을 설정한다.

귀무가설과 대립가설은 다음과 같다.

$$H_0: \beta = 0 \quad (\beta\text{는 0이다})$$
$$H_1: \beta < 0 \quad (\beta\text{는 음수이다})$$

단계 2 검정통계량을 찾는다.

표본크기가 작고($n < 30$) σ_ε을 모르기 때문에 검정통계량은 자유도 $n-1$인 t분포를 따르는

$$t = \frac{b - 0}{s_b}$$

이다.

단계 3 기각역을 구한다.

$$t \le -t_{0.05}(6) = -1.943$$

단계 4 검정통계량의 값을 계산한다.

검정통계량의 값은

$$t = \frac{b - \beta}{s_b} = \frac{-1.548 - 0}{0.5270} = -2.937$$

이다.

단계 5 결정을 한다.

$t = -2.937 < -t_{0.05}(6) = -1.943$이므로 유의수준 5%에서 귀무가설을 기각한다. 즉 유의수준 5%에서 β가 음수라고 결론을 내린다. 이것은 운전경력이 늘수록 보험료는 낮아진다는 것을 의미한다.

13.8 회귀모형의 사용

회귀모형을 사용하는 주된 두 가지 목적을 수입과 식비의 예제를 사용하여 설명하면 다음과 같다.

1. 주어진 x값에 대한 y의 평균값을 추정한다. 예를 들어 특정한 수입을 가지는 모든 가구들의 식비의 평균을 추정하는 데 회귀모형을 사용할 수 있다.
2. 주어진 x값에 대한 특정한 y의 값을 예측한다. 예를 들면 임의로 뽑혀진 가구가 특정한 수입을 가지면 그 가구의 식비를 예측하는 데 회귀모형을 사용할 수 있다.

13.8.1 y의 평균값을 추정하기 위한 회귀모형의 사용

다음과 같은 회귀모형을 생각하자.

$$y = \alpha + \beta x + \varepsilon$$

앞에서 언급한 바와 같이 주어진 x에 대한 y의 평균값을 $\mu_{y|x}$로 표기하고 "x에 대한 y의 평균" 이라고 읽는다. 가정에 의하여 ε의 평균값은 0이기 때문에 y의 평균값은 아래와 같다.

$$\mu_{y|x} = \alpha + \beta x$$

추정된 회귀직선에서 x를 대입함으로 얻어지는 $\hat{y}$의 값은 $\mu_{y|x}$의 점추정치이다. 수입과 식비의 예제에서 추정된 회귀직선은 아래와 같다.

$$\hat{y} = 1.147 + 0.264x$$

수입이 350만 원인 가구의 평균 식비를 추정하고 싶다면 이것은 $\mu_{y|x=35}$ 또는 $\mu_{y|35}$로 표기된다. 추정된 회귀직선을 사용하여 $\mu_{y|35}$의 점추정치를 구하면 다음과 같다.

$$\hat{y} = 1.147 + 0.264(35) = 10.387$$

따라서 회귀모형을 사용한 $\mu_{y|35}$의 점추정치는 103.87만 원이다.

그러나 같은 모집단에서 두 번째의 다른 일곱 개의 가구들을 가져온다면 두 번째 자료로부터의 추정된 회귀직선을 사용한 $\mu_{y|x}$의 점추정치는 다를 것이다. 그림 13-18에서처럼 같은 모집단에서 크기가 같은 모든 가능한 표본들을 사용하여 추정된 회귀직선은 다를 것이고, 따라서 $\mu_{y|x}$의 점추정치도 다를 것이다. 그러므로 한 개의 표본으로 $\mu_{y|x}$을 추정하는 데 있어서 점추정치보다는 $\mu_{y|x}$의 신뢰구간을 좀 더 믿을 수 있다. $\mu_{y|x}$의 신뢰구간을 구하기 위해서 점추정량 $\hat{y}$의 평균과 표준오차, 표본분포를 알아보자.

$\mu_{y|x}$의 점추정량 $\hat{y}$은 정규분포를 따르고, 이때 평균은 $\alpha + \beta x$이며 표준오차는 아래와 같다.

$$\sigma_{\hat{y}_m} = \sigma_\varepsilon \sqrt{\frac{1}{n} + \frac{(x_0 - \bar{x})^2}{SS_{xx}}}$$

여기서 $\sigma_{\hat{y}_m}$는 $\hat{y}$의 표준오차이고, x_0는 $\mu_{y|x}$을 추정하는 데 쓰는 x값이며, σ_ε은 오차 ε의 표준편차이다.

그러나 일반적으로 σ_ε의 값은 모르기 때문에 표본표준편차 s_e를 사용한다. 그러므로 $\hat{y}$의 추정된 표준오차는 $s_{\hat{y}_m}$으로 나타내고

$$s_{\hat{y}_m} = s_e \sqrt{\frac{1}{n} + \frac{(x_0 - \bar{x})^2}{SS_{xx}}}$$

이다.

$\mu_{y|x}$의 신뢰구간을 구하기 위해서 표본크기가 큰($n \geq 30$) 경우에는 정규분포를 사용하고 표본크기가 작은($n < 30$) 경우에는 t분포를 사용한다.

▸▸ $\mu_{y|x}$의 $(1-\alpha)100\%$ 신뢰구간

$x = x_0$에 대한 $\mu_{y|x}$의 $(1-\alpha)100\%$ 신뢰구간은 다음과 같다.

$$\hat{y} \pm t_{\alpha/2}(n-2)\, s_{\hat{y}_m}$$

여기서,

$$s_{\hat{y}_m} = s_e \sqrt{\frac{1}{n} + \frac{(x_0 - \bar{x})^2}{SS_{xx}}}$$

예제 13-8 예제 13-1의 수입과 식비의 자료를 가지고 수입이 350만 원인 가구의 평균 식비의 99% 신뢰구간을 찾아라.

풀이 예제 13-1의 추정된 회귀직선을 사용하여 $x = 35$일 때의 점추정값을 구하면

$$\hat{y} = 1.147 + 0.264(35) = 10.387$$

이다.

$\alpha/2 = 0.01/2 = 0.005$, $df = n - 2 = 7 - 2 = 5$이므로 $t_{0.005}(5) = 14.032$이다.

예제 13-1과 13-2로부터

$$s_e = 0.996,\ \bar{x} = 30.286, \text{그리고}\ SS_{xx} = 801.429$$

이므로 $x = 35$에 대한 $\mu_{y|x}$의 추정값 $\hat{y}$의 추정된 표준오차는

$$s_{\hat{y}_m} = s_e \sqrt{\frac{1}{n} + \frac{(x_0 - \bar{x})^2}{SS_{xx}}}$$

$$= (0.996)\sqrt{\frac{1}{7} + \frac{(35 - 30.286)^2}{801.429}} = 0.411$$

이다. 그러므로 $\mu_{y|35}$의 99% 신뢰구간을 구하면

$$\hat{y} \pm t_{0.005}(5)\, s_{\hat{y}_m} = 10.387 \pm 4.032(0.411)$$

$$= 10.387 \pm 1.657 = (8.730,\ 12.044)$$

이다. 따라서 수입이 350만 원인 가구들의 평균식비에 대한 99% 신뢰구간은 87.36만 원에서 120.44만 원 사이에 있음을 알 수 있다.

13.8.2 회귀모형을 사용한 실제 y값의 예측

회귀모형의 두 번째 사용은 주어진 x값에 대한 실제 y값을 예측하는 것이다. 예를 들어 임의로 수입이 350만 원인 가구를 선택하였을 때 그 가구의 식비를 예측하고 싶다. 이 경우에 평균식비에 관심이 있는 것이 아니라 한 가구의 식비에 관심이 있다. 이러한 y에 대한 예측값은 y_p로 표기된다. 추정된 회귀직선을 사용하여 $x = x_0$에 대한 y_p의 값을 구하기 위하여 다시 $\hat{y}$을 y_p의 예측치로 사용한다. 추정된 회귀직선을 사용하여 $x = 35$에 대한 y_p의 예측치를 구하면 다음과 같다.

$$\hat{y} = 1.147 + 0.264(35) = 10.387$$

따라서 회귀모형을 사용한 y_p의 예측값은 103.87만 원이다. 이것은 $\mu_{y|x}$의 점추정값과 같다.

같은 모집단에서 자료가 일곱 개인 다른 표본들의 추정된 회귀직선은 다를 것이고, 따라서 $x = 35$에 대한 y_p의 예측치는 다를 것이다. 그러므로 한 개의 표본으로 y_p을 예측하는 데 있어서 예측치보다 y_p의 신뢰구간을 좀 더 믿을 수 있다. y_p의 신뢰구간을 좀 더 일반적으로 **예측구간**(prediction interval)이라고 부른다.

y_p의 예측구간을 구하는 과정은 $\mu_{y|x}$의 신뢰구간을 구하는 과정에서 조금 더 큰 $\hat{y}$의 표준오차를 사용하는 것을 제외하고는 같다.

y_p의 예측량 $\hat{y}$는 정규분포를 따르고, 이때 평균은 $\alpha + \beta x$이고 표준편차는 $\sigma_{\hat{y}_p}$는 아래와 같다.

$$\sigma_{\hat{y}_p} = \sigma_\varepsilon \sqrt{1 + \frac{1}{n} + \frac{(x_0 - \bar{x})^2}{SS_{xx}}}$$

여기서 $\sigma_{\hat{y}_p}$은 y_p를 예측하기 위한 $\hat{y}$의 표준오차이고, x_0는 y_p를 예측하는 데 쓰는 x값이며, σ_ε은 오차 ε의 표준편차이다.

그러나 일반적으로 σ_ε의 값은 모르기 때문에 표본표준편차 s_e를 사용한다. 따라서 y_p를 예측하기 위한 $\hat{y}$의 추정된 표준오차는 $s_{\hat{y}_p}$으로 나타내고

$$s_{\hat{y}_p} = s_e \sqrt{1 + \frac{1}{n} + \frac{(x_0 - \bar{x})^2}{SS_{xx}}}$$

이다.

y_p의 예측구간을 구하기 위해서 표본크기가 큰($n \geq 30$) 경우에는 정규분포를 사용하고 표본크기가 작은($n < 30$) 경우에는 t분포를 사용한다.

▸▸ **y_p의 예측구간**

$x = x_0$에 대한 y_p의 $(1-\alpha)100\%$ 예측구간은 아래와 같다.

$$\hat{y} \pm t_{\alpha/2}(n-2)\, s_{\hat{y}_p}$$

여기서

$$s_{\hat{y}_p} = s_e\sqrt{1 + \frac{1}{n} + \frac{(x_0 - \bar{x})^2}{SS_{xx}}}$$

예제 13-9 예제 13-1의 수입과 식비의 자료를 가지고 수입이 350만 원인 가구에 대한 식비의 99% 예측구간을 찾아라.

풀이 예제 13-1의 추정된 회귀직선을 사용하여 $x = 35$일 때의 예측치를 구하면

$$\hat{y} = 1.147 + 0.264(35) = 10.387$$

이다.

$\alpha/2 = 0.01/2 = 0.005$, $df = n - 2 = 7 - 2 = 5$이므로 $t_{0.005}(5) = 14.032$이다.

예제 13-1과 13-2로부터

$$s_e = 0.996, \bar{x} = 30.286, \text{그리고 } SS_{xx} = 801.429$$

이므로 $x = 35$에 대한 y_p를 예측하기 위한 $\hat{y}$의 추정된 표준오차는

$$\begin{aligned} s_{\hat{y}_p} &= s_e\sqrt{1 + \frac{1}{n} + \frac{(x_0 - \bar{x})^2}{SS_{xx}}} \\ &= (0.996)\sqrt{1 + \frac{1}{7} + \frac{(35 - 30.286)^2}{801.429}} = 1.078 \end{aligned}$$

이다. 그러므로 $x = 35$에 대한 y_p의 99% 예측구간은

$$\begin{aligned} \hat{y} \pm t_{0.005}(5)\, s_{\hat{y}_p} &= 10.387 \pm 4.032(1.078) \\ &= 10.387 \pm 4.346 = (6.041,\ 14.733) \end{aligned}$$

이다. 따라서 수입이 350만 원인 가구들에 대한 식비는 99%의 신뢰계수로 60.041만 원에서 147.33만 원 사이에 있다고 예측할 수 있다.

예제 13-8의 신뢰구간과 13-9의 예측구간을 비교해 보면 13-9의 예측구간이 더 넓다. 왜냐하면 어떤 x에 대한 y의 평균식비보다 y의 한 개 값에 대한 신뢰구간이 항상 넓기 때문이다.

13.9 회귀모형 사용 시 주의점

회귀모형은 어떤 변수에 대한 다른 변수의 예측과 추정에 매우 유용한 기법이다. 그러나 잘못된 결과나 예측이 나올 수 있기 때문에 회귀모형을 사용하는 데 매우 주의를 기울일 필요가 있다. 다음은 회귀모형을 사용하는 데 가장 주의해야 할 두 가지 점이다.

표본자료에 의해 추정된 회귀선은 표본자료에서 관찰된 x값의 범위에서만 유용하다. 예를 들어 수입과 식비의 예제에서 x값은 최소 15로부터 최대 49까지 변한다. 그러므로 추정된 회귀직선은 15에서 49까지의 x값에서만 사용되어질 수 있다. 즉 평균식비나 식비를 추정함에 있어서 수입이 150만 원에서 490만 원인 경우에만 회귀직선을 사용할 수 있다는 것이다. 만약에 x의 범위 이외의 값에서 y를 추정 또는 예측하려고 하면 이것을 **외삽법**(extrapolation)이라고 한다. 이것은 범위 이외에서는 회귀직선을 절대 사용할 수 없다는 것은 아니다. 다만 이러한 경우는 적용하는 데 있어서 다른 점을 고려해서 매우 주의를 기울여야만 한다는 것이다.

마찬가지로, 회귀모형에 사용된 자료가 시계열 자료이면 범위 밖의 시간에 대한 y값의 예측은 매우 주의를 기울여야 한다. 외삽법이 사용되어질 때 x의 모든 값에 대하여 두 변수의 관계가 같은 선형관계를 가진다는 가정이 있어야 한다.

회귀직선이 두 변수들 사이의 **인과성**(causality)을 증명하는 것은 아니다. 즉 y의 변화가 x의 변화에 기인한다는 것은 아니다. 인과성에 관한 정보는 이론이나 상식에서 구한다. 회귀직선은 단지 두 변수 사이에 유의할 만한 관계가 있는지 없는지를 나타낸다. 유의한 관계가 의미하는 것은 주어진 유의수준에서 귀무가설($H_0: \beta = 0$)이 기각된다는 것이다. 추정된 회귀직선은 x의 한 단위 변화에 따른 y의 변화만을 제공한다. 여기에서 x의 변화는 y의 변화에 대한 원인이 아니다. 수입과 식비의 예제에서 회귀직선이 아닌 경제 이론과 일반상식 때문에 식비가 수입에 의존한다고 말할 수 있다. 회귀분석은 단순히 의존하는 정도가 의미가 있는지 없는지에 대해 도움을 준다.

13.10 중회귀분석

회귀분석의 실제 응용에 있어서는 독립변수가 한 개인 단순회귀보다는 독립변수가 두 개 이상 포함된 회귀모형이 더욱 빈번하게 사용된다. 왜냐하면 종속변수가 단 한 개의 독립변수만으로 충분하게 설명되는 경우는 드물고, 대부분의 경우 종속변수는 여러 개의 독립변수들과 관계를 갖고 있기 때문이다. 예를 들어 사용된 비료량에 따라 옥수수의 수확량이 영향을 받겠는가 하는 단순회귀모형을 생각하는 것보다 옥수수의 수확량은 사용된 비료의 양에 의해 많은 영향을 받지만 그 외에 토질이나 강우량 등에 의해서도 상당히 영향을 받을 것이라고 예상할 수 있다. 따라서 사용된 비료량뿐만 아니라 토질을 나타내는 지수와 옥수수 성장기의 강우량을 모두 독립변수로 사용하면 옥수수의 수확량을 더욱 잘 예측할 수 있을 것이다. 이와 같이 하나의 종속변수와 여러 개의 독립변수들 사이의 관계를 규명하고자 할 때 사용되는 통계적 방법이 **중회귀분석**(multiple regression analysis)이다.

▸▸ 중선형회귀모형

종속변수 y와 주어진 p개의 독립변수 $x_1, \cdots, x_p$가 다음과 같은 관계를 가진다고 가정할 때 종속변수 y와 독립변수 $x_1, \cdots, x_p$의 회귀모형을 **중선형회귀모형**(multiple linear regression model)이라고 한다.

$$y_i = \alpha + \beta_1 x_{1i} + \beta_2 x_{2i} + \cdots + \beta_p x_{p_i} + \varepsilon_i, \quad i = 1, \cdots, n$$

여기서

y_i : i번째 관측된 종속변수 y의 값

x_{ki} : i번째 주어진 독립변수 x_k의 값 $(k=1, \cdots, p)$

α : y축의 절편을 나타내는 미지의 회귀계수

β_k : y와 x_k 간의 기울기를 나타내는 미지의 회귀계수

ε_i : i번째 오차항으로 $N(0, \sigma^2)$을 따르는 확률변수이다.

단순선형회귀분석과 중선형회귀분석은 관련된 독립변수들의 개수가 다를 뿐 기본적인 개념과 분석방법에는 별다른 차이가 없다. 그러나 중선형회귀분석에서는 여러 독립변수들의 도입으로 인해 고려해야 할 점들이 많이 생기게 된다. 일반적으로 중선형회귀분석에서는 행렬과 벡터를 이용하여 이론을 전개하고 식을 표현하며 계산한다. 중선형회귀분석에서 행렬과 벡터의 사용과 관련된 표현과 여러 독립변수들의 도입에 따른 이론적 설명은 생략하고, 실제 중선형회귀모형에 대해서 엑셀을 이용하여 분석하는 방법을 소개하는 데 그친다.

예제 13-10 산림지역에서 나무를 벌목할 때 나무의 부피를 직접 측정하는 것이 어렵기 때문에 상대적으로 측정이 쉬운 나무의 지름과 높이를 이용하여 부피를 추정하는 방법을 생각할 수 있다. 아래의 자료는 어느 지역에서 15 그루의 나무를 랜덤으로 추출하여 벌목한 후 지름, 높이와 부피를 측정한 값들이다.

표 13-6 나무의 지름, 높이와 부피의 자료

지름(cm) x_1	높이(m) x_2	부피(m^3) y	지름(cm) x_1	높이(m) x_2	부피(m^3) y
21.0	21.33	0.291	29.7	21.03	0.603
21.8	19.81	0.291	32.7	22.55	0.628
22.3	19.20	0.288	32.7	25.90	0.956
26.6	21.94	0.464	33.7	26.21	0.775
27.1	24.68	0.532	34.7	21.64	0.727
27.4	25.29	0.557	35.0	19.50	0.704
27.9	20.11	0.441	40.6	21.94	1.084
27.9	22.86	0.515			

위 자료에 대해 엑셀의 결과를 사용하여

(1) 추정된 중선형회귀선을 구하라.

(2) 분산분석표를 이용하여 회귀모형의 적합성을 유의수준 5%에서 검정하라.

(3) 결정계수를 구하라.

(4) 사실 부피는 지름의 제곱과 높이에 비례한다는 것을 알고 있음에도 불구하고 앞의 모형에서는 지름과 높이만을 고려하였다. 지름의 제곱(x_1^2)을 추가함으로 추정된 회귀식의 변화와 새 결과에 대하여 논하라.

$$y = \alpha + \beta_1 x_1 + \beta_2 x_1^2 + \beta_3 x_2 + \varepsilon$$

(5) 지름^{2}의 회귀계수 β_2에 대한 95% 신뢰구간은?

(6) 높이의 회귀계수 β_3에 대한 95% 신뢰구간은?

(7) 지름이 30 cm이고 높이가 20 m인 나무에 대한 부피의 예측값을 구하라.

풀이 다음 표 13-7에 주어진 엑셀의 출력 결과를 사용하여

(1) 추정된 회귀식은 $\hat{y} = -1.224 + 0.058x_1 + 0.008x_2$이다.

위의 추정된 회귀식에서 높이가 고정되었을 때 지름이 1 cm 증가할 때 부피가 평균적으로 0.058 m^3 증가하고 반면 지름이 고정되었을 때 높이가 1 m 증가할 때 부피가 평균적으로 0.008 m^3 증가한다는 것을 알 수 있다.

(2)

분산분석표

요인	제곱합	자유도	제곱평균	F
회귀	1.461446	2	0.730723	17.64563
오차	0.496932	12	0.041411	
합계	1.958378	14		

$$H_0 : \beta_1 = \beta_2 = 0$$
$$H_0 : \beta_1 \neq 0 \text{ 혹은 } \beta_2 \neq 0$$

<부록 2>의 표 7로부터 $F = 17.64563 > F(2, 12, 0.05) = 0.389$이므로 유의수준 5%에서 귀무가설 H_0가 기각된다. 즉 유의수준 5%에서 회귀모형은 유의하다고 할 수 있다.

(3) 결정계수는 0.746253이다.

$R^2 = \dfrac{SSR}{SST} = \dfrac{1.461446}{1.958378} = 0.746253$ 반응변수의 총변동 중에서 회귀선에 의해 설명되는 비율이 약 75%이다. 독립변수의 수가 증가하면 결정계수는 증가하는 단점을 보완한 **조정된 결정계수**(Adjusted R^2)는 0.703962이다.

표 13-7 엑셀의 출력 결과

요약 출력

회귀분석	통계량
다중 상관계수	0.86386
결정계수	0.746253
조정된 결정계수	0.703962
표준 오차	0.203497
관측수	15

분산 분석

	자유도	제곱합	제곱 평균	F 비	유의한 F
회귀	2	1.461446	0.730723	17.64563	0.000267
잔차	12	0.496932	0.041411		
계	14	1.958378			

	계수	표준 오차	t 통계량	P-값	하위 95%	상위 95%
Y 절편	−1.22438	0.451382	−2.26157	0.043088	−2.40395	−0.0448
지름	0.057631	0.010263	5.615473	0.000113	0.03527	0.079992
높이	0.007569	0.024209	0.312671	0.759898	−0.04518	0.060315

(4) 표 13-8의 엑셀의 출력 결과를 사용하면 지름^2(결과에서 지름^2)이 추가됨으로서 새롭게 추정된 회귀식은

$$\hat{y} = 2.446 - 0.235x_1 + 0.005x_1^2 + 0.035x_2$$

이고, 분산분석표에서 F검정의 p값(유의한 F)을 살펴보면 0.00000329이

므로 회귀식이 매우 유의함을 알 수 있다. 또한 결정계수 $r^2 = 0.916$으로 설명력이 많이 향상되었으며, 지름, 지름^2, 높이의 p값을 보면 모두 유의수준 5%에서 유의함을 알 수 있다.

표 13-8 엑셀의 출력 결과

요약 출력

회귀분석	통계량
다중 상관계수	0.957094
결정계수	0.91603
조정된 결정계수	0.893129
표준 오차	0.122269
관측수	15

분산 분석

	자유도	제곱합	제곱 평균	F 비	유의한 F
회귀	3	1.793932	0.597977	39.99958	3.29E−16
잔차	11	0.164445	0.01495		
계	14	1.958378			

	계수	표준 오차	t 통계량	P−값	하위 95%	상위 95%
Y 절편	2.446532	0.84363	2.900007	0.014445	0.589716	4.303348
지름	−0.23498	0.062352	−3.76858	0.003108	−0.37222	−0.09774
지름^2	0.004836	0.001026	4.715983	0.000634	0.002579	0.007093
높이	0.035243	0.015685	2.246983	0.046133	0.000721	0.069764

예측치 부피($\hat{y}$)와 잔차의 산점도를 그려 보면 0를 중심으로 골고루 퍼져 있으며 특정 패턴을 가지지 않으므로 모형의 선형성과 등분산성을 만족함을 알 수 있다.

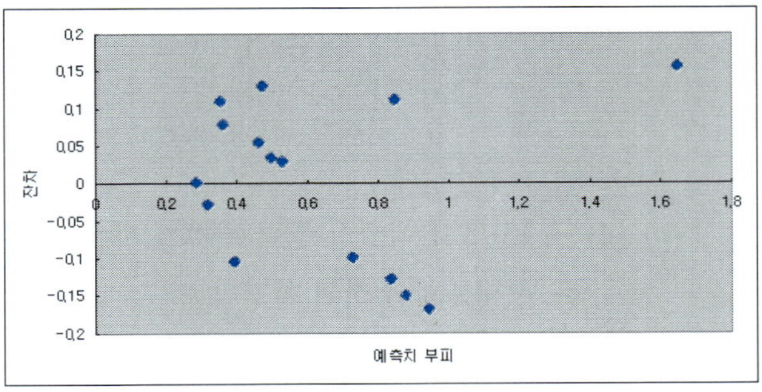

잔차의 정규확률도를 보면 정규확률도의 선이 직선에 가까우므로 정규성을 만족한다고 볼 수 있다.

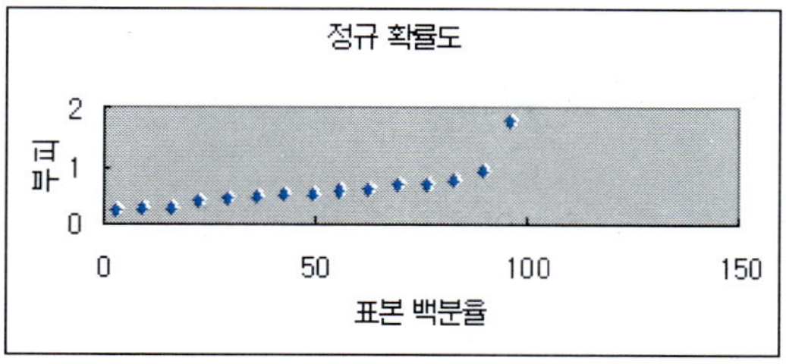

(5) $b_2 = 0.004836$ 그리고 $\widehat{SE}(b_2) = 0.001026$ 이므로

b_2 에 대한 95% 신뢰구간은

$$b_2 \pm t\,0.025\,(11)\,\widehat{SE}(b_2) = 0.004836 \pm 2.179 \times 0.001026 = (0.0026,\ 0.0071)$$

이다. 혹은 출력 결과에서 지름의 하위 95%와 상위 95%가 95% 신뢰구간의 각각 하위 경계값과 상위 경계값이다. 신뢰구간이 0을 포함하고 있지 않으므로 '지름의 제곱' 은 유의한 변수이다.

(6) $b_3 = 0.035243$ 그리고 $\widehat{SE}(b_3) = 0.015685$ 이므로

b_3 에 대한 95% 신뢰구간은

$$b_3 \pm t\,0.025\,(11)\,\widehat{SE}(b_3) = 0.035243 \pm 2.179 \times 0.015685 = (0.00072,\ 0.069764)$$

이다. 신뢰구간이 0을 포함하고 있지 않으므로 높이도 유의한 변수이나 하한이 거의 0에 가까워서 굉장히 유의하진 않다.

(7) $x_1 = 30.0$ 그리고 $x_2 = 22.0$ 일 때 부피의 예측값은

$\hat{y} = 2.4465 - 0.2350 \times 30 + 0.004836 \times 30^2 + 0.03524 \times 22.0 = 0.5252$

이다.

연습문제

13.1 회귀모형의 가정에 대해 간략히 설명하라.

13.2 회귀모형에 오차항 ε 이 들어가는 이유를 설명하라.

13.3 단순선형회귀모형에서 절편과 기울기의 해석에 관해 설명하라.

13.4 회귀모형의 사용에서 $\mu_{y|x}$의 $(1-\alpha)100\%$ 신뢰구간보다 y_p의 $(1-\alpha)100\%$ 예측구간이 항상 약간 더 넓어지는 이유를 설명하라.

13.5 회귀분석과 상관분석의 차이점을 간략히 설명하라.

13.6 어느 의학 연구자가 체중(단위: 파운드)과 심장수축혈압(systolic blood pressure) 사이의 관계를 알아보기 위해 다음과 같은 자료를 얻었다.

체중(x)	심장수축혈압(y)	체중(x)	심장수축혈압(y)
94	97	122	121
95	100	125	124
107	106	128	116
108	119	129	131
116	111	134	125
117	117	141	127

(1) 체중과 심장수축혈압에 대한 산점도를 그려라.

(2) 체중과 심장수축혈압에 대한 상관계수를 구하라.

(3) 체중과 심장수축혈압 사이의 관계를 단순선형회귀모형으로 가정하고 회귀직선을 추정하라.

(4) 분산분석표를 이용하여 회귀직선의 유의성을 유의수준 5%에서 검정하라.

(5) 결정계수를 구하고 그 의미를 설명하라.

(6) 회귀직선의 기울기 β에 대한 95% 신뢰구간을 구하라.

13.7 다음 자료는 어느 연구소에서 자동차 배기량과 에너지 소비효율의 관계를 알아보기 위하여 조사한 결과이다.

배기량(CC)	에너지 소비 효율(km/l)	배기량(CC)	에너지 소비 효율(km/l)
796	24.1	1596	11.76
1139	17.39	1498	11.51
1468	16.32	2351	9.73
1468	15.37	1998	9.5
1498	15.17	1979	8.71
1498	14.84	3000	8.06
1323	14.54	2972	7.81
1498	12.81		

(1) 산점도를 그리고 단순선형회귀모형을 가정할 수 있는가를 검토하라.
(2) 단순선형회귀모형을 가정하고 회귀직선을 추정하라.
(3) 배기량이 3500cc일 때 에너지 소비효율은 얼마로 예측할 수 있는가?

13.8 다음 자료는 어떤 공장에서 생산되는 제품을 로트 크기에 따라 생산에 소요되는 시간을 측정한 것이다.

로트 크기	생산소요시간(분)	로트 크기	생산소요시간(분)
30	70	30	67
20	55	80	178
40	80	40	87
60	128	70	147
50	110	20	40

(1) 단순선형회귀모형을 적용하여, 추정된 회귀직선을 구하라.
(2) 분산분석표를 작성하고, 유의수준 5%에서 회귀직선의 유의성을 검정하라.
(3) 결정계수를 구하고, 결정계수로부터 상관계수를 구하라.
(4) 로트의 크기가 20일 때 생산소요시간은 얼마로 예측되는가?

13.9 다음의 자료를 이용하여 아래의 각 항에 답하라.

x	100	260	360	360	400	650	1000	1600
y	22	21	26	17	18	10	12	8

(1) 단순선형회귀모형을 가정하고, 최소제곱법으로 추정회귀직선을 구하라.
(2) 문제 (1)의 결과를 이용하여 잔차를 구하고, 이 모형의 타당성을 검토하라.
(3) 위 자료의 산점도를 그리고, 문제 (1)에서 구한 직선을 그려 넣어 보라. 이 모형이 타당하다고 할 수 있는가?

13.10 위의 문제 9에서

(1) x값들을 $x^t = \log_{10} x$로 변환하고, y와 x^t의 산점도를 작성하라.
(2) 변환된 자료 x^t과 y를 이용하여 추정된 회귀직선을 구하라.
(3) 문제 (2)의 결과를 이용하여 잔차를 구하고, 이 모형의 타당성을 검토하라.

13.11 다음은 어느 대학 신입생을 대상으로 29명을 랜덤추출하여 그들의 고교성적(y)과 1학기 성적(x)을 조사한 결과이다.

$$\sum_{i=1}^{29}(y_i-\bar{y})^2=64 \quad \sum_{i=1}^{29}(x_i-\bar{x})^2=100 \quad \sum_{i=1}^{29}(x_i-\bar{x})(y_i-\bar{y})=40$$

(1) 표본상관계수(r_{xy})를 구하라.

(2) 위에서 구한 상관계수를 해석하라.

13.12 방정식 $E(y)=3+x_1-2x_2+x_1x_2$로 인해 두 개의 예측변수 x_1과 x_2와 연관된 $E(y)$를 추정하라.

(1) $x_2=0$일 때 $E(y)$와 x_1 사이의 관계를 그래프로 그려라. 또한 $x_2=2$와 $x_2=-2$일 때도 구하라.

(2) 모형 $E(y)=3+x_1-2x_2$에 대해서도 (1)과 같이 구하라.

(3) (1) 부분에 대한 방정식은 정확하게 (2)의 방정식에 x_1x_2를 제외한 것과 같다. x_1x_2가 세 종류의 선에 어떻게 영향을 미치는지 설명하라.

(4) 방정식 $E(y)=\alpha+\beta_1x_1+\beta_2x_2$이 $\beta_3x_1x_2$가 추가된 방정식 $E(y)=\alpha+\beta_1x_1+\beta_2x_2+\beta_3x_1x_2$에 어떠한 영향을 미치는지 설명하라.

13.13 10일된 병아리들에게 기초운동에 필요한 영양소와 비오틴 0, 50, 100, 150, 200, 250 또는 300$\mu g/kg$을 준 7개의 처리그룹으로 랜덤하게 나누었다.

비오틴	비오틴섭취량, x	체중증가, y
0	0.14	8.0
50	2.01	17.1
100	6.06	22.3
150	6.34	24.4
200	7.15	26.5
250	9.65	23.4
300	12.50	23.3

표는 하루마다 μg단위로 평균 비오틴섭취량(x)과 g단위로 평균 체중증가(y)를 나타낸다. 엑셀 출력 결과에서 자료에 적합한 2차 다항식 모형은 아래와 같다.

$$E(y)=\alpha+\beta_1x+\beta_2x^2$$

출력 결과를 참고하여 다음의 질문에 답하시오.

(1) 추정된 회귀식은 무엇인가?

(2) R^2을 찾아낸 후 그 값에 대해서 설명하라.

(3) 자료는 위의 2차 다항식 모형이 y를 예측하는 데 있어서 유용한 정보를 주는지 결정하기 위한 충분한 증거를 제공하는가?

(4) $H_0 : \beta_2 = 0$에서 검정 결과를 찾으시오.
또한 그 결과에서 2차 다항식 모형이 단순선형회귀모형보다 자료에 더 나은 적합성을 제공함을 나타내는 충분한 증거가 있는가?

(5) 잔차도와 정규확률도로부터 회귀모형의 가정 중 만족하지 못하는 것이 있는가?

엑셀 출력 결과

요약 출력

회귀분석	통계량
다중 상관계수	0.971
결정계수	0.944
조정된 결정계수	0.915
표준 오차	1.833
관측수	7

분산 분석

	자유도	제곱합	제곱 평균	F 비	유의한 F
회귀	2	224.746	112.373	33.439	0.003184942
잔차	4	13.442	3.361		
계	6	238.189			

	계수	표준 오차	t 통계량	P-값	하위 95%	상위 95%
Y 절편	8.585	1.641	5.231	0.006	4.928	13.142
비오틴섭취량	3.821	0.568	6.724	0.003	2.243	5.339
비오틴섭취량2	−0.217	0.044	−4.934	0.008	−0.339	−0.095

잔차 출력

관측수	예측치 체중증가	잔차	표준 잔차
1	9.116	−1.116	−0.746
2	15.390	1.710	1.143
3	23.784	−1.484	−0.991
4	24.102	0.298	0.199
5	24.829	1.671	1.116
6	25.283	−1.883	−1.258
7	22.497	0.803	0.537

확률 출력

백분율	체중증가
7.143	8
21.429	17.1
35.714	22.3
50.000	23.3
64.286	23.4
78.571	24.4
92.857	26.5

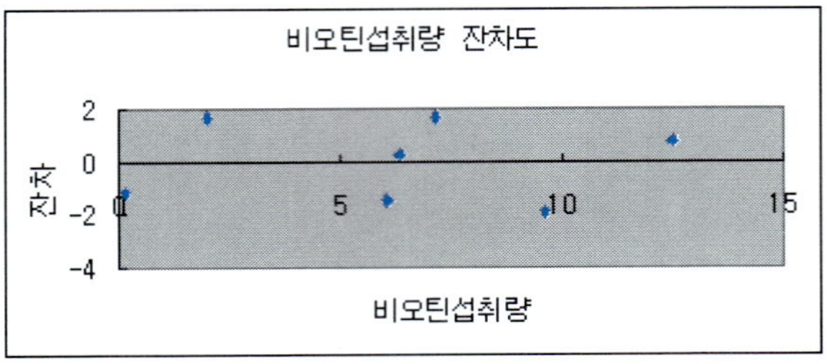

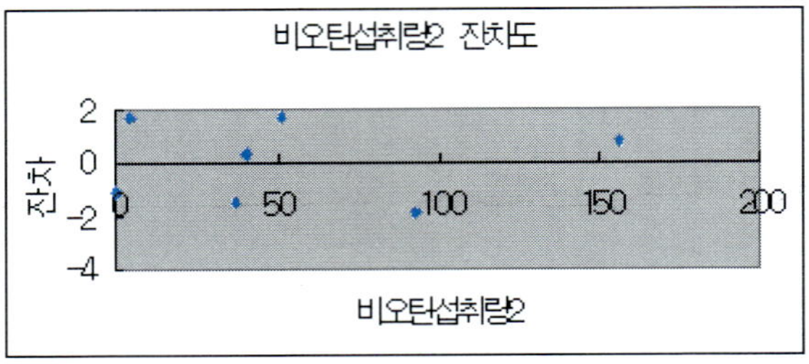

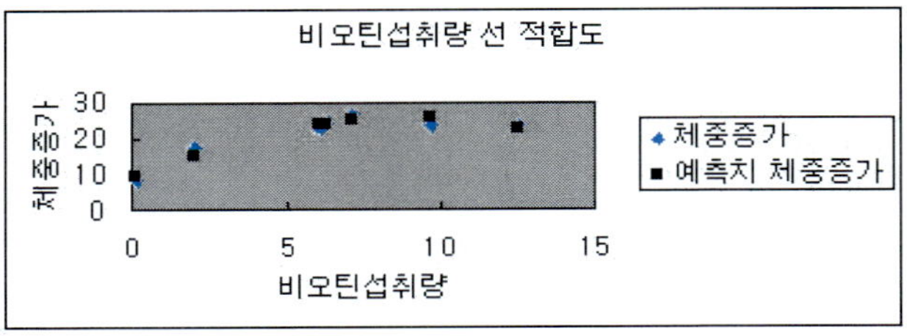

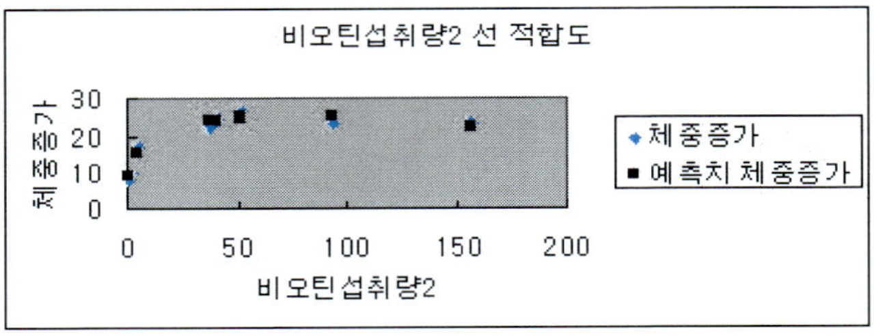

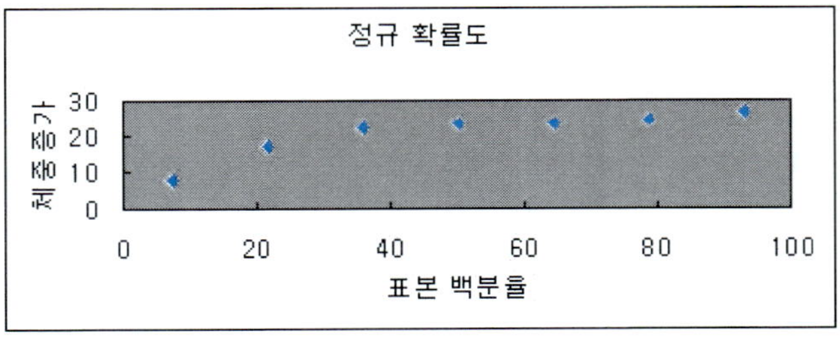

13.14 (품질관리) 한 제조업자가 한 날 10명의 기계직공 각 개인마다 생산한 제품들 중 불량품 수(y)를 기록하였다. 또한 각 직공들의 시간당 평균 생산량(x_1)과 기계가 마지막으로 A/S 받은 이후 지나간 시간을 주 단위(x_2)로 기록하였다.

생산량(x_1)	시간(x_2)	불량품 수(y)
20	3.0	13
15	2.0	1
23	1.5	11
10	4.0	2
30	1.0	20
21	3.5	15
38	0	27
18	2.0	5
24	5.0	26
16	1.5	1

아래의 표는 위의 자료들을 모형 $E(y)=\alpha+\beta_1x_1+\beta_2x_2$와 엑셀을 이용하여 분석한 결과이다.

(1) R^2을 정의하고 모형의 적합성에 대하여 설명하라.

(2) 신뢰수준 $\alpha=0.01$일 때 모형이 y를 예측하는 데 있어서 기여도가 크다는 것을 나타낼 만한 증거가 있는가?

(3) $x_2=4$ 일 때 $\hat{y}$과 x_1의 관계에 관하여 예측할 수 있는 회귀식은 무엇인가?

(4) 한 직공의 시간당 평균 생산량이 25이고 기계가 3주 전에 A/S를 받았을 때 생산된 제품들 중 결함이 있는 제품의 수를 예측하기 위한 적합한 회귀식을 사용하라.

(5) 잔차도와 정규확률도가 회귀분석에서 가정의 타당성에 관해 무엇을 말해 주는가?

엑셀 출력 결과

요약 출력

회귀분석	통계량
다중 상관계수	0.998812
결정계수	0.997626
조정된 결정계수	0.996948
표준 오차	0.548433
관측수	10

분산 분석

	자유도	제곱합	제곱 평균	F 비	유의한 F
회귀	2	884.7946	442.3973	1470.841	6.52E−10
잔차	7	2.10545	0.300779		
계	9	886.9			

	계수	표준 오차	t 통계량	P-값	하위 95%	상위 95%
Y 절편	−28.3906	0.827328	−34.3161	4.63E−09	−30.347	−26.4343
평균생산량	1.463062	0.026993	54.20213	1.91E−10	1.399234	1.52689
지나간 시간	3.844595	0.142558	26.96857	2.47E−08	3.507498	4.181691

잔차 출력

관측수	예측치 불량품 수	잔차	표준 잔차
1	12.40439	0.595607	1.231426
2	1.244488	−0.24449	−0.50548
3	11.02669	−0.02669	−0.05518
4	1.618367	0.381633	0.789032
5	19.34582	0.645175	1.362517
6	15.78975	−0.79875	−1.63283
7	27.20573	−0.20573	−1.31013
8	5.633667	−0.63367	−1.31013
9	25.94583	0.054169	0.111996
10	0.785253	0.214747	0.443992

확률 출력

백분율	불량품 수
5	1
15	1
25	2
35	5
45	11
55	13
65	15
75	20
85	26
95	27

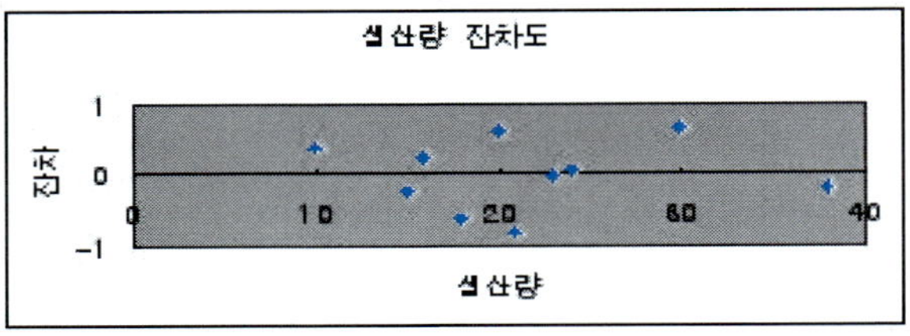

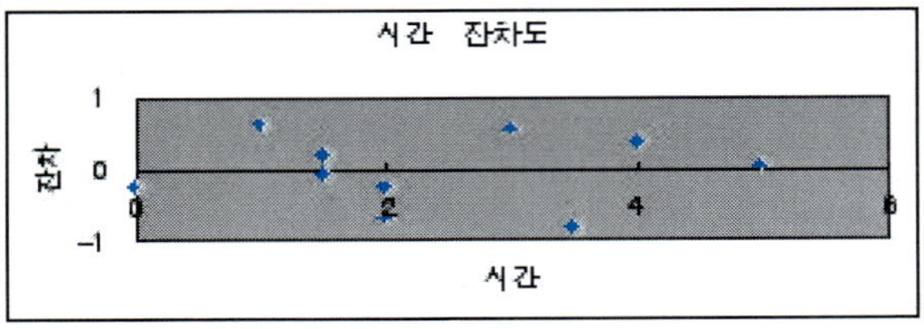

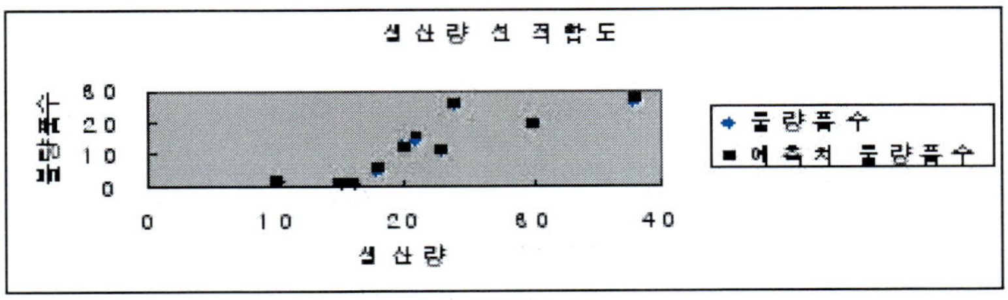

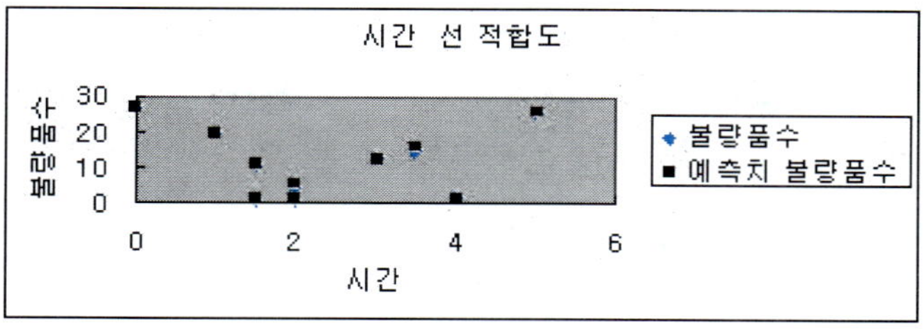

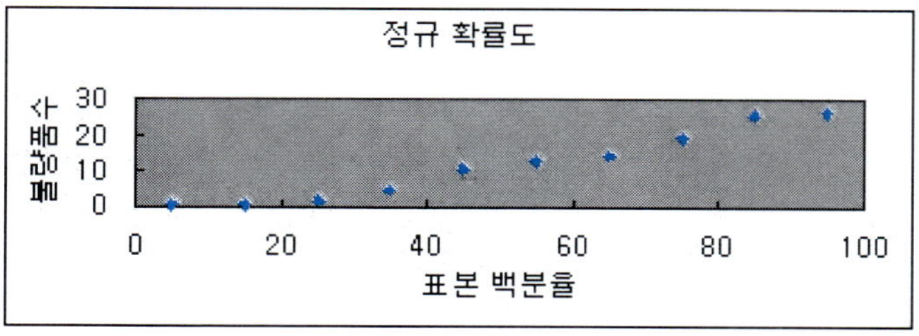

엑셀실습

회귀분석을 수행하는 데 쓰이는 엑셀의 사용방법을 설명한다.

● E13-1 예제 13-7에 있는 여덟 명의 자동차 운전자에 대한 운전경력과 보험료의 자료를 다시 가져오자. 자료는 아래와 같다.

운전경력 (단위: 년)	매월 자동차 보험료 (단위: 달러)
5	64
2	87
12	50
9	71
15	44
6	56
25	42
16	60

엑셀을 이용하여 아래의 문제들을 풀어라.

(1) 산점도를 그려라.

(2) 두 변수 간의 표본상관계수를 구하라.

(3) 보험료를 종속변수로 운전경력을 독립변수로 사용하는 회귀직선을 구하라.

(4) 회귀계수 β에 대한 90% 신뢰구간을 구하라.

(5) 유의수준 0.05에서 '회귀계수 β가 음수이다.' 에 대한 가설검정을 하라.

(6) 운전경력이 10년인 운전자에 대한 보험료 예측값을 구하라.

풀이

우선 자료를 입력한다.

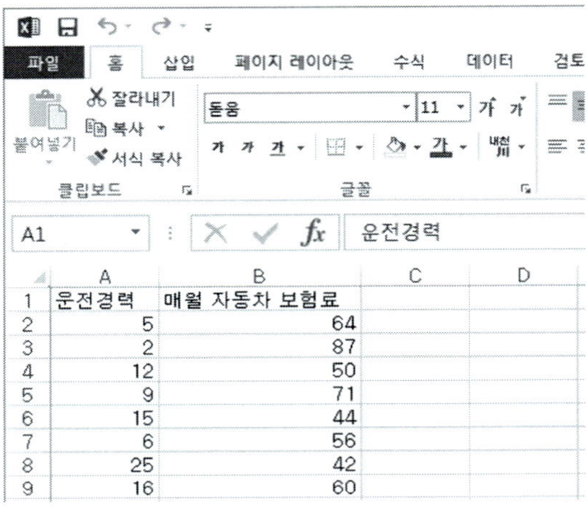

(1) 산점도를 그리는 절차는 다음과 같다.

단계 1. 데이터를 블록으로 지정한다.

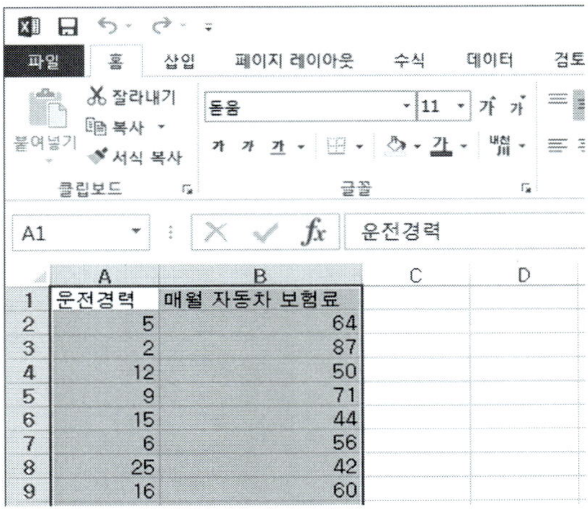

단계 2. 【삽입】을 선택 후 차트 모양에서 【분산형】을 선택한다.

단계 3. 분산형 차트 중 【분산형】을 선택한다.

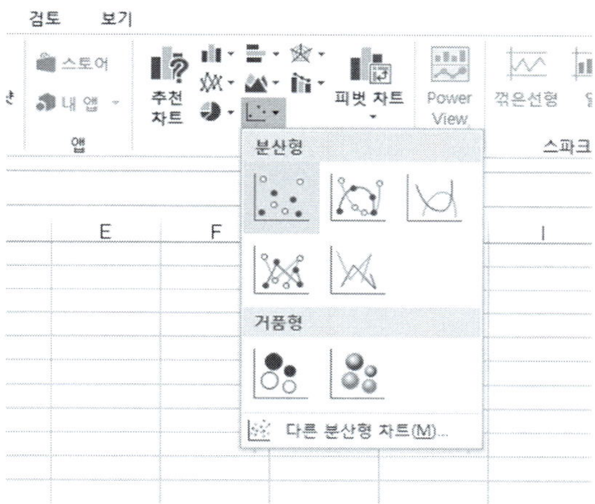

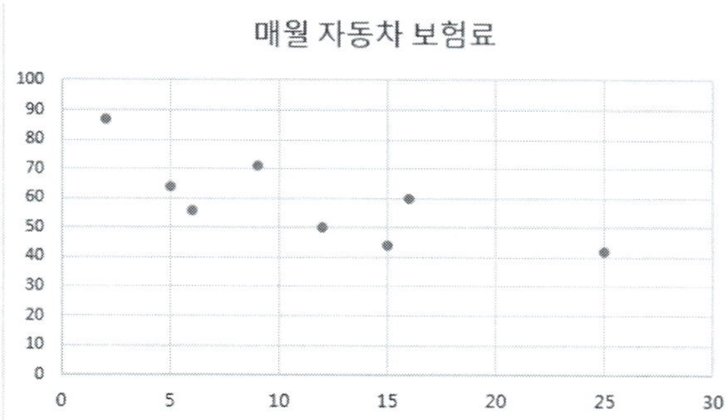

(2)~(6)을 구하기 위해서 우선 회귀분석을 실시한다.

단계 1. 【도구】→【데이터 분석】을 선택한다.

단계 2. 통계 데이터 분석 창에서 『회귀분석』을 선택한다.

단계 3. 『Y축 입력범위』와 『X축 입력범위』를 각각 입력하고 『신뢰수준』에는 90을 입력한다.

출력옵션을 사용하여 사용자가 원하는 곳에 결과를 나타낼 수 있다.

(여기서는 새로운 워크시트에 나타나도록 하겠다. 그리고 잔차와 정규확률에 대한 값과 그림을 나타낼 수도 있는데 여기서는 문제와 무관하므로 체크를 하지 않는다.)

단계 4. 확인을 선택하면 새로운 워크시트에 회귀분석 결과가 나타난다.

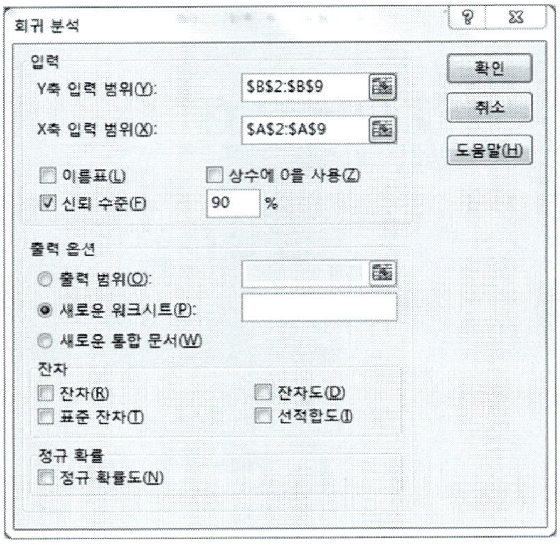

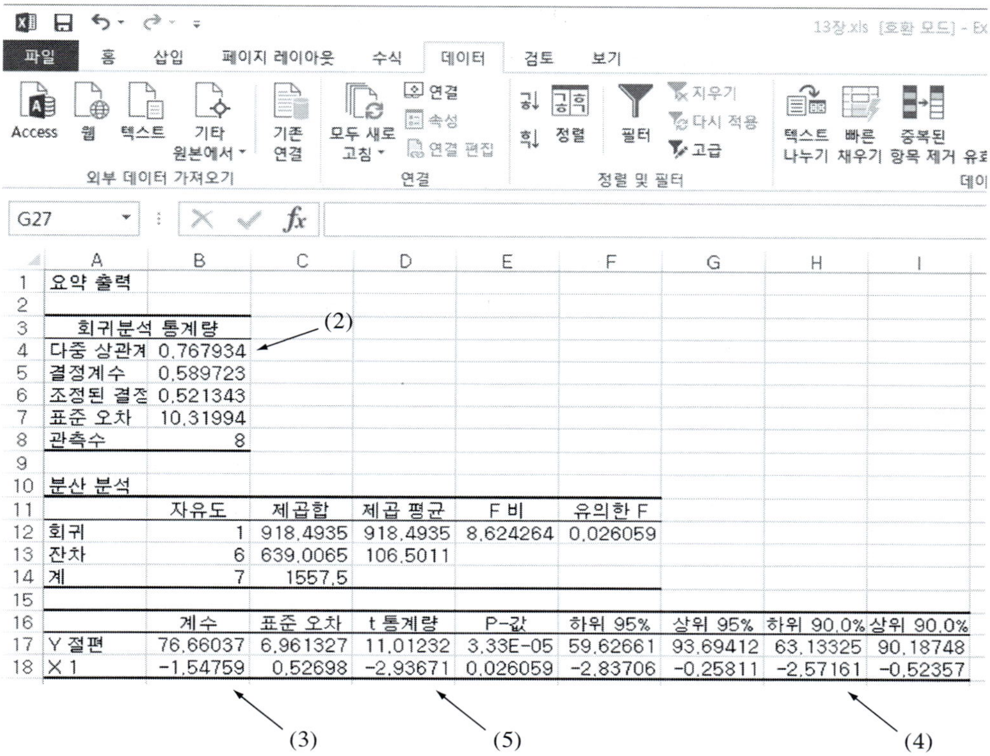

	A	B	C	D	E	F	G	H	I
1	요약 출력								
2									
3	회귀분석 통계량								
4	다중 상관계	0.767934							
5	결정계수	0.589723							
6	조정된 결정	0.521343							
7	표준 오차	10.31994							
8	관측수	8							
9									
10	분산 분석								
11		자유도	제곱합	제곱 평균	F 비	유의한 F			
12	회귀	1	918.4935	918.4935	8.624264	0.026059			
13	잔차	6	639.0065	106.5011					
14	계	7	1557.5						
15									
16		계수	표준 오차	t 통계량	P-값	하위 95%	상위 95%	하위 90.0%	상위 90.0%
17	Y 절편	76.66037	6.961327	11.01232	3.33E-05	59.62661	93.69412	63.13325	90.18748
18	X 1	-1.54759	0.52698	-2.93671	0.026059	-2.83706	-0.25811	-2.57161	-0.52357

(2) 표본상관계수는 0.768이다.

(3) 회귀직선은 y(매월 자동차 보험료) = 76.66 − 1.55x(운전경력) 이다.

(4) 회귀계수 β에 대한 90% 신뢰구간은 (−2.57, −0.52) 이다.

(5) 유의수준 0.05에서 '회귀계수 β가 음수이다.' 에 대한 가설검정을 해보면 귀무가설은 $\beta = 0$, 대립가설은 $\beta < 0$이고, 유의수준 5%에서 자유도가 6인 t분포표에서 임계값은 −1.943이다. 위에서 나타난 회귀계수 β의 검정통계량(t통계량)인 −2.94와 비교해 보면 검정통계량의 값이 임계값보다 더 작기 때문에 유의수준 5%에서 귀무가설을 기각한다. 즉 운전경력과 보험료 사이에는 음의 관계가 존재한다고 말할 수 있다.

(6) 운전경력이 10년인 운전자에 대한 보험료 예측값을 구하는 방법은 추정된 회귀직선에서 x에 운전경력 10을 대입하여 보험료의 값을 구하는 것이다.

즉

$$\hat{y} = 6.66 - 1.55 \times 10 = 61.16\text{달러}$$

이다.

● **E13-2** 섭씨 20의 토양 안에서 자란 옥수수 내의 인의 함유량 y와 토양의 유기인 x_1과 무기인 x_2의 함유량과의 관계를 알아보고자 하였다.

x_1	x_2	y	x_1	x_2	y
0.4	53	64	12.6	58	51
0.4	23	60	10.9	37	76
3.1	19	71	23.1	46	96
0.6	34	61	23.1	50	77
4.7	24	54	21.6	44	93
1.7	65	77	23.1	56	95
9.4	44	81	1.9	36	54
10.1	31	93	26.8	58	168
11.6	29	93	29.9	51	99

(1) y와 x_1의 산점도와 y와 x_2의 산점도를 구하라.

(2) $y = \alpha + \beta_1 x_1 + \beta_2 x_2 + \varepsilon$ 모형을 적합시켜 추정된 회귀선을 구하라.

풀이

우선 자료를 입력한다.

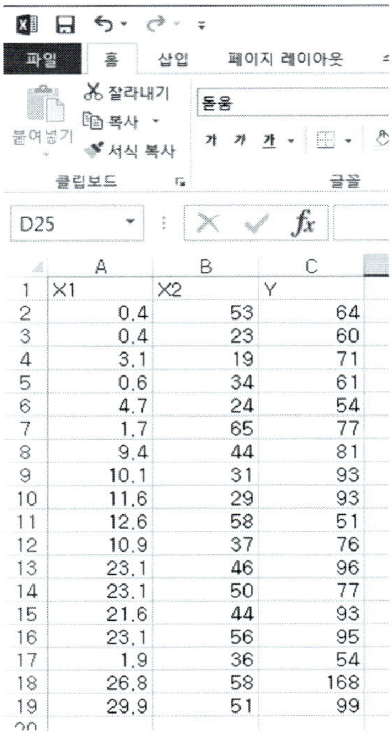

	A	B	C
1	X1	X2	Y
2	0.4	53	64
3	0.4	23	60
4	3.1	19	71
5	0.6	34	61
6	4.7	24	54
7	1.7	65	77
8	9.4	44	81
9	10.1	31	93
10	11.6	29	93
11	12.6	58	51
12	10.9	37	76
13	23.1	46	96
14	23.1	50	77
15	21.6	44	93
16	23.1	56	95
17	1.9	36	54
18	26.8	58	168
19	29.9	51	99

(1) 산점도를 그리는 절차는 E13−1과 같은 방법으로 하면 된다.

y와 x_1의 산점도를 그리면 다음과 같다.

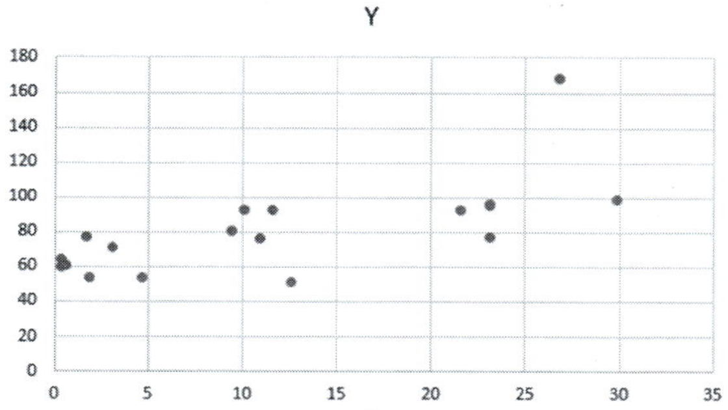

y와 x_2의 산점도를 그리면 다음과 같다.

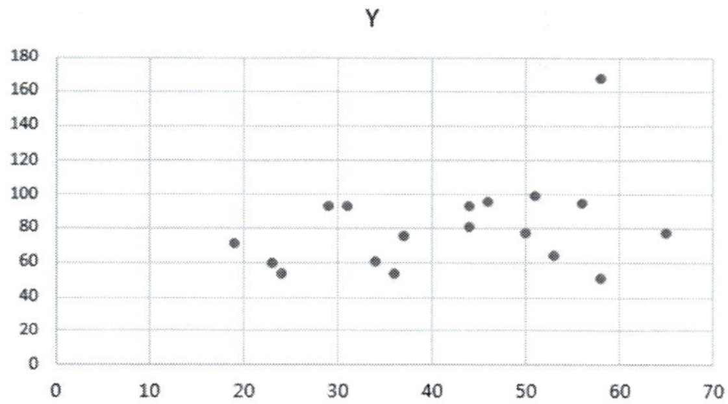

(2) 회귀분석을 실시한다. 절차는 E13−1과 같은 방법으로 하면 된다.

회귀분석 결과는 다음과 같다.

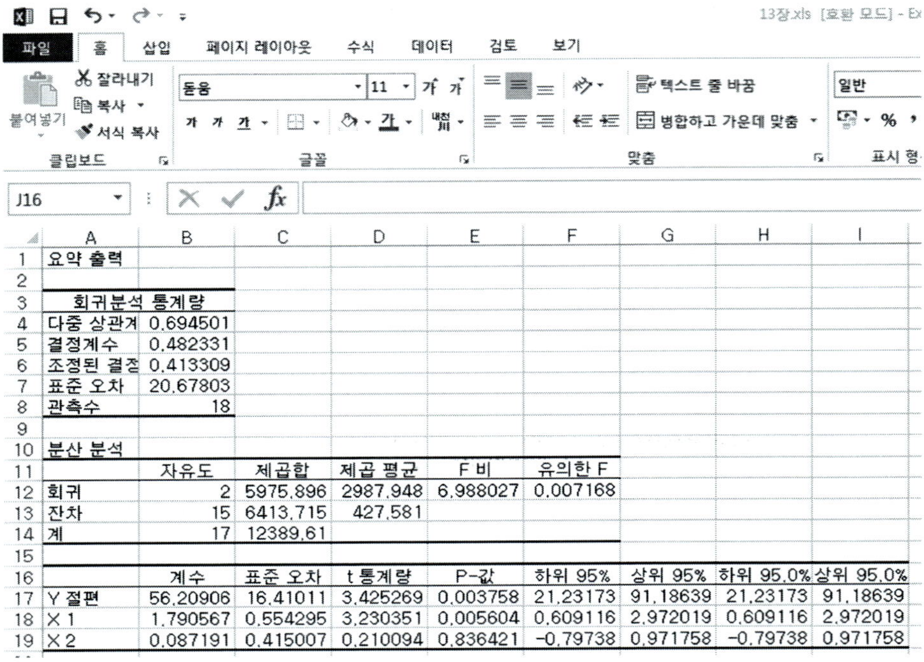

요약 출력								
회귀분석 통계량								
다중 상관계	0.694501							
결정계수	0.482331							
조정된 결정	0.413309							
표준 오차	20.67803							
관측수	18							
분산 분석								
	자유도	제곱합	제곱 평균	F 비	유의한 F			
회귀	2	5975.896	2987.948	6.988027	0.007168			
잔차	15	6413.715	427.581					
계	17	12389.61						
	계수	표준 오차	t 통계량	P-값	하위 95%	상위 95%	하위 95.0%	상위 95.0%
Y 절편	56.20906	16.41011	3.425269	0.003758	21.23173	91.18639	21.23173	91.18639
X 1	1.790567	0.554295	3.230351	0.005604	0.609116	2.972019	0.609116	2.972019
X 2	0.087191	0.415007	0.210094	0.836421	-0.79738	0.971758	-0.79738	0.971758

그러므로 추정된 회귀선은

$$\hat{y} = 56.25 + 1.79x_1 + 0.09x_2$$

이다.

CHAPTER 14

비모수통계학

8장에서 다룬 모평균의 통계적 추론에서 소표본인 경우에는 모집단이 정규분포를 따라야 한다는 가정이 필요하였다. 그러나 정규분포는 이론적인 분포로서 실제 데이터가 정확히 정규분포를 따를 수는 없다. 특히 데이터들 가운데 이상치가 있어 모집단의 분포가 정규분포와는 거리가 먼 경우에 정규분포 이론에 의한 추론법을 적용하면 심각한 오류가 있을 수 있다. 이와 같이 모집단에 대하여 정규분포와 같은 강한 가정을 할 수 없는 경우에는 모집단에 대하여 연속성이나 대칭성 같은 약한 가정만으로 이론을 적용할 수 있는 추론법이 훨씬 효율이 높을 것이다. 모집단의 분포에 대하여 정규분포 등과 같은 특수한 형태의 분포를 가정하지 않는 통계적 방법을 비모수적 방법(nonparametric method)이라고 한다. 비모수적 방법에서 흔히 사용하는 도구는 관측값의 부호(sign)와 순위(rank)이다. 일반적으로 관측값의 부호와 순위만 사용할 경우에는 정보의 손실이 많으리라 예상되나, 실제로는 정보의 손실이 그리 많지 않다.
이 장에서는 9장과 10장에서 다룬 모수적 검정법의 모평균 검정에 대응되는 비모수적 검정법을 다룬다.

14.1 모평균의 가설검정

모평균 μ인 모집단으로부터 추출한 표본크기 n인 랜덤표본을 $X_1,\ X_2,\ \cdots,\ X_n$이라고 하자. 모집단의 분포는 μ에 대해 대칭이라고 가정한다.

한 모집단의 모평균 μ에 대한 대표적인 비모수적 검정법은 **윌콕슨 부호순위검정**(Wilcoxon signed rank test)이며, 다음과 같이 실행한다.

▸▸ **윌콕슨 부호순위검정: 소표본인 경우**

1. 귀무가설 $H_0: \mu = \mu_0$
2. 검정통계량
   (1) $D_i = X_i - \mu_0,\quad i = 1,\ \cdots,\ n$을 구한다.
   (2) D_i들의 절댓값 $|D_i|,\ \cdots,\ |D_n|$을 작은 것부터 크기 순으로 나열하고 순위를 정한 다음, 그 순위를 R_i^+라고 하자.
   (3) D_i의 부호를 R_i^+에 부여한다.
   (4) 윌콕슨 부호순위검정통계량
   $W^+ =$ 양의 부호를 가진 R_i^+의 순위합

3. 기각역

(1) $H_1: \mu > \mu_0$ 일 때, $W^+ \geq w^+(\alpha, n)$

(2) $H_1: \mu < \mu_0$ 일 때, $W^+ \leq w^+(1-\alpha, n)$

(3) $H_1: \mu \neq \mu_0$ 일 때, $W^+ \geq w^+(\frac{\alpha}{2}, n)$ 또는 $W^+ \leq w^+(1-\frac{\alpha}{2}, n)$

참고

(1) D_i가 0인 경우는 분석에서 제외시키고, 표본크기 n을 D_i가 0인 개수만큼 줄여서 조정한다.

(2) D_i에 동점이 있을 때에는 평균순위를 사용한다.

(3) W^+ 검정통계량의 분포는 이산형이므로 우리가 원하는 유의수준과 같은 크기의 기각역을 찾을 수 없는 것이 보통이며, 이때에는 표에서 찾을 수 있는 확률 가운데 원하는 유의수준과 가장 가까운 값을 유의수준으로 택한다.

W^+ 검정통계량의 누적확률분포표가 부록 2의 <표 8>에 수록되어 있으며, 이를 이용하여 $P\{W^+ \geq w^+(\alpha, n)\} = \alpha = P\{W^+ \leq w^+(1-\alpha, n)\}$인 임계값 W^+를 구할 수 있다.

예제 14-1 어떤 공장에서 생산되는 강철판의 질소 함량(%)을 조사하기 위하여 6개의 강철판을 임의로 추출하여 질소 함량을 조사하였더니

$$0.74,\ 0.70,\ 0.71,\ 0.74,\ 0.72,\ 0.78$$

이었다. 이 공장에서 생산되는 강철판의 질소 함량이 0.72%보다 높다고 할 수 있는지를 유의수준 9%에서 윌콕슨 부호순위검정을 시행하라.

풀이 관측값으로부터 부호순위를 구하면 다음과 같다.

X_i	0.74	0.70	0.71	0.74	0.72	0.78
D_i	0.02	−0.02	−0.01	0.02	0.00	0.06
$\|D_i\|$	0.02	0.02	0.01	0.02	0.00	0.06
순위(R^+)	3	3	1	3		5
부호순위	3	−3	−1	3		5

위의 표에서 윌콕슨 부호순위검정통계량은

$$W^+ = 3 + 5 + 5 = 11$$

이다.

따라서 윌콕슨 부호순위검정은 다음과 같이 시행한다.

단계 1 귀무가설과 대립가설을 설정한다.

$$H_0 : \mu = 0.72$$
$$H_1 : \mu > 0.72$$

단계 2 검정통계량을 결정한다.

$$W^+ = \text{양의 부호를 가진 } R_i^+ \text{의 순위합}$$

단계 3 기각역을 구한다.

$$W^+ \geq w^+(0.0938,\ 5) = 13$$

단계 4 검정통계량의 값을 구한다.

$$W^+ = 3 + 3 + 5 = 11$$

단계 5 $W^+ = 11 < w^+(0.0938,\ 5)$이므로 유의수준 9%에서 귀무가설을 기각할 수 없다. 즉 유의수준 9%에서 이 공장에서 생산되는 강철판의 질소 함량이 0.72% 보다 높다고 할 수 없다.

윌콕슨 부호순위검정통계량의 분포는 $n = 15$ 이하인 경우만 주어져 있으며, 조정된 표본크기가 15보다 클 경우에는 사용할 수 없다. 따라서 조정된 표본크기 n이 15보다 큰 경우에는 대표본 정규근사 이론을 사용하여 Z-검정을 시행할 수 있다.

▸▸ 윌콕슨 부호순위검정 : 대표본인 경우

1. 귀무가설 $H_0 : \mu = \mu_0$
2. 검정통계량

$$Z = \frac{W^+ - E(W^+)}{\sqrt{Var(W^+)}}$$

여기서,

$$E(W^+) = \frac{n(n+1)}{4}$$
$$Var(W^+) = \frac{n(n+1)(2n+1)}{24}$$

3. 기각역

(1) $H_1 : \mu > \mu_0$일 때, $Z \geq z_\alpha$

(2) $H_1 : \mu < \mu_0$일 때, $Z \leq -z_\alpha$

(3) $H_1 : \mu \neq \mu_0$일 때, $|Z| \geq z_{\alpha/2}$

예제 14-2 다음은 어떤 보험회사에서 2006년도 1년간 20명의 보험설계사들의 보험계약 건수를 나타낸 것이다.

126 136 112 122 140 138 126 142 92 91
120 145 117 116 135 128 98 124 117 130

과거 3년간의 실적에 의하면, 연평균 보험계약 건수가 120건이었다. 2006년도의 실적이 과거 3년간 평균실적보다 증가되었는지를 윌콕슨 부호순위검정을 이용하여 유의수준 5%로 검정하라.

풀이 관측값으로부터 부호순위를 구하면 다음과 같다.

X_i	126	136	112	122	140	138	126	142	92	91
D_i	6	10	−8	2	20	18	6	22	−28	−29
$\|D_i\|$	6	10	8	2	20	18	6	22	28	29
순위(R^+)	6.5	10.5	8.5	1	14	13	6.5	15	17.5	19
부호순위	6.5	1.05	−8.5	1	14	13	6.5	15	−17.5	19

X_i	120	145	117	116	135	128	98	124	117	130
D_i	0	25	−3	−4	15	8	−28	4	−3	10
$\|D_i\|$	0	25	3	4	15	8	28	4	3	10
순위(R^+)		16	2.5	4.5	12	8.5	17.5	4.5	2.5	10.5
부호순위		16	−2.5	−4.5	12	8.5	−17.5	4.5	−2.5	10.5

위의 표에서 윌콕슨 부호순위검정통계량은

$W^+ = 6.5 + 10.5 + 1 + 14 + 13 + 6.5 + 15 + 16 + 12 + 8.5 + 4.5 + 10.5 = 118$

이다. 표본크기는 $n = 19$개로 조정되며, 대표본 정규근사 이론을 적용하여 윌콕슨 부호순위검정은 다음과 같이 한다.

단계 1 귀무가설과 대립가설을 설정한다.

$$H_0 : \mu = 120$$
$$H_1 : \mu > 120$$

단계 2 검정통계량을 결정한다.

$$Z = \frac{W^+ - E(W^+)}{\sqrt{Var(W^+)}}$$

여기서,

$$E(W^+) = \frac{n(n+1)}{4}$$

$$Var(W^+) = \frac{n(n+1)(2n+1)}{24}$$

단계 3 기각역을 구한다.

$$Z \geq z_{0.05} = 1.645$$

단계 4 검정통계량의 값을 구한다.

$$Z = \frac{W^+ - E(W^+)}{\sqrt{Var(W^+)}} = \frac{118 - \frac{19(19+1)}{4}}{\sqrt{\frac{19(19+1)(38+1)}{24}}} = \frac{23}{24.850} = 0.926$$

단계 5 $z = 0.926 < z_{0.05} = 1.645$이므로 유의수준 5%에서 귀무가설을 기각할 수 없다. 즉 유의수준 5%에서 2006년도의 실적이 과거 3년간 평균실적보다 증가되었다고 할 수 없다.

14.2 두 모평균 차의 가설검정: 독립인 경우

독립이면서 연속형인 두 모집단의 모평균 차에 대한 대표적인 비모수적 검정법은 **윌콕슨 순위합검정**(Wilcoxon rank sum test)이며, **만-위트니검정**(Mann-Whitney test)이라고도 부른다.

윌콕슨 순위합검정은 우선 서로 독립이면서 연속형인 두 모집단으로부터 추출된 확률표본을 혼합하여 작은 것부터 크기 순서로 나열하고 순위를 부여한다. 만약 두 개의 확률표본이 동일한 평균을 가진 분포로부터 추출된 것이라면 두 개의 확률표본들의 순위가 골고루 섞여 있어야 할 것이다. 그러나 어느 한 쪽의 순위가 다른 한 쪽에 비해 너무 크거나 혹은 너무 작은 쪽으로 치우쳐 있을 때 두 모평균이 동일하다는 귀무가설은 기각된다.

따라서 윌콕슨 순위합검정은 두 확률표본 중 표본의 크기가 작은 그룹의 확률표본에 대응하는 순위합을 검정통계량으로 하여 검정을 시행한다.

▸▸ **윌콕슨 순위합검정: 소표본인 경우**

1. 귀무가설 $H_0: \mu_X = \mu_Y$
2. 검정통계량

(1) 표본크기를 정의한다.

n = 두 확률표본 중 표본크기가 작은 그룹(X 표본 그룹이라고 하자)의 표본크기

m = 두 확률표본 중 표본크기가 큰 그룹(Y 표본 그룹이라고 하자)의 표본크기

(2) 두 확률표본을 혼합한 다음 작은 것부터 크기 순으로 나열하여 순위를 부여한다.

(3) 혼합표본에서 X_i의 순위를 R_i라고 하자.

(4) 윌콕슨 순위합검정통계량

$$W_X = \text{혼합표본에서 } X_i \text{들의 순위합} = \sum_{i=1}^{n} R_i$$

3. 기각역

(1) $H_1: \mu_X > \mu_Y$ 일 때, $W_X \geq w_X(\alpha, n, m)$

(2) $H_1: \mu_X < \mu_Y$ 일 때, $W_X \leq w_X(1-\alpha, n, m)$

(3) $H_1: \mu_X \neq \mu_Y$ 일 때, $W_X \geq w_X(\frac{\alpha}{2}, n, m)$ 또는 $W_X \leq w_X(1-\frac{\alpha}{2}, n, m)$

참고

(1) 동점이 있을 때에는 평균순위를 사용한다.

(2) W_Y를 혼합표본에서 Y_j들의 순위합이라고 하면,

$$W_X = \frac{(n+m)(n+m+1)}{2} - W_Y$$

임을 알 수 있다.

(3) W_X 검정통계량의 분포는 이산형이므로 우리가 원하는 유의수준과 같은 크기의 기각역을 찾을 수 없는 것이 보통이며, 이때에는 표에서 찾을 수 있는 확률 가운데 원하는 유의수준과 가장 가까운 값을 유의수준으로 택한다.

부록 2의 <표 9>에는 W_X 검정통계량의 누적확률분포가 수록되어 있으며, 이를 이용하여 $P\{W_X \geq w_X(\alpha, n, m)\} = \alpha = P\{W_X \leq w_X(1-\alpha, n, m)\}$인 임계값 w_X를 구할 수 있다. 예를 들어 $n=3, m=7$일 때

$$P(W_X \geq 25) = 0.033 = P(W_X \leq 8)$$

임을 알 수 있다. 따라서 $w_X(0.033, 3, 7) = 25$이고, $w_X(0.967, 3, 7) = 8$ 이다.

예제 14-3 처음으로 심장병이 일어난 환자에 대해 두 가지 치료 방법에 따라 생존년수가 달라지는지 알아보기 위해 한 연구자가 조사한 결과 다음과 같다.

A 치료법에서 생존년수	3.5	4.8	5.7	
B 치료법에서 생존년수	4.1	5.9	10.3	14.0

A 치료법과 B 치료법 사이에 평균 생존년수의 차이가 있는지를 윌콕슨 순위합검정법을 이용하여 유의수준 5%로 검정하라.

풀이 표본크기는 $n=3$(X 그룹)이고 $m=4$(Y 그룹)이다. 두 확률표본을 혼합하여 크기 순으로 배열하면 다음과 같다.

생존년수	3.5	4.1	4.8	5.7	5.9	10.3	14.0
그룹	X	Y	X	X	Y	Y	Y
순위	1	2	3	4	5	6	7

위의 표에서 윌콕슨 순위합검정통계량은

$$W_X = 1 + 3 + 4 = 8$$

이다.

따라서 윌콕슨 순위합검정은 다음과 같이 한다.

단계 1 귀무가설과 대립가설을 설정한다.

$$H_0: \mu_X = \mu_Y$$
$$H_1: \mu_X \neq \mu_Y$$

단계 2 검정통계량을 결정한다.

$$\begin{aligned} W_X &= \text{혼합표본에서 } X_i \text{들의 순위합} \\ &= \sum_{i=1}^{n} R_i \end{aligned}$$

단계 3 기각역을 구한다.

$$W_X \geq w_X\left(\frac{\alpha}{2}, n, m\right) = w_X(0.029, 3, 4) = 18$$
$$\text{또는 } W_X \leq w_X\left(1-\frac{\alpha}{2}, n, m\right) = w_X(0.971, 3, 4) = 6$$

단계 4 검정통계량의 값을 구한다.

$$W_X = 1 + 3 + 4 = 8$$

단계 5 $6 < W_X = 8 < 18$이므로 유의수준 5.8%에서 귀무가설을 기각할 수 없다. 즉 유의수준 5.8%에서 A 치료법과 B 치료법 사이에 평균 생존년수의 차이가 있다고는 할 수 없다.

윌콕슨 순위합검정통계량의 누적확률분포표는 $n=m=10$ 이하인 경우만 주어져 있다. 따라서 표본크기가 10보다 클 경우에는 대표본 정규근사 이론을 사용하여 Z-검정을 시행한다. 대표본에서 정규근사 검정법은 다음과 같다.

▸▸ 윌콕슨 순위합검정: 대표본인 경우

1. 귀무가설 $H_0: \mu_X = \mu_Y$
2. 검정통계량

$$Z = \frac{W_X - E(W_X)}{\sqrt{Var(W_X)}}$$

여기서

$$E(W_X) = \frac{n(n+m+1)}{2}$$

$$Var(W_X) = \frac{nm(n+m+1)}{12}$$

3. 기각역

(1) $H_1: \mu_X > \mu_Y$ 일 때, $Z \geq z_\alpha$

(2) $H_1: \mu_X < \mu_Y$ 일 때, $Z \leq -z_\alpha$

(3) $H_1: \mu_X \neq \mu_Y$ 일 때, $|Z| \geq z_{\alpha/2}$

예제 14-4 심장병에 관심있는 학자들은 심장병 연구에서 심장수축기의 혈압이 나이와 관계가 있는지에 관심이 있다. 다음은 20대 남자 24명과 50대 남자 30명을 대상으로 심장수축기의 혈압을 기록한 자료이다(편의상 자료를 크기 순으로 나열하였음).

20대	90	99	99	105	106	107	110	110	115	18	120	122	124	125	130
	130	130	132	136	138	140	148	150	158						
50대	107	10	110	114	114	116	118	120	122	124	126	126	128	130	130
	132	136	136	136	140	140	142	147	148	150	152	154	160	164	180

윌콕슨 순위합검정을 이용하여 나이가 많은 사람에 대한 심장수축기의 혈압이 나이가 적은 사람보다 높은지를 유의수준 5%로 검정하라.

풀이 20대에 해당되는 그룹을 X 그룹으로, 50대에 해당되는 그룹을 Y 그룹으로 두고 혼합표본의 순위를 구하면 다음과 같다.

혈압	그룹	순위	혈압	그룹	순위
90	X	1	130	X	30
99	X	2.5	130	X	30
99	X	2.5	130	X	30
105	X	4	130	Y	30
106	X	5	130	Y	30
107	X	6.5	132	X	33.5
107	Y	6.5	132	Y	33.5
110	X	9.5	136	X	36.5
110	X	9.5	136	Y	36.5
110	Y	9.5	136	Y	36.5
110	Y	9.5	136	Y	36.5
114	Y	12.5	138	X	39
114	Y	12.5	140	X	41
115	X	14	140	Y	41
116	Y	15	140	Y	41
118	X	16.5	142	Y	43
118	Y	16.5	147	Y	44
120	X	18.5	148	X	45.5
120	Y	18.5	148	Y	45.5
122	X	20.5	150	X	47.5
122	Y	20.5	150	Y	47.5
124	X	22.5	152	Y	49
124	Y	22.5	154	Y	50
125	X	24.	157	X	51
126	Y	25.5	160	Y	52
126	Y	25.5	164	Y	53
128	Y	27	180	Y	54

위의 표에서 윌콕슨 순위합검정통계량은

$$\begin{aligned} W_X &= 1 + 2.5 + 2.5 + 4 + 5 + 6.5 + 9.5 + 9.5 + 14 + 16.5 + 18.5 + 20.5 + 22.5 \\ &\quad + 24 + 30 + 30 + 30 + 33.5 + 36.5 + 39 + 41 + 45.5 + 47.5 + 51 \\ &= 540.5 \end{aligned}$$

이다. 한편 표본크기는 $n=24$, $m=30$이므로 대표본 정규근사 이론을 이용하여 윌콕슨 순위합검정을 시행한다.

단계 1 귀무가설과 대립가설을 설정한다.

$$H_0: \mu_X = \mu_Y$$
$$H_1: \mu_X < \mu_Y$$

단계 2 검정통계량을 결정한다.

$$Z = \frac{W_X - E(W_X)}{\sqrt{Var(W_X)}}$$

여기서

$$E(W_X) = \frac{n(n+m+1)}{2}$$
$$Var(W_X) = \frac{nm(n+m+1)}{12}$$

단계 3 기각역을 구한다.

$$Z \le -z_{0.05} = -1.645$$

단계 4 검정통계량의 값을 구한다.

$$Z = \frac{W_X - E(W_X)}{\sqrt{Var(W_X)}} = \frac{540.5 - \dfrac{24(24+30+1)}{2}}{\sqrt{\dfrac{24 \times 30(24+30+1)}{12}}} = \frac{540.5 - 660}{\sqrt{3300}} = -2.080$$

단계 5 $Z = -2.080 < -z_{0.05} = -1.645$이므로 유의수준 5%에서 귀무가설을 기각한다. 즉 유의수준 5%에서 나이가 많은 사람에 대한 심장수축기의 혈압이 나이가 적은 사람보다 높다.

14.3 두 모평균 차의 가설검정: 대응표본을 갖는 경우

10.4절에서 다룬 대응표본을 갖는 종속된 두 모집단의 평균차에 대한 가설검정의 경우에는 짝차를 표본으로 생각하여 윌콕슨 부호순위검정을 시행하면 비모수적 방법으로 검정할 수 있다.

예제 14-5 다음은 10명의 환자를 대상으로 식사 전의 약에 대한 반응시간(분)과 식사 후의 반응시간을 조사하였다.

환자	1	2	3	4	5	6	7	8	9	10
식사 전	10	11	8	13	8	10	8	14	11	19
식사 후	20	23	22	10	13	37	8	19	15	21

식사 후 반응시간이 식사 전 반응시간보다 길다고 할 수 있는지를 윌콕슨 부호순위검정을 이용하여 유의수준 5%에서 검정하라.

풀이 관측값으로부터 부호순위를 구하면 다음과 같다.

환자	1	2	3	4	5	6	7	8	9	10
식사 전	10	11	8	13	8	10	8	14	11	19
식사 후	20	23	22	10	13	37	8	19	15	21
짝차(D_i)	−10	−12	−14	3	−5	−7	0	−5	−4	−2
$\lvert D_i \rvert$	10	17	17	3	5	7	0	5	4	2
순위(R_i^+)	7	8	9	2	4.5	6		4.5	3	1
부호순위	−7	−8	−9	2	−4.5	−6		−4.5	−3	−1

위의 표에서 윌콕슨 부호순위검정통계량은

$$W^+ = 2$$

이다.

따라서 윌콕슨 부호순위검정은 다음과 같이 한다.

단계 1 귀무가설과 대립가설을 설정한다.

$$H_0 : \mu_D = 0$$
$$H_1 : \mu_D < 0$$

단계 2 검정통계량을 결정한다.

$$W^+ = \text{양의 부호를 가진 } R_i^+ \text{ 의 순위합}$$

단계 3 기각역을 구한다.

$$W^+ \le w^+(0.9512,\ 9) = 8$$

단계 4 검정통계량의 값을 구한다.

$$W^+ = 2$$

단계 5 $W^+ = 2 < w^+(0.9512, 9) = 8$이므로 유의수준 5%에서 귀무가설을 기각한다. 즉 유의수준 5%에서 식사 후 반응시간이 식사 전 반응시간 보다 길다.

연습문제

14.1 어떤 분포로부터 표본크기가 10인 표본을 추출하여 다음과 같은 데이터를 얻었다.

1.53 1.47 0.93 −0.02 0.46 1.33 0.98 1.96 −0.41 −1.23

평균이 0인지를 유의수준 5%에서 윌콕슨 부호순위검정을 실시하라.

14.2 다음의 데이터는 18명의 견습조정사들이 한 교관으로부터 받은 훈련시간을 나타낸 것이다.

9 12 18 14 12 14 12 10 16
11 9 11 13 11 13 15 13 14

평균훈련 시간이 12시간보다 많은지를 유의수준 5%에서 윌콕슨 부호 순위검정을 실시하라.

14.3 다음은 어떤 호수에서 랜덤하게 잡은 개복치(sunfish)의 길이를 나타낸 것이다. (단위 : 인치)

5.0 3.9 5.2 5.5 2.8 6.1 6.4 2.6 1.7 4.3

윌콕슨 부호순위검정을 이용하여 유의수준 5%에서 개복치의 평균 길이가 3.7인치보다 큰가를 검정하라.

14.4 다음은 미취학 학생들 중에서 20명을 랜덤으로 추출하여 1학년에 입학하기 전에 실시한 준비시험의 성적이다.

35 19 40 35 51 41 27 23 39 21
41 31 46 51 34 37 36 55 52 32

윌콕슨 부호순위검정을 이용하여 유의수준 5%에서 미취학 학생들의 평균 성적이 45점보다 작은가를 검정하라.

14.5 다음은 어떤 마을에 거주하는 세대주 중에서 15명이 1년간 받은 교육연수 시간을 조사한 것이다.

13 6 6 12 12 10 9 11 14 8 7 16 15 8 7

윌콕슨 부호순위검정을 이용하여 유의수준 5%에서 평균 교육연수가 11시간인지를 검정하라.

14.6 한 컴퓨터 소프트웨어 회사에서는 편집기능을 강화한 워드프로세서 프로그램의 새로운 버전을 시판하고자 한다. 새로운 제품이 기존의 제품보다 많은 장점이 있는지를 점검하기 위하여 동일한 능력이 있다고 간주되는 11명의 사용자를 표본추출하여 주어진 과제물 보고서를 5명은 기존의 프로그램으로, 나머지 6명은 새로운 버전의 프로그램으로 작성하게 한 후 각 보고서에 나타난 에러의 수를 조사하였다. 새로운 프로그램이 기존의 프로그램보다 에러를 줄일 수 있는 바람직한 프로그램인지를 유의수준 5%에서 윌콕슨 순위합검정을 실시하라.

기존의 프로그램	9	11	15	18	23	
새로운 프로그램	3	5	7	8	10	12

14.7 평준화 지역의 수학성적이 비평준화 지역의 수학성적보다 높은지를 알아보기 위하여 각 지역에서 표본추출한 학생의 수학성적이 다음과 같다.

평준화 지역	81	73	79	84	79	80	82	81	76
비평준화 지역	71	69	72	66	70	71	67	80	

평준화 지역의 수학성적 평균점수가 비평준화 지역의 수학성적 평균점수보다 높은지 유의수준 5%에서 윌콕슨 순위합검정을 실시하라.

14.8 많은 교회들은 크게 상위계층의 교인들로 구성된 교회와 중산층 이하의 교인들로 구성된 교회로 구분할 수 있다고 하자. 두 계층의 교회들 간에 주일예배 시간에 차이가 있는지를 알아보기 위하여 임의로 조사한 자료를 이용하여 순위를 부여한 결과 다음과 같다.

교인	주일예배 시간 순위													
상위계층	1	2	3	6	7	8	11	13	14	15	17	21	25	
중산계층	4	5	9	10	12	16	18	19	20	22	3	24	26	27

두 계층의 교회들 간에 주일예배 시간에 차이가 있는지 유의수준 5%에서 윌콕슨 순위합 검정을 실시하라.

14.9 새로운 컴퓨터 키보드 배치판이 기존의 키보드에 비하여 능률적인가를 알고자 임의로 추출한 15명의 일급타자수에게 동일분량의 원고를 7명은 새로운 키보드를, 다른 8명은 기존의 키보드를 이용하여 컴퓨터에 입력하게 하였다. 개인별 입력시간(단위: 분)을 참고로 새로운 컴퓨터 키보드 배치판이 기존의 키보드에 배치판에 비하여 더 능률적이라고 할 수 있는지 윌콕슨 순위합검정을 이용하여 유의수준 5%로 검정하라.

새로운 키보드	22	23	25	28	30	33	36	
기존의 키보드	29	33	33	39	40	41	42	48

14.10 임의로 선정한 7명의 학생에게 현재 방법으로 교육 후에 영어 듣기시험을 실시하고, 다른 6명의 학생에게는 새로운 방법으로 교육 후에 영어 듣기시험을 실시하였다. 두 방법에 차이가 있는지를 윌콕슨 순위합 검정을 이용하여 유의수준 5%로 검정하라.

방법	영어 듣기시험 점수						
현재 교육방법	72	68	79	78	80	69	84
새로운 교육방법	60	68	64	73	70	72	

14.11 새로 개발된 식이요법 B가 기존의 식이요법 A보다 더 효과적인지를 확인하기 위하여 건강상태가 비슷한 13마리의 쥐에 2주 동안 실험한 결과 다음의 체중증가 자료를 얻었다.

식이요법 A	2.4	4.2	1.4	3.7	2.9	1.2	
식이요법 B	4.7	5.4	3.9	4.7	3.6	5.0	4.0

식이요법 B가 A보다 더 효과적인지를 윌콕슨 순위합검정을 이용하여 유의수준 5%로 검정하라.

14.12 자신감을 심어주는 교육기관에 종업원 7명을 보낸 후 이들이 교육기관에서 훈련하기 전과 후의 자신감에 대한 것을 조사한 성적이 다음과 같다. 이 교육기관에서의 훈련이 자신

감에 대한 성적을 올리는 데 효과가 있는지를 유의수준 5%에서 윌콕슨 부호순위검정을 실시하라.

훈련전 성적	8	5	4	9	6	8	5
훈련후 성적	10	7	5	11	6	7	9

14.13 어떤 회사에서 생산되는 제품의 무게를 줄이고자 8명의 근로자를 임의로 선택하여 12주간 특별훈련을 실시한 후 이들이 생산된 제품의 무게를 조사한 것이 다음과 같다.

훈련전 제품의 무게	81	75	89	91	65	70	90	69
훈련후 제품의 무게	92	72	93	110	78	69	115	75

이 특별훈련이 제품의 무게를 줄이는 데 효과가 있는지 유의수준 5%에서 윌콕슨 부호순위검정을 실시하라.

14.14 A와 B 두 청량음료에 대하여 시음전문가 5명에게 맛을 보게 한 다음, 맛을 점수로 나타내어 다음의 자료를 얻었다.

시음자	1	2	3	4	5
A	90	85	78	65	45
B	84	90	70	60	45

두 청량음료의 맛에 차이가 있다고 할 수 있는지 유의수준 5%에서 윌콕슨 부호순위검정을 실시하라.

14.15 해수욕장에서 사용하는 피부보호용 크림을 새로 개발하여, 이를 기존의 크림과 비교하려고 한다. 이를 위해 7명의 여성이 두 크림을 바른 후에 일정시간 햇빛에 노출시키고 피부가 탄 정도를 측정하여 다음의 자료를 얻었다.

기본의 크림	45	72	85	63	81	48	56
새 크림	52	68	87	57	60	42	48

새 크림이 기존의 크림보다 더 효과적인지 유의수준 5%에서 윌콕슨 부호순위검정을 실시하라.

엑셀실습

1. 모평균의 가설검정: 소표본인 경우

● **E14-1** 어떤 심리학자가 어린아이들의 첫 걸음마 때의 평균 연령이 12.5월이라고 주장한다. 다음 데이터는 임의로 선택된 9명의 어린아이들의 첫 걸음마 때의 나이(단위 : 월)이다.

15 11 13 14 15 17 14 16 13

엑셀을 이용하여 어린아이들의 첫 걸음마의 평균 연령이 12.5월보다 큰지를 유의수준 5%에서 윌콕슨 부호순위검정을 시행하라.

풀이

관측값으로부터 부호순위를 구하면 다음과 같다.

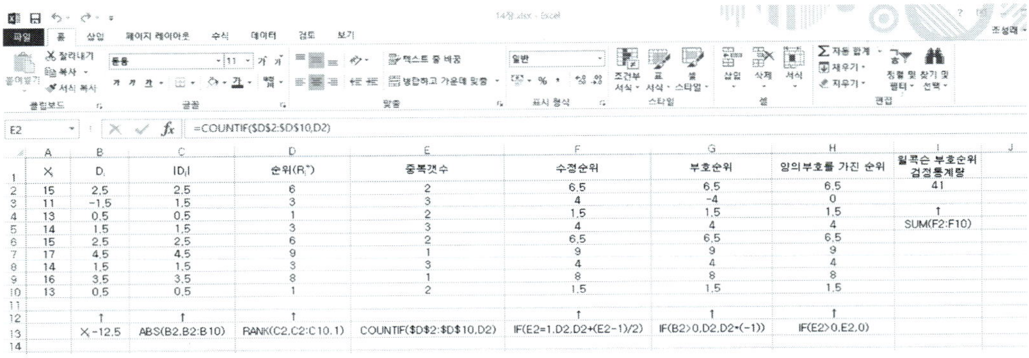

E2 =COUNTIF($D$2:$D$10,D2)

	A	B	C	D	E	F	G	H	I
1	X_i	D_i	$\|D_i\|$	순위(R_i^+)	중복갯수	수정순위	부호순위	양의부호를 가진 순위	윌콕슨 부호순위 검정통계량
2	15	2.5	2.5	6	2	6.5	6.5	6.5	41
3	11	-1.5	1.5	3	3	4	-4	0	
4	13	0.5	0.5	1	2	1.5	1.5	1.5	↑
5	14	1.5	1.5	3	3	4	4	4	SUM(F2:F10)
6	15	2.5	2.5	6	2	6.5	6.5	6.5	
7	17	4.5	4.5	9	1	9	9	9	
8	14	1.5	1.5	3	3	4	4	4	
9	16	3.5	3.5	8	1	8	8	8	
10	13	0.5	0.5	1	2	1.5	1.5	1.5	
11									
12		↑	↑	↑		↑	↑	↑	
13		X_i-12.5	ABS(B2,B2:B10)	RANK(C2,C2:C10,1)	COUNTIF($D$2:$D$10,D2)	IF(E2=1,D2,D2+(E2-1)/2)	IF(B2>0,D2,D2*(-1))	IF(E2>0,E2,0)	
14									

위의 표에서 윌콕슨 부호순위검정통계량은

$$W^+ = 6.5 + 1.5 + 4 + 6.5 + 9 + 4 + 8 + 1.5 = 41$$

이다.

단계 1. 귀무가설과 대립가설을 설정한다.

$$H_0 : \mu = 12.5$$
$$H_1 : \mu > 12.5$$

단계 2. 검정통계량을 결정한다.

$$W^+ = \text{양의 부호를 가진 } R_i^+ \text{ 의 순위합}$$

단계 3. 기각역을 구한다.

$$W^+ \geq w^+(0.049,\ 9) = 37$$

단계 4. 검정통계량의 값을 구한다.

$$W^+ = 6.5 + 1.5 + 4 + 6.5 + 9 + 4 + 8 + 1.5 = 41$$

단계 5. $W^+ = 41 > w^+(0.049,\ 9) = 37$이므로 유의수준 4.9%에서 귀무가설을 기각한다. 즉 유의수준 5%에서 어린아이들의 첫 걸음마의 평균 연령이 12.5월보다 크다고 할 수 있다.

2. 모평균의 가설검정 : 대표본인 경우

● E14-2 과거 연구에서 모든 대학생들이 사회봉사를 하는 평균 시간은 주당 50분이었다. 다음 데이터는 최근 임의로 선택된 34명의 대학생들이 사회봉사를 한 시간이다.

34	56	74	23	12	89	87	56	48	13	9	85
76	56	17	28	66	38	46	81	29	33	41	78
11	57	17	22	91	54	19	35	65	47		

엑셀을 사용하여, 모든 대학생들이 사회봉사를 하는 평균 시간은 주당 50분보다 적은지를 유의수준 5%에서 윌콕슨 부호순위검정을 시행하라.

풀이

관측값으로부터 부호순위를 구하면 다음과 같다.

A30 | fx 91

	A	B	C	D	E	F	G	H	I
1	Xi	Di	|Di|	순위(Ri+)	중복갯수	수정순위	부호순위	양의부호를 가진 순위	윌콕슨 부호순위 검정통계량
2	34	-16	16	13	2	13.5	-13.5	0	257
3	56	6	6	5	3	6	6	6	
4	74	24	24	18	1	18	18	18	↑
5	23	-27	27	20	1	20	-20	0	SUM(F2:F35)
6	12	-38	38	30	1	30	-30	0	
7	89	39	39	31	2	31.5	31.5	31.5	
8	87	37	37	28	2	28.5	28.5	28.5	
9	56	6	6	5	3	6	6	6	
10	48	-2	2	1	1	1	-1	0	
11	13	-37	37	28	2	28.5	-28.5	0	
12	9	-41	41	33	2	33.5	-33.5	0	
13	85	35	35	27	1	27	27	27	
14	76	26	26	19	1	19	19	19	
15	56	6	6	5	3	6	6	6	
16	17	-33	33	25	2	25.5	-25.5	0	
17	28	-22	22	17	1	17	-17	0	
18	66	16	16	13	2	13.5	13.5	13.5	
19	38	-12	12	10	1	10	-10	0	
20	46	-4	4	3	2	3.5	-3.5	0	
21	81	31	31	23	2	23.5	23.5	23.5	
22	29	-21	21	16	1	16	-16	0	
23	33	-17	17	15	1	15	-15	0	
24	41	-9	9	9	1	9	-9	0	
25	78	28	28	21	2	21.5	21.5	21.5	
26	11	-39	39	31	2	31.5	-31.5	0	
27	57	7	7	8	1	8	8	8	
28	17	-33	33	25	2	25.5	-25.5	0	
29	22	-28	28	21	2	21.5	-21.5	0	
30	91	41	41	33	2	33.5	33.5	33.5	
31	54	4	4	3	2	3.5	3.5	3.5	
32	19	-31	31	23	2	23.5	-23.5	0	
33	35	-15	15	11	2	11.5	-11.5	0	
34	65	15	15	11	2	11.5	11.5	11.5	
35	47	-3	3	2	1	2	-2	0	
36		↑	↑	↑	↑	↑	↑	↑	
37		Xi-50	ABS(B2)	RANK(C2,$C$2:$C$35,1)	COUNTIF($D$2:$D$35,D2)	IF(E2=1,D2,D2+(E2-1)/2)	IF(B2>0,D2,D2*(-1))	IF(E2>0,E2,0)	

위의 표에서 윌콕슨 부호순위검정통계량은

$$W^{+}=6+18+31.5+28.5+\cdots+8+33.5+3.5+11.5=257$$

이다. 표본크기는 $n=34$개이며, 대표본 정규근사 이론을 적용하여 윌콕슨 부호순위검정은 다음과 같이 한다.

단계 1. 귀무가설과 대립가설을 설정한다.

$$H_0:\mu=50$$
$$H_1:\mu<50$$

단계 2. 검정통계량을 결정한다.

$$Z=\frac{W^{+}-E(W^{+})}{\sqrt{Var(W^{+})}}$$

여기서,

$$E(W^{+})=\frac{n(n+1)}{4}$$

$$Var(W^{+})=\frac{n(n+1)(2n+1)}{24}$$

단계 3. 기각역을 구한다.

$$Z \leq -z_{0.05} = -1.645$$

단계 4. 검정통계량의 값을 구한다.

$$Z = \frac{W^+ - E(W^+)}{\sqrt{Var(W^+)}} = \frac{257 - \frac{34(34+1)}{4}}{\sqrt{\frac{34(34+1)(68+1)}{24}}} = \frac{-40.5}{58.49} = -0.69$$

단계 5. $H_1 : \mu < 50$일 때, $Z = -0.69 > -z_{0.05} = -1.645$이므로 유의수준 5%에서 귀무가설을 기각할 수 없다. 따라서 이 표본 정보에 의하면 모든 대학생들이 사회봉사를 하는 평균 시간은 주당 50분보다 적다고 할 수 없다.

3. 두 모평균 차의 가설검정: 독립인 경우

3.1 소표본인 경우

● E14-3 어떤 보험회사는 고속도로에서 남자 운전자와 여자 운전자의 자동차의 평균 주행속도의 차이를 알기를 원하였다. 따라서 이 고속도로를 달리는 남자 운전자들 중 임의로 4명을 선택하여 그들의 자동차 주행속도를 조사하였더니 다음의 데이터를 얻었다.

70 67 65 72

또한 여자 운전자들 중 임의로 5명을 선택하여 그들의 자동차 주행속도를 조사하였더니 다음의 데이터를 얻었다.

61 55 58 66 70

이 고속도로를 달리는 모든 남자 운전자의 자동차 평균 주행속도와 여자 운전자의 자동차 평균 주행속도가 다르다고 할 수 있는지를 윌콕슨 순위합검정법을 이용하여 유의수준 5%로 검정하라.

풀이

관측값으로부터 순위를 구하면 다음과 같다.

표본크기는 $n = 4$(X 그룹)이고 $m = 5$(Y 그룹)이다. 두 확률표본을 혼합하여 크기 순으로 배열하면 다음과 같다.

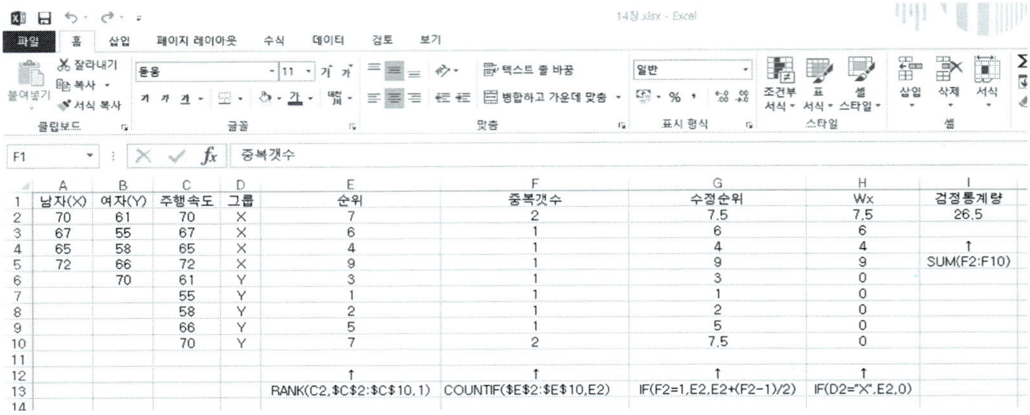

	A	B	C	D	E	F	G	H	I
1	남자(X)	여자(Y)	주행속도	그룹	순위	중복갯수	수정순위	Wx	검정통계량
2	70	61	70	X	7	2	7.5	7.5	26.5
3	67	55	67	X	6	1	6	6	
4	65	58	65	X	4	1	4	4	↑
5	72	66	72	X	9	1	9	9	SUM(F2:F10)
6		70	61	Y	3	1	3	0	
7			55	Y	1	1	1	0	
8			58	Y	2	1	2	0	
9			66	Y	5	1	5	0	
10			70	Y	7	2	7.5	0	
11									
12					↑	↑	↑	↑	
13					RANK(C2,$C$2:$C$10,1)	COUNTIF($E$2:$E$10,E2)	IF(F2=1,E2,E2+(F2-1)/2)	IF(D2="X",E2,0)	

위의 표에서 윌콕슨 순위합검정통계량은

$$W_X = 7.5 + 6.0 + 4.0 + 4.0 = 26.5$$

이다.

따라서 윌콕슨 순위합검정은 다음과 같이 한다.

단계 1. 귀무가설과 대립가설을 설정한다.

$$H_0 : \mu_X = \mu_Y$$
$$H_1 : \mu_X \neq \mu_Y$$

단계 2. 검정통계량을 결정한다.

$$W_X = \text{혼합표본에서 } X_i \text{들의 순위합}$$
$$= \sum_{i=1}^{n} R_i$$

단계 3. 기각역을 구한다.

$$W_X \geq w_X\left(\frac{\alpha}{2}, n, m\right) = w_X(0.032, 4, 5) = 28$$

또는

$$W_X \leq w_X\left(\frac{\alpha}{2}, n, m\right) = w_X(0.984, 4, 5) = 12$$

단계 4. 검정통계량의 값을 구한다.

$$W_X = 7.5 + 6 + 4 + 9 = 26.5$$

단계 5. $W_X = 26.5 < 12$이므로 유의수준 3.2%에서 귀무가설을 기각한다. 즉 유의수준 3.2%에서 이 고속도로를 달리는 모든 남자 운전자의 자동차 평균 주행속도와 여자 운전자의 자동차 평균 주행속도가 다르다고 할 수 있다.

3.2 대표본인 경우

실습 예제 E14-3에서 데이터를 추가로 더 조사하여 아래와 같은 데이터가 주어졌다고 하자.

● E14-4 어떤 보험회사는 고속도로에서 남자 운전자와 여자 운전자의 자동차의 평균 주행속도의 차이를 알기를 원하였다. 따라서 이 고속도로를 달리는 남자 운전자들 중 임의로 16명을 선택하여 그들의 자동차 주행속도를 조사하였더니 다음의 데이터를 얻었다.

70 67 65 72 71 54 74 69
63 57 64 76 60 55 63 69

또한 여자 운전자들 중 임의로 14명을 선택하여 그들의 자동차 주행속도를 조사하였더니 다음의 데이터를 얻었다.

61 55 58 66 70 54 57
60 63 72 65 63 59 67

이 고속도로를 달리는 모든 남자 운전자의 자동차 평균 주행속도가 여자 운전자의 자동차 평균 주행속도보다 크다고 할 수 있는지를 윌콕슨 순위합검정법을 이용하여 유의수준 5%로 검정하라.

풀이

여자 운전자에 해당되는 그룹을 X 그룹으로, 남자 운전자에 해당되는 그룹을 Y 그룹으로 두고 혼합표본의 순위를 구하면 다음과 같다.

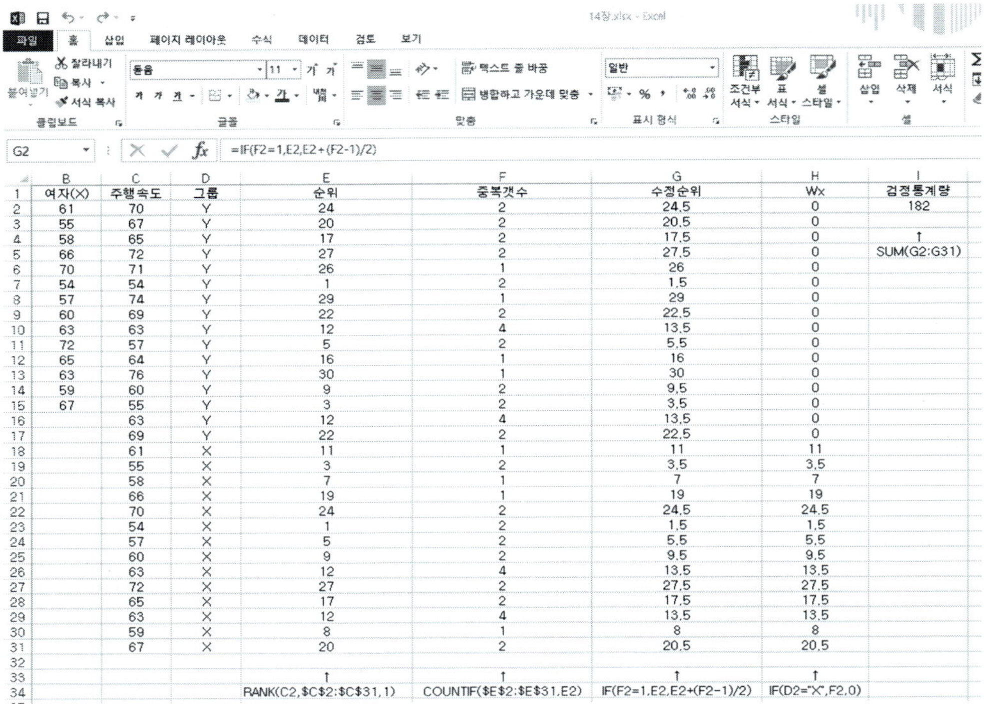

G2 =IF(F2=1,E2,E2+(F2-1)/2)

	B	C	D	E	F	G	H	I
1	여자(X)	주행속도	그룹	순위	중복갯수	수정순위	Wx	검정통계량
2	61	70	Y	24	2	24.5	0	182
3	55	67	Y	20	2	20.5	0	
4	58	65	Y	17	2	17.5	0	↑
5	66	72	Y	27	2	27.5	0	SUM(G2:G31)
6	70	71	Y	26	1	26	0	
7	54	54	Y	1	2	1.5	0	
8	57	74	Y	29	1	29	0	
9	60	69	Y	22	2	22.5	0	
10	63	63	Y	12	4	13.5	0	
11	72	57	Y	5	2	5.5	0	
12	65	64	Y	16	1	16	0	
13	63	76	Y	30	1	30	0	
14	59	60	Y	9	2	9.5	0	
15	67	55	Y	3	2	3.5	0	
16		63	Y	12	4	13.5	0	
17		69	Y	22	2	22.5	0	
18		61	X	11	1	11	11	
19		55	X	3	2	3.5	3.5	
20		58	X	7	1	7	7	
21		66	X	19	1	19	19	
22		70	X	24	2	24.5	24.5	
23		54	X	1	2	1.5	1.5	
24		57	X	5	2	5.5	5.5	
25		60	X	9	2	9.5	9.5	
26		63	X	12	4	13.5	13.5	
27		72	X	27	2	27.5	27.5	
28		65	X	17	2	17.5	17.5	
29		63	X	12	4	13.5	13.5	
30		59	X	8	1	8	8	
31		67	X	20	2	20.5	20.5	
32								
33				↑	↑	↑	↑	
34				RANK(C2,$C$2:$C$31,1)	COUNTIF($E$2:$E$31,E2)	IF(F2=1,E2,E2+(F2-1)/2)	IF(D2="X",F2,0)	

위의 표에서 윌콕슨 순위합검정통계량은

$$W_X = 11 + 3.5 + 7 + \cdots + 13.5 + 8 + 20.5 = 182$$

이다. 한편 표본크기는 $n = 14$, $m = 16$이므로 대표본 정규근사 이론을 이용하여 윌콕슨 순위합검정을 시행한다.

단계 1. 귀무가설과 대립가설을 설정한다.

$$H_0 : \mu_X = \mu_Y$$
$$H_1 : \mu_X < \mu_Y$$

단계 2. 검정통계량을 결정한다.

$$Z = \frac{W_X - E(W_X)}{\sqrt{Var(W_X)}}$$

여기서,

$$E(W_X) = \frac{n(n+m+1)}{2}$$

$$Var(W_X) = \frac{nm(n+m+1)}{12}$$

단계 3. 기각역을 구한다.

$$Z \leq -z_{0.05} = -1.645$$

단계 4. 검정통계량의 값을 구한다.

$$Z = \frac{W_X - E(W_X)}{\sqrt{Var(W_X)}} = \frac{182 - \dfrac{14(14+16+1)}{2}}{\sqrt{\dfrac{14 \times 16(14+16+1)}{12}}} = \frac{182 - 217}{\sqrt{578.7}} = -1.455$$

단계 5. $Z = -1.455 > -z_{0.05} = -1.645$이므로 유의수준 5%에서 귀무가설을 기각할 수 없다. 즉 유의수준 5%에서 이 고속도로를 달리는 모든 여자 운전자의 자동차 평균 주행속도가 남자 운전자의 자동차 평균 주행속도보다 크다고는 할 수 없다.

4. 두 모평균 차의 가설검정 : 대응표본을 갖는 경우

● E14-5 어떤 연구자가 심장 혈압에 대해 특별 다이어트의 효과를 알기 위해서 7명의 어른을 임의로 선택하여 3개월간 다이어트 프로그램을 실시하였다. 다음 데이터는 7명의 심장 혈압에 대한 프로그램 전과 후의 값이다.

전	210	180	195	220	231	199	224
후	193	186	186	223	220	183	233

어른들의 특별 다이어트 프로그램에서 심장 혈압의 평균 감소 효과가 있는지를 윌콕슨 부호순위검정을 이용하여 유의수준 5%에서 검정하라.

풀이

관측값으로부터 부호순위를 구하면 다음과 같다.

	A	B	C	D	E	F	G	H	I	J
1	전	후	짝차(D_i)	$\|D_i\|$	순위(R_i^+)	중복갯수	수정순위	부호순위	양의부호를 가진 순위	윌콕슨 부호순위 검정통계량
2	210	193	17	17	7	1	7	7	7	21.5
3	180	186	-6	6	2	1	2	-2	0	
4	195	186	9	9	3	2	3.5	3.5	3.5	↑
5	220	223	-3	3	1	1	1	-1	0	SUM(G2:G8)
6	231	220	11	11	5	1	5	5	5	
7	199	183	16	16	6	1	6	6	6	
8	224	233	-9	9	3	2	3.5	-3.5	0	
9										
10			↑	↑	↑	↑	↑	↑	↑	
11			A2-B2	ABS(C2)	RANK(D2,D2:D8)	COUNTIF($E$2:$E$8,E2)	IF(F2=1,E2,E2+(F2-1)/2)	IF(C2>0,E2,E2*(-1))	IF(F2>0,F2,0)	

위의 표에서 윌콕슨 부호순위검정통계량은

$$W^+ = 21.5$$

이다.

따라서 윌콕슨 부호순위검정은 다음과 같이 한다.

단계 1. 귀무가설과 대립가설을 설정한다.

$$H_0 : \mu_D = 0$$
$$H_1 : \mu_D > 0$$

단계 2. 검정통계량을 결정한다.

$$W^+ = \text{양의 부호를 가진 } R_i^+ \text{ 의 순위합}$$

단계 3. 기각역을 구한다.

$$W^+ \le w^+(0.055,\ 7) = 24$$

단계 4. 검정통계량의 값을 구한다.

$$W^+ = 21.5$$

단계 5. $W^+ = 21.5 \le w^+(0.055,\ 7) = 24$이므로 유의수준 5%에서 귀무가설을 기각한다. 즉 유의수준 5%에서 어른들의 특별 다이어트 프로그램에서 심장 혈압의 평균 감소 효과가 있다고 할 수 없다.

부록

APPENDIX 01

엑셀 사용법

1. 엑셀의 소개

1.1 엑셀이란 무엇인가?

엑셀이란 Microsoft사가 개발한 통합 소프트웨어 패키지로 산술연산 외에도 그림이나 차트 등의 GUI 기능 지원, 비주얼 베이직 언어를 사용한 매크로 기능 지원(프로그래밍 수준의 작업 처리가능)하는 스프레드시트(Spread Sheet) 프로그램이다. 엑셀 프로그램은 1994년에 발표된 엑셀 4.0을 시작으로 엑셀 95, 97, 2000, 2002, 2003, 2007, 2010 등의 버전업을 하다가 최근 엑셀 2013이 발표되었다. 엑셀은 스프레드시트 프로그램 중에서 가장 널리 사용되는 프로그램이며 거의 모든 회사에서 사용하고 있다. 급여계산(급여명세표), 재무(대차대조표, 손익계산서), 계획(이익계획표, 수요예측, 판매계획, 설비투자 계획표), 영업관리(매상관리, 재고관리표), 기타(스케줄표, 주소록), 가계(가계, 가계부분석표, 금리계산표), 취미(여행계획표, 비디오 관리 리스트, 골프 등의 성적표), 건강(칼로리 계산표, 체중과 혈압의 관리표, 체력 분석표), 교육(성적관리표) 등에 사용되고 있다.

스프레드시트란 행과 열이 만나 생기는 사각형 모양의 셀들의 집합체인 전자계산서를 의미하는 것으로 컴퓨터를 이용하여 계산과 관련된 작업을 쉽게 처리, 분석하여 활용할 수 있도록 개발된 응용프로그램이다.

1.2 엑셀에서 할 수 있는 작업

1.2.1 수식 계산

엑셀은 가장 기본적으로 수치 계산을 위한 프로그램이다. 수식 계산 기능은 사칙 연산에서 복잡한 논리 연산까지 모두 포함되어 있다. 또 하나의 수식을 입력하면 같은 행이나 열의 비슷한 수식을 복사해서 사용할 수 있고 원본 데이터가 변경되면 자동으로 수식이 변경되는 재계산 기능까지 있다. 수치자료의 계산을 위해 수학함수, 회계함수, 통계함수 등 다양한 함수를 지원한다.

1.2.2 다양한 개체 삽입

엑셀은 계산 자료 이외에 그림이나 클립아트, 워드아트, 지도 등의 삽입이 가능하고, 서식 기능을 사용하여 표를 작성할 수 있다.

1.2.3 차트 작성

차트를 사용하면 단순한 수치만으로 이해하기 힘든 자료를 누구나 쉽게 이해할 수 있다. 엑셀 2013에서는 계산한 자료를 바탕으로 다양한 종류의 차트를 아주 간단하게 작성하거나 변경할 수 있는 기능을 제공한다.

1.2.4 데이터 베이스 기능

많은 데이터를 쉽게 정리하고 관리할 수 있는 데이터베이스(Database) 기능을 제공한다. 자료의 검색 및 자료 정렬 등 데이터베이스 관리 기능을 지원한다.

1.2.5 매크로 작업

엑셀에서 반복적인 작업이나 방대한 업무를 효율적으로 처리할 수 있다. 예를 들면 셀을 선택하여 글꼴은 궁서체로, 크기는 14로, 셀 색상은 파란색으로, 셀 테두리는 실선으로 바꾸는 작업을 반복적으로 해야 한다면 이것을 매크로로 작성하여 하나의 단축키인 [Ctrl+A] 에 기억시켜 두었다가 셀을 선택한 후 [Ctrl+A] 를 누르는 것만으로도 위의 작업이 이루어진다.

1.3 스프레드시트 프로그램의 장점

- 많은 양의 자료를 단시간 내에 계산하고 처리가 가능하다.
- 데이터가 변경되더라도 수식의 결과가 자동 재계산되므로 작업 능률이 향상된다.
- 각종 함수와 수식을 통해 복잡한 계산을 간단하게 해결이 가능하다.
- 자체적으로 그래프 처리가 가능하다.

1.4 스프레드시트 프로그램의 종류

스프레드시트 프로그램에는 로터스 1-2-3(LOTUS 1-2-3), 쿼트로 프로(Quattro Pro), 한셀(한글과컴퓨터), Google 스프레드시트 등이 있다.

1.5 엑셀 파일명

엑셀 파일명 작성 규칙은 다음과 같다.

- 문자, 숫자, 특수문자의 조합으로 구성되며 255자 이내에서 지정
- 대 · 소문자를 구분하지 않음
- 사용할 수 없는 문자: /, \, >, <, *, ?, “, |,: , ; 등
- 엑셀에서 지정되는 기본적인 확장자
- XLSX: 통합문서 파일
- XLTX: 서식 파일

1.6 엑셀의 시작과 종료

엑셀을 시작하는 방법에는 여러 가지가 있다. 시작메뉴에서 시작하는 방법과 바로가기 아이콘을 이용하는 방법, 실행 파일을 직접 더블 클릭하여 실행시키는 방법 등이다.

1.6.1 시작메뉴로 시작하기

[시작] ⇒ [모든 프로그램] ⇒ [Microsoft Office 2013]-[Microsoft Office Execl 2013]

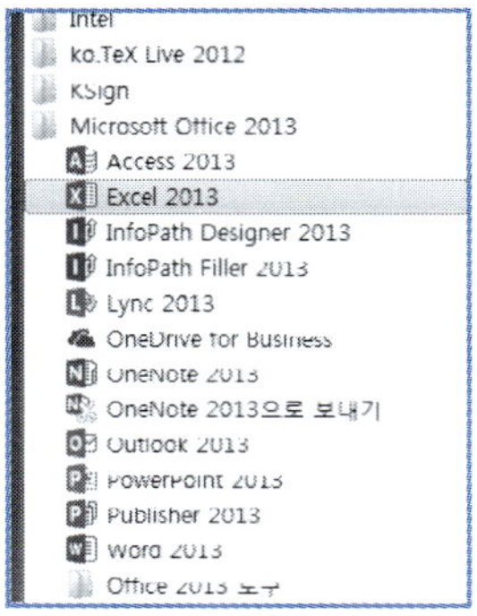

1.6.2 단축아이콘으로 시작하기

바탕화면의 단축아이콘을 더블 클릭하면 엑셀을 시작할 수 있다.

1.6.3 실행 파일로 직접 실행하기

C:\Program Files\Microsoft Office\OFFICE15\excel.exe 파일을 더블클릭하면 엑셀을 시작할 수 있다.

1.6.4 종료하기

엑셀 2013을 종료하는 방법에는 메뉴에서 [끝내기]로 종료하는 방법과 [닫기 아이콘](닫기 단추)을 사용하는 방법, 키보드를 사용해서 종료(Alt+F4)하는 방법 등이 있다.

1.7 엑셀의 화면 구성

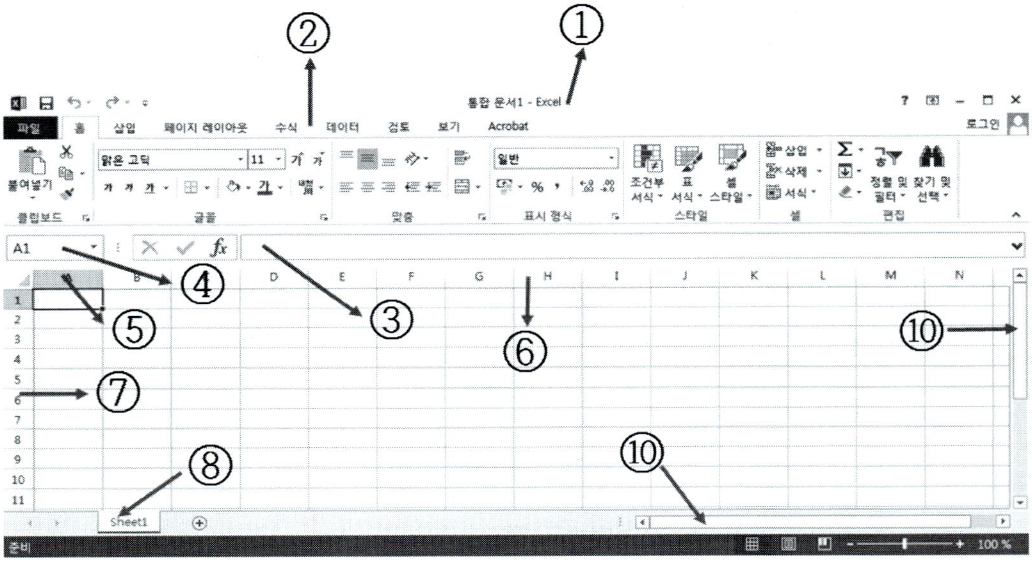

① 메뉴표시줄: 엑셀의 메뉴 표시

② 표준 도구 모음: 메뉴 중 자주 사용되는 기능을 단추화

③ 수식 입력줄: 현재 선택된 셀의 내용 표시

④ 이름 상자: 현재 선택된 셀의 셀 번호를 나타냄

⑤ 셀 포인터: 선택된 셀 표시

⑥ 열 문자: 워크시트 내의 열 표시 문자

⑦ 행 번호: 워크시트 내의 행 표시 번호

⑧ 시트 탭: 여러 장의 시트로 이루어져 있는 엑셀의 통합 문서에서 각각의 시트

⑨ 수평 이동줄: 왼쪽 · 오른쪽 이동

⑩ 수직 이동줄: 위 · 아래 이동

1.8 엑셀에서 사용 가능한 데이터

- 문자 데이터
- 숫자 데이터
- 수식 데이터
- 날짜, 시간 데이터
- 함수
- 특수문자, 한자 데이터 등

1.8.1 문자 데이터의 입력

- 셀의 왼쪽을 기준으로 입력되어 표시된다.
- 셀의 넓이보다 데이터가 길 때 오른쪽에 빈 셀이 있으면 연속되어 표시되고, 빈 셀이 없는 경우 문자열이 잘려서 표시된다.
- 숫자와 문자를 혼합하여 입력하면 문자로 취급된다.
- 숫자를 문자로 입력하려면 선두에 문자 접두어(′) 기호를 사용한다.

1.8.2 숫자 데이터의 입력

- 숫자(0~9)와 +, −, 콤마, 소수점, %, $, ₩, E, e, ( )의 특수 문자를 포함한다.
- 음수(−)는 숫자 앞에 '-' 를 입력하거나 숫자를 괄호로 묶어 입력한다.
- 수치와 연산자를 같이 입력하면 문자로 취급한다.

1.8.3 날짜/시간데이터의 입력

- 날짜일 경우 연, 월, 일의 구분은 하이픈(−)이나 슬래시(/)를 사용한다.
- 현재 날짜 입력: [Ctrl] + ';'

  입력 예: 2014-6-9

  잘못된 예: 6월 9일(날짜 형식이 아님-문자 데이터로 인식됨)
- 날짜 형식 지정: 셀서식 ⇒ 날짜 ⇒ 원하는 형식 지정
- 시간일 경우 시, 분, 초의 구분은 콜론(:)
- 현재 시간 입력: [Ctrl] + [Shift] + ';'
- AM, PM을 표시하지 않으면 24시간 형태로 표시된다.
- 시간과 AM/PM의 사이는 한 칸 이상의 공백을 둔다.

  예 9:35 PM
- 시간 형식 지정: 셀서식 ⇒ 시간 ⇒ 원하는 형식 지정

1.8.4 수식의 입력

- 수식은 항상 등호(=)로 시작하며, 셀 주소, 연산자, 함수 등을 포함한다.

  예: =SUM(A2:H2)

- 사칙연산(+,−,*,/) 기호, 관계연산 기호(=, >, >=, <, <=, <>), 문자열 연산 기호(&)를 사용하여 입력한다.

  예: =AND(A2>=70,B2>=70)

- 셀 주소를 참조한 수식의 결과값은 해당 셀의 내용이 변경되면 자동으로 재계산된다.
- 셀에는 수식의 계산 결과값이 표시되고 수식 입력줄에는 입력한 수식이 표시된다.

1.9 데이터의 수정 및 삭제

1.9.1 데이터의 수정

- 해당 셀에 셀 포인터를 위치한 후 F2 키를 누르고 셀에서 직접 수정한다.
- 해당 셀을 더블 클릭한 후 셀에서 직접 수정한다.
- [수식 입력줄]에서 직접 수정해도 된다.

1.9.2 데이터의 삭제

- 삭제할 데이터를 선택한 후 키보드의 [Del] 키를 클릭한다.
- [편집] ⇒ [지우기] ⇒ [데이터] 메뉴를 선택한다.
- [셀선택] ⇒ [우측마우스 버튼] ⇒ [내용 지우기]를 선택한다.
- [셀선택] ⇒ [우측마우스 버튼] ⇒ [삭제]를 선택한다.

1.10 자동 채우기

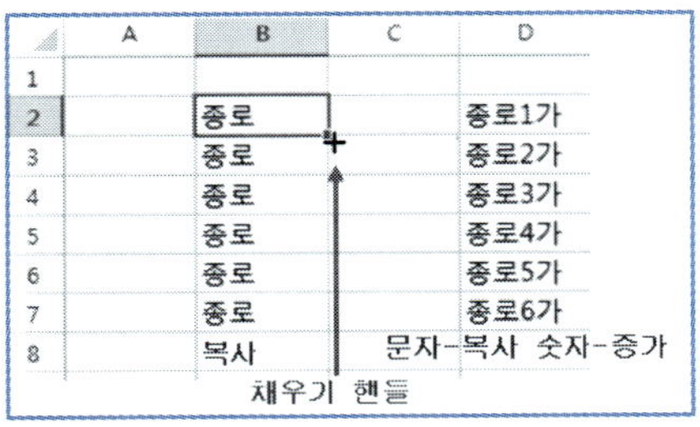

1.10.1 숫자 데이터

자동 채우기 핸들을 이용하여 같은 내용을 여러 셀에 복사하거나, 연속적으로 데이터가 증가 또는 감소하는 값을 자동으로 입력된다.

셀에 자료를 입력한 후 [자동 채우기 핸들]에서 마우스 포인터 모양이 "+"일 때 상, 하, 좌, 우로 드래그(Drag)한다.

두 셀에 숫자 입력 후 드래그하면 두 셀 간 숫자의 차이만큼 증가 또는 감소한다.

자동 채우기

항목명을 입력할 때 분기명은 일정한 규칙에 의해 변하는 데이터이다. 이런 데이터를 입력할 경우 시작하는 셀에 첫 번째 데이터를 입력하고 셀의 하단에 있는 조그만 점인 채우기 핸들을 이용하여 채워질 위치까지 드래그하면 자동으로 연속적인 데이터가 채워진다. 월, 요일 이름 등을 연속으로 채울 수 있으며, 사용자가 지정한 단계 값에 의해 숫자를 연속하여 채울 수 있다. 숫자를 연속해서 채울 경우 시작하는 값을 입력하고, 단계 값, 즉 변하는 값을 입력한 다음 채워질 부분까지 드래그를 한다.

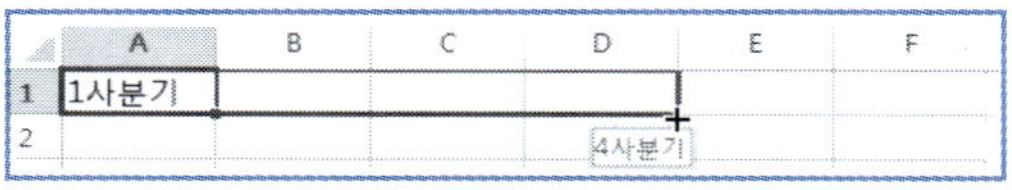

1.10.2 문자 데이터

B	C	D	E	F
<입력>		<결과>		<날짜>
2		2		2015-01-23
4		4		2015-01-24
		6		2015-01-25
		8		2015-01-26
		10		2015-01-27
입력한 숫자의 차이만큼 증가하거나 감소한다.				

- 자동 채우기를 하면 문자만 있는 경우에는 문자가 복사된다.
- 문자에 숫자가 포함된 경우: 문자는 복사되고 숫자는 증가하거나 감소한다.

1.11 셀의 삽입 · 삭제

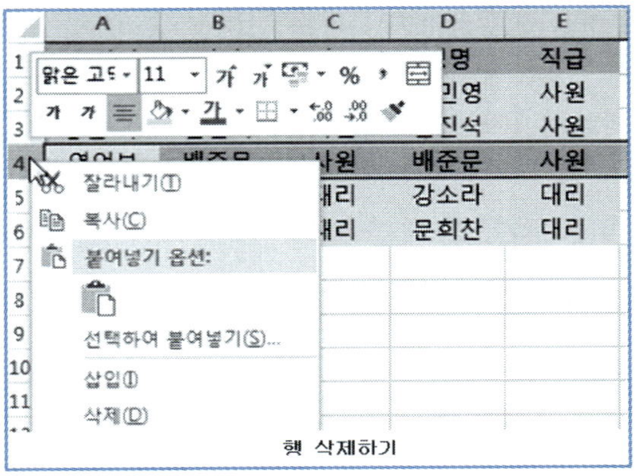

행 삭제하기

- [삽입] 메뉴의 셀 명령을 선택한다.
- 마우스 오른쪽 버튼을 클릭하여 나타난 단축 메뉴 중 삽입한다.
- [편집] 메뉴의 삭제 명령을 선택한다.

1.12 행과 열의 삽입 · 삭제

- [편집] 메뉴의 삽입 · 삭제 명령을 선택한다.
- 행이나 열 선택 후 마우스 오른쪽 버튼을 클릭하여 나타난 단축 메뉴 중 삽입 · 삭제를 선택한다.

1.13 데이터 이동(마우스 이용)

- 이동하고자 하는 셀들의 범위를 지정한다.
- 마우스 우측 버튼 클릭 ⇒ [잘라내기] 도구를 클릭한다.
- 이동할 위치의 셀을 클릭한다.
- 마우스 우측 버튼 클릭 ⇒ [붙여넣기] 도구를 클릭한다.

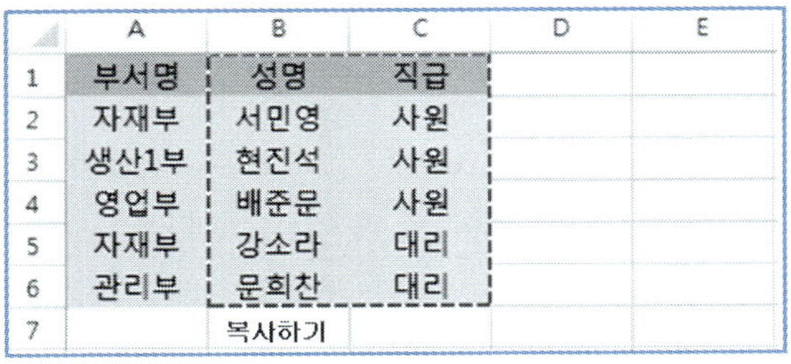

복사하기

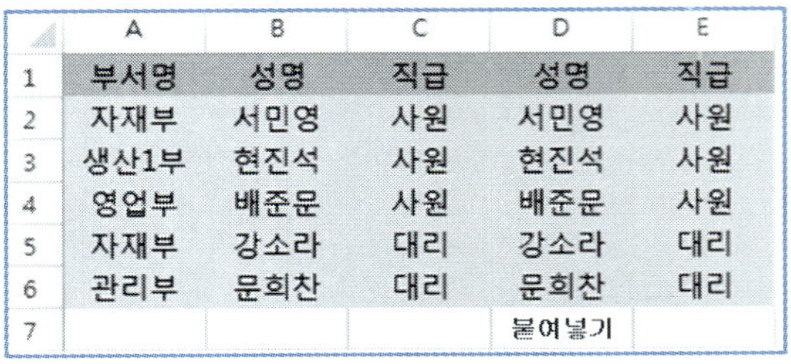

붙여넣기

1.14 데이터 복사(도구 이용)

- 복사하고자 하는 셀들을 범위 지정한다.
- 표준 도구 모음의 복사 도구를 클릭한다.
- 복사할 위치의 셀을 클릭한다.
- 표준 도구 모음의 붙여넣기 도구를 클릭한다.

1.15 엑셀의 연산자

엑셀의 연산자에는 기본(산술) 연산자, 비교 연산자, 참조 연산자, 텍스트 연산자가 있다.

1.15.1 산술 연산자

엑셀에서 가장 많이 사용하게 되는 연산자가 바로 산술 연산자이다. 산술 연산자는 더하기, 빼기, 곱하기, 나누기 등의 사칙연산과 지수, 백분율 등의 산술 계산에 사용되는 연산자이다.

키/단추모양	기능	계산방법	결과값
+	더하기	=A3+A4	22
–	빼기	=A3+A4	18
*	곱하기	=A3+A4	40
^	나누기	=A3+A4	10
–	제곱	=A3+A4	400
	음수/양수 변환	=–A3	–20

1.15.2 비교 연산자

비교 연산자는 데이터를 서로 비교하여 참(true)과 거짓(false)을 판단하는 연산자로 '논리 연산자' 라고도 한다. 기본적으로 비교 연산자를 사용한 수식의 결과값은 수식이 참이면 True, 수식이 거짓이면 False이 된다. 단 IF함수와 함께 사용하는 경우에는 특정한 값으로 결과값을 얻을 수 있다.

연산자	기능	계산방법	결과값
=	같다	=A3=A4	FALSE
<	작다	=A3<A4	FALSE
>	크다	=A3>A4	TRUE
<=	작거나 같다	=A3<=A4	FALSE
=>	크거나 같다	=A3>=A4	TRUE
<>	같지 않다	=A3<>A4	TRUE

1.15.3 참조 연산자

참조 연산자는 셀 참조를 사용해 수식을 작성하는 경우에 사용하는 연산자이다. 특히 일반적인 수식 계산에 사용되는 것보다는 함수식에서 여러 개의 셀 범위를 참조하는 경우에 셀 결합 형식을 지정하는 연산자이다. 따라서 단순히 참조 연산자만을 사용하여 하나의 수식이나 함수식을 만드는 경우에는 수식 오류값인 '#Value!' 가 표시되기도 한다. 일반적으로 참조 연산자는 함수식을 사용하는 경우에 사용한다고 생각하면 된다.

연산자	기능	예제	비고
:(콜론)	셀 범위 지정	=SUM(A3:C5)	SUM은 합계함수
,(콤마)	셀 범위 결합	=SUM(A3:A5,B6:B8)	
공백	공통 부분(교집합)	=SUM(A6:D6 C3:C9)	

1.15.4 텍스트 연산자

텍스트 연산자는 숫자 데이터를 계산하는 연산자가 아니라, 텍스트 문자열을 서로 연결해 주는 연산자이다. 따라서 피연산자로는 숫자 데이터나 문자 데이터가 입력된 셀이 되어야 한다.

연산자	기능	예제	결과값
&	문자데이터 연결	=A3&B13	대륜고등학교

2. 엑셀의 함수

함수는 수식 계산을 쉽게 하기 위해서 엑셀에서 미리 정의해 둔 수식이다. 예를 들어 SUM 함수는 '=SUM(A1:C4)' 의 형태로 나타난다. 함수식은 등호(=), 함수 이름, 괄호, 인수로 구성되어 있다.

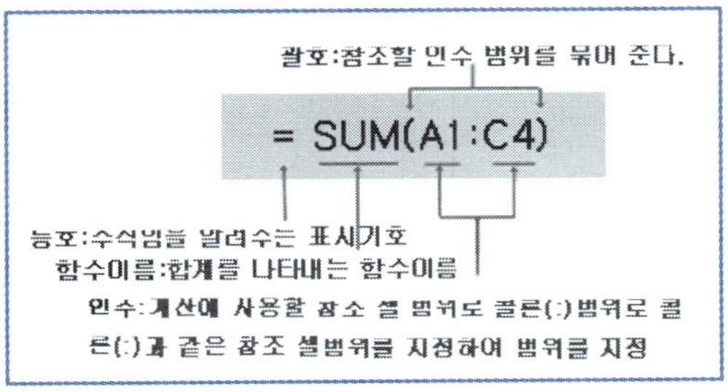

- 인수는 콤마(,)로 구분되어 괄호로 묶어 표시한다.
- 함수의 종류에 따라 숫자, 문자열, 논리값, 오류값, 셀 참조 등을 인수로 지정이 가능하다.
- 함수의 형식

  =함수명 (인수1, 인수2,...)

  =SUM(A1:F15, G5)
- 식의 전체 문자 수는 1024자 이내이다.
- 인수의 최대 개수는 30개까지 사용할 수 있다.

2.1 중첩 함수

함수로 수식을 계산할 때 하나의 함수로만 결과가 나오지 않을 수도 있다. 이러 경우에 여러 함수를 사용하여야 하는데 두 개 이상의 함수로 수식을 계산하는 것을 중첩함수라고 한다.

하나의 함수를 다른 함수의 인수로 사용하는 함수를 중첩함수라고 한다.

함수 A를 함수 B에서 인수로 사용할 경우 함수 B를 중첩 함수라고 한다.

```
IF(G5>=90,"상",IF(G5>=70,"중","하"))
1단계함수        2단계함수
```

7단계까지 중첩 가능하다.

2.2 함수의 종류

2.2.1 AND 함수

AND 함수는 조건이 둘 다 참이면 "TRUE", 거짓이면 "FALSE"를 표시하는 함수이다.

형식: =AND(조건1, 조건2)

조건1, 조건2가 둘 다 참이면 "TRUE", 하나라도 거짓이면 "FALSE".

2.2.2. OR 함수

OR()는 두 개의 조건 중 어느 하나라도 사실이면 "TRUE"를 표시하고 둘 다 거짓이면 "FALSE"를 표시하는 함수이다.

형식: =OR(조건1, 조건2)

조건1, 조건2에서 어느 하나라도 사실이면 "TRUE", 모두가 거짓이면 "FALSE".

2.2.3 If 함수

IF( )는 조건을 평가하여 그 값이 참이면 값1, 거짓이면 값2가 출력되는 함수이다.

형식: =IF(조건, 값1, 값2)

조건: TRUE, FALSE로 평가할 수 있는 값이나 수식이다.

값1: TRUE일 경우 나타낼 값이다.

값2: FALSE일 경우 나타낼 값이다.

2.2.4 중첩 IF 함수

중첩 IF() 함수는 IF 문을 반복하여 사용하는 함수이다.

형식: IF(조건1, 값1, IF(조건2, 값2, 값3))

조건1이 참이면 값1을 수행하고 거짓이면 조건2를 수행하여 참이면 값2를 수행하고 거짓이면 값3을 수행한다.

2.2.5 AVERAGE 함수

AVERAGE 함수는 지정한 범위 또는 숫자들의 평균을 구하는 함수이다.

형식1: AVERAGE(인수1, 인수2, 인수3)

형식2: AVERAGE(셀 블록)

= AVERAGE(C2:C6)

	A	B	C	D
1	이름	학과	점수	
2	조성래	통계학과	100	
3	이학래	체육과	95	
4	박병주	경영학과	98	
5	배세진	경찰과	70	
6	이정진	수학과	60	
7		평균	84.6	

2.2.6 COUNT 함수

COUNT 함수는 지정한 범위 중 수치적인 셀의 개수를 산정하는 함수이다.

형식: COUNT(value1, value2, ...)

= COUNT(D7:D15)

	A	B	C	D
1	이름	학과	점수	
2	조성래	통계학과	100	
3	이학래	체육과	95	
4	박병주	경영학과	98	
5	배세진	경찰과	70	
6	이정진	수학과	60	
7		개수	5	

2.2.7 RANK 함수

RANK 함수는 수의 목록에 있는 어떤 수의 순위를 구하는 함수이다.

형식: =RANK(Number, Ref, Order)

- [Number]: 순위를 구하려는 값이나 셀 주소
- [Ref]: 순위를 구하고자 하는 셀 범위. 이때 범위는 절대 주소여야 한다.
- [Order]: 순위를 지정하는 방법으로 0이나 생략하면 내림차순, 그 외 값은 오름차순으로 순위를 구한다.

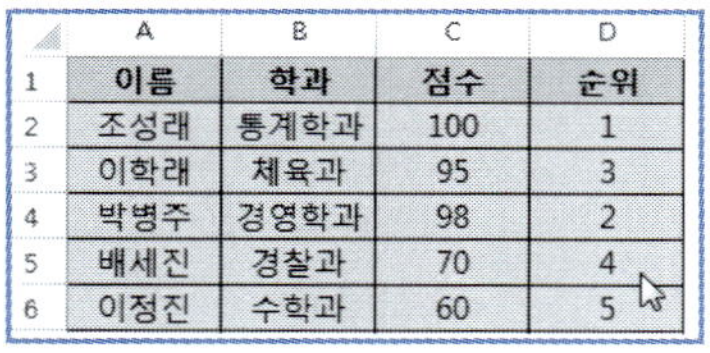

	A	B	C	D
1	이름	학과	점수	순위
2	조성래	통계학과	100	1
3	이학래	체육과	95	3
4	박병주	경영학과	98	2
5	배세진	경찰과	70	4
6	이정진	수학과	60	5

2.2.8 MAX 함수

MAX: 지정한 범위 중 최댓값을 구한다.

=MAX(범위)

=MAX(D7:D15)

2.2.9 MIN 함수

MIN: 지정한 범위 중 최솟값을 구한다.

=MIN(범위)

=MIN(D7:D15)

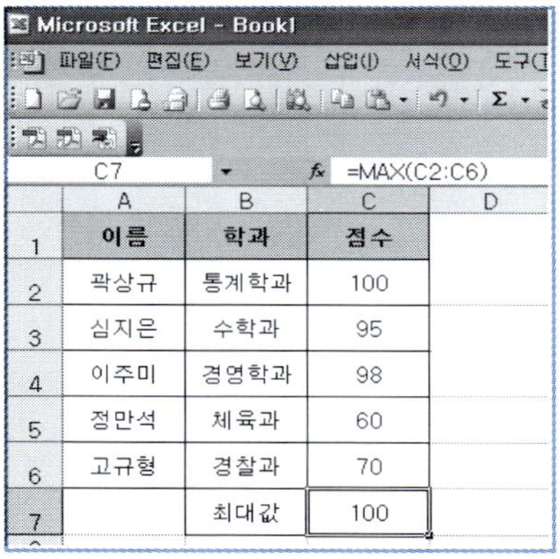

	A	B	C	D
1	이름	학과	점수	
2	곽상규	통계학과	100	
3	심지은	수학과	95	
4	이주미	경영학과	98	
5	정만석	체육과	60	
6	고규형	경찰과	70	
7		최대값	100	

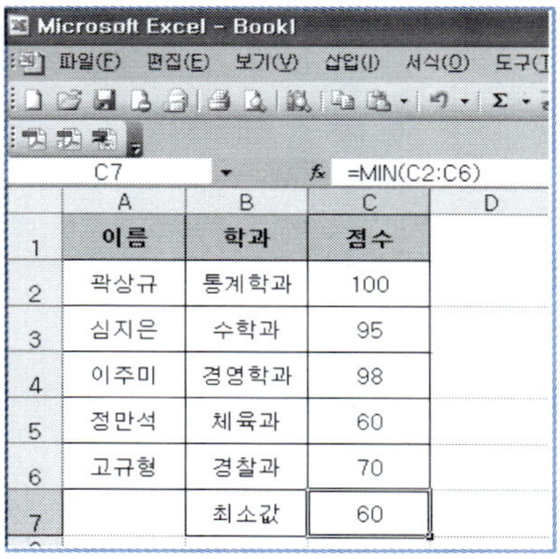

	A	B	C	D
1	이름	학과	점수	
2	곽상규	통계학과	100	
3	심지은	수학과	95	
4	이주미	경영학과	98	
5	정만석	체육과	60	
6	고규형	경찰과	70	
7		최소값	60	

2.2.10 수학/삼각 함수

수학적인 연산기능에 필요한 함수

SUM(): 합계를 구한다.

ABS(): 입력된 인수의 절댓값을 구한다.

2.2.11 SUM 함수

목록의 수나 범위의 수를 합한다.

형식1: =SUM(인수1, 인수2, 인수3…)

형식2: =SUM(범위)

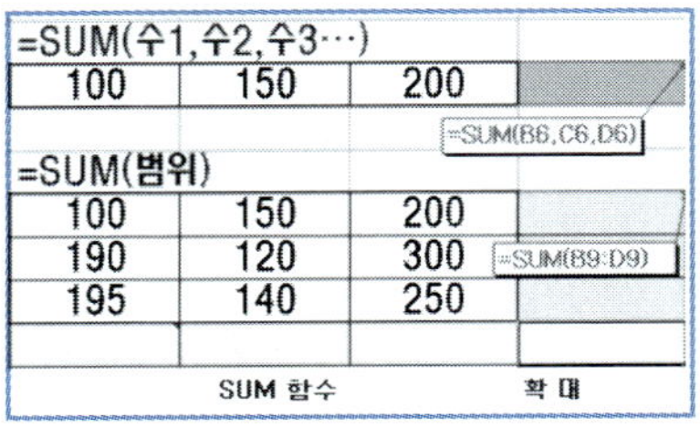

2.2.12 ABS함수

ABS 함수는 절대 수치값을 구하는 함수이다.

형식: =ABS(인수)

=ABS(A5)

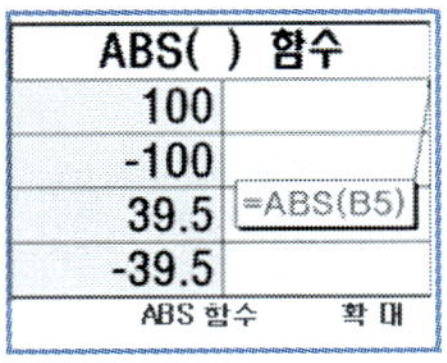

3. 실습 전 유의사항

3.1 데이터 분석 설치

실습을 시작하기 전에 엑셀에서 지원하는 데이터 분석이 설치되어 있는지를 확인하여야 한다. 데이터 분석은 도구 메뉴에 있으며, 없다면 이를 설치하여야 한다.

데이터 분석을 설치하는 방법은 다음과 같다.

단계 1 파일 → 옵션 → 추가기능을 선택한다.

단계 2 추가기능 창에서 분석도구, 분석도구 – VBA를 체크한 후 [확인]을 선택한다.

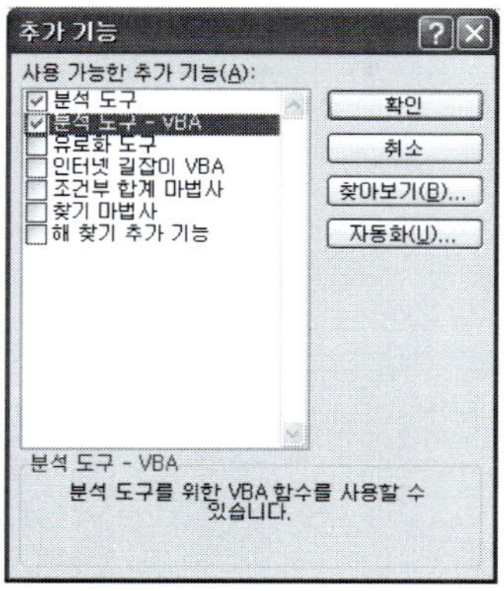

단계 3 데이터 → 데이터 분석이 메뉴에 있음을 확인할 수 있다.

단계 4 이 메뉴를 통하여 여러 가지 통계 데이터 분석을 사용할 수 있다.

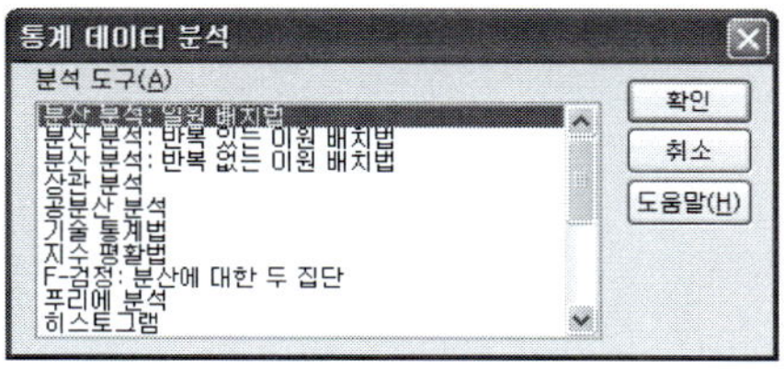

3.2 표기

앞으로의 엑셀 실습 부분에 있는 그림 안에 있는 '←'는 옆에 셀에 입력하는 글을 의미하니 이 점을 숙지하고 책을 보기를 바란다.

예를 들어 아래 그림과 같이 모비율 p의 추정치인 표본비율 $\hat{p}$을 구할 때 0.07이라는 값은 14/200를 계산해서 나온 값이다. 즉 C1에 있는 식의 값을 B1에 입력하면 된다는 뜻이다.

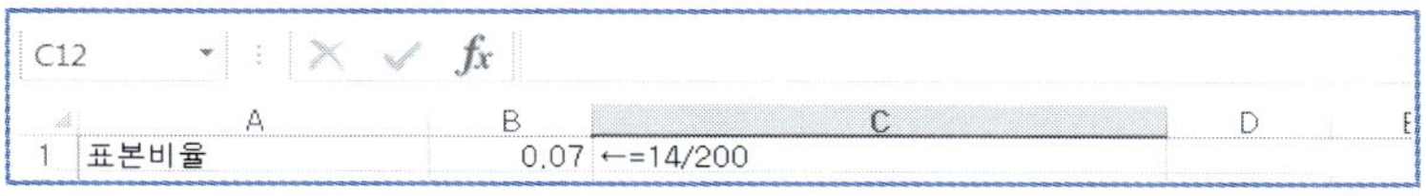

APPENDIX 02

참고표

표 1 난수표

57728	16308	27337	53884	60742	61693	39887	81779	36354
63962	45765	75060	46767	28844	32354	91463	25057	91907
51041	22252	38447	71567	95103	11124	34960	35710	91098
84048	53578	67379	42605	59122	39415	82869	86971	64817
17736	34458	67227	97041	77846	20338	52372	34645	56563
82238	83763	45464	18493	98489	72138	38942	97661	95788
28853	61793	44664	69427	68144	71949	57192	25592	49835
22251	73098	68108	87626	76724	56495	87357	83065	95316
66236	46591	69225	29867	60815	51931	40507	52568	47097
50006	91666	86406	92778	51232	38761	21861	98596	42673
68328	12840	61206	64298	27378	61452	13349	27223	79637
83039	25015	95983	82835	67268	23355	44647	25542	10536
53158	82329	81756	81429	54366	97530	51447	11324	49939
46802	61720	97508	73339	29277	17964	35421	39880	38180
25162	78468	44303	14425	42587	37212	58866	39008	91938
65957	15171	22417	95571	90679	54774	43979	71017	49647
10876	36062	91375	90128	14906	81447	49158	14703	89517
35354	66633	62311	58185	67310	95474	21878	89101	38299
70822	69983	23726	97422	46713	20340	42807	10859	26897
64299	12987	60370	70165	43306	14417	79261	53891	72816
74007	61658	86698	31571	75098	11676	35867	39764	47504
70909	68300	55074	42093	55745	80364	18488	47981	18702
67898	98830	97705	10723	82370	45586	19013	60915	84961
59386	25440	92441	14265	26123	85453	57326	72790	55243
71469	49833	95737	84195	78444	32104	89917	88361	35344
34064	12993	23818	28197	33755	96438	84223	10400	36797
86492	25367	65712	81581	89579	31759	56108	24476	47696
86914	87565	20344	39027	98338	95171	75562	54283	35342
88418	58064	13624	32978	90704	56218	84064	69990	45354
87948	83451	96217	40534	40775	74376	43157	74856	13950

표 1 계속

13049	85293	32747	17728	50495	34617	73707	33976	86177
86544	52703	74990	98288	61833	48803	75258	83382	79099
77295	70694	97326	35430	53881	94007	70471	66815	73042
54637	32831	59063	72353	87365	15322	33156	40331	93942
50938	12004	18585	23896	62559	44470	27701	66780	56157
80999	49724	76745	25232	74291	74184	91055	58903	18172
71303	36255	77310	95847	30282	77207	34439	47763	99697
79264	16901	55814	89734	30255	87209	31629	19328	42532
30235	69368	38685	32790	58980	42159	88577	18427	73504
59110	69783	93713	29151	34933	95745	72271	38684	15426
28094	19560	27259	82736	49700	37876	52322	69562	75837
40341	20666	26662	16422	76351	70520	36890	86559	89160
30117	68850	28319	44992	68110	47007	22243	72813	60934
62287	44957	47690	79484	69449	27981	34770	34228	81686
96976	77830	61746	67846	15584	28070	79200	12663	63273
82584	34789	33494	55533	25040	84187	14479	26286	10665
35728	87881	70271	13115	35745	99145	92717	74357	16716
88458	63625	59577	92037	99012	40836	58817	30757	37934
49789	20873	53858	91356	11387	75208	33643	88210	42440
49131	34078	45396	56884	81416	46292	36012	30806	65220
96256	82566	34796	88012	43066	35786	93715	15550	16690
43742	97487	68089	69887	23737	71136	21108	85204	60726
34527	87490	81183	95864	59430	19473	57978	39853	47877
58906	37390	88924	80917	58840	29907	99098	33761	50335
30438	12056	12104	61012	44674	49815	85298	94129	59542
79149	98261	48599	54336	71894	82889	51219	70291	60922
48703	25290	13835	35695	15440	52533	82849	25504	81623
96050	74505	18706	10572	66015	53509	48115	87578	86099
98859	48791	15048	73300	48045	33559	98939	98003	39453
32758	55597	11686	18385	31103	87621	39659	81413	68625
17238	73653	15557	79374	60965	75564	15872	34611	86497
79748	21687	94964	43348	26957	27085	81760	29099	23553
89199	75213	37815	99891	60990	37062	80331	54009	26812
87491	62544	51229	13028	81370	16309	28493	98555	24278
87338	17647	40018	48386	49992	44304	23330	38730	21601
48635	73063	37450	65403	65134	83119	16341	95766	83949
32197	94930	50586	88559	48025	97023	15372	18847	97168
83421	68819	69623	45088	54839	70855	86714	38202	98163
66167	84791	40631	33428	78200	41145	57816	86795	31646
26555	70521	69140	93495	38179	43253	78172	44239	60701
47786	37539	17452	88719	24423	59201	24979	51019	35458
47775	42564	15665	92454	98345	87963	81142	34356	41518
49414	83761	74309	82620	53677	34575	81871	76615	27653
75918	39825	60958	96584	26872	15379	84080	40371	35019
13440	85096	85668	24896	65261	83757	68388	29797	48376

표 1 계속

39614	53926	97122	85279	15622	29329	59579	60250	73895
40067	48944	98882	39023	31677	41118	52818	29586	43848
65350	11148	63012	59418	54688	83692	95840	91627	84057
98902	62170	49281	29406	63143	43722	35838	98979	67024
10529	81048	29639	50740	93253	77339	80328	88580	30970
99123	48497	35247	33488	63781	19388	98534	27479	44269
65147	42913	50654	64220	13950	74293	53489	39014	86040
86886	15231	43834	88205	87159	30789	10959	81631	15575
17264	57846	52347	96649	69212	28053	62290	93328	98520
36110	87509	95913	66687	67149	81500	44107	27546	94868
58288	91109	66433	75388	80441	95720	64891	63049	68237
67834	18606	88840	39705	17329	15690	90382	35725	21362
67746	23016	87357	89427	98266	39452	58011	86665	70716
32196	36633	63350	73154	47699	15479	63905	81186	67181
33646	35175	41141	75793	58908	80681	88974	84611	46634
66973	98812	21094	45209	52503	51038	96306	75653	32482
74819	41419	91296	31736	99727	68791	93588	99566	98413
76495	37282	43051	17275	30370	76105	55926	98910	84767
39350	85262	59225	47343	63449	47004	94970	77067	16857
29657	66820	47420	37404	80296	94070	54249	60378	54670
98059	31868	86468	80389	66521	23304	99582	48791	74154
78131	47852	62735	79575	48757	25712	22468	66035	29237
36071	71312	33098	38558	57088	26162	32752	24827	95562
23742	21969	82378	28923	19944	91024	63237	36022	76979
48418	36759	92342	93571	86923	26627	46138	86343	21083
74678	64188	39402	65189	30854	65086	43052	54042	79127
45693	86700	39667	53646	11663	86785	84727	83728	21758
68539	65113	68955	71627	38626	57160	63171	41707	51634
56807	61373	21941	71481	88523	72157	92088	41244	75735
29320	38387	89881	59789	50099	64811	31131	74334	65674
63399	73318	61578	28141	21655	65378	56261	69795	67096
33316	23627	55609	48463	92502	64287	99853	54497	85985
15403	81891	20190	72235	85636	16745	99483	43583	89137
76057	62447	71848	60035	76280	38017	26998	82690	16512
93885	29489	26222	77121	83244	74614	62527	36019	31265
66312	17182	96913	10736	52184	57082	58901	87749	34684
88960	52088	92432	18463	25562	20674	48988	41829	98681
38903	23457	87215	47089	38395	21929	94929	59489	79066
88281	90912	22965	16428	32289	99354	87068	55884	69518
98627	47123	32667	69196	70158	19828	42793	54593	53682
13183	37010	53184	53434	53631	96983	21201	10236	90134
69177	18284	72840	68433	88300	85396	10298	15680	13859
79501	74784	50483	37213	67077	59481	43976	35404	90683
52734	93419	47519	85203	27665	97179	47002	41258	39219
70256	58003	11565	67432	56505	18468	10293	46490	98191

표 1 계속

47603	62142	37636	43374	19773	10538	27243	20800	50383
41507	43884	18253	81908	22803	84840	38968	70176	59393
56464	84865	65387	97484	95349	55548	54214	86814	20654
54523	35676	93542	20744	23942	22935	19794	53413	12979
86965	67669	42284	68532	24766	41411	97597	34998	70248
80707	35351	29958	12270	76227	31529	26105	94145	30469
57351	44045	67826	18191	75712	86420	36234	93377	20205
56860	89252	53362	82306	24114	91538	49114	67506	73489
87844	42168	83234	59134	17403	20418	65647	14702	59080
47157	27318	46686	59507	31598	16152	41184	95641	58835
63530	51286	46562	43739	51259	39836	72962	96998	89257
74595	35004	61728	28879	60412	81320	99003	20824	47086
26649	55512	58180	87954	91885	22660	31132	15752	11807
63596	44068	12648	91827	35448	59307	64466	68502	36292
66621	89136	46721	43322	78706	60249	90841	79917	18000
98128	99125	86432	87068	88376	65121	64402	55931	45748
85968	99264	64582	85694	29027	62883	53615	26692	73490
93011	71694	78514	63842	33754	84577	78698	38667	54673
36994	29619	36095	44782	85794	28498	25870	83655	97905
58857	32343	61392	65331	66939	51145	77060	85743	85278
97430	82854	28720	52153	37246	87152	95563	51769	79320
64642	69774	67582	95955	91433	95515	35211	39734	82631
56789	90056	28697	88922	39250	66008	55324	39129	63408
78707	36317	69939	63529	88044	66897	16846	67664	99997
20752	71605	38186	18221	79499	14660	86115	80339	34321
20794	82021	37432	97568	85812	97016	15655	40601	39475
84832	45347	60186	66673	62148	37683	79034	46572	69243
39960	63046	99657	28301	19953	84261	30215	52274	91374
51835	19676	40685	45677	57150	73208	59526	76240	24209
88213	83367	21935	72494	87548	43000	72275	81974	54718
39746	38989	28721	38803	89668	57496	97127	59364	83335
95915	51291	14163	40972	33163	85169	66522	72010	53429
43937	78760	47672	69700	87058	19072	89435	13390	72315
28633	29330	20463	89033	16968	62815	65802	53006	70674
27415	32278	61924	61670	38880	13911	85037	93738	94913
10157	74513	43054	44601	35689	54559	91660	60035	83733
18041	40798	39274	72760	83644	48960	52193	95674	22516
22679	12792	60046	80515	12962	57351	36431	52277	50567
81468	99534	30455	17430	92600	85813	90223	15335	97102
50636	87932	25489	29395	87683	84579	10396	38276	33729
60635	13409	81824	77150	51472	65915	62520	33839	52209
68336	29892	94343	37822	55260	97321	20488	50172	45199
79273	96036	89979	78654	38959	36250	91126	90337	91381
71942	89335	75664	75278	40445	12818	24033	11809	44129
87842	60665	73523	55824	61257	22080	74425	54851	84786

표 2 이항분포표

		p										
n	*x*	.05	.10	.20	.30	.40	.50	.60	.70	.80	.90	.95
1	0	.9500	.9000	.8000	.7000	.6000	.5000	.4000	.3000	.2000	.1000	.0500
	1	.0500	.1000	.2000	.3000	.4000	.5000	.6000	.7000	.8000	.9000	.9500
2	0	.9025	.8100	.6400	.4900	.3600	.2500	.1600	.0900	.0400	.0100	.0025
	1	.0950	.1800	.3200	.4200	.4800	.5000	.4800	.4200	.3200	.1800	.0950
	2	.0025	.0100	.0400	.0900	.1600	.2500	.3600	.4900	.6400	.8100	.9025
3	0	.8574	.7290	.5120	.3430	.2160	.1250	.0640	.0270	.0080	.0010	.0001
	1	.1354	.2430	.3840	.4410	.4320	.3750	.2880	.1890	.0960	.0270	.0071
	2	.0071	.0270	.0960	.1890	.2880	.3750	.4320	.4410	.3840	.2430	.1354
	3	.0001	.0010	.0080	.0270	.0640	.1250	.2160	.3430	.5120	.7290	.8574
4	0	.8145	.6561	.4096	.2401	.1296	.0625	.0256	.0081	.0016	.0001	.0000
	1	.1715	.2916	.4096	.4116	.3456	.2500	.1536	.0756	.0256	.0036	.0005
	2	.0135	.0486	.1536	.2646	.3456	.3750	.3456	.2646	.1536	.0486	.0135
	3	.0005	.0036	.0256	.0756	.1536	.2500	.3456	.4116	.4096	.2916	.1715
	4	.0000	.0001	.0016	.0081	.0256	.0625	.1296	.2401	.4096	.6561	.8145
5	0	.7738	.5905	.3277	.1681	.0778	.0312	.0102	.0024	.0003	.0000	.0000
	1	.2036	.3280	.4096	.3602	.2592	.1562	.0768	.0284	.0064	.0005	.0000
	2	.0214	.0729	.2048	.3087	.3456	.3125	.2304	.1323	.0512	.0081	.0011
	3	.0011	.0081	.0512	.1323	.2304	.3125	.3456	.3087	.2048	.0729	.0214
	4	.0000	.0004	.0064	.0283	.0768	.1562	.2592	.3601	.4096	.3281	.2036
	5	.0000	.0000	.0003	.0024	.0102	.0312	.0778	.1681	.3277	.5905	.7738
6	0	.7351	.5314	.2621	.1176	.0467	.0156	.0041	.0007	.0001	.0000	.0000
	1	.2321	.3543	.3932	.3025	.1866	.0937	.0369	.0102	.0015	.0001	.0000
	2	.0305	.0984	.2458	.3241	.3110	.2344	.1382	.0595	.0154	.0012	.0001
	3	.0021	.0146	.0819	.1852	.2765	.3125	.2765	.1852	.0819	.0146	.0021
	4	.0001	.0012	.0154	.0595	.1382	.2344	.3110	.3241	.2458	.0984	.0305
	5	.0000	.0001	.0015	.0102	.0369	.0937	.1866	.3025	.3932	.3543	.2321
	6	.0000	.0000	.0001	.0007	.0041	.0156	.0467	.1176	.2621	.5314	.7351
7	0	.6983	.4783	.2097	.0824	.0280	.0078	.0016	.0002	.0000	.0000	.0000
	1	.2573	.3720	.3670	.2471	.1306	.0547	.0172	.0036	.0004	.0000	.0000
	2	.0406	.1240	.2753	.3177	.2613	.1641	.0774	.0250	.0043	.0002	.0000
	3	.0036	.0230	.1147	.2269	.2903	.2734	.1935	.0972	.0287	.0026	.0002
	4	.0002	.0026	.0287	.0972	.1935	.2734	.2903	.2269	.1147	.0230	.0036
	5	.0000	.0002	.0043	.0250	.0774	.1641	.2613	.3177	.2753	.1240	.0406
	6	.0000	.0000	.0004	.0036	.0172	.0547	.1306	.2471	.3670	.3720	.2573
	7	.0000	.0000	.0000	.0002	.0016	.0078	.0280	.0824	.2097	.4783	.6983
8	0	.6634	.4305	.1678	.0576	.0168	.0039	.0007	.0001	.0000	.0000	.0000
	1	.2793	.3826	.3355	.1977	.0896	.0312	.0079	.0012	.0001	.0000	.0000
	2	.0515	.1488	.2936	.2965	.2090	.1094	.0413	.0100	.0011	.0000	.0000
	3	.0054	.0331	.1468	.2541	.2787	.2187	.1239	.0467	.0092	.0004	.0000
	4	.0004	.0046	.0459	.1361	.2322	.2734	.2322	.1361	.0459	.0046	.0004

표 2 계속

n	x	.05	.10	.20	.30	.40	.50	.60	.70	.80	.90	.95
	5	.0000	.0004	.0092	.0467	.1239	.2187	.2787	.2541	.1468	.0331	.0054
	6	.0000	.0000	.0011	.0100	.0413	.1094	.2090	.2965	.2936	.1488	.0515
	7	.0000	.0000	.0001	.0012	.0079	.0312	.0896	.1977	.3355	.3826	.2793
	8	.0000	.0000	.0000	.0001	.0007	.0039	.0168	.0576	.1678	.4305	.6634
9	0	.6302	.3874	.1342	.0404	.0101	.0020	.0003	.0000	.0000	.0000	.0000
	1	.2985	.3874	.3020	.1556	.0605	.0176	.0035	.0004	.0000	.0000	.0000
	2	.0629	.1722	.3020	.2668	.1612	.0703	.0212	.0039	.0003	.0000	.0000
	3	.0077	.0446	.1762	.2668	.2508	.1641	.0743	.0210	.0028	.0001	.0000
	4	.0006	.0074	.0661	.1715	.2508	.2461	.1672	.0735	.0165	.0008	.0000
	5	.0000	.0008	.0165	.0735	.1672	.2461	.2508	.1715	.0661	.0074	.0006
	6	.0000	.0001	.0028	.0210	.0743	.1641	.2508	.2668	.1762	.0446	.0077
	7	.0000	.0000	.0003	.0039	.0212	.0703	.1612	.2668	.3020	.1722	.0629
	8	.0000	.0000	.0000	.0004	.0035	.0176	.0605	.1556	.3020	.3874	.2985
	9	.0000	.0000	.0000	.0000	.0003	.0020	.0101	.0404	.1342	.3874	.6302
10	0	.5987	.3487	.1074	.0282	.0060	.0010	.0001	.0000	.0000	.0000	.0000
	1	.3151	.3874	.2684	.1211	.0403	.0098	.0016	.0001	.0000	.0000	.0000
	2	.0746	.1937	.3020	.2335	.1209	.0439	.0106	.0014	.0001	.0000	.0000
	3	.0105	.0574	.2013	.2668	.2150	.1172	.0425	.0090	.0008	.0000	.0000
	4	.0010	.0112	.0881	.2001	.2508	.2051	.1115	.0368	.0055	.0001	.0000
	5	.0001	.0015	.0264	.1029	.2007	.2461	.2007	.1029	.0264	.0015	.0001
	6	.0000	.0001	.0055	.0368	.1115	.2051	.2508	.2001	.0881	.0112	.0010
	7	.0000	.0000	.0008	.0090	.0425	.1172	.2150	.2668	.2013	.0574	.0105
	8	.0000	.0000	.0001	.0014	.0106	.0439	.1209	.2335	.3020	.1937	.0746
	9	.0000	.0000	.0000	.0001	.0016	.0098	.0403	.1211	.2684	.3874	.3151
	10	.0000	.0000	.0000	.0000	.0001	.0010	.0060	.0282	.1074	.3487	.5987
11	0	.5688	.3138	.0859	.0198	.0036	.0005	.0000	.0000	.0000	.0000	.0000
	1	.3293	.3835	.2362	.0932	.0266	.0054	.0007	.0000	.0000	.0000	.0000
	2	.0867	.2131	.2953	.1998	.0887	.0269	.0052	.0005	.0000	.0000	.0000
	3	.0137	.0710	.2215	.2568	.1774	.0806	.0234	.0037	.0002	.0000	.0000
	4	.0014	.0158	.1107	.2201	.2365	.1611	.0701	.0173	.0017	.0000	.0000
	5	.0001	.0025	.0388	.1321	.2207	.2256	.1471	.0566	.0097	.0003	.0000
	6	.0000	.0003	.0097	.0566	.1471	.2256	.2207	.1321	.0388	.0025	.0001
	7	.0000	.0000	.0017	.0173	.0701	.1611	.2365	.2201	.1107	.0158	.0014
	8	.0000	.0000	.0002	.0037	.0234	.0806	.1774	.2568	.2215	.0710	.0137
	9	.0000	.0000	.0000	.0005	.0052	.0269	.0887	.1998	.2953	.2131	.0867
	10	.0000	.0000	.0000	.0000	.0007	.0054	.0266	.0932	.2362	.3835	.3293
	11	.0000	.0000	.0000	.0000	.0000	.0005	.0036	.0198	.0859	.3138	.5688
12	0	.5404	.2824	.0687	.0138	.0022	.0002	.0000	.0000	.0000	.0000	.0000
	1	.3413	.3766	.2062	.0712	.0174	.0029	.0003	.0000	.0000	.0000	.0000
	2	.0988	.2301	.2835	.1678	.0639	.0161	.0025	.0002	.0000	.0000	.0000
	3	.0173	.0852	.2362	.2397	.1419	.0537	.0125	.0015	.0001	.0000	.0000
	4	.0021	.0213	.1329	.2311	.2128	.1208	.0420	.0078	.0005	.0000	.0000
	5	.0002	.0038	.0532	.1585	.2270	.1934	.1009	.0291	.0033	.0000	.0000
	6	.0000	.0005	.0155	.0792	.1766	.2256	.1766	.0792	.0155	.0005	.0000
	7	.0000	.0000	.0033	.0291	.1009	.1934	.2270	.1585	.0532	.0038	.0002
	8	.0000	.0000	.0005	.0078	.0420	.1208	.2128	.2311	.1329	.0213	.0021
	9	.0000	.0000	.0001	.0015	.0125	.0537	.1419	.2397	.2362	.0852	.0173

표 2 계속

n	x	p .05	.10	.20	.30	.40	.50	.60	.70	.80	.90	.95
	10	.0000	.0000	.0000	.0002	.0025	.0161	.0639	.1678	.2835	.2301	.0988
	11	.0000	.0000	.0000	.0000	.0003	.0029	.0174	.0712	.2062	.3766	.3413
	12	.0000	.0000	.0000	.0000	.0000	.0002	.0022	.0138	.0687	.2824	.5404
13	0	.5133	.2542	.0550	.0097	.0013	.0001	.0000	.0000	.0000	.0000	.0000
	1	.3512	.3672	.1787	.0540	.0113	.0016	.0001	.0000	.0000	.0000	.0000
	2	.1109	.2448	.2680	.1388	.0453	.0095	.0012	.0001	.0000	.0000	.0000
	3	.0214	.0997	.2457	.2181	.1107	.0349	.0065	.0006	.0000	.0000	.0000
	4	.0028	.0277	.1535	.2337	.1845	.0873	.0243	.0034	.0001	.0000	.0000
	5	.0003	.0055	.0691	.1803	.2214	.1571	.0656	.0142	.0011	.0000	.0000
	6	.0000	.0008	.0230	.1030	.1968	.2095	.1312	.0442	.0058	.0001	.0000
	7	.0000	.0001	.0058	.0442	.1312	.2095	.1968	.1030	.0230	.0008	.0000
	8	.0000	.0000	.0011	.0142	.0656	.1571	.2214	.1803	.0691	.0055	.0003
	9	.0000	.0000	.0001	.0034	.0243	.0873	.1845	.2337	.1535	.0277	.0028
	10	.0000	.0000	.0000	.0006	.0065	.0349	.1107	.2181	.2457	.0997	.0214
	11	.0000	.0000	.0000	.0001	.0012	.0095	.0453	.1388	.2680	.2448	.1109
	12	.0000	.0000	.0000	.0000	.0001	.0016	.0113	.0540	.1787	.3672	.3512
	13	.0000	.0000	.0000	.0000	.0000	.0001	.0013	.0097	.0550	.2542	.5133
14	0	.4877	.2288	.0440	.0068	.0008	.0001	.0000	.0000	.0000	.0000	.0000
	1	.3593	.3559	.1539	.0407	.0073	.0009	.0001	.0000	.0000	.0000	.0000
	2	.1229	.2570	.2501	.1134	.0317	.0056	.0005	.0000	.0000	.0000	.0000
	3	.0259	.1142	.2501	.1943	.0845	.0222	.0033	.0002	.0000	.0000	.0000
	4	.0037	.0349	.1720	.2290	.1549	.0611	.0136	.0014	.0000	.0000	.0000
	5	.0004	.0078	.0860	.1963	.2066	.1222	.0408	.0066	.0003	.0000	.0000
	6	.0000	.0013	.0322	.1262	.2066	.1833	.0918	.0232	.0020	.0000	.0000
	7	.0000	.0002	.0092	.0618	.1574	.2095	.1574	.0618	.0092	.0002	.0000
	8	.0000	.0000	.0020	.0232	.0918	.1833	.2066	.1262	.0322	.0013	.0000
	9	.0000	.0000	.0003	.0066	.0408	.1222	.2066	.1963	.0860	.0078	.0004
	10	.0000	.0000	.0000	.0014	.0136	.0611	.1549	.2290	.1720	.0349	.0037
	11	.0000	.0000	.0000	.0002	.0033	.0222	.0845	.1943	.2501	.1142	.0259
	12	.0000	.0000	.0000	.0000	.0005	.0056	.0317	.1134	.2501	.2570	.1229
	13	.0000	.0000	.0000	.0000	.0001	.0009	.0073	.0407	.1539	.3559	.3593
	14	.0000	.0000	.0000	.0000	.0000	.0001	.0008	.0068	.0440	.2288	.4877
15	0	.4633	.2059	.0352	.0047	.0005	.0000	.0000	.0000	.0000	.0000	.0000
	1	.3658	.3432	.1319	.0305	.0047	.0005	.0000	.0000	.0000	.0000	.0000
	2	.1348	.2669	.2309	.0916	.0219	.0032	.0003	.0000	.0000	.0000	.0000
	3	.0307	.1285	.2501	.1700	.0634	.0139	.0016	.0001	.0000	.0000	.0000
	4	.0049	.0428	.1876	.2186	.1268	.0417	.0074	.0006	.0000	.0000	.0000
	5	.0006	.0105	.1032	.2061	.1859	.0916	.0245	.0030	.0001	.0000	.0000
	6	.0000	.0019	.0430	.1472	.2066	.1527	.0612	.0116	.0007	.0000	.0000
	7	.0000	.0003	.0138	.0811	.1771	.1964	.1181	.0348	.0035	.0000	.0000
	8	.0000	.0000	.0035	.0348	.1181	.1964	.1771	.0811	.0138	.0003	.0000
	9	.0000	.0000	.0007	.0116	.0612	.1527	.2066	.1472	.0430	.0019	.0000
	10	.0000	.0000	.0001	.0030	.0245	.0916	.1859	.2061	.1032	.0105	.0006
	11	.0000	.0000	.0000	.0006	.0074	.0417	.1268	.2186	.1876	.0428	.0049
	12	.0000	.0000	.0000	.0001	.0016	.0139	.0634	.1700	.2501	.1285	.0307
	13	.0000	.0000	.0000	.0000	.0003	.0032	.0219	.0916	.2309	.2669	.1348
	14	.0000	.0000	.0000	.0000	.0000	.0005	.0047	.0305	.1319	.3432	.3658
	15	.0000	.0000	.0000	.0000	.0000	.0000	.0005	.0047	.0352	.2059	.4633

표 2 계속

n	x	p										
		.05	.10	.20	.30	.40	.50	.60	.70	.80	.90	.95
16	0	.4401	.1853	.0281	.0033	.0003	.0000	.0000	.0000	.0000	.0000	.0000
	1	.3706	.3294	.1126	.0228	.0030	.0002	.0000	.0000	.0000	.0000	.0000
	2	.1463	.2745	.2111	.0732	.0150	.0018	.0001	.0000	.0000	.0000	.0000
	3	.0359	.1423	.2463	.1465	.0468	.0085	.0008	.0000	.0000	.0000	.0000
	4	.0061	.0514	.2001	.2040	.1014	.0278	.0040	.0002	.0000	.0000	.0000
	5	.0008	.0137	.1201	.2099	.1623	.0667	.0142	.0013	.0000	.0000	.0000
	6	.0001	.0028	.0550	.1649	.1983	.1222	.0392	.0056	.0002	.0000	.0000
	7	.0000	.0004	.0197	.1010	.1889	.1746	.0840	.0185	.0012	.0000	.0000
	8	.0000	.0001	.0055	.0487	.1417	.1964	.1417	.0487	.0055	.0001	.0000
	9	.0000	.0000	.0012	.0185	.0840	.1746	.1889	.1010	.0197	.0004	.0000
	10	.0000	.0000	.0002	.0056	.0392	.1222	.1983	.1649	.0550	.0028	.0001
	11	.0000	.0000	.0000	.0013	.0142	.0666	.1623	.2099	.1201	.0137	.0008
	12	.0000	.0000	.0000	.0002	.0040	.0278	.1014	.2040	.2001	.0514	.0061
	13	.0000	.0000	.0000	.0000	.0008	.0085	.0468	.1465	.2463	.1423	.0359
	14	.0000	.0000	.0000	.0000	.0001	.0018	.0150	.0732	.2111	.2745	.1463
	15	.0000	.0000	.0000	.0000	.0000	.0002	.0030	.0228	.1126	.3294	.3706
	16	.0000	.0000	.0000	.0000	.0000	.0000	.0003	.0033	.0281	.1853	.4401
17	0	.4181	.1668	.0225	.0023	.0002	.0000	.0000	.0000	.0000	.0000	.0000
	1	.3741	.3150	.0957	.0169	.0019	.0001	.0000	.0000	.0000	.0000	.0000
	2	.1575	.2800	.1914	.0581	.0102	.0010	.0001	.0000	.0000	.0000	.0000
	3	.0415	.1556	.2393	.1245	.0341	.0052	.0004	.0000	.0000	.0000	.0000
	4	.0076	.0605	.2093	.1868	.0796	.0182	.0021	.0001	.0000	.0000	.0000
	5	.0010	.0175	.1361	.2081	.1379	.0472	.0081	.0006	.0000	.0000	.0000
	6	.0001	.0039	.0680	.1784	.1839	.0944	.0242	.0026	.0001	.0000	.0000
	7	.0000	.0007	.0267	.1201	.1927	.1484	.0571	.0095	.0004	.0000	.0000
	8	.0000	.0001	.0084	.0644	.1606	.1855	.1070	.0276	.0021	.0000	.0000
	9	.0000	.0000	.0021	.0276	.1070	.1855	.1606	.0644	.0084	.0001	.0000
	10	.0000	.0000	.0004	.0095	.0571	.1484	.1927	.1201	.0267	.0007	.0000
	11	.0000	.0000	.0001	.0026	.0242	.0944	.1839	.1784	.0680	.0039	.0001
	12	.0000	.0000	.0000	.0006	.0081	.0472	.1379	.2081	.1361	.0175	.0010
	13	.0000	.0000	.0000	.0001	.0021	.0182	.0796	.1868	.2093	.0605	.0076
	14	.0000	.0000	.0000	.0000	.0004	.0052	.0341	.1245	.2393	.1556	.0415
	15	.0000	.0000	.0000	.0000	.0001	.0010	.0102	.0581	.1914	.2800	.1575
	16	.0000	.0000	.0000	.0000	.0000	.0001	.0019	.0169	.0957	.3150	.3741
	17	.0000	.0000	.0000	.0000	.0000	.0000	.0002	.0023	.0225	.1668	.4181
18	0	.3972	.1501	.0180	.0016	.0001	.0000	.0000	.0000	.0000	.0000	.0000
	1	.3763	.3002	.0811	.0126	.0012	.0001	.0000	.0000	.0000	.0000	.0000
	2	.1683	.2835	.1723	.0458	.0069	.0006	.0000	.0000	.0000	.0000	.0000
	3	.0473	.1680	.2297	.1046	.0246	.0031	.0002	.0000	.0000	.0000	.0000
	4	.0093	.0700	.2153	.1681	.0614	.0117	.0011	.0000	.0000	.0000	.0000
	5	.0014	.0218	.1507	.2017	.1146	.0327	.0045	.0002	.0000	.0000	.0000
	6	.0002	.0052	.0816	.1873	.1655	.0708	.0145	.0012	.0000	.0000	.0000
	7	.0000	.0010	.0350	.1376	.1892	.1214	.0374	.0046	.0001	.0000	.0000
	8	.0000	.0002	.0120	.0811	.1734	.1669	.0771	.0149	.0008	.0000	.0000
	9	.0000	.0000	.0033	.0386	.1284	.1855	.1284	.0386	.0033	.0000	.0000
	10	.0000	.0000	.0008	.0149	.0771	.1669	.1734	.0811	.0120	.0002	.0000
	11	.0000	.0000	.0001	.0046	.0374	.1214	.1892	.1376	.0350	.0010	.0000
	12	.0000	.0000	.0000	.0012	.0145	.0708	.1655	.1873	.0816	.0052	.0002

표 2 계속

n	x	p .05	.10	.20	.30	.40	.50	.60	.70	.80	.90	.95
	13	.0000	.0000	.0000	.0002	.0045	.0327	.1146	.2017	.1507	.0218	.0014
	14	.0000	.0000	.0000	.0000	.0011	.0117	.0614	.1681	.2153	.0700	.0093
	15	.0000	.0000	.0000	.0000	.0002	.0031	.0246	.1046	.2297	.1680	.0473
	16	.0000	.0000	.0000	.0000	.0000	.0006	.0069	.0458	.1723	.2835	.1683
	17	.0000	.0000	.0000	.0000	.0000	.0001	.0012	.0126	.0811	.3002	.3763
	18	.0000	.0000	.0000	.0000	.0000	.0000	.0001	.0016	.0180	.1501	.3972
19	0	.3774	.1351	.0144	.0011	.0001	.0000	.0000	.0000	.0000	.0000	.0000
	1	.3774	.2852	.0685	.0093	.0008	.0000	.0000	.0000	.0000	.0000	.0000
	2	.1787	.2852	.1540	.0358	.0046	.0003	.0000	.0000	.0000	.0000	.0000
	3	.0533	.1796	.2182	.0869	.0175	.0018	.0001	.0000	.0000	.0000	.0000
	4	.0112	.0798	.2182	.1491	.0467	.0074	.0005	.0000	.0000	.0000	.0000
	5	.0018	.0266	.1636	.1916	.0933	.0222	.0024	.0001	.0000	.0000	.0000
	6	.0002	.0069	.0955	.1916	.1451	.0518	.0085	.0005	.0000	.0000	.0000
	7	.0000	.0014	.0443	.1525	.1797	.0961	.0237	.0022	.0000	.0000	.0000
	8	.0000	.0002	.0166	.0981	.1797	.1442	.0532	.0077	.0003	.0000	.0000
	9	.0000	.0000	.0051	.0514	.1464	.1762	.0976	.0220	.0013	.0000	.0000
	10	.0000	.0000	.0013	.0220	.0976	.1762	.1464	.0514	.0051	.0000	.0000
	11	.0000	.0000	.0003	.0077	.0532	.1442	.1797	.0981	.0166	.0002	.0000
	12	.0000	.0000	.0000	.0022	.0237	.0961	.1797	.1525	.0443	.0014	.0000
	13	.0000	.0000	.0000	.0005	.0085	.0518	.1451	.1916	.0955	.0069	.0002
	14	.0000	.0000	.0000	.0001	.0024	.0222	.0933	.1916	.1636	.0266	.0018
	15	.0000	.0000	.0000	.0000	.0005	.0074	.0467	.1491	.2182	.0798	.0112
	16	.0000	.0000	.0000	.0000	.0001	.0018	.0175	.0869	.2182	.1796	.0533
	17	.0000	.0000	.0000	.0000	.0000	.0003	.0046	.0358	.1540	.2852	.1787
	18	.0000	.0000	.0000	.0000	.0000	.0000	.0008	.0093	.0685	.2852	.3774
	19	.0000	.0000	.0000	.0000	.0000	.0000	.0001	.0011	.0144	.1351	.3774
20	0	.3585	.1216	.0115	.0008	.0000	.0000	.0000	.0000	.0000	.0000	.0000
	1	.3774	.2702	.0576	.0068	.0005	.0000	.0000	.0000	.0000	.0000	.0000
	2	.1887	.2852	.1369	.0278	.0031	.0002	.0000	.0000	.0000	.0000	.0000
	3	.0596	.1901	.2054	.0716	.0123	.0011	.0000	.0000	.0000	.0000	.0000
	4	.0133	.0898	.2182	.1304	.0350	.0046	.0003	.0000	.0000	.0000	.0000
	5	.0022	.0319	.1746	.1789	.0746	.0148	.0013	.0000	.0000	.0000	.0000
	6	.0003	.0089	.1091	.1916	.1244	.0370	.0049	.0002	.0000	.0000	.0000
	7	.0000	.0020	.0545	.1643	.1659	.0739	.0146	.0010	.0000	.0000	.0000
	8	.0000	.0004	.0222	.1144	.1797	.1201	.0355	.0039	.0001	.0000	.0000
	9	.0000	.0001	.0074	.0654	.1597	.1602	.0710	.0120	.0005	.0000	.0000
	10	.0000	.0000	.0020	.0308	.1171	.1762	.1171	.0308	.0020	.0000	.0000
	11	.0000	.0000	.0005	.0120	.0710	.1602	.1597	.0654	.0074	.0001	.0000
	12	.0000	.0000	.0001	.0039	.0355	.1201	.1797	.1144	.0222	.0004	.0000
	13	.0000	.0000	.0000	.0010	.0146	.0739	.1659	.1643	.0545	.0020	.0000
	14	.0000	.0000	.0000	.0002	.0049	.0370	.1244	.1916	.1091	.0089	.0003
	15	.0000	.0000	.0000	.0000	.0013	.0148	.0746	.1789	.1746	.0319	.0022
	16	.0000	.0000	.0000	.0000	.0003	.0046	.0350	.1304	.2182	.0898	.0133
	17	.0000	.0000	.0000	.0000	.0000	.0011	.0123	.0716	.2054	.1901	.0596
	18	.0000	.0000	.0000	.0000	.0000	.0002	.0031	.0278	.1369	.2852	.1887
	19	.0000	.0000	.0000	.0000	.0000	.0000	.0005	.0068	.0576	.2702	.3774
	20	.0000	.0000	.0000	.0000	.0000	.0000	.0000	.0008	.0115	.1216	.3585

표 3 포아송분포표

x	λ 0.1	0.2	0.3	0.4	0.5	0.6	0.7	0.8	0.9	1.0
0	.9048	.8187	.7408	.6703	.6065	.5488	.4966	.4493	.4066	.3679
1	.0905	.1637	.2222	.2681	.3033	.3293	.3476	.3595	.3659	.3679
2	.0045	.0164	.0333	.0536	.0758	.0988	.1217	.1438	.1647	.1839
3	.0002	.0011	.0033	.0072	.0126	.0198	.0284	.0383	.0494	.0613
4	.0000	.0001	.0003	.0007	.0016	.0030	.0050	.0077	.0111	.0153
5	.0000	.0000	.0000	.0001	.0002	.0004	.0007	.0012	.0020	.0031
6	.0000	.0000	.0000	.0000	.0000	.0000	.0001	.0002	.0003	.0005
7	.0000	.0000	.0000	.0000	.0000	.0000	.0000	.0000	.0000	.0001

x	λ 1.1	1.2	1.3	1.4	1.5	1.6	1.7	1.8	1.9	2.0
0	.3329	.3012	.2725	.2466	.2231	.2019	.1827	.1653	.1496	.1353
1	.3662	.3614	.3543	.3452	.3347	.3230	.3106	.2975	.2842	.2707
2	.2014	.2169	.2303	.2417	.2510	.2584	.2640	.2678	.2700	.2707
3	.0738	.0867	.0998	.1128	.1255	.1378	.1496	.1607	.1710	.1804
4	.0203	.0260	.0324	.0395	.0471	.0551	.0636	.0723	.0812	.0902
5	.0045	.0062	.0084	.0111	.0141	.0176	.0216	.0260	.0309	.0361
6	.0008	.0012	.0018	.0026	.0035	.0047	.0061	.0078	.0098	.0120
7	.0001	.0002	.0003	.0005	.0008	.0011	.0015	.0020	.0027	.0034
8	.0000	.0000	.0001	.0001	.0001	.0002	.0003	.0005	.0006	.0009
9	.0000	.0000	.0000	.0000	.0000	.0000	.0001	.0001	.0001	.0002

x	λ 2.1	2.2	2.3	2.4	2.5	2.6	2.7	2.8	2.9	3.0
0	.1225	.1108	.1003	.0907	.0821	.0743	.0672	.0608	.0550	.0498
1	.2572	.2438	.2306	.2177	.2052	.1931	.1815	.1703	.1596	.1494
2	.2700	.2681	.2652	.2613	.2565	.2510	.2450	.2384	.2314	.2240
3	.1890	.1966	.2033	.2090	.2138	.2176	.2205	.2225	.2237	.2240
4	.0992	.1082	.1169	.1254	.1336	.1414	.1488	.1557	.1622	.1680
5	.0417	.0476	.0538	.0602	.0668	.0735	.0804	.0872	.0940	.1008
6	.0146	.0174	.0206	.0241	.0278	.0319	.0362	.0407	.0455	.0504
7	.0044	.0055	.0068	.0083	.0099	.0118	.0139	.0163	.0188	.0216
8	.0011	.0015	.0019	.0025	.0031	.0038	.0047	.0057	.0068	.0081
9	.0003	.0004	.0005	.0007	.0009	.0011	.0014	.0018	.0022	.0027
10	.0001	.0001	.0001	.0002	.0002	.0003	.0004	.0005	.0006	.0008
11	.0000	.0000	.0000	.0000	.0000	.0001	.0001	.0001	.0002	.0002
12	.0000	.0000	.0000	.0000	.0000	.0000	.0000	.0000	.0000	.0001

x	λ 3.1	3.2	3.3	3.4	3.5	3.6	3.7	3.8	3.9	4.0
0	.0450	.0408	.0369	.0334	.0302	.0273	.0247	.0224	.0202	.0183
1	.1397	.1304	.1217	.1135	.1057	.0984	.0915	.0850	.0789	.0733
2	.2165	.2087	.2008	.1929	.1850	.1771	.1692	.1615	.1539	.1465

표 3 계속

x	λ 3.1	3.2	3.3	3.4	3.5	3.6	3.7	3.8	3.9	4.0
3	.2237	.2226	.2209	.2186	.2158	.2125	.2087	.2046	.2001	.1954
4	.1733	.1781	.1823	.1858	.1888	.1912	.1931	.1944	.1951	.1954
5	.1075	.1140	.1203	.1264	.1322	.1377	.1429	.1477	.1522	.1563
6	.0555	.0608	.0662	.0716	.0771	.0826	.0881	.0936	.0989	.1042
7	.0246	.0278	.0312	.0348	.0385	.0425	.0466	.0508	.0551	.0595
8	.0095	.0111	.0129	.0148	.0169	.0191	.0215	.0241	.0269	.0298
9	.0033	.0040	.0047	.0056	.0066	.0076	.0089	.0102	.0116	.0132
10	.0010	.0013	.0016	.0019	.0023	.0028	.0033	.0039	.0045	.0053
11	.0003	.0004	.0005	.0006	.0007	.0009	.0011	.0013	.0016	.0019
12	.0001	.0001	.0001	.0002	.0002	.0003	.0003	.0004	.0005	.0006
13	.0000	.0000	.0000	.0000	.0001	.0001	.0001	.0001	.0002	.0002
14	.0000	.0000	.0000	.0000	.0000	.0000	.0000	.0000	.0000	.0001

x	λ 4.1	4.2	4.3	4.4	4.5	4.6	4.7	4.8	4.9	5.0
0	.0166	.0150	.0136	.0123	.0111	.0101	.0091	.0082	.0074	.0067
1	.0679	.0630	.0583	.0540	.0500	.0462	.0427	.0395	.0365	.0337
2	.1393	.1323	.1254	.1188	.1125	.1063	.1005	.0948	.0894	.0842
3	.1904	.1852	.1798	.1743	.1687	.1631	.1574	.1517	.1460	.1404
4	.1951	.1944	.1933	.1917	.1898	.1875	.1849	.1820	.1789	.1755
5	.1600	.1633	.1662	.1687	.1708	.1725	.1738	.1747	.1753	.1755
6	.1093	.1143	.1191	.1237	.1281	.1323	.1362	.1398	.1432	.1462
7	.0640	.0686	.0732	.0778	.0824	.0869	.0914	.0959	.1002	.1044
8	.0328	.0360	.0393	.0428	.0463	.0500	.0537	.0575	.0614	.0653
9	.0150	.0168	.0188	.0209	.0232	.0255	.0281	.0307	.0334	.0363
10	.0061	.0071	.0081	.0092	.0104	.0118	.0132	.0147	.0164	.0181
11	.0023	.0027	.0032	.0037	.0043	.0049	.0056	.0064	.0073	.0082
12	.0008	.0009	.0011	.0014	.0016	.0019	.0022	.0026	.0030	.0034
13	.0002	.0003	.0004	.0005	.0006	.0007	.0008	.0009	.0011	.0013
14	.0001	.0001	.0001	.0001	.0002	.0002	.0003	.0003	.0004	.0005
15	.0000	.0000	.0000	.0000	.0001	.0001	.0001	.0001	.0001	.0002

x	λ 5.1	5.2	5.3	5.4	5.5	5.6	5.7	5.8	5.9	6.0
0	.0061	.0055	.0050	.0045	.0041	.0037	.0033	.0030	.0027	.0025
1	.0311	.0287	.0265	.0244	.0225	.0207	.0191	.0176	.0162	.0149
2	.0793	.0746	.0701	.0659	.0618	.0580	.0544	.0509	.0477	.0446
3	.1348	.1293	.1239	.1185	.1133	.1082	.1033	.0985	.0938	.0892
4	.1719	.1681	.1641	.1600	.1558	.1515	.1472	.1428	.1383	.1339
5	.1753	.1748	.1740	.1728	.1714	.1697	.1678	.1656	.1632	.1606
6	.1490	.1515	.1537	.1555	.1571	.1584	.1594	.1601	.1605	.1606
7	.1086	.1125	.1163	.1200	.1234	.1267	.1298	.1326	.1353	.1377

표 3 계속

x	5.1	5.2	5.3	5.4	5.5	5.6	5.7	5.8	5.9	6.0
8	.0692	.0731	.0771	.0810	.0849	.0887	.0925	.0962	.0998	.1033
9	.0392	.0423	.0454	.0486	.0519	.0552	.0586	.0620	.0654	.0688
10	.0200	.0220	.0241	.0262	.0285	.0309	.0334	.0359	.0386	.0413
11	.0093	.0104	.0116	.0129	.0143	.0157	.0173	.0190	.0207	.0225
12	.0039	.0045	.0051	.0058	.0065	.0073	.0082	.0092	.0102	.0113
13	.0015	.0018	.0021	.0024	.0028	.0032	.0036	.0041	.0046	.0052
14	.0006	.0007	.0008	.0009	.0011	.0013	.0015	.0017	.0019	.0022
15	.0002	.0002	.0003	.0003	.0004	.0005	.0006	.0007	.0008	.0009
16	.0001	.0001	.0001	.0001	.0001	.0002	.0002	.0002	.0003	.0003
17	.0000	.0000	.0000	.0000	.0000	.0001	.0001	.0001	.0001	.0001

x	6.1	6.2	6.3	6.4	6.5	6.6	6.7	6.8	6.9	7.0
0	.0022	.0020	.0018	.0017	.0015	.0014	.0012	.0011	.0010	.0009
1	.0137	.0126	.0116	.0106	.0098	.0090	.0082	.0076	.0070	.0064
2	.0417	.0390	.0364	.0340	.0318	.0296	.0276	.0258	.0240	.0223
3	.0848	.0806	.0765	.0726	.0688	.0652	.0617	.0584	.0552	.0521
4	.1294	.1249	.1205	.1162	.1118	.1076	.1034	.0992	.0952	.0912
5	.1579	.1549	.1519	.1487	.1454	.1420	.1385	.1349	.1314	.1277
6	.1605	.1601	.1595	.1586	.1575	.1562	.1546	.1529	.1511	.1490
7	.1399	.1418	.1435	.1450	.1462	.1472	.1480	.1486	.1489	.1490
8	.1066	.1099	.1130	.1160	.1188	.1215	.1240	.1263	.1284	.1304
9	.0723	.0757	.0791	.0825	.0858	.0891	.0923	.0954	.0985	.1014
10	.0441	.0469	.0498	.0528	.0558	.0588	.0618	.0649	.0679	.0710
11	.0244	.0265	.0285	.0307	.0330	.0353	.0377	.0401	.0426	.0452
12	.0124	.0137	.0150	.0164	.0179	.0194	.0210	.0227	.0245	.0263
13	.0058	.0065	.0073	.0081	.0089	.0099	.0108	.0119	.0130	.0142
14	.0025	.0029	.0033	.0037	.0041	.0046	.0052	.0058	.0064	.0071
15	.0010	.0012	.0014	.0016	.0018	.0020	.0023	.0026	.0029	.0033
16	.0004	.0005	.0005	.0006	.0007	.0008	.0010	.0011	.0013	.0014
17	.0001	.0002	.0002	.0002	.0003	.0003	.0004	.0004	.0005	.0006
18	.0000	.0001	.0001	.0001	.0001	.0001	.0001	.0002	.0002	.0002
19	.0000	.0000	.0000	.0000	.0000	.0000	.0001	.0001	.0001	.0001

x	7.1	7.2	7.3	7.4	7.5	7.6	7.7	7.8	7.9	8.0
0	.0008	.0007	.0007	.0006	.0006	.0005	.0005	.0004	.0004	.0003
1	.0059	.0054	.0049	.0045	.0041	.0038	.0035	.0032	.0029	.0027
2	.0208	.0194	.0180	.0167	.0156	.0145	.0134	.0125	.0116	.0107
3	.0492	.0464	.0438	.0413	.0389	.0366	.0345	.0324	.0305	.0286
4	.0874	.0836	.0799	.0764	.0729	.0696	.0663	.0632	.0602	.0573
5	.1241	.1204	.1167	.1130	.1094	.1057	.1021	.0986	.0951	.0916
6	.1468	.1445	.1420	.1394	.1367	.1339	.1311	.1282	.1252	.1221

표 4 표준정규분포표

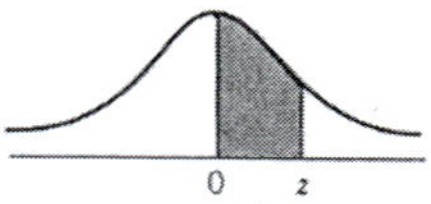

z	.00	.01	.02	.03	.04	.05	.06	.07	.08	.09
0.0	.0000	.0040	.0080	.0120	.0160	.0199	.0239	.0279	.0319	.0359
0.1	.0398	.0438	.0478	.0517	.0557	.0596	.0636	.0675	.0714	.0753
0.2	.0793	.0832	.0871	.0910	.0948	.0987	.1026	.1064	.1103	.1141
0.3	.1179	.1217	.1255	.1293	.1331	.1368	.1406	.1443	.1480	.1517
0.4	.1554	.1591	.1628	.1664	.1700	.1736	.1772	.1808	.1844	.1879
0.5	.1915	.1950	.1985	.2019	.2054	.2088	.2123	.2157	.2190	.2224
0.6	.2257	.2291	.2324	.2357	.2389	.2422	.2454	.2486	.2517	.2549
0.7	.2580	.2611	.2642	.2673	.2704	.2734	.2764	.2794	.2823	.2852
0.8	.2881	.2910	.2939	.2967	.2995	.3023	.3051	.3078	.3106	.3133
0.9	.3159	.3186	.3212	.3238	.3264	.3289	.3315	.3340	.3365	.3389
1.0	.3413	.3438	.3461	.3485	.3508	.3531	.3554	.3577	.3599	.3621
1.1	.3643	.3665	.3686	.3708	.3729	.3749	.3770	.3790	.3810	.3830
1.2	.3849	.3869	.3888	.3907	.3925	.3944	.3962	.3980	.3997	.4015
1.3	.4032	.4049	.4066	.4082	.4099	.4115	.4131	.4147	.4162	.4177
1.4	.4192	.4207	.4222	.4236	.4251	.4265	.4279	.4292	.4306	.4319
1.5	.4332	.4345	.4357	.4370	.4382	.4394	.4406	.4418	.4429	.4441
1.6	.4452	.4463	.4474	.4484	.4495	.4505	.4515	.4525	.4535	.4545
1.7	.4554	.4564	.4573	.4582	.4591	.4599	.4608	.4616	.4625	.4633
1.8	.4641	.4649	.4656	.4664	.4671	.4678	.4686	.4693	.4699	.4706
1.9	.4713	.4719	.4726	.4732	.4738	.4744	.4750	.4756	.4761	.4767
2.0	.4772	.4778	.4783	.4788	.4793	.4798	.4803	.4808	.4812	.4817
2.1	.4821	.4826	.4830	.4834	.4838	.4842	.4846	.4850	.4854	.4857
2.2	.4861	.4864	.4868	.4871	.4875	.4878	.4881	.4884	.4887	.4890
2.3	.4893	.4896	.4898	.4901	.4904	.4906	.4909	.4911	.4913	.4916
2.4	.4918	.4920	.4922	.4925	.4927	.4929	.4931	.4932	.4934	.4936
2.5	.4938	.4940	.4941	.4943	.4945	.4946	.4948	.4949	.4951	.4952
2.6	.4953	.4955	.4956	.4957	.4959	.4960	.4961	.4962	.4963	.4964
2.7	.4965	.4966	.4967	.4968	.4969	.4970	.4971	.4972	.4973	.4974
2.8	.4974	.4975	.4976	.4977	.4977	.4978	.4979	.4979	.4980	.4981
2.9	.4981	.4982	.4982	.4983	.4984	.4984	.4985	.4985	.4986	.4986
3.0	.4987	.4987	.4987	.4988	.4988	.4989	.4989	.4989	.4990	.4990

표 5 *t*분포표

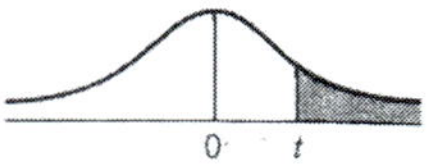

	*t*분포 곡선의 오른쪽 꼬리의 면적					
df	.10	.05	.025	.01	.005	.001
1	3.078	6.314	12.706	31.821	63.657	318.309
2	1.886	2.920	4.303	6.965	9.925	22.327
3	1.638	2.353	3.182	4.541	5.841	10.215
4	1.533	2.132	2.776	3.747	4.604	7.173
5	1.476	2.015	2.571	3.365	4.032	5.893
6	1.440	1.943	2.447	3.143	3.707	5.208
7	1.415	1.895	2.365	2.998	3.499	4.785
8	1.397	1.860	2.306	2.896	3.355	4.501
9	1.383	1.833	2.262	2.821	3.250	4.297
10	1.372	1.812	2.228	2.764	3.169	4.144
11	1.363	1.796	2.201	2.718	3.106	4.025
12	1.356	1.782	2.179	2.681	3.055	3.930
13	1.350	1.771	2.160	2.650	3.012	3.852
14	1.345	1.761	2.145	2.624	2.977	3.787
15	1.341	1.753	2.131	2.602	2.947	3.733
16	1.337	1.746	2.120	2.583	2.921	3.686
17	1.333	1.740	2.110	2.567	2.898	3.646
18	1.330	1.734	2.101	2.552	2.878	3.610
19	1.328	1.729	2.093	2.539	2.861	3.579
20	1.325	1.725	2.086	2.528	2.845	3.552
21	1.323	1.721	2.080	2.518	2.831	3.527
22	1.321	1.717	2.074	2.508	2.819	3.505
23	1.319	1.714	2.069	2.500	2.807	3.485
24	1.318	1.711	2.064	2.492	2.797	3.467
25	1.316	1.708	2.060	2.485	2.787	3.450
26	1.315	1.706	2.056	2.479	2.779	3.435
27	1.314	1.703	2.052	2.473	2.771	3.421
28	1.313	1.701	2.048	2.467	2.763	3.408
29	1.311	1.699	2.045	2.462	2.756	3.396
30	1.310	1.697	2.042	2.457	2.750	3.385
31	1.309	1.696	2.040	2.453	2.744	3.375
32	1.309	1.694	2.037	2.449	2.738	3.365
33	1.308	1.692	2.035	2.445	2.733	3.356
34	1.307	1.691	2.032	2.441	2.728	3.348
35	1.306	1.690	2.030	2.438	2.724	3.340
36	1.306	1.688	2.028	2.434	2.719	3.333
37	1.305	1.687	2.026	2.431	2.715	3.326

표 5 계속

	t분포 곡선의 오른쪽 꼬리의 면적					
df	.10	.05	.025	.01	.005	.001
38	1.304	1.686	2.024	2.429	2.712	3.319
39	1.304	1.685	2.023	2.426	2.708	3.313
40	1.303	1.684	2.021	2.423	2.704	3.307
41	1.303	1.683	2.020	2.421	2.701	3.301
42	1.302	1.682	2.018	2.418	2.698	3.296
43	1.302	1.681	2.017	2.416	2.695	3.291
44	1.301	1.680	2.015	2.414	2.692	3.286
45	1.301	1.679	2.014	2.412	2.690	3.281
46	1.300	1.679	2.013	2.410	2.687	3.277
47	1.300	1.678	2.012	2.408	2.685	3.273
48	1.299	1.677	2.011	2.407	2.682	3.269
49	1.299	1.677	2.010	2.405	2.680	3.265
50	1.299	1.676	2.009	2.403	2.678	3.261
51	1.298	1.675	2.008	2.402	2.676	3.258
52	1.298	1.675	2.007	2.400	2.674	3.255
53	1.298	1.674	2.006	2.399	2.672	3.251
54	1.297	1.674	2.005	2.397	2.670	3.248
55	1.297	1.673	2.004	2.396	2.668	3.245
56	1.297	1.673	2.003	2.395	2.667	3.242
57	1.297	1.672	2.002	2.394	2.665	3.239
58	1.296	1.672	2.002	2.392	2.663	3.237
59	1.296	1.671	2.001	2.391	2.662	3.234
60	1.296	1.671	2.000	2.390	2.660	3.232
61	1.296	1.670	2.000	2.389	2.659	3.229
62	1.295	1.670	1.999	2.388	2.657	3.227
63	1.295	1.669	1.998	2.387	2.656	3.225
64	1.295	1.669	1.998	2.386	2.655	3.223
65	1.295	1.669	1.997	2.385	2.654	3.220
66	1.295	1.668	1.997	2.384	2.652	3.218
67	1.294	1.668	1.996	2.383	2.651	3.216
68	1.294	1.668	1.995	2.382	2.650	3.214
69	1.294	1.667	1.995	2.382	2.649	3.213
70	1.294	1.667	1.994	2.381	2.648	3.211
71	1.294	1.667	1.994	2.380	2.647	3.209
72	1.293	1.666	1.993	2.379	2.646	3.207
73	1.293	1.666	1.993	2.379	2.645	3.206
74	1.293	1.666	1.993	2.378	2.644	3.204
75	1.293	1.665	1.992	2.377	2.643	3.202
∞	1.282	1.645	1.960	2.326	2.576	3.090

표 6 χ^2분포표

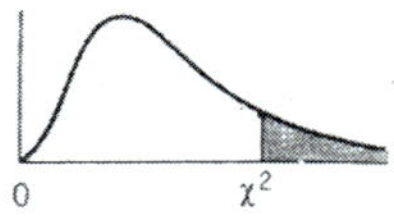

df	χ^2분포 곡선의 오른쪽 꼬리의 면적									
df	.995	.990	.975	.950	.900	.100	.050	.025	.010	.005
1	0.000	0.000	0.001	0.004	0.016	2.706	3.841	5.024	6.635	7.879
2	0.010	0.020	0.051	0.103	0.211	4.605	5.991	7.378	9.210	10.597
3	0.072	0.115	0.216	0.352	0.584	6.251	7.815	9.348	11.345	12.838
4	0.207	0.297	0.484	0.711	1.064	7.779	9.488	11.143	13.277	14.860
5	0.412	0.554	0.831	1.145	1.610	9.236	11.070	12.833	15.086	16.750
6	0.676	0.872	1.237	1.635	2.204	10.645	12.592	14.449	16.812	18.548
7	0.989	1.239	1.690	2.167	2.833	12.017	14.067	16.013	18.475	20.278
8	1.344	1.646	2.180	2.733	3.490	13.362	15.507	17.535	20.090	21.955
9	1.735	2.088	2.700	3.325	4.168	14.684	16.919	19.023	21.666	23.589
10	2.156	2.558	3.247	3.940	4.865	15.987	18.307	20.483	23.209	25.188
11	2.603	3.053	3.816	4.575	5.578	17.275	19.675	21.920	24.725	26.757
12	3.074	3.571	4.404	5.226	6.304	18.549	21.026	23.337	26.217	28.300
13	3.565	4.107	5.009	5.892	7.042	19.812	22.362	24.736	27.688	29.819
14	4.075	4.660	5.629	6.571	7.790	21.064	23.685	26.119	29.141	31.319
15	4.601	5.229	6.262	7.261	8.547	22.307	24.996	27.488	30.578	32.801
16	5.142	5.812	6.908	7.962	9.312	23.542	26.296	28.845	32.000	34.267
17	5.697	6.408	7.564	8.672	10.085	24.769	27.587	30.191	33.409	35.718
18	6.265	7.015	8.231	9.390	10.865	25.989	28.869	31.526	34.805	37.156
19	6.844	7.633	8.907	10.117	11.651	27.204	30.144	32.852	36.191	38.582
20	7.434	8.260	9.591	10.851	12.443	28.412	31.410	34.170	37.566	39.997
21	8.034	8.897	10.283	11.591	13.240	29.615	32.671	35.479	38.932	41.401
22	8.643	9.542	10.982	12.338	14.041	30.813	33.924	36.781	40.289	42.796
23	9.260	10.196	11.689	13.091	14.848	32.007	35.172	38.076	41.638	44.181
24	9.886	10.856	12.401	13.848	15.659	33.196	36.415	39.364	42.980	45.559
25	10.520	11.524	13.120	14.611	16.473	34.382	37.652	40.646	44.314	46.928
26	11.160	12.198	13.844	15.379	17.292	35.563	38.885	41.923	45.642	48.290
27	11.808	12.879	14.573	16.151	18.114	36.741	40.113	43.195	46.963	49.645
28	12.461	13.565	15.308	16.928	18.939	37.916	41.337	44.461	48.278	50.993
29	13.121	14.256	16.047	17.708	19.768	39.087	42.557	45.722	49.588	52.336
30	13.787	14.953	16.791	18.493	20.599	40.256	43.773	46.979	50.892	53.672
40	20.707	22.164	24.433	26.509	29.051	51.805	55.758	59.342	63.691	66.766
50	27.991	29.707	32.357	34.764	37.689	63.167	67.505	71.420	76.154	79.490
60	35.534	37.485	40.482	43.188	46.459	74.397	79.082	83.298	88.379	91.952
70	43.275	45.442	48.758	51.739	55.329	85.527	90.531	95.023	100.425	104.215
80	51.172	53.540	57.153	60.391	64.278	96.578	101.879	106.629	112.329	116.321
90	59.196	61.754	65.647	69.126	73.291	107.565	113.145	118.136	124.116	128.299
100	67.328	70.065	74.222	77.929	82.358	118.498	124.342	129.561	135.807	140.169

표 7 F분포표

F분포 곡선의 오른쪽 꼬리의 면적=0.01

분모의 자유도	분자의 자유도 1	2	3	4	5	6	7	8	9	10	11	12	15	20	25	30	40	50	100
1	4052	5000	5403	5625	5764	5859	5928	5981	6022	6056	6083	6106	6157	6209	6240	6261	6287	6303	6334
2	98.50	99.00	99.17	99.25	99.30	99.33	99.36	99.37	99.39	99.40	99.41	99.42	99.43	99.45	99.46	99.47	99.47	99.48	99.49
3	34.12	30.82	29.46	28.71	28.24	27.91	27.67	27.49	27.35	27.23	27.13	27.05	26.87	26.69	26.58	26.50	26.41	26.35	26.24
4	21.20	18.00	16.69	15.98	15.52	15.21	14.98	14.80	14.66	14.55	14.45	14.37	14.20	14.02	13.91	13.84	13.75	13.69	13.58
5	16.26	13.27	12.06	11.39	10.97	10.67	10.46	10.29	10.16	10.05	9.96	9.89	9.72	9.55	9.45	9.38	9.29	9.24	9.13
6	13.75	10.92	9.78	9.15	8.75	8.47	8.26	8.10	7.98	7.87	7.79	7.72	7.56	7.40	7.30	7.23	7.14	7.09	6.99
7	12.25	9.55	8.45	7.85	7.46	7.19	6.99	6.84	6.72	6.62	6.54	6.47	6.31	6.16	6.06	5.99	5.91	5.86	5.75
8	11.26	8.65	7.59	7.01	6.63	6.37	6.18	6.03	5.91	5.81	5.73	5.67	5.52	5.36	5.26	5.20	5.12	5.07	4.96
9	10.56	8.02	6.99	6.42	6.06	5.80	5.61	5.47	5.35	5.26	5.18	5.11	4.96	4.81	4.71	4.65	4.57	4.52	4.41
10	10.04	7.56	6.55	5.99	5.64	5.39	5.20	5.06	4.94	4.85	4.77	4.71	4.56	4.41	4.31	4.25	4.17	4.12	4.01
11	9.65	7.21	6.22	5.67	5.32	5.07	4.89	4.74	4.63	4.54	4.46	4.40	4.25	4.10	4.01	3.94	3.86	3.81	3.71
12	9.33	6.93	5.95	5.41	5.06	4.82	4.64	4.50	4.39	4.30	4.22	4.16	4.01	3.86	3.76	3.70	3.62	3.57	3.47
13	9.07	6.70	5.74	5.21	4.86	4.62	4.44	4.30	4.19	4.10	4.02	3.96	3.82	3.66	3.57	3.51	3.43	3.38	3.27
14	8.86	6.51	5.56	5.04	4.69	4.46	4.28	4.14	4.03	3.94	3.86	3.80	3.66	3.51	3.41	3.35	3.27	3.22	3.11
15	8.68	6.36	5.42	4.89	4.56	4.32	4.14	4.00	3.89	3.80	3.73	3.67	3.52	3.37	3.28	3.21	3.13	3.08	2.98
16	8.53	6.23	5.29	4.77	4.44	4.20	4.03	3.89	3.78	3.69	3.62	3.55	3.41	3.26	3.16	3.10	3.02	2.97	2.86
17	8.40	6.11	5.18	4.67	4.34	4.10	3.93	3.79	3.68	3.59	3.52	3.46	3.31	3.16	3.07	3.00	2.92	2.87	2.76
18	8.29	6.01	5.09	4.58	4.25	4.01	3.84	3.71	3.60	3.51	3.43	3.37	3.23	3.08	2.98	2.92	2.84	2.78	2.68
19	8.18	5.93	5.01	4.50	4.17	3.94	3.77	3.63	3.52	3.43	3.36	3.30	3.15	3.00	2.91	2.84	2.76	2.71	2.60
20	8.10	5.85	4.94	4.43	4.10	3.87	3.70	3.56	3.46	3.37	3.29	3.23	3.09	2.94	2.84	2.78	2.69	2.64	2.54
21	8.02	5.78	4.87	4.37	4.04	3.81	3.64	3.51	3.40	3.31	3.24	3.17	3.03	2.88	2.79	2.72	2.64	2.58	2.48
22	7.95	5.72	4.82	4.31	3.99	3.76	3.59	3.45	3.35	3.26	3.18	3.12	2.98	2.83	2.73	2.67	2.58	2.53	2.42
23	7.88	5.66	4.76	4.26	3.94	3.71	3.54	3.41	3.30	3.21	3.14	3.07	2.93	2.78	2.69	2.62	2.54	2.48	2.37
24	7.82	5.61	4.72	4.22	3.90	3.67	3.50	3.36	3.26	3.17	3.09	3.03	2.89	2.74	2.64	2.58	2.49	2.44	2.33
25	7.77	5.57	4.68	4.18	3.85	3.63	3.46	3.32	3.22	3.13	3.06	2.99	2.85	2.70	2.60	2.54	2.45	2.40	2.29
30	7.56	5.39	4.51	4.02	3.70	3.47	3.30	3.17	3.07	2.98	2.91	2.84	2.70	2.55	2.45	2.39	2.30	2.25	2.13
40	7.31	5.18	4.31	3.83	3.51	3.29	3.12	2.99	2.89	2.80	2.73	2.66	2.52	2.37	2.27	2.20	2.11	2.06	1.94
50	7.17	5.06	4.20	3.72	3.41	3.19	3.02	2.89	2.78	2.70	2.63	2.56	2.42	2.27	2.17	2.10	2.01	1.95	1.82
100	6.90	4.82	3.98	3.51	3.21	2.99	2.82	2.69	2.59	2.50	2.43	2.37	2.22	2.07	1.97	1.89	1.80	1.74	1.60

표 7 계속

F분포 곡선의 오른쪽 꼬리의 면적=0.025

분모의 자유도	분자의 자유도 1	2	3	4	5	6	7	8	9	10	11	12	15	20	25	30	40	50	100
1	647.8	799.5	864.2	899.6	921.8	937.1	948.2	956.7	963.3	968.6	973.0	976.7	984.9	993.1	998.1	1001	1006	1008	1013
2	38.51	39.00	39.17	39.25	39.30	39.33	39.36	39.37	39.39	39.40	39.41	39.41	39.43	39.45	39.46	39.46	39.47	39.48	39.49
3	17.44	16.04	15.44	15.10	14.88	14.73	14.62	14.54	14.47	14.42	14.37	14.34	14.25	14.17	14.12	14.08	14.04	14.01	13.96
4	12.22	10.65	9.98	9.61	9.36	9.20	9.07	8.98	8.90	8.84	8.79	8.75	8.66	8.56	8.50	8.46	8.41	8.38	8.32
5	10.01	8.43	7.76	7.39	7.15	6.98	6.85	6.76	6.68	6.62	6.57	6.52	6.43	6.33	6.27	6.23	6.18	6.14	6.08
6	8.81	7.26	6.60	6.23	5.99	5.82	5.70	5.60	5.52	5.46	5.41	5.37	5.27	5.17	5.11	5.07	5.01	4.98	4.92
7	8.07	6.54	5.89	5.52	5.29	5.12	4.99	4.90	4.82	4.76	4.71	4.67	4.57	4.47	4.40	4.36	4.31	4.28	4.21
8	7.57	6.06	5.42	5.05	4.82	4.65	4.53	4.43	4.36	4.30	4.24	4.20	4.10	4.00	3.94	3.89	3.84	3.81	3.74
9	7.21	5.72	5.08	4.72	4.48	4.32	4.20	4.10	4.03	3.96	3.91	3.87	3.77	3.67	3.60	3.56	3.51	3.47	3.40
10	6.94	5.46	4.83	4.47	4.24	4.07	3.95	3.85	3.78	3.72	3.66	3.62	3.52	3.42	3.35	3.31	3.26	3.22	3.15
11	6.72	5.26	4.63	4.28	4.04	3.88	3.76	3.66	3.59	3.53	3.47	3.43	3.33	3.23	3.16	3.12	3.06	3.03	2.96
12	6.55	5.10	4.47	4.12	3.89	3.73	3.61	3.51	3.44	3.37	3.32	3.28	3.18	3.07	3.01	2.96	2.91	2.87	2.80
13	6.41	4.97	4.35	4.00	3.77	3.60	3.48	3.39	3.31	3.25	3.20	3.15	3.05	2.95	2.88	2.84	2.78	2.74	2.67
14	6.30	4.86	4.24	3.89	3.66	3.50	3.38	3.29	3.21	3.15	3.09	3.05	2.95	2.84	2.78	2.73	2.67	2.64	2.56
15	6.20	4.77	4.15	3.80	3.58	3.41	3.29	3.20	3.12	3.06	3.01	2.96	2.86	2.76	2.69	2.64	2.59	2.55	2.47
16	6.12	4.69	4.08	3.73	3.50	3.34	3.22	3.12	3.05	2.99	2.93	2.89	2.79	2.68	2.61	2.57	2.51	2.47	2.40
17	6.04	4.62	4.01	3.66	3.44	3.28	3.16	3.06	2.98	2.92	2.87	2.82	2.72	2.62	2.55	2.50	2.44	2.41	2.33
18	5.98	4.56	3.95	3.61	3.38	3.22	3.10	3.01	2.93	2.87	2.81	2.77	2.67	2.56	2.49	2.44	2.38	2.35	2.27
19	5.92	4.51	3.90	3.56	3.33	3.17	3.05	2.96	2.88	2.82	2.76	2.72	2.62	2.51	2.44	2.39	2.33	2.30	2.22
20	5.87	4.46	3.86	3.51	3.29	3.13	3.01	2.91	2.84	2.77	2.72	2.68	2.57	2.46	2.40	2.35	2.29	2.25	2.17
21	5.83	4.42	3.82	3.48	3.25	3.09	2.97	2.87	2.80	2.73	2.68	2.64	2.53	2.42	2.36	2.31	2.25	2.21	2.13
22	5.79	4.38	3.78	3.44	3.22	3.05	2.93	2.84	2.76	2.70	2.65	2.60	2.50	2.39	2.32	2.27	2.21	2.17	2.09
23	5.75	4.35	3.75	3.41	3.18	3.02	2.90	2.81	2.73	2.67	2.62	2.57	2.47	2.36	2.29	2.24	2.18	2.14	2.06
24	5.72	4.32	3.72	3.38	3.15	2.99	2.87	2.78	2.70	2.64	2.59	2.54	2.44	2.33	2.26	2.21	2.15	2.11	2.02
25	5.69	4.29	3.69	3.35	3.13	2.97	2.85	2.75	2.68	2.61	2.56	2.51	2.41	2.30	2.23	2.18	2.12	2.08	2.00
30	5.57	4.18	3.59	3.25	3.03	2.87	2.75	2.65	2.57	2.51	2.46	2.41	2.31	2.20	2.12	2.07	2.01	1.97	1.88
40	5.42	4.05	3.46	3.13	2.90	2.74	2.62	2.53	2.45	2.39	2.33	2.29	2.18	2.07	1.99	1.94	1.88	1.83	1.74
50	5.34	3.97	3.39	3.05	2.83	2.67	2.55	2.46	2.38	2.32	2.26	2.22	2.11	1.99	1.92	1.87	1.80	1.75	1.66
100	5.18	3.83	3.25	2.92	2.70	2.54	2.42	2.32	2.24	2.18	2.12	2.08	1.97	1.85	1.77	1.71	1.64	1.59	1.48

표 7 계속

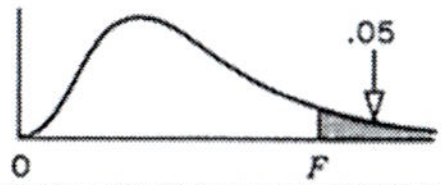

F분포 곡선의 오른쪽 꼬리의 면적=0.05

분모의 자유도	분자의 자유도																	
	1	2	3	4	5	6	7	8	9	10	11	12	15	20	25	30	40	50	100
1	161.5	199.5	215.7	224.6	230.2	234.0	236.8	238.9	240.5	241.9	243.0	243.9	246.0	248.0	249.3	250.1	251.1	251.8	253.0
2	18.51	19.00	19.16	19.25	19.30	19.33	19.35	19.37	19.38	19.40	19.40	19.41	19.43	19.45	19.46	19.46	19.47	19.48	19.49
3	10.13	9.55	9.28	9.12	9.01	8.94	8.89	8.85	8.81	8.79	8.76	8.74	8.70	8.66	8.63	8.62	8.59	8.58	8.55
4	7.71	6.94	6.59	6.39	6.26	6.16	6.09	6.04	6.00	5.96	5.94	5.91	5.86	5.80	5.77	5.75	5.72	5.70	5.66
5	6.61	5.79	5.41	5.19	5.05	4.95	4.88	4.82	4.77	4.74	4.70	4.68	4.62	4.56	4.52	4.50	4.46	4.44	4.41
6	5.99	5.14	4.76	4.53	4.39	4.28	4.21	4.15	4.10	4.06	4.03	4.00	3.94	3.87	3.83	3.81	3.77	3.75	3.71
7	5.59	4.74	4.35	4.12	3.97	3.87	3.79	3.73	3.68	3.64	3.60	3.57	3.51	3.44	3.40	3.38	3.34	3.32	3.27
8	5.32	4.46	4.07	3.84	3.69	3.58	3.50	3.44	3.39	3.35	3.31	3.28	3.22	3.15	3.11	3.08	3.04	3.02	2.97
9	5.12	4.26	3.86	3.63	3.48	3.37	3.29	3.23	3.18	3.14	3.10	3.07	3.01	2.94	2.89	2.86	2.83	2.80	2.76
10	4.96	4.10	3.71	3.48	3.33	3.22	3.14	3.07	3.02	2.98	2.94	2.91	2.85	2.77	2.73	2.70	2.66	2.64	2.59
11	4.84	3.98	3.59	3.36	3.20	3.09	3.01	2.95	2.90	2.85	2.82	2.79	2.72	2.65	2.60	2.57	2.53	2.51	2.46
12	4.75	3.89	3.49	3.26	3.11	3.00	2.91	2.85	2.80	2.75	2.72	2.69	2.62	2.54	2.50	2.47	2.43	2.40	2.35
13	4.67	3.81	3.41	3.18	3.03	2.92	2.83	2.77	2.71	2.67	2.63	2.60	2.53	2.46	2.41	2.38	2.34	2.31	2.26
14	4.60	3.74	3.34	3.11	2.96	2.85	2.76	2.70	2.65	2.60	2.57	2.53	2.46	2.39	2.34	2.31	2.27	2.24	2.19
15	4.54	3.68	3.29	3.06	2.90	2.79	2.71	2.64	2.59	2.54	2.51	2.48	2.40	2.33	2.28	2.25	2.20	2.18	2.12
16	4.49	3.63	3.24	3.01	2.85	2.74	2.66	2.59	2.54	2.49	2.46	2.42	2.35	2.28	2.23	2.19	2.15	2.12	2.07
17	4.45	3.59	3.20	2.96	2.81	2.70	2.61	2.55	2.49	2.45	2.41	2.38	2.31	2.23	2.18	2.15	2.10	2.08	2.02
18	4.41	3.55	3.16	2.93	2.77	2.66	2.58	2.51	2.46	2.41	2.37	2.34	2.27	2.19	2.14	2.11	2.06	2.04	1.98
19	4.38	3.52	3.13	2.90	2.74	2.63	2.54	2.48	2.42	2.38	2.34	2.31	2.23	2.16	2.11	2.07	2.03	2.00	1.94
20	4.35	3.49	3.10	2.87	2.71	2.60	2.51	2.45	2.39	2.35	2.31	2.28	2.20	2.12	2.07	2.04	1.99	1.97	1.91
21	4.32	3.47	3.07	2.84	2.68	2.57	2.49	2.42	2.37	2.32	2.28	2.25	2.18	2.10	2.05	2.01	1.96	1.94	1.88
22	4.30	3.44	3.05	2.82	2.66	2.55	2.46	2.40	2.34	2.30	2.26	2.23	2.15	2.07	2.02	1.97	1.94	1.91	1.85
23	4.28	3.42	3.03	2.80	2.64	2.53	2.44	2.37	2.32	2.27	2.24	2.20	2.13	2.05	2.00	1.96	1.91	1.88	1.82
24	4.26	3.40	3.01	2.78	2.62	2.51	2.42	2.36	2.30	2.25	2.22	2.18	2.16	2.03	1.97	1.94	1.89	1.86	1.80
25	4.24	3.39	2.99	2.76	2.60	2.49	2.40	2.34	2.28	2.24	2.20	2.16	2.09	2.01	1.96	1.92	1.87	1.84	1.78
30	4.17	3.32	2.92	2.69	2.53	2.42	2.33	2.27	2.21	2.16	2.13	2.09	2.01	1.93	1.88	1.84	1.79	1.76	1.70
40	4.08	3.23	2.84	2.61	2.45	2.34	2.25	2.18	2.12	2.08	2.04	2.00	1.92	1.84	1.78	1.74	1.69	1.66	1.59
50	4.03	3.18	2.79	2.56	2.40	2.29	2.20	2.13	2.07	2.03	1.99	1.95	1.87	1.78	1.73	1.69	1.63	1.60	1.52
100	3.94	3.09	2.70	2.46	2.31	2.19	2.10	2.03	1.97	1.93	1.89	1.85	1.77	1.68	1.62	1.57	1.52	1.48	1.39

표 8 윌콕슨 부호순위합통계량의 누적확률분포표

$$\alpha = P\{W^+ \geq w^+(\alpha, n)\} = P\{W^+ \leq w^+(1-\alpha, n)\}$$

표에서, $x = w^+(\alpha, n)$, $x^* = w^+(1-\alpha, n)$을 의미한다.

$n=3$			$n=4$			$n=5$			$n=6$		
x	α	x^*	x	α	x^*	x	α	x^*	x	α	x^*
5	.250	1	8	.188	2	12	.156	3	17	.109	4
6	.125	0	9	.125	1	13	.094	2	18	.078	3
7	0		10	.062	0	14	.062	1	19	.047	2
			11	0		15	.031	0	20	.031	1
						16	0		21	.016	0
									22	0	

$n=7$			$n=8$			$n=9$			$n=10$		
x	α	x^*	x	α	x^*	x	α	x^*	x	α	x^*
22	.109	6	27	.125	9	34	.102	11	40	.116	15
23	.078	5	28	.098	8	35	.082	10	41	.097	14
24	.055	4	29	.074	7	36	.064	9	42	.080	13
25	.039	3	30	.055	6	37	.049	8	43	.065	12
26	.023	2	31	.039	5	38	.037	7	44	.053	11
27	.016	1	32	.027	4	39	.027	6	45	.042	10
28	.008	0	33	.020	3	40	.020	5	46	.032	9
			34	.012	2	41	.014	4	47	.024	8
			35	.008	1	42	.010	3	48	.019	7
									49	.014	6
									50	.010	5

표 8 계속

$n=11$		
x	α	x^*
48	.103	18
49	.087	17
50	.074	16
51	.062	15
52	.051	14
53	.042	13
54	.034	12
55	.027	11
56	.021	10
57	.016	9
58	.012	8
59	.009	7

$n=12$		
x	α	x^*
56	.102	22
57	.088	21
58	.076	20
59	.065	19
60	.055	18
61	.046	17
62	.039	16
63	.032	15
64	.026	14
65	.021	13
66	.017	12
67	.013	11
68	.010	10

$n=13$		
x	α	x^*
64	.108	27
65	.095	26
66	.084	25
67	.073	24
68	.064	23
69	.055	22
70	.047	21
71	.040	20
72	.034	19
73	.029	18
74	.020	17
75	.016	16
76	.013	15
77	.011	14
78	.009	13
79		12

$n=14$		
x	α	x^*
73	.108	32
74	.097	31
75	.086	30
76	.077	29
77	.068	28
78	.059	27
79	.052	26
80	.045	25
81	.039	24
82	.034	23
83	.029	22
84	.025	21
85	.021	20
86	.018	19
87	.015	18
88	.012	17
89	.010	16

$n=15$					
x	α	x^*	x	α	x^*
83	.104	37	92	.036	28
84	.094	36	93	.032	27
85	.084	35	94	.028	26
86	.076	34	95	.024	25
87	.068	33	96	.021	24
88	.060	32	97	.018	23
89	.053	31	98	.015	22
90	.047	30	99	.013	21
91	.042	29	100	.011	20
			101	.009	19

표 9 윌콕슨 순위합통계량의 누적확률분포표

$$\alpha = P\{W_X \geq w_X(\alpha, n, m)\} = P\{W_X \leq w_X(1-\alpha, n, m)\}$$

표에서, $x = w_X(\alpha, n, m)$, $x^* = w_X(1-\alpha, n, m)$을 의미한다.

SMALLER SAMPLE SIZE $(n)=2$

LARGER SAMPLE SIZE (m)

3			4			5			6		
x	α	x^*	x	α	x^*	x	α	x^*	x	α	x^*
8	.200	4	10	.133	4	11	.190	5	13	.143	5
9	.100	3	11	.067	3	12	.095	4	14	.071	4
10	0	2	12	0	2	13	.048	3	15	.036	3
						14	0	2	16	0	2

7			8			9			10		
x	α	x^*	x	α	x^*	x	α	x^*	x	α	x^*
15	.111	5	16	.133	6	18	.109	6	19	.136	7
16	.056	4	17	.089	5	19	.073	5	20	.091	6
17	.028	3	18	.044	4	20	.036	4	21	.061	5
18	0	2	19	.022	3	21	.018	3	22	.030	4
			20	0	2	22	0	2	23	.015	3

SMALLER SAMPLE SIZE $(n)=3$

LARGER SAMPLE SIZE (m)

3			4			5			6		
x	α	x^*	x	α	x^*	x	α	x^*	x	α	x^*
13	.200	8	16	.114	8	18	.125	9	20	.131	10
14	.100	7	17	.057	7	19	.071	8	21	.083	9
15	.050	6	18	.029	6	20	.036	7	22	.048	8
16	0	5	19	0	5	21	.018	6	23	.024	7
						22	0	5	24	.012	6
									25	0	5

표 9 계속

SMALLER SAMPLE SIZE $(n)=5$
LARGER SAMPLE SIZE (m)

5			6			7			8		
x	α	x^*	x	α	x^*	x	α	x^*	x	α	x^*
34	.111	21	37	.123	23	41	.101	24	44	.111	26
35	.075	20	38	.089	22	42	.074	23	45	.085	25
36	.048	19	39	.063	21	43	.053	22	46	.064	24
37	.028	18	40	.041	20	44	.037	21	47	.047	23
38	.016	17	41	.026	19	45	.024	20	48	.033	22
39	.008	16	42	.015	18	46	.015	19	49	.023	21
			43	.009	17	47	.009	18	50	.015	20
									51	.009	19

9			10		
x	α	x^*	x	α	x^*
47	.120	28	51	.103	29
48	.095	27	52	.082	28
49	.073	26	53	.065	27
50	.056	25	54	.050	26
51	.041	24	55	.038	25
52	.030	23	56	.028	24
53	.021	22	57	.020	23
54	.014	21	58	.014	22
55	.009	20	59	.010	21

SMALLER SAMPLE SIZE $(n)=6$
LARGER SAMPLE SIZE (m)

6			7			8			9		
x	α	x^*	x	α	x^*	x	α	x^*	x	α	x^*
47	.120	31	51	.117	33	55	.114	35	59	.112	37
48	.090	30	52	.090	32	56	.091	34	60	.091	36
49	.066	29	53	.069	31	57	.071	33	61	.072	35
50	.047	28	54	.051	30	58	.054	32	62	.057	34
51	.032	27	55	.037	29	59	.041	31	63	.044	33
52	.021	26	56	.026	28	60	.030	30	64	.033	32
53	.013	25	57	.017	27	61	.021	29	65	.025	31
54	.008	24	58	.011	26	62	.015	28	66	.018	30
			59	.007	25	63	.010	27	67	.013	29
									68	.009	28

표 9 계속

SMALLER SAMPLE SIZE $(n)=6$
LARGER SAMPLE SIZE (m)

10		
x	α	x^*
63	.110	39
64	.090	38
65	.074	37
66	.059	36
67	.047	35
68	.036	34
69	.028	33
70	.021	32
71	.016	31
72	.011	30
73	.008	29

SMALLER SAMPLE SIZE $(n)=7$
LARGER SAMPLE SIZE (m)

7			8			9			10		
x	α	x^*	x	α	x^*	x	α	x^*	x	α	x^*
63	.104	42	67	.116	45	72	.105	47	76	.115	50
64	.082	41	68	.095	44	73	.087	46	77	.097	49
65	.064	40	69	.076	43	74	.071	45	78	.081	48
66	.049	39	70	.060	42	75	.057	44	79	.067	47
67	.036	38	71	.047	41	76	.045	43	80	.054	46
68	.027	37	72	.036	40	77	.036	42	81	.044	45
69	.019	36	73	.027	39	78	.027	41	82	.035	44
70	.013	35	74	.020	38	79	.021	40	83	.028	43
71	.009	34	75	.014	37	80	.016	39	84	.022	42
			76	.010	36	81	.011	38	85	.017	41
						82	.008	37	86	.012	40
									87	.009	39

표 9 계속

SMALLER SAMPLE SIZE (n)=8
LARGER SAMPLE SIZE (m)

8			9			10		
x	α	x^*	x	α	x^*	x	α	x^*
80	.117	56	86	.100	58	91	.102	61
81	.097	55	87	.084	57	92	.086	60
82	.080	54	88	.069	56	93	.073	59
83	.065	53	89	.057	55	94	.061	58
84	.052	52	90	.046	54	95	.051	57
85	.041	51	91	.037	53	96	.042	56
86	.032	50	92	.030	52	97	.034	55
87	.025	49	93	.023	51	98	.027	54
88	.019	48	94	.018	50	99	.022	53
89	.014	47	95	.014	49	100	.017	52
90	.010	46	96	.010	48	101	.013	51
						102	.010	50

SMALLER SAMPLE SIZE (n)=9
LARGER SAMPLE SIZE (m)

9			10		
x	α	x^*	x	α	x^*
100	.111	71	106	.106	74
101	.095	70	107	.091	73
102	.081	69	108	.078	72
103	.068	68	109	.067	71
104	.057	67	110	.056	70
105	.047	66	111	.047	69
106	.039	65	112	.039	68
107	.031	64	113	.033	67
108	.025	63	114	.027	66
109	.020	62	115	.022	65
110	.016	61	116	.017	64
111	.012	60	117	.014	63
112	.009	59	118	.011	62
			119	.009	61

SMALLER SAMPLE SIZE (n)=10
LARGER SAMPLE SIZE (m)

10		
x	α	x^*
122	.109	88
123	.095	87
124	.083	86
125	.072	85
126	.062	84
127	.053	83
128	.045	82
129	.038	81
130	.032	80
131	.026	79
132	.022	78
133	.018	77
134	.014	76
135	.012	75
136	.009	74

연습문제 풀이

Chapter 1

1.1 기술통계학: 평균, 분산, 사분위수, 빈도, 상관계수, 표, 그래프 등등
추론통계학: 가설 검정(카이제곱 검정, 분산분석, 회귀분석 등등)

1.2 (1) 모집단으로부터 얻어진 자료: 총인구조사, 국세조사, 대통령선거
표본으로부터 얻어진 자료: 주요 하천 수질현황
(2) 부분만을 가지고 전체를 파악할 수 없을 때 전수조사를 한다.
전체인구 같은 경우 표본(부분)의 평균이 일정하지 않기 때문이다.
(3) 전수조사가 불가능하거나 표본이 대표성을 가질 경우, 비용과 인력, 시간을 절약할 경우 이용된다.
(4) 질적자료: 기후, 사망원인 생명표 등등
양적자료: 국토 면적, 총인구조사, 시도별 인구통태 건수 등등

1.3 (1) 모집단: 대통령 선거 당일 투표한 유권자, 표본: 200명의 유권자
(2) 모집단: 전국 대학생, 표본: 1000명의 대학생
(3) 모집단: 소주를 마시는 국민, 표본: 1500명의 국민

1.4 원소: 학생 A,B,C,D,E
변수: 점수
관찰값: 83, 91, 78, 69, 87
자료 세트: 5명의 학생들의 통계학 시험점수

1.5 (1) 양적변수 (2) 질적 변수 (3) 질적 변수 (4) 양적 변수 (5) 양적 변수

1.6 (1) ~ (4) 이산형 변수
(5) 연속형 변수

Chapter 2

2.1 원자료(raw data)에서 알맞은 정보를 알아내기는 너무 방대하여 필요한 정보를 알아내기가 어렵다. 이러한 원자료 data를 그룹화하면 보다 간단하고 쉽게 자료를 정리 요약할 수 있어서 자료를 그룹화시키는 것이다.

2.2 (예) 학생50명을 대상으로 후식의 선호도 조사

종류	도수
아이스크림	13
커피	15
녹차	9
홍차	2
과일	11
합계	50

상대도수와 백분위수

종류	상대도수	백분위
아이스크림	13/50 = 0.26	0.26 × 100 = 26
커피	15/50 = 0.3	0.3 × 100 = 30
녹차	9/50 = 0.18	0.18 × 100 = 18
홍차	2/50 = 0.04	0.04 × 100 = 4
과일	0.22	0.22 × 100 = 22
합계	1	100

2.3 (1)

범주	도수
A	6
B	9
C	15
합계	30

(2)

범주	상대도수	백분위
A	6/30 = 0.2	0.2 × 100 = 20
B	9/30 = 0.3	0.3 × 100 = 30
C	15/30 = 0.5	0.5 × 100 = 50
합계	1	100

(3) 30%

(4) 70%

(5)

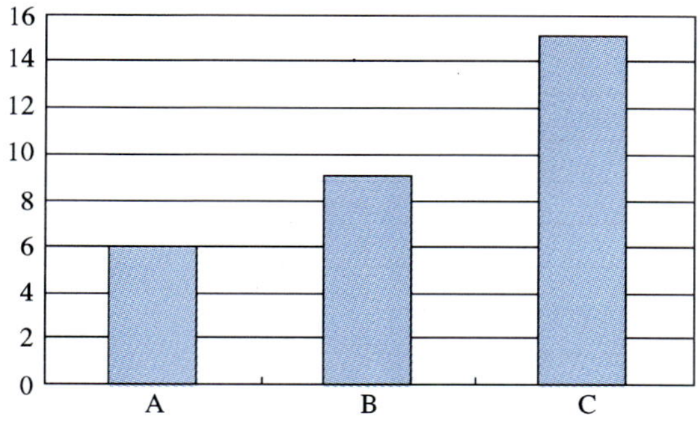

2.4 (1)

범주	도수
Y	21
N	15
D	4
합계	40

(2)

범주	상대도수	백분위
Y	21/40 = 0.525	0.525 × 100 = 52.5
N	15/40 = 0.375	0.375 × 100 = 37.5
D	4/40 = 0.1	0.1 × 100 = 10
합계	1	100

(3) 52.5%

(4) 47.5%

(5)

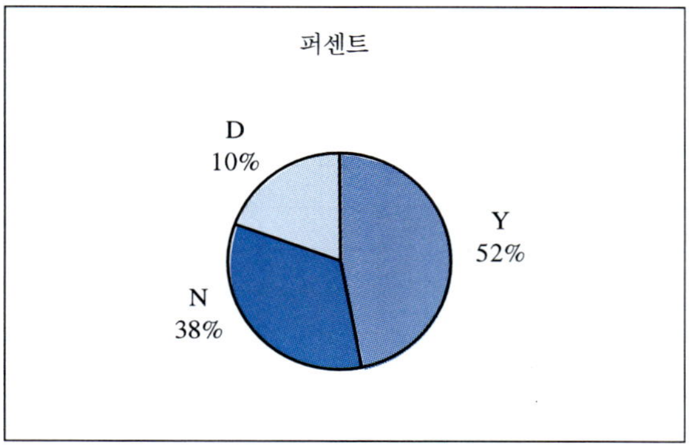

2.5 (1)

학년	도수
F	12
SO	12
J	15
SE	11
합계	50

(2)

학년	상대도수	백분위
F	12/50 = 0.24	24
SO	15/50 = 0.24	24
J	15/50 = 0.3	30
SE	11/50 = 0.22	22
합계	1	100

(3) 3학년 30%, 4학년 22%

(4)

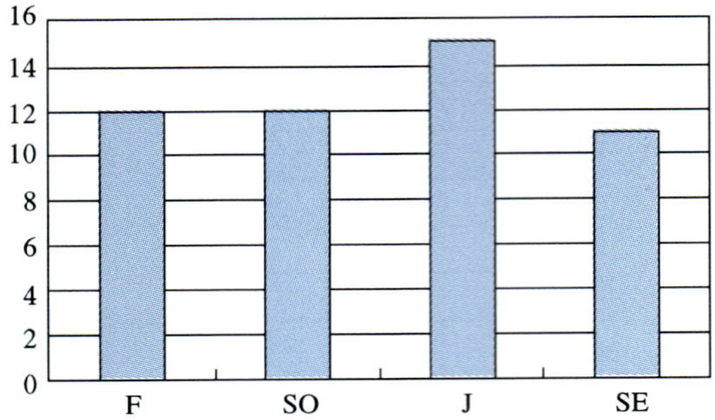

2.6 (1)

범주	도수
E	6
AA	5
A	3
B	4
P	2
합계	20

(2)

범주	상대도수	백분위
E	6/20 = 0.3	30
AA	5/20 = 0.25	25
A	3/20 = 0.15	15
B	4/20 = 0.2	20
P	2/20 = 0.1	10
합계	1	100(%)

(3) 55%

(4)

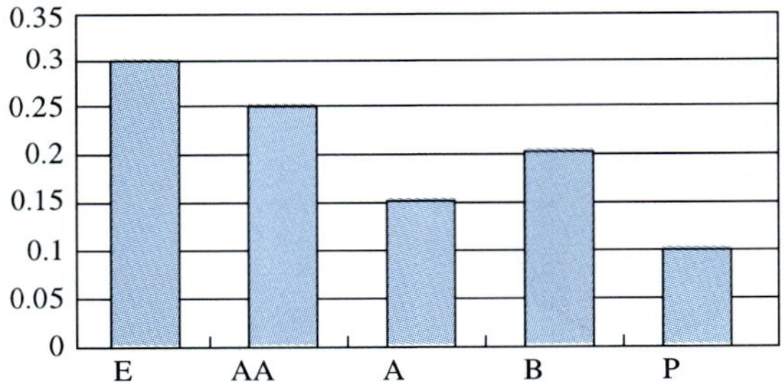

2.7 (1)

범주	도수
F	7
A	5
N	3
합계	15

(2)

범주	상대도수	백분위
F	7/15 = 0.4667	46.67
A	5/15 = 0.3333	33.33
N	3/15 = 0.2	20
합계	1	100(%)

(3) 약 46.67%

(4)

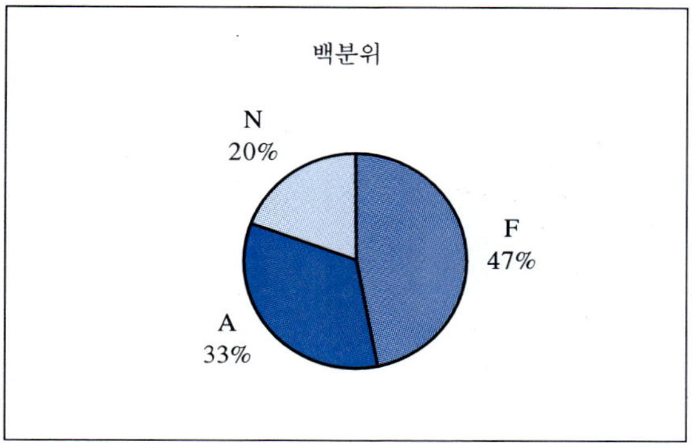

2.8 (1)

범주	도수
S	5
M	4
I	3
합계	12

(2)

범주	상대도수	백분위
S	5/12 = 0.4167	41.67
M	4/12 = 0.3333	33.33
I	3/12 = 0.25	25
합계	1	100(%)

(3)

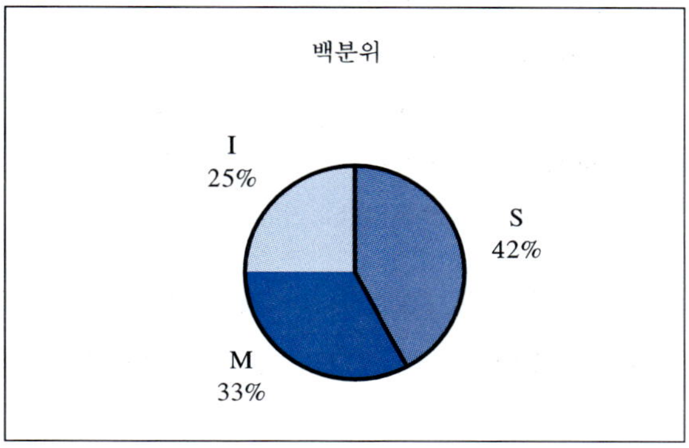

2.9

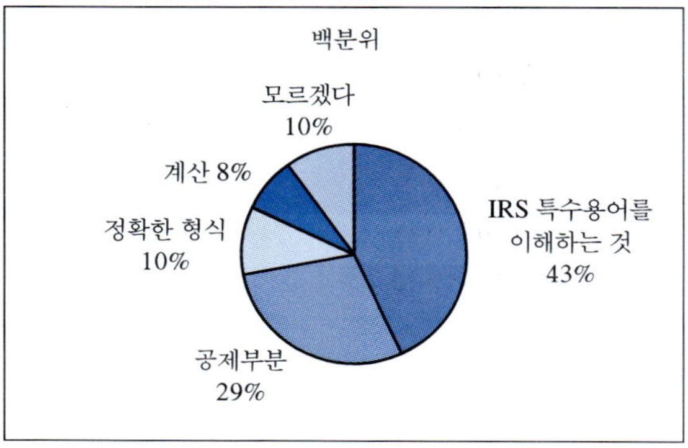

2.10

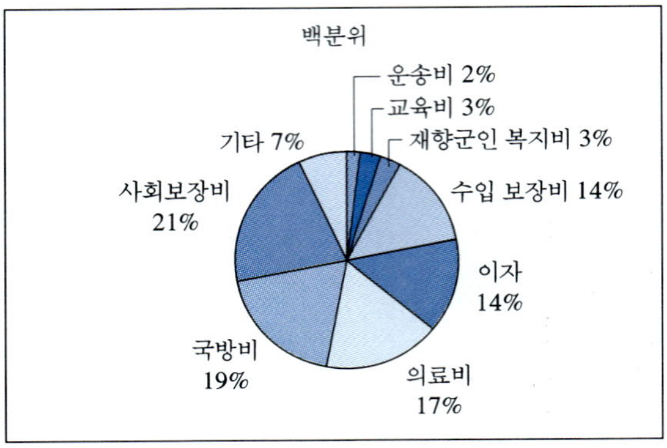

2.11 (1) 계급의 수: 전체 자료의 수에 영향을 받지만 보통 5~20 정도로 한다.

(2) 계급의 크기(계급의 폭): 모든 계급의 크기가 같은 것이 좋다.

(3) 첫 번째 계급의 하한값 혹은 시작점: 자료의 가장 작은 값이나 혹은 더 작은 값을 첫 번째 계급의 하한값으로 사용한다.

2.12 연습문제 2.2 참고

2.14 (1) 한계값을 이용한 계급 표 2.7이 그 예이다.

주급(천원)	계급 경계값	중앙값
200~349	199.5 이상 349.5 미만	274.5
350~499	349.5 이상 499.5 미만	424.5
500~649	499.5 이상 649.5 미만	574.5
650~799	649.5 이상 799.5 미만	724.5
800~949	799.5 이상 949.5 미만	874.5

(2) 모든 계급이 150의 같은 폭을 가지고 있다. less than 방법을 사용한 예는 가령 계급의 값이 20 이상 25 미만 25 이상 30 미만과 같이 작성된 경우이다.

(3) sample-valued 계급 사례연구 2-5가 그 예이다.

주급(천원)	상대도수	백분위
200~349	12/100=0.12	12
350~499	23/100=0.23	23
500~649	31/100=0.31	31
650~799	19/100=0.19	19
800~949	15/100=0.15	15
	1	100(%)

(4) 34%

2.15 (1)

나이	계급 경계값	중앙값
18~30	17.5 이상 30.5 미만	24
31~43	30.5 이상 43.5 미만	37
44~56	43.5 이상 56.5 미만	50
57~69	56.5 이상 69.5 미만	63

(2) 모든 계급이 13의 같은 폭을 가지고 있다.

(3)

나이	상대도수	백분위
18~30	12/50=0.24	24
31~43	17/50=0.34	34
44~56	14/50=0.28	28
57~69	7/50=0.14	14
	1	100(%)

(4) 58%

2.16 (1), (2)

계급 한계	계급 경계값	계급 중앙값
10000~100000	5000 이상 105000 미만	55000
110000~200000	105000 이상 205000 미만	155000
210000~300000	205000 이상 305000 미만	255000
310000~400000	305000 이상 405000 미만	355000
410000~500000	405000 이상 505000 미만	455000
510000~600000	505000 이상 605000 미만	555000
610000~700000	605000 이상 705000 미만	655000

2.17

계급 한계	계급 경계값	계급 폭	계급 중앙값
1~4	0.5 이상 4.5 미만	4	2.5
5~8	4.5 이상 8.5 미만	4	6.5
9~12	8.5 이상 12.5 미만	4	10.5
13~16	12.5 이상 16.5 미만	4	14.5
17~20	16.5 이상 20.5 미만	4	18.5

2.18 (1) 잎 단위 = 0.10

0 22333444

0 556666777888899

1 00111111122233344

1 6677888899

2	123
2	58
3	11
3	6
4	
4	5
5	2

(2)

(3) 0.2

2.19

대기 시간	도수	상대도수
0.2 ~ 0.8	21	0.35
0.9 ~ 1.6	21	0.35
1.7 ~ 2.4	11	0.18
2.5 ~ 3.2	4	0.07
3.3 ~ 4.0	1	0.02
4.1 ~ 4.8	1	0.02
4.9 ~ 5.6	1	0.02

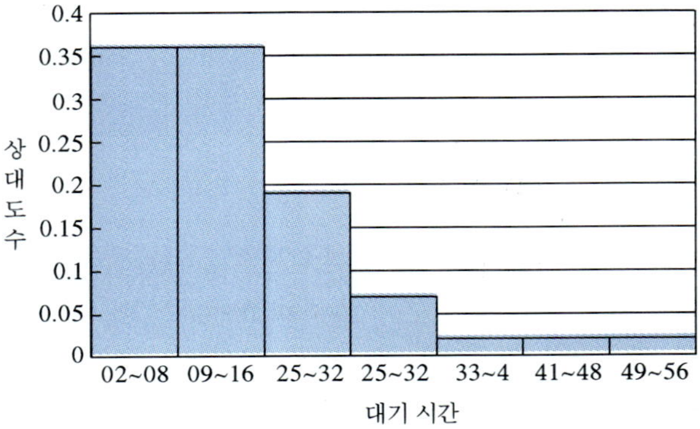

(1) 오른쪽 꼬리가 긴 형태

(2) 대기 시간 평균은 약 1.37분이나 가끔 5분여 정도 기다리는 손님이 있을 수도 있다.

(3) 같은 정보를 나타낸다고 볼 수 없다.

2.20 (1)

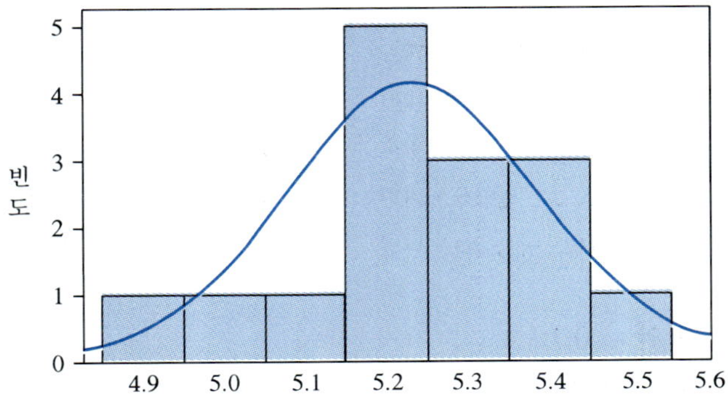

(2) 대략적으로 봐서 정규곡선에서 조금 벗어난다.

(3) 정상이 아니다.

2.21 (1) 대략적으로 둘 다 오른쪽 꼬리가 긴 히스토그램으로 볼 수 있다.

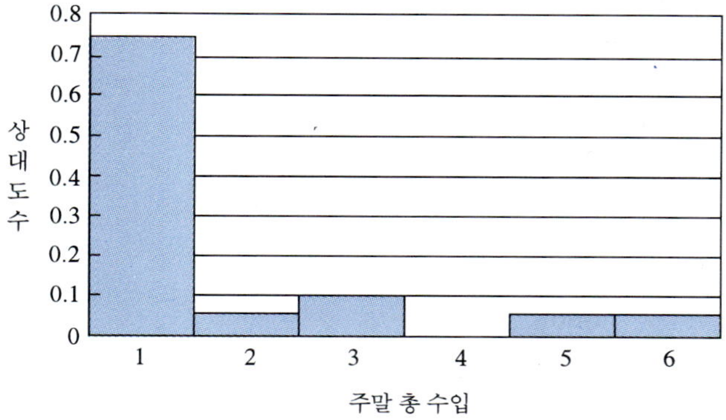

1 ⇒ 758~4235
2 ⇒ 4236~7712
3 ⇒ 7713~11189
4 ⇒ 11190~14666
5 ⇒ 14667~18143
6 ⇒ 18144~21620

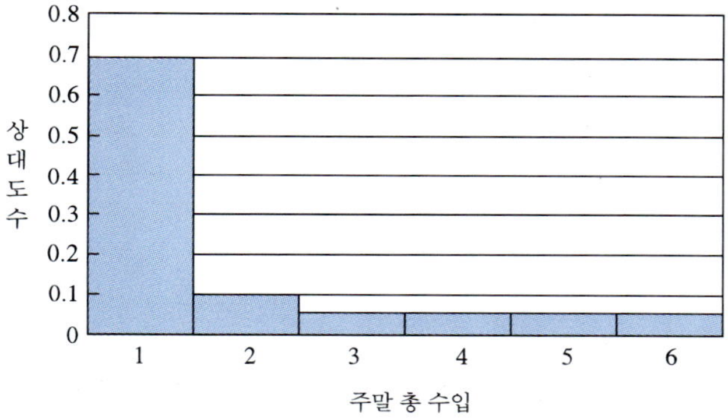

1 ⇒ 630~3892
2 ⇒ 3893~7154
3 ⇒ 7155~10416
4 ⇒ 10417~13678
5 ⇒ 13679~16940
6 ⇒ 16941~20202

(2)

잎 단위 = 1000		잎 단위 = 1000	
0	000011111	0	0000111111
0	222233	0	22233
0	5	0	5
0	7	0	
0	9	0	8
1		1	0
1		1	
1	4	1	4
1		1	
1		1	
2	1	2	0

(3) a와 b의 결과를 보면 특별한 경우를 제외하고는 수입이 비교적 특정구간에 많이 분포되어 있는 것을 알 수 있다.

2.22 (1) 맥박수를 세어 두 배를 한 자료이므로 관측치는 모두 짝수가 된다.

(2) 잎 단위 = 1.0

4	2
4	
5	24
5	688
6	0022
6	66668
7	000222224
7	8
8	0222444444444
8	68888
9	00
9	66
10	04
10	
11	0

여기서 42부터 78까지의 자료의 개수가 25개가 되고, 나머지 80부터 110까지가 나머지 25개를 형성하므로 줄기를 두 개로 나누어서 그리면 다음과 같다.

4	2	8	0222444444444
4		8	68888
5	24	9	00
5	688	9	66
6	0022	10	04
6	66668	10	
7	000222224	11	0
7	8		

(3) 자료의 수가 50개이므로 계급의 수는 7로 한다.

$$\text{근사적 계급의 크기} = \frac{\text{가장 큰 값} - \text{가장 작은 값}}{\text{계급의 수}} = \frac{110-42}{7} = 9.7143\text{이므로}$$

계급의 크기는 10으로 하자. 도수분포표를 만들어 보면 다음과 같다.

맥박 수	도수	상대도수
42~51	1	1/50=0.02
52~61	7	7/50=0.14
62~71	10	10/50=0.2
72~81	8	8/50=0.16
82~91	19	19/50=0.38
92~101	3	3/50=0.06
102~111	2	2/50=0.04
	50	1

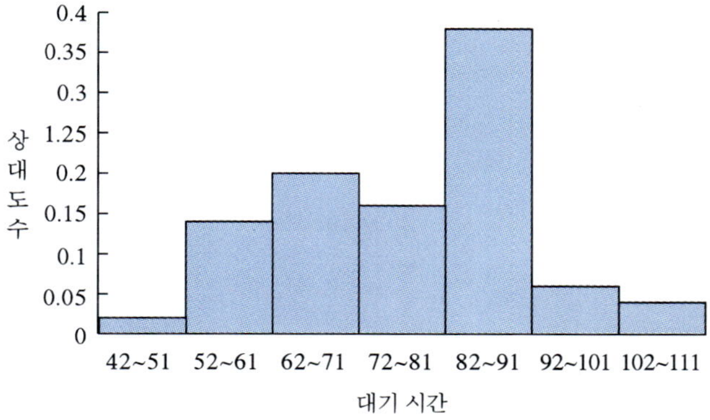

(4) 왼쪽꼬리가 긴 히스토그램에 가까운 모양을 띄고 있다.
도수분포표 또는 히스토그램을 봤을 때 가장 많은 수의 학생들이 82~91 사이의 맥박 수를 보임을 알 수 있다. 전체적으로 봤을 때 맥박 수 60~90 사이에 대부분의 학생들이 위치해 있음을 보인다.

Chapter 3

3.1 $\bar{x} = \dfrac{20 \times 77 + 15 \times 74}{20 + 15} = 75.7$

3.3 (1) 평균=15.70, 분산=19.79, 표준편차=4.45, 범위=14
사분위수: $Q_1=12.50$ $Q_2=16.00$ $Q_3=17.75$
(2) 평균=5.70, 분산=19.79 표준편차=4.45 범위=14
사분위수: $Q_1=2.50$ $Q_2=6.00$ $Q_3=7.75$
자료값에서 10을 뺀 경우와 원래 자료를 비교해 보면, 분산과 표준편차, 범위는 같으며, 평균과 사분위수의 경우는 10만큼 차이가 난다.

3.4 (1) 평균=50, 분산=636.73, 표준편차=25.23
(2) A: 60~100, B: 20~60 , C: 20~40, D: 0~40

3.5 연봉 변동계수$=\dfrac{400}{4000} \times 100 = 10$
학업기간 변동계수$=\dfrac{2}{15} \times 100 = 13.3$
따라서, 학업기간의 변동계수가 연봉의 변동계수보다 더 큰 것을 알 수 있다.

3.6 (1)

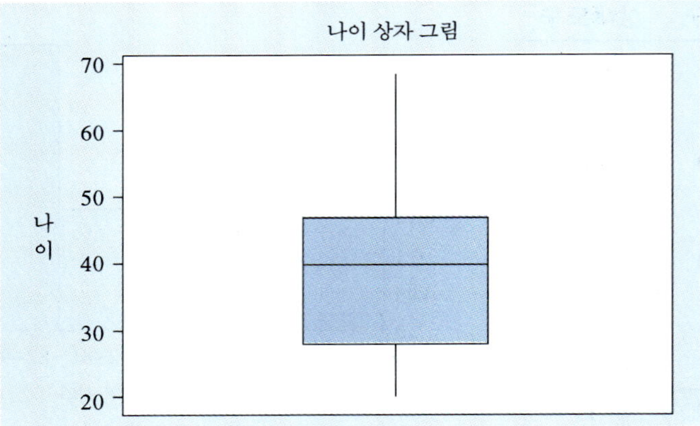

Q_1: 29, Q_2: 39, Q_3: 47

IQR: 47−29 = 18

(아래 울타리) = 29−1.5×18 = 2

(위 울타리) = 47+1.5×18 = 74

(2) 오른쪽 꼬리가 긴 그래프이므로 왼쪽으로 기울어져 있다.

(3) 없다.

3.7

k	$\bar{x} \pm ks$	생존시간
1	(−4, 68)	(0, 68)
2	(−40, 104)	(0, 104)
3	(−76, 140)	(0, 140)

(1) 생존시간에 대한 것이므로 −부분은 존재하지 않는다. 따라서 그 부분을 제외하고 나면 상대적으로 오른쪽 꼬리가 긴 분포가 된다.

(2) (0, 104) 범위에 관측값들의 75%가 들어가리라 예상할 수 있다.

3.8 $x = 32-36 = -4$

(2) 16%

(3) 없다.

(4) 종 모양의 그래프가 된다면 (1)에서 찾은 x값보다 작은 관측치가 16% 있어야 하지만, 관측된 변수가 시간이기 때문에 x의 값보다 작은 값을 가질 수 없다. 따라서 자료의 분포가 종 모양이 될 수 없다.

3.9 (1) $\bar{x} = 1.92$, $s = 2.74$

(2) $\bar{x} \pm s = (-0.82, 4.66)$

$\bar{x} \pm 2s = (-3.56, 7.4)$

$\bar{x} \pm 3s = (-6.3, 10.14)$

(3)

k	$\bar{x} \pm ks$	도수	상대도수(비율)
1	(−0.82, 4.66)	22	0.88
2	(−3.56, 7.4)	23	0.92
3	(−6.3, 10.14)	25	1.00

3.10 (1) 최솟값 1.70, $Q_1=142$, 중앙값$=246.5$, $Q_3=316.5$, 최댓값$=485.0$

(2)

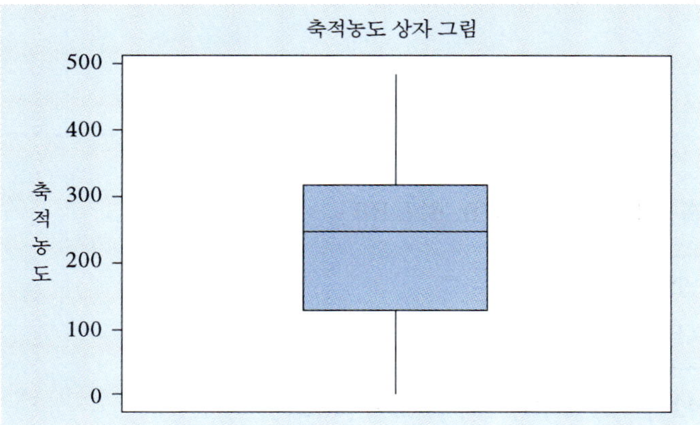

(3) 아래 울타리= $142-1.5\times174.5 = -119.75$

위 울타리= $316.5+1.5\times174.5 = 578.25$이므로 이상점은 없다

(4) 처음 네 마리의 돌고래가 나머지 돌고래에 비해서 수은 축척농도가 작은 것을 알 수 있다. 따라서 이 두 집단의 관측값의 차이를 설명을 하는 데 도움이 될 것이다.

3.11 (1) Brett Favre: 최솟값=10, $Q_1=15$, 중앙값$=21.50$, $Q_3=23$, 최댓값$=26$

Donovan McNabb: 최솟값=9, $Q_1=15.25$, 중앙값$=18$, $Q_3=20.5$, 최댓값$=27$

(2)

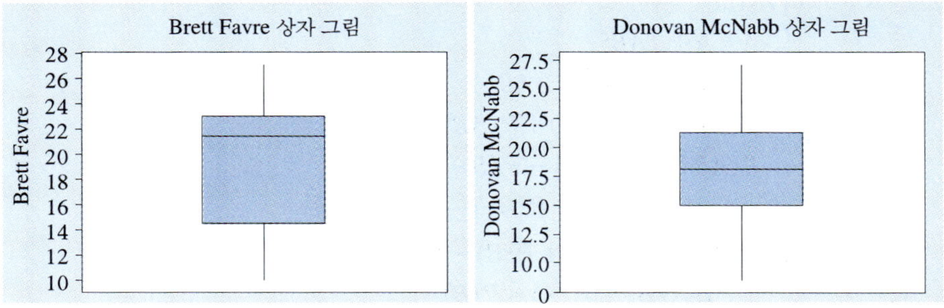

Brett Favre의 경우 왼쪽 꼬리가 분포이고, Donovan NcNabb의 경우 종 모양의 분포임을 알 수 있다.

(3) (2)의 결과를 통해 Brett Favre팀의 쿼터백이 성공한 패스수가 더 많은 쪽에 분포하고 있으며, Donovan NcNabb팀의 경우 평균에 가까운 곳에 많이 분포하고 있으며 평균을 기준으로 균등하게 분포하고 있음을 알 수 있다.

3.12 (1) 사분위 범위=17.25

(2) 아래 울타리= 71.5−1.5×17.25 = 45.63

위 울타리= 88.75+1.5×17.25 = 114.63

따라서 이상점은 없다.

(3) 왼쪽꼬리긴 분포

3.13 1(E) 2(B) 3(C) 4(D) 5(A)

Chapter 4

4.1 정상(N), 흠집(B) − {NN, NB, BN, BB}

S

NN	NB
BN	BB

4.2 {N,B}, {N,N} (2) {N,B} (3) {N,B}, {B,B}

4.3 (a)−(ii), (b)−(iv), (c)와 (d)−(vi), (e)−(v), (f)−(iii), (g)−(i)

4.4 (1) $\frac{97}{100}$ (2) $\frac{30}{150}=\frac{1}{5}$ (3) $\frac{78}{97}$ (4) $\frac{11}{30}$

4.5 (1) False − 동시에 일어나는 경우가 있으므로

(2) True − 절대로 동시에 일어날 수 없으므로

(3) True − 개성 A에 관계없이 남성은 반드시 존재하므로

4.6 (1) 0.1842 (2) 0.5163 (3) 0.6318 (4) 0.3663

4.7 (1) True

$A = AB \cup AB^c$

$P(A) = P(AB) + P(AB^c)$

$P(A) = P(A)P(B) + P(AB^c)$

$P(AB^c) = P(A)(1 - P(B))$

$\therefore P(AB^c) = P(A)P(B^c)$

(2) $P(A \cup B) = P(A) + P(B) - P(A \cap B)$

$\therefore P(A \cup B) \le P(A) + P(B)$

4.8 (1) $A \cup B \cup C$ (2) $(A \cap B^c \cap C^c) \cup (A \cap B^c \cap C^c)$ (3) $A^c \cap B^c \cap C^c$

(4) $A \cap B \cap C$ (5) $A \cap B^c \cap C^c$ (6) $A \cap B \cap C^c$

4.9 (1) 0.67 (2) 0.83 (3) 0.92 (4) 0.17 (5) 0.83

4.10 (1) $P(A \cup B) = P(A) + P(B) - P(A \cap B)$

$P(A \cup B) \le P(A) + P(B) = P(B)$

$(\because P(A \cap B) \le P(B))$

$\therefore P(A \cup B) \le \frac{3}{4}$

(2) $\frac{3}{4} \le p(A \cup B) \le 1$

$\frac{3}{4} \le p(A) \cup p(B) - P(A \cap B) \le 1$

$\frac{3}{4} \le \frac{9}{8} - P(AB) \le 1$

$\therefore \frac{1}{8} \le P(AB) \le \frac{3}{8}$

4.11 A: 그 사람이 거짓으로 대답하였을 사상

B: 거짓말 탐지기가 올바르게 판단할 사상

E: 판정 결과 거짓말이 나올 사상

$$P(E) = P(B|A)P(A) + P(B^c|A^c)P(A^c)$$
$$= 0.95 \times 0.5 + 0.05 \times 0.5$$
$$= 0.5$$

4.12 A: 갑의 지갑에서 나왔을 사상

E: 5000원짜리가 나올 사상

$$P(A|E) = \frac{P(A \cap E)}{P(E)} = \frac{\frac{2}{6}}{\frac{6}{17}} = \frac{34}{36}$$

4.13 (1) $A \cup B - A \cup (A^c \cap B)$

$$P(A \cup B) = P(A) + P(A^c \cap B)$$
$$= P(A) + P(B) - P(A \cap B)$$

(2) $A \cup A^c = U$

$P(A) + P(A^c) = 1$

$P(A^c) = 1 - P(A)$

(3) $B = A \cup (B \cap A^c)$

$P(B) = P(A) + P(B \cap A^c)$

$P(A) \le P(B)$

4.14 (1) True (2) False (3) False (4) False (5) False (6) True

4.15 (1) E: 6번째 구슬이 빨간 구슬일 사상

$$P(E) = \left(\frac{10}{20}\right)^5 \times \left(\frac{10}{20}\right) = \left(\frac{1}{2}\right)^6$$

(2) $P(E) = \dfrac{\binom{10}{6} \times \binom{10}{0}}{\binom{20}{6}}$

4.16 (1) $\frac{3}{100}$ (2) $\frac{3}{20}$

4.17 (1) $P(ABC) = P(A)P(B)P(C) = 0.012$

(2) $P(ABC) + P(A^c BC) + P(AB^c C) + P(ABC^c) = 0.0018$

4.18 E: 철수가 지각할 사상

B: 철수가 버스를 탈 사상

S: 철수가 지하철을 탈 사상

$$P(B|E) = \frac{P(B \cap E)}{P(E)} = \frac{P(B \cap E)}{P(E|B)P(B) + B(E|S)P(S)}$$

$$= \frac{0.4 \times 0.25}{0.4 \times 0.25 + 0.3 \times 0.75} = 0.3077$$

4.19 A: 암에 걸렸을 사상 / AC: 암에 걸리지 않았을 사상

T: 암으로 진단할 사상 / TC: 암이 아니라고 진단할 사상

$P(T|A) = 0.8777 \qquad P(T^c|A^c) = 0.869$

$$P(A|T) = \frac{P(T|A)P(A)}{P(T|A)P(A) + P(T|A^c)P(A^c)} = 0.732$$

4.20 (1) $P(A) = \dfrac{365 \times 354 \times 363}{365^3} = 0.9945$

$P(B) = 1 - P(A) = 0.0055$

(2) $P(A) = \dfrac{365 \times 364 \times 363 \times 362}{365^4} = 0.9863$

$P(B) = 1 - P(A) = 0.0137$

(3) $P(A) = \dfrac{365 \times 364 \times \cdots \times (365 - k + 1)}{365^k}$

$P(B) = 1 - P(A) = 1 - \dfrac{365 \times 364 \times \cdots \times (365 - k + 1)}{365^k}$

4.21 E: 그 지역 사람들이 폐암으로 사망할 사상

A: 그 지역 사람들 중 흡연자인 사상

$P(E) = P(E|A)P(A) + P(E|A^c)P(A^c)$

$0.006 = P(E|A) \times 0.2 + 0.1P(E|A) \times 0.8$

$0.28P(E|A) = 0.006$

$P(E|A) = 0.0214$

4.22 (1) I: 아스피린, C: 감기약 S={I, C} (2) C (3) C UNION I (4) I

4.23 P: 검사결과 양성으로 판정될 사상

N: 검사결과 음성으로 판정될 사상

(1) $P(P) = P(P|D)P/(D) + P(P|D^c)P(D^c) = 0.8 \times 0.1 + 0.06 \times 0.90 = 0.134$

(2) $P(D|N)=\dfrac{P(D\cap N)}{P(N)}=\dfrac{P(P\cap N)}{P(D|N)P(N)+P(D^c|N)P(N)}$

$$=\frac{0.20}{0.20\times 1.14+0.94\times 1.14}=0.1539$$

Chapter 5

5.1 (1) $P(X=2)=0.08$　(2) $P(X\le 1)=0.88$

(3) $P(X\ge 1)=0.45$　(4) $P(X<3)=0.96$

5.2 $E(X)=1.54,\ \ S(X)=\sqrt{V(X)}=\sqrt{E(X^2)-[E(X)]^2}=\sqrt{0.9884=}=1.41$

5.3 (1)

X	0	1	2	3	4	5
P(X)	0.107	0.269	0.302	0.201	0.088	0.027
X	6	7	8	9	10	합계
P(X)	0.005	0.00079	0.000074	0.0000041	0.0000001	1

(2) $P(X\le 2)=0.678$

(3) $E(X)=2,\ \ S(X)=1.2649$

5.4 (1) $P(X=4)=\binom{7}{4}(0.1)^4(0.9)^3=0.003$

(2) $P(X\ge 1)=1-P(X=0)=0.522$

(3) $P(X\le 4)=1$

5.5 $P(X\le 1)=0.376$

5.6 (1) $P(X\ge 12)=1-0.943=0.057$

(2) $P(X\le 6)=0.25$

(3) $P(6\le X\le 10)=0.622$

5.7 (1) $P(X\ge 7)=1-0.762=0.238$

(2) $P(X=0)=0.007$

5.8 (1) $P(X=1)=0.271$

(2) $P(X\ge 4)=1-0.857=1.143$

(3) $P(X=0)=0.135$

5.9 (1)

X	0	1	2	3	4	5	6	7	합계
P(X)	0.223	0.335	0.251	0.125	0.047	0.015	0.003	0.001	1

(2) $P(X=0)=0.223$

5.10 (1) $P(X=0)=0.05$

(2) $P(X \geq 5) = 1 - 0.815 - 0.185$

5.11 $P(X \leq 2) = 0.238$

5.12 (1) 이항분포: $P(X=2) = \binom{100}{2}(0.02)^2(0.98)^{98} = 0.273$

포아송: $P(X=2) = 0.271$

(2) $P(X \geq 1) = 1 - 0.135 = 0.865$

5.13 (1) ① $P(X=10) = 0.0025$

② $P(X \geq 7) = 0.1582$

③ $P(X<4) = 0.2254$

(2)

X	0	1	2	3	4	5	6
P(X)	0.0022	0.0174	0.0639	0.1419	0.2128	0.2270	0.1766
X	7	8	9	10	11	12	합계
P(X)	0.1009	0.0420	0.0125	0.0025	0.0003	0.0000	1

$E(X) = 4.7998,\ S(X) = \sqrt{V(X)} = \sqrt{25.9184 - 24.7785} = \sqrt{1.1399}$

5.14 (1) $P(X=0) = 0.018$

(2) $P(X \geq 5) = 1 - 0.629 = 0.371$

(3) $\lambda = 4$

5.15 (1) $P(X \geq 1) = 1 - 0.607 = 0.393$

(2) $P(X=1) = 0.303$

(3) $P(X \geq 2) = 1 - 0.91 = 0.09$

5.16 $P(X=100) = \binom{100}{100} 0.99^{100} 0.01^{0} = 0.366$

Chapter 6

6.1 $P(a \leq X \leq b) = P(X=a) + P(a<X<b) + P(X=b)$

X가 연속 확률 변수이므로,

$P(X=a) = P(X=b) = 0$

$\therefore P(a \leq X \leq b) = P(a<X<b)$

6.2 평균이 클수록 그래프가 오른쪽에 위치하고, 표준편차가 작을수록 뾰족한 모양을 가진다.

6.3 (1) $2P(0 \leq Z \leq 1.5) = 0.8664$

(2) 0.4750

(3) $0.5 + 0.4332 = 0.9332$

(4) $P(0<Z<1.53) - P(0<Z<0.50) = 0.4370 - 1.1915 = 0.2455$

(5) $P(0<Z<1.67)+P(0<Z<2.15)=0.4525+0.4842=0.9368$

(6) $0.5-P(0<Z<4.5)=0$

(7) $z=1.645$

6.4 (1) $z=\dfrac{28-20}{4}=2$

(2) $z=\dfrac{16-20}{4}=-1$

(3) $z=\dfrac{20-20}{4}=0$

(4) $z=\dfrac{30-20}{4}=2.5$

6.5 (1) $P\left(\dfrac{9.5-15}{4}<\dfrac{X-15}{4}<\dfrac{18-15}{4}\right)$
$=P(-1.375<Z<0.75)$
$=0.6888$

(2) $P\left(\dfrac{X-15}{4}<\dfrac{6-15}{4}\right)$
$=P(Z<2.25)$
$=0.0122$

(3) $P\left(\dfrac{14-15}{4}<\dfrac{X-15}{4}<\dfrac{32-15}{4}\right)$
$=P(-0.25<Z<4.25)$
$=0.5987$

(4) $P\left(\dfrac{X-15}{4}>\dfrac{10-15}{4}\right)$
$=P(Z<-1.25)$
$=0.8944$

(5) 표준정규분포에서 $P(z_1<Z<z_2)=0.95$되는 (z_1, z_2)를 구하면 $(-\infty, 1.645)$, $(-2.22, 1.79)$, $(-1.96, 1.96)$ 등을 얻는다. 따라서 각 구간에 대응되는 (x_1, x_2)는 $(-\infty, 21.58)$, $(6.12, 22.16)$, $(7.16, 22.84)$를 얻는다. 구간의 폭이 가장 좁은 구간은 양쪽 확률이 같은 $(7.16, 22.84)$이며 구간길이가 15.68이다.

구간의 폭이 가장 좁은 구간: $(-1.96 , 1.96)$

6.6 (1) $P(X\le 128)=P\left(\dfrac{X-138}{5}\le\dfrac{128-138}{5}\right)=P(Z\le -2)=0.0228$

(2) $P(X\ge 145)=P\left(\dfrac{X-138}{5}\le\dfrac{145-138}{5}\right)=P(Z\ge 1.4)=0.0808$

(3) $P(140\le X\le 145)$
$=P\left(\dfrac{140-138}{5}\le\dfrac{X-138}{5}\le\dfrac{145-138}{5}\right)$
$=P(0.4\le Z\le 1.4)=0.2638$

(4) $P(X \geq x) < 0.01$

$$P\left(\frac{X-138}{5} \geq \frac{x-138}{5}\right) < 0.01$$

$$\frac{x-138}{5} \geq 2.33 \qquad \therefore x \geq 149.65$$

6.7 $P(X \geq 110) = P(Z \geq 0.11) = 0.4562$

$\therefore (0.4562)^2 = 0.2081$

6.8 $P(X \geq x) = 0.05$

$$P\left(\frac{X-109}{9} \geq \frac{x-109}{9}\right) = 0.05$$

$$\frac{x-109}{9} = 1.645$$

$\therefore x = 123.805$ km/h

6.9 $X \sim N(80, 5^2)$

(1) $P(X \leq 60) = P\left(\frac{X-80}{5} \leq \frac{60-80}{5}\right) = P(Z \leq -4) = 0$

(2) $P(X \geq 90) = P\left(\frac{X-80}{5} \geq \frac{90-80}{5}\right) = P(Z \geq 2) = 0.0228$

(3) $P(X \geq x) = 0.05$

$$P\left(\frac{X-80}{5} \geq \frac{X-80}{5}\right) = 0.05$$

$$P\left(0 \leq Z \leq \frac{x-80}{5}\right) = 0.45$$

$$\frac{x-80}{5} = 1.645$$

$\therefore x = 88.225$

6.10 $X \sim N(60, 6^2)$

(1) $P(X \leq x) = 0.01$

$$P\left(\frac{X-60}{6} \leq \frac{x-60}{6}\right) = 0.01$$

$$\frac{x-60}{6} \fallingdotseq -2.33$$

$x \fallingdotseq 46.02$

$\therefore$ 46개월 이상

(2) $P(X \leq x) = 0.03$

$$\frac{x-60}{6} \fallingdotseq -1.88$$

$x \fallingdotseq 48.72$

$\therefore$ 48개월 이상

6.11 $P(X > 30,000) = 0.2$

$$P\left(\frac{X-m}{4,000} > \frac{3,000-m}{4,000}\right) = 0.2$$

$$\frac{30,000-m}{4,000} \fallingdotseq 0.84$$

$$\therefore m = 26,640$$

6.12 $np > 5, n(1-p) > 5$일 때

6.13

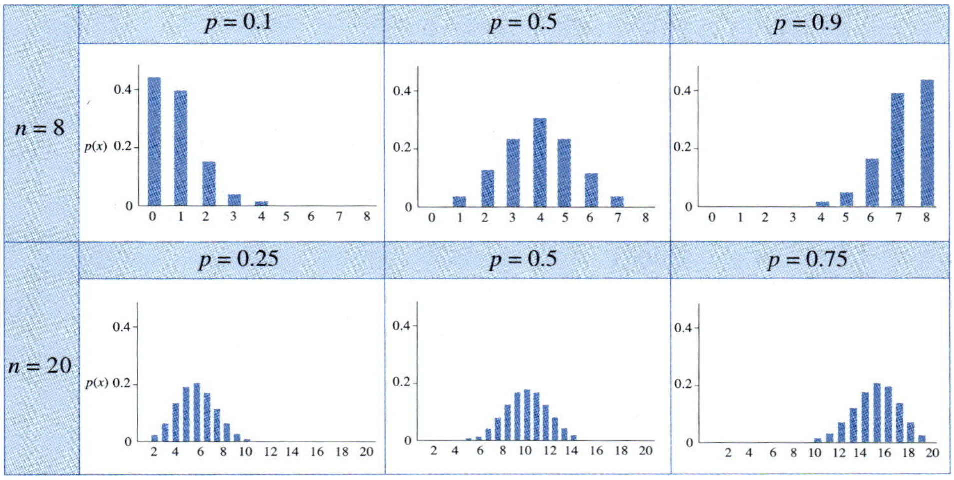

6.14 $X \sim B(200,\ 0.7)$

$m = 200 \times 0.7 = 140$

$s = \sqrt{200 \times 0.7 \times 0.3} = 6.48$

$$P(150 \le X \le 175) = P\left(\frac{149.5-140}{6.48} < Z < \frac{175.5-140}{6.48}\right)$$

$= P(1.47 < Z < 5.48)$

$= 0.0708$

6.15 $X \sim B(300,\ 0.08)$

$m = 300 \times 0.08 = 24$

$s = \sqrt{300 \times 0.08 \times 0.92} = 4.70$

(1) $P(X < 20) = P(Z \leftarrow 0.96) = 0.1685$

(2) $P(X > 30) = P(Z > 1.38) = 0.0838$

6.16 (1) $\dfrac{290-263}{25} = 1.08$

(2) $\dfrac{x-263}{25} = -0.8 \quad \therefore x = 243$

(3) $\left(\dfrac{255-263}{25}, \dfrac{300-263}{25}\right) = (-0.32,\ 1.48)$

(4) $\left(\dfrac{x_1-263}{25}, \dfrac{x_2-263}{25}\right) = (-1,\ 1) \quad \therefore x_1 = 238,\ x_2 = 288$

6.17 $X \sim N(45.4,\ 3.6^2)$

$P(X < 43.5) = P(Z \le -0.53) = 0.2981$

6.18 $X \sim B(400,\ 0.1)$

$m = 400 \times 0.1 = 40$

$s = \sqrt{400 \times 0.1 \times 0.9} = 6$

(1) $P(X < 29) = P(Z < -1.83) = 0.0336$

(2) $P(X \geq 50) = P(Z \geq 1.67) = 0.0475$

6.19 (1) $P(X_1 = 5) = \binom{10}{5}\left(\frac{1}{2}\right)^5\left(\frac{1}{2}\right)^5 = 0.25$

$P(X_2 = 50) \fallingdotseq P\left(\frac{49.5-50}{5} < Z < \frac{50.5-50}{5}\right) = 0.0797$

$P(X_3 = 500) \fallingdotseq P\left(\frac{499.5-500}{15.81} < Z < \frac{500.5-500}{15.81}\right) = 0.0255$

$P(X_4 = 5,000)$

$= \binom{10,000}{5,000}\left(\frac{1}{2}\right)^{5,000}\left(\frac{1}{2}\right)^{5,000} \fallingdotseq P\left(\frac{4999.5-5000}{50} < Z < \frac{5000.5-5000}{50}\right.$

$= 0.0080$

(2) $X_1 \sim B\left(10,\ \frac{1}{2}\right)$

$m_1 = 5,\ s_1 = 1.581\ \therefore P\left(\frac{4-5}{1.581} < Z < \frac{6-5}{1.581}\right) = 0.4729$

$X_2 \sim B\left(100,\ \frac{1}{2}\right)$

$m_2 = 50,\ s_2 = 5\ \therefore P\left(\frac{40-50}{5} < Z < \frac{60-50}{5}\right) = 0.9545$

$X_3 \sim B\left(1,000,\ \frac{1}{2}\right)$

$m_3 = 500,\ s_3 = 15.81\ \therefore P\left(\frac{400-500}{15.81} < Z < \frac{600-500}{15.81}\right) = 1,000$

$X_4 \sim B\left(10,000,\ \frac{1}{2}\right)$

$m_4 = 5,000,\ s_4 = 50\ \therefore P\left(\frac{4000-5000}{50} < Z < \frac{6000-5000}{50}\right) = 1,000$

6.20 $X \sim B(200,\ 0.6)$

$m = 200 \times 0.6 = 120$

$s = \sqrt{200 \times 0.6 \times 0.4} = 6.93$

(1) $P(X = 130)$

$= \binom{200}{130}(0.6)^{130}(0.4)^{70} \fallingdotseq P\left(\frac{129.5-120}{6.93} < Z < \frac{130.5-120}{6.93}\right) = 0.085$

(2) $P(X \geq 150) = P(Z \geq 4.33) = 0$

(3) $P(X < 100) = P(Z < -2.89) = 0.0019$

6.21 X: 100개의 샘플 중 불량품의 갯수

Y: 50개의 샘플 중 불량품의 갯수

$X \sim B(100,\ 0.05)$

$m_1 = 100 \times 0.05 = 5$

$s_1 = \sqrt{100 \times 0.05 \times 0.95} = 2.18$

$Y \sim B(50,\ 0.05)$

$m_2 = 50 \times 0.05 = 2.5$

$s_2 = \sqrt{50 \times 0.05 \times 0.95} = 1.54$

(구하는 확률) $= P(X \le 4) + P(5 \le X \le 6)P(Y \le 2 | 5 \le X \le 6)$

$\fallingdotseq P(Z < 0.23) + P\left(\frac{4.5-5}{2.18} < Z < \frac{6.5-6}{2.18}\right)P\left(Z < \frac{2.5-2.5}{1.54}\right)$

($\because$ X와 Y는 독립)

$= 0.409 + (0.345)(0.5) = 0.582$

Chapter 7

7.1 (1)

x	1	2	3	4	합계
$p(x)$	$\frac{1}{6}$	$\frac{1}{6}$	$\frac{2}{6}$	$\frac{2}{6}$	1

(2) $\mu = \frac{17}{6}$, 일치한다.

(3)

$\bar{x}$	$\frac{9}{4}$	$\frac{10}{4}$	$\frac{11}{4}$	$\frac{12}{4}$	$\frac{13}{4}$	$\frac{14}{4}$	합계
$p(\bar{x})$	$\frac{1}{15}$	$\frac{4}{15}$	$\frac{3}{15}$	$\frac{4}{15}$	$\frac{2}{15}$	$\frac{1}{15}$	1

(4) 표본평균 $\frac{11}{4}$, 표본오차 $-\frac{1}{12}$

7.2 (1)

n	$\mu_{\bar{X}}$	$\sigma_{\bar{X}}$
10	310	11.07
100	310	3.5
400	310	1.75

(2) $n = 100$ (3) $n = 400$

7.3 $\mu_{\bar{X}} = 109,\ \sigma_{\bar{X}} = \frac{9}{\sqrt{15}}$

7.4 $P(\bar{X} > 190) = P\left(Z > \frac{190 - 185.6}{12.7/\sqrt{10}}\right)$

$= P(Z > 1.096)$

$= 0.1365$

7.5 $\mu_{\overline{X}}=2443,\ \sigma_{\overline{X}}=25$

7.6 (1) $\mu_{\overline{X}}=10$, 같다.

(2) $\sigma_{\overline{X}}=\sqrt{3}$

(4) $\sqrt{3}$, 같다.

7.8 (1)

s_1	1	2	3	4	5	6	합계
$p(s_1=s)$	$\frac{1}{6}$	$\frac{1}{6}$	$\frac{1}{6}$	$\frac{1}{6}$	$\frac{1}{6}$	$\frac{1}{6}$	1

$\mu=\frac{7}{2},\ \sigma=\frac{\sqrt{105}}{6}$

(2)

s_3	3	4	5	6	7	8	9	10	11	12	13	14	15	16	17	18	합계
$p(s_3=s)$	$\frac{1}{216}$	$\frac{3}{216}$	$\frac{6}{216}$	$\frac{10}{216}$	$\frac{15}{216}$	$\frac{21}{216}$	$\frac{25}{216}$	$\frac{27}{216}$	$\frac{27}{216}$	$\frac{25}{216}$	$\frac{21}{216}$	$\frac{15}{216}$	$\frac{10}{216}$	$\frac{6}{216}$	$\frac{3}{216}$	$\frac{1}{216}$	1

$\mu=10.5,\ \sigma=\frac{\sqrt{35}}{2}$

(3) $\mu=175,\ \sigma=12.1$

(4) $P(S_{50}>190)=P\left(Z>\frac{190.5-175}{12.1}\right)=P(Z>1.281)=0.10$

7.9 (1) $\mu_{\hat{p}_{30}}=\frac{1}{6},\ \sigma_{\hat{p}_{30}}=0.215$

(2) $\mu_{\hat{p}_{100}}=\frac{1}{6},\ \sigma_{\hat{p}_{100}}=0.037$

(3) $P(\widehat{p_{100}}>0.2)=P(Z>0.89)$
$=0.1867$

7.10 (1) $\hat{p}=\frac{100}{225}$

(2) $\hat{p}\sim N\left(\frac{100}{225},\ 0.0331^2\right)$

(3) $P(-0.05\le \hat{p}-p\le 0.05)=P\left(\frac{0.05}{\sqrt{\frac{\frac{100}{225}\frac{125}{225}}{100}}}\le \frac{\hat{p}-p}{\sqrt{\frac{\hat{p}\hat{q}}{n}}}\le \frac{0.05}{\sqrt{\frac{\frac{100}{225}\frac{125}{225}}{100}}}\right)$
$=P(-1.51\le Z\le 1.51)$
$=0.869$

7.11 $P(\overline{X}>25)=P\left(Z>\frac{25-20}{5/\sqrt{81}}\right)=P(Z>9)\approx 0$

7.12 (1) $P(\overline{X}>60)=P(Z>2.1)=0.0179$

(2) $P(56<\overline{X}<68)=P(-2.1<Z<2.1)=0.9642$

(3) $\overline{X}=66.7$

7.13 (1)

$\overline{X}$	2	3	4	5	6	7	8	합계
$P(\overline{X}=x)$	$\frac{1}{16}$	$\frac{2}{16}$	$\frac{3}{16}$	$\frac{4}{16}$	$\frac{3}{16}$	$\frac{2}{16}$	$\frac{1}{16}$	1

$\mu_{\overline{X}}=5,\ \sigma_{\overline{X}}=2.5$

(2)

$\overline{X}$	3	4	5	6	7	합계
$P(\overline{X}=x)$	$\frac{1}{6}$	$\frac{1}{6}$	$\frac{2}{6}$	$\frac{1}{6}$	$\frac{1}{6}$	1

$\mu_{\overline{X}}=5,\ \sigma_{\overline{X}}=1.667$

7.14 (1)

$\hat{p}$	동의	반대	합계
$P(\hat{p})$	0.8	0.2	1

(2) $P(\hat{p}>0.9)=P(Z>2.5)=0.0062$

7.15 (1) $P(109<\overline{X}<112)=P(-0.87<Z<1.73)=0.766$

(2) $P(\overline{X}>111)=P(Z>0.87)$

7.16 (1) $\overline{X}\sim N(270,\ 3^2)$

(2) $P(\overline{X}>300)=P(Z>10)\fallingdotseq 0$

7.17 (1) $\overline{X}\sim N(12.1,\ 1.067^2)$

(2) $P(\overline{X}<10)=P(Z<1.97)=0.0244$

7.18 (1) $P(\overline{X}<4)=P(Z<-3.5)\fallingdotseq 0$

(2) $P(4<\overline{X}<6)=P(-3.5<Z<1.5)=0.9330$

(3) $P(\overline{X}>6)=P(Z>1.5)=0.0668$

Chapter 8

8.1 $n=81\quad \bar{x}=44.25\quad s=4.5$

(1) $\bar{x}=44.25$

(2) $\pm(1.96)s_{\bar{x}}=\pm(1.96)\times 4.5/\sqrt{81}=\pm 0.98$

(3) $\bar{x}\pm z_{a/2}\frac{s}{\sqrt{n}}$

$=44.25\pm(1.96\times\frac{4.5}{\sqrt{81}})$

$=(43.27,\ 45.23)$

(4) $E=zs_{\bar{x}}=1.96\times\frac{4.5}{\sqrt{81}}=0.98$

8.2 $s=16.4\quad n=100\quad \bar{x}=143.72s$

(1) $\bar{x}+zs_{\bar{x}}$

$= 143.72 \pm 2.58 \times 16.4/\sqrt{100} = (139.50,\ 147.94)$

(2) $143.72 \pm (1.96 \times 16.4/\sqrt{100}) = (140.51,\ 146.93)$

(3) $143.72 \pm (1.645 \times 16.4/\sqrt{100}) = (141.02,\ 146.42)$

(4) 신뢰수준은 z의 값을 결정한다. 신뢰수준이 증가하면 z의 값은 증가하고 신뢰수준이 감소하면 z의 값도 감소한다.

8.3 $s = 6.30 \quad \bar{x} = 78.90 \quad \bar{x} \pm z_{a/2}\frac{s}{\sqrt{n}}$

(1) $78.90 \pm (1.96 \times \frac{6.3}{\sqrt{36}})$

$= (76.84,\ 80.96)$

(2) $78.90 \pm (1.96 \times \frac{6.3}{\sqrt{81}})$

$= (77.53,\ 80.27)$

(3) $78.90 \pm (1.96 \times \frac{6.3}{\sqrt{100}})$

$=(77.67,\ 80.13)$

8.4 $s = 4.36 \quad n = 40 \quad \bar{x} = 19.925$

(1) $\bar{x} = 19.925,\ \pm 1.96 s_{\bar{x}} = \pm 1.96 \times 4.36/\sqrt{140} = \pm 1.3506$

(2) $19.925 \pm 1.645 \times \frac{4.36}{\sqrt{40}} = (18.792,\ 21.058)$

8.5 $n = 12 \quad \bar{x} = 12.25 \quad s = 2.83$

(1) $\bar{x} = 12.25$

(2) $12.25 \pm 2.201\frac{2.83}{\sqrt{12}} = (10.45,\ 14.05)$

(3) $E = ts_{\bar{x}} = 2.201 \times 0.817 = 1.467$

8.6 $n = \frac{z^2 s^2}{E^2} = \frac{2.58^2 0.4^2}{0.01^2} = 10650.24$

$\therefore n = 10651$

8.7 $n = 14 \quad \bar{x} = 111.14 \quad s = 59.19$

(1) $\bar{x} = 111.14$

(2) $111.14 \pm 2.160\frac{59.19}{\sqrt{14}} = (77.23,\ 145.57)$

(3) $E = ts_{\bar{x}} = 2.160 \times 15.82 = 34.17$

(4) $n = \frac{z^2 s^2}{E^2} = \frac{1.96^2 59.19^2}{5^2} = 538.36$

$\therefore n = 539$

8.8 $n = 900 \quad \hat{p} = 0.32 \quad \hat{q} = 0.68$

(1) $\hat{p} \pm z\sqrt{\frac{\hat{p}\hat{q}}{n}} = 0.32 \pm 1.645 \times \sqrt{\frac{0.32 \times 0.68}{900}} = (0.294,\ 0.346)$

(2) $n = \frac{1.645^2 \times 0.32 \times 0.68}{0.05^2} = 235.53$

$\therefore n = 236$

8.9 $n = 500 \quad \hat{p} = 0.32 \quad \hat{q} = 0.68$

(1) $0.32 \pm 1.645\sqrt{\frac{0.32 \times 0.68}{500}} = (0.286,\ 0.354)$

(2) $0.32 \pm 1.96\sqrt{\frac{0.32 \times 0.68}{500}} = (0.279,\ 0.361)$

(3) $0.32 \pm 2.58\sqrt{\frac{0.32 \times 0.68}{500}} = (0.266,\ 0.374)$

(4) 신뢰수준은 z의 값을 결정한다. 신뢰수준이 증가하면 z의 값은 증가하고 신뢰수준이 감소하면 z의 값도 감소한다.

8.10 (1) $0.67 \pm 1.96\sqrt{\frac{0.67 \times 0.33}{100}}$

$=(0.78,\ 0.761)$

(2) $0.67 \pm 1.96\sqrt{\frac{0.67 \times 0.33}{600}}$

$=(0.632,\ 0.708)$

(3) $0.67 \pm 1.96\sqrt{\frac{0.67 \times 0.33}{1500}}$

$=(0.646,\ 0.694)$

(4) 표본크기 n이 증가하면 $z\sqrt{\frac{\hat{p}\hat{q}}{n}}$ 의 값은 감소한다.

8.11 (1) $0.124 \pm 1.96\sqrt{\frac{0.124 \times 0.876}{500}} = (0.095,\ 0.153)$

(2) $n = \frac{1.96^2 \times 0.124 \times 0.876}{0.05^2} = 166.916$

$\therefore n = 167$

8.12 $n = \frac{2.58^2}{4 \times 0.03^2} = 1849$

8.13 ① $n = \frac{2.58^2 \times 1}{1.2^2} = 4.6225$

$\therefore n = 5$

② $n = \frac{1.96^2 \times 1}{1.2^2} = 2.67$

$\therefore n = 3$

8.14 (1) $p = 0.2 \quad q = 0.8$

$n = \frac{1.645^2 \times 0.2 \times 0.8}{0.04^2} = 270.60$

$\therefore n = 271$

(2) $n = \dfrac{1.645^2}{4 \times 0.04^2} = 422.82$

$\therefore n = 423$

8.15 (1) $n = \dfrac{1.96^2 \times 0.3 \times 0.7}{0.05^2} = 322.69$

$\therefore n = 323$

(2) $n = \dfrac{1.96^2}{4 \times 0.05^2} = 384.16$

$\therefore n = 358$

8.16 $n = 65 \quad \bar{x} = 0.11 \quad s = 0.06$

$0.11 \pm 1.96 \dfrac{0.06}{\sqrt{65}} = (0.095,\ 0.125)$

Chapter 9

9.1 $\bar{x} = 15320, \quad s = 1250 \quad n = 64$

$H_0 : \mu = 15000$ vs $H_1 : \mu > 15000$

$Z = \dfrac{15320 - 15000}{1250/\sqrt{64}} = 2.048 > z_{0.05} = 1.64$

$\Rightarrow H_0$ 기각

9.2 $\bar{x} = 19925, \quad s = 4.36 \quad n = 40$

$H_0 : \mu = 21000$ vs $H_1 : \mu > 21000$

$Z = \dfrac{19925 - 2100}{4.36/\sqrt{40}} = -1559.38 < -z_{0.05} = -1.64$

$\Rightarrow H_0$ 기각

9.3 $\bar{x} = 11, \quad s = 3 \quad n = 49$

$H_0 : \mu = 12$ vs $H_1 : \mu \neq 12$

$Z = \dfrac{11 - 12}{3/\sqrt{49}} = -2.33 < -z_{0.05} = -1.64$

$\Rightarrow H_0$ 기각

9.4 $\bar{x} = 16.7, \quad s = 1.2 \quad n = 50$

$H_0 : \mu = 17$ vs $H_1 : \mu < 17$

$Z = \dfrac{16.7 - 17}{1.2/\sqrt{50}} = -1.77 < -z_{0.05} = -1.64$

$\Rightarrow H_0$ 기각

9.5 $\bar{x} = 12, \quad s = 2.89 \quad n = 12$

$H_0 : \mu = 12$ vs $H_1 : \mu > 12$

$t = \dfrac{12 - 12}{2.89/\sqrt{12}} = 0 < t_{0.1}(11) = 1.363$

$\Rightarrow H_0$ 채택

9.6 $\bar{x} = 12.84,\quad s = 0.47\quad n = 9$

$H_0 : \mu = 13.5$ vs $H_1 : \mu < 13.5$

$t = \dfrac{12.84 - 13.5}{0.47/\sqrt{9}} = -4.21 < -t_{0.1}(8) = -1.397$

$\Rightarrow H_0$ 기각

9.7 $\bar{x} = 111.14,\quad s = 58.31\quad n = 15$

$H_0 : \mu = 110$ vs $H_1 : \mu \neq 110$

$Z = \dfrac{111.14 - 110}{58.31/\sqrt{15}} = 0.07 < t_{0.025}(13) = 2.160$

$\Rightarrow H_0$ 채택

9.8 $\hat{p} = 0.87,\quad s = \sqrt{\dfrac{1.87 \times 0.13}{100}} = 0.03\quad n = 100$

$H_0 : p = 0.8$ vs $H_1 : p > 0.8$

$Z = \dfrac{0.87 - 0.8}{0.03} = 2.33 > z_{0.01} = 2.326$

$\Rightarrow H_0$ 기각

9.9 $\hat{p} = 0.32,\quad s = \sqrt{\dfrac{0.32 \times 0.68}{900}} = 0.012\quad n = 900$

$H_0 : p = 0.30$ vs $H_1 : p > 0.30$

$Z = \dfrac{0.32 - 0.30}{0.012} = 1.67 > z_{0.01} = 2.326$

$\Rightarrow H_0$ 채택

9.10 $\hat{p} = \dfrac{62}{500} = 0.124,\quad s = \sqrt{\dfrac{0.124 \times 0.876}{500}} = 0.015\quad n = 500$

$H_0 : p = 0.25$ vs $H_1 : p > 0.25$

$Z = \dfrac{0.124 - 0.25}{0.015} = -8.4 > z_{0.05} = 1.64$

$\Rightarrow H_0$ 채택

9.11 $\hat{p} = \dfrac{121}{300} = 0.4,\quad s = \sqrt{\dfrac{0.4 \times 0.6}{300}} = 0.028\quad n = 300$

$H_0 : p = 0.35$ vs $H_1 : p \neq 0.35$

$Z = \dfrac{0.4 - 0.35}{0.028} = 1.79 > z_{0.05} = 1.64$

$\Rightarrow H_0$ 기각

9.12 $\hat{p} = \frac{92}{150} = 0.613, \quad s = \sqrt{\frac{0.613 \times 0.387}{150}} = 0.04 \quad n = 150$

$H_0 : p = 0.75$ vs $H_1 : p > 0.75$

$Z = \frac{0.613 - 0.75}{0.04} = -3.425 > z_{0.05} = 1.64$

$\Rightarrow H_0$ 채택

9.13 $\bar{x} = 4.1, \quad s = 1.6 \quad n = 18$

$H_0 : \mu = 3.5$ vs $H_1 : \mu > 3.5$

$Z = \frac{4.1 - 3.5}{1.6/\sqrt{18}} = 1.58 < t_{0.05}(17) = 1.74$

$\Rightarrow H_0$ 채택

9.14 $\bar{x} = 5.65, \quad s = 0.81 \quad n = 8$

(1) $5.65 \pm 2.365 \frac{0.81}{\sqrt{8}} = (4.97,\ 6.33)$

(2) $H_0 : \mu = 5$ vs $H_1 : \mu < 5$

$t = \frac{5.65 - 5}{0.81/\sqrt{8}} = 2.24 > t_{0.05}(7) = 1.895$

$\Rightarrow H_0$ 기각

9.15 $\bar{x} = 10.2, \quad s = 3.1 \quad n = 35$

(1) $10.2 \pm 1.96 \frac{3.1}{\sqrt{35}} = (9.17,\ 11.23)$

(2) $H_0 : \mu = 8$ vs $H_1 : \mu > 8$

$Z = \frac{10.2 - 8}{3.1/\sqrt{35}} = 4.2 > z_{0.01} = 2.326$

$\Rightarrow H_0$ 기각

9.16 $\bar{x} = 1985 \quad n = 500$

$H_0 : \mu = 2000$ vs $H_1 : \mu < 2000$

$Z = \frac{1985 - 2000}{s/\sqrt{500}} = -\frac{335.41}{s} < -z_{0.1} = -2.326$

$\Rightarrow H_0$ 채택 $(s > 144.2004)$

$\Rightarrow H_0$ 기각 $(s < 144.2004)$

9.17 $\bar{x} - 1.96 \frac{s}{\sqrt{n}} = 42.6, \ \bar{x} + 1.96 \frac{s}{\sqrt{n}} = 51.5$

두 방정식을 연립하여

$\bar{x} = 47.05, \ \frac{s}{\sqrt{n}} = 2.3$

$H_0 : \mu = 50$ vs $H_1 : \mu \neq 50$

$$Z=\frac{47.05-50}{2.3}=-1.28<-z_{0.025}=-1.96$$

$\Rightarrow H_0$ 채택

Chapter 10

10.1 (1) $\mu_1-\mu_2$의 점추정값$=\overline{x_1}-\overline{x_2}=5.56-4.80=0.76$

(2) $0.76\pm 2.58\sqrt{(1.65)^2/150+(1.58)^2/170}$

$=(0.29,\ 1.23)$

(3) $H_0:\mu_1-\mu_2=0$ vs $H_1:\mu_1-\mu_2\neq 0$

$$z=\frac{0.76-0}{0.1812}=4.19>z_{0.05/2}=1.96$$

$\Rightarrow H_0$ 기각

(4) $H_0:\mu_1-\mu_2=0$ vs $H_1:\mu_1-\mu_2>0$

$z=4.19>z_{0.01}=2.33$

$\Rightarrow H_0$ 기각

10.2 (1) $\mu_1-\mu_2$의 점추정값$=\overline{x_1}-\overline{x_2}=1215-998=217$

(2) $217\pm 1.65\sqrt{35^2/100+27^2/120}$

$=(209.94,\ 224.06)$

(3) $H_0:\mu_1-\mu_2=0$ vs $H_1:\mu_1-\mu_2>0$

$$z=\frac{217-0}{4.28}=50.7>z_{0.01}=2.33$$

$\Rightarrow H_0$ 기각

10.3 (1) $(6.4-9.3)\pm 1.96\sqrt{1.2^2/45+1.85^2/50}$

$=(-3.52,\ -2.28)$

(2) $H_0:\mu_1-\mu_2=0$ vs $H_1:\mu_1-\mu_2<0$

$$z=\frac{-2.9-0}{0.32}=-9.06<z_{0.05}=-1.65$$

$\Rightarrow H_0$ 기각

(3) 1종 오류: H_0가 참인데 H_0를 기각한 것

$P(z<-1.65)=0.05$

10.4 (1) $(141-144)\pm 2.33\sqrt{5.4^2/50+6.3^2/40}$

$=(-5.92,\ -0.08)$

(2) $H_0:\mu_1-\mu_2=0$ vs $H_1:\mu_1-\mu_2<0$

$$z=\frac{-3-0}{1.26}=-2.38<z_{0.01}=-2.33$$

$\Rightarrow H_0$ 기각

(3) p값$=P(z<-2.38)=0.0087$이므로 유의수준 0.005에서는 H_0를 기각할 수 없으며, 유의수준 0.025에서는 H_0를 기각한다.

10.5 (1) $\mu_1-\mu_2$의 점추정값$=\overline{x_1}-\overline{x_2}=33.75-28.5=5.25$

(2) $5.25 \pm 2.701\sqrt{\dfrac{(20-1)\,5.255^2+(23-1)\,4.55^2}{20+23-2}}\sqrt{\dfrac{1}{20}+\dfrac{1}{23}}$

$=(1.21, 9.29)$

(3) $H_0: \mu_1-\mu_2=0$ vs $H_1: \mu_1-\mu_2\neq 0$

$t=\dfrac{5.25-0}{1.495}=3.51>t_{0.01/2}(41)=2.701$

$\therefore H_0$ 기각

(4) $H_0: \mu_1-\mu_2=0$

$H_1: \mu_1-\mu_2>0$

$|t|=3.51>t_{0.05}(41)=1.68$

$\therefore H_0$ 기각

10.6 (1) $\mu_1-\mu_2$의 점추정값$=\overline{x_1}-\overline{x_2}=28.85-25.08=3.77$

(2) $3.77 \pm 2.5\sqrt{\dfrac{(13-1)\,3.95^2+(12-1)\,3.12^2}{13+12-2}}\sqrt{\dfrac{1}{13}+\dfrac{1}{12}}$

$=(0.19,\ 7.35)$

(3) $H_0: \mu_1-\mu_2=0$ vs $H_1: \mu_1-\mu_2>0$

$t=\dfrac{3.77-0}{1.43}=2.64>t_{0.01}(23)=2.50$

$\therefore H_0$ 기각

10.7 (1) $(44-49)\pm 2.69\sqrt{\dfrac{(25-1)\,13^2+(22-1)\,11^2}{25+22-2}}\sqrt{\dfrac{1}{25}+\dfrac{1}{22}}$

$=(-14.52, 4.52)$

(2) $H_0: \mu_1-\mu_2=0$ vs $H_1: \mu_1-\mu_2<0$

$t=\dfrac{-5-0}{3.54}=-1.41>-t_{0.01}(45)=-2.41$

$\therefore H_0$ 채택

10.8 (1) $df=\dfrac{(3.90^2/24+5.15^2/16)^2}{\dfrac{(3.90^2/24)^2}{(24-1)}+\dfrac{(5.15^2/16)^2}{(16-1)}}$

$=26.16 \fallingdotseq 26$

$\therefore (17.2-19.4)\pm 2.056\sqrt{3.90^2/24+5.15^2/16}$

$=(-5.31, 0.91)$

(2) $H_0 : \mu_1 - \mu_2 = 0$ vs $H_1 : \mu_1 - \mu_2 \neq 0$

$$t = \frac{-2.2-0}{1.51} = -1.45 > -t_{0.01/2}(26) = -2.799$$

$\therefore H_0$ 채택

10.9 (1) $25.4 \pm 3.355\dfrac{13.5}{\sqrt{9}}$

$=(10.30,\ 40.50)$

(2) $13.2 \pm 2.060\dfrac{4.8}{\sqrt{26}}$

$=(11.26,\ 15.14)$

(3) $34.6 \pm 1.796\dfrac{11.7}{\sqrt{12}}$

$=(28.53,\ 40.67)$

10.10 (1) $t = \dfrac{9.6-0}{3.9/\sqrt{26}} = 12.55 > t_{0.05/2}(25) = 2.060$

$\therefore H_0$ 기각

(2) $t = \dfrac{8.8-0}{4.7/\sqrt{15}} = 7.25 > t_{0.01}(14) = 2.624$

$\therefore H_0$ 기각

(3) $t = \dfrac{-7.4-0}{2.3/\sqrt{20}} = -14.39 > -t_{0.10}(19) = -1.328$

$\therefore H_0$ 기각

10.11 (1) $-1.429 + 2.447\dfrac{1.618}{\sqrt{7}}$

$=(-2.925,\ 0.067)$

(2) $H_0 : \mu_D = 0$ vs $H_1 : \mu_D < 0$

$$t = \frac{-1.429-0}{0.612} = -2.335 < -t_{0.01}(6) = -3.143$$

$\therefore H_0$ 채택

10.12 (1) $-9.875 + 1.895\dfrac{9.949}{\sqrt{8}}$

$=(-16.54,\ -3.21)$

(2) $H_0 : \mu_D = 0$ vs $H_1 : \mu_D > 0$

$$t = \frac{-9.875-0}{3.517} = -2.81 < t_{0.01}(7) = 2.998$$

$\therefore H_0$ 채택

10.13 (1) $(0.53-0.59) \pm 2.58\sqrt{\dfrac{0.53(0.47)}{300} + \dfrac{0.59(0.41)}{200}}$

$=(-0.177,\ 0.057)$

(2) $H_0 : p_1 - p_2 = 0$ vs $H_1 : p_1 - p_2 \neq 0$

$$\bar{p} = \frac{300(0.53) + 200(0.59)}{300 + 200} = 0.554$$

$$z = \frac{-0.06 - 0}{\sqrt{0.554(0.446)(1/300 + 1/200)}} = -1.322 > -z_{0.01/2} = -2.58$$

$\therefore H_0$ 채택

10.14 (1) $p_1 - p_2$의 점추정값$= 0.28 - 0.33 = -0.05$

(2) $-0.05 \pm 2.58\sqrt{\frac{0.28(0.72)}{1000} + \frac{0.33(0.67)}{1200}}$

$= (-1.01, 0.001)$

(3) $z < -z_{0.01} = -2.33$

(4) $\bar{p} = \frac{280 + 396}{1000 + 1200} = 0.307$

$$z = \frac{-0.05 - 0}{\sqrt{0.307(0.693)(1/1000 + 1/1200)}} = -2.53$$

(5) $z = -2.53 < -z_{0.01} = -2.33$

$\Rightarrow H_0$ 기각

10.15 (1) $(0.24 - 0.31) \pm 2.33\sqrt{\frac{0.24(0.76)}{400} + \frac{0.31(0.69)}{500}}$

$= (-0.139, -0.001)$

(2) $H_0 : p_1 = p_2$ vs $H_1 : p_1 < p_2$

$$\bar{p} = \frac{400(0.24) + 500(0.3)}{400 + 500} = 0.27$$

$$z = \frac{-0.07 - 0}{\sqrt{0.27(0.73)(1/400 + 1/500)}} = -2.35 < z_{0.01} = -2.33$$

$\therefore H_0$ 기각

10.16 $(62 - 54) \pm 2.58\sqrt{15^2/120 + 10^2/80}$

$= (3.44, 12.56)$

10.17 $(140 - 150) \pm 2.447\sqrt{\frac{(4-1)20^2 + (4-1)25^2}{4+4-2}}\sqrt{\frac{1}{4} + \frac{1}{4}}$

$= (-49.17, 29.17)$

10.18 (1) $df = \dfrac{(0.45^2/15 + 0.26^2/10)^2}{\dfrac{(0.45^2/15)^2}{(15-1)} + \dfrac{(0.26^2/10)^2}{(10-1)}}$

$= 22.68 \fallingdotseq 23$

$\therefore (1.94 - 1.04) \pm 2.069\sqrt{0.45^2/15 + 0.26^2/10}$

$= (0.61, 1.19)$

10.19 $5 \pm 2.447\frac{10.786}{\sqrt{7}} = (-4.98, 14.98)$

10.20 $H_0 : p_1 = p_2$ vs $H_1 : p_1 \neq p_2$

$$\bar{p} = \frac{64+51}{300+400} = 0.16$$

$$z = \frac{(0.21-0.13)-0}{\sqrt{0.16(0.84)(1/300+1/400)}} = 2.857 > z_{0.01/2} = 2.58$$

$\therefore H_0$ 기각

Chapter 11

11.1 $\chi^2_{0.05}(30) = 43.77$

11.2 $\chi^2_{0.90}(15) = 8.55$

11.3 H_0 : 주사위가 공정하다.

H_1 : 주사위가 공정하지 않다.

$$\chi^2 = \frac{(7-10)^2}{10} + \frac{(12-10)^2}{10} + \frac{(8-10)^2}{10} + \frac{(15-10)^2}{10} + \frac{(11-10)^2}{10} + \frac{(7-10)^2}{10} = 5.20$$

$\chi^2 = 5.20 < \chi^2_{0.05}(5) = 11.07$

⇒ 검정통계량의 값 $\chi^2 = 5.20$으로 유의수준 5%에서 H_0를 기각할 수 없다. 즉, 유의수준 5%에서 주사위는 공정하다고 할 수 있다.

11.4 H_0 : 요일에 관계없이 고루 발생하였다.

H_1 : 요일에 관계없이 고루 발생하지 않았다.

$$\chi^2 = \frac{(38-40)^2}{40} + \frac{(31-40)^2}{40} + \frac{(40-40)^2}{40} + \frac{(39-40)^2}{40} + \frac{(40-40)^2}{40} + \frac{(44-40)^2}{40} + \frac{(48-40)^2}{40} = 4.15$$

$\chi^2 = 4.15 < \chi^2_{0.01}(6) = 16.81$

⇒ 검정통계량의 값 $\chi^2 = 4.15$로 유의수준 5%에서 H_0를 기각할 수 없다. 즉, 유의수준 5%에서 범죄발생 건수가 1주일 동안 요일에 관계없이 고루 발생하였다고 할 수 있다.

11.5 H_0 : 표본이 랜덤표본이다.

H_1 : 표본이 랜덤표본이 아니다.

$$\chi^2 = \frac{(50-38)^2}{40} + \frac{(46-46)^2}{46} + \frac{(55-54)^2}{54} + \frac{(49-62)^2}{62} = 6.53$$

$\chi^2 = 6.53 < \chi^2_{0.01}(6) = 6.25$

⇒ 검정통계량의 값 $\chi^2 = 6.53$으로 유의수준 10%에서 H_0를 기각할 수 있다. 즉, 유의수준 10%에서 이 표본이 랜덤표본이라고 할 수 있다.

11.6 H_0 : 성별과 안전띠 착용여부는 관계가 없다.

H_1 : 성별과 안전띠 착용여부는 관계가 있다.

$$\chi^2 = \frac{(34-35.2)^2}{35.2} + \frac{(21-19.8)^2}{19.8} + \frac{(30-28.8)^2}{28.8}\ \frac{(16-16.2)^2}{16.2} = 0.25$$

$\chi^2 = 0.25 < \chi^2_{0.025}(1) = 5.02$

⇒ 검정통계량의 값 χ^2=0.25로 유의수준 2.5%에서 H_0를 기각할 수 없다. 즉, 유의수준 2.5%에서 성별과 안전띠 착용여부는 관계가 없다고 할 수 있다.

11.7 H_0 : 흡연과 내과의사 방문이 무관하다.

H_1 : 흡연과 내과의사 방문이 무관하지 않다.

$$\chi^2 = \frac{(20-52)^2}{52} + \frac{(60-60)^2}{60} + \frac{(80-48)^2}{48} + \frac{(110-78)^2}{78} + \frac{(90-90)^2}{90} + \frac{(40-72)^2}{72} = 68.38$$

$\chi^2 = 68.38 > \chi^2_{0.05}(2) = 5.99$

⇒ 검정통계량의 값 χ^2=68.38으로 유의수준 5%에서 H_0를 기각할 수 있다. 즉, 유의수준 5%에서 흡연과 내과의사 방문이 무관하지 않다고 할 수 있다.

11.8 H_0 : 연령과 정치적 성향과는 무관하다..

H_1 : 연령과 정치적 성향과는 무관하지 않다.

$$\chi^2 = \frac{(11-23.65)^2}{23.65} + \frac{(22-13.33)^2}{13.33} + \frac{(10-6.02)^2}{6.02} + \frac{(15-23.65)^2}{23.65} + \frac{(19-13.33)}{13.33} + \frac{(9-6.02)^2}{6.02} + \frac{(28-26.95)^2}{26.95} + \frac{(15-15.19)^2}{15.19} + \frac{(6-6.86)^2}{6.86} + \frac{(56-35.75)^2}{35.75} + \frac{(6-20.15)}{20.15} + \frac{(3-9.10)^2}{9.10} = 47.73$$

$\chi^2 = 47.73 > \chi^2_{0.05}(6) = 12.59$

⇒ 검정통계량의 값 χ^2=47.73으로 유의수준 5%에서 H_0를 기각할 수 있다. 즉, 유의수준 5%에서 연령과 정치적 성향과는 무관하지 않다고 할 수 있다.

11.9 H_0 : 동아리 가입여부와 성별은 무관하다.

H_1 : 동아리 가입여부와 성별은 무관하지 않다.

$$\chi^2 = \frac{(22-19.444)^2}{19.444} + \frac{(28-30.556)^2}{30.556} + \frac{(13-15.556)^2}{15.556} + \frac{(27-24.444)^2}{24.444} = 1.24$$

$\chi^2 = 1.24 < \chi^2_{0.05}(1) = 3.84$

⇒ 검정통계량의 값 χ^2=1.24로 유의수준 5%에서 H_0를 기각할 수 없다. 즉, 유의수준 5%에서 동아리 가입여부와 성별은 무관하다고 할 수 있다.

11.10 H_0 : 두 종류 약의 치유율이 같다.

H_1 : 두 종류 약의 치유율이 같지 않다.

$$\chi^2=\frac{(46-38.40)^2}{38.40}+\frac{(14-21.60)^2}{21.60}+\frac{(18-25.60)^2}{25.60}+\frac{(22-14.40)^2}{14.40}=10.45$$

$\chi^2=10.45>\chi^2_{0.01}(1)=6.64$

⇒ 검정통계량의 값 $\chi^2=10.45$으로 유의수준 1%에서 H_0를 기각할 수 있다. 즉, 유의수준 1%에서 두 종류 약의 치유율이 같지 않다고 할 수 있다.

11.11 H_0 : 두 그룹의 노동자에 대한 견해의 분포가 동질하다.

H_1 : 두 그룹의 노동자에 대한 견해의 분포가 동질하지 않다.

$$\chi^2=\frac{(47-44.55)^2}{44.55}+\frac{(39-42.59)^2}{42.59}+\frac{(9-7.86)^2}{7.86}+\frac{(21-23.45)^2}{23.45}+\frac{(26-22.41)^2}{22.41}+\frac{(3-4.14)^2}{4.14}=1.75$$

$\chi^2=1.75>\chi^2_{0.05}(2)=5.99$

⇒ 검정통계량의 값 $\chi^2=1.75$로 유의수준 5%에서 H_0를 기각할 수 없다. 즉, 유의수준 5%에서 두 그룹의 노동자에 대한 견해의 분포가 동질하다고 할 수 있다.

11.12 H_0 : 성별에 따라 컴퓨터 화면의 배경색에 대한 선호 비율이 같다.

H_1 : 성별에 따라 컴퓨터 화면의 배경색에 대한 선호 비율이 다르다.

$$\chi^2=\frac{(23-22.24)^2}{22.24}+\frac{(18-16.39)^2}{16.39}+\frac{(7-9.37)^2}{9.37}+\frac{(15-15.76)^2}{15.76}+\frac{(10-11.61)^2}{11.61}+\frac{(9-6.63)^2}{6.63}=1.89$$

$\chi^2=1.89<\chi^2_{0.05}(2)=5.99$

⇒ 검정통계량의 값 $\chi^2=1.885$로 유의수준 5%에서 H_0를 기각할 수 없다. 즉, 유의수준 5%에서 성별에 따라 컴퓨터 화면의 배경색에 대한 선호 비율이 같다고 할 수 있다.

11.13 (1) 분산의 신뢰구간 $\left(\frac{(25-1)\times4990}{45.56}, \frac{(25-1)\times4990}{9.89}\right)=(2628.68, 12114.10)$,

표준편차의 신뢰구간: (51.27, 110.06)

(2) $H_0: \sigma^2=4000$ vs $H_1: \sigma^2\neq4000$

$$\chi^2=\frac{(25-1)\times4990}{4000}=29.94$$

$\chi^2_{0.975}(24)=12.40<\chi^2=29.94<\chi^2_{0.025}(24)=39.36$

⇒ 검정통계량의 값 $\chi^2=29.94$로 유의수준 5%에서 H_0를 기각할 수 없다. 즉, 유의수준 5%에서 전구수명의 분산이 4000시간^{2}과 같다고 할 수 있다.

Chapter 12

12.1 3.11

12.2 5.06

12.3 H_0 : 처리평균 사이에 차이가 있다. vs H_1 : 처리평균 사이에 차이가 없다.

분산분석

변동의 요인	제곱합	자유도	제곱평균	F 비
처리	2.08	4	0.52	0.96
잔차	8.17	15	0.54	
합계	10.25	19		

완전임의배열법(Completely Randomized Design)

$F = 0.96 < F_{0.05}(4, 15) = 3.06$

$\Rightarrow H_0$ 채택

12.4 H_0 : 세 종류의 약이 두통을 해소시키는 데 소요되는 평균시간이 같다.

H_1 : 세 종류의 약이 두통을 해소시키는 데 소요되는 평균시간이 같지 않다.

분산분석

변동의 요인	제곱합	자유도	제곱평균	F 비
처리	2645.7	2	1322.85	9.54
잔차	1664.03	12	138.67	
합계	4309.73	14		

검정 통계량의 값 $F=9.54$로 $F_{0.025}(2, 12) = 5.09$보다 크다. 즉, 유의수준 2.5%에서 세 종류의 약이 두통을 해소시키는 데 소요되는 평균시간이 같다고 할 수 없다.

12.5 H_0 : 평균보험료는 같다. vs H_1 : 평균보험료는 같지 않다.

분산분석

변동의 요인	제곱합	자유도제	곱 평균	F 비
처리	865.63	3	288.54	1.63
잔차	2121.37	12	176.78	
합계	2987	15		

검정통계량의 값 $F=1.63$으로 $F_{0.01}(3, 12) = 5.95$보다 작다. 따라서 유의수준 1%에서 H_0를 기각할 수 없다. 즉, 유의수준 1%에서 네 개의 보험회사와 계약하고 있는 운전자들이 납부하는 매달 자동차 평균보험료가 같다고 할 수 있다.

12.6 H_0 : 세 종류의 페인트의 평균 건조시간이 차이가 없다.

H_1 : 세 종류의 페인트의 평균 건조시간이 차이가 있다.

분산 분석

변동의 요인	제곱합	자유도	제곱 평균	F 비
처리	2.02	2	1.01	3.00
잔차	5.72	17	0.34	
합계	7.74	19		

검정통계량의 값 $F=3.0$으로 $F_{0.05}(2, 17) = 3.59$보다 작다. 따라서 유의수준 5%에서 H_0를 기각할 수 없다. 즉, 유의수준 5%에서 세 종류의 페인트의 평균 건조시간의 차이가 없다고 할 수 있다.

12.7 (1) H_0 : 세 개의 무덤군은 두개골이 동일한 집단의 것이다.

H_1 : 세 개의 무덤군은 두개골이 동일한 집단의 것이 아니다.

분산 분석

변동의 요인	제곱합	자유도	제곱 평균	F 비
처리	59.08	2	29.54	19.15
잔차	15.43	10	1.54	
합계	74.50	12		

검정통계량의 값 $F=19.15$가 $F_{0.05}(2, 10) = 4.10$ 보다 크다. 유의수준 5%에서 H_0를 기각한다. 즉, 유의수준 5%에서 세 개의 무덤군은 두개골이 동일한 집단의 것이 아니다.

(2) $\left(50.4-45.1-2.228\sqrt{1.543\left(\frac{1}{4}+\frac{1}{4}\right)}\right), \left(50.4-45.1+2.228\sqrt{1.543\left(\frac{1}{4}+\frac{1}{4}\right)}\right)$

$=(3.348, 7.25552)$

12.8 (1) H_0 : 학교 간의 증감점수의 평균이 차이가 없다.

H_1 : 학교 간의 증감점수의 평균이 차이가 있다.

분산 분석

변동의 요인	제곱합	자유도	제곱 평균	F 비
처리	951.94	4	237.98	2.23
잔차	4904.68	46	106.62	
합계	5856.62	50		

검정통계량의 값 $F=2.23$이 $F_{0.05}(4, 46) = 2.57$ 보다 작다. 유의수준 5%에서 H_0를 기각할 수 없다. 즉, 유의수준 5%에서 학교 간의 증감점수의 평균의 차이가 없다고 할 수 있다.

(2) 증감점수의 평균이 가장 높은 학교: C(22.33)

증감점수의 평균이 가장 낮은 학교: E(10.00)

(3) $\left(22.33-10-2.013\sqrt{106.624\left(\frac{1}{9}+\frac{1}{13}\right)}\right), \left(22.33-10+2.013\sqrt{106.624\left(\frac{1}{9}+\frac{1}{13}\right)}\right)$

=(3.317, 21.343)

12.9 (1) H_0 : 세 가지 수업방법의 효과에 차이가 없다.

H_1 : 세 가지 수업방법의 효과에 차이가 있다.

분산 분석

변동의 요인	제곱합	자유도	제곱 평균	F 비
처리	175.13	2	87.56	5.50
잔차	413.70	26	15.91	
합계	588.83	28		

검정통계량의 값 F=5.50으로 $F_{0.05}(2,26)=3.37$보다 크다. 유의수준 5%에서 귀무가설 H_0를 기각한다. 즉, 유의수준 5%에서 세 가지 수업방법 효과에 차이가 있다.

(2) (−9.4553, −1.9447)

12.10 (1) 4.28

(2) H_0 : 기업 규모에 따른 기업의 평균 수명은 차이가 없다.

H_1 : 기업 규모에 따른 기업의 평균 수명은 차이가 있다.

$$SST=\sum_{i=1}^{k} n_i(\overline{y}_{i.}-\overline{y}_{..})^2=206.93$$

$$SSE=\sum_{k=1}^{3}(n_i-1)s_i^2=406.19$$

분산분석

변동의 요인	제곱합	자유도	제곱 평균	F 비
처리	206.93	2	103.47	30.07
잔차	406.19	118	3.44	
합계	613.12	120		

검정통계량의 값 F=30.07로 $F_{0.05}(2,118)=3.07$보다 크다. 유의수준 5%에서 H_0를 기각한다. 즉, 유의수준 5%에서 기업에 따른 기업의 평균 수명은 차이가 있다.

(3) $\left(6.1-3.1-1.96\sqrt{3.442\left(\frac{1}{40}+\frac{1}{38}\right)}\right), \left(6.1-3.1-1.96\sqrt{3.442\left(\frac{1}{40}+\frac{1}{38}\right)}\right)$

=(2.2137, 3.7863)

12.11 (1) H_0 : 처리평균 사이에 차이가 없다.

H_1 : 처리평균 사이에 차이가 있다.

분산 분석

변동의 요인	제곱합	자유도	제곱 평균	F 비
인자 A(행)	5.472	2	2.736	35
인자 B(열)	3.480	3	1.16	15.26
잔차	0.455	6	0.076	
합계	9.407	11		

확률화블록계획법(Randomized Block Design)

처리평균 사이에 차이가 있는지 검정하는 검정통계량 값이 $F_{처리} = 36.095$로 $F_{0.05}(2, 6) = 5.14$보다 크다. 즉, 유의수준 5%에서 처리평균 사이에 차이가 있다고 할 수 있다.

12.12 (1) 확률화블록계획법(Randomized Block Design)

(2) 5개

(3) 30개

(4) H_0 : 처리효과가 같다. vs H_1 : 처리효과가 같지 않다.

검정통계량의 값 $F=18.5781$로 $F_{0.05}(4, 20) = 2.87$보다 크다. 유의수준 5%에서 H_0를 기각한다. 즉, 유의수준 5%에서 처리효과가 다르다.

12.13 H_0 : 세 가지 방법의 효과가 같다.

H_1 : 세 가지 방법의 효과가 같다고 할 수 없다.

분산 분석

변동의 요인	제곱합	자유도	제곱 평균	F 비
인자 A(행)	26	2	13	9.75
인자 B(열)	11	3	3.667	2.75
잔차	8	6	1.333	
합계	45	11		

검정통계량의 값 $F=9.7524$로 $F_{0.05}(2, 6) = 5.1433$보다 크다. 유의수준 5%에서 H_0를 기각한다. 즉, 유의수준 5%에서 세 가지 방법의 효과가 다르다.

$\mu_A - \mu_B$에 대한 95% 신뢰구간: $(-5.4976, -1.5024)$

$\mu_A - \mu_C$에 대한 95% 신뢰구간: $(-2.9976, 0.9976)$

$\mu_B - \mu_C$에 대한 95% 신뢰구간: $(0.5024, 4.4976)$

12.14 (1) 확률화블록계획법(Randomized Block Design)

(2) H_0 : 종류 간에 차이가 없다. vs H_1 : 종류 간에 차이가 있다.

변동의 요인	제곱합	자유도	제곱 평균	F 비
처리(방법)	142.67	4	35.6675	18.61075
블록(교육정도)	68.14167	5	13.62833	7.111053
잔차	38.33	20	1.9165	
합계	249.1417	29		

검정통계량의 값 $F = 18.6108$로 $F_{0.01}(4, 20) = 4.43$보다 크다. 유의수준 5%에서 H_0를 기각한다. 즉, 유의수준 5%에서 5가지 종류의 휘트밀에 대한 생산량에 차이가 있다.

(3) $\mu_A - \mu_B$에 대한 95% 신뢰구간: (0.3995, 3.7339)
$\mu_A - \mu_C$에 대한 95% 신뢰구간: (−3.6172, −0.2828)
$\mu_A - \mu_D$에 대한 95% 신뢰구간: (−4.1005, −0.7661)
$\mu_A - \mu_E$에 대한 95% 신뢰구간: (1.4828, 4.8172)
$\mu_B - \mu_C$에 대한 95% 신뢰구간: (−5.6840, −2.3495)
$\mu_B - \mu_D$에 대한 95% 신뢰구간: (−6.1672, −2.8328)
$\mu_B - \mu_E$에 대한 95% 신뢰구간: (−0.583949, 2.75055)
$\mu_C - \mu_D$에 대한 95% 신뢰구간: (−2.1505, 1.1839)
$\mu_C - \mu_E$에 대한 95% 신뢰구간: (3.4328, 6.7672)
$\mu_D - \mu_E$에 대한 95% 신뢰구간: (3.9161, 7.2505)
신뢰구간이 0을 포함하지 않는 종류 간에는 유의한 차이가 있다고 볼 수 있다.
(A,B), (A,C), (A,D), (A,E), (B,C), (B,D), (C,E), (D,E)에서 유의한 차이가 있다.

Chapter 13

13.1 주어진 x값에 대해 랜덤 오차항 ϵ은 평균이 0
다른 관찰값에 연관되어 있는 오차항들은 서로 독립
주어진 x값에 대해 오차항들의 분포는 정규분포
주어진 x값에 대해 오차항들은 일정한 분산을 가짐

13.2 많은 경우에 변수들의 관계는 정확하지 않으므로, 이러한 변수들을 고려해 넣거나 모형을 완전히 하기 위해서 오른쪽에 다른 항(오차)을 더한다.

13.3 $E(y) = \alpha + \beta x \rightarrow \hat{y} = a + bx$
절편 $\alpha : x = 0$에 대한 y값(종속변수의 축과 회귀직선이 만나는 점)
기울기 $\beta : x$의 계수(x의 한 단위 증가에 따른 y의 변화량)

13.4 x에 대한 y의 평균값보다 y의 한 개 값의 예측값의 분산이 더 크기 때문에 예측구간이 더 넓어지기 때문이다.

13.5 상관분석은 독립변수와 종속변수와의 상관관계를 밝힌 것으로 상관계수에 의해 단순히 두 변수 간의 선형 관계가 얼마나 강하게 연관되는지만 보여 주고, 회귀분석은 회귀모형을 이용하여 독립변수의 변화에 따른 종속변수의 변화를 추정할 수 있다.

13.6 (1)

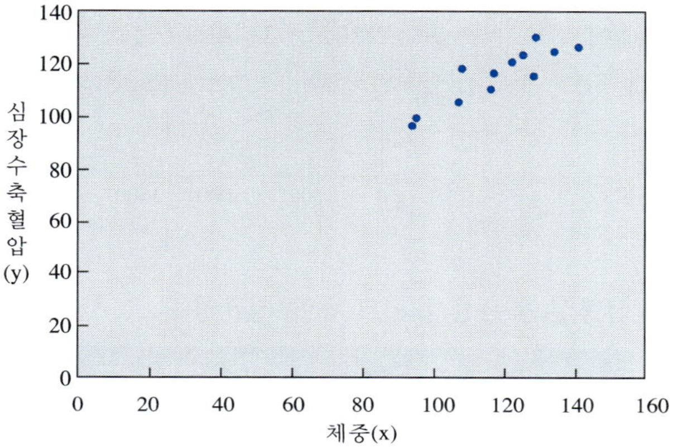

(2) $ss_{xy} = \sum xy - \dfrac{(\sum x)(\sum y)}{n}$, $ss_{xx} = \sum x^2 - \dfrac{(\sum x)^2}{n}$, $ss_{yy} = \sum y^2 - \dfrac{(\sum x)^2}{n}$

$$r = \frac{ss_{xy}}{\sqrt{ss_{xx}\, ss_{yy}}} = 0.889$$

(3)

	계수	표준 오차	t 통계량	P-값	하위 95%	상위 95%
Y 절편	39.973	12.510	3.195	0.010	12.098	67.848
X 1	0.646	0.105	6.134	0.000	0.411	0.880

$$b = \frac{SS_{xy}}{SS_{yy}} = 0.646,\ a = \bar{y} - b\bar{x} = 39.97 \quad \therefore \hat{y} = 39.97 + 0.646x$$

(4)

요인	자유도	제곱합	제곱평균	F비	유의한 F
회귀	1	1001.5	1001.5	37.63	0.0001
잔차	10	266.17	26.6167		
합계	11	1267.7			

$H_0 : \beta_1 = 0$ vs $H_1 : \beta_1 \neq 0$

$$F = \frac{MSR}{MSE} = 37.63 > F_{0.05}(1, 10) = 4.75$$

유의수준 5% 하에서 ⇒ H_0 기각

(5) $r^2 = \dfrac{SSR}{SST} = \dfrac{bSS_{xy}}{SS_{yy}} = 0.79$, SST 중에 회귀모형에 의해 설명되어지는 몫

(6) $0.646 \pm 2.228\frac{5.158}{49.01} = (0.411, 0.880)$

13.7 (1)

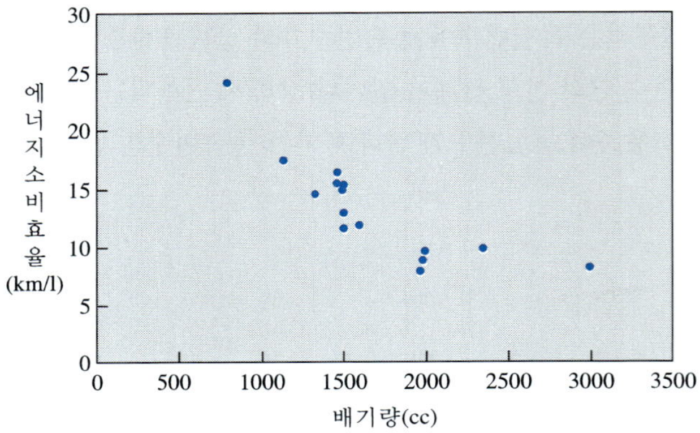

(2) 선형성, 등분산성, 서로 독립, 정규성

	자유도	제곱합	제곱평균	F	P
회귀	1	191.289	191.289	33.459	0.000
잔차	13	74.322	5.717		
합계	14	265.610			

	계수	표준 오차	t 통계량	P-값	하위 95%	상위 95%
Y 절편	23.4935	1.8877	12.445	0.000	19.415	27.572
배기량	−0.0059	0.0010	−5.784	0.000	−0.008	−0.004

$b = \frac{SS_{xy}}{SS_{yy}} = -0.0059,\ a = \bar{y} - b\bar{x} = 23.4935 \quad \therefore \hat{y} = 23.4935 - 0.0059x$

(3) $23.4935 - 0.0059 \times 3500 = 2.8435$

13.8 (1) $b = \frac{SS_{xy}}{SS_{yy}} = 2.102,\ a = \bar{y} - b\bar{x} = 3.708 \quad \therefore \hat{y} = 3.708 + 2.102x$

(2)

요인	자유도	제곱합	제곱평균	F비	유의한 F
회귀	1	16968.017	16968.017	548.277	1.2E−08
잔차	8	247.583	30.948		
합계	9	17215.6			

$H_0 : \beta_1 = 0$ vs $H_1 : \beta_1 \neq 0$

$F = \frac{MSR}{MSE} = 548.28 > F_{0.05}(1, 8) = 5.32$

유의수준 5% 하에서 ⇒ H_0 기각

(3) 결정계수: $r^2 = \frac{SSR}{SST} = \frac{bSS_{xy}}{SS_{yy}} = 0.986$, 상관계수: $r = \sqrt{0.986} = 0.993$

(4) $3.708 + 2.102 \times 20 = 45.748$

13.9 (1) 선형성, 등분산성, 독립성, 정규성

$$b = \frac{SS_{xy}}{SS_{yy}} = -0.008, \; a = \bar{y} - b\bar{x} = 20.599 \quad \therefore \hat{y} = 20.599 - 0.008x$$

(2) 0.115 0.788 6.833 −2.167 −0.749 −6.136 −0.478 1.793

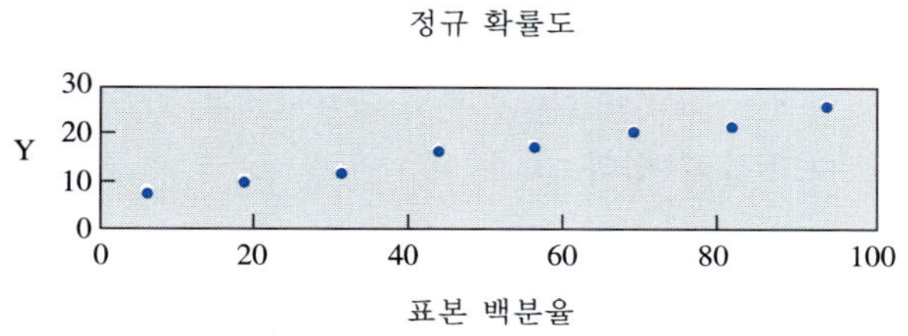

잔차의 정규확률도를 보면 정규확률도의 선이 직선에 가까우므로 정규성을 만족한다고 볼 수 있다.

(3)

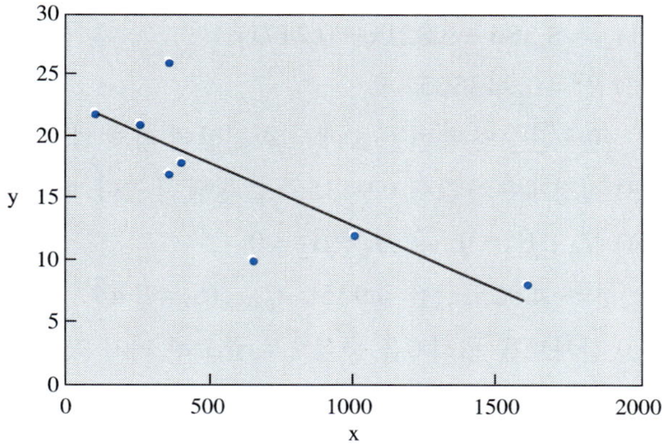

타당함.

13.10 (1)

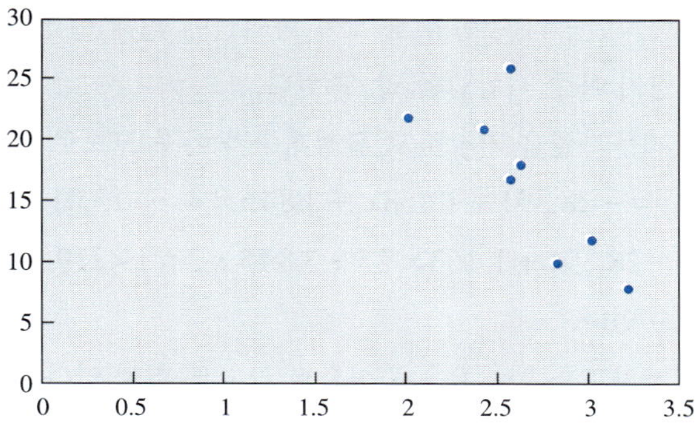

(2) $b = \frac{SS_{xy}}{SS_{yy}} = -7.374, \; a = \bar{y} - b\bar{x} = 35.321 \quad \therefore \hat{y} = 35.321 - 7.374x^{t}$

(3) −3.504 1.143 8.066 −0.934 0.688 −4.443 0.103 −1.119

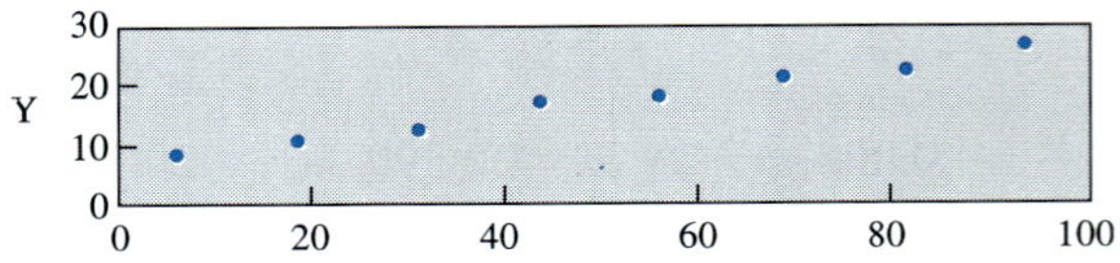

잔차의 정규확률도를 보면 정규확률도의 선이 직선에 가까우므로 정규성을 만족한다고 볼 수 있다.

13.11 (1) $SST = SS_{yy} = 64,\ SS_{xx} = 100,\ SS_{xy} = 40$

$$r_{xy} = \frac{SS_{xy}}{\sqrt{SS_{xx}SS_{yy}}} = \frac{40}{\sqrt{100 \times 64}} = 0.5$$

(2) 0.5로 양의 상관관계가 있다는 것을 보여 줌, 양의 선형관계가 있다고 보인다.

*13,14번은 책에 실린 엑셀 출력 결과를 보고 푸는 문제임.

13.13 (1) $\hat{y} = 8.586 + 3.821x - 0.217x^2$

(2) $R^2 = 0.943565$

종속변수의 총변동 중에서 회귀선에 의해 설명되는 비율이 약 94%이다.

(3) 결정계수의 값이 0.943565로 상당히 높다. 따라서 유용한 정보를 준다고 볼 수 있다.

(4) $H_0 : \beta_2 = 0$ vs $H_1 : \beta_2 \neq 0$

$t = -4.935,\ |t| = 4.935 > t_{0.025}(6) = 2.447$

(5) 잔차도를 통해 0을 중심으로 골고루 퍼져 있다. 특정 패턴을 가지지 않는다.

→모형의 선형성과 등분산성을 만족

정규확률도에서 선이 직선에 가깝다. → 정규성을 만족

13.14 (1) $R^2 = 0.9976$

종속변수의 총변동 중에서 회귀선에 의해 설명되는 비율이 약 99.8%에 가깝다. 모형이 아주 적합함을 알 수 있다.

(2) 귀무가설을 기각하고 결정계수가 아주 크므로 증거가 된다.

(3) $\hat{y} = -28.391 + 1.463x_1 + 3.845 \times 4 = -13.011 + 1.463x_1$

(4) $-28.391 + 1.463 \times 25 + 3.845 \times 3 = 19.719$로 대략 20개의 불량품 수를 예측할 수 있다.

(5) 잔차도를 통해 0을 중심으로 골고루 퍼져 있다. 특정 패턴을 가지지 않는다.

→ 모형의 선형성과 등분산성을 만족

정규확률도에서 선이 직선에 가깝다. → 정규성을 만족

Chapter 14

14.1

X_i	1.53	1.47	0.93	−0.02	0.46	1.33	0.98	1.96	−0.41	−1.23
D_i	1.53	1.47	0.93	−0.02	0.46	1.33	0.98	1.96	−0.41	−1.23
$\lvert D_i \rvert$	1.53	1.47	0.93	0.02	0.46	1.33	0.98	1.96	0.41	1.23
순위(R_i^+)	9	8	4	1	3	7	5	0	2	16
부호순위	9	8	4	−1	3	7	5	10	−2	−6

$H_0 : \mu = 0 \quad vs \quad H_1 : \mu \neq 0$

$w^+(0.09756,\ 10) = 8 < W^+ = 46 < w^+(0.0244,\ 10) = 47$

$\Rightarrow H_0$ 채택

14.2

X_i	9	12	18	14	12	14	12	10	16
D_i	−3	0	6	2	0	2	0	−2	4
$\lvert D_i \rvert$	3	0	6	2	0	2	0	2	4
순위(R_i^+)	12		15	8.5		8.5		8.5	14
부호순위	−12		15	8.5		8.5		−8.5	14

X_i	11	9	11	13	11	13	15	13	14
D_i	−1	−3	−1	1	−1	1	3	1	2
$\lvert D_i \rvert$	1	3	1	1	1	1	3	1	2
순위(R_i^+)	3.5	12	3.5	3.5	3.5	3.5	12	3.5	8.5
부호순위	−3.5	−12	−3.5	3.5	−3.5	3.5	12	3.5	8.5

$H_0 : \mu = 12 \quad vs \quad H_1 : \mu > 12$

$$Z = \frac{W^+ - E(W^+)}{\sqrt{Var(W^+)}} = \frac{77 - \dfrac{15(15+1)}{4}}{\sqrt{\dfrac{15(15+1)(30+1)}{24}}} = \frac{17}{17.607} = 0.965$$

$z = 0.965 < z_{0.05} = 1.645$

$\Rightarrow H_0$ 채택

14.3

X_i	5.0	3.9	5.2	5.5	2.8	6.1	6.4	2.6	1.7	4.3
D_i	1.3	0.2	1.5	1.8	−0.9	2.4	2.7	−1.1	−2.0	0.6
$\lvert D_i \rvert$	1.3	0.2	1.5	1.8	0.9	2.4	2.7	1.1	2.0	0.6
순위(R_i^+)	5	1	6	7	3	9	10	4	8	2
부호순위	5	1	6	7	−3	9	10	−4	−8	2

$H_0 : \mu = 3.7 \quad vs \quad H_1 : \mu > 3.7$

$W^+ = 40 < w^+(0.0527,\ 10) = 44$

$\Rightarrow H_0$ 채택

14.4

X_i	35	19	40	35	51	41	27	23	39	21
D_i	−10	−26	−5	−10	6	−4	−18	−22	−6	−24
$\lvert D_i \rvert$	10	26	5	10	6	4	18	22	6	24
순위(R_i^+)	12	20	4	12	6	2.5	17	18	6	19
부호순위	−12	−20	−4	−12	6	−2.5	−17	−18	−6	−19
X_i	41	31	46	51	34	37	36	55	52	32
D_i	−4	−14	1	6	−11	−8	−9	10	7	−13
$\lvert D_i \rvert$	4	14	1	6	11	8	9	10	7	13
순위(R_i^+)	2.5	16	1	6	14	9	10	12	8	−15
부호순위	−2.5	−16	1	15	−14	−9	−10	12	8	−15

$H_0 : \mu = 45 \quad vs \quad H_1 : \mu < 45$

$$Z = \frac{W^+ - E(W^+)}{\sqrt{Var(W^+)}} = \frac{42 - \frac{20(20+1)}{4}}{\sqrt{\frac{20(20+1)(40+1)}{24}}} = -\frac{63}{26.786} = -2.351$$

$z = -2.351 > -z_{0.05} = -1.645$

$\Rightarrow H_0$ 기각

14.5

X_i	13	6	6	12	12	10	9	11	14	8	7	16	15	8	7
D_i	2	−5	−5	1	1	−1	−2	0	3	−3	−4	5	4	−3	−4
$\lvert D_i \rvert$	2	5	5	1	1	1	2	0	3	3	4	5	4	3	4
순위(R_i^+)	4.5	13	13	2	2	2	4.5		7	7	10	13	10	7	10
부호순위	4.5	−13	−13	2	2	−2	−4.5		7	−7	−10	13	10	−7	−10

$H_0 : \mu = 11 \quad vs \quad H_1 : \mu \neq 11$

$w^+(0.975, 14) = 21 < W^+ = 38.5 < w^+(0.025, 14) = 84$

$\Rightarrow H_0$ 채택

14.6

생존년수	3	5	7	8	9	10	11	12	15	18	23
그룹	Y	Y	Y	Y	X	Y	X	Y	X	X	X
순위	1	2	3	4	5	6	7	8	9	10	11

$H_0 : \mu_x = \mu_y \quad vs \quad H_1 : \mu_x \neq \mu_y$

$W_X = 42 > w_X(0.041, 5, 6) = 40$

$\Rightarrow H_0$ 기각

14.7

수학성적	66	67	69	70	71	71	72	73	76	79	79	80	80	81	81	82	84
그룹	X	X	X	X	X	X	X	Y	Y	Y	Y	Y	X	Y	Y	Y	Y
순위	1	2	3	4	5.5	5.5	7	8	9	10.5	10.5	12.5	12.5	14.5	14.5	16	17

$H_0 : \mu_x = \mu_y \quad vs \quad H_1 : \mu_x < \mu_y$

$W_x = 40.5 < w_x(0.9536, 8, 9) = 54$

$\Rightarrow H_0$ 기각

14.8

예배시간	그룹	순위	예배시간	그룹	순위
1	X	1	14	X	15
2	X	2	15	X	16
3	X	3.5	16	Y	17
3	Y	3.5	17	X	18
4	Y	5	18	Y	19
5	Y	6	19	Y	2
6	X	7	20	Y	21
7	X	8	21	X	22
8	X	9	22	Y	23
9	Y	10	24	Y	24
10	Y	11	25	X	25
11	X	12	26	Y	26
12	Y	13	27	Y	27
13	X	14			

$H_0 : \mu_x = \mu_y \quad vs \quad H_1 : \mu_x \neq \mu_y$

$$Z = \frac{W_x - E(W_x)}{\sqrt{Var(W^+)}} = \frac{152.5 - \frac{13(13+14+1)}{2}}{\sqrt{\frac{13 \times 14(1+14+1)}{12}}} = \frac{-29.5}{\sqrt{424.67}} = -1.43$$

$-z_{0.025} = -1.96 < Z = -1.43 < Z_{0.025} = 1.96$

$\Rightarrow H_0$ 채택

14.9

키보드	22	23	25	28	29	30	33	33	33	36	39	40	41	42	48
그룹	X	X	X	X	Y	X	X	Y	Y	X	Y	Y	Y	Y	Y
순위	1	2	3	4	5	6	8	8	8	10	11	12	13	14	15

$H_0 : \mu_X = \mu_Y \quad vs \quad H_1 : \mu_X < \mu_Y$

$W_X = 34 < w_X(0.9531, 7, 8) = 41$

$\Rightarrow H_0$ 기각

14.10

듣기점수	60	64	68	68	69	70	72	72	73	78	79	80	84
그룹	X	X	Y	X	Y	X	Y	X	X	Y	Y	Y	Y
순위	1	2	3.5	3.5	5	6	7.5	7.5	9	10	11	12	13

$H_0 : \mu_X = \mu_Y \quad vs \quad H_1 : \mu_X \neq \mu_Y$

$w_X = (09744,\ 6,\ 7) = 28 < w_X = 29 < w_X(0.0256,\ 6,\ 7) = 56$

$\Rightarrow H_0$ 채택

14.11

듣기점수	1.2	1.4	2.4	2.9	3.6	3.7	3.9	4.0	4.2	4.7	4.7	5.0	5.4
그룹	X	X	X	X	Y	X	Y	Y	X	Y	Y	Y	Y
순위	1	2	3	4	5	6	7	8	9	10.5	10.5	12	13

$H_0 : \mu_X = \mu_Y \quad vs \quad H_1 : \mu_X < \mu_Y$

$W_X = 25 < w_X(0.9493, 6, 7) = 30$

$\Rightarrow H_0$ 기각

14.12

종업원	1	2	3	4	5	6	7
훈련 전	8	5	4	9	6	8	5
훈련 후	10	7	5	11	6	7	9
짝차(D_i)	−2	−2	−1	−2	0	1	−4
$\lvert D_i \rvert$	2	2	1	2	0	1	4
순위(R_i^+)	4	4	1.5	4		1.5	6
부호순위	−4	−4	−1.5	−4		1.5	−6

$H_0 : \mu_D = 0 \quad vs \quad H_1 : \mu_D < 0$

$W^+ = 1.5 > w^+(0.9531,\ 6) = 2$

$\Rightarrow H_0$ 기각

14.13

근로자	1	2	3	4	5	6	7	8
훈련 전	81	75	89	91	65	70	90	69
훈련 후	97	72	93	110	78	69	115	75
짝차(D_i)	−16	3	−4	−19	−12	1	−25	−6
$\lvert D_i \rvert$	16	3	4	19	12	1	25	6
순위(R_i^+)	6	2	3	7	5	1	8	4
부호순위	−6	2	−3	−7	−5	1	−8	−4

$H_0 : \mu_D = 0 \quad vs \quad H_1 : \mu_D > 0$

$W^+ = 3 < w^+(0.0547,\ 8) = 30$

$\Rightarrow H_0$ 채택

14.14

시음자	1	2	3	4	5
A	90	85	78	65	45
B	84	90	70	60	45
짝차(D_i)	6	−5	8	5	0
$\lvert D_i \rvert$	6	5	8	5	0
순위(R_i^+)	2	1.5	4	1.5	
부호순위	3	−1.5	4	1.5	

$H_0 : \mu_D = 0 \quad vs \quad H_1 : \mu_D \neq 0$

$w^+(0.9375,\ 4) = 0 < W^+ = 8.5 < w^+(0.0625,\ 4) = 10$

$\Rightarrow H_0$ 채택

14.15

시음자	1	2	3	4	5	6	7
기존 크림	45	72	85	63	71	48	56
새 크림	52	48	87	57	60	42	48
짝차(D_i)	−7	24	−2	6	11	6	8
$\lvert D_i \rvert$	7	24	2	6	11	6	8
순위(R_i^+)	4	7	1	2.5	6	2.5	5
부호순위	−4	7	−1	2.5	6	2.5	5

$H_0 : \mu_D = 0 \quad vs \quad H_1 : \mu_D > 0$

$W^+ = 23 < w^+(0.0547,\ 7) = 24$

$\Rightarrow H_0$ 채택

찾아보기

ㄱ

가설검정 203
가중평균 52
검정력 곡선 207
검정통계량 205
결정계수 320
결정적 모형 310
결합도수 274
결합평균 66
결합확률 89
경계값 29
경험적 규칙 61
계급 23
계급 경계값 23
계급 중앙값 24
계급크기 24
계급폭 24
관찰값 2
관측값 313
관측도수 270
구간척도 10
구간추정 179
귀무가설 203
균일 히스토그램 32
기각역 205
기대도수 271
기술통계학 2
기하평균 66

ㄴ

나무도표 79
누적도수분포곡선 36
누적도수분포표 34
누적백분위 35
누적상대도수 35

ㄷ

다중회귀 309
다항실험 270
단순사상 79
단순회귀 309
대립가설 203
대응표본 240
대칭 히스토그램 32
대표본 166, 170
대표표본 6
도수 16
도수 다각형 28, 30
도수분포 16
도수분포곡선 31
도수분포표 16, 25
도수축 33

도수히스토그램 29
독립 88
독립변수 309
독립사상 88
독립성검정 275
독립표본 223
동질성검정 278

ㅁ

막대그래프 19
만-위트니검정 363
명목척도 10
모분산 58
모비율 169
모수 158
모집단 3
모집단분포 157
모표준편차 58
모회귀선 311
목표모집단 4

ㅂ

반응변수 309
배반사상 81
백분위 18, 28
백분위다각형 30
백분위분포 18
백분위수 62
백분위히스토그램 29
범위(range) 56
베르누이 시행 114
베이즈 정리 98
벤 도표 78
변동계수 58
변수 7
복원추출 7
복합사상 80
분산 57
분산분석 289
분산분석표 291
분할표 274
불편추정량 161
블록 294
비그룹화 데이터 16
비복원추출 7
비선형회귀모형 310
비율척도 10
비표본오차 160

ㅅ

사분위범위 63
사분위수 63
사상 79
사전확률 100
사후확률 100
산점도 311
산포도 56
상관계수 327
상대도수 16
상대도수다각형 30
상대도수밀도 133
상대도수히스토그램 29
상자그림 65
상한 경계값 23
상한값 180
선형회귀모형 310
설명변수 309
수준 289
순서척도 10
스튜던트 t분포 187
시행 78, 104
신뢰계수 180
신뢰구간 180
신뢰수준 180

실험 77
실험단위 289

ㅇ

아래 울타리 65
양의 선형관계 317
양적 변수 8
양쪽꼬리검정 206
여사상 87
연속형 변수 9
연속확률변수 109
예측값 311
예측구간 153, 336
오른쪽꼬리검정 206
오차의 표준편차 319
오차한계 179
오차항 311
완전임의배열법 289
외삽법 338
왼쪽꼬리검정 206
요인 289
원 자료 15
원그래프 19
원소 2
위 울타리 65
윌콕슨 부호순위검정 359
윌콕슨 순위합검정 363
유의수준 205
유의확률 207
유한모집단수정항 161
음의 선형관계 317
이산형 변수 8
이산확률변수 108
이산확률분포 108
이상치 52
이항분포 116
이항분포의 모수 116
이항분포의 정규근사 149
이항실험 114
이항확률변수 116
이항확률분포표 150
인과성 338
일원분산분석 289
일치추정량 162

ㅈ

자료 세트 2
자유도 187
잔차 313
잔차제곱합 313, 321
적합도검정 270
전수조사 5
전확률 공식 99
절사평균 55
점추정 179
정규분포 138
제1종 오류 204
제2종 오류 204
제곱합 291
조건부확률 84
조정된 결정계수 341
조화평균 66
종속 89
종속변수 309
종속사상 88
종속표본 223, 224
주관적 확률 82
주변확률 83
줄기-잎 그림 37
중선형회귀모형 339
중심극한정리 165
중앙값 53
중회귀분석 339
질적 혹은 범주형 변수 9

집단화된 자료 59
짝차 237

ㅊ

참 계급 한계 24
채택역 205
처리 289
체비셰프의 정리 60
총제곱합 321, 323
최대오차 181
최빈값 53
최소제곱법 312
추론통계학 3
추정 179
추정 값 311
추정량 161, 179
추정치 179
추정회귀모형 311
치우친 히스토그램 32

ㅋ

카이제곱분포 267

ㅌ

통계량 158
통계적 가설 203
통계적 관계 311
통계학 2

ㅍ

평균 52
평균순위 364
평활화 133
포아송 분포 122
표본 3
표본공간 77
표본분산 58
표본분포 158
표본비율 169
표본오차 160
표본점 78
표본조사 5
표본중앙값 158
표본최빈값 158
표본표준편차 58, 158
표준오차 161
표준정규분포 141
표준편차 57, 58
표준화변수 145

ㅎ

하한 경계값 23
하한값 180
합동표본비율 248
합동표본표준편차 232
확률 80
확률변수 108
확률실험 107
확률적 모형 311
확률화블록계획법 294
확률히스토그램 109
회귀모형 310
회귀제곱합 322
히스토그램 28

기타

F분포 287
p값 207
t 분포 187
t-검정 211
z-검정 209

| 저자 소개 |

김용구
경북대학교 통계학과 졸업
Ohio State 대학교 통계학박사
현 경북대학교 통계학과 조교수

박병구
서울대학교 수학과 졸업
서울대학교 이학박사
현 경북대학교 통계학과 교수

손중권
서울대학교 응용수학과 졸업
Purdue 대학교 통계학박사
현 경북대학교 통계학과 교수

송재기
서울대학교 계산통계학과 졸업
UC Berkely 대학교 통계학박사
현 경북대학교 통계학과 교수

이경은
경북대학교 통계학과 졸업
Texas A&M 대학교 통계학박사
현 경북대학교 통계학과 부교수

조교영
경북대학교 통계학과 졸업
VPI & State 대학교 통계학박사
현 경북대학교 통계학과 교수

조길호
경북대학교 통계학과 졸업
영남대학교 이학박사
현 경북대학교 통계학과 교수

엑셀을 이용한 통계학 –제2판–

| 저 자 김용구 · 박병구 · 손중권 · 송재기
이경은 · 조교영 · 조길호
| 발 행 인 김지영
| 발 행 처 자유아카데미
| 주 소 경기도 파주시 회동길 37-42
파주출판도시
| 전 화 031-955-1321
| 팩 스 031-955-1322
| 홈페이지 www.freeaca.com
| 전자우편 main@freeaca.com(대표)
editor@freeaca.com(편집)
crm@freeaca.com(영업)
| 등 록 제406-2003-017호, 1980. 7. 12
| 제2판1쇄 2015년 2월 28일 발행
| 제2판8쇄 2025년 1월 10일 발행
| 정 가 28,000원

저자와의
협의하에
인지생략

무단 복제를 금하며, 잘못된 책은 바꾸어 드립니다.

ISBN 979-11-5808-001-3 93310